Atlas voyez f=

EXPÉDITION
DU MEXIQUE
1861-1867

RÉCIT POLITIQUE ET MILITAIRE

PARIS. — IMPRIMERIE DE J. DUMAINE, RUE CHRISTINE

EXPÉDITION DU MEXIQUE

1861 - 1867

RÉCIT

POLITIQUE & MILITAIRE

PAR

G. NIOX

CAPITAINE D'ÉTAT-MAJOR

PARIS
LIBRAIRIE MILITAIRE DE J. DUMAINE
LIBRAIRE-ÉDITEUR
Rue et passage Dauphine, 30

1874

Sept années à peine se sont écoulées depuis la fin de l'Expédition du Mexique, mais elles ont été si remplies que l'on croirait être déjà beaucoup plus éloigné de cette époque.

Avant que les péripéties d'un temps aussi troublé que le nôtre nous aient emportés plus loin encore, il a paru opportun de publier, sinon une étude critique, du moins un récit d'ensemble de cette campagne, afin de fixer les faits dont il conviendra de rechercher plus tard le sens politique et la portée.

L'histoire, qui puise ses premiers éléments d'information dans les écrits des contemporains, leur demande, comme garantie de sincérité, de s'effacer pour laisser parler les événements mêmes. La méthode d'exposition était donc la seule qui pût convenir à ce récit, d'autant plus que les hommes ne s'y montrant pas toujours conséquents et leurs actions n'étant pas nécessairement logiques, des procédés de déduction absolue auraient compromis la vérité historique.

Les mouvements militaires ont servi de canevas

et les considérations politiques ont été développées de manière à faire comprendre les causes, l'enchaînement et les conséquences des opérations de guerre.

Les documents mis en œuvre sont conservés, pour la plupart, aux archives des ministères de la guerre et de la marine.

Aucune pièce, si délicate qu'elle fût, n'a été omise, pour peu qu'elle ait paru de nature à éclairer une situation. Plusieurs dossiers particuliers, entre autres une précieuse collection de lettres de l'Empereur Maximilien et de l'Impératrice Charlotte, ont fourni d'intéressants renseignements; enfin, un certain nombre de rapports militaires des chefs mexicains et une très-importante correspondance diplomatique relative aux affaires du Mexique, ont pu être consultés dans les publications officielles du gouvernement des États-Unis.

Paris, 7 juin 1874.

PREMIÈRE PARTIE

EXPÉDITION DU MEXIQUE

1861 — 1867

PREMIÈRE PARTIE

CHAPITRE PREMIER.

Préliminaires de l'expédition du Mexique.

Condition des Indiens après la conquête du Mexique et sous le régime colonial.— Émancipation du Mexique. — Iturbide proclame l'indépendance ; plan d'Iguala (24 fév. 1821). — Traité de Cordova (24 août 1821). — Iturbide empereur. — République mexicaine ; les partis au Mexique. — Guerre civile. — Santa-Anna. — Comonfort ; plan d'Ayotla (1er mars 1854). — Constitution de 1857. — D. Benito Juarez. — Plan de Tacubaya ; Zuloaga. — Juarez établit le gouvernement constitutionnel à la Vera-Cruz. — Miramon. — Chute de Miramon ; le parti constitutionnel maître de Mexico ; — Attitude des ministres étrangers pendant la guerre civile. — M. de Saligny nommé ministre de France à Mexico. — Suspension du paiement de la dette publique (17 juillet 1861). — RUPTURE DES MINISTRES DE FRANCE ET D'ANGLETERRE AVEC LE GOUVERNEMENT DE JUAREZ (25 juillet 1861). — Les étrangers au Mexique. — Premiers projets d'intervention. — CONVENTION DE LONDRES (31 octobre 1861). — Dispositions des États-Unis.

Depuis la conquête espagnole, la population qui habite le Mexique est partagée en castes très-distinctes.

Les Indiens ont subi le sort réservé dans l'antiquité aux peuples vaincus ; dépossédés du sol, ils ont été, la plupart du temps, réduits à l'état de servage comme ouvriers des mines ou cultivateurs des grandes haciendas, ou bien ils ont été relégués dans des villages appelés *pueblos de Indios*,

Condition de Indiens après conquête du Mexique e sous le régime coloni

par la race conquérante qui se réservait orgueilleusement la qualification de *gente de razon*. Leurs anciens chefs ou caciques, auxquels les Espagnols conservèrent d'abord quelques priviléges, ne tardèrent pas eux-mêmes à perdre tout prestige et se confondirent dans la masse de leur nation asservie.

Les missionnaires les baptisèrent de gré ou de force; ils se bornèrent le plus souvent à superposer aux anciennes croyances du peuple les formes extérieures du culte catholique et permirent même l'accès des temples chrétiens aux emblêmes de l'idolâtrie. Ignorants et superstitieux, maintenus dans un état social qui était l'esclavage moins le nom, les Indiens restèrent longtemps courbés, dans une obéissance passive, sous la volonté de leurs dominateurs. Ils ne se mêlèrent pas à eux, et les quelques rejetons provenant d'alliances mixtes partagèrent le mépris dont ils étaient l'objet.

De leur côté les créoles, descendants des conquérants ou des premiers colons venus d'Espagne, formèrent une aristocratie dont l'influence alarma bientôt la métropole. Des lois méfiantes les éloignèrent alors de tout emploi dans le gouvernement et dans l'administration, et il ne fut pas même permis aux fonctionnaires envoyés d'Europe d'épouser des femmes nées dans les colonies.

Cette tutelle humiliante et cette domination tyrannique de l'Espagne ont été l'origine de haines terribles, dont l'explosion devait ruiner sa puissance dans le Nouveau-Monde. Les créoles se rapprochèrent de la masse indienne, en exploitèrent les passions et vint un jour où ils la lancèrent contre les Espagnols avec une implacable fureur.

En 1810, le curé Hidalgo jeta le premier cri de révolte

et ce fut un désir de vengeance, non un besoin de liberté politique, qui anima les 40,000 Indiens accourus en quelques jours sous sa bannière.

L'émancipation des colonies anglaises de l'Amérique du Nord, les idées nouvelles jetées dans le monde par la révolution française, l'affaiblissement de l'Espagne, résultat de ses guerres avec la France, doivent être considérés comme autant de circonstances qui favorisèrent les premières tentatives d'indépendance du Mexique, mais c'est au système oppressif du gouvernement colonial qu'il faut faire remonter l'origine véritable de l'insurrection.

Les bandes indiennes, indisciplinées et mal armées, ne purent lutter longtemps contre les régiments espagnols. Quelquefois victorieux, le plus souvent battus, leurs chefs Hidalgo, Bravo, Matamoros, Morelos, furent successivement faits prisonniers et passés par les armes.

Dix ans plus tard seulement, Iturbide formula le programme et assura le triomphe de la révolution qu'Hidalgo avait commencée sans but parfaitement défini, et peut-être même sans en avoir pleinement conscience.

Émancipation du Mexique; Iturbide proclame l'indépendance.

Colonel de milice provinciale, Iturbide avait été d'abord l'ennemi acharné de l'insurrection, mais il était créole et ses sentiments se modifièrent bientôt. Pendant une expédition qu'il dirigeait contre Guerrero, un des derniers chefs de partisans restés encore en armes, il fit accepter par les officiers de sa division le plan d'indépendance qu'il avait conçu; Guerrero y donna lui-même son adhésion et les soldats des deux partis vinrent fusionner dans la petite ville d'Iguala. Tous jurèrent de lutter ensemble pour l'émancipation de leur patrie.

Plan d'Iguala (24 février 1821).

Les principes posés par Iturbide et proclamés sous le nom de *Plan d'Iguala* se résumaient ainsi :

« La nation mexicaine déclarée indépendante ;

« La religion catholique seule religion reconnue ;

« Les castes abolies et la nation une, sans distinction d'Européens et d'Américains ». La nouvelle armée révolutionnaire prit pour devise : « *Indépendance, Religion, Union,* » et porta le nom de *Trigarante*, c'est-à-dire des trois garanties.

Il fut décidé que le gouvernement serait une monarchie constitutionnelle, que la couronne serait offerte à Ferdinand VII et, en cas de refus, aux infants ou à un autre prince des familles régnantes. Une assemblée de notables, sous la présidence du vice-roi, devait être chargée du gouvernement provisoire et de la convocation d'un congrès national.

Le plan d'indépendance, ainsi établi dans des idées vraiment sages et conciliatrices, répondait à un besoin général de calme et de repos ; il rallia la plupart des esprits et valut une immense popularité à Iturbide, que le pays entier acclama du nom de « Conciliateur ».

Traité de Cordova (24 août 1821).

Le traité de Cordova, signé bientôt après avec le vice-roi O'Donoju, consacra l'indépendance mexicaine [1], et l'alliance formée entre Espagnols, Indiens et Créoles, dont O'Donoju, Guerrero, Iturbide étaient les plus illustres représentants.

Malheureusement l'ère des guerres civiles était encore loin d'être fermée.

Iturbide empereur.

En 1822, le général Iturbide fut proclamé empereur

---

[1] L'Espagne ne reconnut l'indépendance du Mexique qu'en 1836.

dans un pronunciamiento populaire et militaire, qui éclata à Mexico à la suite de dissentiments qu'il avait eus avec le congrès. Iturbide n'avait ni les vertus ni les talents d'un Washington; voulant gouverner d'après les traditions des vice-rois qui avaient, il est vrai, donné au Mexique de longues années de prospérité, mais ne répondaient plus aux idées de l'époque, il chercha de préférence ses appuis dans l'armée et dans le clergé, échoua, fut renversé et dut se réfugier en Europe. Moins d'une année après, le fondateur de l'indépendance du Mexique, voulant rentrer dans sa patrie, fut arrêté au moment où il débarquait à Soto-la-Marina et fusillé sommairement en vertu d'un récent décret du congrès qui le mettait hors la loi (20 juillet 1824).

Après la chute d'Iturbide la république avait été proclamée; deux partis s'étaient dès lors formés, qui par leur désaccord allaient attirer sur le Mexique tous les fléaux des dissensions intestines. *République mexicaine; les partis au Mexique.*

Les uns, ceux qui eussent préféré un gouvernement monarchique, ne s'accommodaient de la forme républicaine qu'en réclamant un pouvoir fortement centralisé; on les désigna sous le nom de Conservateurs, et quelquefois de réactionnaires.

Les autres s'appelèrent les libéraux ou les fédéraux. Ils rêvaient une république fédérative sur le modèle de celle des Etats-Unis, plan irréalisable avec une nation ignorante et des hommes neufs dans l'art de gouverner.

De grandes différences séparaient, en effet, les deux nations.

Les hommes qui avaient peuplé la Nouvelle-Angleterre n'étaient pas des colons envoyés et soutenus par la Métropole; c'étaient des proscrits qui émigraient en quelque sorte contre la volonté de leur gouvernement, cherchant une terre étrangère, où ils pussent vivre en paix et en liberté; par les traditions et les institutions de leur patrie d'abord, et ensuite par les grandes luttes auxquelles ils avaient assisté comme témoins et comme acteurs, ils avaient le sentiment, les habitudes et les idées de la liberté; ils étaient les représentants de ce principe, ils en furent les organes dans toutes ses manifestations, liberté municipale, liberté civile, liberté politique, liberté religieuse. Lorsque l'heure de l'indépendance sonna, cette société se trouvait déjà en république, les institutions, les mœurs, les coutumes, la vie privée, tout était républicain.

Bien différente était la constitution des sociétés hispano-américaines et particulièrement celle de la société mexicaine. Pliés à l'obéissance absolue dans l'ordre politique comme dans l'ordre religieux, les hommes qui les fondèrent représentaient le principe d'autorité; ce fut le seul qu'ils importèrent dans le Nouveau-Monde, le seul qu'ils surent y développer.

La société mexicaine était monarchique par ses mœurs, ses lois, sa religion et son éducation.

Le parti conservateur se compose de la plupart des grands propriétaires et du haut clergé; bien qu'il soit moins nombreux que le parti libéral, ses richesses et son influence sur la population lui ont permis souvent de disputer le pouvoir avec succès. On voit dans l'un et l'autre camp des hommes de race indienne; mais un très-petit nombre seulement, émancipés par leur éducation, en comprennent les idées et en partagent les passions. La masse reste assez généralement indifférente.

Quant à l'armée, dont les soldats se recrutent exclusivement parmi les Indiens, elle sert aveuglément l'ambition de ses chefs. Appelée sans cesse à jouer un rôle politique, elle jette son épée tantôt sur un des plateaux de la balance, tantôt sur l'autre, et rompt à chaque instant l'équilibre, qui aurait peut-être permis au pays de se reposer et de se reconnaître. Il suffit de quelques officiers ambitieux pour amener un pronunciamiento, renverser le gouvernement et créer un pouvoir nouveau qui disparaîtra à son tour, comme il s'est élevé. La nation a sans cesse été le jouet ou la victime de ces personnalités vulgaires.

Parmi les nombreux présidents qui se sont succédé à la tête de la République mexicaine, il s'est trouvé des hommes sincèrement désireux du bonheur de leur pays; mais aucun n'a pu triompher des obstacles créés par l'esprit de rébellion des troupes, l'intolérance et l'absolutisme du clergé. Les vicissitudes de la guerre civile ont fréquemment fait changer le pouvoir de mains; les exagérations et les erreurs du fédéralisme produisant presque toujours un mouvement en sens contraire, puis les excès et les fautes de la centralisation ramenant à la présidence les chefs du parti fédéral.

<small>Guerre civile</small>

A plusieurs reprises eurent également lieu quelques tentatives de réaction monarchique. En 1845, le général Paredes alors chef du gouvernement, indiquait, comme seul remède à la situation, l'établissement d'une monarchie avec un prince étranger soutenu par les puissances européennes [1].

---

[1] A cette époque on parla, dit-on, d'offrir la couronne au duc de Montpensier.

Santa-Anna.

Plus tard le général Santa-Anna, une des personnalités les plus marquantes et les plus remuantes de la révolution mexicaine, après s'être fait connaître comme républicain, manifesta à son tour des tendances monarchiques. En 1853, porté à la présidence pour la seconde fois, il n'osa pas affronter le sort d'Iturbide et se contenta du titre d'*Altesse Sérénissime*; mais il se composa une cour, rétablit l'ordre de Guadalupe et fit revivre de nombreux priviléges oubliés; pendant quelque temps, il eut en réalité l'autorité et le faste d'un roi absolu, il craignit d'en prendre le nom.

Au mois de juillet 1854, il chargea son agent en Europe, M. Guttierrez de Estrada, d'entamer avec les cours de Paris, de Londres et de Vienne des négociations dans le but d'obtenir « leur concours pour l'établissement d'une monarchie au Mexique avec un des membres des familles régnantes d'Europe [1]. »

Comonfort; plan d'Ayotla (1ᵉʳ mars 1854).

Le parti libéral réagit contre ces tendances.

Le 1ᵉʳ mars 1854, un pronunciamiento, provoqué par le colonel Comonfort, avait eu lieu à Ayotla. Plusieurs états s'y rallièrent; Santa-Anna fut renversé et le général Alvarez, gouverneur de l'état de Guerrero, qui avait énergiquement appuyé cette révolution, fut appelé à la présidence; mais il se démit bientôt en faveur de Comonfort de cette charge trop lourde pour ses forces.

Comonfort assigna pour but aux efforts de son parti la ruine de l'influence politique du clergé et des chefs militaires, il chercha à faire appliquer un système de gouver-

---

[1] Lettre du général Santa-Anna à M. Guttierrez de Estrada, du 1ᵉʳ juillet 1854.

nement fédératif et s'occupa activement de la réunion d'un congrès national.

Une nouvelle constitution, résultat des travaux de cette assemblée, fut promulguée au mois de février 1857. Au mois de novembre suivant, Comonfort était régulièrement élu président constitutionnel et Don Benito Juarez [1], avocat distingué, connu pour ses idées avancées, était nommé président de la cour suprême, charge qui lui donnait le droit de remplacer le président de la république, le cas échéant. {Constitution de 1857. D. Benito Juarez.}

Cependant le parti militaire et clérical ne tarda pas à relever la tête. Le 17 décembre 1857, Zuloaga, chef de la brigade de Tacubaya, fit afficher dans Mexico un plan gouvernemental nouveau, dans lequel il demandait que la mise en vigueur de la constitution fût ajournée. {Plan de Tacubaya; Zuloaga (17 déc. 1857).}

Comonfort, esprit sincère et modéré, éloigné également des excès de tous les partis, se rallia au plan de Tacubaya dans un désir de conciliation; Juarez protesta et fut arrêté; mais un certain nombre de provinces refusèrent leur adhésion à la politique nouvelle du président et prirent les armes pour défendre la constitution.

Comonfort venait de faire un véritable coup d'Etat contre sa propre autorité; bientôt impuissant à dominer la situation, il fut renversé par les auteurs mêmes du plan de Tacubaya, qui ne partageaient ni sa modération ni ses idées conciliatrices, et fut obligé de quitter le Mexique; quant à Juarez, il réussit à sortir de prison, revendiqua le pouvoir que la constitution lui conférait en cas d'absence du

---

[1] Né en 1809, dans l'état de Oajaca, de race indienne, pauvre et obscur, Juarez s'éleva, à force de travail et de persévérance, aux premières charges du pays.

président, et se déclarant chef intérimaire du gouvernement constitutionnel, il en transporta successivement le siége à Queretaro, à Guanajuato et à Guadalajara.

Juarez établit le gouvernement constitutionnel à la Vera-Cruz (24 mai 1858).

Chassé de cette dernière ville, il gagna la côte du Pacifique, prit la mer et peu de temps après reparut à la Vera-Cruz (24 mai 1858).

Son autorité fut reconnue par plusieurs états voisins de la mer ou de la frontière américaine ; ceux du centre, Mexico, Puebla, Tlaxcala, Queretaro et la plupart des grandes villes obéirent au pouvoir établi à Mexico ; quelques autres se tinrent en dehors du conflit et se constituèrent en état d'indépendance sous leurs gouverneurs particuliers.

Jamais le désordre n'avait été si général, l'anarchie aussi grande.

Miramon.

Dans la capitale même tout n'était que trouble et confusion. Zuloaga, qui avait pris la place de Comonfort fut à son tour déposé par une sédition militaire. Les conservateurs modérés appelèrent alors au pouvoir Miramon, jeune général de vingt-six ans, auquel ses succès militaires, son ambition, plutôt que ses capacités politiques, avaient fait un renom et donné une certaine popularité.

Miramon, alors dans l'intérieur du pays, se rendit aussitôt à Mexico ; il commença par rétablir Zuloaga dans ses fonctions, et se fit ensuite nommer président substitut et commandant en chef de l'armée. Cette combinaison mettait entre ses mains toute l'autorité effective et ne laissait à Zuloaga qu'un titre sans pouvoir.

Au mois de février 1860, Miramon, à la tête de ses meilleures troupes, se dirigea sur la Vera-Cruz où se trouvait Juarez ; mais le capitaine Jarvis, commandant l'escadre américaine, prenant parti pour ce dernier, s'empara dans les eaux mexicaines d'Anton-Lizardo de deux navires, qui apportaient de la Havane le matériel de guerre des assiégeants. Privé des moyens sur lesquels il comptait, Miramon échoua dans ses attaques contre la place et fut forcé de rétrograder.

Zuloaga crut alors le moment favorable pour ressaisir l'autorité, mais Miramon l'arrêta, l'emmena avec lui et le fit garder au milieu de son armée. Il s'échappa bientôt et la discorde rentra de nouveau dans le camp des conservateurs accablés déjà sous le poids des revers militaires et des embarras résultant d'une extrême détresse financière.

Les revenus des douanes étaient en majeure partie à la disposition des libéraux, les impôts difficiles à recouvrer, les emprunts forcés actuellement impossibles, les contrats ruineux passés avec des maisons de banque étrangères avaient épuisé tout crédit; enfin, le clergé ne comprenait pas que pour sauver son influence il fallait sacrifier ses richesses. A bout d'expédients Miramon en vint aux mesures de violence; il fit enlever dans la maison du chargé d'affaires anglais par le général Marquez, le plus audacieux de ses lieutenants, 600,000 piastres déposées sous le sceau de la légation britannique et destinées au paiement des conventions anglaises (17 novembre 1860).

Mais la dernière heure du gouvernement réactionnaire sonnait; une armée libérale, victorieuse déjà dans plusieurs rencontres, arrivait du nord sous les ordres d'Ortega. Miramon, s'étant porté au-devant d'elle, fut complétement battu, le 22 décembre 1860, près de San-Miguel Calpulalpan, et forcé de fuir. Il gagna la côte avec quelques amis, qui favorisèrent son passage à la Havane.

Chute de Miramon; le parti constitutionnel maître de Mexico (24 déc. 1860).

Le 24 décembre, Ortega prit possession de Mexico, et le 28, il publia les lois dites de *réforme*, édictées par le gouvernement de Vera-Cruz les 12, 13 et 23 juillet précédent. Elles proclamaient :

La tolérance des cultes,
L'abolition des ordres religieux,
La nationalisation des biens ecclésiastiques,
Le mariage civil.

Juarez arriva à Mexico le 11 janvier 1861. Ses premières mesures témoignent de l'irritation qui l'animait. Le lendemain même il fit adresser à M. Pacheco, ambassadeur d'Espagne, la note suivante :

« S. Exc. le Président intérimaire constitutionnel ne peut vous considérer que comme un des ennemis du gouvernement, en raison des efforts faits par vous en faveur des rebelles usurpateurs qui ont occupé cette ville durant les trois dernières années. En conséquence, il décide que vous quittiez cette capitale de la république sans autre délai que le temps strictement nécessaire pour les préparatifs de votre voyage. »

Des notifications de même nature furent faites au nonce du Saint-Siége et au ministre du Guatemala.

L'archevêque de Mexico et la plupart des évêques furent expulsés, les revenus du clergé confisqués. Juarez croyait nécessaire de protéger par ces mesures rigoureuses un pouvoir encore mal assis. En effet, de nombreuses bandes de partisans réactionnaires parcourant la campagne sous les ordres de Marquez, de Mejia, de Vicario, de Cobos, de Lozada, continuaient une guerre sans merci, signalée déjà de part et d'autre par des exécutions sanglantes et de cruelles vengeances.

Juarez allait se trouver, en outre, aux prises avec les embarras des réclamations étrangères. Pour faire face aux dangers qui l'environnaient, il contint le clergé par une rigueur excessive, mit hors la loi les chefs conservateurs [1], suspendit le paiement de la dette publique et dédaigna les menaces de l'Europe.

Les ministres étrangers avaient successivement reconnu les gouvernements de fait, maîtres de la capitale.

Après la chute de Comonfort, les représentants des puissances étrangères étaient donc entrés en rapport avec Zuloaga, seule autorité qui existât alors; car il était difficile d'attribuer le caractère de chef d'un gouvernement à Juarez, errant de ville en ville, puis passant à l'étranger avant de pouvoir revenir à la Vera-Cruz.

Cependant, lorsque le gouvernement constitutionnel fut proclamé dans cette ville, le ministre des Etats-Unis ne tarda pas à s'y rendre ; les autres restèrent à Mexico. Les Américains du Nord avaient naturellement plus de sympathie pour Juarez qui, se faisant le champion des idées fédéralistes et libérales, se rapprochait de leurs principes politiques. Le représentant américain apporta donc son appui moral au gouvernement constitutionnel, et les bâtiments de guerre des Etats-Unis le protégèrent, comme nous l'avons vu, contre les entreprises de Miramon ; bientôt aussi ils lui offrirent une assistance plus directe, en échange de concessions importantes. M. Mac-Lane conclut un traité qui

Attitude des ministres étrangers pendant la guerre civile.

---

[1] Ocampo, un des hommes les plus influents du parti libéral, ayant été fusillé le 3 juin sur l'ordre de Marquez, le gouvernement de Juarez déclara aussitôt Marquez, Mejia, Cobos, Vicario, Cajique, Lozada hors la loi ; il promit une récompense de 10,000 piastres et une amnistie complète, pour n'importe quel crime, à ceux qui en délivreraient le pays.

est connu sous son nom, par lequel le Mexique concédait aux Etats-Unis le droit de passage à travers l'isthme de Tehuantepec et certaines parties des provinces du nord, avec la faculté de protéger ce transit par des forces militaires, dans le cas où la république mexicaine ne se trouverait pas en état d'y suffire elle-même. Le traité ne fut pas ratifié par le Sénat américain; mais il indique néanmoins les dispositions de Juarez à accepter, dès cette époque, le protectorat que les Etats-Unis cherchent volontiers à étendre sur les républiques de l'Amérique du Sud, tandis qu'il repoussait au contraire les offres de médiation faites par les puissances européennes.

M. de Saligny nommé ministre de France à Mexico.

La lutte entre Miramon et Juarez touchait à sa fin, lorsque M. de Saligny, récemment nommé ministre de France au Mexique, arriva à Mexico (12 décembre 1860). Au moment où tomba le gouvernement de Miramon, il n'avait pas encore présenté ses lettres de créance. En se conformant aux traditions de ses prédécesseurs, il devait donc reconnaître le président Juarez, alors maître de la capitale; il y était disposé; mais, avant de solliciter une réception officielle, il voulut arrêter avec le nouveau gouvernement une convention qui stipulât les indemnités pécuniaires et les réparations auxquelles la France prétendait.

Ce traité signé, il fut reçu par le président le 16 mars 1861.

Juarez, en prenant possession du palais présidentiel de Mexico, n'avait pu tout d'un coup remplir les caisses publiques vidées depuis longtemps. Demander de l'argent à un gouvernement tellement appauvri était aussi injuste qu'inutile. Le faire consentir à un traité était encore possible, car un débiteur insolvable souscrit toujours assez facilement aux exigences de ses créanciers, bien qu'il sache d'avance qu'il ne pourra pas tenir ses engagements; mais il était bien évident, à priori, que ce traité resterait lettre morte. L'empereur Maximilien, soutenu pendant cinq ans par les soldats et le trésor de la France, a été impuissant à relever l'état financier du pays. On peut juger par là quelle devait être la position de Juarez au moment de son arrivée à Mexico, lorsque l'ennemi se montrait journellement aux portes de la ville, et que l'argent faisait même défaut pour les nécessités quotidiennes de l'administration; il essaya d'obtenir une sorte de concordat des trop nombreux créanciers de l'État, mais ces démarches échouèrent et l'on prétendit alors que l'influence de M. de Saligny n'y fut pas étrangère. La banqueroute était donc, à cette époque, la seule solution qui restât à Juarez. Elle était fatale.

Les emprunts ne donnent que des ressources passagères et insuffisantes; les impôts ne se recouvrent régulièrement qu'après le rétablissement de l'ordre; son gouvernement, comme tout autre à sa place, allait donc être obligé d'arrêter le paiement de la dette publique. C'est ce qu'il fit en effet; le paiement de la dette intérieure fut d'abord suspendu, puis, le 17 juillet 1861, le congrès vota l'ajournement à deux années du paiement des conventions étrangères.

<small>Suspension du paiement de la dette publique (17 juillet 1861).</small>

En droit, le cabinet de Mexico ne pouvait certainement pas s'affranchir lui-même d'obligations solennellement contractées, mais en fait, c'était le seul parti qu'il eût à prendre, à moins d'abandonner le pouvoir à d'autres qui se fussent trouvés dans la même impasse.

Le décret de suspension des paiements avait pour résultat immédiat de lui permettre de saisir 4 à 500,000 piastres déjà prélevées sur les douanes et mises de côté pour le service de la dette extérieure.

Rupture des ministres de France et d'Angleterre avec le gouvernement de Juarez (25 juillet 1861).

Les ministres de France et d'Angleterre réclamèrent le retrait de la loi du 17 juillet ; ne l'ayant pas obtenu, ils rompirent leurs relations diplomatiques avec le cabinet mexicain [1] (25 juillet).

En ce moment du reste, Juarez s'inquiétait médiocrement du mécontentement des puissances européennes ; pour lui, les ennemis à craindre étaient ceux dont on apercevait les bandes dans la vallée de Mexico, les chefs réactionnaires, Marquez, Mejia, Vicario ou Cobos, bien plutôt que les armées éloignées des puissances européennes. Il appréhendait donc peu la guerre étrangère et ne fit rien pour l'éviter.

Les étrangers au Mexique.

La France, l'Angleterre et l'Espagne ayant depuis longtemps à se plaindre des mauvais traitements infligés à leurs nationaux, la question d'intervention avait été déjà posée antérieurement.

Les étrangers établis au Mexique ne s'étaient pas tenus à l'écart des luttes des partis. Les négociants, les consuls eux-mêmes avaient au contraire souvent favorisé les révolutions sur lesquelles un grand nombre spéculaient, et ils en avaient parfois profité pour accroître rapidement leur fortune, soit au moyen de prêts et de transactions usuraires, soit au moyen d'arrangements de douanes. Cependant après chaque crise, les ministres des puissances étrangères, interprètes trop complaisants parfois des plaintes exagérées de leurs nationaux, présentaient au nouveau gouvernement une longue liste de dommages à réparer, qui se traduisaient toujours par un chiffre excessif d'indemnités pécuniaires. Quelquefois aussi, ils prenaient à

---

[1] M. de Saligny au ministre des affaires étrangères, 27 juillet 1861.

l'égard des présidents de la République une attitude quelque peu hautaine et leurs communications diplomatiques affectaient trop souvent un caractère comminatoire.

Ils s'immisçaient volontiers dans les actes intimes de l'administration intérieure, critiquant, approuvant, blâmant telle ou telle mesure, et s'occupaient de questions parfaitement étrangères à leurs missions diplomatiques. Ainsi M. de Saligny faisait un grief au gouvernement mexicain du brigandage qui désolait le pays, des vols commis journellement dans la capitale et le rendait responsable du désordre qui régnait au Mexique, de l'insécurité des chemins, des violences commises à l'autre extrémité du territoire sur les négociants étrangers [1].

Dans un pays déchiré par les guerres civiles, où les citoyens n'ont aucune sécurité pour leurs biens et leurs personnes, il est impossible que les étrangers puissent jouir d'une immunité particulière, surtout lorsque le grand commerce et une forte partie de la richesse publique sont entre leurs mains. Au mois de décembre 1861, le général La Llave, gouverneur de la Vera-Cruz, répondant à la sommation de l'amiral espagnol, pouvait cependant dire avec raison : « Les étrangers ont jusqu'ici joui de tels avantages et ont été si respectés, que je puis vous assurer que la condition de citoyen mexicain est un désavantage, si on la compare avec celle d'étranger. »

Toutefois, malgré les efforts de leurs ministres, les emprunts forcés pesaient lourdement sur eux, mais les maisons de banque étrangères, qui disposaient de capitaux importants, tiraient très-habilement parti de la situation en

---

[1] Lettre de M. de Saligny au Ministre des affaires étrangères, 15 mars 1862.

les prêtant à des conditions qu'elles savaient fort bien proportionner aux risques à courir.

L'affaire Jecker [1] est un des exemples les plus connus de ces contrats usuraires, dont les intéressés ne craignaient pas de réclamer l'exécution par voie diplomatique et que les ministres étrangers soutenaient sans s'inquiéter suffisamment peut-être de la dignité de leur pavillon; on voyait même certains consuls favoriser la contrebande des métaux précieux sur la côte du Pacifique et couvrir ce trafic déshonnête du drapeau de leur nation [2]. A côté de réclamations justement fondées, il en était d'autres médiocrement dignes de protection, aussi l'appui qu'elles trouvaient près des agents diplomatiques ne paraissait pas toujours désintéressé.

Cependant certains griefs des puissances européennes paraissent très-justifiés. Ceux de l'Espagne étaient les plus nombreux et les plus anciens. Le Mexique n'avait rempli aucun de ses engagements vis-à-vis d'elle et les sujets espagnols se plaignaient chaque jour de nouvelles violences.

Premiers projets d'intervention.

En 1858, elle avait déjà le désir d'intervenir dans les affaires intérieures du pays; plus tard, en 1860, son ambassadeur, M. Pacheco faisait de vives instances auprès du capitaine général de Cuba pour obtenir de lui une démons-

---

[1] Voir à l'Appendice.
[2] Nous traduisons ce qui suit d'un ouvrage anglais publié à Londres en 1862. — *Notes sur le Mexique* par Lemprière : Un membre du congrès de Mexico ayant signalé les infâmes transactions des consuls anglais sur le Pacifique, la légation anglaise le poursuivit ; une indemnité pécuniaire fut obtenue, tandis que, dans tout autre pays, le crime ainsi dénoncé eût reçu la plus sévère réprobation. Les faits de ce genre sont nombreux ; c'est l'histoire de nos consulats et de notre diplomatie dans les trente dernières années. Les représentants des autres nations ont du reste rivalisé avec les nôtres. . . . . La protection diplomatique est devenue un trafic ; elle s'étend la plupart du temps sur des personnes qui n'y ont aucun droit et qui en profitent pour couvrir leurs spéculations.

tration militaire contre Juarez, alors installé à la Vera-Cruz ; mais le maréchal Serrano s'était prudemment abstenu de peur d'engager son gouvernement dans des complications avec les Etats-Unis. Le Cabinet de Madrid avait approuvé sa réserve et s'était efforcé dès ce moment de s'entendre avec l'Angleterre et avec la France afin d'agir collectivement contre le Mexique. Le ministre des relations extérieures d'Espagne, M. Calderon-Collantes, parlait même alors, en termes fort positifs, de l'opportunité d'établir dans ce pays un gouvernement monarchique [1].

Plus tard les ministres français et anglais n'ayant pas obtenu de Juarez les satisfactions qu'ils réclamaient, avaient formellement sollicité leurs gouvernements d'en venir aux mesures coercitives ; M. Matthew écrivait « qu'à moins d'une intervention étrangère, le démembrement du Mexique et une banqueroute nationale lui paraissaient inévitables [2]. »

Sir Ch. Wyke, son successeur, faisait valoir à l'appui de cette demande d'intervention l'importance des intérêts anglais engagés au Mexique et le développement ultérieur qui pourrait leur être donné à l'abri d'un gouvernement honnête, si l'on encourageait le parti modéré à relever la tête [3]. « Tous les Mexicains sensés approuveraient, disait-il, une mesure qui mettrait un terme aux excès commis chaque jour sous un gouvernement aussi corrompu qu'impuissant à maintenir l'ordre et à faire exécuter ses propres

---

[1] Correspondance diplomatique de l'Espagne avec la France, notamment une lettre du 10 janvier 1859, de M. Calderon-Collantes à l'ambassadeur de la reine à Paris, et une lettre du 2 juin 1860, de l'ambassadeur français en Espagne au Ministre des affaires étrangères à Paris.
[2] Dépêche de M. Matthew, 12 mai 1861.
[3] Dépêche de sir Ch. Wyke, 27 mai 1861.

lois (1). » Il ne voit aucun espoir d'amélioration en dehors d'une intervention étrangère ou de la formation d'un gouvernement raisonnable composé des principaux membres du parti modéré (2).

Du reste, les Puissances européennes étaient sollicitées d'intervenir au Mexique bien moins encore par leurs nationaux que par un parti nombreux d'émigrés mexicains avides de ressaisir le pouvoir et partisans plus ou moins éclairés de la monarchie. « Ce sont les émigrés mexicains à Paris, qui ont fait les ouvertures actuelles au gouvernement autrichien comme ils les avaient déjà faites en 1846, » écrivait lord Bloomfield, ambassadeur d'Angleterre à Vienne, au mois de février 1862 (3).

En 1854, M. Guttierrez de Estrada avait été, comme on l'a vu, officiellement chargé par Santa-Anna d'ouvrir des négociations à ce sujet, mais les guerres de Crimée et d'Italie n'avaient pas permis aux cabinets européens d'écouter ces propositions.

En 1860, les circonstances parurent plus favorables; tout porte à croire qu'à cette époque déjà des offres formelles avaient été faites à l'archiduc Maximilien qui, cédant aux désirs de la princesse Charlotte, sa femme, et aux conseils du roi des Belges, son beau-père, les avait éventuellement acceptées.

L'empereur Napoléon se montra favorable à ce projet, dont la réalisation lui était représentée comme facile; le parti monarchique nombreux et influent verrait, lui disait-on, ses rangs grossis par tous les hommes modérés, avides de repos. Les agents diplomatiques confirmaient

---

(1) Dépêche de sir Ch. Wyke, 25 juin 1861.
(2) Dépêche de sir Ch. Wyke, 28 octobre 1861.
(3) Lord Bloomfield à lord Russell, 6 février 1862.

ces assertions. D'après leurs dépêches, l'anarchie était au comble, une nouvelle révolution imminente ; le gouvernement de Juarez foulait aux pieds toutes les conventions, une intervention armée pouvait seule sauver le Mexique et assurer les satisfactions que les puissances réclamaient.

Les Etats-Unis verraient sans doute avec déplaisir une intervention européenne, mais, absorbés par leurs discordes intérieures, il leur serait impossible de la contrarier. Un empire pourrait être créé au Mexique, une digue opposée à leur marche envahissante vers le centre de l'Amérique, le passage entre les deux océans soustrait à leur monopole avant que fût terminée la crise au milieu de laquelle ils se débattaient.

L'occasion semblait donc favorable. Une régénération des races latines, poursuivie et protégée par la France dans le nouveau comme dans l'ancien monde, les relations commerciales étendues, un grand progrès humanitaire consacré par le réveil d'un peuple entier et son entrée dans le courant de la civilisation moderne, tel était le mirage séduisant que présentait l'avenir. Les émigrés, toujours disposés à présenter les choses telles qu'ils les désirent et non pas telles qu'elles sont en réalité, avaient soin d'entretenir les plus dangereuses illusions. Ils ne cessaient d'affirmer que le pays tout entier aspirait à une restauration monarchique ; à force de le dire ils avaient sans doute fini par le croire eux-mêmes et, de bonne foi peut-être, ils cherchaient à persuader ceux de qui dépendait la réalisation de leurs espérances.

Santa-Anna était un des plus ardents partisans de la monarchie ; le 15 octobre 1861, il écrivait à M. Guttierez de Estrada à Paris :

« J'avais déjà quelques données à l'égard de la résolution prise par les trois puissances maritimes relativement au Mexique.

« Ce que vous me mandez aujourd'hui me démontre qu'il ne saurait subsister de doute quant au prochain changement de sa situation.

« Ce qui conviendrait actuellement serait de profiter d'une si heureuse occurrence pour l'accomplissement de nos anciens souhaits, en vertu de cette règle, que l'occasion n'a qu'un cheveu et ne se présente pas deux fois. Combien ne serait-il pas opportun de vous approcher de ces gouvernements et de leur rappeler nos anciennes sollicitations !

« Et surtout de leur faire connaître que le Mexique n'aura pas de paix durable tant qu'on n'aura point radicalement guéri le mal.

« Le remède doit se borner à substituer à cette bouffonnerie qu'on appelle la république, un empereur constitutionnel. Les trois puissances pourraient l'élire d'un commun accord. Faites leur aussi savoir qu'aujourd'hui plus que jamais, je suis résolu à accomplir cette idée et que je travaillerai sans relâche à en amener la réalisation ; aussi peut-on compter sur moi...

Plus tard, en 1863, après les premiers insuccès des tentatives du parti monarchique, il répétait encore :

« Quant à l'opinion de la majorité du pays, je ne doute pas qu'aussitôt les démagogues chassés de la capitale, elle ne se déclare pour la monarchie constitutionnelle, comme la forme du gouvernement la mieux appropriée au bien des peuples. Ceux qui prétendent qu'il n'y a pas au Mexique un parti monarchique jugeront de leur erreur, lorsqu'on pourra manifester sa pensée sans nul péril.

« Entre ces partisans de la monarchie, on me rencontrera, moi, qui fus l'inaugurateur de la République, péché que j'ai du reste expié suffisamment !

« En résumé, si l'Empereur ne retire pas sa protection aux bons Mexicains, l'œuvre de salut aura pour notre pays son accomplissement.

« Le Mexique constitué jouira d'une paix constante et, à la faveur de la sécurité publique, il pourra donner essor à tous les éléments de richesse que renferme son sol privilégié, et remplir ses engagements.

« Dieu nous conserve l'existence pour voir se lever l'aurore de cette régénération et s'en réaliser une partie ! [1] »

En prêtant son concours au parti monarchique, l'Empereur pouvait donc croire que ce parti représentait l'opinion de la majorité du pays ; et il est difficile d'admettre qu'il ait cru possible d'imposer aux Mexicains un gouvernement contre leur gré. Du reste, fidèle à sa théorie du suffrage universel, il exprima formellement l'intention d'appeler la nation mexicaine à se prononcer elle-même, sans indiquer toutefois quels procédés permettraient d'appliquer le système plébiscitaire à un pays aussi vaste et aussi décentralisé.

Les rapports de M. de Saligny contribuèrent encore à augmenter l'obscurité et la confusion au milieu desquelles se développaient les projets interventionnistes ; d'un autre côté, avec des vues et des intentions différentes, les personnes qui entouraient l'Empereur le poussaient également dans cette voie périlleuse. L'Impératrice accueillait les émigrés mexicains, les entretenait dans leur langue, s'intéressait à leurs malheurs ; émue des souffrances de l'Église catholique, elle était disposée à considérer l'expédition projetée comme une pieuse croisade. M. de Morny pressentait une spéculation colossale. Il avait des intérêts importants dans les affaires du banquier suisse Jecker ; il soutenait personnellement et faisait soutenir par la diplomatie française les revendications de cette maison. C'était lui qui avait fait envoyer M. de Saligny au Mexique, et les soins que le ministre de France devait donner aux intérêts de son pays se compliquaient singulièrement de ceux que réclamaient

---

[1] Lettre à M. Guttierez de Estrada, 13 février 1863.

les intérêts particuliers de ce puissant protecteur [1].

L'Empereur ignorait sans doute les détails déplorables de ces intrigues financières; mais l'influence exercée sur lui par M. de Morny n'en était pas moins au service d'intérêts fort peu recommandables [2].

C'est ainsi qu'une grande nation, malheureusement traitée en mineure, put être lancée contre son gré dans une expédition d'aventure. L'opinion publique en France s'y montrait fort opposée. Les affaires Jecker et les intrigues des partisans de la monarchie sur lesquelles un secret absolu n'avait pu être gardé, n'étaient pas de nature à exciter ses sympathies. La situation politique du Mexique était généralement peu connue, mais quelqu'incomplets que fussent leurs renseignements, beaucoup d'esprits sages jugeaient sainement des dangers de l'avenir. De plus les dépenses de l'expédition devaient être certainement très-élevées et cependant le déficit des budgets s'accroissait chaque année.

[1] Des correspondances de la maison Jecker, interceptées et publiées dans le recueil des documents soumis au congrès des Etats-Unis, ne laissent aucun doute à ce sujet. Ces correspondances paraissent avoir tous les caractères de l'authenticité. Voir à l'Appendice.

[2] Un agent des Etats-Unis à La Haye appréciait ainsi les motifs qui guidaient la politique de l'Empereur dans la question mexicaine :

« Dans les cercles bien informés, on considère l'expédition du Mexique comme étant de la part de l'Empereur le développement d'un plan qui consisterait à augmenter son prestige et celui de la dynastie en paraissant le soutien de l'Eglise dans ce pays. Bien que n'étant pas en faveur près des catholiques, il se rend nécessaire à eux à Rome et il aimerait, paraît-il, jouer un rôle analogue à Mexico...

« Il est en harmonie avec ses plans de mettre de l'argent dans les poches des soutiens influents de l'empire en donnant, sous un régime nouveau, une valeur aux titres de la dette mexicaine qui sont en leur possession et n'en ont aucune actuellement.

« Ces vues me paraissent plus raisonnables que l'idée souvent émise, que l'invasion de cette malheureuse contrée aurait pour objet le rétablissement de la monarchie en faveur d'une des familles royales déchues en Europe. » (M. Pike à M. Seward, La Haye, 28 mai 1862.)

L'Empereur ne tint aucun compte de l'opinion publique ; il s'engagea dans cette entreprise sous sa seule responsabilité. Toutefois il faut reconnaître que ni les spéculations financières, ni les projets de restauration monarchique, ni les idées de régénération des races latines ou d'équilibre américain n'ont été, comme on l'a dit, les raisons déterminantes de la guerre du Mexique. Il suffit pour le prouver de rappeler la part que l'Angleterre et l'Espagne prirent aux opérations militaires du commencement. Il faut donc rechercher la cause réelle de la guerre dans les griefs, dont ces puissances ne pouvaient obtenir le redressement.

Lorsque le paiement de la dette étrangère fut suspendu, les représentants de la France et de l'Angleterre agirent en complet accord [1] ; leur rupture avec le gouvernement de Juarez fut approuvée par leurs ministres respectifs, et des instructions identiques leur prescrivirent de quitter Mexico, s'ils n'obtenaient pas le retrait de la loi et l'établissement dans les ports de la Vera-Cruz et de Tampico de commissaires désignés par eux, ayant mission d'assurer la remise entre les mains des puissances des fonds à prélever à leur profit sur les douanes maritimes [2]. Ils étaient avisés l'un et l'autre que des forces navales seraient envoyées pour soutenir ces demandes.

M. Mon, ambassadeur d'Espagne à Paris, prévenu de ces dispositions, avertit son gouvernement par le télégraphe. « *On paraît*, disait-il, *ne se soucier en rien de nous* » (6 sept. 1861). Une dépêche du cabinet de Madrid, qui se croisa avec la sienne, lui prescrivait au même moment « *de vérifier si le gouvernement français avait l'intention de faire une démons-*

---

[1] M. de Saligny au Ministre des affaires étrangères, 27 juillet 1861.
[2] M. Thouvenel à M. de Saligny, 5 septembre 1861.

tration contre le Mexique. » Par une seconde dépêche du même jour, le ministre espagnol lui faisait savoir que l'ordre était donné au capitaine général de Cuba d'opérer contre les ports de Tampico et de Vera-Cruz :

« Si l'Angleterre et la France convenaient d'agir d'accord avec l'Espagne, les forces des trois puissances se réuniraient tant pour obtenir la réparation des outrages reçus, que pour établir un ordre régulier et stable au Mexique... Mais si ces puissances laissaient l'Espagne de côté, le gouvernement de la reine obtiendrait les satisfactions qu'il avait le droit de réclamer, en se servant des forces qu'il possédait et qui étaient supérieures à celles nécessaires pour réaliser une entreprise de ce genre [1]. »

Ces dépêches montrent quelle était alors la communauté de vue des trois puissances au sujet de la nécessité d'une démonstration militaire contre le Mexique. M. Mon ayant fait part à M. Thouvenel, ministre des affaires étrangères, des intentions de l'Espagne, le gouvernement français répondit qu'il accueillerait son concours avec plaisir [2].

Le cabinet de Madrid commença aussitôt ses préparatifs ; il y mit une certaine hâte, comme si, maintenant que l'appui de la France et de l'Angleterre lui était assuré, il eût voulu les devancer. Le 11 septembre, des instructions étaient adressées au capitaine général de Cuba pour lui prescrire d'envoyer une escadre et des troupes de débarquement sur les côtes mexicaines et de réclamer au nom de l'Espagne :

1° Une satisfaction publique et solennelle pour l'expul-

---

[1] M. Calderon-Collantes à M. Mon, 5 septembre 1861.
[2] M. Mon à M. Calderon-Collantes, 9 septembre 1861.

sion de l'ambassadeur et l'envoi à Madrid d'un représentant chargé d'en exprimer le regret ;

2° L'exécution du traité Mon-Almonte [1] ;

3° Des indemnités aux Espagnols victimes de certains crimes, et la punition exemplaire des coupables ;

4° Le remboursement de la valeur du trois-mâts *Concepcion*, capturé par les navires de Juarez.

Conditions « *sine qua non* » dont le rejet devait entraîner l'ouverture immédiate des hostilités.

Cependant, comme les cabinets de Londres et de Paris appréciaient d'une façon différente le développement à donner à l'action contre le Mexique, Lord Russell pria l'Espagne de ne pas prendre de résolution définitive avant que la France et l'Angleterre se fussent mises d'accord [2]. Le gouvernement français avait exprimé la pensée [3], que

---

[1] Un traité signé à Paris entre M. Mon, ambassadeur d'Espagne, et le général Almonte, représentant du gouvernement de Miramon, avait réglé les difficultés pendantes entre l'Espagne et le Mexique. Juarez ne voulait pas en reconnaître la validité.

[2] Dépêche du 23 septembre 1861.

[3] M. Thouvenel à lord Cowley, 2 octobre 1861 ;

Extrait d'une dépêche de M. Thouvenel à l'ambassadeur de France à Londres, 11 octobre 1861 :

« ..... L'ambassadeur d'Angleterre est venu m'entretenir des affaires du Mexique et des moyens de combiner l'action de nos deux Gouvernements pour atteindre le but commun que nous nous proposons. Le Gouvernement de la Reine est prêt, m'a-t-il dit, à signer avec la France et l'Espagne une convention à l'effet d'obtenir la réparation des torts commis envers les sujets des trois pays et d'assurer l'exécution des engagements contractés par le Mexique, vis-à-vis de ces Gouvernements respectifs, pourvu qu'il soit déclaré dans cette convention que les forces des trois puissances ne seront employées à aucun objet ultérieur quelconque, et surtout qu'elles n'interviendront pas dans le gouvernement intérieur du Mexique. Le cabinet de Londres propose d'inviter les États-Unis à adhérer à cette convention, sans toutefois attendre leur réponse pour commencer les opérations actives.

« J'ai répondu que j'étais complétement d'accord avec le Gouvernement anglais sur un point, que je reconnaissais que la légitimité de notre action coercitive à

l'arrivée des alliés sur les côtes du Mexique, déterminerait un mouvement en faveur de la monarchie ; il était disposé à en faciliter le succès et manifestait le désir de

l'égard du Mexique ne résultait évidemment que de nos griefs contre le gouvernement de ce pays, et que ces griefs, ainsi que les moyens de les redresser et d'en prévenir le retour, pouvaient seuls, en effet, faire l'objet d'une convention ostensible. J'admettais également que les Parties contractantes pourraient s'engager à ne retirer de leur démonstration aucun avantage politique ou commercial à l'exclusion les unes des autres, ou même de toute autre puissance, mais qu'il me semblait inutile d'aller au delà et de s'interdire à l'avance l'usage éventuel d'une participation légitime dans les événements, dont nos opérations pourraient être l'origine. Pas plus que le Gouvernement de la Reine, celui de l'Empereur ne veut assumer la responsabilité d'une intervention directe dans les affaires intérieures du Mexique, mais il pense qu'il est de la prudence des deux cabinets de ne pas décourager les efforts qui pourraient être tentés par le pays lui-même pour sortir de l'état d'anarchie où il est plongé en lui faisant connaître qu'il n'a à attendre en aucune circonstance aucun appui ni aucun concours. L'intérêt commun de la France et de l'Angleterre est évidemment de voir s'établir au Mexique un état de choses qui assure la sécurité des intérêts déjà existants, et qui favorise le développement de nos échanges avec l'un des pays du monde le plus richement doué. Les événements dont les États-Unis sont en ce moment le théâtre donnent à ces considérations une importance nouvelle et plus urgente.

« Il est permis de supposer, en effet, que si l'issue de la crise américaine consacrait la séparation définitive du Nord et du Sud, les deux nouvelles confédérations chercheraient l'une et l'autre des compensations, que le territoire du Mexique, livré à une dissolution sociale, offrirait à leurs compétitions. Un semblable événement ne saurait être indifférent à l'Angleterre, et le principal obstacle qui pourrait, selon nous, en prévenir l'accomplissement, serait la constitution au Mexique d'un gouvernement réparateur assez fort pour arrêter sa dissolution intérieure. Que les éléments d'un semblable gouvernement existent au Mexique, c'est ce que nous ne saurions certainement assurer. Mais l'intérêt qui s'attache pour nous à la régénération de ce pays ne permet, ce nous semble, de négliger aucun des symptômes qui pourraient faire espérer le succès d'une pareille tentative. A l'égard de la forme de ce gouvernement, pourvu qu'il donnât au pays et à nous-mêmes des garanties suffisantes, nous n'avions et je ne supposais à l'Angleterre aucune préférence, ni aucun parti pris. Mais si les Mexicains eux-mêmes, las de leurs épreuves, décidés à réagir contre un passé désastreux, puisaient dans le sentiment des dangers qui les menacent une vitalité nouvelle; si revenant, par exemple, aux instincts de leur race, ils trouvaient bon de chercher dans un établissement monarchique le repos et la prospérité qu'ils n'ont pas rencontrés dans les institutions républicaines, je ne pensais pas que nous dussions nous interdire absolument de les aider, s'il y avait lieu, dans l'œuvre de leur régénération, tout en reconnaissant que nous devions les laisser entièrement libres de choisir la voie qui leur paraîtrait la meilleure pour les y conduire.

voir le choix des Mexicains et l'assentiment des puissances se porter sur l'archiduc Maximilien.

L'Espagne ne répondit pas à ces ouvertures [1]; la candidature d'un prince autrichien ne pouvait en aucune façon avoir ses sympathies; si un trône s'élevait dans ses anciennes colonies d'Amérique, elle souhaitait que ce fût au profit d'un prince de sa maison, mais ce désir ne fut positivement exprimé que plus tard. Le 9 décembre, le ministre des affaires étrangères d'Espagne écrivit en effet à l'ambassadeur de la reine à Paris :

« Le gouvernement de la reine verra avec plaisir l'établissement au Mexique d'un pouvoir solide et stable ; mais soit qu'il se constitue *sous la forme monarchique, qui est la préférable incontestablement*, soit sous une forme moins sûre, l'Espagne désire que le choix soit l'œuvre exclusive des Mexicains. On devra leur laisser la même large liberté pour choisir le souverain qui devra les gouverner s'ils préféraient la monarchie à la République ; mais le gouvernement de Sa Majesté ne pourra cacher que, dans ce cas, il croirait conforme aux traditions historiques et aux liens qui doivent

---

« Poursuivant le développement de ces idées dans la forme d'une conversation intime et confiante, j'ai ajouté que, dans le cas où la prévision que j'indiquais viendrait à se réaliser, le Gouvernement de l'Empereur, dégagé de toute préoccupation intéressée, écartait d'avance toute candidature d'un prince quelconque de la famille impériale, et que, désireux de ménager toutes les susceptibilités, il verrait avec plaisir le choix des Mexicains et l'assentiment des puissances se porter sur un prince de la maison d'Autriche.

« Pour revenir au point de départ de cet entretien et pour le résumer, j'ai dit enfin que la convention projetée devait, selon moi, indiquer le but de l'entente des Parties contractantes et les moyens combinés pour l'atteindre, dire en un mot, tout ce que nous ferions, mais qu'il paraissait conforme à la prudence et à l'usage de s'abstenir de dire ce que nous ne ferions pas dans l'hypothèse d'événements incertains et auxquels il serait temps d'aviser quand ils se produiraient. . . . . Signé : THOUVENEL.

[1] Discours de M. Mon aux Cortès espagnoles, 7 et 8 janvier 1863.

unir les deux peuples, que l'on préférât un prince de la *dynastie de Bourbon ou intimement uni à elle* [1]. »

Il semble donc résulter de cette dépêche que si l'Espagne avait un candidat différent de celui de la France, elle était du moins d'accord avec elle pour souhaiter le rétablissement d'un gouvernement monarchique et cependant, à la même époque, le maréchal O'Donnel, chef du cabinet de Madrid, disait au ministre anglais que l'idée d'établir une monarchie constitutionnelle au Mexique à l'aide d'une intervention étrangère lui paraissait tout à fait chimérique [2] ; quelques mois plus tard, il traitait ce projet de « si extravagant qu'il méritait à peine d'être discuté [3]. »

Le gouvernement anglais, de son côté [4], déclarait qu'en principe il était opposé à toute intervention armée et il exprimait l'opinion qu'au Mexique surtout une intervention ne saurait remédier à l'anarchie ; qu'une armée étrangère ne parviendrait jamais à établir dans ce pays une autorité stable et prépondérante, et qu'il était imprudent d'exciter le mécontentement des Etats-Unis sans avoir devant soi un but important et une certitude suffisante de réussir.

Si l'effet indirect d'opérations navales et militaires était

---

[1] M. Perry, ministre des États-Unis à Madrid, informait son gouvernement, le 15 mars 1862, que l'on agitait un projet de mariage entre le comte de Flandre et la fille aînée du duc de Montpensier, et que l'on s'occupait de poser leur candidature au trône du Mexique. — Le 31 janvier, lord Crampton, ministre d'Angleterre à Madrid, avait déjà prévenu lord Russell qu'il avait été questionné pour savoir si l'Angleterre serait disposée à soutenir la candidature du comte de Flandre, et qu'il avait répondu que l'Angleterre ne soutiendrait personne.

[2] Dépêche de sir John Crampton, 13 septembre 1861.—Discours de M. Bermudez de Castro, 18 décembre 1862.

[3] Dépêche de sir John Crampton, 30 janvier 1862.

[4] Dépêche de sir John Russell, 30 septembre 1862.

de déterminer les Mexicains à instituer un gouvernement plus en état que les précédents de conserver les relations de paix et d'amitié avec les puissances étrangères, le gouvernement anglais s'en féliciterait, mais il pensait « qu'on aurait plus de chances d'arriver à ce résultat par une conduite soigneusement conforme au respect dû à une nation indépendante, que par une tentative d'améliorer par une force étrangère les institutions intérieures du Mexique. » Il entendait n'aller au Mexique que pour recouvrer les sommes qui lui étaient dues. Inquiet des projets de la France, il tenait avant le départ de l'expédition à faire stipuler dans une convention formelle le but et les limites de l'intervention.

Les ministres anglais, ne partageant ni les espérances ni les illusions de l'empereur Napoléon, conservaient à la politique de la Grande-Bretagne le caractère pratique qui l'a toujours distinguée. Ils présentèrent à la France et à l'Espagne un projet de convention, dans lequel il était expressément dit que l'action demeurerait limitée aux côtes et que les forces alliées n'interviendraient en rien dans les affaires du pays [1].

L'Espagne et la France ne voulurent pas se lier les mains par une déclaration aussi catégorique, ni « décourager par avance les efforts que le Mexique pourrait tenter de lui-même avec l'appui moral de la présence des flottes alliées sur ses rivages [2]; » leur intention était que le corps expéditionnaire put s'avancer dans l'intérieur, soit pour atteindre le gouvernement de Juarez, si l'action sur les côtes était inefficace, soit pour se soustraire aux in-

---

[1] Discours de M. Bermudez de Castro aux Cortès, 17 décembre 1862.
[2] Lettre de M. Thouvenel à M. de Flahaut, 11 octobre 1861.

fluences d'un climat meurtrier. Elles repoussèrent donc la rédaction proposée par l'Angleterre [1]. M. Calderon Collantes, ministre des affaires étrangères à Madrid, ajoutait qu'il valait mieux s'abstenir que d'aller au Mexique dans les conditions du projet anglais.

En résumé, la France avait le dessein d'intervenir au Mexique d'une manière effective et d'appuyer le prince Maximilien. L'Angleterre ne voulait pas s'occuper des affaires intérieures du pays ; elle avait exclusivement en vue la protection des sujets et des intérêts anglais.

Quant à l'Espagne, bien que le président du conseil trouvât chimérique le projet d'établir un gouvernement monarchique au Mexique, le cabinet, admettant la possibilité qu'un mouvement se produisît dans le pays, exprimait le désir qu'il eût lieu « en faveur d'un prince de la dynastie de Bourbon ou intimement uni à elle » ; il s'éloignait donc ainsi du projet de l'Angleterre, sans se rapprocher de celui de la France.

Telles étaient les dispositions apportées par chacune des puissances à la signature de la convention de Londres, le 31 octobre 1861 [2].

Convention de Londres (31 oct. 1861).

Il fut expliqué dans ce traité, que les gouvernements de France, d'Angleterre et d'Espagne se proposaient d'obtenir, par une action commune sur le Mexique, le redressement des griefs nombreux dont ils avaient à se plaindre, des garanties plus efficaces pour les personnes et les propriétés de leurs nationaux, enfin l'exécution des obligations contractées par la République mexicaine.

---

[1] M. Barrot à M. Thouvenel, 21 octobre 1861.

[2] Le texte de la convention est donné au *Moniteur universel* du 22 novembre 1861. Voir à l'Appendice.

Ils s'engageaient à envoyer sur les côtes du Mexique des forces de terre et de mer suffisantes pour saisir et occuper les différentes positions militaires et les forteresses du littoral, soit sur le golfe du Mexique, soit sur l'océan Pacifique, sans s'interdire toutefois les autres opérations qui seraient jugées sur les lieux les plus propres à réaliser le but poursuivi en commun et notamment à assurer la sécurité des résidents étrangers.

Ils promirent de ne rechercher pour eux, dans l'emploi de mesures coercitives, aucune acquisition de territoire, ni aucun avantage particulier, et à n'exercer dans les affaires intérieures du Mexique aucune influence de nature à porter atteinte au droit de cette nation de choisir et de constituer librement la forme de son gouvernement.

Il fut convenu que tout en invitant sans retard le gouvernement des États-Unis, qui avait aussi des réclamations à faire valoir, à accéder à cette convention, on ne s'exposerait pas, dans la seule vue d'obtenir cette adhésion, à manquer le but à atteindre, et que par conséquent on ne retarderait pas le commencement des opérations au delà de l'époque à laquelle les forces combinées pourraient être réunies dans les parages de la Vera-Cruz.

Dans ce traité, que l'on dirait fait à la hâte, rien n'est spécifié d'une manière précise ; les gouvernements n'étaient pas d'accord avant la signature, et l'on ne voit aucun article qui fasse disparaître leurs divergences de vue ; au contraire il semblerait qu'au lieu de chercher à résoudre les difficultés, on eût voulu éviter de discuter les points sur lesquels les opinions différaient.

Après, comme avant, chacun conserve la liberté de suivre une ligne politique particulière ; les termes vagues du traité ne s'y opposent pas, de même qu'ils n'obligent aucun des gouvernements à étendre ou à restreindre son action dans la même mesure que ses alliés.

Les plénipotentiaires ne se communiquent même pas la note des réclamations de chaque puissance; on se décide à agir en commun sans déterminer d'avance les réparations à obtenir et sans examiner si les prétentions de l'un sont de nature à être soutenues par les autres. Bien plus, comme on le verra par la suite, le gouvernement français ne savait même pas exactement quelles satisfactions il exigerait, de sorte que si Juarez, dans le but d'arrêter l'intervention européenne, se fût déclaré prêt à accepter toutes les conditions des alliés, le cabinet des Tuileries n'eût pas été à même de formuler des réclamations pour l'établissement desquelles il manquait d'éléments d'appréciation. Ceci est d'autant plus grave à signaler que, plus tard, le refus des Anglais d'appuyer les demandes des commissaires français sera la cause première de la rupture de la triple alliance.

Les hostilités allaient donc s'ouvrir sans que le cabinet des Tuileries eût arrêté les bases d'un ultimatum. Ce soin était laissé à un agent diplomatique dont les sentiments (on l'a reconnu depuis et on pouvait le savoir dès cette époque) manquaient de mesure.

M. de Saligny avait cependant communiqué à son gouvernement une liste de griefs [1]; mais il suffira d'en lire la nomenclature pour se rendre compte qu'un certain nombre n'étaient pas de nature à motiver des réclamations diplomatiques et qu'il n'était pas juste de faire remonter au gouvernement la responsabilité de brigandages commis sur les grandes routes, dans des lieux isolés et souvent en dehors de son rayon d'action.

M. de Saligny a dit aussi qu'on avait attenté à ses jours;

[1] Voir à l'Appendice.

ce fait a été contesté par le gouvernement mexicain, et l'enquête, à laquelle il a donné lieu, n'a pu avoir de résultat certain [1].

Pour d'autres actes de violence on avait au contraire le droit et le devoir de demander impérieusement justice. Le vice-consul de France à Zacatecas avait été emprisonné pour s'être refusé à payer une taxe illégale ; le vice-consul de Tepic était mort des suites d'odieux traitements ; une indemnité avait été accordée à sa famille, mais l'auteur principal de ces excès, le colonel Rojas, avait été, après une punition illusoire, réintégré dans l'armée et investi d'un commandement important à Tepic même.

Venaient ensuite les réclamations pécuniaires et le règlement des indemnités auxquelles les dommages causés pouvaient donner lieu ; cette question paraît du reste dominer toutes les autres.

Tandis que le gouvernement français évaluait à environ dix millions de francs la somme due par le Mexique [2], M. de Saligny devait plus tard réclamer douze millions de piastres, chiffre que les commissaires alliés trouvèrent exorbitant et que M. Thouvenel lui-même ne pouvait s'empêcher « de croire exagéré [3]. »

Enfin, indépendamment de ces indemnités, il prétendait

[1] Une manifestation avait eu lieu devant l'hôtel du ministre de France ; un coup de feu partit, dit-il, d'un des groupes et la balle pénétra dans ses appartements. — L'agent du gouvernement de Juarez à Paris, M. de la Fuente, déclara au Ministre des affaires étrangères qu'à la suite d'une enquête judiciaire, on avait reconnu l'erreur dans laquelle était tombé M. de Saligny, que les cris imaginaires de *mort* qui auraient été proférés étaient en réalité des acclamations en faveur de la France et en réprobation des assassinats commis contre les étrangers ; le groupe duquel les cris étaient partis était composé de Mexicains et de Français échangeant entre eux des sentiments réciproques d'amitié. (?) (Lettre de M. de la Fuente à M. Thouvenel, 7 mars 1862.)

[2] Note sur les griefs remise à l'amiral Jurien.

[3] M. Thouvenel à M. de Saligny, 28 février 1862.

exiger du gouvernement de Juarez l'exécution du contrat passé par Miramon avec la maison Jecker.

Le ministre des affaires étrangères à Paris n'était pas très au courant de cette dernière question encore obscure, et qui fut élucidée plus tard seulement; il en avait, comme pour tout le reste, réservé la solution à M. de Saligny.

Dispositions des États-Unis. Ainsi qu'il en avait été convenu, les puissances signataires de la convention de Londres invitèrent les États-Unis à donner leur adhésion à ce traité; le cabinet de Washington, loin d'être disposé (on le savait parfaitement) à favoriser une intervention européenne, répondit qu'il ne croyait pas devoir, pour le moment, donner à ses propres réclamations l'appui de la force et qu'il avait même entamé des négociations avec le Mexique en vue de lui fournir les moyens de satisfaire aux demandes des puissances [1]. En effet, M. Corvin, ministre des États-Unis à Mexico, conclut des arrangements financiers avec Juarez, afin de lui procurer neuf millions de piastres et neutraliser les effets de la convention de Londres en désintéressant les créanciers [2]. Toutefois ces traités ne furent pas approuvés par le Sénat américain.

Les opérations militaires allaient donc commencer.

Outre les satisfactions pécuniaires, l'empereur Napoléon poursuivait, comme nous l'avons dit, la réalisation de certains plans politiques, dont le but était surtout de contrebalancer l'influence des États-Unis sur l'Amérique centrale.

Cette idée était en définitive conforme aux principes qui

---

[1] Dépêche du 4 décembre 1861.
[2] M. Seward à M. Corvin, 5 décembre 1861. Voir Lemprière, Londres, 1862.

ont souvent dirigé et dirigent encore la conduite d'un grand nombre d'hommes d'État. La doctrine qui enseigne que l'intérêt crée le droit, et que les règles banales de justice et d'honnêteté, pratiquées dans les relations d'individu à individu, ne sont pas applicables aux rapports internationaux, a, depuis de longs siècles, préparé des excuses pour tous les abus de la force.

En raisonnant ainsi, on pouvait soutenir que l'intérêt de l'Europe étant de s'opposer au développement menaçant des États-Unis, elle avait le droit de prendre pied au Mexique si elle le jugeait nécessaire, et cette prétention pouvait paraître d'autant plus acceptable, que l'on avait trop légèrement conçu l'espérance de voir l'intervention européenne acclamée par la grande majorité du peuple mexicain.

Le point de départ ainsi posé, on s'inquiéta peu du gouvernement qui siégeait à Mexico; le vent qui, soufflant d'Europe, pousserait les flottes alliées vers les rivages mexicains, renverserait, à n'en pas douter, ce pouvoir éphémère, et quelques milliers d'hommes paraissaient une force bien suffisante pour tout mener à bonne fin.

Qu'était donc le Mexique? et n'avait-on pour le connaître que les rapports intéressés des émigrés, ou d'agents diplomatiques mal éclairés ou peu sincères? L'histoire était-elle oubliée, ou croyait-on que quarante années de guerre civile avaient complétement épuisé la séve du pays?

« Le Mexique avait secoué la domination monarchique de l'Espagne, domination séculaire et profondément enracinée ; lui, qui n'avait pas voulu de son libérateur pour roi, accepterait-il aujourd'hui un monarque étranger? Cette monarchie difficile à créer ne serait-elle pas plus difficile à maintenir? Ruineuse et terrible pour les Mexicains, cette entreprise ne le serait pas moins pour leurs ennemis. Les Mexicains étaient faibles sans doute en comparaison des puissances qui allaient envahir leur territoire, mais ils combattraient sur le sol même de leur patrie pour la défense de leurs droits outragés. Le patriotisme décuplerait leurs forces et la patiente ténacité des races indiennes lasserait toutes les armées de l'Europe. »

Tel était le langage d'un certain nombre d'hommes considérables, de M. de la Fuente entre autres, agent de Juarez en Europe, et dont les assertions auraient dû obtenir autant de créance au moins que celles des réfugiés bannis de leur pays et désireux d'y rentrer par tous les moyens, fût-ce même avec l'appui des baïonnettes étrangères.

CHAPITRE DEUXIÈME.

Commandement du contre-amiral Jurien de la Gravière.

Organisation des forces expéditionnaires. — Désignation des plénipotentiaires ; le général Prim. — Instructions données à l'amiral Jurien ; — aux commissaires anglais ; — au général Prim. — Formation du corps expéditionnaire français ; départ de l'escadre. — Réunion de l'escadre à Sainte-Croix-de-Ténériffe. — L'amiral complète l'organisation du corps expéditionnaire. — Arrivée de l'escadre à la Havane. — Première réunion des trois commandants des troupes alliées. — Les émigrés mexicains à la Havane. — Juarez se prépare à la résistance. — Débarquement des Espagnols à la Vera-Cruz. — Achat de chevaux à la Havane. — L'escadre française quitte la Havane. — Effectif de la division espagnole. — Manifeste des plénipotentiaires à la nation mexicaine. — Description topographique sommaire. — Occupation de la Tejeria. — Occupation de Medelin. — Première conférence. — Ultimatum des plénipotentiaires français. — Deuxième conférence. — Envoi de délégués à Mexico. — Arrestation de Miramon. — Retour des délégués. — Réponse du gouvernement mexicain. — Deuxième note des commissaires alliés. — Loi du 25 janvier 1862. — Organisation du corps expéditionnaire. — Réponse de Doblado à la deuxième note. — Troisième note. — Le général Zaragosa remplace le général Uraga. — *Convention de la Soledad* (19 février 1862). — Organisation du convoi. — Départ des troupes françaises pour Tehuacan (25 février 1862). — Réorganisation des moyens de transport. — Situation de la Vera-Cruz et de l'escadre.

Après avoir signé la convention de Londres, les puissances alliées arrêtèrent en commun que le corps expéditionnaire à diriger sur le Mexique se composerait d'environ 6,000 Espagnols et 3,000 Français, l'Angleterre concourant

<small>Organisation des forces expéditionnaires.</small>

à l'opération par l'envoi d'une forte division navale, 2 vaisseaux, 4 frégates, un nombre proportionnel de bâtiments plus légers et un détachement de 700 soldats de marine destinés à être momentanément débarqués sur les côtes (1).

Désignation des plénipotentiaires. Le contre-amiral Milnes reçut le commandement des forces anglaises, le contre-amiral Jurien de la Gravière celui des troupes françaises; le général Prim, comte de Reus, fut désigné pour commander les troupes espagnoles.

Des commissaires devant être chargés de régler les diverses questions de réparations à demander au Mexique et d'indemnités à en obtenir, l'Angleterre désigna à cet effet sir Ch. Wyke, son chargé d'affaires à Mexico, qui était au courant des hommes et des choses du pays et le contre-amiral Milnes, commandant l'escadre anglaise.

Pour les mêmes raisons, le cabinet des Tuileries se fit représenter par M. de Saligny et par l'amiral Jurien. Quant à l'Espagne, elle remit au général Prim la direction politique et militaire de l'expédition.

Le général Prim. Le chiffre relativement élevé des forces qu'il commandait, l'illustration qui entourait son nom, la bienveillante sympathie qu'il avait rencontrée près de l'empereur Napoléon et dont il avait reçu des témoignages publics, devaient donner au général Prim une influence prédominante au sein de la conférence. Bien que les commissaires français ne lui fussent nullement subordonnés, il leur était recommandé d'avoir pour ses avis une certaine déférence; l'avenir de l'expédition était donc en grande partie entre ses mains et le succès allait dépendre de la ligne de conduite qu'il suivrait.

---

(1) Le Ministre des affaires étrangères au Ministre de la marine, 4 novembre 1861. — Le contre-amiral Jurien au Ministre de la marine, 22 décembre 1861.

Une grande ambition appuyée sur un fonds d'idées libérales, un besoin incessant de mouvement et d'agitation, quelque inconséquence dans l'esprit, paraissent être les caractères distinctifs du comte de Reus.(1) Il avait épousé une riche Mexicaine, mademoiselle Aguero, et se trouvait par alliance le neveu de Gonzales Etcheverria, alors ministre des finances de Juarez.

En 1858, lorsque l'Espagne voulait déclarer la guerre au Mexique, il avait proposé et soutenu au Sénat l'amendement suivant à l'un des paragraphes de l'adresse à la Reine :

« Le Sénat a vu avec peine que les différends avec le Mexique subsistent encore. Ces différends, Madame, auraient pu avoir une solution pacifique, si le gouvernement de Votre Majesté eût été animé d'un esprit plus conciliant et plus juste. Le Sénat comprend que la source de ces dissensions

---

(1) Le général Prim était jugé de la façon suivante par un officier allemand qui l'avait connu en Turquie pendant les années 1853-54, et au Maroc en 1860 (Spanisch und marokanisch Krieg. Brockhaus, Leipzig, 1863) :

« Le général Prim, originaire de Catalogne, est personnellement très-brave ; il ne manque pas de talents ; il manie parfaitement la parole et il y a dans son commerce un attrait qui gagne les cœurs ; mais c'est un homme sans caractère, sans consistance morale et d'une vanité souvent des plus ridicules. Cette vanité et le désir de faire parler de lui se sont trahis pendant son séjour dans le camp de l'armée turque en 1853-54, de la façon la plus comique, au point que le général, malgré toutes ses qualités, était devenu une sorte de plaisant et provoquait souvent des mouvements d'épaules de la part des Turcs, graves et sérieux, qui estiment qu'il est inconvenant de parler toujours de soi. — Dans le récit de ses actions d'éclat et plus encore des exploits qu'il projetait, le général Prim montrait une confiance sans bornes dans la crédulité de ses auditeurs...... Il n'avait pas la moindre notion de théorie militaire ni de mathématiques, ne savait ni l'histoire ni la géographie. C'était un soldat de fortune, brave, adroit, risquant tout et jouant sa dernière pièce sur une carte. Les caprices de la fortune l'avaient singulièrement favorisé..... Il a débuté comme simple soldat dans un bataillon catalan de l'armée des *Cristinos* au commencement de la guerre civile entre les Cristinos et les Carlistes. Il gagna rapidement le grade d'officier, conduisit avec succès plusieurs expéditions hardies et se trouva à la fin de la guerre parmi les jeunes chefs de brigade de l'armée victorieuse de Christine. »

est peu honorable pour la nation espagnole et par cela même il voit avec peine les préparatifs de guerre que fait votre gouvernement, car la force des armes ne peut nous donner la raison que nous n'avons pas. » [1] Cet amendement n'avait obtenu d'autre voix que la sienne.

Depuis cette époque, s'était-il produit dans l'esprit du comte de Reus un revirement tel qu'il pût approuver les motifs et le but de l'expédition actuelle, et si ce revirement avait eu réellement lieu, ne pouvait-on craindre un nouveau changement dans un esprit aussi versatile ? Sa conduite n'allait-elle pas être influencée par quelque mobile secret, peut-être difficile à préciser, mais vraisemblablement en désaccord avec les intentions des gouvernements alliés ?

La suite de ce récit montrera que cette crainte eût été justifiée.

Il avait sollicité lui-même le commandement de l'expédition ; ce n'est donc ni par déférence pour un désir de la Reine, ni par obéissance aux ordres de son gouvernement qu'il est parti pour le Mexique. On a dit qu'il avait rêvé une couronne ; ses amis et les journaux qui lui étaient dévoués répétaient qu'il en était digne et il ne fit rien pour arrêter les bruits qui circulèrent à ce sujet.

Une feuille, l'*Eco de Europa*, qui se publia plus tard au Mexique, dans le camp et sous les inspirations du général Prim, contribua beaucoup à accréditer cette supposition. « Au moyen âge, disait-on, ce héros aurait été le fondateur d'une dynastie de rois. » Mais sans doute, il n'est permis de voir dans ces expressions qu'une exagération de style.

---

[1] Séance du 13 décembre 1858.

D'autre part, on sait qu'une partie des hommes politiques de l'Espagne espéraient voir la monarchie rétablie au Mexique en faveur d'un prince de la maison de Bourbon; le nom du jeune duc de Parme avait été prononcé; cette éventualité venant à se réaliser, la régence devait-elle être réservée au comte de Reus? Etait-ce là que tendait son ambition? Cette hypothèse ne peut encore être acceptée qu'avec une extrême réserve et comme une des explications possibles des anomalies de sa conduite. Quoi qu'il en soit, les conditions dans lesquelles s'engageait cette expédition étaient en tout si confuses, qu'il eût été fort à désirer de voir à sa tête un homme plus dégagé d'ambition et d'un caractère mieux défini que ne l'était le général Prim.

En désignant un amiral comme commandant des troupes françaises, l'empereur Napoléon ne supposait pas évidemment que les opérations militaires dussent prendre un grand développement; au début, il avait même l'intention de n'envoyer que des troupes de marine; il pensait donc que le général Prim avec ses Espagnols suffirait à la tâche et agirait conformément à ses vues. La composition du corps expéditionnaire français indique, en effet, qu'il ne pouvait être destiné à une opération de guerre indépendante.

Les instructions données à l'amiral Jurien [1] caractérisent le but que se proposait alors le cabinet des Tuileries :

Occuper les ports sur le golfe du Mexique et les conserver jusqu'à solution complète des difficultés pendantes, y percevoir les droits de douane au nom des trois puissances.

Dans le cas probable où les autorités locales n'opposeraient pas de résistance et où le gouvernement mexicain refuserait d'entrer en rapport avec les alliés, ne pas se

[1] Instructions du 11 novembre 1861.

laisser tenir en échec par un tel expédient; un intérêt de dignité, non moins que les dangers résultant d'un séjour prolongé sous le climat malsain de la côte, commandaient d'obtenir un résultat prompt et décisif; c'était dans ce but qu'un corps de troupes de débarquement était mis à la disposition de l'amiral, afin qu'il pût, de concert avec les alliés, étendre le cercle de l'action commune.

Le gouvernement français admettait qu'il pouvait être nécessaire de s'avancer jusqu'à Mexico.

Les puissances alliées, était-il dit, ne se proposaient aucun autre but que celui indiqué dans la convention; elles s'interdisaient d'intervenir dans les affaires intérieures du pays et notamment d'exercer aucune pression sur les volontés des populations quant au choix de leur gouvernement; il pouvait arriver cependant que la présence des forces alliées sur les côtes déterminât la partie saine de la population à tenter un effort pour constituer un gouvernement présentant des garanties de force et de stabilité, qui ont manqué à ceux qui se sont succédé depuis l'émancipation. Il ne faudrait pas décourager des tentatives de cette nature ni leur refuser un appui moral si la position des hommes qui en prendraient l'initiative et la sympathie qu'elles rencontreraient dans la masse du pays leur promettaient quelques chances de succès.

Ces instructions officielles étaient nécessairement complétées par des instructions confidentielles. L'amiral Jurien était au courant des projets de restauration monarchique en faveur de l'archiduc Maximilien; il devait appuyer un mouvement dans ce sens, mais non le provoquer. Le gouvernement français, fidèle à son programme, restait donc dans les dispositions dont il était animé avant la signature de la convention de Londres.

Le Cabinet anglais ne se montra pas moins conséquent avec lui-même. Lord Russell écrivait à sir Ch. Wyke (1ᵉʳ novembre) « d'observer avec rigueur l'article de la convention, qui contenait l'engagement de n'exercer, dans les affaires intérieures du Mexique, aucune influence de nature à porter atteinte au droit de la nation mexicaine de choisir et de constituer librement la forme de son gouvernement. » En lui faisant connaître que le gouvernement français enjoignait à ses représentants de marcher sur Mexico, dans certaines éventualités prévues, il lui rappelait (15 novembre) que la force et la composition du corps expéditionnaire anglais, limité à 700 soldats de marine, ne comportait pas qu'il fût employé à une opération de cette nature ; du reste les réclamations devaient toujours être présentées au gouvernement mexicain d'un commun accord et au nom des trois puissances.

1861. Instructions données aux commissaires anglais.

La crainte d'une collision avec les États-Unis, à la suite d'une violation de neutralité commise par un bâtiment fédéral sur un paquebot anglais, détourna les préoccupations de l'Angleterre et ne fit qu'augmenter la réserve qu'elle avait toujours montrée à l'égard de l'expédition mexicaine. Elle restreignit le nombre des navires à envoyer dans le golfe du Mexique ; le contre-amiral Milnes fut maintenu au commandement spécial de la station anglaise des côtes des États-Unis et remplacé par le commodore Dunlop.

L'Espagne paraissait au contraire s'engager plus résolûment. Le gouvernement français ayant manifesté le désir que les troupes espagnoles fussent autorisées à s'avancer jusqu'à Mexico, le Cabinet de Madrid y adhéra immédiatement [1].

Instructions données au général Prim.

---

[1] L'ambassadeur à Madrid à M. Thouvenel, 6 novembre 1861.

Dans les instructions données au général Prim, on trouve reproduite la recommandation, faite à l'amiral Jurien par le gouvernement français, « de ne pas attendre que le climat et tous les inconvénients, qui accompagnent les expéditions lointaines décimassent les troupes et prolongeassent indéfiniment cette entreprise si importante.... et d'aller chercher le gouvernement mexicain, en quelque lieu qu'il fût, pour lui imposer ses conditions. » Le comte de Reus eut l'ordre de formuler les réclamations, conformément à l'ultimatum envoyé le 11 septembre au capitaine général de Cuba, et aux termes duquel les hostilités devaient commencer énergiquement si le Mexique n'acceptait pas purement et simplement les conditions posées.

Il est donc bien établi que l'Espagne entendait porter la guerre dans l'intérieur du pays.

Le général Prim fut confidentiellement informé des projets de restauration monarchique que l'on attribuait au Cabinet des Tuileries [1]; mais on ne put lui recommander d'y prêter son concours, puisque la candidature d'un prince autrichien ne plaisait pas à l'Espagne ; cependant, comme nous l'avons dit, les instructions officielles lui prescrivaient « de ne pas contrarier » les tentatives que pourraient faire des personnes sages pour établir un gouvernement qui fût la véritable expression des besoins du pays. Celui de Juarez était qualifié « d'*insensé*. »

Formation du corps expéditionnaire français.

Dans le principe, le corps expéditionnaire, mis sous les ordres de l'amiral Jurien, ne devait être composé que de troupes de marine : un régiment d'infanterie de marine, une batterie d'artillerie de marine et les compagnies de débarquement de l'escadre; mais peu de jours après la

---

[1] Discours du général Prim aux Cortès, 1863.

signature du traité de Londres, on jugea opportun de leur adjoindre un bataillon de zouaves et un peloton de chasseurs d'Afrique; le ministre de la guerre mit en outre à la disposition du département de la marine, spécialement chargé d'organiser l'expédition, des détachements du train, du génie et d'ouvriers d'administration. Le corps expéditionnaire se trouva définitivement constitué de la manière suivante :

A. — Le régiment d'infanterie de marine, commandé par le colonel Hennique, était composé de neuf compagnies du 2ᵉ régiment de l'arme et de trois compagnies du 1ᵉʳ régiment. Six compagnies étaient en France, trois à la Martinique et trois à la Guadeloupe. Le ministre de la marine fit envoyer 600 fusils nouveau modèle pour les contingents des Antilles, qui n'en étaient pas encore pourvus. Ces troupes allaient donc entrer en campagne munies d'un armement avec lequel elles n'étaient pas familiarisées.

B. — La batterie d'artillerie de marine devait être formée au moyen du personnel de canonniers de marine se trouvant à la Guadeloupe. Les six canons rayés de 4, le matériel de la batterie et un approvisionnement de 480 coups par pièce étaient fournis par le département de la guerre; ils devaient être directement expédiés à la Vera-Cruz, où seraient réunis les cadres d'officiers et les canonniers. On pensait pouvoir se procurer les attelages au Mexique même, ou tout au moins dans les Antilles; on n'expédia de France que les harnachements. On ne s'occupa pas non plus des canonniers conducteurs, supposant qu'il serait facile d'y suppléer soit par des volontaires pris dans les colonies de la Martinique et de la Guadeloupe, soit par des auxiliaires d'infanterie de marine. Cependant un détachement du train d'artillerie fut envoyé avec les animaux nécessaires pour le transport des caisses de munitions. L'instruction des canonniers et des conducteurs, le dressage des chevaux sont d'ordinaire l'objet de soins minutieux, et souvent si l'une de ces conditions a été négligée, l'artillerie, loin d'être un appui, perd toute action efficace ; il y a donc lieu de s'étonner de la manière dont fut organisée la batterie destinée à l'expédition. Que serait-il arrivé s'il avait fallu opérer sur la côte du Mexique un débarquement de vive force ? Les canonniers de la marine ne connaissaient pas le service d'une batterie montée ; ils n'avaient jamais eu entre les mains de pièces de 4 rayées ; de plus on verra combien il fut long, difficile et surtout dispendieux de se procurer les attelages ; enfin le bâtiment sur lequel furent embarqués les canons et le matériel, quitta les côtes de France douze jours après le départ de l'amiral Jurien et arriva à la Vera-Cruz vingt-deux jours après lui.

c. — Le bataillon de zouaves fut pris dans le 2ᵉ régiment et formé à six compagnies de guerre.

d. — Le peloton de chasseurs d'Afrique fut fourni par le 2ᵉ régiment de l'arme.

e. — Un détachement de cent hommes du train des équipages fut adjoint aux troupes expéditionnaires, il devait être plus particulièrement affecté au transport d'une section d'ambulance légère, dont le personnel se composait de 3 médecins, 2 officiers d'administration et 24 infirmiers.

f. — Une section de 21 ouvriers d'administration fut chargée d'assurer les services administratifs ; elle emportait une réserve de matériel et 3 fours de campagne.

g. — Un détachement de vingt sapeurs du génie fut fourni par le 3ᵉ régiment.

II. — Enfin l'amiral pouvait disposer des compagnies de débarquement de l'escadre. L'intention du ministre n'était pas de les réunir en corps spécial ; cependant, pour qu'elles fussent à même de suivre les colonnes expéditionnaires, le cas échéant, il fit embarquer 500 manteaux d'infanterie de marine et 500 havre-sacs pour leur être distribués.

Un approvisionnement de trois mois de vivres pour un corps de 3,000 hommes fut mis à bord des vaisseaux de l'escadre, et un approvisionnement semblable envoyé à la Vera-Cruz sur des bâtiments du commerce.

L'escadre se composait de 14 bâtiments à vapeur.

Un vaisseau : *le Masséna* ;

Cinq frégates : *Montezuma, Ardente, Guerrière, Astrée, Foudre* ;

Trois avisos : *Bertholet, Chaptal, Marceau* ;

Deux canonnières : *Eclair, Grenade* ;

Trois transports : *Aube, Meuse, Sèvre*.

La Foudre, qui faisait partie de la division navale des côtes d'Amérique, se rendit directement à la Vera-Cruz, où elle arriva le 17 novembre, et se mit à la disposition de M. de Saligny.

L'Éclair et *la Grenade* étaient déjà sur les côtes ou dans le voisinage du Mexique. *Le Bertholet* quitta le port de Brest dès le 9 novembre, afin de précéder l'escadre à Ténériffe et à la Havane, de faire préparer dans ces ports les rechanges nécessaires, d'acheter des chevaux et des mulets à la Havane, enfin de se procurer des renseignements précis sur l'organisation de l'expédition espagnole et l'effectif des troupes destinées au Mexique. Les autres bâtiments furent expédiés successivement des divers ports de guerre ; l'amiral fixa pour lieu de rendez-vous général Sainte-Croix de Ténériffe (*la Meuse* et *la Sèvre* exceptées).

1861.

L'Ardente, *la Guerrière*, *l'Astrée* et *le Montezuma* reçurent à leur bord les compagnies d'infanterie de marine.

Le Masséna et *l'Aube* se rendirent de Toulon à Oran pour embarquer les troupes d'Afrique. *Le Masséna*, portant le pavillon de l'amiral, embarqua les zouaves et le détachement du génie (543 hommes).

L'Aube reçut les divers autres détachements formant un effectif de 10 officiers, 254 soldats, 248 chevaux et mulets.

L'amiral adressa au bataillon de zouaves, qu'il reçut à bord de son vaisseau, l'ordre du jour suivant :

« Soldats du 2º régiment de zouaves, soyez les bienvenus à bord de nos vaisseaux. Le prestige qui s'attache à votre nom nous est cher. C'est une des gloires de la France.

« L'Empereur, en vous associant à ses marins dans l'expédition du Mexique, a voulu vous donner une nouvelle preuve de son estime et de sa confiance. Vous connaissez déjà vos futurs compagnons d'armes. Ce sont les soldats qui ont gravi à vos côtés les hauteurs de l'Alma. Ce sont les canonniers qui ont partagé avec vous les épreuves d'un long siége, les marins qui, au prix de tant de fatigues et de veilles périlleuses, vous ont adouci les rigueurs d'un terrible hiver. Depuis la campagne de Crimée et la campagne d'Italie, il n'y a plus qu'une armée en France. Le débarquement d'Old-Fort, l'attaque des batteries de Sébastopol, l'occupation de la mer d'Azoff et la prise de Kinburn sont des souvenirs qui appartiennent à la fois à nos légions et à notre flotte. L'expédition du Mexique associera plus étroitement encore ces deux éléments, incomplets l'un sans l'autre, de la puissance nationale.

« Soldats du 2º régiment de zouaves, je n'ai plus qu'un mot à vous dire : Dans cette nouvelle campagne, soyez dignes de vous ! Que vos frères d'armes, vos alliés et vos ennemis reconnaissent encore à votre discipline, comme à votre courage, les premiers soldats du monde ! »

Réunion de l'escadre à Sainte-Croix-de-Ténériffe.

L'amiral appareilla le 17 novembre se dirigeant sur Ténériffe. *Le Masséna* mouilla en rade de Sainte-Croix de Ténériffe, le 23 novembre. Le lendemain, les frégates *la Guerrière*, *l'Ardente*, *l'Astrée*, *le Montezuma*, les avisos *le Marceau*, *le Chaptal* et le transport *l'Aube* étaient réunis autour du pavillon de l'amiral, qui adressa l'ordre du jour suivant aux troupes du corps expéditionnaire :

« Marins et soldats,

« Nous allons au Mexique. Nous n'avons pas seulement à y poursuivre, comme la vaillante escadre, dont plusieurs d'entre vous ont fait partie, la réparation de nombreux et récents griefs; nous aurons avant tout à réclamer pour le respect de notre drapeau, pour la sûreté de notre commerce, pour l'existence de nos compatriotes, des garanties plus sérieuses que celles qui nous sont offertes aujourd'hui.

« Nous n'entretenons aucune animosité contre le peuple mexicain. Nous savons ce qu'il faudrait attendre de cette noble et généreuse race, si elle pouvait mettre un terme à ses éternelles discordes; mais des gouvernements, impuissants à maintenir la paix intérieure, protégeront toujours mal, quelle que soit leur bannière, la sécurité des étrangers.

« Notre véritable ennemi au Mexique, ce n'est pas telle ou telle faction politique, c'est l'anarchie; l'anarchie est un ennemi avec lequel il est inutile de traiter.

« Marins et soldats,

« Dans la nouvelle campagne que vous allez entreprendre, vous avez pour juges de votre bon droit l'opinion sympathique de votre pays, le concours ou l'assentiment du monde civilisé; vous aurez bientôt, au Mexique même, les vœux de tous les gens de bien.

« Comprenez donc les devoirs que cette situation vous impose. Donnez aux populations l'exemple de l'ordre et de la discipline; apprenez-leur à honorer le nom de notre glorieuse patrie, à envier la prospérité et la paix dont nous jouissons, et vous pourrez alors répéter avec un légitime orgueil ces paroles que vous adressait il y a quelques mois notre Empereur: « *Partout où se montre le dra-*
« *peau de la France, une cause juste le précède, un grand peuple le*
« *suit!* »

La division navale quitta Ténériffe le 25 novembre; les bâtiments, naviguant en route libre, se dirigèrent sur la Martinique, à l'exception du *Montezuma*, qui devait

1861.

d'abord toucher à la Guadeloupe pour y prendre trois compagnies d'infanterie de marine et le personnel de la batterie de 4.

L'amiral complète l'organisation du corps expéditionnaire.

L'amiral compléta en mer l'organisation de son corps expéditionnaire, qui avait été si sommairement préparée avant son départ d'Europe. Prévoyant les difficultés que rencontreraient la formation et la mise en état de sa batterie d'artillerie, il ordonna la création d'une batterie de montagne de six obusiers pris sur les bâtiments de la division, servie par des marins canonniers et commandée par un lieutenant de vaisseau, un enseigne et trois aspirants. Il affecta au service de cette batterie légère approvisionnée à 16 coups par pièce et à 32 coups de réserve, la moitié du détachement du train d'artillerie [1] qui lui avait été donné pour transporter l'approvisionnement de la batterie de 4. L'effectif de cette batterie fut fixé à 100 hommes.

Une section de 12 rayé, également servie par des marins et constituée au moyen des ressources de l'escadre, devait former une petite réserve de grosse artillerie.

Pour équiper ces marins, on fit confectionner sur les bâtiments des havre-sacs en toile et des tentes, avec des rechanges de voiles.

Les marins de débarquement furent organisés en un bataillon de six compagnies de 80 hommes sous le commandement d'un capitaine de frégate. On leur distribua des ustensiles de campement, des manteaux et des sacs.

Ce bataillon, les compagnies d'infanterie de marine et le bataillon de zouaves furent mis à terre à la Martinique et installés au bivouac pendant quelques jours, afin de

[1] Ce détachement se composait de 1 officier, 2 sous-officiers, 55 conducteurs, 40 mulets de bât.

permettre aux marins débarqués et aux soldats d'infanterie de marine, d'acquérir au contact des troupes d'Afrique un peu des connaissances pratiques de la vie de campagne.

Afin de combler en partie les vides ainsi produits dans les équipages des bâtiments, l'amiral prit à la Martinique des matelots créoles provenant de l'inscription maritime des Antilles et qui, n'étant pas sujets à la fièvre jaune, devaient lui rendre d'utiles services sur les côtes du Mexique. Le gouverneur de la Martinique mit en outre à sa disposition un peloton de gendarmes à cheval et un détachement de 25 ouvriers du génie indigène, avec les engins de guerre de première nécessité. Ces ressources de la colonie étaient précieuses ; elles permirent à l'amiral d'améliorer notablement l'organisation de son petit corps expéditionnaire.

Les services administratifs, à la tête desquels on plaça soit des commis de marine, soit des adjudants d'administration, furent centralisés entre les mains du commissaire adjoint de l'escadre. Un capitaine de frégate fut désigné pour remplir les fonctions de commandant du parc et de grand prévôt ; il fut en outre chargé du soin de réunir et d'organiser le convoi que l'amiral avait le désir de former pour transporter à la suite des colonnes 45 jours de vivres et des effets d'habillement pour six mois ; le détachement de gendarmes et soixante marins destinés au service d'escorte furent placés sous ses ordres [1].

L'amiral Jurien partit de la Martinique le 17 décembre ; il arriva le 27 à la Havane, presque en même temps que le commodore Dunlop. Le général Prim, qui les avait pré-

---

[1] Voir l'appendice pour l'organisation du corps expéditionnaire.

cédés de quelques jours, avait été reçu avec de grandes démonstrations d'enthousiasme et aux cris de : *Viva el vice-rey de Mexico, vivá el nuevo Hernan Cortez* ! [1]

Première réunion des trois commandants des troupes alliées.

A la Havane, l'amiral Jurien apprit, non sans surprise, que les troupes espagnoles étaient déjà parties et que depuis le 17 décembre elles occupaient la Vera-Cruz. Le lendemain de son arrivée, il eut une entrevue avec le général Prim et le commodore Dunlop; de très-bons rapports s'établirent aussitôt entre eux ; le général Prim témoigna un vif regret du malentendu qui, selon lui, avait amené le départ anticipé des troupes espagnoles; il fut le premier à manifester le désir que les escadres anglaise et française se réunissent à lui et aux bâtiments qui l'accompagneraient afin de se présenter simultanément devant la Vera-Cruz et faire, dès ce moment, succéder l'action combinée des trois puissances à l'action isolée des troupes espagnoles. Il exprima hautement l'intention de s'avancer dans l'intérieur du Mexique, dès qu'il le pourrait ; l'amiral Jurien déclara, de son côté, qu'aussitôt l'arrivée du bâtiment qui portait son artillerie, il serait à même de se mettre en marche; il ajouta que les termes de la convention de Londres ne lui laissaient aucun doute sur l'intention des puissances contractantes de prévoir et d'autoriser au besoin cette extension de l'intervention européenne. Le commodore Dunlop fit observer que ses instructions lui interdisaient tout mouvement de ce genre, mais que désireux de ne pas se séparer de ses collègues, il allait solliciter de nouveaux ordres. Quelques jours après, à la suite d'une seconde réunion, l'amiral Jurien ne se dissimula plus combien étaient différentes les vues des trois puissances alliées et quels sérieux germes de dissentiment existaient entre elles.

[1] Rapport du commandant du *Milan*, 28 décembre.

L'intention du cabinet anglais de se renfermer, aussi étroitement que possible, dans les limites de la convention de Londres ressortait clairement des instructions données au commodore Dunlop.

D'un autre côté, la conduite du général Prim, ses relations avec plusieurs personnages du Mexique, le départ précipité de l'escadre espagnole faisaient craindre que le cabinet de Madrid, et particulièrement son représentant, ne poursuivissent un but tout différent de celui de la France; les nombreux émigrés mexicains du parti conservateur, alors réunis à la Havane, en étaient vivement alarmés [1].

Les plus considérables parmi ces émigrés étaient : Don Haro y Tamaris, le général Soto, le général Miramon, récemment arrivé d'Europe et le Père Miranda, homme exalté du parti clérical extrême, désigné par M. Guttierrez de Estrada, comme devant être le directeur politique du gouvernement provisoire qui serait constitué après le débarquement des forces alliées; Santa-Anna, réfugié à Saint-Thomas, s'occupait aussi d'une façon très-active des événements qui se préparaient ; mais des rivalités mesquines avaient déjà semé la discorde parmi les conservateurs.

Le Père Miranda, représentant accrédité du parti qui avait suscité et soutenu en Europe la candidature du prince Maximilien, était hostile à Santa Anna et mal vu lui-même de ceux qui ne partageaient pas les idées réactionnaires les plus accentuées.

Santa Anna avait promis d'appuyer la prochaine révolution monarchique, et proposait de se mettre à la tête du gouvernement provisoire ; mais son caractère indécis et sa

---

[1] L'amiral Jurien au ministre de la marine, 28 décembre 1861, 2 janvier 1862.

personnalité ambitieuse n'inspiraient qu'une médiocre confiance.

Le général Miramon, mécontent du rôle secondaire qui lui était échu, aurait voulu, disait-on, reconquérir le pouvoir suprême ; ses ennemis l'accusaient même d'aspirer à la couronne. Irrité de se voir en quelque sorte mis de côté, il disait que Marquez et les autres chefs conservateurs n'agiraient que d'après ses inspirations ; il avait écrit à plusieurs d'entre eux « que l'intervention n'était qu'un prétexte pour envahir le pays ; qu'il s'agissait d'une domination étrangère et que par conséquent il offrirait son épée aux démocrates ; et ce fut peut-être cette lettre qui détermina plusieurs des généraux du parti conservateur restés au Mexique à se rallier à Juarez, en profitant de l'amnistie qui leur était offerte. Dans la suite, les dispositions de Miramon parurent se modifier ; cependant, comme il voulait se rendre à la Vera-Cruz, plusieurs membres du parti conservateur monarchiste résolurent de partir avec lui, « parce que, s'il ne pouvait leur être utile, ils voulaient l'empêcher de leur être nuisible ».

Les émigrés de la Havane avaient pensé que l'Espagne appuierait sérieusement un mouvement en faveur de la monarchie ; mais, ni les discours, ni l'attitude du commandant de l'expédition espagnole n'étaient de nature à entretenir cette espérance. Ils comptaient aussi sur une complète coopération de la part de la France ; or l'amiral Jurien déclarait n'avoir d'autre mission que de demander au Mexique satisfaction pour ses offenses, et il refusait péremptoirement de se mêler à toute intrigue politique. Cette réserve, conforme aux instructions du gouvernement français, contribuerait à faire croire que, si l'Empereur était disposé à appuyer un mouvement en faveur du prince Maximilien, il ne voulait cependant pas en prendre l'initiative. Que les Mexicains fissent eux-mêmes leur révolution, l'appui moral et matériel de la France ne leur manquerait pas; mais il ne convenait ni à sa politique, ni à ses intérêts d'édifier de ses mains un trône qu'elle serait ensuite forcée de défendre indéfiniment.

Tel était, à n'en pas douter, le programme que l'Empereur s'était proposé de suivre. Les fautes commises au début, le manque de franchise de l'Espagne, les revers militaires, qui nécessitèrent l'envoi de forces beaucoup plus considérables qu'on ne l'aurait voulu, enfin un enchaînement de circonstances imprévues ont entraîné le gouvernement français bien au delà de la limite qu'il s'était probablement fixée et qu'il aurait fallu ne pas dépasser.

L'Empereur n'avait sans doute jamais supposé que la France se verrait obligée de jeter plus de 40,000 hommes sur les côtes du Nouveau-Monde et que cette guerre, au lieu d'être terminée en une campagne, durerait plusieurs années.

Juarez, ému tout d'abord des préparatifs de guerre des puissances étrangères, s'était efforcé de conjurer l'orage en faisant rapporter la loi qui suspendait le paiement de la dette étrangère (28 novembre), et en présentant au congrès une révision des tarifs de douane, avantageuse pour le commerce étranger; il avait essayé aussi de négocier avec les Etats-Unis des arrangements financiers, qui lui auraient permis de satisfaire aux réclamations des puissances européennes; mais lorsqu'il vit la guerre inévitable, il déploya toute son énergie pour organiser la résistance. Il fit appel au sentiment national, toujours facile à surexciter lorsqu'il s'agit de repousser une invasion étrangère. Des hommes, que leurs occupations éloignaient d'ordinaire du métier des armes, vinrent offrir le secours de leurs bras et de leur intelligence; une amnistie, dont furent exceptés seulement les chefs du parti réactionnaire, rallia un grand nombre d'officiers des anciennes armées conservatrices ; les provinces les plus éloignées fournirent des contingents; enfin, cette guerre, dont le but était de ruiner l'influence de Juarez, eut au contraire pour premier résultat de donner à son gouvernement une plus grande popularité, et de grouper autour de lui beaucoup d'hommes politiques importants, que leurs idées, leur ambition personnelle ou tout autre motif avaient jusqu'alors tenus dans l'éloignement. La plupart cédèrent à l'impulsion patriotique qu'avait donnée au pays l'annonce d'une prochaine agression de la part de trois puissances européennes, dont l'une était l'Espagne, si abhorrée par ses anciennes colonies.

Doblado, gouverneur de l'État de Guanajuato, personnage riche, influent, d'un esprit très-délié et très-apte aux intrigues diplomatiques, accepta le portefeuille des affaires étrangères, bien qu'il eût, jusqu'à cette époque, témoigné peu de sympathie pour l'administration de Juarez.

Ne sachant quelles étaient les intentions précises des puissances alliées, pouvant craindre que l'indépendance et la souveraineté de leur pays ne fussent menacées, un grand nombre de chefs réactionnaires se joignirent à l'armée libérale. Les plus compromis, ceux qui n'avaient aucune grâce à espérer, continuèrent à tenir la campagne; mais leurs partisans, flétris du nom de *traîtres*, ne tardèrent pas à les abandonner en grand nombre.

L'effervescence des esprits augmenta encore lorsqu'on vit les Espagnols se présenter les premiers sur les côtes du Mexique. La présence simultanée des forces anglaises et françaises eût paru sans doute une garantie de respect pour la nationalité mexicaine, tandis que les idées de conquête, que l'on attribuait à l'Espagne, réveillèrent la haine contre les anciens dominateurs du pays. Le débarquement anticipé des troupes espagnoles était donc, à tous les points de vue, un fait extrêmement regrettable.

Il n'est guère possible d'attribuer cette précipitation à un malentendu. Il semble, au contraire, que l'Espagne ait voulu paraître la première devant la Vera-Cruz afin d'affirmer le rôle prépondérant qu'elle entendait prendre dans l'expédition.

En effet, comme nous l'avons dit, dès le 11 septembre, l'ordre avait été donné au capitaine général de Cuba de préparer et de faire partir les forces destinées à agir contre le Mexique; sur les instances de l'Angleterre, l'Espagne avait consenti à surseoir à son expédition jusqu'à la signature d'une convention préalable ; elle attendit cependant jusqu'au 11 novembre pour donner le contre-ordre, qui arriva naturellement trop tard [1].

L'amiral Rubalcoaba était parti pour la Vera-Cruz le 1er décembre avec 15 bâtiments portant 6,300 hommes. Son escadre était réunie devant ce port le 10 décembre et le 14, après avoir demandé aux commandants des stationnaires français et anglais s'ils voulaient lui prêter leur concours, proposition que ces officiers déclinèrent, il somma le gouverneur de la Vera-Cruz de lui remettre la place dans les vingt-quatre heures.

Les autorités mexicaines avaient déjà pris toutes leurs précautions pour abandonner la ville et fait transporter dans l'intérieur les canons qui armaient l'enceinte et le fort

---

[1] Discours de M. Mon au Sénat espagnol, 7 et 8 janvier 1863.

de Saint-Jean-d'Ulloa. Elles avaient répondu à l'apparition de l'escadre espagnole par un acte de défi en incendiant le trois-mâts *Concepcion*, capturé l'année précédente et l'une des causes des réclamations de l'Espagne [1].

A la sommation de l'amiral, le général La Llave, gouverneur de la place, se contenta de protester et se retira, ne laissant à la Vera-Cruz que les autorités locales et une simple garde de sûreté.

Le 17, les Espagnols débarquèrent donc sans résistance.

Le général Uraga, commandant l'armée mexicaine, dite d'Orient, établit aussitôt autour de la Vera-Cruz une ligne d'avant-postes qui bloquèrent étroitement la ville ; il interdit, sous les peines les plus sévères, toute communication avec les points occupés par l'ennemi, déclara que tout individu trouvé au delà de ses lignes serait traité comme espion, que tous ceux qui fourniraient des vivres à l'ennemi seraient considérés comme traîtres et leurs biens confisqués ; il fit éloigner de la côte tous les troupeaux, les chevaux et les mules que les Espagnols auraient pu utiliser.

En même temps, le président Juarez lança un manifeste dans lequel, après avoir exposé les faits sur lesquels disait-il, l'Espagne s'appuyait injustement, pour faire la guerre, il déclarait « qu'il repousserait la force par la force ; que, disposé à satisfaire à toutes les réclamations fondées sur la justice et l'équité, il n'accepterait jamais des conditions qui offenseraient la dignité de la nation ou compromettraient son indépendance. »

---

[1] Rapport du commandant de *la Foudre*, stationnée devant la Vera-Cruz, 14 décembre.

« Mexicains, si d'aussi justes dispositions sont méconnues, si l'on est décidé à humilier le Mexique, à démembrer son territoire, à s'ingérer dans son administration intérieure et dans sa politique, peut-être à éteindre sa nationalité, j'en appelle à votre patriotisme; je vous conjure d'oublier les haines et les inimitiés; sacrifiant votre fortune et votre sang, unissez-vous avec le gouvernement pour la défense de cette cause, la plus grande et la plus sacrée pour les hommes comme pour les peuples, la défense de la patrie. » . . . . « Dans cette guerre à laquelle vous êtes provoqués, observez strictement les lois et les usages établis au bénéfice de l'humanité. Laissez vos ennemis inoffensifs auxquels vous donnez une généreuse hospitalité, vivre tranquilles et en sûreté sous la protection de nos lois [1]. »

Le port de Vera-Cruz fut déclaré fermé au commerce et les contingents des États appelés sous les armes, ce qui devait permettre d'organiser une armée d'environ 50,000 hommes.

Aussitôt les Espagnols débarqués, le vide s'était fait autour d'eux. Ils ne pouvaient vivre qu'en tirant toutes leurs ressources de la mer, et ce n'était qu'à grand'peine qu'ils avaient pu réunir environ 200 mulets de charge.

Achat de chevaux à la Havane.

Tel était le premier épisode de la campagne, et l'amiral Jurien, parti de France sans voitures et sans animaux, se trouvait dans la plus grande perplexité; le commandant du *Bertholet*, arrivé à la Havane plusieurs jours avant lui, n'avait pu se procurer que 254 mulets et 39 chevaux. Le maréchal Serrano, capitaine général de Cuba, avait bien

---

[1] Traduit de l'anglais. — Lempriere, Londres, 1862.

voulu lui faire céder en outre 50 chevaux de selle provenant d'un régiment de cavalerie en garnison dans l'île [1], au prix moyen de 900 fr.

Dans l'impossibilité de fréter des navires du commerce [2], l'amiral dut faire embarquer ces animaux sur les bâtiments de sa division, déjà trop encombrés; mais le prix des voitures était si élevé, qu'il ne put se décider à en acheter : il espérait encore en trouver au Mexique.

Enfin, on se mit en route à la grâce de Dieu ; le général Santa-Anna, en voyant l'expédition organisée de cette façon, se demandait si. dans cet équipage, l'on songeait arriver jusqu'à Mexico et si l'on s'imaginait que les Mexicains étaient « armés de flèches et de casse-têtes. »

L'escadre française quitte la Havane. 2 janvier 1862.

Le 2 janvier 1862, l'escadre française et trois bâtiments espagnols portant le général Prim et quelques troupes de renforts quittèrent la Havane ; le commodore Dunlop était parti quelques jours avant.

Le 7 janvier, les bâtiments français et espagnols mouillèrent devant la Vera-Cruz, en rade de Sacrificios.

Les troupes françaises, à l'exception de l'infanterie de marine, débarquèrent le 9 au matin [3].

Aussitôt leur arrivée à la Vera-Cruz, les commandants des forces anglaises et françaises se concertèrent avec Sir

---

[1] L'amiral Jurien au ministre de la marine, 2 janvier 1862. — Le commandant du *Bertholet* au ministre, 6 janvier.

Ces animaux coûtèrent :

89 chevaux	96,936 fr.
254 mulets (bâts compris)	200,838
Frais de garde et de nourriture	11,205
TOTAL	308,969 fr.

[2] Ils demandaient 40,000 fr. pour un seul voyage.

[3] La division espagnole, déjà arrivée à la Vera-Cruz et commandée par le

Ch. Wyke et avec M. de Saligny ; les cinq commissaires représentant les puissances européennes adressèrent ensuite à la nation mexicaine la proclamation suivante rédigée par le général Prim :

« Mexicains,

« Les représentants de l'Angleterre, de la France et de l'Espagne remplissent un devoir sacré en vous faisant connaître leurs intentions à l'instant même où ils entrent sur le territoire de la République.

« Le respect des traités, foulés aux pieds par les divers gouvernements, qui se sont succédé parmi vous, la sécurité de nos compatriotes continuellement en péril, ont rendu notre expédition

général Gasset, sous les ordres du général Prim, se composait de :

INFANTERIE..	1re brigade.	un bataillon de chasseurs de l'Union.	831 h^{es}.
		deux bataillons du régiment du Roi.	1,737
	2e brigade.	un bataillon de chasseurs de Baylen.	872
		un bataillon du régiment de Naples.	1,007
		un bataillon du régiment de Cuba.	894
	Gendarmes.		35
			5,373 h^{es}.
CAVALERIE...	un escadron du Roi.		173
	un peloton d'escorte.		
GÉNIE.....	Deux compagnies.		208
ARTILLERIE..	Trois compagnies à pied, sans chevaux ni mulets.		344
	destinées au service de :		
	8 pièces de 12 rayées,		
	2 obusiers de 21 rayés,		
	2 mortiers de 27 rayés,		
	une batt. de 8 pièces de 8,		
	une batt. de 6 pièces de montagne, avec 64 mules.		136
	TOTAL. 26 pièces rayées.	TOTAL.	6,234 h^{es}.

et en outre une centaine d'ouvriers d'administration.

Cette petite division était bien armée, bien équipée et présentait un bel aspect ; toutefois elle n'avait, comme on le voit, ni transports ni attelages pour l'artillerie.

Les soldats étaient légèrement chargés, mais ils eurent cruellement à souffrir de l'insuffisance de leur équipement et de leur organisation de campagne.

Le climat les éprouva fortement. Le 18 janvier, on comptait déjà 22 officiers et 603 soldats malades.

1862.

nécessaire, indispensable. Ceux-là vous trompent, qui osent vous dire que derrière de si justes et de si légitimes réclamations, se cachent des projets de conquête, de restauration ou d'intervention dans votre organisation politique et administrative. Les trois puissances, qui ont loyalement accepté et reconnu votre indépendance, ont droit à n'être pas soupçonnées d'arrière-pensée illégitime, mais bien à vous inspirer confiance dans leurs nobles sentiments de grandeur et de générosité.

« Les trois nations, que nous venons représenter, et dont il semble que le véritable intérêt soit d'obtenir satisfaction des outrages dont on les a frappées, ont une ambition plus élevée, poursuivent un but d'une utilité plus grande encore et plus générale, Elles viennent tendre une main amie au peuple qu'elles voient avec douleur consumer ses forces, éteindre sa vitalité sous la funeste action des guerres civiles et de perpétuelles convulsions.

« Voici la vérité, et ceux qui ont pour mission de vous la faire connaître n'y veulent joindre ni cris de guerre, ni menaces, mais bien vous aider à reconstruire l'édifice de votre grandeur, qui nous importe à tous. A vous seuls, exclusivement à vous, sans intervention étrangère, il appartient d'établir une constitution sur une base solide et durable. Votre œuvre sera une œuvre de régénération, que tous respecteront, car tous y auront contribué, les uns matériellement, les autres par leur concours moral. Le mal est profond, le remède est urgent ; maintenant ou jamais vous pouvez assurer votre bonheur.

« Mexicains ! Ecoutez la voix des alliés, ils vous apportent l'ancre de salut dans la tourmente perpétuelle qui vous épuise. Ayez confiance dans leur bonne foi, dans leurs intentions loyalement bienveillantes. Ne craignez rien des esprits inquiets et brouillons ; s'ils viennent essayer de vous troubler, votre attitude courageuse et résolue saura les confondre, tandis que nous, impassibles, nous présiderons au grand spectacle de votre régénération, enfin assurée par l'ordre et par la liberté !

« Ainsi le comprendra, nous en sommes sûrs, le gouvernement mexicain lui-même ; ainsi le comprendront les hommes distingués du pays, auxquels nous nous adressons. Ces esprits élevés ne pourront méconnaître qu'à cette heure, ils doivent laisser les armes en repos, et n'agir que par l'opinion publique et la raison, ces deux triomphants souverains du dix-neuvième siècle ! »

Quelques phrases de cette proclamation en résument l'idée toute entière. En foulant aux pieds les traités, les divers gouvernements qui se sont succédé, ont rendu notre expédition indispensable ; mais ni menaces ni cris de guerre, était-il dit, nous venons vous aider à reconstruire l'édifice de votre grandeur, présider « impassibles » au grand spectacle de votre régénération, et nous espérons que le gouvernement mexicain le comprendra et laissera les armes en repos.

On se rend difficilement compte de l'utilité d'un pareil manifeste et de sa juste signification. Il était en désaccord complet avec la politique anglaise ; les commissaires anglais n'étaient donc pas autorisés à l'approuver ; de leur côté les plénipotentiaires français ne s'y associèrent, dirent-ils, que pour ne pas se séparer de leurs collègues. Les cabinets de Paris, de Londres et de Madrid le blamèrent formellement. Par suite de la trop grande initiative, qui lui avait été laissée, le général Prim engagea ainsi la politique de la France et de l'Angleterre dans une voie qui ne convenait ni à l'un ni à l'autre gouvernement.

Ce manifeste lancé, les commissaires jugèrent opportun d'entrer en relations avec le gouvernement mexicain ; tout d'abord, ils demandèrent au général Uraga un sauf-conduit pour les délégués que l'on devait envoyer à Mexico.

Le général Prim dirigeait toute cette affaire, car, selon ses propres expressions, il recevait de la part de ses collègues « d'éclatants témoignages de déférence ». [1] Cependant les divergences de vues entre les commissaires s'accentuaient de plus en plus, tant au sujet des réclamations à faire valoir qu'à l'égard de la ligne politique à suivre.

Les commissaires anglais inclinaient vers une solution pacifique et influençaient dans ce sens le général Prim,

---

[1] Lettre du général Prim à son gouvernement, 13 janvier 1862.

qui s'y trouvait déjà personnellement fort disposé; les commissaires français pensaient au contraire que le temps des ménagements était passé, qu'il fallait prendre vis-à-vis du Mexique une attitude ferme, ne pas faire traîner les choses en longueur par des négociations illusoires et surtout marcher en avant pour ne pas laisser le corps expéditionnaire se consumer dans la zone malsaine.

En partant de Vera-Cruz, cette zone a une largeur d'environ vingt lieues; on l'appelle la *terre chaude*. C'est un pays presque plat, sans culture et qui, pendant la saison des pluies, du mois de mai au mois de septembre, se transforme en marécages; leurs émanations pestilentielles sont l'origine de fièvres dangereuses, connues dans le pays sous le nom de *vomito negro* et aussi redoutables pour les Mexicains des hauts plateaux que pour les Européens. Le Rio Chiquihuite, qui coupe la route d'Orizaba à vingt lieues de Vera-Cruz, est considéré comme la limite de la terre chaude.

Les derniers contre-forts du pic d'Orizaba, dont la cime couverte de neiges perpétuelles s'élève à 5,400 mètres au-dessus de la mer, s'arrêtent sur la rive droite du Chiquihuite; lorsque l'on a gravi leurs pentes, la physionomie du pays change; on entre dans la *terre tempérée*, dont la température moyenne est de 18° à 20°, et varie peu pendant toute l'année. Cordova, la ville la plus importante de cette région, est à une altitude de 900^m. On rencontre alors de vastes champs de cannes à sucre, des bananiers, des caféiers; au lieu des villages misérables et des cases en bois des terres chaudes, on trouve de vastes et belles haciendas; au lieu d'un pays désert, des campagnes peuplées et de riches plantations. Le plateau d'Orizaba, qui succède à celui de Cordova, est à 1,200 mètres environ au-dessus du niveau de l'Océan; il s'étend sur un plan incliné jusqu'au pied des Cumbres d'Acultzingo (1810ᵐ), mur gigantesque qui soutient le grand plateau d'Anahuac. Orizaba est encore dans la zone tempérée, mais son climat est moins chaud que celui de Cordova.

Au centre du plateau d'Anahuac est situé Puebla; on y cultive le blé et le maïs; l'air est vif et le climat, généralement sain, se rapproche de celui de l'Europe; c'est la zone des *terres froides*, dont la température moyenne est de 17°. Le plateau d'Anahuac est à 2,200ᵐ au-dessus de la mer, à la même altitude à peu près que la vallée de Mexico; il en est séparé par l'énorme massif du Popocatepelt et de l'Ixtaccihualt, montagnes neigeuses dont les sommets sont à 5,410ᵐ et à 4,790ᵐ au dessus de l'Océan.

Il était d'un intérêt majeur pour le succès de l'expédition de s'éloigner tout d'abord de la côte, où l'agglomération des troupes ne pouvait que hâter l'apparition de la fièvre jaune, et d'aller chercher, soit sur le plateau de Cordova, soit sur celui de Jalapa, dont les conditions sont analogues, des cantonnements salubres et un climat plus supportable.

Malheureusement les troupes n'étaient pas à même d'entrer en campagne; elles n'avaient aucun moyen de transport; l'artillerie et le matériel de campement de la colonne française, embarqués sur *la Meuse* et sur *la Sèvre*, n'étaient pas encore arrivés; cependant l'amiral Jurien, ne voulant pas rester bloqué à Vera-Cruz, décida, de concert avec le général Prim et le commodore Dunlop, qu'on occuperait le petit village de la Tejeria, à 12 kilomètres de Vera-Cruz sur la ligne du chemin de fer en voie d'exécution.

Le 11 janvier[1], une colonne de troupes des trois

---

[1] L'amiral Jurien au ministre de la marine, 12 janvier 1862.

nations quitta Vera-Cruz pour aller prendre position sur ce point.

L'amiral Jurien avait fait emporter cinq jours de vivres aux troupes; en outre, la colonne qui marchait sur la chaussée du chemin de fer, était suivie d'un petit approvisionnement chargé sur les trucs, traînés à grand'peine par les mules à demi-sauvages qu'à défaut de locomotives on avait été obligé d'y atteler.

Le poste de la Tejeria était gardé par un détachement mexicain du corps du général Uraga. Le général Prim, l'ayant fait prévenir courtoisement des projets des alliés, espérait qu'il n'y mettrait pas obstacle.

Malgré de fréquents repos, les troupes supportèrent difficilement la fatigue de cette première marche ; les hommes, épuisés par une chaleur accablante, se couchaient sur les bords du chemin ; à huit heures (deux heures après le départ) on fut obligé d'ordonner une grande halte pour faire le café.

Le général Prim reçut alors l'avis que le général Uraga était momentanément absent, que sa réponse arriverait seulement dans la soirée, et qu'en attendant ses ordres les détachements stationnés à la Tejeria se disposaient à résister. Le général Prim et l'amiral Jurien n'en décidèrent pas moins de poursuivre leur marche, et l'annonce faite aux troupes qu'on allait rencontrer l'ennemi releva rapidement leur moral.

L'avant-garde signala bientôt un groupe de cavaliers mexicains sur la route ; l'ordre fut donné au peloton espagnol, qui tenait la tête de la colonne, de ne pas tirer sans avoir essuyé le premier feu et de se borner à pousser devant lui les troupes ennemies ; mais les Mexicains se retirèrent et évacuèrent la Tejeria sans résistance.

Les troupes françaises et espagnoles, placées sous le commandement supérieur du colonel Hennique, s'établirent dans cette position, et les trois commandants en chef revinrent le même jour à Vera-Cruz. A la Tejeria, ils avaient reçu la visite d'un aide de camp du général Zaragosa, ministre de la guerre, qui s'était présenté en parlementaire pour s'enquérir de leurs intentions. Le général Prim, servant d'interprète à ses collègues, protesta de leurs dispositions tout amicales et le pria d'inviter le général Zaragosa à venir, en personne, conférer avec les commandants des forces alliées.

Occupation de Medelin.

L'amiral Jurien ayant manifesté l'intention de concentrer toutes les troupes françaises à la Tejeria, le général Prim désira également réunir tout le corps espagnol sur un point plus salubre que Vera-Cruz; il fit choix de la petite ville de Medelin, située à l'embouchure du Rio Jamapa, à quatre lieues au sud du port de Vera-Cruz, avec lequel elle est reliée par un chemin de fer. Le 13 janvier, les trois commandants en chef allèrent en prendre possession avec des détachements des trois nationalités.

Première conférence. Ultimatum des plénipotentiaires français. 13 janv. 1862.

Le même jour, dans la soirée, eut lieu la première réunion officielle des commissaires alliés; il y régna beaucoup de confusion (¹).

L'amiral Jurien communiqua à ses collègues le projet d'ultimatum, préparé par M. de Saligny, qui étant malade n'avait pu assister à la conférence :

ULTIMATUM.

Art. 1ᵉʳ. — Le Mexique s'engage à payer à la France une somme de douze millions de piastres à laquelle est évalué l'ensemble des réclamations françaises, en raison des faits accomplis jusqu'au

---

(¹) L'amiral Jurien au ministre de la marine, 15 janvier.

31 juillet dernier, sauf les exceptions stipulées dans les articles 2 et 4 ci-dessous. En ce qui touche les faits accomplis depuis le 31 juillet dernier, et pour lesquels il est fait une réserve expresse, le chiffre des réclamations auxquelles ils pourront donner lieu contre le Mexique sera fixé ultérieurement par les plénipotentiaires de la France.

Art. 2. — Les sommes restant dues sur la convention de 1853, qui ne sont pas comprises dans l'article 1er ci-dessus, devront être payées aux ayants droit dans la forme et en tenant compte des échéances stipulées dans ladite convention de 1853.

Art. 3. — Le Mexique sera tenu à l'exécution pleine, loyale et immédiate du contrat conclu au mois de février 1859 entre le gouvernement mexicain et la maison Jecker.

Art. 4. — Le Mexique s'oblige au paiement immédiat des onze mille piastres formant le reliquat de l'indemnité qui a été stipulée en faveur de la veuve et des enfants de M. Ricke, vice-consul de France à Tepic, assassiné en octobre 1859.

Le gouvernement mexicain devra, en outre, et ainsi qu'il en a déjà contracté l'obligation, destituer de ses grades et emplois et punir d'une façon exemplaire le colonel Rojas, un des assassins de M. Ricke, avec la condition expresse que Rojas ne pourra plus être investi d'aucun emploi, commandement, ni fonctions publiques quelconques.

Art. 5. — Le gouvernement mexicain s'engage également à rechercher et à punir les auteurs des nombreux assassinats commis contre les Français, notamment les meurtriers du sieur Davesne.

Art. 6. — Les auteurs des attentats commis le 14 août dernier contre le ministre de l'Empereur et des outrages auxquels le représentant de la France a été en butte dans les premiers jours du mois de novembre 1861, seront soumis à un châtiment exemplaire, et le gouvernement mexicain sera tenu d'accorder à la France et à son représentant les réparations et satisfactions dues en raison de ces déplorables excès.

Art. 7. — Pour assurer l'exécution des articles 5 et 6 ci-dessus et le châtiment de tous les attentats qui ont été ou qui seraient commis contre la personne de Français résidant dans la République, le ministre de France aura toujours le droit d'assister en tout état de cause, et par tel délégué qu'il désignera à cet effet, à toutes instructions ouvertes par la justice criminelle du pays.

Il sera investi du même droit relativement à toutes poursuites criminelles intentées contre ses nationaux.

Art. 8. — Les indemnités stipulées dans le présent ultimatum porteront de droit, à dater du 17 juillet dernier et jusqu'à parfait paiement, un intérêt annuel de six pour cent.

Art. 9. — En garantie de l'accomplissement des conditions financières et autres posées par le présent ultimatum, la France aura le droit d'occuper les ports de Vera-Cruz et de Tampico et tels autres ports de la République qu'elle croira à propos, et d'y établir des commissaires désignés par le gouvernement impérial, lesquels auront pour mission d'assurer la remise entre les mains des puissances qui y auront droit, des fonds qui doivent être prélevés à leur profit, en exécution des conventions étrangères, sur le produit des douanes maritimes du Mexique, et la remise entre les mains des agents français des sommes dues à la France.

Les commissaires dont il s'agit seront, en outre, investis du pouvoir de réduire soit de moitié, soit dans une moindre proportion, suivant qu'ils le jugeront convenable, les droits actuellement perçus dans les ports de la République.

Il est expressément entendu que les marchandises d'importation ne pourront en aucun cas, ni sous aucun prétexte que ce soit, être soumises par le gouvernement suprême ni par les autorités des États à aucun droit additionnel de douane intérieure ou autre, excédant la proportion de quinze pour cent des droits payés à l'importation.

Art. 10. — Toutes les mesures qui seront jugées nécessaires pour régler la répartition entre les parties intéressées des sommes prélevées sur le produit des douanes, ainsi que le mode et les époques de paiements des indemnités stipulées ci-dessus, comme pour garantir l'exécution des conditions du présent ultimatum, seront arrêtées de concert entre les plénipotentiaires de la France, de l'Angleterre et de l'Espagne.

Les commissaires anglais, s'appuyant sur la solidarité qui liait les trois puissances engagées au Mexique, crurent de leur droit d'exercer leur contrôle sur ces réclamations, dont ils trouvèrent le chiffre exorbitant, et s'opposèrent à ce qu'il fût donné suite à cet ultimatum. Cependant le sauf-conduit demandé au général Uraga était arrivé; il fallait se résoudre à quelque chose. Une deuxième réunion fut décidée pour le lendemain. M. de Saligny y assista. Après de vives discussions, les plénipotentiaires convinrent que le détail des réclamations ne serait pas envoyé au gouvernement de Mexico. L'amiral Jurien proposa à ses collègues le texte d'une note par laquelle on demanderait l'accès du plateau de Jalapa, avec la menace, en cas de refus, de prendre de vive force les cantonnements dans l'intérieur ; les autres commissaires, le général Prim surtout, s'opposèrent à ce que cette communication eût un caractère comminatoire. Ils présentèrent alors aux plénipotentiaires français une autre note, déjà revêtue de leurs signatures, et que l'amiral Jurien finit par accepter après avoir obtenu la modification de plusieurs passages qui lui semblaient trop favorables à Juarez.

Cette note se bornait à réclamer, en termes vagues, des satisfactions pour le passé, des garanties pour l'avenir, et insistait sur les intentions bienveillantes des alliés. Les commissaires anglais et espagnol n'avaient pas voulu que l'on y insérât la demande de cantonnements dans l'intérieur du pays ; il fut convenu que cette question serait traitée verbalement par les délégués envoyés à Mexico.

L'amiral Jurien, avec le consentement de ses collègues, rédigea aussitôt les instructions suivantes, qui devaient leur tenir lieu de lettre de créance.

« Les représentants des trois hautes puissances, signataires de la convention du 31 octobre, ont chargé MM. le brigadier Milans, le capitaine de vaisseau Tatham, le capitaine de frégate Thomasset, chef d'état-major de l'escadre française, de se rendre à Mexico pour y remettre au gouvernement mexicain une note collective, dans laquelle se trouvent exposées les intentions des alliés. En retour de leurs déclarations toutes pacifiques et de leurs desseins sincèrement bienveillants, les représentants des trois hautes puissances attendent du gouvernement mexicain qu'il comprendra la nécessité d'assurer aux armées alliées un campement salubre, pendant le temps que dureront les négociations et jusqu'au moment où le Mexique aura achevé sa réorganisation intérieure. »

Ces officiers quittèrent Vera-Cruz le même jour, 14 janvier, et se rendirent à la Tejeria, où les attendait une escorte mexicaine ; ils firent aussitôt une visite au général Uraga, à son quartier général de San Juan de la Estancia. Le commandant en chef de l'armée mexicaine les reçut avec une grande affabilité et témoigna tout particulièrement au commandant Thomasset sa sympathie pour la France. Il promit de faciliter l'arrivée des vivres au camp de la Tejeria [1].

Ainsi, dès le début des conférences, la bonne entente entre les commissaires des trois puissances avait été compromise. La distinction et l'esprit élevé de l'amiral Jurien pouvaient encore maintenir une certaine aménité dans leurs

---

[1] Le commandant Thomasset à l'amiral Jurien, 15 janvier.

Le général Uraga tint sa promesse. L'amiral le fit remercier par M. le capitaine d'état-major Capitan, qui se rendit le 18 janvier à l'hacienda de la Estancia, sa résidence habituelle, et lui offrit, de la part des commandants des troupes françaises et espagnoles, quelques présents consistant en caisses de vin et de cigares.

La visite de l'aide de camp de l'amiral avait en outre un but politique ; nous résumons le récit de l'entrevue qu'il eut avec le général Uraga :

Après avoir affirmé au général Uraga les dispositions bienveillantes de la France, le capitaine Capitan ajouta que : « lorsque la France voulait faire la guerre en un point quelconque du globe, elle avait toujours une armée prête à partir et une flotte disponible pour la transporter, et que pour bien établir la nature de ses intentions pacifiques, elle n'avait envoyé au Mexique que la garde de son drapeau. »

Le général Uraga, que l'on croyait ennemi juré de l'intervention espagnole, se montra au contraire très-sympathique au général Prim ; il lui attribuait le caractère pacifique donné à l'expédition. La conversion du général mexicain paraissait récente et semblait être le résultat des efforts de Sir Ch. Wyke, qui correspondait presque quotidiennement avec lui.

Bien qu'il parlât de Juarez avec peu de déférence, il disait que le président était le représentant du pays et que, par amour-propre national, on voulait qu'il fût respecté. — « Sauvez cette question de forme, ajouta-t-il, et toutes les affaires s'arrangeront facilement. »

« Juarez n'est qu'un nom ; nous gouvernons derrière lui ; Doblado et Etcheverria sont déjà à la tête des affaires ; moi-même je suis destiné à prendre le portefeuille

1862.

relations personnelles, mais leurs relations diplomatiques devenaient chaque jour plus difficiles, et une rupture prochaine de l'alliance se laissait déjà entrevoir.

On ne peut manquer d'être surpris de cette attitude de Sir Ch. Wyke, en la rapprochant des dépêches par lesquelles il exposait au gouvernement anglais l'urgence d'une intervention armée dans les affaires mexicaines [1] ; aujourd'hui, au contraire, il employait tous ses efforts à obtenir une solution pacifique des difficultés pendantes. Le commodore Dunlop s'était rangé à son avis, et le général Prim n'inclinait que trop dans ce sens; tous trois étaient d'avis d'appuyer le parti qu'ils appelaient *libéral modéré* et de considérer le gouvernement de Juarez comme un gouvernement légal.

de la guerre lorsque ma présence ne sera plus nécessaire dans l'Etat de Vera-Cruz. Dites à l'amiral que nous nous entendrons avec les puissances étrangères, mais qu'il faut aller doucement et prudemment; avec du temps on peut arriver à tout, et qui plus est, en conservant les formes légales; la présidence à vie, la monarchie même, rien n'est impossible si l'on veut nous laisser conduire les affaires et attendre. »

Le général Uraga partageait l'antipathie générale contre les Espagnols, mais il faisait toujours une exception pour le général Prim.

M. Capitan dit dans son rapport : « Je crois que le général Uraga est complétement gagné au parti libéral, dont Doblado est le chef. Ce parti obéit à l'impulsion de Sir Ch. Wyke, et le général Prim lui-même n'est qu'un instrument que l'on flatte et que l'on cherche peut-être à séduire en lui faisant concevoir des espérances personnelles. .... Le général Zaragosa commande sous les ordres d'Uraga une division placée à la Soledad ; Zaragosa appartient au parti libéral le plus avancé, et le général Uraga le considère comme un espion du président Juarez ; il déclare formellement qu'il est décidé à le faire fusiller à la plus légère apparence de trahison. »

[1] Le 25 juin 1861, Sir Ch. Wyke avait écrit : « La lecture de mes précédentes dépêches aura fait voir à Votre Excellence que l'on ne peut avoir aucune confiance dans les promesses ni même dans les engagements les plus formels du gouvernement mexicain. Le capitaine Aldham, qui, durant trois ans, a bien étudié le caractère mexicain et la manière d'éluder ses engagements, est d'avis que le temps de la douceur est passé et que si nous voulons protéger la vie et les intérêts des sujets britanniques, il faut employer des mesures coercitives. »

Un incident faillit cependant compromettre cet accord.

1862.

L'arrivée du général Miramon était annoncée à Vera-Cruz. On se rappelle que, pendant sa présidence, il avait fait enlever les sommes déposées sous le sceau de la légation britannique et destinées au paiement de la dette anglaise. Les commissaires anglais ayant, pour cette raison, manifesté l'intention de le faire arrêter à son débarquement, les commissaires français déclarèrent, que le drapeau français flottant à Vera-Cruz, ils protestaient contre cet acte de violence ; pour écarter toute difficulté, il fut alors décidé que l'arrestation aurait lieu à bord même du paquebot anglais. En effet, le 27 janvier, à l'arrivée du paquebot, les autorités anglaises se saisirent de la personne de l'ancien président et le transférèrent sur un bâtiment de guerre. Le frère de Miramon, le Père Miranda et quelques autres émigrés mexicains, qui l'accompagnaient, eurent la liberté de débarquer.

Arrestation de Miramon. 27 janv. 1862.

Le général Miramon était venu avec l'assentiment du général Prim et avait reçu, sous un nom supposé, un passeport des autorités espagnoles de l'île de Cuba [1]. Son arrestation, dit l'amiral Jurien, causa une émotion violente au général Prim, qui se trouva personnellement blessé. L'amiral se hâta d'interposer ses bons offices pour calmer le différend qui s'élevait entre ses collègues [2] ; mais ceux-ci revinrent bientôt d'eux-mêmes à leur intimité

---

[1] Miramon avait fait un voyage en Espagne. Le 15 octobre 1861, M. Schurtz, chargé d'affaires des Etats-Unis à Madrid, informait son gouvernement des démarches que le général faisait auprès de MM. Narvaez et Calderon-Collantes ; il le supposait d'accord avec le gouvernement espagnol. (Executive documents, 1861-1862.)

[2] Le général Prim a dit, de son côté, qu'il avait dû employer toute son influence pour que l'incident Miramon ne fût pas l'occasion d'une rupture complète entre les Anglais et les Français. (Lettre du général Prim à M. Calderon-Collantes, 28 janvier 1862.)

des premiers jours. Il fut convenu entre eux que le commodore Dunlop renverrait Miramon à la Havane et que le général Prim s'opposerait à son retour au Mexique (1). Dès ce moment, les relations devinrent de plus en plus intimes entre les commissaires anglais et espagnol, qui paraissaient ne « s'entendre que trop bien » pour combattre en toute circonstance l'influence des plénipotentiaires français.

<small>Retour des délégués. 28 janv. 1862.</small>

Les délégués revinrent de Mexico le 28 janvier. Ils avaient été bien reçus, mais n'avaient obtenu que des réponses évasives. D'après l'opinion du commandant Thomasset, Sir Ch. Wyke, dont la politique était d'ailleurs désapprouvée par le commodore Dunlop, négociait un arrangement particulier avec Doblado ; celui-ci, confiant dans l'appui des Anglais, travaillait à renverser Juarez, et les Espagnols cherchaient également à obtenir des avantages particuliers. Il faisait un triste tableau du désordre qui régnait dans l'intérieur du pays, du brigandage qui désolait les routes et de l'insécurité de la ville même de Mexico ; il pensait qu'il était utile de marcher de suite vers l'intérieur et que l'idée monarchique avait de nombreux partisans (2).

<small>Réponse du gouvernement mexicain.</small>

M. de Zamacona, envoyé par Doblado, arriva le jour suivant porteur de la réponse officielle. Le ministre des affaires étrangères mexicain insistait sur la popularité croissante qui entourait le gouvernement actuel ; il assurait que si les intentions des trois puissances étaient bienveillantes, leurs réclamations seraient assurément acceptées, et il invitait les plénipotentiaires à faire de suite rembarquer leurs

---

(1) L'amiral au ministre de la marine, 29 janvier 1862.
(2) Rapport du commandant Thomasset.

troupes et à se rendre à Orizaba avec une escorte d'honneur de 2,000 hommes pour y conférer avec les commissaires mexicains. La singularité de cette proposition choqua tellement l'amiral Jurien, qu'il voulait laisser M. de Zamacona retourner à Mexico sans réponse écrite, et annoncer à son gouvernement que, de gré ou de force, les alliés prendraient les cantonnements qui leur plairaient.

Cette opinion n'ayant pas prévalu, il proposa à ses collègues la note collective suivante, qui fut adoptée et remise à l'envoyé mexicain.

« Les soussignés, etc... en réponse à la note de Son Exc., ont l'honneur de lui exposer que, venus au Mexique pour y remplir une mission civilisatrice, ils ont conçu le plus vif désir d'accomplir cette mission sans verser une goutte de sang mexicain. Ils croiraient cependant manquer à tous leurs devoirs envers leurs gouvernements et envers leurs pays, s'ils ne s'occupaient d'assurer le plus tôt possible un campement salubre à leurs troupes. En conséquence, ils ont l'honneur de prévenir Son Exc. de la nécessité où ils se trouveront vers le milieu du mois de février de se mettre en marche pour Orizaba et pour Jalapa, où ils espèrent qu'il leur sera fait un accueil sincèrement amical » [1].

Juarez ne s'y disposait guère ; le 25 janvier, il avait fait paraître une loi de terreur, prononçant la peine de mort contre les étrangers qui avaient envahi le territoire sans déclaration de guerre, et contre les Mexicains qui les seconderaient de quelque manière que ce fût, assisteraient à des juntes, ou accepteraient des emplois donnés par eux ou par leurs délégués [2].

---

[1] L'amiral au ministre de la marine, 3 février 1862.
[2] Les articles de cette loi furent invoqués dans l'acte d'accusation dressé contre l'empereur Maximilien et les généraux Miramon et Mejia, faits prisonniers avec lui à Queretaro. (Lettre du général Ignacio Mejia, ministre de la guerre de Juarez, au général Escobedo ; San Luis de Potosi, 24 mai 1867.) D'ailleurs, des décrets

1862.

Depuis longtemps, du reste, les armes dont Juarez se servait étaient employées par les partis qui déchiraient le pays.

Organisation du corps expéditionnaire.

Pendant ces pourparlers, l'amiral poursuivait activement l'organisation de son petit corps d'armée. Il trouvait de grandes difficultés à constituer des moyens de transports. Dans l'impossibilité de se procurer des voitures, il avait dû se décider à en faire construire et mettre les ouvriers de la flotte à la disposition des entrepreneurs ; on avait commandé à la Havane les roues, les essieux, les harnais ; on achetait à des prix excessifs tout ce que l'on découvrait en fait de mules, de chevaux, de bâts, de harnachements; mais les Espagnols et les Anglais, dont la pénurie n'était pas moins grande, faisaient une véritable concurrence.

Les Espagnols, désespérant de pouvoir utiliser les mules sauvages qu'ils avaient achetées au Mexique, s'étaient vus obligés de demander des attelages à l'île de Cuba.

Les troupes se trouvaient heureusement dans des conditions relativement assez bonnes au camp de la Tejeria. L'amiral, désirant y envoyer les compagnies d'infanterie de marine restées jusqu'alors à Vera-Cruz, pria le géné-

---

aussi barbares avaient été plus d'une fois rendus au Mexique; nous citerons les deux suivants :

« *Ordre adressé par le général Miramon au général Marquez après la bataille de Tacubaya. Mexico, 11 avril 1861* : — Dans l'après-midi de ce jour et sous votre plus stricte responsabilité, vous donnerez l'ordre de fusiller tous les prisonniers du grade d'officier, et m'informerez de leur nombre. »

« *Le général Marquez au peuple de Mexico* : — En vertu des pouvoirs dont je suis investi, je décrète : 1° B. Juarez, et ceux qui reconnaissent son gouvernement et lui obéissent, sont déclarés traîtres au pays, ainsi que tous ceux qui l'aident directement ou indirectement, quelque peu que ce soit.

« 2° Tous les individus compris dans une des catégories ci-dessus spécifiées seront immédiatement fusillés sans autre formalité que la constatation de leur identité. »

ral Prim d'en retirer les détachements espagnols, afin d'éviter l'encombrement. Il saisissait ainsi cette occasion de séparer les troupes des deux puissances, entre lesquelles ne s'étaient pas formées de bonnes relations de camaraderie ; de plus, les Espagnols, malgré une discipline sévère, ne s'étaient pas concilié les sympathies des Mexicains, qu'une haine traditionnelle éloignait d'eux, et les bons rapports qui tendaient à s'établir entre nos soldats et les gens du pays auraient pu souffrir de leur voisinage [1].

Comme les puits de la Tejeria menaçaient de tarir, l'amiral fit demander au général Uraga s'il verrait avec déplaisir les troupes françaises s'avancer jusqu'au petit village de San Juan de la Loma, à 13 kilomètres plus loin. Le général mexicain y consentit volontiers, et ce point fut occupé le 27 janvier par les corps du camp de la Tejeria, tandis que les compagnies d'infanterie de marine les remplaçaient dans leur ancien campement. Le matériel destiné à ces compagnies n'étant pas encore arrivé, l'amiral fit installer des tentes avec des voiles de rechange et des bouts de mât, et les bâtiments prêtèrent leurs chaudières pour remplacer les marmites et les bidons.

Enfin, le 30 janvier, *la Meuse* apporta le matériel de la batterie de 4 et le matériel de campement si impatiemment attendu. La section de 12 des marins, qu'on n'était pas parvenu à organiser d'une manière satisfaisante, fut licenciée.

L'amiral allait donc se trouver bientôt à même de faire mouvoir ses troupes. Il n'avait cessé, du reste, d'affirmer à ses collègues son intention bien arrêtée de s'avancer dans l'intérieur dès qu'il le pourrait. Ceux-ci, malgré leurs dispositions pacifiques, étaient forcés de reconnaître que l'atti-

---

[1] L'amiral au ministre de la marine, 24 janvier.

tude du gouvernement mexicain les obligerait peut-être à prendre de vive force les cantonnements salubres qu'ils avaient cru plus opportun d'obtenir de sa condescendance, et le général Prim manifesta l'intention de faire venir de la Havane un renfort de quatre bataillons qui se tenaient prêts à partir [1].

De son côté le commodore Dunlop prit sur lui, malgré la rigueur de ses instructions, d'ordonner à l'île de Cuba l'achat des tentes et des mulets nécessaires, pour que le contingent anglais pût suivre les troupes franco-espagnoles.

La nécessité de s'éloigner d'une côte aussi malsaine se faisait en effet vivement sentir ; le 2 février, le général Prim avait déjà dû renvoyer à la Havane 800 hommes malades, et le corps expéditionnaire français comptait à la même époque 335 indisponibles sur un effectif total de 3073 hommes.

Les maladies n'avaient cependant pas abattu le moral des troupes ; l'amiral s'en assura en allant visiter les camps de la Tejeria et de San Juan (6 février), mais il était à craindre que les hommes qui avaient été atteints par les fièvres n'eussent plus assez de forces pour porter leurs sacs. Les soldats d'infanterie de marine, dont la santé était déjà épuisée par un long séjour dans les pays chauds, étaient les plus éprouvés ; ils résistaient moins bien que les zouaves et que les matelots aux influences pernicieuses du climat [2]. La batterie de montagne se rendit de Vera-Cruz à la Tejeria, et deux des chariots que l'on avait fait construire allèrent porter des vivres à San Juan. Le mouvement qui avait lieu dans les camps français et la visite de l'amiral firent craindre au général Uraga que les troupes ne se disposassent à marcher en avant. Il envoya de suite un de

---

[1] L'amiral au ministre de la marine, 21 janvier 1862.
[2] L'amiral au ministre de la marine, 7 février.

ses officiers à l'amiral Jurien, pour le prier d'attendre quelques jours encore, car on ne pouvait, disait-il, tarder à recevoir la réponse du gouvernement aux dernières communications des alliés.

Cette démarche du général mexicain témoignait de ses bonnes dispositions personnelles; tous les officiers mexicains avec lesquels on avait été fortuitement en rapport montraient de même une grande sympathie pour les Français, mais ils ne dissimulaient pas leur haine contre les Espagnols. Ces sentiments faisaient espérer à l'amiral qu'un certain nombre d'hommes du parti conservateur se grouperaient volontiers autour du drapeau français, lorsque les troupes s'avanceraient dans l'intérieur ; mais il était cependant obligé de reconnaître que la masse de la population semblait incliner plutôt vers la réforme que vers le parti réactionnaire, et déjà, avant le commencement des hostilités, des guerillas à la tête desquels se mettaient des chefs libéraux, la plupart indiens ou métis, surgissaient dans la terre chaude, faisaient le vide autour des troupes étrangères et battaient le pays pour arrêter les émigrés récemment débarqués (particulièrement le Père Miranda) [1].

La réponse de M. Doblado à la deuxième note des commissaires alliés arriva à Vera-Cruz le 9 février.

« Le gouvernement mexicain ignore encore, disait-il, quelle peut être la mission que les commissaires alliés viennent remplir au Mexique, parce que, jusqu'à ce moment, ils ont seulement indiqué des promesses vagues et dont personne ne comprend le véritable objet; il ne peut permettre que les troupes envahissantes s'avancent, à moins que l'on ne règle avec clarté et précision certaines bases générales qui feront connaître les intentions des alliés

1862.

Réponse de Doblado à la deuxième note.

[1] L'amiral au ministre de la marine, 7 février.

et que l'on ne négocie ensuite avec prudence au sujet des intérêts importants qui doivent être discutés.

« Le citoyen président m'ordonne de dire pour plus ample explication, que si Vos Seigneuries envoient promptement à Cordova un commissaire pour discuter avec un autre commissaire du gouvernement les bases mentionnées, on donnera l'ordre de permettre d'avancer jusqu'aux points dont on conviendra. »

Troisième note. — Les commissaires alliés répondirent que la note de M. Doblado ne modifiait en rien leurs déterminations, et ils l'invitèrent à se rendre le 18 février à la Purga (à moitié chemin de la Tejeria et de la Soledad), pour y conférer avec le général Prim.

Le général Zaragosa remplace le général Uraga. — Au même moment, le général Uraga, de la courtoisie duquel l'amiral Jurien n'avait qu'à se louer, fut rappelé par le gouvernement de Juarez, qui l'accusait de trop de sympathies pour les Européens, et remplacé dans le commandement de l'armée d'Orient par le général Zaragosa, homme exalté et animé de dispositions très-hostiles à l'intervention étrangère [1].

Dès son arrivée, le nouveau commandant de l'armée mexicaine adressa au général Prim, qu'il feignait de considérer comme le chef de l'expédition, une lettre injurieusement hautaine pour le prévenir qu'il tolérait que les alliés conservassent les cantonnements de Medelin, de la Tejeria et de San Juan, mais que l'occupation de tout autre point serait considérée comme un acte d'agression de leur part. Cette déclaration était évidemment à l'adresse du général espagnol qui venait récemment d'envoyer un bataillon à Santa Fé entre San Juan et Vera-Cruz.

Le général Prim fut vivement offensé des termes de cette communication ; mais Sir Ch. Wyke le calma peu à peu,

---

[1] L'amiral au ministre des affaires étrangères, 15 février 1862.

atténua les expressions et modifia le sens de la réponse qu'il voulait tout d'abord envoyer au général mexicain. Les commissaires alliés se contentèrent de se plaindre à M. Doblado de l'étrange procédé du général Zaragosa [1].

L'amiral Jurien eût désiré qu'une démonstration militaire vînt mettre un terme à tous ces atermoiements et aux procédés tour à tour rusés et hautains du gouvernement de Juarez, mais il ne pouvait se séparer complétement de ses alliés. Le général Prim se montrait parfois disposé à commencer les opérations militaires ; il discutait alors un plan de campagne avec le commandant en chef des troupes françaises, demandait à la Havane les quatre bataillons qui se tenaient à sa disposition et acceptait l'offre de l'amiral Jurien de les faire transporter sur les frégates françaises alors mouillées dans ce port ; mais bientôt il voyait surgir devant lui toutes les difficultés inhérentes à une marche à travers un pays désert, dans lequel ses troupes ne seraient pas suivies d'un convoi suffisant ; les conseils de Sir Ch. Wyke l'amenaient à faire toutes les concessions possibles pour arriver à une solution pacifique. On se demandait, en outre, si certaines considérations personnelles n'exerçaient pas quelque influence sur sa conduite politique. L'arrivée à Vera-Cruz (14 février) de la comtesse de Reus sa femme, parente, comme on le sait, d'un des ministres de Juarez, n'était peut-être pas étrangère aux projets ambitieux qu'on lui supposait.

Le général Zaragosa établit son quartier général à la Soledad, occupa la route d'Orizaba et confia au général La Llave le soin de défendre celle de Jalapa en prenant pour points d'appui les fortes positions de Puente-Nacional et de

---

[1] L'amiral au ministre des affaires étrangères, 15 février 1862.

Corral-Falso, sur lesquelles on avait transporté quelques-unes des grosses pièces provenant du château de Saint-Jean d'Ulloa. Au même moment le général Prim, craignant que la haine des Mexicains n'amenât une démonstration contre les Espagnols cantonnés à Medelin, pria ses collègues d'y envoyer quelques forces françaises et anglaises afin de prévenir une attaque [1].

La compagnie de débarquement de *la Foudre* et une compagnie anglaise s'y rendirent le 13 février; elles en revinrent le 15, aucune tentative hostile n'ayant été faite par les Mexicains.

Convention de la Soledad. 19 fév. 1862.

Les commissaires alliés reçurent alors la réponse de M. Doblado à leurs dernières notes. Il acceptait pour le 19, à la Soledad, la conférence qui lui avait été offerte avec le général Prim.

Cette entrevue eut lieu au jour fixé; M. Doblado demanda tout d'abord que les commissaires opposassent une dénégation précise aux projets monarchiques attribués à la France et à ceux de restauration de la domination espagnole que l'on prêtait au cabinet de Madrid; il voulait obtenir une reconnaissance formelle du gouvernement actuel du Mexique et la remise des douanes de Vera-Cruz entre les mains de l'administration mexicaine.

Cédant sur quelques points, résistant sur d'autres, disposé d'ailleurs à négocier plutôt qu'à combattre, et se sachant appuyé dans ce sens par les représentants de l'Angleterre, le général Prim signa des préliminaires, devenus célèbres sous le nom de *Convention de la Soledad*.

---

[1] L'amiral au ministre des affaires étrangères, 15 février 1861.

CONVENTION.

Article 1er. — Etant admis que le gouvernement constitutionnel, qui régit actuellement la République du Mexique, a déclaré aux commissaires des puissances alliées, qu'il n'a pas besoin du secours que ces commissaires ont offert avec tant de bienveillance au peuple mexicain, attendu qu'il possède en lui-même les éléments de force et d'opinion nécessaires pour se maintenir contre toute révolte intestine, les alliés se placent dès à présent sur le terrain des traités pour formuler toutes les réclamations qu'ils ont à faire au nom de leurs nations respectives.

Art. 2. — Dans ce but, les représentants des puissances alliées protestant, comme ils protestent, qu'ils n'ont aucune intention de porter atteinte à l'indépendance, à la souveraineté et à l'intégrité du territoire de la République, des négociations s'ouvriront à Orizaba, où devront se réunir MM. les commissaires et deux des ministres du gouvernement de la République, à moins que des deux côtés on ne convienne de se faire représenter par des délégués.

Art. 3. — Pendant la durée des négociations, les forces des puissances alliées occuperont les trois villes de Cordova, Orizaba et Tehuacan avec leurs rayons naturels.

Art. 4. — Afin qu'il ne puisse entrer dans la pensée de personne que les alliés ont signé ces préliminaires pour se procurer le passage des positions fortifiées qu'occupe l'armée mexicaine, il est stipulé que si, malheureusement, les négociations venaient à se rompre, les forces alliées évacueraient les villes susdites et retourneraient se placer sur la ligne qui est en deçà desdites fortifications, sur le chemin de la Vera-Cruz; les points extrêmes principaux en étant celui de Paso-Ancho, sur la route de Cordova et celui de Paso de Ovejas, sur la route de Jalapa.

Art. 5. — S'il arrivait malheureusement que les négociations se rompissent et que les troupes alliées se retirassent sur la ligne indiquée dans l'article précédent, les hôpitaux qu'elles auraient établis resteraient sous la sauvegarde de la nation mexicaine.

Art. 6. — Le jour où les troupes alliées se mettront en marche pour occuper les points indiqués dans l'article 3, le pavillon mexicain sera arboré sur la ville de la Vera-Cruz et sur le château de Saint-Jean d'Ulloa.

Soledad, le 19 février 1862.

Ces préliminaires furent approuvés et signés dans la nuit même par les commissaires français et anglais.

1862.

Ils furent ratifiés le 23 février, par le président Juarez.

La Convention de la Soledad avait pour résultat immédiat de permettre aux alliés d'occuper, sans coup férir, des positions salubres lorsque déjà leurs effectifs étaient considérablement affaiblis par la maladie et qu'il paraissait impossible d'entreprendre avec des chances de succès une campagne sérieuse. (1)

Pour Juarez, elle avait l'avantage d'impliquer de la part des puissances alliées une sorte de reconnaissance de son gouvernement ; elle lui faisait gagner du temps pour organiser la résistance et attendre l'éclosion des germes de désaccord dont il pressentait l'existence chez ses adversaires.

Organisation d'un convoi.

La convention de la Soledad avait ouvert aux troupes alliées l'accès des provinces de l'intérieur ; au moment de se mettre en marche, l'amiral Jurien appréciait mieux encore les difficultés dont sans doute il ne lui aurait pas été possible de triompher, si au lieu de s'avancer pacifiquement, il lui avait fallu combattre. La grosse question était toujours celle des transports et de l'organisation d'un convoi, susceptible de suivre les troupes avec les vivres nécessaires, pour la traversée des vingt lieues de pays inculte et sans ressources, qui séparent Vera-Cruz du Chiquihuite.

Le commerce local emploie ordinairement, outre les bêtes de somme très-nombreuses au Mexique, deux sortes de voitures : de petites charrettes à deux roues, attelées de quatre mules de front, ou préférablement de gros chariots à quatre roues traînés par huit ou dix mules, quelquefois

---

(1) Sur un effectif de 6,000 hommes, les Espagnols n'avaient que 4,000 hommes en état de combattre ; — les Français comptaient 400 à 500 malades. (L'amiral au ministre des affaires étrangères, 15 février.)

par seize ou vingt-quatre, selon le poids du chargement qui excède parfois 3,000 kilogrammes.

Ces voitures, d'importation américaine, dont la construction est appropriée au mauvais état habituel des routes du pays, ne peuvent être conduites que par des hommes fort adroits et habitués à ce métier. Un seul arriero, monté sur la mule de derrière, suffit alors pour diriger ces longs attelages. Les chariots voyagent ordinairement par groupes ou *partidas* de 10 à 12, sous les ordres d'un majordome et de deux aides à cheval. La partida se compose donc généralement de 15 hommes et de 150 à 160 animaux. Chaque soir elle campe, et les mules sont parquées entre les voitures du convoi. On évaluait en temps ordinaire à 450 fr. environ la dépense journalière d'une partida de 12 voitures, et à 40,000 francs le fret de cette partida de Vera-Cruz à Mexico [1].

Ce trajet d'un peu moins de 100 lieues se fait en moyenne en vingt jours ; mais, pendant la saison des pluies, il arrive souvent que les voitures restent embourbées des mois entiers sans pouvoir avancer ni reculer.

C'était sur ces données que l'amiral devait se baser pour organiser ses transports. Le mieux était évidemment d'affréter ou d'acheter un certain nombre de *partidas* ; mais jusqu'alors le gouvernement mexicain les avait empêchées de descendre vers la mer. Le commandant Lagé, chargé de créer le convoi, était sérieusement embarrassé. En réparant deux vieux chariots abandonnés aux environs de Vera-Cruz, en faisant des commandes à la Havane et à des entrepreneurs de Vera-Cruz même ; en payant le double de leur valeur [2] quelques voitures trouvées à

---

[1] Rapport du commandant Lagé. (Archives de la marine.)
[2] Le prix normal d'un chariot à 4 roues avec son attelage est d'environ 7,000 francs.

grand'peine, il était enfin arrivé, lorsque furent signés les préliminaires de la Soledad, à réunir :

11 chariots à quatre roues portant. . , . . 30,000 kil.
30 charrettes à deux roues. . . , ... 20,000 kil.
3 voitures d'ambulance pour 22 malades.

Ce petit convoi pouvait porter huit jours de vivres pour 3,200 hommes, sans comprendre le fourrage des animaux, dont l'effectif était alors d'environ 1,100, y compris 300 bêtes de trait du convoi.

Pour atteler ces voitures, on n'avait que des mules presque sauvages, et pour les conduire, un détachement de 120 matelots créoles, que l'amiral avait fait débarquer dans ce but, hommes mous, sans énergie et qui n'étaient nullement aptes à ce service. Le commandant Lagé n'avait pu recruter que neuf arrieros mexicains [1].

L'organisation de la batterie de montagne et surtout celle de la batterie de 4 avaient également présenté de grandes difficultés. Le matériel de cette dernière, embarqué sur *la Meuse*, n'était arrivé à Vera-Cruz que le 30 janvier. Les ouvriers avaient dû travailler jour et nuit afin de le mettre en état, faire les réparations nécessaires et ajuster les harnais beaucoup trop larges pour les mules achetées aux Antilles ou au Mexique. Les conducteurs, pris en grande partie parmi les indigènes de la Guadeloupe, étaient aussi inexpérimentés que ceux du convoi, et les canonniers d'artillerie de marine affectés à ces pièces n'étaient pas familiarisés avec ce nouveau service. Enfin, la batterie de 4 put sortir de Vera-Cruz le 19 février ; elle alla bivouaquer le même jour à Santa Fé et se rendit le lendemain au camp de la Tejeria. Le parc y arriva à son tour le 22 février.

[1] Rapport du commandant Lagé, 20 février.

A la suite de la Convention de la Soledad, il avait été arrêté que les troupes françaises seraient cantonnées à Tehuacan, petite ville à 45 lieues de Vera-Cruz et à 38 lieues au sud-est de Puebla, et que les Espagnols iraient occuper Orizaba et Cordova. Les Anglais devaient partager avec les Espagnols l'occupation de cette dernière ville, mais les ordres que reçut le commodore Dunlop lui défendirent de s'éloigner de la côte.

1862.
—
Départ des troupes françaises pour Tehuacan.
26 février.

Le 24 février, l'amiral ayant terminé ses préparatifs, ou plus exactement voyant qu'il lui était impossible de se créer de nouvelles ressources à Vera-Cruz, fit prévenir ses collègues que, sans attendre la ratification de la Convention de la Soledad par le président Juarez, mais persuadé qu'aucune entrave ne serait apportée à la marche de ses troupes, il les mettrait en mouvement le 26 février. Malgré quelques objections soulevées par le général Prim, qui n'était pas encore, disait-il, en mesure de le suivre, et par le commodore Dunlop, il maintint sa résolution. Le 25 février, il se rendit lui-même à la Tejeria et y fit concentrer les troupes du camp de San-Juan [1].

Il devenait urgent, en effet, d'éloigner les soldats des parages malsains de la Vera-Cruz. La fièvre jaune, qui d'ordinaire n'apparaît qu'au mois de mai, avait déjà fait plusieurs victimes, et leur nombre allait grossissant chaque jour. Les conditions climatériques de l'année avaient été exceptionnellement mauvaises ; les communications fréquentes avec la Havane, l'agglomération des troupes étaient en outre autant de circonstances malheureuses qui venaient s'ajouter aux conséquences d'une chaleur excessive.

La traversée des terres chaudes inspirait de grandes in-

---

[1] L'amiral Jurien au ministre de la marine, 24 février 1862.

quiétudes à l'amiral, qui se rappelait les fatigues de la première étape de Vera-Cruz à la Tejeria. Comment les soldats, affaiblis par six semaines de séjour dans des camps insalubres, lourdement chargés, puisqu'on était forcé de leur faire emporter quatre jours de vivres, pour la plupart peu habitués à la marche, et dépourvus de cette expérience de détails qui s'acquiert seulement après quelques jours de campagne, résisteraient-ils aux épreuves qui les attendaient?

On avait deux jours de marche pour arriver à la Soledad, le premier village (si l'on peut donner ce nom à 3 maisons en pierre avec quelques cases en bois) que l'on rencontre en partant de la Tejeria. Pour se rendre à Cordova, la première ville où l'on pût trouver quelques ressources, l'amiral comptait faire sept étapes de 14 à 15 kilomètres en moyenne. Jusqu'à la Soledad et à cette époque de l'année la route est bonne, mais le pays est désert; les endroits portés sur certaines cartes avec les noms de Mata Cordera, Santa Ana, La Purga, Arroyo de Piedras, Mata India, indiquaient seulement l'emplacement de cases misérables, abandonnées la plupart du temps et auprès desquelles, à la suite de grandes pluies, on trouve un peu d'eau au fond de trous bourbeux; mais les habitants de ces pauvres abris sont ordinairement obligés d'aller chercher l'eau qui leur est nécessaire, soit au Rio Jamapa, qui coule à quelques kilomètres à gauche de la route, soit au Rio San Juan, qui est à peu près à la même distance, à droite. C'est là aussi que vont se désaltérer les nombreux bestiaux de l'hacienda de San Juan de la Estancia, qui vivent en liberté dans la campagne. L'amiral décida que la colonne irait, le premier jour, bivouaquer sur le bord du Rio Jamapa à 3 kilomètres à gauche de la Purga et que le lendemain on gagnerait la Soledad; la première étape étant ainsi de 18 kilomètres et la deuxième de 15.

Un officier fut envoyé, le 25 au soir, reconnaître la route en avant de la Tejeria ; il fut bientôt arrêté par les avant-postes mexicains et forcé de rétrograder. Les troupes mexicaines paraissaient donc disposées à barrer le passage, et l'amiral en fit aussitôt prévenir le général Prim, en lui confirmant du reste son intention de se mettre en mouvement le lendemain. Le général Prim parut vivement contrarié de cette détermination. Il finit cependant par répondre : « Que l'amiral marche donc ; je ne suis pas prêt, mais je le suivrai » (1).

M. de Saligny, prétextant le mauvais état de sa santé, resta à Vera-Cruz. Il n'existait pas de relations très-sympathiques entre lui et l'amiral, avec lequel il différait souvent de manière de voir, et dont il ne partageait ni la prudence ni la modération.

Le 26 février au point du jour, c'est-à-dire vers six heures, les troupes françaises quittèrent le camp de la Tejeria ; on y laissa seulement un petit détachement pour garder une ambulance provisoire.

Après quelques pourparlers avec les avant-postes mexicains, la route fut laissée libre ; pendant un instant l'amiral avait cru qu'ils essaieraient de s'opposer à son passage, mais la ratification des préliminaires ayant été apportée dans la journée même, les troupes mexicaines se replièrent.

La tête de la colonne française n'arriva au bivouac que vers midi, et encore les officiers n'amenaient-ils avec eux que le tiers de leur effectif. L'amiral, remontant de suite à cheval, revint sur ses pas se faisant suivre par les mulets

---

(1) Rapport du commandant Thomasset à l'amiral, 26 février 1862.

d'ambulance et par les cavaliers de la colonne, portant des bidons remplis d'eau; le spectacle dont il fut témoin était navrant.

Les soldats, épuisés, haletants, se traînaient sur la route; les mulets, couchés à terre ou se roulant avec leurs charges, ne voulaient plus avancer. Cependant peu à peu les traînards, auxquels on apportait à boire, purent se remettre en marche et rejoignirent successivement le bivouac; à la nuit tombante, les mulets d'ambulance ramenèrent les derniers. Deux soldats d'infanterie de marine succombèrent à une insolation. Le soir, pour donner de la viande aux troupes, on abattit à coups de fusil quelques taureaux sauvages qui erraient autour du camp. Il avait été impossible d'amener le troupeau jusqu'à l'étape [1].

Quant au convoi, il resta en chemin. Les conducteurs, manquant d'expérience, avaient eu besoin de toute la matinée pour harnacher et atteler les animaux; les voitures ne s'étaient mises en route qu'à 2 heures du soir, et à 8 heures elles n'avaient encore fait que 4 kilomètres. Il fut évident que jamais elles ne parviendraient à suivre les troupes. L'amiral se décida à les laisser marcher à petites journées, comme elles le pourraient, sous l'escorte de la compagnie de débarquement de *la Foudre*.

La seconde étape fut moins pénible. La colonne, étant partie de la Purga à 2 heures du soir, arriva à la Soledad une heure après le coucher du soleil. Elle y resta deux jours; le lendemain, les voitures d'artillerie allèrent chercher 76 hommes malades laissés à la Purga, et le surlendemain des mulets furent encore envoyés au-devant du convoi, pour ramener des voitures de vivres.

---

[1] L'amiral au ministre de la marine, 27 février 1862.

L'histoire de la campagne du Mexique ne présente aucun épisode comparable à ces premières étapes. Bien des fois les troupes exécutèrent, dans les terres chaudes, des marches plus fatigantes et surtout plus longues ; on ne saurait attribuer les accidents survenus à d'autre cause qu'à l'inexpérience des officiers et des soldats, nullement préparés par leur éducation antérieure aux fatigues d'une campagne de cette nature. C'est qu'on ne peut sans inconvénient, souvent même sans danger, changer la spécialité de chaque troupe ; la valeur morale ne supplée pas à tout : aussi aurait-il mieux valu laisser les soldats de marine dans les colonies, les marins à bord de leurs vaisseaux et envoyer au Mexique une petite brigade de vieilles troupes aguerries par un séjour en Afrique. quatre-vingts malades et deux cents hommes hors d'état de marcher restèrent à la Soledad, et en quatre jours la colonne n'avait fait que huit lieues. Que serait-il advenu si l'ennemi avait voulu lui barrer la route et si les guerillas étaient venues harceler ces malheureux soldats épuisés par la fatigue et la fièvre ?

L'amiral, ne voulant pas être rejoint par les Espagnols, quitta la Soledad le 2 mars. Il avait formé un convoi léger de six voitures pour porter une petite réserve de vivres. Ces charrettes à peine chargées ne purent cependant faire plus de deux kilomètres le premier jour. On dut encore les abandonner, comme on avait fait du grand convoi. Heureusement des vivres frais avaient été préparés sur le Chiquihuite par les soins de l'administration française. La colonne y arriva le 4 mars.

Le Rio Chiquihuite est la limite de la terre chaude. Il coule à onze lieues de la Soledad, au pied de fortes positions, formées par les contreforts inférieurs du pic d'Orizaba, et sur lesquelles les Mexicains avaient commencé des fortifications et élevé des batteries.

Dans de profondes déchirures, coulent trois ruisseaux, le Rio San Alejo, le Rio Chiquihuite et le Rio Atoyac. Des ponts de pierre d'une seule arche donnent passage à la route, dont les lacets sont tracés sur les berges rapides et escarpées des ravins. L'eau n'est pas profonde, et les ruisseaux seraient la plupart du temps guéables si des rampes praticables étaient ouvertes aux voitures. Bien qu'il fût possible de les tourner au sud par le chemin de San Juan de la Punta, les Mexicains attachaient une grande importance à ces positions, et c'est pourquoi Doblado avait stipulé, dans les préliminaires de la Soledad, qu'en cas de rupture des hostilités, les troupes alliées rétrograderaient au delà de cette ligne de défense.

Le 5 mars, les troupes françaises entrèrent à Cordova. Leurs misères étaient finies, car elles devaient trouver désormais des ressources suffisantes et une température plus supportable.

Le 7 mars, après avoir gravi le cerro Cacalote, escalier gigantesque de 300 mètres de hauteur, qui sépare le plateau de Cordova de celui d'Orizaba, elles arrivèrent dans cette ville. Elles y séjournèrent le 8[1]; le 9, un peu avant l'arrivée de la colonne des troupes espagnoles, elles repartirent avec un convoi de 23 chariots mexicains, que l'on avait enfin pu se procurer.

[1] Un immense désastre venait d'atteindre le corps d'armée du général Zaragosa. Une brigade de la division Ignacio Mejia était logée à San Andrès dans un couvent abandonné. Une explosion des approvisionnements de poudre qu'on y avait placés fit écrouler ce bâtiment. Sur un effectif de 1,450 hommes, 1,055 furent écrasés sous les ruines. Selon la coutume des troupes mexicaines, 400 femmes accompagnaient cette brigade; 200 furent tuées. On releva 260 hommes et 25 femmes blessés. L'amiral envoya deux médecins de sa colonne porter secours à ces victimes.

Les Espagnols, marchant en deux colonnes, avaient suivi de près les troupes françaises. Le 7 mars, une de leurs brigades s'était installée à Cordova ; l'autre prit ses cantonnements à Orizaba le 9.

Le 10 mars, la colonne française campa près d'Acultzingo, au pied des Cumbres, qu'elle franchit le lendemain sans de trop grandes difficultés [1].

Deux jours après, les troupes, remises de leurs premières épreuves, marchant bien et présentant un bel aspect militaire, arrivèrent à Tehuacan.

La marche du convoi avait été bien plus pénible. Il est douteux qu'il fût parvenu à franchir les défilés du Chiquihuite, si l'amiral ne lui eût envoyé des attelages frais, et s'il ne lui était venu de Vera-Cruz un renfort d'une quarantaine de mules récemment arrivées de la Havane. Enfin, grâce à des efforts continuels, les dernières voitures furent réunies à Tehuacan, le 21 mars, vingt-cinq jours après leur départ de la Tejeria [2].

Réorganisation des moyens de transport.

Un deuxième convoi arriva le 24 mars. C'était celui que le commodore Dunlop avait réuni à grands frais pour ses troupes. Le gouvernement anglais, désapprouvant sa con-

---

[1] Les Cumbres d'Acultzingo sont formées par deux contre-forts étroits et abruptes qui se détachent du pic d'Orizaba. Les grandes Cumbres ont une hauteur de 650 mètres au-dessus d'Acultzingo. La route les gravit en traçant vingt-trois lacets d'un développement de plus de sept kilomètres. Les petites Cumbres s'élèvent sur une ligne parallèle, presque aussi âpres et aussi difficiles, bien qu'elles ne soient qu'à 150 mètres d'élévation au-dessus de la vallée du Puente Colorado, qui les sépare des grandes Cumbres.

La route de Mexico franchit les petites Cumbres ; celle de Tehuacan, que devait suivre la colonne française, longe la vallée du Puente Colorado et n'offre plus d'obstacles.

[2] Rapport de M. Devarenne. — Le commandant Roze au ministre de la marine, 11 mars.

duite, avait laissé ce matériel à sa charge, et l'amiral Jurien, autant pour l'aider à sortir d'embarras que pour augmenter ses propres ressources, le lui avait acheté au prix coûtant [1].

Ces voitures étaient parties de la Tejeria le 8 mars, sous les ordres de M. le commandant Alleyron, qui avait emmené avec lui presque tous les hommes restés sur ce point et avait rallié en passant ceux que l'on avait laissés à la Soledad (ensemble environ 600 hommes). Mais les ressources trouvées dans l'intérieur permettaient maintenant à l'amiral de modifier l'organisation de ses transports et de supprimer le convoi, qu'il avait eu tant de peines à constituer et surtout à faire mouvoir. Un marché fut conclu avec un entrepreneur qui prit à sa charge tout le matériel en état de servir. Quel que dût être l'avenir de l'expédition, les plus grandes difficultés étaient vaincues ; on avait désormais la certitude de pouvoir faire suivre les troupes par des transports convenablement organisés, condition indispensable de toute opération militaire et qui certainement n'aurait pu être remplie si la Convention de la Soledad n'eût ouvert le pays [2].

---

[1] Le convoi anglais, qui fut payé environ 3,000,000 de francs, se composait de :

5 chariots à 4 roues ;
2 diligences ;
1 voiture d'ambulance ;
14 charrettes à 2 roues ;
Une certaine quantité de matériel de toute nature ;
54 chevaux ;
200 mules avec les harnachements et les accessoires.

26 arrieros mexicains avaient été engagés pour la conduite des mules de bât et des voitures.

[2] Une des causes qui assurèrent le succès de l'expédition des Américains en 1847 fut certainement la bonne organisation de leurs convois. Ils avaient amené à Vera-Cruz 3,000 chariots et 15,000 mulets.

En quittant Vera-Cruz, les commandants des troupes alliées avaient décidé qu'il y serait laissé une garnison mixte de cent hommes de chaque nation. M. le capitaine de vaisseau Roze fut désigné par l'amiral pour commander à la fois l'escadre et les troupes à terre, mission périlleuse qui exigeait une énergie peu commune. Le 28 février, en effet, vingt-neuf hommes étaient déjà morts, 159 malades étaient à l'hôpital de Vera-Cruz et 122 à l'ambulance de la Tejeria. En rade, l'état sanitaire était assez satisfaisant, mais les équipages des bâtiments, réduits à un effectif insuffisant, étaient soumis aux plus rudes fatigues [1]. Outre le service du bord et celui de la rade, ils avaient à fournir des infirmiers pour les hôpitaux et des corvées pour garder et soigner les bêtes de somme et de trait que l'on rassemblait en prévision de l'arrivée probable de renforts : aussi l'amiral demandait-il au gouverneur de la Martinique de lui envoyer des soldats d'infanterie de marine, des artilleurs, des gendarmes, des ouvriers du génie et surtout 250 matelots noirs, les seuls qui pussent être employés sans danger aux travaux du port sous le soleil brûlant de Vera-Cruz.

Plus obscurs peut-être que les services des troupes débarquées, ceux des équipages de la flotte étaient non moins

---

[1] On avait débarqué :

    450 hommes pour le bataillon de marins fusiliers;
     80 — pour la batterie de montagne;
     20 — comme auxiliaires du génie;
    100 — attachés au convoi;
     70 — de la compagnie de débarquement de *la Foudre*.

Total. . 720 hommes, sans compter les ordonnances des officiers.

Tous ces hommes étaient des marins de choix, dont le départ affaiblissait sensiblement les équipages.

1862.

importants; nos marins y montrèrent une constance, une abnégation, une fidélité au devoir dignes d'admiration. (¹)

(¹) L'amiral au ministre de la marine, 20 février ; — L'amiral au gouverneur de la Martinique, 15 février ; — Le commandant Roze au ministre de la marine, 28 février.

CHAPITRE TROISIÈME.

SOMMAIRE.

Impressions des gouvernements anglais et français en apprenant le débarquement des Espagnols à Vera-Cruz. — Envoi au Mexique d'une brigade de renfort sous les ordres du général de Lorencez. — Le général Almonte. — Exécution du général Roblès. — Débarquement et mise en route des renforts. — Les troupes cantonnées à Tehuacan rétrogradent. — Instructions envoyées par les trois gouvernements à leurs commissaires, motivées sur les divergences qui s'étaient produites entre eux. — Jugement porté sur l'ultimatum proposé par M. de Saligny. — Conférence du 9 avril. — Rupture de l'alliance. — Echange de notes avec le gouvernement mexicain. — Proclamation des commissaires français à la nation mexicaine. — Décret de Juarez. — Dispositions des chefs du parti conservateur. — Plan de Cordova. — Départ des troupes anglaises et espagnoles. — Le général de Lorencez à Cordova. — Lettre du général Zaragosa relative aux malades laissés à Orizaba. — Le général de Lorencez se décide à marcher sur Orizaba. — Combat du Fortin (19 avril). — Proclamation du général de Lorencez. — Le Gouvernement français désapprouve la convention de la Soledad. — Rappel de l'amiral. — Jugement porté sur la convention de la Soledad par les gouvernements alliés. — Politique adoptée par les trois puissances à la suite de la rupture de l'alliance.

En apprenant que les Espagnols avaient pris possession de Vera-Cruz sans attendre les escadres anglaise et française, les gouvernements de France et d'Angleterre ne dissimulèrent pas leur mécontentement.

Aux explications qui lui furent demandées, le cabinet de Madrid répondit qu'il regrettait fort ce malentendu, que

Impressions des gouvernements anglais et français en apprenant le débarquement des Espagnols à Vera-Cruz.

le contre-ordre n'était sans doute pas arrivé à temps à la Havane, que du reste l'Espagne ne poursuivait aucun but particulier.

Or, dès le 23 septembre, nous l'avons déjà dit, les ministres anglais avaient exprimé le désir que l'Espagne ajournât le départ de ses troupes, jusqu'au moment où les trois puissances se seraient mises d'accord; on le leur avait promis et cependant, jusqu'au 12 novembre, aucune nouvelle instruction n'avait été envoyée à cet égard au capitaine général de Cuba. « Les explications qu'on m'a données relativement au départ anticipé des troupes de la Havane ne me satisfont pas, répondit lord Russell, mais je veux bien croire cependant que le gouvernement espagnol n'a pas voulu violer le traité. »

L'empereur Napoléon ne se montra pas plus convaincu par les raisons que lui apporta l'ambassadeur d'Espagne, et, selon les expressions mêmes de M. Mon, « il resta dans son esprit l'idée que l'Espagne avait eu quelque plan particulier en hâtant le départ de l'expédition [1]. »

Il fit immédiatement savoir au cabinet anglais [2] (15 janvier 1862) qu'il jugeait nécessaire d'envoyer au Mexique de nouvelles troupes de terre, parce que la précipitation des Espagnols aurait nécessairement pour résultat d'augmenter les difficultés de l'expédition, et qu'on se trouverait sans doute dans la nécessité de s'avancer dans l'intérieur du pays. L'effectif des troupes expéditionnaires ne lui paraissait plus suffisant, et l'expédition elle-même, pensait-il, pouvait prendre un caractère tel qu'il ne lui convenait pas de voir les troupes françaises, dont le chiffre était trop in-

---

[1] Discours de M. Mon aux Cortès espagnoles, 7 janvier 1863.
[2] M. de Flahaut à lord Russell, 15 janvier 1862.

férieur à celui des forces espagnoles, courir le risque d'être compromises [1].

Lord Russell répondit que, de son côté, le gouvernement anglais ne croyait pas opportun d'augmenter le chiffre de ses forces, mais que du reste il ne pouvait faire aucune opposition à la détermination prise par l'Empereur, si regrettable qu'elle lui parût.

L'Espagne, dissimulant sans aucun doute ses impressions, trouvait, disait-elle, que cette mesure était sage et qu'elle contribuerait assurément au succès de l'expédition [2].

Cet incident fut toutefois l'occasion d'un rapprochement entre les gouvernements anglais et espagnol, qui s'alarmèrent de la politique dans laquelle la France paraissait vouloir s'engager de plus en plus ; ils convinrent de nouveau qu'ils s'abstiendraient, formellement, de toute ingérence dans l'établissement d'un gouvernement nouveau au Mexique [3].

Déjà, au commencement du mois de janvier 1862, l'Empereur avait eu l'intention d'envoyer au Mexique un renfort de 500 zouaves [4] ; mais, lorsqu'il reçut la nouvelle du débarquement anticipé des Espagnols, il donna l'ordre d'organiser une brigade complète, dont il confia le commandement au général de Lorencez. Il se proposait ainsi d'augmenter l'influence des commissaires français dans le sein de la conférence et de « *leur permettre de suivre une ligne de conduite indépendante,* » si, comme il le craignait,

Envoi au Mexique d'une brigade de renfort sous les ordres du général de Lorencez.

---

[1] Lord Russell à lord Cowley, 20 janvier 1862.
[2] Discours de M. Bermudez de Castro au Sénat espagnol, 17 décembre 1862.
[3] C'est à cette occasion que le maréchal O'Donnell exprima l'opinion précédemment citée, que le projet d'établir une monarchie au Mexique sous un prince européen, même sous un prince espagnol, lui semblait « *si extravagant qu'il méritait à peine d'être discuté* ».
[4] Le ministre de la marine au ministre de la guerre, 9 janvier 1862.

1862.

la politique de l'Espagne n'était pas en harmonie avec ses vues [1].

Il faut observer que les dépêches de l'amiral Jurien au sujet des divergences d'opinions des commissaires alliés n'arrivèrent à Paris que postérieurement à cette décision.

La brigade de Lorencez fut composée de la manière suivante :

Un bataillon du 2ᵉ zouaves	1143 hommes.
Deux bataillons du 99ᵉ de ligne	1544
Le 1ᵉʳ bataillon de chasseurs à pied	720
Une batterie du 9ᵉ d'artillerie	203
Une compagnie du génie	158
Un escadron du 2ᵉ chasseurs d'Afrique	173
Un escadron du train des équipages	269
Troupes d'administration et infirmiers	216
Etat-major et intendance	48
Total	4,474 hommes.

Et 616 chevaux et mulets.

Elle fut transportée au Mexique sur huit bâtiments de guerre [2].

En envoyant un officier général de l'armée de terre prendre le commandement des troupes de l'expédition, l'Empereur avait réservé la direction des affaires politiques à M. de Saligny et au contre-amiral Jurien, qui fut élevé au grade de vice-amiral.

Cessant toute action directe sur les troupes expéditionnaires, le rôle de l'amiral devait désormais se borner à indiquer, de concert avec M. de Saligny, « la portée et le but des opérations militaires à entreprendre. »

---

[1] Le ministre à l'amiral Jurien, 15 janvier.
[2] Situations d'embarquement. (Voir à l'Appendice le détail du transport).

Le ministre de la guerre remit au général de Lorencez les instructions suivantes :

« L'amiral reste chef de l'expédition au point de vue politique, maritime et commercial : c'est lui qui aura à fixer, le cas échéant, les points de débarquement, la portée des opérations de guerre à accomplir. Ce principe établi, c'est à vous que, sur terre, appartiennent le commandement et l'action ; c'est vous qui maintiendrez l'ordre entre les troupes débarquées, qui aurez à prendre les précautions nécessaires pour assurer leur existence et leur santé ; c'est vous qui aurez à les mettre en mouvement, à les diriger, à les faire agir pour obtenir le but indiqué.

« Ces deux parts de commandement ne sauraient être définies d'une manière assez précise pour éviter les embarras et les tiraillements, si vous et l'amiral n'apportiez pas dans vos relations l'esprit conciliant et facile que les circonstances vous imposent, et que votre dévouement à l'Empereur et au pays vous inspireraient au besoin.

« L'amiral Jurien, qui a déjà, dans cette opération, donné plus d'une preuve de son excellent esprit, ne prendra certainement aucune résolution importante, en ce qui concerne sa part d'autorité, sans s'accorder avec vous. De votre côté, tant que vous serez à sa portée, vous ne réglerez pas l'emploi de vos moyens d'action sans les lui avoir fait connaître et sans lui en expliquer le but et la portée.

« Dans certains cas ces communications pourront vous fournir d'utiles lumières ; elles seront toujours un témoignage de déférence pour l'amiral, qui y a droit sous tous les rapports. »

Le général de Lorencez, accompagné de son état-major et du sous-intendant chef des services administratifs, partit de Cherbourg le 28 janvier. Il arriva à Vera-Cruz le 6 mars.

Les colonnes française et espagnole venaient à peine de se mettre en mouvement, et n'avaient pas encore dépassé Cordova.

Le général de Lorencez était loin de s'attendre à la situation qu'avait créée la convention de la Soledad. « Il s'est passé et il se passe ici des choses étranges, dont l'Empereur est aujourd'hui informé, écrivait-il au ministre de la guerre (1). De facile qu'elle était, la situation est devenue compliquée et difficile. J'ai vu M. de Saligny et le général Almonte. »

Le général Almonte (2) remplissait à Paris les fonctions de ministre du Mexique pendant la présidence de Miramon. Il n'avait joué qu'un rôle assez effacé dans les luttes politiques de son pays, et n'avait pris qu'une part éloignée aux intrigues de restauration monarchique. Pour cette raison même, il avait paru plus propre que tout autre à ménager la transition entre la République et la Monarchie ; d'un caractère froid, n'ayant pas une influence personnelle dont on pût prendre ombrage, vu avec une certaine sympathie par l'empereur Napoléon, il avait été choisi par les émigrés pour représenter officiellement leur parti et préparer l'avénement de l'archiduc Maximilien. L'Empereur l'avait beaucoup engagé à se rendre au Mexique, et il devait s'embarquer sur le même bâtiment que le général de Lorencez, dont le départ avait été retardé de deux jours pour l'attendre ; diverses circonstances l'en ayant empêché, il prit passage sur le paquebot de la correspondance régulière et arriva à Vera-Cruz quelques jours avant le nouveau commandant du corps expéditionnaire. Les lettres de l'Empereur, dont il était porteur, lui donnaient en quelque sorte une position semi-officielle. Les commissaires français étaient invités à l'aider de leur influence et à lui prêter l'assistance pécuniaire dont il aurait besoin.

(1) Le général de Lorencez au ministre, 6 mars 1862.
(2) Né vers 1812, de race indienne, le général Almonte passe pour être le fils du curé Morelos. Il fut élevé aux Etats-Unis, servit comme aide de camp auprès de Santa-Anna pendant la campagne du Texas en 1836, et représenta le Mexique successivement aux Etats-Unis et en France.

Mais, à son arrivée, il avait été fort désagréablement surpris de l'état dans lequel se trouvaient les affaires. Il avait espéré que le gouvernement de Juarez serait déjà renversé ou près de l'être ; et loin de là, il se voyait en présence d'un pouvoir considérablement fortifié, depuis qu'il avait été reconnu par les puissances européennes, résultat implicite des conventions diplomatiques récentes. Son premier mouvement fut de retourner en Europe, mais M. de Saligny l'en dissuada. Quant au général de Lorencez, il accepta d'abord avec peine l'obligation imposée par la convention de la Soledad, de ramener les troupes en deçà du Chiquihuite avant de commencer les hostilités.

A la vérité, M. de Saligny « se prétendait en mesure d'établir qu'il n'y avait pas lieu de se préoccuper des préliminaires de la Soledad. Il était d'avis qu'on ne devait plus tenir aucun compte du gouvernement mexicain, harcelé de toutes parts, qui avait déjà violé lui-même les préliminaires et qui était sur le point de succomber ».

Cependant l'amiral Jurien prévenait au contraire le général de Lorencez, que des incidents nouveaux l'amèneraient sans doute à vouloir reprendre sa liberté d'action et que pour se conformer aux préliminaires de la Soledad, il se disposait à rétrograder. « Cette résolution était blâmée à tous les points de vue par M. de Saligny » : aussi le général de Lorencez, déjà disposé à entrer dans ces idées, se hâta de se rendre à Tehuacan, espérant faire revenir l'amiral sur sa détermination [1].

« M. de Saligny et l'amiral Jurien ont des appréciations fort opposées sur les choses et les hommes du Mexique, »

---

[1] Le colonel Valazé, chef d'état-major général, au ministre, 22 mars.

écrivait au ministre le colonel Valazé, chef d'état-major du général de Lorencez [1] ; « les affaires sont compliquées à plaisir » par suite du manque d'accord entre les plénipotentiaires ; « elles me paraissent au fond si simples depuis que je les vois de près, que je ne doute pas d'une prochaine solution favorable à l'établissement d'un gouvernement monarchique, vivement désiré par la majorité du pays et que la minorité est déjà résignée à subir. Il ne faut qu'un peu d'appui au parti modéré toujours lent à se prononcer et dépourvu d'initiative au Mexique, comme dans tous les pays. Les sympathies pour la protection de l'Empereur sont incontestables, et l'on est tout préparé à accepter la solution à laquelle on soupçonne qu'il est disposé à donner la préférence. »

De son côté, le général de Lorencez appréciait la situation de la manière suivante [2] : « L'arrivée de la deuxième portion des troupes du corps expéditionnaire est providentielle. Le général Prim a dû renoncer immédiatement à poursuivre ses desseins, dans lesquels il n'avait aucune chance de réussir ; mais l'action de nos Français arrivés les premiers eût été paralysée et leur situation eût été pleine de difficultés. Le général Prim sera rappelé avant le 15 avril ; les conférences n'aboutiront à rien, nous marcherons en avant, nous arriverons à Mexico et le prince Maximilien sera proclamé souverain du Mexique, où son gouvernement ferme et sage sera facilement maintenu pour le bonheur et la régénération du plus démoralisé des peuples. »

Le 31 mars, le colonel Valazé écrivait encore : « M. de Saligny se sépare de plus en plus de l'amiral, et je suis très-porté à lui donner raison. Il préfère les moyens énergiques,

---

[1] Le colonel Valazé au ministre, 22 mars.
[2] Le général de Lorencez au ministre, 10 mars.

se montre toujours d'un caractère décidé et repousse avec hauteur tout projet d'arrangement, tandis que l'amiral semble avoir mis toute sa confiance, jusqu'à présent, dans les menées diplomatiques et s'étudie peut-être trop à ne froisser personne, cherchant à négocier avec tout le monde sans jamais y réussir. Le mouvement rétrograde que l'amiral et le général Prim imposent évidemment au général de Lorencez, parti d'ici avec le projet fort arrêté de l'empêcher, va produire un effet déplorable. Malgré tout, le gouvernement de Juarez se décompose tous les jours davantage. Il n'est plus entouré que de gens disposés à l'abandonner. Ses forces militaires se débandent. Les chefs de la garnison de Mexico sont tous dans la voie de la trahison. Je suis persuadé qu'une force armée, si minime qu'elle soit, peut s'emparer de la capitale, sans autre difficulté que celle de s'approvisionner de vivres pendant la route. »

Il est à craindre que ces dépêches, écrites sans doute avec quelque hâte, et dans lesquelles se reflètent, comme on le voit, les idées de M. de Saligny, n'aient contribué à entretenir le gouvernement français dans les dangereuses illusions qu'avaient pu faire naître les rapports antérieurs de son représentant.

Le 20 mars, le général de Lorencez partit de la Vera-Cruz pour se rendre à Tehuacan, où il arriva le 26. Il voyagea sans escorte, avec quelques officiers de son état-major.

Lorsque le général de Lorencez rejoignit l'amiral, la rupture de la triple alliance était déjà prévue.

Le retour au Mexique du général Almonte avait produit une grande effervescence dans le pays. Le 13 mars, l'amiral avait reçu du général Prim communication d'une dépêche de Doblado, par laquelle le gouvernement mexicain prévenait les plénipotentiaires alliés que l'ordre était donné d'arrêter « *les traîtres et les réactionnaires* » qui voudraient se prévaloir de la protection des alliés et se rendraient dans les districts de Tehuacan, de Cordova et d'Orizaba (¹). Cette dépêche, sans nommer le général Almonte, le désignait très-clairement.

Le général Prim ajoutait, du reste, que Sir Ch. Wyke et lui, regardaient comme juste et raisonnable la prétention émise par Doblado et qu'ils demandaient l'assentiment de l'amiral et celui de M. de Saligny pour répondre dans ce sens au nom des cinq commissaires.

Il ne pouvait convenir aux commissaires français d'approuver un décret par lequel tous ceux qui se montraient disposés à accepter ou à soutenir l'intervention européenne étaient mis hors la loi. Sir Ch. Wyke oubliait sans doute que les ministres anglais avaient qualifié « d'abominable » la conduite des hommes actuellement au pouvoir, et que lui-même avait réclamé avec insistance l'emploi de mesures de rigueur contre eux.

Le général Prim semblait ne plus se souvenir que, dans ses instructions, il lui était recommandé « de se servir de toutes les personnes influentes du pays et de tous ceux qui voudraient travailler à l'établissement d'un gouvernement solide approprié aux nécessités et aux croyances du peuple mexicain. » Il appartenait au plénipotentiaire espagnol, moins qu'à tout autre, de repousser le général Almonte, qui avait, peu de temps auparavant, consenti au nom du gouvernement de Miramon un traité fort avantageux pour l'Espagne.

Quant à l'amiral Jurien, il se montra plus logique, plus d'accord avec les idées qui avaient donné lieu à la conven-

---

(¹) L'amiral au ministre des affaires étrangères, 15 mars. — Le général Prim à l'amiral, 12 mars.

tion de Londres, et il ne cessa de réclamer du gouvernement mexicain une amnistie générale, que celui-ci persista du reste à refuser.

L'amiral répondit donc au comte de Reus qu'il différait essentiellement d'opinion avec lui et avec Sir Ch. Wyke [1], et il demanda la réunion de la conférence pour discuter les points sur lesquels on ne s'entendait pas. Il écrivit aussitôt à M. de Saligny pour le prier de venir le rejoindre.

Les manifestations hostiles du gouvernement mexicain ne se bornaient pas à la publication du décret ou *bando* dont nous venons de parler. Doblado réclamait la remise aux fonctionnaires mexicains des douanes de Vera-Cruz, alors administrées par une commission des trois puissances; en cas de refus, il menaçait de fermer les communications commerciales avec ce port.

D'autre part, on exigeait des étrangers résidant à Mexico l'acquittement d'un droit de 2 1/2 p. 0/0 sur le capital; six maisons de commerce, parmi lesquelles la maison dans laquelle le général Prim avait ses intérêts, étaient taxées à 500,000 piastres.

Cette mesure impressionna vivement le plénipotentiaire espagnol, qui écrivit aussitôt à Doblado pour lui demander des explications; Sir Ch. Wyke lui-même ne se montra pas indifférent à ces molestations, qui se traduisaient par d'importants dommages financiers.

Doblado répondit d'une façon hautaine, ce qui mit le comble à l'exaspération du général Prim. Le 20 mars, il écrivait à l'amiral :

« En voilà trop pour des puissances comme nous sommes ici. En voilà assez pour brûler nos papiers et marcher en soldats. Réu-

[1] L'amiral au ministre des affaires étrangères, 15 mars.

1862.

nissons-nous ici le plus tôt possible et agissons. J'ai déjà prié M. de Saligny de venir ; venez vous-même ; le commodore arrivera aussi. Sir Ch. Wyke est d'accord avec moi. Réunissons-nous donc et que cela finisse. »

Le lendemain, il lui disait encore :

« Pouvons-nous permettre que, pendant que nous restons tranquilles dans nos cantonnements, le gouvernement continue ses vexations contre nos nationaux ?.... Pouvons-nous permettre que l'on exige un emprunt forcé de 500,000 piastres sur six maisons (dont trois sont espagnoles? Voilà, cher ami, une raison pour nous montrer, Sir Ch. Wyke et moi, dans une attitude plus énergique que celle que nous avions quand nous nous sommes séparés. Je vous remets ci-inclus la lettre de M. Doblado et vous jugerez, dans votre noble orgueil, si une pareille sécheresse peut nous convenir. Vous trouverez donc dans la lettre de Doblado, et dans mes explications le véritable motif de notre humeur belliqueuse, et ne le cherchez pas ailleurs, vous ne le trouveriez pas. » [1]

Ces dispositions répondaient aux désirs de l'amiral ; il eût voulu depuis longtemps qu'une action militaire énergique mît fin aux manœuvres diplomatiques par lesquelles Doblado, en alliant habilement la finesse à l'arrogance, attendait, pour rompre définitivement et forcer les alliés à reculer dans les terres chaudes, la saison de la fièvre jaune, qui devait en rendre le séjour meurtrier pour les Européens.

L'amiral répondit :

« Je regrette comme vous les vexations dont vous vous plaignez, je les trouve odieuses et suis décidé à en exiger une juste satisfaction ; mais ce ne sont pas nos seuls griefs. Ce dont vous vous plaignez n'est que la continuation de l'ancienne conduite de Juarez et de ses anciens attentats. Vous avez consenti à entamer de nouvelles négociations diplomatiques; la continuation de nos griefs suffit pour les rompre ; qu'il en soit ainsi; quant à moi, j'y suis prêt; depuis que nous sommes ici, je vous ai demandé d'imposer au gouvernement de Juarez une amnistie formelle, sincère. Nous voulons voir la volonté du peuple mexicain se manifester légale-

[1] Le général Prim à l'amiral, 24 mars.

ment; demandons à Juarez qu'il n'y mette pas obstacle; demandons-lui de révoquer ses édits de mort; qu'il laisse ses amis comme ses adversaires exprimer leur opinion, et alors, si le peuple mexicain, délivré de cette pression et de ses perpétuelles menaces de condamnation à mort, vote pour la république, sous le commandement de Juarez, à la bonne heure; il sera dans son droit; mais imposez ou pour le moins demandez à Juarez une amnistie. » [1]

Mais les dispositions belliqueuses du général Prim ne furent pas de longue durée; comme toujours Sir Ch. Wyke calma son irritation, et tous deux en revinrent à appuyer le gouvernement mexicain dans son décret contre les émigrés, accusés de revenir au Mexique avec l'intention de renverser les institutions actuelles [2].

On venait alors d'apprendre que le général Almonte, le Père Miranda et quelques autres avaient quitté Vera-Cruz sous la protection d'un bataillon français récemment débarqué. En effet, le général Almonte avait demandé au général de Lorencez une escorte pour s'éloigner de la côte, où la fièvre jaune commençait à sévir avec une grande violence, et M. de Saligny ayant appuyé cette demande, il fut autorisé à suivre un bataillon de chasseurs à pied, qui se dirigeait vers l'intérieur. Profitant de cette autorisation, il emmena avec lui quelques personnes parmi lesquelles, à l'insu du général de Lorencez, se trouvait le Père Miranda [3].

La présence de ces personnages au milieu des soldats français occasionna dans le pays une extrême irritation. Le gouvernement mexicain, les commissaires anglais et espagnol considéraient ce fait comme une violation du traité de la Soledad; l'amiral comprit dès lors que la rup-

[1] L'amiral au général Prim, 22 mars.
[2] Le général Prim à l'amiral, 23 mars.
[3] Le général de Lorencez au ministre, 12 avril.

ture était inévitable ; il écrivit au général de Lorencez pour lui exprimer le regret que le général Almonte eût quitté Vera-Cruz avant qu'on eût obtenu une amnistie du gouvernement mexicain, et pour le prier d'arrêter son bataillon à Cordova, afin de ne pas fermer d'une façon absolue toutes les voies de conciliation. Il le prévint et prévint aussi le général Prim et Sir Ch. Wyke que, le 1ᵉʳ avril, il quitterait Tehuacan pour rétrograder jusqu'à Paso Ancho, afin de se dégager des obligations que lui imposaient les préliminaires de la Soledad et pouvoir, sans manquer aux traités, couvrir du drapeau français ceux qui recherchaient sa protection [1].

Le général Almonte s'arrêta donc à Cordova, le 23 mars ; le commandant du bataillon de chasseurs fut obligé de prendre des mesures de sûreté pour le soustraire aux violences des libéraux, qui voulaient, disaient-ils, l'enlever au milieu même des baïonnettes françaises.

Un acte odieux, digne des plus mauvais jours de la guerre civile, venait de s'accomplir au camp du général Zaragosa, et prouvait que ces mesures n'étaient pas superflues.

Le général Roblès, un des hommes d'opinions modérées, les plus honorables et les plus considérés du parti conservateur, avait été arrêté le 21 mars sur la route de Tehuacan, où il se rendait pour se mettre en relations avec l'amiral. Conduit au quartier général du général Zaragosa à San Andrès Chalchicomula, il avait été immédiatement passé par les armes, comme traître à son pays. Sa mort était à la fois un défi jeté aux commissaires alliés, et une terrible menace pour tous ceux qui seraient tentés de soutenir l'intervention étrangère.

[1] L'amiral au général de Lorencez, **22 mars**.

L'amiral protesta énergiquement contre cette exécution sommaire; il écrivit aussitôt au général Zaragosa qu'il se considérerait comme dégagé de toute convention antérieure, si la moindre atteinte était portée à la sûreté des personnes placées sous la protection de la France (il faisait ainsi allusion au général Almonte), et si le moindre acte hostile était dirigé contre ses troupes. Il fit connaître au gouvernement de Mexico sa résolution de quitter Tehuacan, le 1ᵉʳ avril, pour ramener ses forces au delà du Chiquihuite et reprendre la liberté de ses mouvements.

L'amiral, loin de partager les idées de M. de Saligny, n'admettait pas la possibilité de ne pas exécuter la convention de la Soledad [1] et il invita le général de Lorencez à prendre immédiatement ses dispositions pour le mouvement rétrograde, qu'il était urgent d'exécuter avant la saison des pluies.

La brigade de renfort était alors complétement arrivée au Mexique, à l'exception de 650 zouaves, embarqués sur le *Fontenoy*, qu'une avarie avait arrêté à Cadix.

Le premier bâtiment, le *Canada*, avait mouillé à Vera-Cruz, le 12 mars; l'*Asmodée*, le 17; le *Darien*, le *Finistère* et le *Turenne*, le 23 et le 24; l'*Amazone*, le 29 mars. Aussitôt débarqué, chaque détachement était organisé en colonne et dirigé sur l'intérieur par les soins du chef d'état-major; des voitures portant un approvisionnement de 20 jours de vivres (vin compris), et pouvant recevoir, en outre, pendant la traversée des Terres chaudes, tous les sacs des soldats et un certain nombre d'hommes fatigués, suivaient chacune de ces colonnes.

Les troupes, ne restant pas exposées aux influences perni-

---

[1] Le général de Lorencez au ministre, 12 avril.

cieuses du climat de la côte, supportaient bien les fatigues de la marche et ne laissaient aucun traînard.

Les circonstances s'étaient heureusement modifiées depuis l'arrivée de l'amiral; les nouvelles troupes, mieux pourvues de matériel, pouvant disposer de convois nombreux et bien organisés, assistées par un personnel administratif expérimenté, que le sous-intendant Raoul dirigeait d'une manière fort remarquable [1], ne connurent aucune des misères de la première colonne.

Une commission de remonte se procurait assez facilement les chevaux et les mulets nécessaires pour combler les pertes assez nombreuses faites pendant la traversée. Le prix des mules était descendu à 15 piastres (80 fr. environ).

Lorsque commença le mouvement rétrograde, prélude des hostilités prochaines, le petit corps expéditionnaire était donc en parfait état et inspirait la plus grande confiance à son commandant en chef.

Les troupes cantonnées à Tehuacan rétrogradent.

L'amiral avait recommandé au général de Lorencez de régler ses étapes de façon à concentrer ses troupes à Paso-Ancho, le 15 avril, jour fixé pour l'ouverture des conférences d'Orizaba et qui serait vraisemblablement celui du commencement des hostilités. Le général de Lorencez partit de Tehuacan le 1er avril. A son passage à Orizaba, il laissa dans un hôpital, sous la protection de l'art. 5 de la convention de la Soledad, non-seulement les hommes gravement malades, mais encore ceux qui, trop fatigués, eussent pu devenir une gêne dans la suite. Ils étaient au nombre de 340 avec 3 médecins et 30 infirmiers [2].

---

[1] Le général de Lorencez au ministre, 10 mars. — Le colonel Valazé au ministre, 22 mars.

[2] Le général de Lorencez au ministre, 12 avril.

Le mouvement se continua sans incident jusqu'à Cordova, où la colonne s'arrêta le 8 avril, pour attendre le résultat d'une dernière conférence entre les plénipotentiaires alliés.

Le 23 mars, en réponse à la dépêche par laquelle l'amiral leur faisait connaître son intention de se délier des obligations contractées à la Soledad, le général Prim et Sir Ch. Wyke lui avaient immédiatement adressé une note collective. Ils déclaraient que la nouvelle attitude prise par les commissaires français leur paraissait en opposition avec les stipulations du traité de Londres et qu'ils regardaient comme indispensable une réunion des plénipotentiaires alliés, afin de faire constater, dans un procès-verbal, la rupture de la triple alliance, conséquence inévitable des résolutions des représentants de la France [1].

Sur ces entrefaites (3 avril), l'amiral reçut de nouvelles instructions datées du 28 février ; ces instructions étaient basées : sur les divergences de vues, qui, dès le début s'étaient manifestées entre les plénipotentiaires, sur l'erreur dans laquelle ils étaient tombés en adressant un manifeste au peuple mexicain et en entamant des négociations avec le gouvernement de Juarez, enfin sur l'opposition faite par les commissaires anglais et espagnol à l'ultimatum préparé par M. de Saligny.

Instructions envoyées par les trois gouvernements à leurs commissaires, motivées sur les divergences qui s'étaient produites entre eux.

Les gouvernements anglais et espagnol avaient également envoyé des instructions à leurs représentants. Dans les diverses dépêches échangées à cette époque, se trouvent exactement formulées les appréciations des cabinets de Paris, de Londres et de Madrid.

Au sujet du manifeste, Lord Russell écrivit à Sir Ch. Wyke le 25 février [2] :

[1] Le général Prim à l'amiral, 23 mars 1862.
[2] Discours de M. Bermudez de Castro au Sénat espagnol, 17 décembre 1862.

1862.

« Le gouvernement de S. M. ne peut approuver et en vérité, il désapprouve fortement cette proclamation...... Une fois Vera-Cruz évacuée par les forces mexicaines, les alliés auraient dû envoyer à Mexico les conditions qu'ils exigeaient pour la réparation des griefs énumérés dans le préambule de la convention. Les mesures ultérieures devaient dépendre de la réponse que l'on aurait reçue; mais s'il était nécessaire, pour des raisons sanitaires ou militaires, d'aller camper hors de Vera-Cruz ou de s'avancer vers Jalapa, cela aurait dû se demander en termes qui inspirassent le respect, et non d'une manière qui excitât la résistance. »

M. Thouvenel exprimait la même opinion à l'ambassadeur anglais, qui était venu lui communiquer les vues de son gouvernement. Il se proposait, disait-il, « d'écrire dans le même sens à M. de Saligny, bien qu'il ne pût le faire d'une manière aussi forte, parce que les commissaires français s'étaient opposés à la proclamation et qu'ils ne lui avaient donné leur adhésion que pour ne pas se séparer de leurs collègues » [1].

L'ambassadeur de France à Madrid fut chargé de faire connaître cette appréciation au gouvernement espagnol [2].

« Le manifeste adressé au peuple mexicain donne à l'expédition un tout autre caractère que celui que lui assignaient les puissances alliées et qui les avait amenées à conclure la convention de Londres..... Elles n'eussent pas envoyé leurs escadres et leurs soldats à la Vera-Cruz, s'il y avait eu la moindre chance d'avoir satisfaction du Mexique autrement que par la voie de la coercition... Le langage tenu par les plénipotentiaires n'a pu que rendre confiance au gouvernement mexicain en lui apprenant qu'on se prêtait encore à négocier *avec lui*. Le répit inattendu qu'on lui a ainsi accordé aura pour résultat de lui permettre d'ajouter à ses moyens de défense, tandis que les discussions dans lesquelles on l'a autorisé à entrer sur la question d'organisation intérieure du pays, lui fourniront un moyen facile de traîner en longueur les négociations. »

[1] Discours de M. Bermudez de Castro au Sénat espagnol, 17 décembre 1862.
— Lettre de l'ambassadeur anglais, 28 février.
[2] Discours de M. Billault au Corps législatif, 26 juin 1862. — Ces extraits

De son côté, M. Calderon Collantes partageait complétement cette manière de voir.

« Il était absurde, disait-il, de demander à un gouvernement, qu'on devait traiter et qu'on traitait en ennemi, la permission très-inutile de s'établir sur tel ou tel point de son territoire..... En agissant ainsi on encourageait le gouvernement de Juarez à se considérer comme le gouvernement légitime du Mexique, on le traitait d'égal à égal, on le reconnaissait en quelque sorte et on se mettait dans l'impossibilité d'aider la majorité du peuple mexicain à renverser un gouvernement odieux au pays, comme aux puissances étrangères et à le remplacer par un gouvernement qui fût constitué de manière à donner des garanties d'avenir, qui étaient après tout le but principal que les puissances alliées s'étaient proposé » [1].

Et cependant, malgré ces déclarations si catégoriques, on lit dans une dépêche adressée, le 7 mars, de Madrid au comte de Reus : « Le gouvernement de S. M. approuve la « modération avec laquelle on a, jusqu'à présent, agi envers « le gouvernement mexicain, parce qu'elle est d'accord « avec les sentiments qui l'ont toujours animé. » [2]

En résumé, les trois puissances se déclaraient d'accord pour désapprouver l'ouverture de nouvelles négociations avec Juarez, mais l'Espagne et l'Angleterre différaient de sentiment avec la France au sujet de l'ultimatum présenté par M. de Saligny.

Le cabinet français paraît cependant avoir réussi à faire établir que chaque nation avait le droit de formuler ses

Jugement porté sur l'ultimatum présenté par M. de Saligny.

ne sont pas textuellement conformes à la dépêche publiée postérieurement dans le livre jaune. (M. Thouvenel à l'ambassadeur français à Madrid, 20 février 1862.) Le sens de la dépêche publiée est néanmoins le même que celui de la dépêche lue par M. Billault, mais les termes en sont plus modérés. Nous croyons que la version que nous avons acceptée est la plus exacte.

[1] L'ambassadeur de France à Madrid au ministre des affaires étrangères, 26 février.

[2] Discours de M. Bermudez de Castro, 17 décembre 1862.

réclamations sans les soumettre au contrôle de ses alliés, théorie assez étrange, car il semble difficile qu'un traité d'alliance soit sérieux, si l'on n'est pas d'accord sur le but à atteindre.

D'ailleurs le gouvernement anglais n'en faisait pas moins savoir qu'il trouvait les réclamations de M. de Saligny fort exagérées [1]. M. Thouvenel prit naturellement la défense du représentant de la France, bien qu'il n'approuvât pas les conditions de l'ultimatum, qu'il trouvât trop élevé le chiffre des indemnités et qu'il lui répugnât visiblement de s'occuper des affaires Jecker.

La dépêche suivante, qu'il adressa, le 28 février, à M. de Saligny, en donne la preuve :

« ..... Le chiffre auquel le département s'était efforcé d'évaluer nos réclamations n'atteignait pas celui de votre article 1er; mais en l'absence d'éléments suffisants d'appréciation, il vous était laissé à ce sujet une très-grande latitude.

« Bien que je ne vous invite pas expressément à réduire un chiffre que Sir Ch. Wyke et le général Prim semblent avoir trouvé exorbitant, vous pourriez pourtant vous montrer moins rigoureux sur ce point, s'il était une cause trop évidente de dissidence entre les représentants des trois cours. Les sommes, que devraient mettre encore à la charge du gouvernement mexicain, en plus des 12 millions de piastres, les clauses des articles 2 et 4, semblent de nature à faire regarder celles-ci comme d'autant plus rigoureuses ; j'inclinerais à penser aussi que si nous nous en tenons à un chiffre d'indemnités considérables, il ne serait plus nécessaire de faire des réparations d'une autre nature, bien que très-justifiées d'ailleurs

---

[1] C'était aussi l'opinion du ministre des Etats-Unis à Mexico :
« ..... I speak from a very careful investigation made by myself, when I say that the money demands of England are in the main, if not altogether, just. I am not surprised that her patience is exhausted. Those of France are comparatively small, very small, so far as they arise out of previous treaties ; and those dependant on claims of more recent date and not included in former treaties, are, as presented, so enormously injust as to be totally inadmissible as to the amounts claimed. — M. Corwin à M. Seward, 20 mars 1862.

en principe, que vous demandiez, soit à propos de la mort de notre agent à Tepic, soit à raison des tentatives coupables dirigées contre votre personne au mois d'août dernier, des clauses expresses ou additionnelles. Je me demande également si les précautions que vous croyez devoir prendre par les articles 5, 6 et 7 en vue d'assurer la poursuite judiciaire et le châtiment des divers attentats dont nos nationaux ont été victimes, atteindraient en réalité le but auquel elles tendent et si nous n'aurions pas plus d'avantages dès lors à considérer l'indemnité stipulée comme une satisfaction d'ensemble de ces griefs.

« En ce qui concerne l'article 3 relativement à l'affaire Jecker, il y a évidemment une distinction à faire entre ce qui, sur ce point, touche directement nos intérêts et ce qui y est étranger. Lorsque le général Miramon rendit le décret qui a amené son contrat avec la maison Jecker, les informations de la légation ayant constaté que le commerce étranger tirait un grand soulagement de la mesure financière facilitée par cette maison au gouvernement mexicain, il était naturel que nous vissions une grande utilité à empêcher, autant que possible, qu'on ne revînt sur cette mesure et sur les opérations qui la facilitaient. C'est dans ce sentiment que les instructions du département vous ont invité, comme vous en aviez déjà pris l'initiative, à soutenir les réclamations que provoquait, sur cette question, la conduite du gouvernement de Juarez. Il résulterait cependant de l'opposition que vous avez rencontrée chez Sir Ch. Wyke à ce que vous demandiez à propos de cette affaire, que ce ne serait plus, dit-on, le commerce étranger qui tirerait profit du contrat passé avec la maison Jecker, que celle-ci bénéficierait presque exclusivement de l'accomplissement de ce contrat. Je ne saurais me rendre exactement compte de ce qui en est ; mais j'appelle votre attention sur l'importance *de bien séparer ce qui dans cette affaire peut réellement compromettre les intérêts que nous avons le devoir de protéger, de ce qui en affecterait d'autres d'un caractère tout différent.* Le gouvernement actuel ne saurait prétendre priver nos nationaux des avantages que leur assurerait une mesure régulière prise par l'administration de Miramon, par cette unique raison que cette mesure émanait d'un ennemi ; mais nous serions mal fondés, de notre côté, à vouloir imposer au gouvernement actuel des obligations qui ne découleraient pas essentiellement de sa responsabilité gouvernementale. »

Si l'on songe que cet ultimatum fut la cause des premiers et des plus graves dissentiments entre les commissaires alliés, que c'est en grande partie par suite du refus des Anglais d'y laisser donner suite, que l'on engagea avec le gouvernement mexicain des pourparlers qui entravèrent l'action militaire, on ne peut s'empêcher de déplorer que les intérêts de la France aient été ainsi abandonnés sans un contrôle suffisant.

Le gouvernement français ne prit cependant aucune précaution pour éviter que sa politique restât engagée dans une voie aussi regrettable. Il se montra au contraire plus satisfait de l'attitude prise par M. de Saligny, que de la politique de modération conseillée par l'amiral. Convaincu qu'il ne fallait plus compter sur le concours des Espagnols, leur attribuant en grande partie les mécomptes déjà éprouvés, puisque, au lieu de s'associer à la politique française, ils soutenaient au contraire la politique anglaise, opposée à l'intervention dans les affaires du pays, le gouvernement français craignant, dit-il, « que ses alliés n'acceptassent des satisfactions au-dessous de ses exigences légitimes, autorisa ses représentants à laisser leurs collègues traiter séparément et à poursuivre seuls la réparation due à la France. » Il leur recommanda de n'accorder aucune confiance aux promesses et aux engagements d'un gouvernement dont l'expérience n'avait que trop démontré l'impuissance et la mauvaise foi [1].

Ces instructions arrivaient fort à propos pour enlever à l'amiral toute indécision sur la conduite qu'il aurait à tenir dans la prochaine conférence, où la rupture de la triple alliance allait être officiellement déclarée.

Dès ce moment aussi, il devait suspendre toute négociation ; il n'accueillit donc pas une demande du général Do-

---

[1] Lettre de l'amiral au ministre de la marine, 11 avril 1862.

blado, qui le priait de venir s'entendre avec lui à Puebla et cherchait à le persuader que, désireux de voir les Français séparer leur cause de celle des Espagnols, le gouvernement mexicain serait disposé à faire droit à toutes leurs réclamations et même à les appeler à Mexico, s'ils voulaient aider à la consolidation du président Juarez ; mais le ministre mexicain demandait plus instamment que jamais l'éloignement d'Almonte [1]. Du reste, cette proposition de Doblado cachait très-probablement un piège et n'avait sans doute d'autre but que de gagner du temps et de compliquer encore une situation que ses finesses diplomatiques avaient trop bien réussi à embarrasser.

Il était urgent que la conférence se réunît ; l'amiral, qui avait déjà prié M. de Saligny de venir le rejoindre, renouvela ses instances. Jusqu'alors le ministre de France, dont les vues ne s'accordaient pas avec celles de l'amiral, avait, comme on le sait, allégué le mauvais état de sa santé pour rester à Vera-Cruz ; mais en ce moment ses idées, acceptées par le gouvernement français, devenaient prépondérantes, et les circonstances étaient d'ailleurs si graves qu'il partit immédiatement pour Orizaba. Il y arriva le 9 avril, et la conférence eut lieu le jour même.

Pour déterminer la rupture désirée par leur gouvernement, il suffisait aux commissaires français de confirmer leur intention de continuer à protéger le général Almonte et les autres proscrits, dont les projets à l'égard du gouvernement de Juarez étaient parfaitement connus ; aussi la présence du général Almonte, que l'amiral avait d'abord regrettée, était au contraire fort opportune puisqu'elle lui permettait de produire sûrement une scission défini-

---

[1] Lettre de Doblado à l'amiral, datée de Mexico, 3 avril 1862.

tive, qu'il aurait peut-être été assez difficile d'amener si ce motif ne s'était pas présenté.

<small>Conférence du 9 avril. Rupture de l'alliance.</small>

Au début de la conférence, l'amiral Jurien, sur l'invitation du général Prim, expliqua qu'il s'agissait de s'entendre sur la réponse à faire au gouvernement mexicain relativement à la protection accordée au général Almonte. Le général Prim prit ensuite la parole et résuma les événements. L'impossibilité de mouvoir des troupes dépourvues de tout moyen de transport avait, dit-il, rendu nécessaires les pourparlers avec le gouvernement mexicain. L'amiral confirma l'exactitude de cette assertion et demanda à faire constater que son matériel de campement et son artillerie n'étaient arrivés que le 5 février.

Commencer les hostilités dans de telles conditions, ajouta le général Prim, c'eût été s'exposer à une catastrophe, et il rappela que, lors des premières marches, les troupes avaient semé sur la route leurs malades et leurs bagages.

Les négociations entamées avec le gouvernement de Juarez répondaient par conséquent aux nécessités de la situation, et l'on aurait pu espérer obtenir pacifiquement les satisfactions stipulées dans la Convention de Londres, si l'arrivée du général Almonte et des autres bannis n'eût été la cause de graves dissentiments entre les plénipotentiaires.

Le général Almonte avait franchement déclaré au comte de Reus et au commodore Dunlop son intention de fonder une monarchie au Mexique, avec l'archiduc Maximilien pour empereur ; il s'était montré certain de l'appui de la France, et il avait manifesté la pensée que l'Espagne et l'Angleterre ne lui refuseraient pas leur concours. Loin de l'encourager dans de pareils projets, le général Prim avait cherché à l'en détourner ; cependant, quelques jours après, le général Almonte quittait Vera-Cruz sous l'escorte d'un bataillon français, et l'amiral Jurien faisait savoir que, pour se délier des engagements pris à la Soledad, il allait faire rétrograder ses troupes au delà du Chiquihuite.

Le général Prim et Sir Ch. Wyke étaient d'avis qu'en agissant ainsi les commissaires français violaient la Convention de Londres ; ils avaient donc provoqué une réunion de la conférence pour s'assurer si les instructions auxquelles obéissaient leurs collègues étaient de nature à permettre à l'Espagne et à l'Angleterre de marcher d'accord avec la France.

L'amiral répondit qu'il croyait ne pas avoir manqué aux obligations des traités ; mais, en raison de l'attitude du gouvernement mexicain, un plus long séjour de ses troupes à Tehuacan lui ayant paru incompatible avec la protection dont il entendait couvrir le général Almonte, protection à laquelle, de tout temps, les proscrits ont eu droit, il s'était décidé, par un scrupule de loyauté, à revenir à Paso Ancho, afin de se replacer sur un terrain neutre et de reprendre sa liberté d'action. Il pensait donner ainsi à la Convention de Londres sa véritable interprétation ; d'ailleurs, le général Almonte, au moment où il avait quitté l'Europe, croyait, comme tout le monde, la guerre commencée, et loin d'être animé d'intentions hostiles, il n'était venu que pour essayer de rétablir la concorde entre les différents partis. Le comte de Reus et Sir Ch. Wyke contestèrent ces intentions.

On remarquera le soin avec lequel, dans toute cette discussion, l'amiral s'efforça de mettre hors de cause la politique de l'Empereur et d'assumer personnellement la responsabilité d'une rupture dont il ne méconnaissait pas la gravité; il ajouta cependant que la politique plus énergique conseillée par M. de Saligny répondait mieux aux vues du gouvernement français que la politique de modération jusqu'alors suivie.

L'objet de la Convention de Londres, reprit M. de Saligny, était d'obtenir satisfaction pour les outrages commis envers les étrangers; or, les extorsions et la violence du gouvernement mexicain augmentaient chaque jour. Le système de temporisation n'avait fait qu'accroître son audace; aussi le ministre de France déclarait-il formellement qu'il ne voulait plus continuer les négociations et qu'il ne restait qu'à marcher sur Mexico.

Le comte de Reus et Sir Ch. Wyke trouvèrent ces allégations injustes; le cabinet mexicain ayant promis le retrait des décrets relatifs à l'impôt de 2 p. 0/0 sur le capital et à l'interdiction des communications avec Vera-Cruz, il fallait attendre avant de l'accuser de mauvaise foi.

Sir Ch. Wyke demanda ensuite à M. de Saligny s'il n'avait pas dit que les préliminaires de la Soledad étaient sans valeur pour lui; le ministre de France convint, en effet, n'avoir jamais eu plus de confiance dans ces préliminaires que dans toutes les autres promesses du gouvernement mexicain. Et comme le commodore Dunlop s'étonnait qu'il les eût signés et qu'il ne se crût pas engagé par sa signature, il lui répondit qu'il n'avait à donner d'explication à personne sur ce sujet, mais qu'il se serait considéré comme lié, si le gouvernement mexicain n'avait déjà lui-même violé cette convention de mille manières.

Une discussion personnelle s'éleva ensuite avec une grande vivacité entre le général Prim et M. de Saligny, qui avait attribué publiquement au commandant des forces espagnoles le désir de se faire couronner empereur du

Mexique. M. de Saligny prétendit n'avoir fait que répéter ce qui se disait partout; quant aux preuves auxquelles il avait fait allusion, c'étaient d'abord une lettre adressée à l'amiral par une personne favorable à cette candidature, les insinuations qu'une telle solution serait approuvée par l'Empereur, les articles de *l'Eco de Europa*, journal espagnol publié au Mexique et qui, selon les paroles mêmes du comte de Reus, ne publiait rien sans son approbation [1] et enfin l'idée exprimée par le comte de Reus lui-même que la candidature d'un prince autrichien était absurde et qu'il n'y aurait de chances de succès que pour un soldat heureux.

Le général Prim se défendit énergiquement contre ces imputations, disant que l'estime de sa Souveraine et de ses compatriotes suffisait à son ambition.

On revint enfin à l'objet principal de la réunion. L'amiral déclara qu'il refusait de faire rembarquer le général Almonte; il stigmatisa le régime de terreur adopté

---

[1] Extraits de *l'Eco de Europa* : « La personne et le nom du général Prim sont le symbole et le programme de cette expédition. Le Mexique et le monde entier le connaissent et l'admirent, et plus d'un cœur mexicain bat aujourd'hui au seul souvenir de ses merveilleux exploits. C'est que nous avons là un noble capitaine que la Grèce et Rome auraient élevé au rang de leurs dieux, un héros qui, au moyen âge, aurait été le *fondateur d'une dynastie de rois*, et qui a su un jour ressusciter la terrible poésie des combats d'Homère : nous avons là un glorieux paladin qui, comme soldat, est un foudre de guerre, un foudre de gloire, et comme homme d'Etat, se montre l'ami le plus sincère de toutes les réformes politiques qui font le bonheur des nations. De quelque côté que flamboie son épée, la victoire est certaine. Partout où retentit sa voix, le triomphe de la liberté et le progrès du siècle sont choses assurées. . . . . Si le général Prim s'était laissé emporter par ses instincts, le monde n'y aurait rien vu d'étrange, car ce n'eût été de sa part qu'ajouter un sujet de plus à la galerie de tableaux héroïques, et le monde est accoutumé à cela. Au Mexique, ses amis disent de lui qu'il est l'ange exterminateur, le lion de la bataille, le demi-dieu de la guerre, et pour faire son portrait, Homère l'eût comparé à Mars. »

Dans un autre article, n° 19 du journal, on lit : « *Il n'est pas nécessaire d'appartenir au sang royal pour devenir roi.* »

par le gouvernement mexicain, et Sir Ch. Wyke ayant émis l'opinion qu'il serait difficile de trouver des partisans de la monarchie, il répondit que pour le moment, il n'était pas question de monarchie; du reste, le sentiment de la majorité de la nation n'avait pu se faire connaître sous l'oppression du gouvernement actuel, et cette majorité sympathique à l'intervention des alliés, formée de gens éloignés des partis extrêmes et qui n'avaient pas les armes à la main, existait partout, dans les villes, dans les villages et dans les campagnes. Le gouvernement de l'Empereur avait, à cet égard, des informations certaines ; son collègue et lui étaient donc résolus à marcher sur Mexico, où, ajouta M. de Saligny, les résidants français appelaient l'armée de tous leurs vœux. Le commodore Dunlop prétendit, au contraire, que ceux-ci verraient avec grand déplaisir l'arrivée de l'armée française dans la capitale.

Les commissaires anglais et espagnol blâmèrent vivement la résolution des commissaires français de faire rétrograder les troupes jusqu'à Paso Ancho; puis ils déclarèrent : « que leurs collègues, persistant à se refuser au rembarquement des exilés mexicains et à ne point vouloir prendre part aux conférences qui devaient avoir lieu le 15 avril, ils se retireraient avec leurs troupes du territoire mexicain. »

Le mode d'évacuation fut ensuite discuté ; l'amiral offrit au général Prim, qui l'en remercia, le concours des bâtiments français pour transporter ses troupes à la Havane [1].

Les commissaires alliés notifièrent au gouvernement

---

[1] Procès-verbal de la conférence.

mexicain et au général Zaragosa les résolutions prises dans la conférence, et les informèrent que l'armée française, se concentrant à Paso Ancho, commencerait ses opérations aussitôt que les Espagnols, dans leur mouvement de retraite, auraient dépassé ses lignes, c'est-à-dire vers le 20 avril.

Les plénipotentiaires français adressèrent, en outre, au général Doblado une note particulière, dans laquelle ils motivèrent l'ouverture des hostilités sur la demande du gouvernement mexicain relative à l'éloignement d'Almonte, sur les nouvelles vexations exercées contre leurs nationaux et enfin sur le meurtre de plusieurs soldats français, récemment assassinés sur la route de Vera-Cruz.

La rupture de l'alliance était, à plusieurs égards, un événement heureux pour le gouvernement de Juarez. Le refus des plénipotentiaires anglais et espagnol de s'associer à la politique des plénipotentiaires français, équivalait à une déclaration solennelle du bon droit des Mexicains. Juarez le comprit et sut en profiter pour augmenter la surexcitation patriotique que l'invasion étrangère avait fait naître dans le pays.

Cependant la perspective d'une guerre avec la France était de nature à lui inspirer de sérieuses inquiétudes. Tout en se préparant vigoureusement à la résistance, il continua ses offres de négociations; il lui était utile, du reste, de traîner les choses en longueur, afin de compléter son organisation défensive et d'attendre la saison de la fièvre jaune, auxiliaire puissant pour lui, ennemi terrible pour les Européens.

Doblado répondit donc qu'il appréciait « la conduite

noble, loyale et circonspecte des représentants de l'Angleterre et de l'Espagne »; il leur offrit d'entrer dans la voie des traités, afin de renouer des relations d'amitié et de commerce sur des bases durables. Il reprocha aux commissaires français de violer les préliminaires de la Soledad sur un prétexte presque puéril, et leur proposa encore d'épuiser tous les moyens de conciliation avant de recourir aux armes. Le gouvernement mexicain, en appliquant au traître Almonte des lois en vigueur, n'avait fait, disait-il, qu'user de son droit souverain, et ceux qui avaient solennellement reconnu cette souveraineté par la convention du 19 février n'étaient pas autorisés à lui en contester l'exercice. Le général Doblado affirmait, du reste, qu'il n'avait aucune connaissance des prétendues vexations infligées aux nationaux français.

De leur côté, les commissaires français ne voulaient pas être accusés d'avoir violé un traité; ils répliquèrent que le gouvernement mexicain lui-même avait, par ses violences, déchiré les préliminaires de la Soledad; ils présentèrent le récent assassinat de plusieurs soldats français comme une preuve du mauvais vouloir ou de l'impuissance du gouvernement et conclurent à l'inutilité de recourir à de nouvelles négociations. Trois soldats français avaient été, en effet, assassinés aux environs de la Purga: c'était le seul grief nouveau qui fût précisé.

Dans une note jointe à cette réponse, les commissaires français protestaient d'avance contre tout traité conclu par le gouvernement mexicain dans le but de céder ou d'hypothéquer, au profit d'une puissance quelconque, les propriétés et les territoires que la France considérait comme le gage sur lequel reposaient ses créances. Ils avaient ainsi en vue un emprunt dont Juarez négociait alors les bases avec M. Corwin, ministre des États-Unis (¹).

Les plénipotentiaires français avaient quitté Orizaba, le 11 avril, pour aller rejoindre le général de Lorencez à Cordova, tandis que leurs collègues espagnol et anglais se rendaient à Puebla pour conférer avec Doblabo. Sir Ch. Wyke, par une convention signée, le 28 avril, liquida à une somme de 3,200,000 piastres le chiffre des réclamations anglaises; cette somme devait être garantie par les biens du clergé, et prélevée sur le produit de l'emprunt projeté. Un article additionnel, du 12 mai, stipulait que les bâtiments de guerre anglais prêteraient leur concours au gouvernement mexicain en occupant les ports de commerce, dans le cas où quelque gouverneur voudrait se soustraire à l'autorité centrale et retenir les revenus des douanes. Le gouvernement anglais refusa de ratifier cette convention. Le cabinet de Madrid refusa également d'accepter les arrangements qui lui furent offerts (²).

Le 16 avril, les représentants de la France adressèrent au peuple mexicain la proclamation suivante :

Proclamation des commissaires français à la nation mexicaine.

« Mexicains, — Nous ne sommes point venus ici pour prendre parti dans vos divisions; nous sommes venus pour les faire cesser. Nous voulions appeler tous les hommes de bien à concourir à la

---

(¹) Ce traité n'eut du reste aucune suite, le gouvernement américain n'ayant pas voulu le ratifier.

(²) Quelques mois plus tard, M. de Wagner, ministre de Prusse à Mexico, écrivait au ministre des affaires étrangères à Paris : que le langage de Sir Ch. Wyke s'était considérablement modifié; qu'il faciliterait maintenant volontiers l'entreprise de la France ; qu'il reconnaissait la nécessité de voir les troupes françaises aller à Mexico, tout en continuant à considérer Almonte comme un obstacle à l'établissement d'un gouvernement, qui répondrait aux besoins du pays et aux intérêts des puissances étrangères.

M. de Ceballos, agent confidentiel de l'Espagne à Mexico, disait de son côté que le gouvernement espagnol s'abstiendrait de toute nouvelle négociation avec Juarez,

1862.

consolidation de l'ordre, à la régénération de votre belle patrie. Pour montrer le sincère esprit dont nous sommes animés, nous nous sommes adressés d'abord au gouvernement même, contre lequel nous avions les plus sérieux griefs. Nous lui avons demandé d'accepter notre assistance pour fonder au Mexique un état de choses qui nous épargnât à l'avenir la nécessité de ces expéditions lointaines, dont le plus grand inconvénient est de suspendre le commerce et de troubler le cours de relations qui pourraient être si profitables à l'Europe et à votre propre pays.

« Le gouvernement mexicain a répondu à la modération de notre conduite par des mesures auxquelles nous n'avons jamais entendu prêter notre appui moral, et que le monde civilisé nous reprocherait de sanctionner par notre présence. Entre lui et nous la guerre est aujourd'hui déclarée ; mais nous ne confondons pas le peuple mexicain avec une minorité oppressive et violente. Le peuple mexicain a toujours droit à nos plus vives sympathies. C'est à lui de s'en montrer digne. Nous faisons appel à tous ceux qui ont confiance dans notre intervention, à quelque parti qu'ils aient appartenu.

« Aucun homme éclairé ne voudra croire que le gouvernement, issu du suffrage d'une des nations les plus libérales de l'Europe, ait pu avoir un instant l'intention de restaurer chez un peuple étranger d'anciens abus et des institutions qui ne sont plus de ce siècle. Nous voulons une égale justice pour tous, et nous voulons que cette justice ne soit pas imposée par nos armes. Le peuple mexicain doit être lui-même le premier instrument de son salut. Nous n'avons d'autre but que d'inspirer à la portion honnête et paisible du pays, c'est-à-dire aux neuf dixièmes de la population, le courage de faire connaître ses vœux. Si la nation mexicaine demeure muette, si elle ne comprend pas que nous lui offrons une occasion inespérée de sortir de l'abîme, si elle ne vient pas donner par ses efforts un sens et une moralité pratiques à notre appui, il est évident que nous n'aurons plus à nous occuper que des intérêts précis en vue desquels la convention de Londres a été conclue.

« Que les hommes trop longtemps divisés par des querelles, qui n'ont plus d'objet, se hâtent donc de venir à nous. Ils ont entre les mains les destinées du Mexique. Le drapeau de la France a été planté sur le sol mexicain ; ce drapeau ne reculera pas. Que les

---

et que, reconnaissant à la France de l'appui moral qu'elle lui avait prêté pendant la guerre du Maroc, il était prêt à mettre à sa disposition toutes les ressources militaires de l'île de Cuba. — (M. de Wagner au ministre des affaires étrangères, 14 septembre 1862.)

hommes sages l'accueillent comme un drapeau ami. Que les insensés osent le combattre!

La guerre était déclarée.

Cependant Juarez ne perdit pas confiance. L'immense territoire du Mexique, le dévouement, l'énergie, le patriotisme du parti libéral pouvaient lui permettre de prolonger longtemps la lutte. Il n'ignorait pas que les sympathies des républicains de tous les pays étaient acquises à sa cause. Il savait qu'en France la presque unanimité de la nation désapprouvait la guerre, et que des voix éloquentes se feraient entendre en sa faveur au sein même du Corps législatif; il comptait que, malgré leurs discordes intestines, les États-Unis seraient encore assez forts pour contre-balancer l'influence européenne, et il se disposait à attendre avec patience le moment où le gouvernement français se verrait obligé de mettre un terme aux immenses sacrifices que lui imposerait une expédition aussi lointaine. On verra, en effet, Juarez abandonné de la plupart des siens, sans soldats, sans argent, poursuivi par les colonnes françaises jusqu'aux extrêmes limites du Mexique, se réfugier sur la frontière américaine, mais sans quitter le territoire mexicain, et ne jamais désespérer du succès de son parti.

Après avoir fait connaître la déclaration de guerre par un manifeste à la nation, il fit publier le décret suivant :

Décret de Juarez.

ARTICLE 1ᵉʳ. — Du jour où les troupes françaises commenceront les hostilités, toutes les localités qu'occupent ces troupes sont déclarées en état de siége et les Mexicains qui y resteraient pendant l'occupation seront punis comme traîtres, leurs biens seront confisqués au profit du trésor public, à moins qu'il n'y ait un motif légalement reconnu.

ART. 2. — Aucun Mexicain de 21 à 60 ans ne pourra s'excuser de prendre les armes, quels que soient sa classe, son état et sa condition, sous peine d'être traité en traître.

Art. 3. — Les gouverneurs d'États sont autorisés à délivrer des patentes pour la levée des guérillas, à leur discrétion et suivant les circonstances ; mais les guérillas qui seraient trouvées à une distance de plus de dix lieues de l'ennemi seront considérées et punies comme bandes de voleurs.

Art. 4. — Les gouverneurs des États sont également autorisés à disposer, selon les nécessités, de tous les revenus publics et à se procurer les ressources dont ils auront besoin, de la manière la moins onéreuse possible.

Art. 5. — Les Français paisibles, résidant dans le pays, restent sous la sauvegarde des lois et des autorités mexicaines.

Art. 6. — Tous ceux qui fourniront des vivres, des nouvelles, des armes à l'ennemi ou de toute autre manière lui prêteront leur concours, seront déclarés *traîtres* et punis de mort.

Dispositions des chefs du parti conservateur.

Lorsqu'il vit l'état réel des affaires, les passions soulevées par son retour au Mexique, lorsqu'il comprit toutes les complications dont sa présence était la cause ou le prétexte, le général Almonte serait volontiers retourné en Europe ; il en manifesta plusieurs fois l'intention et ne céda qu'aux instances de M. de Saligny, et sans doute aussi à celles de ce petit groupe d'émigrés à la tête desquels était le Père Miranda, et auxquels il fallait un chef accrédité près des commissaires français.

Obéissant aux exigences d'une situation qu'il ne peut être accusé d'avoir créée, plutôt qu'à une ambition de chef de parti, le général Almonte avait accepté le rôle qu'on voulait lui faire jouer. Il s'était mis en relations avec les principaux chefs réactionnaires qui tenaient la campagne, et avait reçu la promesse d'un concours sans réserve de la part des uns et avec certaines restrictions de la part des autres.

Le général Tomas Mejia, qui avait une grande influence dans la Sierra-Gorda, vaste contrée montagneuse qui s'étend de Queretaro à San Luis de Potosi, répondit aux avances d'Almonte en l'engageant à prendre en main la direction du mouvement. « Le cabinet de Juarez, écrivait-il, s'efforce de cacher la situation réelle du pays et de faire croire aux alliés que non-seulement l'administration actuelle est une émanation de la volonté nationale, mais encore qu'elle n'a dans la république d'opposition d'aucune sorte .... Le manque de tact ou d'activité de nos amis a pu donner certaines apparences de vérité à ces mensonges ...... *L'intervention étant un fait*, je crois que tous les bons Mexicains doivent l'accepter comme l'unique solution possible de tant de questions produites au Mexique par le violent état d'anarchie qui menace de nous anéantir ; mais pour agir avec la conscience tranquille, il est nécessaire de s'assurer de deux points très-importants : que l'intervention ne cache aucune idée étrangère au noble but qu'elle s'est proposé et que la pacification du pays, résultat final de l'intervention, soit établie sur des bases de moralité, d'ordre et d'énergie [1]. »

L'ancien président Zuloaga, qui se tenait dans le sud de Puebla avec quelques troupes, était, disait-il, tout disposé à contribuer pour sa part au rétablissement de la paix; mais il prêta bientôt l'oreille aux propositions que Juarez lui fit faire, et déclara ensuite qu'il ne voulait pas s'associer aux forces étrangères [2].

Le général Marquez, son lieutenant, se prononça, au contraire, formellement en faveur de l'intervention française. Il adhéra d'avance à toutes les résolutions que prendrait le Père Miranda, qu'il traitait déjà de ministre des affaires étrangères et qui représentait, comme on sait, les idées

---

[1] Lettre de Mejia à Almonte, datée de Toliman le 16 mars.
[2] Lettre de Zuloaga à Almonte, 11 avril 1862.

réactionnaires les plus accentuées. Il se sépara de Zuloaga avec quelques troupes [1].

Les plénipotentiaires français engagèrent le général Almonte à grouper autour de lui tous ses partisans et à se faire reconnaître comme « *chef suprême intérimaire* ». Ce fut donc sur leurs conseils et avec leur consentement que, le 17 avril, il adressa à ses compatriotes un manifeste appelé, conformément aux habitudes mexicaines, *Plan de Cordova*, du nom de la ville où il fut publié.

Plan de Cordova.

..... « Étranger aux luttes sanglantes qui, depuis tant d'années, désolaient le Mexique, n'ayant aucune vengeance à exercer, aucune récompense à ambitionner, le général Almonte déclarait que son seul vœu était de réconcilier des frères ennemis. Il exhortait ses concitoyens à unir leurs efforts aux siens et à avoir une entière confiance dans la politique de l'Empereur des Français, dont le désir sincère était de voir les Mexicains établir eux-mêmes un gouvernement d'ordre et de moralité et de garantir pour toujours l'indépendance, la nationalité et l'intégrité du territoire mexicain ».

Ce manifeste était accompagné d'un acte de pronunciamiento par lequel le général Almonte était reconnu « chef suprême de la nation », muni de pleins pouvoirs pour traiter avec les puissances alliées dont les forces occupaient le Mexique et pour convoquer, dès que les circonstances le permettraient, un congrès national qui déciderait de la forme de gouvernement la plus convenable.

Les populations restèrent froides à cet appel ; à Cordova et à Orizaba on ne recueillit que des adhésions en très-petit

---

[1] Lettre de Marquez à Almonte, 10 mars 1862.

nombre et, pour la plupart, de gens sans influence ou sans notoriété.

Ainsi débuta le mouvement monarchique qui devait rallier, avait-on prétendu, l'immense majorité du pays.

Cependant l'armée espagnole opérait son mouvement de retraite. Orizaba avait été évacué le 18 avril et occupé aussitôt par les forces mexicaines du général Zaragoza. Les derniers détachements espagnols quittèrent le Mexique le 24 avril.

Quelque temps auparavant, les détachements anglais avaient été déjà renvoyés aux îles Bermudes. Dès le début de l'expédition, le cabinet de Londres avait prévenu ses alliés que son intention n'était pas de laisser ses troupes au Mexique pendant la mauvaise saison; lord Russell avait confirmé cette intention à Sir Ch. Wyke par une dépêche du 27 janvier 1862. Le 1er mars, le ministre anglais avait répondu que les troupes seraient rembarquées aussitôt l'arrivée des bâtiments qui devaient les transporter aux Bermudes; mais en annonçant cette détermination à ses collègues, il l'avait présentée comme une nouvelle protestation de son gouvernement contre la politique française.

Le général Prim, dans une lettre qu'il écrivit à l'empereur Napoléon, le 17 mars, s'en fit un argument pour prouver que l'envoi de la brigade de Lorencez avait été une des causes déterminantes de la rupture de l'alliance et du mécontentement des Anglais [1]. Cette mesure n'eut en réalité aucune influence sur le départ des troupes anglaises; mais le général Prim, qui voyait ainsi son rôle s'amoindrir et la

---

[1] Lettre du général Prim à l'empereur Napoléon, datée d'Orizaba, le 17 mars 1862, et publiée dans les *Executive Documents* des États-Unis, années 1862-1863. Dans cette lettre, le général Prim cherche à dissuader l'Empereur de poursuivre le projet d'établir une monarchie au Mexique.

1862.

Le général de Lorencez à Cordova.

prépondérance dans le sein de la commission lui échapper, en avait ressenti lui-même un grand mécontentement.

Depuis le 8 avril, le général de Lorencez attendait à Cordova, avec une vive impatience, le moment de commencer les hostilités ; la plus grande partie du corps expéditionnaire était réunie autour de lui ; il avait cependant quelques troupes échelonnées sur la route de Vera-Cruz, au Potrero et à la Soledad. Le vomito, qui sévissait dans la terre chaude, s'étant montré à la Soledad, il envoya aussitôt au colonel L'Hériller du 99ᵉ de ligne, qui occupait ce point, l'ordre de n'y laisser qu'un petit poste pour garder l'ambulance et de venir le rejoindre à Cordova ; mais les exigences politiques le forcèrent à donner contre-ordre et à arrêter cette colonne à Paso Ancho. Le général de Lorencez considérait avec une inquiétude extrême les conséquences que pourrait avoir, pour la santé de ses soldats, la concentration sur ce point de 6,000 hommes et d'environ 4,000 animaux (ceux du convoi compris) à une époque de l'année où l'on n'y trouve pas d'eau en quantité suffisante. Sur les pressantes sollicitations de l'amiral, il se montrait cependant résigné à se conformer à la clause de la convention de la Soledad, qui lui imposait l'obligation de rétrograder au delà du Chiquihuite, et cette condition était devenue plus dure encore depuis que les conférences d'Orizaba l'obligeaient à attendre la retraite des Espagnols.

Les extraits suivants d'une lettre adressée à M. de Saligny par M. de Wagner, ministre de Prusse à Mexico, feront comprendre les angoisses du commandant en chef.

Mexico, 4 avril 1862.

..... « Si votre armée ne monte pas immédiatement au delà de Cordova et même d'Orizaba, elle sera décimée par le vomito et les fièvres pernicieuses à la suite des fortes chaleurs. La première pluie vous apportera infailliblement tout cela, et quand l'infection aura une fois gagné l'armée, il sera trop tard et peut-être impossible de se mettre en marche. Vous pourrez facilement perdre deux ou trois mille hommes en peu de jours. Je pense que vous ne voulez pas demander une seconde fois aux Mexicains de vous permettre par humanité d'occuper des campements salubres. Toutes les questions et toutes les convenances politiques disparaissent devant le danger de sacrifier huit mille Français aux épidémies d'un climat meurtrier. Je pense que ni l'amiral Jurien de la Gravière ni les commissaires anglais et espagnol ne voudront assumer une si grave responsabilité. En vous disant tout ceci, je ne suis nullement influencé par des considérations politiques ; mes craintes pour l'état sanitaire de la troupe sont basées sur une expérience de trois ans dans ce pays et sur l'opinion générale.

« Il s'entend que vous êtes entièrement autorisé à faire usage partout et envers qui vous voudrez de ce que je vous dis à ce sujet, et je serais heureux si mes efforts pouvaient contribuer à prévenir de plus grands malheurs.

« Le gouvernement mexicain, qui connaît tous ces dangers, fera tout son possible pour vous retenir encore quelque temps là où vous êtes. Au reste nous sommes à la veille de la saison des pluies ; aussitôt qu'elles ont commencé, les miasmes qu'elles répandent causent des fièvres pernicieuses, les routes se défoncent et deviennent impraticables, on ne fait pas plus de chemin dans une journée qu'en une heure dans la belle saison »…..

Les chefs de service qui étaient auprès du général de Lorencez partageaient son anxiété. Heureusement, les mesures administratives avaient été prises de manière à faciliter autant que possible la marche en arrière et le mouvement offensif qui la suivrait aussitôt. Le général de Lorencez se proposait de rester à Cordova jusqu'au dernier moment, de franchir rapidement les deux étapes qui le séparaient de Paso Ancho et de revenir immédiatement après sur le Chiquihuite. Telles étaient les dispositions arrêtées le 18 au soir, lorsque, dans la nuit suivante, parvint au quartier général une lettre du général Zaragoza, qui fournit d'une façon tout inespérée au général de Lorencez « l'occasion

Lettre du général Zaragoza, relative aux malades laissés à Orizaba.

qu'il cherchait de se dégager de la situation critique dans laquelle il se trouvait (¹). »

Le général Zaragoza écrivait :

« Bien que les commissaires français aient été les premiers à rompre les préliminaires de paix signés à la Soledad le 19 février dernier, je permets, par un pur devoir d'humanité, aux malades de l'armée française de rester dans l'hôpital d'Orizaba ; mais ils sont sous la sauvegarde de l'armée mexicaine, et il n'y a pas de nécessité qu'ils soient gardés par une force quelconque de leurs nationaux ; j'espère donc que Son Exc. le général en chef des troupes françaises résidant à Cordova ordonnera que cette garde soit retirée, et je lui donne l'assurance de ma considération personnelle.

« Liberté et Réforme.

« Quartier général d'Ingenio, 18 avril 1862. »

Voici l'incident qui avait motivé cette lettre :

Le 18 avril, trois cent quarante soldats français malades, restés à Orizaba, avaient été transférés d'un hôpital dans un autre. Un certain nombre d'entre eux, déjà entrés en convalescence, traversèrent la ville avec leurs armes ; le général Zaragoza, ayant alors cru qu'une garde avait été laissée à l'hôpital, demanda au commandant en chef du corps expéditionnaire français de la faire retirer ; mais, à la suite d'explications qui lui furent données le lendemain, il manifesta au médecin en chef ses regrets de ce malentendu et exprima l'espoir que le général de Lorencez considérerait sa lettre comme le résultat d'une erreur involontaire.

Il répéta, du reste, que les malades étaient sous la protection de l'humanité, en dehors des querelles de parti à parti ou de peuple à peuple et qu'il n'y avait rien à redouter pour eux. Le préfet d'Orizaba avait déjà fait la même déclaration et assuré que « dans le cas tout à fait impro-

---

(1) Le général de Lorencez au ministre de la guerre, 26 avril 1862.

bable d'une attaque de la part de la population ou d'une force armée quelconque, il serait le premier au milieu d'eux pour faire face au danger,..... que toutes les autorités mexicaines, comme lui-même, se rappelleraient toujours les secours prêtés par les chirurgiens français aux blessés de San Andrès » (1).

Le général de Lorencez se contenta de répondre au général Zaragoza par la note suivante :

Cordova, 19 avril 1862.

« En réponse à la lettre que M. Zaragoza a écrite en date du 18 avril à MM. les plénipotentiaires français, le général en chef du corps expéditionnaire du Mexique affirme qu'il n'a laissé avec ses malades à Orizaba aucune garde, ni même aucun homme valide, si ce n'est quelques infirmiers chargés de les soigner.

« Depuis qu'on a laissé les malades à Orizaba, un certain nombre a dû entrer en convalescence, et c'est ce qui a pu faire croire au général Zaragoza qu'on avait laissé une garde avec eux.

« Le général en chef du corps expéditionnaire français prie le général Zaragoza d'accepter l'assurance de sa considération distinguée. »

Mais il s'était immédiatement résolu à marcher sur Orizaba, et il avait fait connaître cette détermination aux plénipotentiaires français par la lettre suivante :

Le général de Lorencez se décide à marcher sur Orizaba.

Cordova, le 19 avril 1862.

« En me plaçant à la tête du corps expéditionnaire du Mexique, S. M. l'Empereur m'a confié le soin de diriger les opérations militaires et de garantir la sécurité de ses troupes.

« Après avoir pris connaissance des stipulations de la convention de la Soledad, ratifiée par la commission des trois hautes puissances contractantes, j'avais dû arrêter toutes les dispositions nécessaires pour concentrer mes troupes à Paso-Ancho, aussitôt que l'armée espagnole aurait opéré son mouvement rétrograde.

« L'assassinat de trois soldats français aux environs du camp

---

(1) Lettre de M. Colson, médecin en chef, au général de Lorencez, datée d'Orizaba le 15 avril.

ne me semblait même pas un motif suffisant pour me considérer comme dégagé de la stricte exécution d'une convention signée par les représentants de la France ; ces attentats ne sont pourtant que la conséquence du décret rendu, le 25 janvier, par le gouvernement de Juarez, qui nous met hors la loi en nous assimilant aux pirates, décret outrageusement maintenu depuis la signature des préliminaires.

« Mais la situation de Vera-Cruz, entourée de nombreux partis de guérillas et réduite à l'état de blocus, me paraissait déjà une violation des préliminaires de la part des Mexicains, lorsque j'ai reçu cette nuit de M. le général Zaragoza une note officielle par laquelle il m'informe qu'il considère une partie des malades laissés à Orizaba, et qui sont depuis lors entrés en convalescence, comme une garde préposée à la sûreté de mon hôpital ; il réclame contre cette prétendue mesure.

« En présence d'une déclaration de cette nature, j'ai tout lieu de craindre que nos malades ne puissent plus compter sur la protection, qui leur était assurée par la convention de la Soledad et qu'ils soient considérés comme des otages laissés avec trop de confiance aux mains de l'ennemi. Mon devoir est de marcher à leur secours sans perte de temps, car il y aurait imprudence de ma part à les laisser exposés aux excès d'une armée indisciplinée et de chefs sans scrupules.

« J'ai donc l'honneur de vous informer qu'en vertu des pouvoirs militaires qui m'ont été confiés, je me mettrai ce soir même en marche sur Orizaba.

« Il ne me reste d'autres moyens de pourvoir à votre sûreté personnelle, que de vous inviter à vous joindre à l'armée dans le mouvement qu'elle va opérer. »

Par un ordre du jour aux troupes, le général de Lorencez leur annonça cette résolution, qu'il motiva sur les mêmes faits.

La validité de la convention de la Soledad avait été acceptée par le gouvernement français, puisque M. Thouvenel déclarait, à ce moment même, à l'ambassadeur anglais que si les négociations venaient à être rompues, les clauses en seraient strictement observées [1] ; toutefois

---

[1] Lord Cowley à lord Russell, 25 avril 1862.

l'opinion du ministre de la guerre était différente, car dans une de ses lettres au général de Lorencez, il disait « que la convention était inexécutable dans son art. IV[1] » ; plus tard, il lui répétait encore : « La déplorable convention consentie par l'amiral et que vous n'étiez certes pas obligé de reconnaître [2]. » Mais le général de Lorencez ne pouvait être informé de cette manière de voir, au moment où il se dégagea de la parole donnée, au nom de la France, par les plénipotentiaires. Sa responsabilité resta entière, et il la revendiqua lui-même. Pour apprécier cette détermination, des plus graves assurément, il faut réfléchir que quelques jours passés dans les terres chaudes auraient peut-être suffi pour amener un épouvantable désastre, et que c'était à ce but que tendait depuis longtemps la politique d'atermoiements du gouvernement mexicain, singulièrement favorisée, d'ailleurs, par l'attitude des plénipotentiaires anglais et espagnol. On se demandera donc si le plus impérieux devoir d'un général en chef n'était pas de garantir avant tout les milliers de vies humaines qu'il tenait dans ses mains. Aucun de ceux, qui ont le plus durement reproché au général de Lorencez ce qu'ils appelèrent la violation de la convention de la Soledad, n'aurait sans doute osé, dans de pareilles circonstances, assumer la terrible responsabilité de rétrograder dans les terres chaudes.

Quant aux positions militaires du Chiquihuite, quelle que pût être l'importance que leur attribuaient les Mexicains, elles n'auraient pas arrêté longtemps des troupes, qui enlevèrent avec tant d'élan, quelques jours plus tard, les positions autrement difficiles des Cumbres d'Acultzingo.

[1] Le ministre de la guerre au général de Lorencez, 13 avril 1862.
[2] Le ministre de la guerre au général de Lorencez, 30 avril 1862.

On ne saurait donc admettre qu'une considération de cette nature ait influencé le général de Lorencez.

Le 19 avril, à 3 heures de l'après-midi, le général de Lorencez partit de Cordova ayant à ses côtés les plénipotentiaires français.

Une heure après le départ, à peu de distance du village du Fortin, le peloton d'avant-garde, conduit par le capitaine d'état-major Capitan, rencontra un détachement d'une soixantaine de cavaliers mexicains qui cherchèrent à parlementer pour arrêter la marche de la colonne, puis se mirent en bataille en barrant la route. Le capitaine Capitan demanda un peloton de renfort, qui porta sa petite troupe au chiffre de 35 cavaliers, puis il se dirigea au grand trot sur les Mexicains; ceux-ci évitèrent le choc par une retraite précipitée; mais, poursuivis vigoureusement, ils furent atteints et sabrés par les chasseurs d'Afrique sur les pentes de la Barranca de Metlac, située au pied même du Fortin [1].

Les Mexicains eurent cinq hommes tués et douze prisonniers; les Français ne firent aucune perte. La colonne

---

[1] Des voitures dans lesquelles voyageaient le général Prim, sa femme et le général Milans del Bosch se trouvaient sur la route au moment de la charge. Le général Milans couvrit de sa protection un colonel mexicain que les chasseurs voulaient faire prisonnier ; il affirmait que cet officier avait pour mission de le conduire aux avant-postes. On apprit plus tard que c'était le colonel Diaz, chef de la troupe mexicaine qu'on avait combattue.

La *Barranca* ou ravin de Metlac a 100 mètres de profondeur ; la route la traverse en faisant de nombreuses sinuosités.

Au Mexique, on appelle *barrancas* les ravins à bords escarpés, plus ou moins profonds, résultat de l'action érosive des eaux torrentueuses de la saison des pluies, des commotions géologiques du sol et souvent aussi de l'une et de l'autre causes réunies.

Certaines de ces barrancas sont considérables ; celle de Regla, au nord de Mexico, offre les sites les plus pittoresques. Les barrancas de Platanar, d'Atenquique et de Beltran, qui dérivent des Volcans de Colima, ont de 1,600 à 1,700 mètres de profondeur.

du général de Lorencez campa près du village du Fortin, et, le lendemain, elle entra dans Orizaba sans coup férir.

1862.

Le général Zaragoza, avec environ 4,000 hommes et 8 pièces de canon, s'était retiré pour aller prendre position sur les Cumbres. Les malades n'avaient pas été inquiétés.

Une proclamation du général de Lorencez, affichée à Orizaba, confirma les intentions exprimées par les plénipotentiaires français dans leur manifeste du 16 avril. Il s'attacha à faire comprendre à la population que la France, loin de vouloir faire la guerre au Mexique, se proposait au contraire de prêter son appui au pays pour aider à sa reconstitution. Le gouvernement de Juarez, par ses excès, avait rendu la guerre inévitable, et c'était lui seul que les armes françaises voulaient atteindre.

Proclamation du général de Lorencez.

Les hostilités étaient donc engagées de fait. D'un côté, le général de Lorencez avait sous ses ordres une petite armée compacte de 6,000 bons soldats. Les Mexicains, en appelant sous les armes les contingents de tous les états, pouvaient réunir 60,000 hommes environ, mais à cette époque, leurs troupes étaient encore disséminées, et la division, avec laquelle le général Zaragoza couvrait la route de Mexico, n'était pas très-supérieure en nombre au corps expéditionnaire français. Toutefois, elle avait sur ses adversaires l'immense avantage d'opérer dans un pays parfaitement connu; ses lignes de retraite étaient assurées dans toutes les directions et ses ressources en vivres facilement renouvelables, tandis que les Français, en pénétrant dans l'intérieur du Mexique, s'éloignaient de plus en plus de la mer, seule base de leurs opérations, et qu'ils allaient se trouver au milieu de populations hostiles, sans aucune sécurité pour leurs ravitaillements et leurs communications.

Le général de Lorencez s'arrêta plusieurs jours à Orizaba,

1862.

afin d'attendre les colonnes laissées en arrière. Il fut rejoint, le 24 avril, par le colonel L'Hériller, et, le 25, par le colonel Gambier, du 2ᵉ zouaves, qui amenait le reste de son régiment [1].

L'intention du général en chef était de ne laisser aucun poste entre Vera-Cruz et la colonne expéditionnaire et d'établir à Orizaba ses magasins et ses dépôts.

Une troupe mexicaine de cent cavaliers et de cent fantassins, commandés par le général Galvez, rallia la colonne française à Orizaba. Ce chef, qui appartenait au parti conservateur, avait d'abord profité de l'*indulto* offert par Juarez et s'était laissé incorporer dans l'armée libérale. Mieux éclairé, disait-il, sur les véritables intentions de la France, il venait se ranger auprès du général Almonte et prétendait que beaucoup d'autres suivraient son exemple.

Le gouvernement français désapprouve la convention de la Soledad. Rappel de l'amiral.

A ce moment arriva le courrier de France. Il annonçait que la Convention de la Soledad était formellement désapprouvée par le gouvernement français. Un blâme sévère était infligé à l'amiral Jurien, sur lequel on faisait retomber toute la responsabilité de cet acte, M. de Saligny ayant sans doute pris soin, dans ses dépêches particulières, de décliner d'avance la part qui aurait dû naturellement lui incomber [2].

Les impressions du gouvernement français se trouvent nettement exposées dans une note publiée par le *Moniteur officiel* du 2 avril. Cette note, après avoir démenti le bruit, que le gouvernement de l'Empereur avait demandé à l'Espagne le rappel du général Prim, continuait ainsi :

---

[1] Un accident de mer avait retardé jusqu'au 8 avril l'arrivée de ce détachement au Mexique.
[2] Le ministre de la guerre au général de Lorencez, 20 mars 1862.

« Le gouvernement de l'Empereur a désapprouvé la convention conclue avec le général mexicain Doblado par le général Prim, et acceptée par les plénipotentiaires alliés, parce que cette convention lui a semblé contraire à la dignité de la France.

« En conséquence, M. de Saligny a été seul chargé des pleins pouvoirs politiques, dont le vice-amiral Jurien de la Gravière était revêtu, et cet officier général a reçu l'ordre de reprendre simplement le commandement de la division navale. »

En effet, l'amiral était invité à remettre ses pouvoirs militaires entre les mains du général de Lorencez, promu au grade de général de division et à reprendre le commandement de la division navale, s'il ne préférait rentrer en France. Ce fut à ce dernier parti qu'il s'arrêta; pendant que la petite armée française se dirigeait sur Puebla, il fit, non sans tristesse, ses préparatifs de départ.

Le 3 mai, il se mit en route pour Vera-Cruz avec l'escorte de la troupe mexicaine de Galvez et de quelques soldats isolés. Il traversa heureusement les terres chaudes, déjà parcourues par de nombreuses guérillas, et quatre jours après il appareillait pour France, sans avoir eu la douleur d'apprendre le grave échec subi, le 5 mai, devant Puebla, par le général de Lorencez.

En présence de la désapprobation formelle donnée à la conduite de l'amiral, il faut se demander si le gouvernement français avait, dès le début, mis entre ses mains des moyens matériels suffisants pour lui permettre de faire la guerre sans le concours des alliés. Les faits qui précèdent prouvent surabondamment le contraire. Quelles alternatives restaient donc à l'amiral Jurien, lorsque, dans la nuit du 19 février, le général Prim présenta à sa signature la convention qu'il venait de conclure avec le général Doblado et qu'approuvaient également les commissaires anglais? Marcher seul en avant et exposer son petit corps d'armée à un désastre inévitable, ou rester dans ses campements insalubres et attendre que le vomito exerçât ses ravages sur ses soldats, ou enfin rembarquer ses troupes et les ramener aux Antilles. Ce dernier parti était sans doute le meilleur; mais on lui eût certainement reproché d'avoir compromis la politique de la France par une retraite dont ses instructions ne lui laissaient pas la latitude. Il est donc certain que l'insuffisance des dispositions militaires prises par le gouvernement français avait mis l'amiral dans la nécessité absolue d'adhérer à la convention de la Soledad.

L'amiral ne méritait pas assurément le blâme qui lui fut alors infligé ; il eût été bien désirable au contraire qu'il restât au Mexique, afin de corriger par sa prudence et la droiture de son esprit les erreurs trop nombreuses que des tendances fort différentes firent commettre à M. de Saligny. Justice ne tarda pas, du reste, à lui être rendue, et l'Empereur en donna un éclatant témoignage en le prenant pour aide de camp. L'amiral Jurien tint cependant à honneur de ne pas quitter le commandement de la division navale du golfe du Mexique, et nous le retrouverons à la tête de l'escadre pendant une des périodes les plus difficiles et les plus dangereuses de la campagne.

La convention de la Soledad était, il est vrai, en contradiction formelle avec les raisons qui avaient motivé l'expédition du Mexique. La France et l'Espagne ne pouvaient avoir envoyé 15,000 hommes de troupes pour recommencer des négociations illusoires qui, depuis de longues années, aboutissaient à des traités toujours inexécutés. Il valait peut-être mieux ne pas aller au Mexique; mais l'expédition une fois entreprise, il fallait sortir résolûment du cercle dans lequel la diplomatie tournait depuis trop longtemps.

D'ailleurs, le gouvernement français n'avait pas été le

seul à désapprouver les préliminaires de la Soledad. L'ambassadeur de France à Londres avait écrit à ce sujet à M. Thouvenel : « Lord Russell partage, en tout point, la manière dont Votre Excellence apprécie la conduite adoptée par nos commissaires et la situation qu'elle a créée » [1]. Cependant les explications fournies par Sir Ch. Wyke modifièrent cette première impression, et sans approuver tous les détails de l'arrangement, le cabinet anglais « *se montra satisfait que les griefs, pour lesquels on demandait réparation, fussent devenus l'objet de négociations* » [2].

De son côté l'ambassadeur à Madrid écrivit :

« Le gouvernement de la Reine a éprouvé une impression pénible en prenant connaissance de l'arrangement conclu à la Soledad..... Dans la dépêche adressée au comte de Reus à ce sujet, dont la forme polie ne dissimule pas un blâme très-catégorique, le gouvernement de la Reine exprime la désapprobation qu'il donne à plusieurs des clauses de cet arrangement..... Il demeure donc acquis que les plénipotentiaires se sont écartés des instructions qu'ils avaient reçues de leurs gouvernements respectifs et qu'ils ont agi contrairement à l'esprit de la convention du 31 octobre. Mais aujourd'hui que le mal est fait, dit le maréchal O'Donnell, il faut aviser à le réparer » [3].

« Après des appréciations si peu équivoques, le gouver-

[1] M. de Flahaut à M. Thouvenel, 28 mars 1862.
[2] M. Thouvenel à M. de Saligny, 12 avril 1862.
[3] M. Barrot à M. Thouvenel, 23 mars 1862.
Voir le memorandum de M. Calderon Collantes, annexé à la dépêche de M. Barrot du 23 mars : « Le gouvernement espagnol, acceptant l'ensemble de la convention comme un fait accompli, en désapprouvait les détails ; son opinion se résumait ainsi : — *Art.* 1er : Aurait pu être omis, parce qu'il donnait au gouvernement de Juarez une force morale qu'il n'avait pas. — *Art.* 4 : S'explique par des considérations d'honneur militaire. Les Mexicains, eu égard à la générosité avec laquelle ils sont traités, auraient dû l'omettre. — *Article dernier*, relatif aux conférences d'Orizaba est le moins justifié. L'ordre est donné au général Prim d'agir avec la plus grande promptitude et énergie et d'abandonner tout système de temporisation, si les résultats de la conférence ne sont pas complétement favorables.

nement français pensait que le cabinet de Madrid partageait entièrement sa manière de voir..... Quelle fut donc sa surprise en trouvant quelques jours plus tard, dans les explications données aux Cortès par M. Calderon Collantes une approbation sans réserve de la marche suivie par le général Prim et des préliminaires de la Soledad [1]. »

Politique adoptée par les trois puissances à la suite de la rupture de l'alliance.

Plus tard, l'Espagne et l'Angleterre approuvèrent d'ailleurs complétement la rupture de l'alliance prononcée dans la conférence du 9 avril. Elles ne pouvaient s'associer, disaient-elles, à une politique qui « subordonnait à l'établissement d'une monarchie, les intérêts directs et personnels, qui avaient amené les alliés au Mexique » [2].

Le gouvernement français repoussait naturellement cette accusation ; « ce n'était pas du camp français que devait partir l'initiative de la régénération, mais bien du pays lui-même, reprenant confiance, grâce à la présence des forces françaises » [3]. Toutefois, si l'attitude de l'Angleterre ne le surprenait pas, il n'en était pas de même de celle de l'Espagne. Il se croyait même autorisé à s'en plaindre. M. Thouvenel le fit dans une dépêche qu'il chargea l'ambassadeur à Madrid de remettre au premier secrétaire d'État de la Reine.

« La France et l'Angleterre n'étaient pas encore décidées à recourir aux mesures coercitives, contre un gouvernement qui méconnaissait tous ses devoirs, que l'Espagne, devançant notre accord, s'était déjà préparée à réclamer les armes à la main l'exécution toujours refusée du traité signé par M. Mon et par le général Almonte, et la réparation qui lui était due pour l'offense faite à son représentant M. Pacheco.....Les trois puissances n'hésitaient pas alors à reconnaître que le gouvernement de Juarez ne leur offrait ni dans le présent, ni dans l'avenir, aucune des garanties qu'elles

---

(1) M. Thouvenel à M. Barrot, 15 avril 1862.
(2) M. Thouvenel à M. Barrot, 10 juin 1862.
(3) M. Thouvenel à M. de Saligny, 31 mai 1862.

cherchaient ;.... l'ardeur dont l'Espagne avait fait preuve en précédant les alliés au Mexique, semblait indiquer de sa part la volonté de se faire justice plutôt que de négocier ;.... nous devons constater qu'au moment où nos plénipotentiaires se sont séparés de leurs collègues, le 9 avril à Orizaba, aucune offense n'était vengée, aucun dommage n'était réparé, le but de la convention de Londres n'était donc pas atteint. »

Au sénat et à la chambre des députés espagnols, la conduite du gouvernement fut du reste très-vivement attaquée, car il était difficile de regarder, comme un triomphe de la diplomatie espagnole, la solution imprévue donnée à l'expédition contre le Mexique, et la fierté castillane souffrait de voir revenir si modestement le corps expéditionnaire dont le départ pour les côtes du Nouveau-Monde avait été salué avec tant d'enthousiasme.

En Angleterre, au contraire, le sentiment public se montra généralement satisfait. On se félicitait de la prudente attention avec laquelle les ministres anglais avaient suivi la question mexicaine. Tout en conservant avec la France les anciennes relations d'amitié, que rendait plus précieuses encore la crainte d'un conflit avec les États-Unis, ils avaient su éviter le danger d'une alliance trop étroite avec un gouvernement dont la politique était engagée d'une manière si aventureuse. Lorsque la question mexicaine avait commencé à se développer et que Sir Ch. Wyke avait été envoyé au Mexique, on lui avait soigneusement rappelé [1] qu'il n'était pas dans les habitudes du gouvernement anglais de s'interposer en faveur de ceux qui prêtaient leur argent aux gouvernements étrangers, mais qu'il fallait cependant réclamer la stricte exécution d'engagements qui avaient pris le caractère d'obligations interna-

[1] Lord Russell à Sir Ch. Wyke, 30 mars 1861. (Execut. docum., 1861-62.)

tionales, comme par exemple les prélèvements régulièrement consentis sur le produit des douanes. Plus tard, Sir Ch. Wyke ayant sollicité l'emploi de la force pour appuyer ses réclamations, le gouvernement anglais s'était montré disposé à unir son action à celle de la France, dont les projets monarchiques ne s'étaient pas encore entièrement révélés, et il se méfiait au contraire du concours de l'Espagne, dont les tendances ultra-catholiques pouvaient devenir, craignait-il, préjudiciables aux intérêts protestants, qu'il voulait protéger. Mais par suite de l'influence prise par Sir Ch. Wyke sur le général Prim, cette crainte avait disparu et la prépondérance avait été assurée aux idées anglaises.

Tandis que le gouvernement français abandonnait presque entièrement à M. de Saligny la direction de sa politique, les ministres anglais continuaient à surveiller très-attentivement la conduite de leurs agents. Ils les blâmèrent sévèrement d'avoir signé le manifeste, dans lequel il était question de régénération du Mexique; plus tard le commodore Dunlop, en rendant compte de l'arrestation de Miramon, ayant exprimé l'idée que la présence de ce personnage aurait été un obstacle à cette régénération du pays [1], le gouvernement anglais, bien qu'approuvant l'arrestation pour d'autres motifs, s'alarma des sentiments que cette expression semblait indiquer chez son représentant et donna immédiatement des ordres pour qu'il fût remplacé dans son commandement; puis il refusa de ratifier les dépenses faites dans le but de mobiliser le contingent anglais; enfin, pour mieux se garantir contre tout entraînement chevaleresque, qui aurait pu amener les officiers

---

[1] (Towards the *purification* and *welfare* of Mexico), 30 janvier 1862. — Lord Russell à Sir Wyke, 11 mars 1862.

anglais à suivre les troupes franco-espagnoles dans une opération militaire vers l'intérieur, il prescrivit de rembarquer immédiatement le détachement anglais et de le transporter aux îles Bermudes.

Les explications données par le commodore Dunlop lui permirent de conserver son poste; mais il fut très-heureux que la courtoise obligeance de l'amiral Jurien lui vînt en aide pour le débarrasser du convoi qu'il était menacé de garder à son compte.

De son côté, Sir Ch. Wyke avait entamé des négociations dans le but de ménager à l'Angleterre les avantages d'un protectorat formel, à la condition qu'elle prêterait son appui à Doblado pour renverser Juarez. Lord Russell déclina encore toute ingérence de cette nature dans les affaires du pays. « Que le Mexique se sauve lui-même, si c'est possible, sous l'administration de Doblado, le gouvernement anglais ne désire rien de mieux »; mais il ne veut pas s'en mêler [1]. Il félicitait au contraire ses agents d'avoir, par la convention de la Soledad, dissipé les craintes qu'aurait pu faire naître cet imprudent langage autrefois employé et trop souvent répété de « *Régénération du Mexique.* »

Il approuva ensuite la rupture de l'alliance française; mais il eut soin de ne pas donner trop d'importance à ce différend, de le localiser en quelque sorte, et de conserver toujours des rapports amicaux avec la France. Plus tard, il exprima au gouvernement français, combien il était satisfait de pouvoir refuser sa sanction à la convention conclue à Puebla entre Sir Wyke et Doblado, et confirma son désir d'éviter tout ce qui pourrait augmenter le désaccord au

---

[1] Sir Ch. Wyke à lord Russell, 23 février 1862. — Lord Russell à Sir Ch. Wyke, 1er avril.

sujet du Mexique, surtout dans un moment où les troupes françaises éprouvaient des difficultés.

C'est par cette conduite sage, prudente, réservée, que les ministres de l'Angleterre épargnèrent à leur pays les épreuves que la France eut à subir.

Dès cette époque, au contraire, la politique française se trouve irrévocablement compromise. Les grandes idées de pondération et d'équilibre américain, d'indépendance et de régénération des races latines, à la faveur desquelles, pendant quelque temps, les projets d'intervention avaient pu paraître ne manquer ni de noblesse, ni de grandeur, ne s'aperçoivent plus que dans un vague lointain ; elles restent seulement l'illusion généreuse de quelques esprits abusés. Il faut que Juarez tombe et que les soldats français dressent le pavois sur lequel montera l'archiduc Maximilien proclamé empereur du Mexique. Tel est maintenant le but immédiat et bien défini assigné à l'expédition par le représentant diplomatique de la France. Et pourtant le ministre de la guerre écrivait au général de Lorencez en lui traçant un programme qui ne put malheureusement être suivi : « En vous établissant dans Puebla, vous donneriez un appui suffisant au parti conservateur, s'il existe, pour se former, se produire, et amener les conditions d'un gouvernement qui offre d'autres garanties de stabilité et de justice que celui qui est établi dans ce moment..... Ce plan aurait l'avantage, au point de vue politique, de laisser aux partis le champ libre pour se disputer le pouvoir dans les murs de Mexico, ainsi que cela s'est pratiqué jusqu'à présent, et permettrait à ceux qui ne veulent pas de Juarez de triompher sans que vous fussiez compromis » [1].

---

[1] Le ministre de la guerre au général de Lorencez, 30 mai 1862.

CHAPITRE QUATRIÈME.

SOMMAIRE.

Composition et situation du corps expéditionnaire. — Topographie du pays entre Orizaba et Puebla. — Combat des Cumbres (28 avril 1862). — Attaque de Puebla (5 mai). — Marche rétrograde de Puebla sur Orizaba. — Combat de la Barranca-Seca (18 mai). — Mésintelligence entre le général de Lorencez et M. de Saligny. — Le général de Lorencez rétablit ses communications avec Vera-Cruz. — Difficultés pour les approvisionnements de vivres. — Arrivée du général Douay. — Situation politique. — Siége d'Orizaba par l'armée mexicaine. — Combat du Cerro-Borrego (14 juin). — Mesures gouvernementales du général Almonte. — Marche des convois entre Orizaba et Vera-Cruz. — Arrivée d'un premier renfort. — Lettre de l'Empereur au général de Lorencez. — Départ du général de Lorencez.

Le corps d'armée du général de Lorencez avait un effectif de 7,300 hommes environ [1].

Composition et situation du corps expéditionnaire.

ORGANISATION DU CORPS EXPÉDITIONNAIRE.

[1] Commandant en chef . . . . . . le général de division DE LORENCEZ.
Chef d'état-major général. . . . . . le colonel d'état-major LETELLIER-VALAZÉ.
Chef des services administratifs . . . le sous-intendant militaire RAOUL.
Commandant de l'artillerie. . . . . le chef d'escadron MICHEL.
Commandant du génie . . . . . . le capitaine DE COATPONT.

Troupes de terre.
{ 1er bataillon de chasseurs à pied. . . . Commandant MANGIN.
{ 99e régiment de ligne. . . . . Colonel L'HÉRILLER.
{ 2e régiment de zouaves . . . . Colonel GAMBIER.

Troupes de marine.
{ Bataillon de marins fusiliers. . . . . Cap. de frégate ALLÈGRE.
{ Régiment d'infanterie de marine. . . Colonel HENNIQUE.

2e escadron du 2e régiment de chasseurs d'Afrique . . Capitaine DE FOUCAULT.

1862.

La santé des troupes était alors excellente ; seuls les soldats de la première colonne, éprouvés par leur séjour prolongé dans la terre chaude, n'étaient pas encore complétement remis de leurs fatigues.

On avait pu largement assurer les transports ; un grand convoi portant 200,000 rations de vivres et 400,000 rations de vin, se tenait prêt à suivre les colonnes dans leur marche sur Puebla ; la situation matérielle était aussi bonne que possible, et le soldat n'aurait pas eu à souffrir, si sa solde n'eût été tout à fait insuffisante dans un pays où la monnaie de billon est à peu près inconnue, et où la plus petite pièce d'argent généralement employée (le medio-real, environ 0 fr. 30) ne représente guère dans les échanges plus de la moitié de la valeur qu'elle aurait en France [1].

Les installations du grand hôpital d'Orizaba avaient été complétées ; on y laissa, sous la protection de deux compagnies d'infanterie de marine et de deux pièces, environ 500 malades ou malingres appartenant pour la plupart aux premiers détachements venus avec l'amiral.

Artillerie de terre : 1re batterie du 9e rég. d'artillerie. Capitaine BERNARD.

Artillerie de marine.
{ 2e batterie d'artillerie de marine. . . . Capitaine MALLAT.
Batterie d'obusiers de montagne servie par les marins . . . . Lieut. de vaisseau BRUAT.

Génie : 6e compagnie du 2e régiment . . . . Capitaine BARILLON.
Section du génie colonial.

1re comp. du 3e escadron du train des équipages.. . . Capitaine TORRACINTA.

[1] Outre le *medio*, on trouve encore le *quartillo*, petite pièce d'argent peu répandue. La monnaie divisionnaire de billon est très-rare ; pour suppléer à son insuffisance, certains grands hacenderos font frapper des médailles, sorte de monnaie fiduciaire qui, d'ordinaire, est facilement acceptée dans le voisinage de leurs propriétés. Aux environs de Cordova, on voit même ces médailles de métal remplacées par de petits morceaux de savon marqués d'une estampille.

Le 27 avril au matin, le général de Lorencez, accompagné de M. de Saligny et du général Almonte, partit d'Orizaba pour se porter sur Puebla. En déduisant de l'effectif total les détachements laissés à Vera-Cruz et à Orizaba, les malades et les non-valeurs, il restait environ 6,000 combattants. C'est avec cette poignée d'hommes que le général de Lorencez allait, à 2,000 lieues de la patrie, tenter de pénétrer au cœur d'un pays ennemi, dans des régions inconnues et sous un climat dangereux ; mais, par ses qualités militaires, par la valeur de chacun des éléments qui la composaient, cette petite armée était une des plus belles que l'on pût voir.

L'éloignement de la France, loin d'amollir les courages, inspirait en quelque sorte plus d'énergie au soldat ; il semblait que dans ces régions lointaines du Nouveau-Monde, la guerre avait quelques-uns des charmes de l'aventure. La meilleure intelligence régnait alors entre les chefs militaires et les hommes politiques qui les accompagnaient ; l'espoir du succès était dans tous les cœurs.

Le général de Lorencez était plein de confiance. Il écrivait au ministre [1] :

..... « Nous avons sur les Mexicains une telle supériorité de race, d'organisation, de discipline, de moralité, et d'élévation de sentiments que je prie Votre Excellence de vouloir bien dire à l'Empereur que dès maintenant à la tête de ses 6,000 soldats, je suis le maître du Mexique.

« Je regretterais profondément que les correspondances officielles ou particulières, eussent détourné l'Empereur de ses projets sur le Mexique et qu'elles eussent fait hésiter le prince Maximilien à accepter la couronne que Sa Majesté voulait lui mettre sur la tête. Je suis de plus en plus convaincu que la monarchie, ainsi que j'ai

[1] Le général de Lorencez au ministre, 26 avril 1862.

déjà eu l'honneur de l'écrire à Votre Excellence, est le seul gouvernement qui convienne au Mexique, et je suis également assuré qu'en très-peu d'années ce pays, bien gouverné, jouira d'une prospérité inouïe. »

<small>Topographie du pays entre Orizaba et Puebla.</small>

Deux routes conduisent d'Orizaba sur le plateau d'Anahuac; l'une, qui avait été déjà parcourue en partie par les troupes de l'amiral Jurien, suit l'étroite vallée du Rio Blanco et franchit, aux Cumbres d'Acultzingo, la grande chaîne qui limite la terre tempérée. La deuxième traverse les montagnes aux Cumbres de Maltrata; elle est fort difficile, quoique à la rigueur praticable aux voitures, et vient aboutir à San Andrès Chalchicomula. Le général de Lorencez suivit la première de ces routes.

Le général Zaragoza, gêné par la présence à Matamoros de Izucar de quelques milliers d'hommes des bandes réactionnaires, se retira d'abord au delà des montagnes à San Agustin del Palmar, d'où il pouvait surveiller à la fois les routes d'Orizaba et celles de Matamoros.

Mais le gouvernement de Juarez ayant obtenu la neutralité de Zuloaga, un des principaux chefs de la réaction, le général Zaragoza, dégagé en grande partie des préoccupations qui lui venaient de ce côté, se porta de nouveau en avant et vint prendre position aux Cumbres, le jour même où le général de Lorencez sortait d'Orizaba.

Les Cumbres d'Acultzingo forment, comme nous l'avons dit, une partie du soubassement du plateau d'Anahuac. Ce sont deux épaisses murailles presque verticales, séparées par une étroite vallée, qui court du nord au sud et débouche sur Tehuacan[1]. C'est sur cette forte position, presque impossible à tourner, que le général Zaragoza résolut d'attendre

[1] Voir le plan.

les troupes françaises. Il avait environ 4,000 hommes divisés en cinq brigades d'infanterie, trois batteries de montagne de 6 pièces et deux cents cavaliers. Il les répartit de la manière suivante : à sa droite une brigade sous les ordres du colonel Escobedo ; au centre, défendant la route et les bâtiments en partie ruinés d'un ancien *presidio*, une brigade commandée par le général Arteaga ; à sa gauche la brigade du général Negrete. En arrière, sur le sommet des grandes Cumbres, une brigade en première réserve ; plus en arrière encore, sur les pentes des deuxièmes Cumbres, une autre réserve formée par la brigade du général Porfirio Diaz avec une batterie de 6 pièces.

Le général de Lorencez, après avoir bivouaqué, le 27 avril, à l'hacienda de Tecamalucan, prit possession du village d'Acultzingo, le lendemain matin vers neuf heures ; il y établit son camp. Depuis le départ d'Orizaba, on n'avait aperçu que quelques éclaireurs ennemis chargés de surveiller les mouvements de la colonne française. Les renseignements s'accordaient à dire que le général Zaragoza se repliait sur Mexico et que le passage des Cumbres était libre ; on campa donc à Acultzingo, croyant n'avoir devant soi que quelques escadrons de cavalerie et sans se douter de la proximité de l'ennemi, dont les forces étaient dissimulées derrière les escarpements de la montagne. Mais vers une heure et demie, une compagnie de zouaves, ayant commencé à gravir les hauteurs pour prendre une position de grand'garde, fut accueillie par une vive fusillade, et presque aussitôt l'ennemi démasqua le feu de ses batteries.

Le général de Lorencez fit immédiatement prendre les armes et se décida à forcer le passage le jour même. Il donna l'ordre au bataillon de chasseurs à pied de se porter en avant et d'engager l'action. Deux compagnies gravirent les pentes de droite de la montagne pour enlever la batterie que les Mexicains avaient établie sur un contre-fort et dont le feu commandait la route. Au centre, deux autres compagnies et la compagnie de grand'garde des zouaves, suivirent les sentiers rocailleux sur le flanc des hauteurs ; à gauche, les deux dernières compagnies s'avancèrent sur la route, marchant droit sur les ruines du presidio, où l'ennemi s'était fortement retranché. La cavalerie, qui ne pouvait être utilisée dans la circonstance, fut massée derrière un mouvement de terrain.

Les Mexicains étaient trop supérieurs en nombre, et leur position trop forte, pour que les chasseurs à pied pussent suffire à les déloger. Le général de Lorencez fit soutenir les chasseurs par un bataillon du 2ᵉ zouaves ; deux compagnies de ce bataillon allèrent appuyer la compagnie de zouaves, qui se trouvait déjà au centre ; deux autres se portèrent à l'aile gauche.

Dès que les zouaves eurent rejoint les premiers détachements engagés, l'offensive fut reprise avec vigueur ; mais le feu de l'ennemi arrêta encore l'élan des troupes ; il fallut envoyer de nouveaux renforts. Enfin, à trois heures, le presidio fut enlevé ; une compagnie, qui avait débordé la droite de l'ennemi, atteignit le col de la montagne, repoussa à la baïonnette les attaques des Mexicains, qui pensaient l'écraser sous leur nombre, et couronna les hauteurs de gauche. Bientôt après, deux compagnies de zouaves couronnèrent également les hauteurs de droite ; ce mouvement détermina l'ennemi à abandonner définitivement la position et à se retirer au delà du Puente Colorado au pied des deuxièmes Cumbres. Les zouaves le suivirent de près ; mais la nuit approchant, ils reçurent l'ordre de s'arrêter en avant du pont et de ne plus répondre à son feu.

Pendant ce combat, le général de Lorencez s'était avancé sur la route avec le 99ᵉ de ligne et le bataillon de marins qui, formant la réserve, montaient lentement sac au dos. Il établit ces troupes au bivouac, sur le col même, afin de surveiller les mouvements de l'ennemi, et fit redescendre les zouaves et les chasseurs sur Acultzingo, où ils avaient laissé leurs bagages.

Dans cette journée, huit compagnies du 2ᵉ zouaves et six compagnies du 1ᵉʳ bataillon de chasseurs à pied avaient enlevé, après un combat de trois heures, une position formidable, sur une hauteur de 600 mètres d'élévation, que le général ennemi considérait, à juste titre, comme l'obstacle le plus sérieux à opposer à la marche des troupes françaises. Les Mexicains l'avaient défendue avec une division de 4,000 hommes (dont 2,000 seulement furent engagés), 200 cavaliers et 18 pièces d'artillerie. Il ne fut pas possible d'évaluer leurs pertes. Celles de la colonne française ne s'élevèrent qu'à deux hommes tués et 32 blessés. Deux obusiers de montagne et vingt prisonniers restèrent entre ses mains.

Le général Zaragoza se replia avec le gros de ses troupes sur San Augustin del Palmar. La brigade Escobedo, ayant été rejetée fort à gauche, fut obligée de se retirer par la route de Tehuacan.

Le 29 avril, le général de Lorencez ayant laissé le bataillon de chasseurs au Puente Colorado pour protéger le passage du convoi, franchit lui-même les deuxièmes Cumbres avec le reste de ses troupes. Il s'arrêta au village de la Cañada de Ixtapan, à 10 kilomètres de Puente Colorado, pour attendre ses voitures, dont les dernières ne le rejoignirent que le 30 au soir.

1862.

Le corps expéditionnaire était alors arrivé sur le grand plateau d'Anahuac, au centre duquel est bâtie la Puebla de los Angeles, riche et populeuse cité, la deuxième ville du Mexique [1].

Cette contrée, dont l'altitude est de 2,200 mètres, jouit d'un climat sain et tempéré; elle est couverte de riches haciendas et de nombreux villages, autour desquels se cultivent toutes les céréales d'Europe. Dominée à l'est par le pic d'Orizaba, la vallée de Puebla est limitée à l'ouest par la chaîne volcanique du Popocatepelt et de l'Ixtaccihualt, qui la sépare de la vallée de Mexico [2]. La fonte régulière et constante des neiges, qui couvrent ces énormes montagnes, alimente les ruisseaux et les canaux artificiels dont les eaux, réparties sur les cultures environnantes, entretiennent dans l'atmosphère une fraîcheur inconnue à la plupart des autres provinces du Mexique.

Le corps d'armée du général de Lorencez partit de la Cañada le 1er mai et arriva le même jour au village de San Agustin del Palmar, suivant de très-près les troupes mexicaines, dont la ligne de retraite était jalonnée par les incendies des meules de paille qui abondent sur le plateau. Le 2 mai, la colonne s'arrêta au grand village de Quetcholac; le jour suivant à Acatzingo; le 4 mai, elle atteignit Amozoc, petite ville à 16 kilomètres en avant de Puebla.

Ces marches s'étaient effectuées sans difficultés et sans trop de fatigues. Les pluies torrentielles, accompagnées de

---

[1] Mexico compte 210,000 habitants environ; Puebla, 74,000; Guadalajara, 72,000.

[2] Le Popocatepelt est à une altitude de............ 5,419 mètres.
L'Ixtaccihualt................................. 4,779
Le pic d'Orizaba.............................. 5,475
La limite des neiges éternelles est à............. 4,000

tonnerre et d'éclairs, particulières dans cette saison aux pays tropicaux, commençaient cependant à tomber journellement ; mais, à cette époque, les orages n'éclatent que vers 4 heures du soir, et les matinées sont presque toujours belles. Le sol n'était pas encore détrempé par les pluies ; elles avaient au contraire l'avantage de faire disparaître la poussière qui, pendant la saison sèche, s'accumule en quantité énorme sur les routes et rend la marche très-fatigante ; aussi les soldats étaient-ils toujours bien disposés, bien portants et remplis d'énergie.

Ce fut seulement à Amozoc que le général de Lorencez eut connaissance des projets de l'ennemi. Le général Zaragoza était résolu, disait-on, à se défendre à outrance dans Puebla, où il s'était renfermé avec une forte garnison ; les rues en étaient barricadées et armées de canon. Jusqu'alors aucun avis précis n'avait été donné à l'armée française ; les populations, celles même qu'on disait appartenir au parti réactionnaire, restaient très-froides[1] ; quant aux contingents que devaient amener Marquez, Cobos et les autres chefs, on n'en avait aucune nouvelle. Dans la soirée, un ingénieur mexicain, qui fut présenté au général de Lorencez lui procura quelques renseignements sur la place.

Puebla est une ville ouverte ; elle est construite régulièrement, les rues se coupent à angle droit, et chaque îlot de maisons ou cadre forme une sorte de forteresse carrée, très-efficacement flanquée par les barricades des rues. De nombreux couvents, dont les murs solidement bâtis ont plusieurs mètres d'épaisseur, servaient de point d'appui à la défense intérieure ; en les reliant par des communications couvertes, l'ennemi en avait formé au centre de la place un vaste ré-

---

[1] Le général de Lorencez au ministre, 22 mai.

1862.

duit, que le général de Lorencez ne pensait pas pouvoir enlever de vive force. La ville est commandée, à un kilomètre au nord-est, par le Cerro de Guadalupe, colline d'un relief de 102 mètres, aux pentes abruptes et sur laquelle est construit un couvent. L'ennemi l'avait fortifié et garni d'artillerie. Ce mamelon se prolonge, vers l'ouest, par une crête de 1200 mètres environ de longueur, dont l'extrémité (en contre-bas de 50 mètres du couvent de Guadalupe) est couronnée par un petit fort carré en maçonnerie appelé *Loreto*.

L'ingénieur mexicain, rappelant les épisodes des guerres civiles, pendant lesquelles la ville avait toujours été attaquée et enlevée par le sud, donnait l'avis de négliger les fortifications de Loreto et de Guadalupe, d'un accès fort difficile, et dont l'artillerie ne devait avoir du reste que peu d'action contre une attaque faite sur la partie opposée de la ville. Appuyé dans son opinion par les commandants du génie et de l'artillerie, le général de Lorencez pensa, au contraire, qu'il était imprudent d'aller se heurter contre les massifs de maçonnerie et les barricades de la ville, et qu'il était préférable d'enlever les forts.

Attaque de Puebla. 5 mai.

Le 5 mai, au point du jour, l'armée française quitta Amozoc, et à neuf heures et demie du matin, ayant dépassé les mouvements de terrain qui masquaient son horizon, elle se trouva en vue de Puebla.

Le général Zaragoza avait environ 12,000 hommes commandés par les généraux Negrete, Berriozabal, Diaz, Lamadrid, Tapia et Alvarez (ce dernier commandant de la cavalerie) ; il avait envoyé une partie de ses troupes aux ordres des généraux Carbajal et O'Horan du côté d'Atlixco et de Matamoros, pour arrêter les bandes réactionnaires qui tenteraient de rallier l'armée française; il se tenait sur la défensive dans la ville et avait fait occuper les hauteurs par la division Negrete [1], forte de 1200 hommes avec 2 batteries de campagne et de montagne; le reste des troupes mexicaines attendaient l'attaque du côté de la plaine.

Après une reconnaissance trop rapide pour être complète, le général de Lorencez persista dans son intention de faire attaquer le Cerro de Guadalupe.

En arrivant d'Amozoc, on ne pouvait pas apercevoir le fort de Loreto, entièrement caché par le couvent; il était probable que les pentes qui y conduisaient étaient moins roides que celles de l'autre extrémité, mais pour l'aborder, il eût fallu exécuter un grand mouvement tournant pendant lequel les troupes auraient été longtemps exposées au feu de l'ennemi et se seraient trop éloignées du convoi que l'on faisait masser près de l'hacienda de los Alamos.

L'attaque de Guadalupe ayant donc été définitivement résolue, des rampes praticables à l'artillerie furent ouvertes le long d'un ravin qu'on devait traverser, et les troupes arrêtées à 3 kilomètres de la ville firent le café.

A onze heures, les dispositions suivantes furent prises:

La colonne d'attaque, formée de deux bataillons de zouaves ayant entre eux les dix pièces d'artillerie, traversa le ravin et appuya sur la droite de manière à aborder les

---

[1] Le général Negrete, ancien chef réactionnaire, s'était rallié au gouvernement de Juarez au moment de l'invasion étrangère; il résista à toutes les suggestions et ne voulut pas se joindre à Almonte; il en était de même de O'Horan, ancien aide de camp et secrétaire particulier de Marquez. — Le général O'Horan adhéra plus tard à l'empire et fut fusillé sur l'ordre de Juarez après la chute de l'empereur Maximilien; quant à Negrete, qui fut pendant quelque temps ministre de la guerre de Juarez, il reprit les armes contre le gouvernement libéral aussitôt que les troupes françaises eurent quitté le Mexique.

hauteurs par les pentes les moins rapides. Le régiment d'infanterie de marine resta en réserve; les fusiliers marins et la batterie de montagne se dirigèrent vers la droite de la colonne d'attaque, afin d'en protéger les derrières contre la cavalerie ennemie.

A la gauche de la ligne de bataille, le bataillon de chasseurs fit face aux corps mexicains en position dans la plaine et qui avaient poussé quelques tirailleurs en avant. Le 99e de ligne et quatre compagnies d'infanterie de marine furent chargés de la garde du convoi. L'escadron de chasseurs d'Afrique s'avança derrière les colonnes d'infanterie, et une ambulance volante fut de suite établie dans les bâtiments de l'hacienda Rementeria. L'artillerie ayant ouvert le feu à 2,000 mètres environ, tira pendant trois quarts d'heure sans résultat appréciable; les pièces furent alors portées plus à droite afin de battre directement la face de l'ouvrage sur laquelle l'assaut devait être donné; mais par suite du relief du sol, plus on s'approchait, moins on avait de vue sur les fortifications et moins le tir de l'artillerie, dirigé de bas en haut, pouvait être efficace; celui des batteries ennemies, parfaitement servies, était au contraire fort meurtrier.

Le général Zaragoza, qui n'avait pas prévu une attaque dans cette direction, envoya en toute hâte la brigade Berriozabal sur le Cerro de Guadalupe, renforcer la division Negrete, et fit sortir de la place, derrière Loreto, un corps de cavalerie, destiné à charger à son extrême gauche sur les colonnes d'attaque. Avec le gros de ses troupes, il prit position : sa gauche (brigade Lamadrid) appuyée au Cerro Guadalupe, sa droite (division Diaz) à l'église de los Remedios, dans le faubourg de la ville; le reste de sa cavalerie étant à son extrême droite.

Après une heure et quart de canonnade, l'artillerie française avait dépensé 1000 coups environ, c'est-à-dire la moitié de ses munitions, et les défenses de l'ennemi n'étaient pas encore endommagées ; le général de Lorencez se résolut néanmoins à tenter une attaque de vive force. Les deux bataillons de zouaves étaient déjà arrivés à mi-côte ; il fit avancer quatre compagnies de chasseurs à pied et leur prescrivit de gravir les pentes à la gauche des zouaves, de manière à diviser l'attention de l'ennemi ; deux compagnies de ce bataillon restèrent seules dans la plaine faisant face à la gauche de l'armée mexicaine. Le 1er bataillon de zouaves, la batterie de montagne, le bataillon de marins et l'infanterie de marine durent obliquer à droite, en s'abritant le plus possible des feux de Loreto, et prendre la position à revers ; une section du génie munie de planches à échelons fut jointe à chacune des colonnes.

Le signal de l'assaut est donné.

Les chasseurs à pied, arrivés près des zouaves du 2e bataillon, s'élancent avec eux sur le couvent de Guadalupe et luttent d'héroïsme pour escalader ces formidables positions encore intactes. C'est en vain que sous un feu terrible ils franchissent un profond fossé, obstacle aussi sérieux qu'inattendu ; quelques-uns parviennent à se hisser sur le mur, mais leurs efforts ne peuvent rien contre un solide réduit organisé autour de l'église et défendu par trois étages de feux superposés ; tous tombent glorieusement, à l'exception du clairon Roblet, qui se maintient quelque temps en sonnant la charge.

Pendant cet assaut le 1er bataillon de zouaves prononçait son mouvement plus à droite ; mais il fut reçu par une violente fusillade de cinq bataillons mexicains, massés entre Guadalupe et Loreto ; en même temps les batteries de Loreto jusqu'alors invisibles et silencieuses, entraient en action et prenaient d'écharpe la colonne d'attaque. L'arrivée du bataillon de marins et des compagnies d'infanterie de marine ne permit pas de triompher de la résistance d'un ennemi trop supérieur en nombre et parfaitement abrité.

Au même moment, la cavalerie mexicaine, sortie de Puebla derrière Loreto, chargeait ces troupes à l'improviste et les obligeait à s'arrêter.

D'un autre côté les deux compagnies de chasseurs à pied, restées seules dans la plaine, se voyaient enveloppées par une nuée de cavaliers. Elles se formèrent en carré avec un admirable sang-froid, et malgré des pertes sensibles ne se laissèrent pas entamer.

« Ces deux compagnies firent une défense telle, dit le rapport du général de Lorencez, que je ne savais qui admirer le plus, ou de ceux qui marchaient sous le feu de Guadalupe, ou des chasseurs qui, sans s'étonner du nombre des ennemis qui les entouraient, se rallièrent avec le plus grand calme et tuèrent ou dispersèrent les cavaliers qui se précipitaient sur eux. »

Le général de Lorencez se disposait encore à lancer deux compagnies de zouaves qu'il tenait en réserve, lorsqu'éclata un orage terrible, accompagné d'énormes grêlons; les pentes devinrent si glissantes que les hommes pouvaient à peine s'y tenir debout. Il était alors quatre heures; l'impossibilité de soutenir la lutte plus longtemps étant démontrée, le général de Lorencez fit battre en retraite.

Les bataillons se rallièrent au pied du Cerro de Guadalupe, reprirent leurs sacs qu'ils y avaient déposés, et restèrent en position pour empêcher tout mouvement offensif de l'ennemi pendant l'évacuation des blessés, qui furent transportés à l'hacienda de los Alamos.

Il faisait presque nuit lorsque cette opération fut terminée; les troupes se replièrent par échelons, sans être inquiétées; à neuf heures du soir, elles étaient établies au bivouac.

Dans cette journée, la division du général de Lorencez perdit 476 hommes, chiffre considérable relativement à son effectif [1]; l'ambulance comptait alors, tant malades que blessés, 345 hommes. D'après le rapport du général Zaragoza, les Mexicains eurent 83 hommes tués, 132 blessés et 12 disparus. Le général de Lorencez songea un instant à renouveler l'attaque sur un autre point; mais la crainte d'exposer sa petite armée à un nouvel échec lui fit bientôt abandonner ce projet, et il se détermina à rétrograder sur Orizaba.

---

[1] Ces pertes se décomposent ainsi :

	TUÉS OU DISPARUS.		BLESSÉS.	
État-major............	Le sous-intendant Raoul, tué.			
1ᵉʳ bataillon de chasseurs...	4 offic.ʳˢ	31 hom.ᵉˢ	5 offic.ʳˢ	68 hom.ᵉˢ
99ᵉ régiment de ligne.....	1	»	»	2
2ᵉ régiment de zouaves.....	6	80	6	122
Bataillon de marins.......	1	8	6	33
Rég. d'infanterie de marine..	3	36	2	53
Artillerie............	»	1	»	4
Génie...............	»	»	»	3
Totaux......	16 offic.ʳˢ	156 hom.ᵉˢ	19 offic.ʳˢ	285 hom.ʳˢ
Total général............		476 hommes (A).		

(A) Sur ce chiffre, 1 officier, 32 hommes avaient été blessés et faits prisonniers; 2 hommes valides seuls étaient tombés aux mains de l'ennemi.

(Journal des marches du 5 mai et du 29 juin.)

1862.

Marche rétrograde de Puebla sur Orizaba.

Le 6 mai, il porta son campement un peu plus en arrière, sur les cerros de Amalucan et de las Navajas, qui dominent la plaine et ne sont éloignés de Puebla que de trois kilomètres. Il y resta toute la journée du 7 et une partie de la journée du 8, autant dans l'espoir d'attirer et de battre les Mexicains en rase campagne, que pour attendre le général Marquez, dont M. de Saligny et le général Almonte ne cessaient d'annoncer la prochaine arrivée. Le premier jour, une colonne de cavalerie s'approcha du camp des zouaves, mais elle y fut si vigoureusement reçue, qu'elle prit la fuite en laissant plusieurs morts sur le terrain, et ne reparut plus. Les reconnaissances de l'ennemi se tinrent, dès lors, à bonne distance des avant-postes.

Enfin, le 8, à 4 heures du soir, ayant bien établi par un séjour prolongé devant la ville, que s'il avait échoué contre des obstacles insurmontables, l'ennemi de son côté n'avait pas osé sortir de ses retranchements, toutes les promotions en remplacement des officiers et sous-officiers tués ayant été régularisées, tous les blessés ayant été opérés, le général de Lorencez commença à faire défiler son convoi sur la route d'Amozoc, et se retira ensuite dans le plus grand ordre.

Les Mexicains furent encore plus étonnés que l'armée française du succès obtenu par eux le 5 mai. La victoire « *des enfants de l'Anahuac sur les premiers soldats du monde* » fut proclamée avec enthousiasme dans toute la république. « C'est la justice de notre cause qui nous a donné la victoire, et l'amour de la patrie qui a sauvé la France en 1792 nous sauve de même aujourd'hui. »

« . . . . . Les aigles françaises ont traversé les mers pour venir déposer au pied du drapeau mexicain leurs lauriers de Sébastopol, de Magenta et de Solférino, dit le général

Berriozabal dans son ordre du jour; vous avez combattu les premiers soldats de l'époque et vous êtes les premiers qui les ayez vaincus [1]. »

Le congrès, sur le point de se séparer, remit de pleins pouvoirs entre les mains de Juarez.

Les généraux mexicains rendirent du reste pleinement hommage à la bravoure de l'armée française ; ils admirèrent moins les dispositions d'attaque prises par le général de Lorencez : « L'armée française s'est battue avec un grand courage, dit le rapport du général Zaragoza ; son général en chef s'est comporté avec peu d'habileté dans l'attaque [1]. »

Il était difficile en effet d'enlever de vive force les forts de Guadalupe et de Loreto. L'officier mexicain, que le général de Lorencez avait vu à Amozoc, avait bien dit que ce n'était pas le point d'attaque le plus favorable ; mais on l'avait pris pour un agent de Juarez et l'on s'était méfié de ses avis.

La tête de la colonne française n'était arrivée près de Los Alamos qu'à 9 heures. L'attaque, ayant commencé à 11 heures et demie, n'avait pas été précédée d'une reconnaissance suffisante des positions ennemies. Mise en batterie à 2,000 mètres, la nature du terrain ne lui permettant pas, il est vrai, de se rapprocher beaucoup plus, l'artillerie de campagne ne pouvait à cette distance ouvrir des brèches ; dans ces conditions, il était difficile d'espérer prendre de vive force des fortifications en maçonneries bien garnies de feux d'artillerie et de mousqueterie. Le général de Lorencez prétendit rendre MM. Almonte et de Sa-

---

[1] Ordre du jour du 7 mai, reproduit dans la *Cronista* du 15 mai.
[2] El ejercito frances se ha batido con mucha bizarria ; su general en gefe se ha portado *con torpeza* en el attaque.

ligny responsables de cet insuccès, en leur reprochant de l'avoir trompé sur les dispositions morales de l'ennemi. Ils lui avaient dit, en effet, que la ville accueillerait avec plaisir les Français et que ses soldats seraient couverts de fleurs ; mais, avant tout, il s'agissait d'y pénétrer, et par conséquent d'enlever une position dans laquelle l'armée ennemie était solidement retranchée. Les sympathies de la population de Puebla ne pouvaient exercer aucune influence sur le résultat de cette opération militaire.

Le général de Lorencez ressentit un vif chagrin de l'échec qu'il avait subi ; mais il se montra à hauteur des devoirs nouveaux que lui imposaient les circonstances. Il sut maintenir le moral du soldat ; son petit corps d'armée ne passa pas de la confiance aveugle au découragement, et la retraite de cette poignée de Français fut aussi menaçante que l'avait été leur marche en avant. Il ramena ses troupes avec calme, et conservant tout le prestige de son drapeau, il se disposa à rester à Orizaba jusqu'à l'arrivée de renforts.

Cédant aux instances nouvelles du général Almonte et de M. de Saligny, qui le pressaient d'attendre encore les troupes du général Marquez, le général de Lorencez séjourna à Amozoc le 9 et le 10 mai. Mais il n'y fut rejoint que par une dizaine de cavaliers amenés par le général Lopez. Le mouvement de retraite fut repris le 11 mai. La colonne s'arrêta successivement :

le 11 mai à Tepeaca,
le 12 mai à Acatzingo,
le 13 mai à Quecholac,
le 14 mai à Palmar,
le 15 mai à la Cañada.

On aperçut, mais toujours hors de portée, de nombreux

partis ennemis ; cependant, à Palmar, l'avant-garde ayant tourné rapidement le village, enveloppa et fit prisonniers 22 cavaliers.

Le général de Lorencez pensait trouver quelque résistance au passage des Cumbres : des abatis et des coupures avaient effectivement été préparés sur la route, mais aucun ennemi ne parut, et, le 16 mai, la colonne arriva sans encombre à Acultzingo. Le 17, l'ambulance fut transportée à Orizaba ; le général en chef s'arrêta à Tecamalucan.

Un officier mexicain de l'armée réactionnaire se présenta alors aux avant-postes et annonça que la cavalerie de Marquez, forte de 2,500 chevaux, défilait par les sentiers des montagnes pour faire sa jonction avec l'armée française. Le général Marquez arriva lui-même une heure après. Il dit qu'il venait de Matamoros de Izucar (à 70 kil. au sud de Puebla) ; un détachement de l'armée de Zaragoza, envoyé contre lui, l'avait empêché de rallier plus tôt. Il confirma l'arrivée prochaine de sa cavalerie.

Le 18 mai, le corps expéditionnaire rentra à Orizaba, à l'exception des deux bataillons du 99e et de la batterie de montagne laissés à Ingenio à 6 kilomètres de la ville, pour garder cette position, qui commande la vallée du Rio Blanco et la route de Puebla.

Cependant les Mexicains qui suivaient pas à pas le mouvement de l'armée française, d'assez loin toutefois pour éviter un engagement, avaient déjà une avant-garde de 500 chevaux sous les ordres du général Tapia, entre Acultzingo et Tecamalucan, près de la Barranca Seca. C'est sur ce point que vient aboutir le chemin de montagne suivi par la cavalerie de Marquez, seule issue par laquelle elle pouvait descendre dans la vallée du Rio Blanco. Dès le commen-

Combat de la Barranca-Seca. 18 mai.

cement de la journée, des groupes de cavaliers étaient arrivés à la débandade et dans un état d'épuisement qui inspirait la pitié.

Le général Tapia ne s'était pas cru assez fort pour barrer complétement le passage ; vers 3 heures du soir seulement, ayant été rejoint par environ 1400 hommes d'infanterie, il attaqua avec vigueur la cavalerie réactionnaire. Mais, à la même heure, le commandant Lefebvre partait d'Ingenio avec un bataillon de 450 hommes du 99ᵉ de ligne pour lui porter secours ; franchissant rapidement les 14 kilomètres qui le séparaient de la Barranca Seca, il atteignit vers 5 heures le lieu du combat. Les troupes du général Marquez étaient alors dans une position des plus critiques.

Le général Tapia, appuyant sa droite à un mamelon pierreux, avait fait franchir le ravin à plusieurs de ses bataillons ; une partie du corps de Marquez était déjà coupé de la route. Le bataillon du 99ᵉ se déploya rapidement et s'élança au pas de course. Les trois compagnies de droite, précédées de tirailleurs, poussèrent vigoureusement le centre et la gauche de l'ennemi, le culbutèrent à la baïonnette et refoulèrent sa cavalerie, tandis que les trois compagnies de gauche se dirigeaient sur le mamelon et en gravissaient les pentes malgré un feu très-vif. Cet élan dégagea les cavaliers du général Marquez, qui sut en profiter avec décision et habileté ; passant derrière l'infanterie française, ils chargèrent vigoureusement la gauche de l'ennemi. Le succès du combat était déjà assuré, mais cette manœuvre fit tomber entre les mains des Français et de leurs auxiliaires un nombre considérable de prisonniers. L'action, commencée à 5 heures et demie, était terminée à 6 heures et quart ; les Mexicains étaient en pleine déroute. Une heure plus tard les troupes victorieuses quittèrent à leur tour le champ de bataille et vinrent bivouaquer à l'hacienda de Tecamalucan. Dans ce combat, auquel les contingents de Marquez durent leur salut, l'ennemi perdit un drapeau, 1200 prisonniers, dont 400 cavaliers, environ 100 morts et le double de blessés ; le bataillon du 99ᵉ eut 2 tués et 26 blessés ; les pertes des Mexicains alliés furent d'environ 200 hommes [1].

Le combat de la Barranca Seca inspira une grande circonspection à l'ennemi ; le général de Lorencez put alors s'occuper d'organiser ses cantonnements à Orizaba et chercher à rétablir ses communications avec la mer.

En rendant compte de la résistance inattendue qu'il avait trouvée à Puebla, le général de Lorencez sollicita l'envoi au Mexique d'un matériel de siége de 12 canons et de 4 mortiers et de renforts suffisants pour élever l'effectif de l'armée à 15 ou 20,000 hommes. Ses idées s'étaient considérablement modifiées depuis sa lettre du 26 avril. Il le manifesta dans un ordre du jour à l'armée.

« Soldats et marins ! »

« Votre marche sur Mexico a été arrêtée par des obstacles matériels auxquels vous deviez être loin de vous attendre, d'après les renseignements qui vous avaient été donnés ; on vous avait cent fois répété que la ville de Puebla vous appelait de tous ses vœux et que sa population se presserait sur vos pas pour vous couvrir de fleurs. C'est avec la confiance inspirée par ces assurances trompeuses que nous nous sommes présentés devant Puebla..... »

Il accusait M. de Saligny de tout ce qui était arrivé ; il avait rompu ses relations avec lui, et s'exprimait sévèrement sur son compte dans sa correspondance avec le mi-

---

[1] Le général de Lorencez au ministre, 22 mai. — Rapport du général Zaragoza (Cronista du 15 mai au 15 juin).

nistre de la guerre. Il lui supposait le projet de faire enlever le courrier de l'armée afin d'empêcher les rapports du quartier général d'arriver en France. Il lui reprochait en termes très-durs des habitudes incompatibles avec la dignité de son rang et témoignait même l'intention de le faire arrêter. Le général en chef ne se montrait pas plus satisfait du général Almonte ; il se félicitait au contraire de ses bonnes relations avec le général Marquez. Ces débats furent des plus pénibles. Il nous suffit de les avoir indiqués pour bien établir le changement qui s'était opéré dans l'esprit du général de Lorencez depuis son arrivée au Mexique et la franchise avec laquelle il désavouait les illusions des premiers jours [1].

Pendant la marche des troupes françaises sur Puebla, le général La Llave, commandant les guérillas des terres chaudes, était venu prendre position au Chiquihuite et avait intercepté toute communication entre les colonnes expéditionnaires et la mer. Un des premiers soins du général de Lorencez, après son retour à Orizaba, fut de rouvrir la route, et de la faire garder par des postes suffisants pour protéger la marche des convois entre Orizaba et Vera-Cruz, d'où l'armée allait être forcée de tirer toutes ses ressources. Ne voulant pas cependant s'exposer à être faible sur tous les points, en multipliant les détachements, et craignant de laisser des postes permanents dans les terres chaudes, il se décida à faire occuper seulement le Fortin, Cordova, le Potrero et le Chiquihuite, qui se trouvent encore dans la zone tempérée et à donner aux convois, entre le Chiquihuite et la Tejeria, des escortes fortement constituées.

---

[1] Le général de Lorencez au ministre de la guerre, 24 mai, 11 juin 1862.

Après avoir laissé quelques jours de repos aux troupes, que les dernières marches avaient beaucoup fatiguées, il forma une colonne d'environ 1,500 combattants sous les ordres du colonel Hennique [1], et la dirigea sur le Chiquihuite. Cette position fut enlevée après un court engagement qui couta seulement trois blessés, et l'on se mit immédiatement à l'œuvre pour réparer les ponts détruits par l'ennemi. Le corps expéditionnaire était, à cette époque, réparti de la manière suivante :

Deux bataillons et la batterie de montagne à Ingenio devant Orizaba ;

Deux bataillons et un peloton de cavalerie à Cordova ;

Deux bataillons au Chiquihuite ;

Au Fortin et au Potrero, des détachements de Mexicains ; le reste des troupes, c'est-à-dire trois bataillons d'infanterie, trois pelotons de cavalerie, 10 pièces d'artillerie, étaient concentrées à Orizaba.

Malheureusement, il n'y avait pas lieu de compter beaucoup sur la coopération des auxiliaires mexicains, composés, en grande partie, de prisonniers faits à la Barranca Seca et que le général Marquez avait incorporés de force, selon la coutume mexicaine. Ces troupes étaient en outre dans le dénûment le plus complet, et l'insuffisance du numéraire était telle dans les caisses de l'armée que le trésor français, auquel il était fort difficile d'assurer le paiement de la solde du corps expéditionnaire, ne pouvait donner aux Mexicains que de très-minimes secours d'argent. Pour les empêcher de piller le pays et pouvoir les utiliser soit dans les postes, soit dans les escortes de convoi, le général de Lorencez

---

[1] 2 bataillons d'infanterie de marine, 1 bataillon de zouaves, 1 section du génie colonial, 2 sections d'artillerie de marine, 1 brigade de gendarmerie, 1 section d'ambulance.

1862.

fit distribuer des rations de vivres aux troupes mexicaines auxiliaires ; il donna aussi au général Marquez 4,000 fusils trouvés à la douane de Vera-Cruz et les deux canons enlevés aux Cumbres.

Difficultés pour les approvisionnements de vivres.

Cependant l'armée française s'occupait d'établir ses quartiers à Orizaba, afin d'y passer la saison pluvieuse et d'attendre la reprise des hostilités. Les troupes furent logées dans de bons casernements. Deux grands hôpitaux furent organisés, l'un à San José contenant 700 lits, l'autre dans le couvent de la Concordia pour 225 malades. Un dépôt de convalescents pour 100 hommes fut établi dans une grande hacienda voisine de la ville. On construisit des fours en maçonnerie ; les fours de campagne fonctionnaient du reste dans des conditions satisfaisantes ; les magasins de l'administration s'installèrent dans des locaux au centre de la ville ; des travaux de défense furent exécutés par le génie.

Des détachements furent envoyés dans les grandes haciendas des environs, à Tecamalucan, à l'Encinal, dans le but de protéger l'enlèvement de la paille et de l'orge qui s'y trouvaient en quantités considérables. Ces opérations donnèrent lieu à plusieurs engagements de peu d'importance avec les reconnaissances que l'ennemi, posté à Acultzingo, ne cessait d'envoyer dans la direction d'Orizaba [1]. Elles favorisèrent le passage de quelques approvisionnements de farines et de grains que l'on faisait venir du plateau d'Anahuac, en trompant la vigilance des Mexicains. Mais les ressources que l'on se procurait ainsi étaient fort insuffisantes ; on prévoyait qu'elles allaient bientôt manquer, et qu'il faudrait demander à Vera-

---

[1] Le général de Lorencez au ministre, 11 juin 1862.

Cruz tous les vivres nécessaires à la subsistance de l'armée.

Le général en chef en fit prévenir le commandant supérieur de cette place et lui donna l'ordre de préparer les approvisionnements. On se heurtait là encore à de nombreuses difficultés. L'ensemble de la situation était fort peu satisfaisant; les officiers de troupe, qui remplissaient les fonctions de sous-intendant et dirigeaient l'administration de la guerre à Vera-Cruz, n'ayant pas le droit d'ordonnancer, ne pouvaient souvent faire des paiements urgents; ils avaient succombé tour à tour aux atteintes du vomito, et ce changement continuel dans la direction administrative contribuait à compromettre le crédit mal assuré de l'armée française. M. le capitaine de vaisseau Roze, commandant supérieur, avait dû venir à son secours à l'aide des fonds de prévoyance de la marine, afin de satisfaire aux dépenses les plus indispensables.

Le général de Lorencez avait laissé à la disposition du commandant Roze, entre les mains duquel étaient réunis le commandement de l'escadre et celui de la ville, une compagnie du 99e et la compagnie de matelots créoles. Il était arrivé, quelque temps après, un détachement d'une centaine de soldats d'infanterie de marine, vingt-huit artilleurs et vingt gendarmes ; c'est avec ces éléments si disparates, dont l'effectif s'élevait à cinq cents hommes environ et sur lesquels la fièvre jaune sévissait avec une violence extrême, qu'était constituée la garnison de Vera-Cruz. Cet effectif très-insuffisant permettait à peine de surveiller le mur d'enceinte, dont l'escalade était possible sur beaucoup de points. Un détachement mexicain auxiliaire, commandé par le général Galvez, campait à la Tejeria pour protéger la tête du chemin de fer ; à l'exception de cette petite troupe, le commandant Roze n'avait pas un seul cavalier, et il lui était impossible de s'éclairer à un kilomètre de la ville ; aussi était-il complétement bloqué, et les guérilleros du général La Llave venaient-ils impunément tirer sur les sentinelles.

A la fin du mois d'avril, le général de Lorencez autorisa un ingénieur suisse, M. de Stœcklin, homme actif et énergique, à recruter une troupe de partisans à cheval, ou *contre-guérilla*, soit parmi les gens du pays, soit parmi les aventuriers étrangers en assez grand nombre à Vera-Cruz. Cette troupe rendit d'utiles services en surveillant les environs de la place ; elle ne craignit pas d'aborder l'ennemi même supérieur en nombre, et le succès couronna plusieurs fois son audace ; mais elle était d'un effectif trop faible pour amener de sérieux résultats et pourvoir suffisamment à la sécurité des communications. Le commandant supérieur n'avait aucun moyen d'échanger des dépêches avec le général en chef. Parfois un Indien, auquel on donnait 200 ou 300 piastres, consentait à porter à Orizaba un billet chiffré qu'il espérait dérober aux investigations des guérilleros ; mais les exemples de justice sommaire, dont faisaient foi les cadavres pendus aux arbres de la route, prouvaient que souvent ces malheureux tombaient entre les mains d'ennemis impitoyables [1].

La population de Vera-Cruz, presque exclusivement composée de commerçants que la guerre ruinait, devenait de plus en plus hostile ; Juarez y comptait de nombreux partisans, et les résidents français étaient loin d'être les mieux disposés ; depuis le départ du général de Lorencez

---

[1] Le commandant Roze au ministre de la marine, 26 juillet.

pour Puebla, on était sans nouvelles du corps expéditionnaire ; les bruits les plus sinistres, colportés avec malveillance, étaient répandus parmi la garnison et l'escadre. Un seul courrier qui avait réussi à traverser les lignes du général La Llave, avait donné quelques renseignements fort incomplets sur ce qui s'était passé devant Puebla. Mais le commandant Roze sut dominer la situation ; animé lui-même des sentiments les plus énergiques, il inspira aux marins et aux soldats sous ses ordres la résignation et le dévouement qu'exigeaient les circonstances ; non-seulement il fit face à toutes les difficultés, mais encore il se préoccupa des moyens de venir en aide à l'armée ; il prépara des vivres et réunit un convoi de deux cents voitures prêtes à être expédiées lorsque les communications seraient rétablies.

Le 16 mai, le général Douay, désigné pour exercer le commandement en second du corps expéditionnaire, était arrivé de France, amenant avec lui 300 hommes environ de divers corps ; ce fut un précieux renfort pour la malheureuse garnison, épuisée et décimée par les fièvres [1].

A la fin du mois, l'escadron de chasseurs d'Afrique apporta le courrier pour France et les demandes pressantes que le général de Lorencez adressait au commandant Roze pour qu'on lui envoyât des vivres, des munitions et des effets ; l'occupation du Chiquihuite ayant rendu les communications un peu moins dangereuses, le général Douay partit avec quatre-vingts chasseurs à pied, soixante-dix

---

[1] Deux officiers du 99º de ligne, un officier du 2º zouaves, trois officiers d'administration, un lieutenant de vaisseau, le médecin en chef de l'armée, deux aides-majors, deux médecins de la flotte, le commissaire d'escadre, en tout quatorze officiers, 180 marins et soldats avaient succombé au vomito.

soldats du train et un convoi de quarante-sept voitures; il arriva le 10 juin à Orizaba [1]. Quelques jours après, le détachement mexicain du général Galvez amena une deuxième fraction du convoi composée de trente-trois voitures.

Malheureusement, le 10 juin, un groupe de vingt chariots, dont quinze portaient des munitions, et qui marchaient sous l'escorte de vingt-sept cavaliers de la garde urbaine de Vera-Cruz, fut attaqué à l'Arroyo-Seco et entièrement détruit; un officier du train, deux officiers d'administration, sept cavaliers du train, deux cantiniers et deux cantinières suivaient ce convoi. L'officier du train et son ordonnance purent s'échapper dans les bois; tous les autres furent massacrés, même les femmes, sur le corps desquelles les guérilleros se portèrent aux actes de la plus sauvage barbarie.

Ce triste épisode inspira de nouvelles inquiétudes aux chefs de l'armée, tant sur la possibilité des ravitaillements que sur la sécurité même de Vera-Cruz [2]. Le commandant Roze appela à terre 200 hommes des équipages de la flotte; de son côté le général de Lorencez fit immédiatement partir d'Orizaba le général Marquez avec 1000 fantassins, 5 à 600 chevaux et cinq obusiers de montagne, et lui confia le soin de protéger les communications, particulièrement entre la Soledad et la Tejeria. Il fut décidé que le général Galvez formerait désormais la garnison permanente de ce dernier poste et que le colonel mexicain Facio, nommé commandant militaire de Vera-Cruz par le général Almonte, y fixerait sa résidence. Le général Marquez emmena

---

[1] Il eut la douleur de perdre successivement son officier d'ordonnance et son aide de camp, enlevés l'un et l'autre par le vomito.
[2] Le commandant Roze au ministre de la marine, 16 juin.

avec lui le courrier et un convoi de quatre-vingts voitures vides, destinées à rapporter des vivres.

Si, au point de vue militaire, la situation du corps expéditionnaire n'était pas alarmante, en ce sens que 6,000 Français pouvaient se considérer comme parfaitement sûrs de se maintenir contre les efforts de l'armée mexicaine, les embarras administratifs allaient chaque jour en s'augmentant. A cette cause constante de préoccupations, étaient venus s'ajouter, pour le général de Lorencez, les inconvénients graves résultant de sa rupture avec le ministre de France et le général Almonte. L'armée partageait les ressentiments de son général en chef, et s'en prenait aussi à eux de l'échec subi devant Puebla; elle l'attribuait, en grande partie, aux illusions qu'avaient fait naître leurs promesses emphatiques d'un soulèvement des populations en faveur de l'intervention française. En effet, ces promesses ne s'étaient pas réalisées; quelques-uns des chefs réactionnaires avaient renoncé à se mêler à la guerre étrangère; d'autres s'étaient complétement ralliés au gouvernement de Juarez. A Guadalajara, la troisième ville du Mexique, le clergé lui-même s'était déclaré contre le plan politique du général Almonte [1]. Tout l'appui que l'intervention pouvait espérer trouver dans le pays se réduisait donc au concours éventuel de quelques bandes disséminées sous les ordres de Lozada, de Mejia et d'autres hommes de moindre importance, et à la coopération du général Marquez, qui jouissait, il est vrai, d'un certain renom d'habileté militaire, mais qui appartenait au parti réactionnaire extrême et était accusé avec raison d'excès sanguinaires.

Le cabinet de Mexico était au courant des difficultés

---

[1] Acte en date du 13 mai.

en présence desquelles se trouvait le général de Lorencez ; de plus, la mésintelligence survenue entre les chefs de l'armée et les directeurs politiques de l'expédition ne lui avait pas échappé : aussi pensa-t-il pouvoir en tirer parti.

Le général Ortega, gouverneur de Zacatecas, et l'un des personnages les plus marquants du parti de la réforme, venait d'amener à l'armée du général Zaragoza une belle division de 6,000 hommes, formée des contingents de sa province et réputée la meilleure troupe du Mexique. Il écrivit à M. de Saligny, et une copie de sa dépêche fut glissée, non cachetée, dans un paquet adressé sous le couvert du général de Lorencez à plusieurs officiers mexicains prisonniers à Orizaba [1] :

« Je viens d'arriver de l'intérieur pour prendre part à la guerre que mon pays se trouve malheureusement avoir à soutenir.

« Avant que recommencent les opérations militaires, que, pour les intérêts du Mexique, il est utile, vous en conviendrez, de presser le plus possible, je me suis décidé à vous écrire.

« . . . . Tous les Etats mettant leurs troupes à la disposition du gouvernement de l'Union, on ne peut méconnaître que la nation entière est résolue à soutenir les principes républicains. Combien ne serait-il pas plus honorable pour la France et pour vous, dont la conduite va être examinée sous peu par le tribunal de l'opinion, d'abandonner l'idée d'établir une monarchie au Mexique, de rejeter comme irréalisable le plan impopulaire de Cordova et de terminer d'une manière honorable pour la France et pour le Mexique, par les voies diplomatiques, la guerre à laquelle les deux nations ont été malheureusement entraînées !

« Vous et le gouvernement que vous représentez, Monsieur le comte, avez été trompés sur les hommes et sur la situation, et la

---

[1] Le général de Lorencez au ministre, 16 juin. Le texte espagnol de cette lettre n'est pas aux archives du dépôt de la guerre ; il ne s'y trouve qu'une assez mauvaise traduction française.

reconnaissance de cette erreur de votre part sera, en sauvant le beau nom de votre nation, un acte qui vous honorera comme diplomate et sauvera votre responsabilité vis-à-vis du gouvernement français. Vous conviendrez avec moi que notre position militaire est actuellement supérieure à la vôtre ; mais l'intérêt du Mexique n'est pas de soutenir une lutte contre la France, à laquelle il est attaché par mille et mille sympathies ; il désire, au contraire, d'un côté satisfaire à toute réclamation juste qui lui sera adressée sans menace, sur le terrain de la raison, et non sur celui de la force, de l'autre conserver sa dignité et son décorum.....

« Je ne vous écris ni par ordre de mon gouvernement ni par celui du général en chef; cependant si vous acceptez mes avis et bien que notre armée soit aux portes d'Orizaba, j'userai de mon influence pour la conclusion d'un armistice pendant lequel on pourrait traiter d'un arrangement définitif. »

Le général de Lorencez pensa, avec raison, que l'honneur militaire lui défendait d'écouter ces insinuations ; aussi, malgré tous les périls de sa situation, l'incertitude de l'avenir, la difficulté de recevoir de prompts secours, il voulut remplir strictement son devoir de général en chef et refusa d'entamer avec l'ennemi quelque négociation que ce fût.

Peu de temps après, le général Zaragoza, qui se croyait en mesure de prendre l'offensive, porta son quartier général à Tecamalucan, et le même jour (12 juin) il envoya au général de Lorencez un parlementaire avec la lettre suivante:

« J'ai des données suffisantes pour croire que vous, Monsieur, et les officiers sous vos ordres, avez envoyé à l'Empereur une protestation contre la conduite du ministre Saligny, pour vous avoir entraîné par des fourberies à une expédition contre un peuple qui était le meilleur ami de la nation française.

« Cette circonstance, la connaissance que j'ai de la position critique où se trouve l'armée française, et mon désir enfin de lui procurer une retraite honorable, m'ont décidé à vous proposer une capitulation dont la base principale serait l'évacuation du territoire de la république dans un temps donné.

« Je crois que mon gouvernement ne désapprouve pas ce dernier appel à la paix, car je puis sans outre-passer mes pouvoirs éviter l'effusion du sang de deux peuples que l'erreur et l'intrigue ont pu seules faire apparaître comme ennemis. Telle a été, d'ailleurs, la croyance du gouvernement constitutionnel dès le commencement de l'invasion.

« Si vous repoussez cette offre faite à ceux des Français qui sont venus de bonne foi, j'aurai rempli, quant à ce qui regarde l'humanité, mon dernier devoir, et je me mettrai en mesure d'exécuter les ordres que j'ai reçus ; toute la responsabilité de ce qui pourra survenir retombera entièrement sur ceux qui se sont obstinés à poursuivre l'exécution d'une entreprise que la raison et la justice condamnent ».

Le général de Lorencez, qui avait besoin de gagner du temps pour rappeler à lui le 99ᵉ de ligne laissé à Ingenio, se borna à faire une réponse ainsi conçue [1] :

« Le général commandant en chef les troupes françaises au Mexique n'étant pas revêtu de pouvoirs politiques par son gouvernement, qui les a tous conférés à M. de Saligny, il lui est impossible d'entrer dans la voie des négociations qui lui est proposée par M. le général Zaragoza. Le ministre de France a seul qualité pour recevoir des ouvertures de cette nature. »

L'ordre fut immédiatement envoyé au colonel L'Hériller de se replier sans retard sur Orizaba, dont la garnison se trouvait fort réduite par suite du départ des troupes de Marquez. Soixante sapeurs du génie, alors en route sur le Chiquihuite, furent également rappelés en toute hâte. Dans la nuit du 12 au 13 juin, l'évacuation d'Ingenio fut terminée avec le plus grand ordre ; tout le matériel fut transporté à Orizaba ; on emporta jusqu'aux fourrages. A cette époque, les travaux de défense, qu'avait fait commencer le général de Lorencez, n'étaient pas encore achevés. Cependant des barricades avaient été construites dans les rues et

---

[1] Le général de Lorencez au ministre, 16 juin, 24 juin.

formaient, au centre de la ville, un bon réduit où étaient renfermés les hôpitaux et les magasins.

En venant de Puebla, on ne peut aborder Orizaba que par un étroit défilé resserré entre le Cerro Borrego au nord et le Cerro San Cristobal au sud. Deux cours d'eau, le Rio Blanco et le Rio de la Angostura (dérivation du précédent), coulent au fond de cette vallée. Le pont sur lequel la route traverse le rio de la Angostura, est situé au pied même du Cerro Borrego, près de la Garita (maison d'octroi), qui indique l'entrée de la ville. Le général de Lorencez prescrivit d'élever rapidement des épaulements sur ce point et d'y placer une section de chacune des trois batteries d'artillerie, afin d'enfiler la route par laquelle l'ennemi allait nécessairement se présenter. Quatre compagnies du 99ᵉ furent affectées à la garde de ce poste. Une cinquième fut chargée de la défense de la ville vers le nord; la division du général Ortega, qui avait commencé un mouvement tournant, devait, disait-on, venir attaquer de ce côté. La cavalerie mexicaine auxiliaire, sous le commandement du général Taboada, eut l'ordre de servir de grand'gardes au colonel L'Hériller et de surveiller la plaine. Le reste de la garnison fut réparti à la garde des barricades.

Le général de Lorencez ne jugea pas nécessaire de faire occuper le sommet du Cerro Borrego, élevé à 350 mètres environ au-dessus de la ville et dont les pentes abruptes paraissaient tout à fait inaccessibles pour l'ennemi.

Ces dispositions arrêtées, toute la journée du 13 juin fut employée aux préparatifs de défense. Aucune tentative de l'ennemi n'eut lieu; cependant le général Ortega, ayant fait ouvrir des chemins à travers les bois, avait réussi à effectuer son mouvement tournant; avec trois obusiers et la majeure partie de sa division, il défila à peu de distance des postes du général Taboada, qui ne s'aperçurent de rien et vint occuper les crêtes mêmes du Cerro Borrego.

Vers 10 heures du soir, le colonel L'Hériller, ayant été prévenu qu'on entendait du bruit sur la montagne, donna immédiatement l'ordre à l'une des compagnies placées au poste de la Angostura de gravir la hauteur et de s'efforcer d'en prendre possession avant l'ennemi. A minuit, par une nuit fort obscure, la compagnie du capitaine Detrie commença l'escalade de ces pentes, qui même dans le jour avaient paru d'un accès impossible ; après des efforts inouïs, les hommes, le sac au dos, marchant l'un derrière l'autre et dans le plus grand silence, arrivèrent sur un premier palier du Cerro. L'obscurité était si grande, qu'on ne pouvait rien voir à trois pas de distance.

Quelques instants après, cette poignée de soldats recevait, à petite portée, une forte décharge de mousqueterie partant d'ennemis invisibles, cachés dans les broussailles, et dont on était loin de se croire si rapproché ; heureusement personne ne fut blessé. Le capitaine Detrie fit immédiatement mettre les sacs à terre et entraîna résolûment à la baïonnette les quelques hommes qui l'entouraient. Lorsque ceux qui marchaient les derniers l'eurent rejoint, il poussa plus vigoureusement l'ennemi devant lui, et pendant près d'une heure, il continua ainsi d'avancer pied à pied. Les trois obusiers de montagne de la division de Zacatecas furent successivement enlevés et précipités dans le ravin. Mais le capitaine Detrie s'aperçut bientôt que les forces qui lui étaient opposées allaient toujours grossissant ; craignant que l'ennemi, venant à reconnaître la faiblesse de sa troupe, ne cherchât à l'envelopper, il arrêta ses hommes, les fit embusquer, et leur recommanda de rester en place, coûte que coûte, et sans tirer. Certain que le bruit de la mousqueterie avait été entendu et qu'on avait dû envoyer à son secours, il attendit dans cette position pendant près d'une heure. En effet, une deuxième compagnie du 99ᵉ (capitaine Leclère) vint le rejoindre à trois heures et demie du matin; les deux compagnies reprirent aussitôt l'offensive.

Les Mexicains, d'abord repoussés, reviennent deux fois à la charge et reçoivent les assaillants par un feu terrible. Mais c'est leur dernier effort; délogés de toutes parts, attaqués corps à corps, ils lâchent bientôt pied et se débandent. Les deux compagnies du 99ᵉ s'étaient trouvées en présence de trois corps de la division de Zacatecas forts d'environ deux mille hommes (2,500 fantassins et 500 cavaliers étaient restés au pied de la montagne). Le capitaine Detrie avait eu son revolver broyé dans la main, ses vêtements criblés de balles ; six hommes étaient tués, et vingt-huit blessés dont quatre officiers. Deux cent cinquante Mexicains étaient couchés sur le champ de bataille, morts ou grièvement blessés, parmi lesquels deux colonels et deux lieutenants-colonels; deux cents prisonniers, trois obusiers de montagne, un drapeau, trois fanions de bataillons, avaient été enlevés ; toute la division Ortega, y compris les 3,000 hommes restés dans la plaine, était en fuite; tels furent les résultats de ce glorieux combat, livré par cent quarante soldats du 99ᵉ de ligne.

Si l'on avait eu des informations exactes sur les forces qui occupaient le Cerro Borrego, on n'eût jamais tenté d'en déloger l'ennemi avec si peu de monde. Le succès dû à la vigueur véritablement exceptionnelle du capitaine Detrie fut seulement possible grâce à l'obscurité de la nuit, qui ne permettant pas à l'ennemi de voir à quelle faible troupe il avait affaire, cacha d'autre part aux assaillants les dangers et les difficultés de l'entreprise. Si les Mexicains avaient réussi à conserver cette position, que le général de Lorencez n'avait pas cru devoir comprendre dans sa ligne de défense, il est douteux que l'armée française eût pu se maintenir dans Orizaba [1].

Pendant cette même nuit, du 13 au 14, le général Zaragoza avait fait ouvrir une tranchée à 1200 mètres de la Garita de la Angostura, et l'avait fait armer de 22 pièces de canon. Le 14 juin, à 5 heures du matin, les Mexicains dirigèrent un feu très-vif sur la Garita et sur le rancho de Carrizal, qu'il fallut évacuer. La hauteur des épaulements de la défense n'était pas encore suffisante pour couvrir les pièces ; le général Douay fit pousser activement le travail tout en répondant au feu de l'ennemi ; en moins d'une heure il parvint avec des balles de coton à faire doubler la hauteur et l'épaisseur des parapets et à établir des masques pour couvrir les communications. A 10 heures du matin, le général en chef, voulant ménager ses munitions, fit suspendre le feu ; l'ennemi cessa le sien en même temps, et ne le reprit que dans le courant de la journée par salves et à de grands intervalles. Vers midi, les sapeurs du génie furent envoyés sur le Borrego pour en organiser la défense ; les trois obusiers que le capitaine Detrie avait fait précipiter sur les pentes de la montagne furent relevés et mis en batterie contre l'infanterie du général Zaragoza.

Cependant les Mexicains continuèrent très-régulièrement

---

[1] Le général de Lorencez comprit toute la portée du service que le capitaine Detrie avait rendu à l'armée ; bien que cet officier n'eût été nommé capitaine que depuis quelques jours, à la suite du combat de la Barranca-Seca, il demanda et obtint pour lui le grade de chef de bataillon.

(Rapport du général de Lorencez, 24 juin. — Rapport du général Ortega (sans date).

leurs travaux d'approche ; un deuxième boyau de tranchée fut amorcé au nord de la route et, de 5 à 6 heures du soir, les batteries ennemies reprirent le feu avec une grande vivacité, mais sans causer de dommages aux positions françaises. A 8 heures du soir, les défenseurs de la Garita commencèrent une ligne de contre-approche afin d'agrandir leur front de défense et de donner plus d'importance à leurs feux de mousqueterie ; l'ennemi inquiéta ce travail par quelques coups de canon qui ne firent aucun mal. On s'attendait à une attaque générale pour le lendemain, lorsque le général Zaragoza, ayant sans doute appris la déroute complète de la division de Zacatecas, fit retirer ses troupes pendant la nuit, et au point du jour la plaine se trouva libre.

La petite garnison d'Orizaba, forte de 2,800 hommes, s'était vue attaquée par 14,000 Mexicains. Cependant, bien que plus de 1200 projectiles eussent été lancés sur la ville dans la journée du 14 et dans la nuit suivante, on n'eut qu'un officier et un soldat tués et six blessés. Les Mexicains perdirent une quarantaine d'hommes tués ou blessés, parmi lesquels le général Tapia, grièvement blessé.

Le commandant Delsaux, de l'artillerie de marine, avait été enlevé le 13 juin par les avant-postes de l'ennemi ; il fut remis en liberté sur parole par le général Zaragoza, puis échangé contre un des officiers faits prisonniers à la Barranca-Seca. Le général mexicain renvoya aussi quelques jours après (28 juin) un officier du 1er bataillon de chasseurs et douze soldats, tombés entre ses mains à l'attaque du 5 mai. Tous se louèrent des bons traitements dont ils avaient été l'objet. Il restait dans les hôpitaux de Puebla dix hommes blessés qui n'avaient pu être transportés. Le général de Lorencez reconnut les bons procédés des généraux ennemis en faisant reconduire à Acultzingo vingt-sept officiers mexicains prisonniers, qu'il avait soustraits aux mauvais traitements des troupes de Marquez.

Contrairement aux appréhensions qu'on avait eues pendant quelque temps, l'armée ennemie ne renouvela pas son attaque contre Orizaba. Malheureusement l'opinion publique s'éloignait de plus en plus du programme proposé par le général Almonte et soutenu par les troupes françaises.

« Notre impopularité semble n'avoir fait que croître depuis l'insuccès des libéraux devant Orizaba, écrivait le général de Lorencez. Plus que jamais on doit se convaincre que nous n'avons ici personne pour nous.

« Le parti modéré n'existe pas, le parti réactionnaire est réduit à rien, et il est odieux. Les libéraux se sont partagé les biens du clergé, et ces biens constituaient la plus grande partie du Mexique. Il est facile de déduire de ce fait le grand nombre de personnes intéressées à ce que le parti clérical ne se relève pas.....Personne ici ne veut de la monarchie, pas même les réactionnaires. Les Mexicains sont tous infatués des idées libérales dans ce qu'elles comportent de plus étroit. Ils seront absorbés par les Américains et ils accepteront cette destinée comme bien préférable à la monarchie. »

Quelques jours après, le général de Lorencez [1] écrivait encore :

« J'ai toujours le regret de ne pas rencontrer un seul partisan de la monarchie au Mexique ; j'espère me tromper, et je crois que par une occupation française de plusieurs années, on pourrait y arriver ; mais il eût fallu bien se garder de l'annoncer à l'avance et d'avoir un Almonte, qui du fond de nos bagages se déclarât le chef suprême de la nation mexicaine.....Aurait-on réussi sans cette lourde maladresse ? Je l'ignore, mais je suis sûr que rien ne sera possible au Mexique avec Almonte et M. S. »

Comme nous l'avons dit, le général Almonte avait pris

---

[1] Le général de Lorencez au ministre, 22 juillet.

le titre de « *chef suprême intérimaire de la nation* », et organisé un ministère ; mais l'argent étant rare dans les caisses de son gouvernement, il avait décrété un emprunt forcé de 850,000 piastres qui n'avait produit que le tiers de cette somme. Afin d'en obtenir le complément et dans l'espoir de diminuer les embarras causés par l'absence presque totale du numéraire, il avait ordonné l'émission de 500,000 piastres de billets avec cours forcé. La confiscation des marchandises devait punir les négociants qui refuseraient d'accepter ce papier-monnaie, en garantie duquel aucune stipulation n'était faite et aucun mode de remboursement indiqué. En contradiction avec lui-même, le décret portait que les billets nationaux ne seraient admis dans les caisses publiques que pour moitié des versements à effectuer, l'autre moitié devant être payée en numéraire. Ces mesures financières n'étaient certes pas de nature à favoriser les transactions commerciales ni à ramener les esprits, déjà disposés à s'écarter de l'intervention française. Elles ne devaient avoir d'autres conséquences que de rendre plus difficile encore le ravitaillement de l'armée à Orizaba, et d'augmenter la défiance des habitants [1].

1862.
Mesures gouvernementales du général Almonte.

Jusqu'alors il n'était arrivé de Vera-Cruz que les deux petits convois amenés par le général Douay et par un détachement du général Galvez. L'armée ennemie interceptait tous les arrivages des plateaux. On comptait sur les voitures que le général Marquez avait eu la mission de conduire à la Tejeria, et qu'il devait ramener chargées de vivres ; mais ayant appris l'attaque dirigée contre Orizaba, craignant, du reste, de se voir abandonné de ses troupes, s'il essayait de les maintenir plus longtemps dans la terre chaude, le géné-

Marche des convois entre Orizaba et Vera-Cruz.

---

[1] Le général de Lorencez au ministre, 24 juin, 22 juillet.

1862.

ral Marquez n'avait pas voulu attendre le chargement de son convoi et avait immédiatement rétrogradé. Les approvisionnements du corps expéditionnaire se trouvèrent alors tellement restreints, qu'on se vit obligé de réduire les rations [1]. Les officiers reçurent à partir du mois de juillet un très-fort supplément de solde [2] qui leur permit de vivre sans trop de privations ; mais celle de la troupe ne fut pas modifiée, et le soldat souffrait. Il fallait, à tout prix, faire venir des denrées de Vera-Cruz.

Le général Marquez avait déclaré au général de Lorencez que si l'on renvoyait ses troupes dans la terre chaude, la crainte du vomito les ferait déserter en masse ; toutefois il avait offert d'aller occuper Cordova, pendant que la garnison française de cette ville escorterait les convois jusqu'à la côte. N'ayant pas le choix des moyens, le général en chef accepta cette combinaison, mais il adjoignit le bataillon de marins à la division Marquez, dans laquelle il n'avait que médiocre confiance. Le colonel Hennique fut donc chargé de conduire à la Tejeria un convoi d'une centaine de voitures vides ; arrivé le 3 juillet, il en repartit le 5 avec 180 chariots de vivres. Ces lourdes voitures, seuls moyens de transports que l'intendance avait pu se procurer, s'enfonçaient dans le sol spongieux, transformé par les pluies en véritable marais. Elles n'avançaient qu'au prix d'efforts inouïs, en doublant, triplant, et même quadru-

---

[1] A partir du 25 juin, la ration de pain fut fixée à 500 grammes ; celle de viande fut élevée à 400 grammes. On distribuait du vin tous les deux jours.

[2] Ordre général n° 109 *bis*, du 30 juin 1862. —Le supplément de solde était de 12 fr. par jour pour les officiers supérieurs ; de 9 fr. pour les officiers subalternes. A Vera-Cruz, ces suppléments furent portés à 12 et à 18 fr. La solde des officiers de marine débarqués avait servi de base à ces allocations, que le département de la marine avait déjà données aux officiers de la colonne de l'amiral Jurien.

plant les attelages. Il arrivait souvent que dans un jour on pouvait à peine faire une lieue, les hommes de l'escorte restaient parfois dix-huit heures sans trouver un endroit sec où il leur fût possible de prendre un peu de repos ; il fallait en outre surveiller de très-près les arrieros, on craignait, à chaque instant, de les voir déserter avec leurs mules [1], et une troupe ennemie forte de 3,000 hommes avec huit canons se disposait, disait-on, à barrer à la Soledad le passage du Rio Jamapa ; enfin un bataillon du 99e envoyé d'Orizaba à la rencontre du courrier arriva heureusement assez tôt pour empêcher les guérillas de faire sauter le pont ; le colonel Hennique, qui avait mis quatre jours pour faire 32 kilomètres, atteignit la Soledad le 9 juillet.

Cependant, à Orizaba, la famine devenait chaque heure plus menaçante ; on dut s'arrêter à une résolution extrême ; malgré l'insécurité de la route, un des fonctionnaires de l'intendance partit avec tous les mulets de bât disponibles (c'est-à-dire 180 animaux conduits par 125 soldats du train), pour aller au-devant des voitures et rapporter de la farine. Ce détachement passa sans être attaqué ; il trouva le convoi à quelques lieues seulement de la Soledad, prit son chargement et rétrograda aussitôt sur Orizaba, où les voitures arrivèrent le 21 juillet, seize jours après leur départ de la Tejeria. Les besoins de l'escorte ayant absorbé une grande partie des vivres dont elles étaient chargées, c'est à peine si elles apportaient à la garnison un approvisionnement de vingt jours. Le général de

[1] L'intendance avait à sa disposition environ 260 chariots du pays, payés 60 fr. par jour, employés ou non. Les efforts pour se procurer des bêtes de somme avaient échoué devant l'hostilité des populations mexicaines.

M. le sous-intendant Raoul ayant été tué le 5 mai, les services administratifs furent dirigés, pendant cette période difficile, par M. Gaffiot, adjoint à l'intendance, secondé par M. Vuillaume, adjoint de 2e classe.

1862.

Lorencez les renvoya de suite à Vera-Cruz avec 450 mules qui furent rassemblées de tous côtés [1]. Le pont de la Soledad avait été brûlé le lendemain du passage du colonel Hennique, mais les eaux du Jamapa n'étant pas hautes, il fut possible de traverser la rivière à gué ; à son retour, ce convoi eut encore plus de peines et de difficultés que le précédent. Le temps était épouvantable ; chaque jour 100 à 120 hommes de l'escorte tombaient malades ; une compagnie d'infanterie de marine, que l'on ramenait de Vera-Cruz, perdit huit hommes du vomito ; une dizaine d'arrieros et de soldats mexicains moururent également. On mit huit jours pour aller de la Tejeria à la Soledad. Les guérilleros, invisibles et insaisissables, cachés dans les broussailles qui bordent la route, épiaient continuellement une occasion favorable pour attaquer. A El Sordo, ils enlevèrent quelques attelages ; à Paso del Macho, ils commencèrent à couper le pont, il fallut encore envoyer un poste permanent s'établir sur ce point.

Une troisième colonne de ravitaillement, composée de quatre compagnies de chasseurs à pied et de vingt-quatre gendarmes [2], partit d'Orizaba le 10 août avec huit voitures et 200 mulets ; elle ne mit que dix-huit jours pour le trajet aller et retour. Au prix de toutes ces fatigues, on n'arrivait pourtant pas à réunir des approvisionnements assez considérables pour ramener la ration de pain à son poids réglementaire ; les chevaux de la cavalerie manquaient de grains et étaient, en partie, nourris avec des cannes à sucre.

Un quatrième convoi de 75 voitures et 250 mulets fut

---

[1] L'escorte fut formée par sept compagnies du 99e, une section de sapeurs du génie, deux pelotons de chasseurs d'Afrique, commandés par le lieutenant-colonel Lefebvre.

[2] Les chevaux des chasseurs d'Afrique étaient si épuisés, qu'on avait été obligé de faire marcher les gendarmes.

mis en route le 25 août; il fut arrêté par la crue des eaux du Rio Jamapa, aucune offre d'argent ne put décider les Indiens à porter une dépêche à Vera-Cruz pour demander des moyens de passage. Les guérilleros, embusqués sur la rive opposée, rendirent infructueuses toutes les tentatives faites par de hardis nageurs pour passer un câble sur l'autre bord, et construire soit une passerelle, soit un radeau. L'officier qui commandait l'escorte fut forcé de faire chercher des vivres au Chiquihuite ; les eaux ne baissant pas, il dut, le 1er septembre, se décider à évacuer ses malades sur Cordova et s'établir provisoirement à Paso-Ancho. L'ennemi vint insulter son camp et lui enlever un troupeau de 90 mulets, dont la garde était confiée aux mexicains auxiliaires.

En ce moment, des troupes de renfort arrivaient à Vera-Cruz, et leurs têtes de colonne se montraient sur la rive gauche du Rio Jamapa (9 septembre). Il était urgent de rétablir le pont. Le général de Lorencez envoya d'Orizaba, pour exécuter ce travail, des sapeurs du génie et un détachement de marins qui se mirent immédiatement à l'œuvre avec une remarquable activité. On trouva une mauvaise pirogue, avec laquelle un courageux soldat du 1er zouaves parvint à traverser la rivière torrentueuse ; il porta une amarre d'un bord à l'autre, et en moins de quatre heures, fut établi un bac à traille pour une voiture ; en deux jours on effectua le transbordement de 80 chariots, tandis qu'une passerelle établie sur des pointes de rochers servait aux hommes et aux bêtes de somme.

Cette opération terminée, la colonne venue d'Orizaba continua sa route sur Vera-Cruz, et les troupes arrivant de France montèrent vers le Chiquihuite.

Ce détachement, commandé par le lieutenant-colonel

1862.

Envoi d'un premier renfort.

Labrousse, faisait partie d'un premier renfort de deux bataillons et d'un escadron envoyé d'Algérie sous les ordres du colonel Brincourt. Aussitôt que la nouvelle de l'échec du 5 mai avait été connue, l'Empereur avait décidé l'envoi au Mexique de renforts très-considérables, mais leur départ devant être retardé jusqu'à la fin de la saison du vomito, il avait craint que le général de Lorencez n'eût quelque peine à se maintenir avec le faible effectif dont il disposait, et il avait fait embarquer de suite un détachement de 2,000 hommes, avec des voitures et des troupes d'administration, constitué de façon à pouvoir se suffire à lui-même et rejoindre le général de Lorencez en formant colonne isolée.

L'insuccès du 5 mai avait douloureusement impressionné la France; l'Empereur, qui avait résolu l'expédition sans tenir compte du sentiment de la nation, fut obligé de venir demander le concours du Corps législatif afin d'obtenir les sommes nécessaires pour l'envoi de renforts. La dignité de la France était alors sérieusement compromise; ce n'était l'heure ni des remontrances ni des inutiles regrets, il fallait sauver l'honneur du drapeau. Les représentants du pays répondirent avec patriotisme à l'appel du Souverain, bien qu'il ne leur fût pas permis, même en ce moment, de poser des limites à l'expédition.

Envoi de renforts au Mexique. — L'Empereur donna au général Forey le commandement en chef du corps expéditionnaire, dont l'effectif allait être porté à environ 30,000 hommes. Un officier d'état-major, le commandant d'Ornant, partit immédiatement pour le Mexique, afin de recueillir les renseignements nécessaires sur la situation et préparer le débarquement des nouvelles troupes. Il arriva le 26 juillet à Vera-Cruz; l'interruption des communications ne lui permit pas de se rendre auprès du général de Lorencez, mais il lui fit savoir, par un billet chiffré confié à un Indien, que de nombreux renforts placés sous le commandement du général Forey, devaient prochainement débarquer, et que l'Empereur défendait de marcher sur Mexico avant que toutes les troupes fussent en ligne. Après un court séjour à Vera-Cruz, le commandant d'Ornant revint en France. Le rapport qu'il adressa au ministre donne des renseignements fort exacts sur l'état des esprits :

« La garnison de Vera-Cruz est réduite à rien. Les petits dépôts ne comptent plus que deux ou trois hommes ; il y a en qui n'en ont qu'un ; la compagnie du 99° de ligne, dont l'effectif au début était de quatre-vingt-dix-huit hommes, n'en a plus que dix-neuf disponibles pour le service.....

« Une animosité très-vive se manifeste ouvertement contre la direction donnée aux affaires diplomatiques au Mexique par les agents de ce service, que l'on accuse partout d'avoir trompé l'Empereur sur l'état vrai des choses. Tous les bruits apocryphes, répandus depuis quelque temps, soit sur les personnes, soit sur les causes non avouables que certaines feuilles étrangères attribuent à l'expédition ne seraient qu'un écho affaibli de ce qui se colporte de chambre en chambre, sans en excepter même celle du soldat. La rupture des relations entre le commandement et le ministre de France, la lutte de rapports ouverte entre eux avec Paris, sont publiques.....l'ennemi en prend acte pour dire aux populations que venus au Mexique dans le but d'y rétablir l'ordre et l'union, les Français donnent eux-mêmes l'exemple de la division dans leur propre camp. »

Les navires [1] qui portaient les premiers renforts avaient quitté les ports d'Algérie le 5 juillet ; naviguant de con-

---

[1] *L'Eylau, l'Impérial, le Finistère* embarquèrent :
Deux bataillons de zouaves . . . . 1,591 hommes.
Un escadron de chasseurs d'Afrique 184
Ouvriers d'administration 139
Détachement du train 314
                                                          ―――――
                                                          2,228 hommes.

serve, ils étaient arrivés à Vera-Cruz le 23 août. La moitié des troupes avait été débarquée le 28 août, et dirigée immédiatement vers l'intérieur ; c'est cette colonne qui était à la Soledad le 9 septembre ; la deuxième moitié avait commencé son mouvement le 1er septembre. Bien que ces détachements n'eussent pas séjourné à Vera-Cruz, ils furent cruellement éprouvés par la fièvre jaune. Ils perdirent quarante hommes, parmi lesquels un chef de bataillon de zouaves ; sur un effectif de 1590 hommes, ce régiment compta bientôt 350 malades.

La marche à travers les terres chaudes fut des plus pénibles ; le colonel Brincourt mit douze jours pour se rendre de la Tejeria à la Soledad ; la chaleur, les pluies continuelles, l'humidité des bivouacs, engendrèrent de nombreuses maladies ; les guérilleros, ne cessant de harceler les colonnes, les tenaient constamment en alerte ; ils leur enlevèrent une vingtaine de mules. Cependant l'arrivée de ces troupes allait permettre au général de Lorencez de mieux faire garder ses communications avec la mer, sans trop affaiblir la garnison d'Orizaba ; il fit occuper la Soledad par un poste permanent et reprit possession du village d'Ingenio [1].

---

[1] Le corps expéditionnaire fut alors réparti de la manière suivante :

A Ingenio, le 2e zouaves, une section d'artillerie ;

A Orizaba, le 99e de ligne, le bataillon de chasseurs, le bataillon de marins, un bataillon d'infanterie de marine, la batterie de montagne, une section d'artillerie et la batterie d'artillerie de marine, une section du génie ;

A Cordova, un bataillon du 1er zouaves, un peloton de chasseurs d'Afrique, une section d'artillerie, une section du génie ;

Au Chiquihuite, un bataillon du 1er zouaves, détachant une compagnie au Potrero et une compagnie à Paso del Macho ;

A la Soledad, un bataillon d'infanterie de marine, trois pelotons de chasseurs d'Afrique, une section du génie ;

A Vera-Cruz, une compagnie du 99e de ligne, une compagnie d'infanterie de marine, les matelots créoles.

L'Empereur avait écrit au général de Lorencez :

« Paris, 15 juin 1862.

Lettre de l'Empereur au général de Lorencez.

« Mon cher général, j'ai appris avec plaisir le brillant fait d'armes des Cumbres et avec peine la non-réussite de l'attaque de Puebla.

« C'est le fait de la guerre de voir quelques revers obscurcir d'éclatants succès ; mais que cela ne vous décourage pas ; l'honneur du pays est engagé, et vous serez soutenu par tous les renforts dont vous aurez besoin.

« Exprimez aux troupes sous vos ordres toute ma satisfaction pour leur courage et leur persévérance à supporter les fatigues et les privations.

« Plus elles sont loin, plus ma sollicitude se porte sur elles.

« J'ai approuvé votre conduite, quoiqu'elle semble ne pas avoir été comprise de tout le monde.

« Vous avez bien fait de protéger le général Almonte ; étant en guerre avec le gouvernement actuel du Mexique, tous ceux qui voudront se réfugier sous notre drapeau auront le même droit à notre protection : mais elle ne doit en rien influencer notre politique à venir. Il est contre mes intérêts, mon origine et mes principes d'imposer un gouvernement quelconque au peuple mexicain.

« Qu'il choisisse en toute liberté la forme qui lui convient, je ne lui demande que la sincérité dans ses relations extérieures, et je ne désire qu'une chose, c'est le bonheur et l'indépendance de ce beau pays sous un gouvernement stable et régulier.

« Sur ce, je vous renouvelle l'assurance de mes sentiments.

« NAPOLÉON »

Mais en même temps que cette lettre, le général de Lorencez en reçut une du ministre de la guerre, écrite quinze jours plus tard, lorsque les détails de l'affaire du 5 mai avaient été mieux connus [1] :

« Je reçois à l'instant un ordre de l'Empereur, qui m'impose l'obligation de vous adresser les observations qui suivent.

« L'Empereur admire le courage déployé par les soldats dans l'attaque dirigée contre Puebla ; mais S. M. n'a pas trouvé opportune cette attaque ; l'artillerie ne devait pas se mettre en batterie contre des fortifications à la distance de 2,500 mètres.

« L'Empereur vous recommande de conserver de bons rapports avec M. de Saligny, qui est son représentant au Mexique, aussi bien qu'avec le général Almonte et les autres chefs mexicains qui viennent à nous.

« Le général Forey va bientôt prendre le commandement général ; jusque-là ne faites qu'organiser la résistance et vos approvisionnements.

« Le courrier va partir ; je ne puis que vous renouveler, mon cher général, l'assurance de mes sentiments affectueux. »

Aussitôt après avoir reçu le billet chiffré du commandant d'Ornant, le général de Lorencez avait demandé au ministre de la guerre de rentrer en France [2]. Quelques jours plus tard, le courrier lui apportait l'ordre de faire partir son chef d'état-major, le colonel Letellier-Valazé, qui avait partagé ses sentiments à l'égard de M. de Saligny, et avait été « desservi » près de l'Empereur. Le maréchal Randon, ministre de la guerre, cherchait toutefois à calmer l'irritation du général de Lorencez [3]. Les sages conseils qu'il lui donnait, méritent d'être suivis en tout temps :

« J'aurais désiré vous voir au-dessus de ces préoccupations. Un général dans votre position a pour premier juge de ses actions, sa

[1] Le ministre au général de Lorencez, 30 juin.
[2] Le général de Lorencez au ministre, 9 août,
[3] Le ministre au général de Lorencez, 17 juillet.

conscience.....L'homme droit et loyal, comme vous l'êtes, n'a donc pas besoin de s'inquiéter de ce qu'un mauvais vouloir, peut-être la calomnie, cherche à soulever contre lui ; il va son chemin, fait pour le mieux et dédaigne ces attaques subalternes qui la plupart du temps n'ont de valeur réelle que celle qu'on leur donne en s'en préoccupant..... Aussi longtemps que le ministre de France n'est pas changé vous devez avoir, *sinon pour sa personne*, du moins pour le caractère dont il est revêtu, la déférence que sa position comporte ; je vous en dirais autant pour M. Almonte..... La mission que vous avez à remplir, mon cher général, n'est pas une mission purement militaire ; elle touche de près à de très-sérieuses questions ; il faut s'élever à leur hauteur et ne pas se perdre dans le labyrinthe où les petites passions prennent position ».

Mais le général de Lorencez était trop profondément affecté, son cœur était trop ulcéré pour qu'il lui fût possible de se rendre à ces avis. Les journaux de France reproduisaient des correspondances du Mexique dans lesquelles sa conduite était critiquée ; il ne put demeurer calme devant ces nouvelles attaques et se défendit amèrement encore des accusations dont il était l'objet.

Les officiers du corps expéditionnaire ne restaient pas indifférents à ces regrettables discussions. Pour la plupart, ils prirent très-vivement le parti de leur général en chef ; aussi fut-il recommandé au général Forey de réagir contre ces dispositions hostiles au ministre de France, et de rétablir la bonne harmonie entre l'état-major du corps expéditionnaire et la légation.

Comme il en avait manifesté le désir, le général de Lorencez fut autorisé à quitter le Mexique après l'arrivée du nouveau commandant en chef. Le général Forey débarqua à Vera-Cruz le 21 septembre ; il arriva à Orizaba le 24 octobre ; quelques jours après, le 10 novembre, le général de Lorencez se mit en route pour rentrer en France ; il emporta l'affection de tous ceux qui, sous ses

1862.

1862.

ordres, avaient supporté les pénibles épreuves de cette campagne et laissa dans l'armée de précieux souvenirs de droiture et de loyauté (¹).

(1) Peu de temps avant son départ, au moment où le général entrait dans un petit théâtre organisé par l'armée, les officiers présents saisirent cette occasion de lui témoigner leurs sympathies en l'accueillant par des vivats et de chaleureux applaudissements.

CHAPITRE CINQUIÈME.

SOMMAIRE.

Composition du corps expéditionnaire placé sous les ordres du général Forey. — Instructions données au général Forey. — Le général Forey dissout le gouvernement provisoire formé par le général Almonte. — Proclamation aux Mexicains. — Echange de lettres entre le général Ortega et le général Forey. — Pénurie des vivres et des transports. — Marche de la brigade de Bertier sur Jalapa. — Opérations au sud de Vera-Cruz. — Occupation d'Omealca. — Expédition sur Tampico. — Le corps expéditionnaire s'avance sur le plateau d'Anahuac. — Situation des forces alliées du général Marquez. — Marche du général Bazaine de Jalapa sur Perote. — Combat de San José (18 février 1863). — Organisation des postes sur la ligne de communication avec Vera-Cruz. — Arrivée à Vera-Cruz d'un bataillon d'Egyptiens. — Reprise des opérations contre Puebla. — Dispositions défensives prises par le gouvernement mexicain.

Les troupes placées sous les ordres du général Forey formaient deux divisions d'infanterie et une brigade de cavalerie ; on leur avait donné un matériel de siége, les réserves d'artillerie et les services administratifs nécessaires (¹).

Composition du corps expéditionnaire placé sous les ordres du général Forey.

La 1ʳᵉ division d'infanterie, commandée par le général Bazaine, comprenait :

1ʳᵉ brigade : général Neigre. { 18ᵉ bataillon de chasseurs à pied. 1ᵉʳ régiment de zouaves. 81ᵉ régiment de ligne.

---

(1) Voir à l'appendice la composition des états-majors.

1862.

2ᵉ brigade :
général
de Castagny.
{ 20ᵉ bataillon de chasseurs à pied.
3ᵉ régiment de zouaves.
95ᵉ régiment de ligne.
Un bataillon de tirailleurs algériens, de formation nouvelle.

La batterie d'artillerie de marine de 4 de campagne.
La batterie de montagne des marins.
Une compagnie du génie.

La deuxième division, dont le commandement devait être réservé au général de Lorencez, mais qui, par suite du départ de cet officier général, fut donné au général Douay, était ainsi composée :

1ʳᵉ brigade :
général Douay,
qui fut remplacé par le colonel L'Hérillier.
{ 1ᵉʳ bataillon de chasseurs à pied.
2ᵉ régiment de zouaves.
99ᵉ régiment de ligne.

2ᵉ brigade :
général
de Bertier.
{ 7ᵉ bataillon de chasseurs à pied.
51ᵉ régiment de ligne.
62ᵉ régiment de ligne.

Une batterie de montagne.
Une batterie montée de 4 de campagne.
Une compagnie du génie.

Les bataillons de tirailleurs et de chasseurs étaient à six compagnies; les bataillons de ligne à sept, les bataillons de zouaves à huit compagnies.

La brigade de cavalerie, sous les ordres du général de Mirandol, se composait de deux régiments de marche formés :

Le 1ᵉʳ régiment de
{ deux escadrons du 1ᵉʳ chasseurs d'Afrique.
deux escadrons du 2ᵉ chasseurs d'Afrique.

Le 2ᵉ régiment de
{ deux escadrons du 3ᵉ chasseurs d'Afrique.
deux escadrons du 12ᵉ chasseurs.

et d'un demi-escadron du 5ᵉ hussards pour l'escorte du général en chef.

On avait adopté cette combinaison afin de pouvoir, sans dégarnir complétement l'Algérie, envoyer au Mexique de la cavalerie d'Afrique, que l'on croyait plus appropriée que toute autre à la nature de cette expédition.

La réserve d'artillerie se composait de :

Une batterie de 12 de réserve ;
Une batterie de 4 de campagne ;
Une batterie de 12 de siége ;
Une demi-compagnie de pontonniers ;
Des sections d'ouvriers et d'armuriers ;
Une batterie montée de la garde, dont le départ fut décidé un peu plus tard.

La réserve du génie était formée par une compagnie de sapeurs, des détachements d'ouvriers et de sapeurs conducteurs.

Le régiment d'infanterie de marine, le bataillon de marins-fusiliers, les compagnies du génie colonial et les volontaires des Antilles, corps de formation récente, restèrent en dehors de l'organisation divisionnaire. Le bataillon de marins n'avait été d'abord qu'une création provisoire ; bien que l'éducation antérieure des marins ne les eût nullement préparés aux fatigues de cette guerre, ils s'étaient mis promptement à hauteur du service pénible qui leur avait été demandé ; le 5 mai, ils s'étaient vaillamment comportés à côté des zouaves, et comme ils avaient été à la peine, l'amiral Jurien désira qu'ils fussent aussi à l'honneur. Le bataillon de marins-fusiliers fut donc maintenu au Mexique, et des renforts lui furent envoyés pour porter de nouveau à 500 hommes son effectif, qui s'était affaibli de moitié. La batterie de montagne des marins partagea le sort du bataillon de marins-fusiliers.

Les compagnies du génie colonial étaient des corps spé-

1862.

ciaux des colonies de la Martinique et de la Guadeloupe ; on les avait envoyées au Mexique pour être plus particulièrement employées dans les Terres Chaudes, dont elles pouvaient, sans danger, supporter le climat. Les matelots créoles, embarqués à bord des bâtiments de l'escadre, avaient également résisté aux influences du vomito et rendu de précieux services. Cette expérience engagea le gouverneur de la Martinique à demander l'autorisation de recruter des volontaires créoles, et d'en former une compagnie de cent hommes, à laquelle il donna un noyau de douze anciens soldats et des cadres tirés de l'infanterie de marine. Cette compagnie débarqua à Vera-Cruz le 2 novembre [1].

Le chiffre total des forces du corps expéditionnaire du Mexique, d'après une situation du 1er janvier 1863, époque à laquelle toutes les troupes étaient arrivées, et où les pertes n'avaient pas encore sensiblement diminué les effectifs, était de 28,126 hommes, ayant 5,845 chevaux et 549 mulets.

L'artillerie disposait de :

8 canons de 12 de siége.
6 — 12 de réserve.
24 — 4 de campagne.
12 — de montagne.

[1] La colonie de la Martinique avait en outre envoyé au Mexique :

Une compagnie du génie de	102 hommes.
Matelots créoles.	500 —
Et la Guadeloupe :	
Une compagnie du génie d'environ	50 —
Matelots créoles.	400 —
	1,052 hommes.

(Correspondance de l'amiral Maussion de Candé avec le ministre de la marine, de juin à septembre 1862.)

Les équipages du train se composaient de :

51 chariots de parc, 83 voitures régimentaires à deux roues, 4 voitures articulées, 6 forges de campagne, 85 litières et 490 cacolets pour les ambulances [1].

---

[1] L'effectif du corps expéditionnaire se décomposait de la manière suivante :

Troupes de terre.	États-majors............	51	
	Gendarmerie............	23	
	Infanterie.............	19,411	
	Cavalerie.............	1,500	25,873
	Artillerie.............	1,884	
	Génie...............	516	
	Troupes d'adminis- tration. { Train..... 1,430 / Subsistances.. 365 / Campement.. 59 } 1,854		
	Services administratifs et hôpitaux. (A) 634		
Troupes de marine.	Infanterie.............	1,609	
	Artillerie.............	448	2,253
	Génie...............	153	
	Gendarmerie...........	43	
		28,126 hommes	

L'amiral Jurich avait eu sous ses ordres (situation du 28 janvier 1862).................... 3,310 hommes.
Du 5 mars au 17 avril, il était arrivé avec le général de Lorencez..................... 4,573
Le 25 avril, venant des Antilles............. 154
Le 15 mai, avec le général Douay........... 321
Le 15 juillet, venant des Antilles............ 200
Le 2 novembre,   id. 100
Il arriva avec le général Forey, du 23 août au 9 novembre. 22,320

Le total des troupes débarquées est donc de....... 30,978 hommes.
Tandis que la situation au 1er janvier 1863 donne..... 28,126

Différence........... 2,852 hommes.

Cette différence représente une diminution de près de 1/10 de l'effectif. Le

(A) Ce chiffre se décompose ainsi : 10 fonctionnaires de l'intendance, 1 commissaire de marine, 13 officiers d'administration de l'intendance, 50 médecins, 11 pharmaciens, 29 officiers d'administration des hôpitaux, 500 infirmiers, 20 employés du trésor et des postes. — TOTAL.... 634

Le nombre des voitures était tout à fait insuffisant pour assurer le service, car pendant quelque temps encore la plus grande partie des approvisionnements devait être amenée de Vera-Cruz ; aussi verra-t-on cette pénurie des moyens de transport entraver les mouvements de l'armée et, comme au début de l'expédition, influer d'une manière fâcheuse sur les opérations militaires.

Au départ de France, l'uniforme des troupes ne fut pas modifié. Plus tard le général Forey donna l'ordre de laisser les shakos à la Martinique ; il fit distribuer des chapeaux de paille et adapter des visières aux bonnets de police alors en usage dans l'infanterie. Cette mesure était commandée par les nécessités du climat ; mais les négligences de tenue qui en résultèrent firent regretter que l'équipement des troupes n'eût pas été mieux approprié aux conditions d'une guerre faite sous les tropiques. Les chapeaux de paille furent d'ailleurs bientôt abandonnés, et les troupes portèrent le képi avec couvre-nuque, qu'elles conservèrent pendant toute la durée de la campagne.

La marine de guerre fut exclusivement chargée du transport des troupes placées sous les ordres du général Forey. L'amiral Jurien, qui reprit à cette époque le commandement de l'escadre du golfe du Mexique, en dirigea le débarquement à Vera-Cruz[1].

---

plus grand nombre de ces hommes avaient été ramenés en France comme convalescents.

Ces chiffres ne peuvent être d'une exactitude rigoureuse. Des erreurs se glissent toujours dans les décompositions d'effectif. Les situations d'embarquement de la marine ne concordent pas avec celles de la guerre ; des hommes ont été envoyés isolément sur les paquebots, des marins compris dans l'effectif du corps de l'amiral Jurien ont été rendus à la flotte, tandis que d'autres ont été débarqués. Ces mutations, peu considérables du reste, doivent cependant modifier le chiffre de 2,852, représentant la diminution d'effectif.

[1] Voir à l'Appendice le détail des transports.

Le général Forey, avec une escorte composée d'un bataillon de chasseurs à pied et d'un escadron de cavalerie, précéda d'environ un mois le reste de son corps expéditionnaire, et arriva à Vera-Cruz le 21 septembre.

En passant à Ténériffe, où devaient faire relâche les bâtiments de transport, il laissa des ordres pour qu'il ne fût pas permis aux troupes de descendre à terre ; il ordonna, au contraire, qu'elles seraient débarquées à la Martinique, et y séjourneraient le temps nécessaire pour assainir les navires et reposer les hommes et les animaux.

Les bâtiments qui composaient les trois premiers convois, étant partis d'Europe à intervalles trop rapprochés, se trouvèrent ensemble sur la rade de Fort de France ; le gouverneur de la colonie, craignant l'encombrement, les dirigea les uns après les autres sur Vera-Cruz, où ils arrivèrent le 15 et le 16 octobre, ayant à leur bord environ 8,000 hommes et 900 animaux.

Bien que la saison ordinaire du vomito fût alors passée, l'état sanitaire de la côte était assez mauvais pour faire craindre qu'un tel rassemblement d'hommes n'amenât une recrudescence de la maladie. Les hôpitaux regorgeaient de malades. Les pluies et le mauvais état des chemins ayant contraint le général Forey à rester à Vera-Cruz jusqu'au 12 octobre, ses troupes d'escorte en avaient cruellement souffert ; au moment de son départ, le bataillon de chasseurs ne comptait plus que 515 hommes dans le rang ; il laissait deux cents hommes à l'hôpital. Les soldats étaient si affaiblis qu'il fallut faire porter leurs sacs sur des mulets et 175 hommes restèrent à l'ambulance de la Soledad. On y fit séjour, et cependant on dut s'arrêter deux jours encore à Palo-Verde à 18 kilomètres plus loin. Le nombre des décès, d'abord restreint, s'augmenta bientôt dans une grande proportion, surtout au delà du Chiquihuite, où le changement de température ne fit que hâter le développement des germes morbides. Quinze hommes furent encore laissés au Chiquihuite, trente-trois à Cordova, où mourut le lieutenant-colonel Mancel, chef d'état-major de la 2ᵉ division ; en arrivant à Orizaba, il n'y avait plus que dix hommes valides au bataillon de chasseurs, 112 plus ou moins gravement atteints se traînaient encore, 70 étaient portés sur des mulets, en tout 192 hommes ; les autres étaient morts ou dans les hôpitaux. On fut obligé de puiser dans le 1ᵉʳ et le 18ᵉ bataillon de même arme, pour rétablir l'effectif de ce bataillon. Cette expérience était assez dure pour qu'on ne voulût pas exposer d'autres corps à de pareils malheurs en les laissant séjourner trop longtemps à Vera-Cruz ; des ordres furent donnés pour que les troupes restassent à bord des bâtiments sur rade jusqu'au moment où il serait possible de les mettre en route vers l'intérieur. Cette mesure n'eût pas présenté d'inconvénients graves, si les tempêtes du Norte (vent du nord), dont la bienfaisante influence devait assainir la côte, n'eussent, d'un autre côté, fait courir de sérieux dangers à l'escadre dans la rade mal abritée de Sacrificios et dans le mauvais port de Vera-Cruz. Les inquiétudes et les préoccupations des chefs de l'armée n'avaient fait que changer de nature. Il fallut à plusieurs reprises suspendre les opérations du débarquement ; souvent les communications entre la ville et la rade étaient interrompues. Le 28 octobre, éclata un ouragan si violent, qu'un des bâtiments de l'escadre, *le Chaptal*, fut jeté à la côte ; quatre navires marchands se perdirent dans le

---

(1) Le général Forey au ministre, 25 octobre, 25 novembre.

port même de Vera-Cruz, et cinq au mouillage de Sacrificios ; la plupart étaient chargés de matériel pour l'armée ou pour la marine. Les équipages furent sauvés, à l'exception de trois ou quatre hommes, et les troupes embarquées n'eurent heureusement aucune perte à déplorer.

En général, les traversées des bâtiments de transport se firent dans des conditions satisfaisantes. La bonne entente qui, d'après le rapport des capitaines, ne cessa de régner entre les équipages et les passagers, le dévouement des uns, la discipline des autres leur avaient permis d'échapper aux risques d'un aussi long voyage, rendu plus difficile encore par l'encombrement des bâtiments, l'accumulation du matériel, et les mauvaises conditions de navigabilité des navires de guerre désarmés, transformés en transports, et dont la charge était portée dans les parties hautes.

Cependant les transports-écuries avaient été notablement éprouvés. L'*Aube*, qui avait à son bord 357 chevaux de chasseurs d'Afrique, essuya un fort coup de vent avant d'arriver à la Martinique. L'amplitude du roulis, qui atteignit jusqu'à 43° d'inclinaison, ne tarda pas à disjoindre les bordages, des voies d'eau se déclarèrent ; les chevaux, bien qu'ils fussent soutenus par des sangles, ne purent plus garder leur équilibre sur des plans inclinés, rendus glissants par l'humidité. Les quarante chevaux d'un bord venaient heurter à la fois de leur poitrail la charpente qui portait leur mangeoire ; ils la défoncèrent, furent jetés sous les pieds des chevaux du bord opposé, les renversèrent et disparurent avec eux sous l'eau qui envahissait la batterie basse. Il fut impossible de les relever. Les chevaux des batteries supérieures, dont les amarres cassaient, étaient précipités par l'ouverture des panneaux sur ceux des étages inférieurs, les tuaient en tombant ou se brisaient les membres. Ces malheureuses bêtes, roulant d'un bord à l'autre, le désordre était à son comble. Lorsque la tempête fut apaisée, on constata que quarante chevaux étaient morts ou avaient les jambes brisées et soixante-dix étaient plus ou moins grièvement blessés. *Le Jura* n'avait pas été plus heureux. Sur 362 animaux, on avait été obligé d'en jeter 120 à la mer [1]. Ces pertes affectaient d'une manière sensible la cavalerie du corps expéditionnaire, mais on n'eut à regretter aucun accident grave pour les hommes.

<small>Instructions données au général Forey.</small>

Avant son départ pour le Mexique, le général Forey avait reçu de l'Empereur les instructions suivantes :

<small>Fontainebleau, le 3 juillet 1862.</small>

« Mon cher général, au moment où vous allez partir pour le Mexique, chargé de pouvoirs diplomatiques et militaires, je crois utile de bien vous faire connaître ma pensée. Il n'entre pas dans mes habitudes de rappeler les événements passés pour critiquer ce qui n'a pas réussi. Si je commence par y faire allusion, c'est que l'exemple des fautes commises empêchera d'y retomber à l'avenir, et qu'il est de mon droit comme de mon devoir de distribuer, suivant ma conviction, le blâme et l'éloge.

« J'ignore si le caractère privé de M. de Saligny laisse à désirer; j'ignore quelles intempérances de langage on peut lui reprocher; mais ce que je sais, et ce que je déclare hautement, c'est que depuis le commencement de l'expédition du Mexique, ses dépêches ont toujours été marquées au coin du bon sens, de la fermeté, et de la dignité de la France, et je ne doute pas que si ses avis eussent été suivis, notre drapeau ne flottât aujourd'hui à Mexico. On dit qu'il a trompé le gouvernement sur le véritable état des choses au Mexique; il m'a au contraire, j'aime à le reconnaître, toujours dit la vérité. Jamais il n'a prétendu que la population

---

[1] Rapport du colonel du Barail, 7 octobre 1862. — Le général Forey au ministre, 9 novembre 1862. — Le commandant de de *l'Aube* au ministre de la marine.

mexicaine fût assez enthousiaste et assez énergique pour venir au-devant de nos soldats et se débarrasser elle-même du gouvernement qui l'opprime; mais il a toujours soutenu qu'une fois entrés dans l'intérieur du pays, nous y trouverions des populations sympathiques. Or la preuve qu'il avait raison, c'est que depuis l'échec du 5 mai, je vois par un rapport du consul de Prusse à Puebla, adressé à son gouvernement, que la ville de Puebla était dans la consternation le lendemain de notre insuccès; que, morne et silencieuse, elle était loin de participer à la joie du corps de troupes mexicain. Je sais, par des lettres venues de Puebla même, que plus de dix personnes ont été fusillées pour intimider ceux qui oseraient, comme elles, faire des démonstrations en notre faveur. Je sais par vingt lettres venues de Mexico et passées sous mes yeux (parmi lesquelles se trouve le rapport du ministre de Prusse et celui du ministre de Belgique) qu'avant le 5 mai le gouvernement était dans la stupeur, et que la population nous attendait avec impatience comme des libérateurs. Ainsi, le général de Lorencez n'a pas été trompé par les rapports de M. de Saligny et du général Almonte; car s'il avait réussi dans l'attaque de Puebla, tout ce que ces messieurs lui avaient annoncé se serait réalisé.

« Je n'en veux pas au général de Lorencez d'avoir échoué; tout le monde peut se tromper à la guerre, mais je lui reproche de jeter le blâme sur ceux qui ne le méritent pas. S'il eût triomphé à Guadalupe, il s'en serait, avec raison, attribué exclusivement le mérite; de même, dans le cas contraire, il doit en supporter seul la responsabilité. Sous ce dernier point de vue, je ne saurais assez donner d'éloges au général de Lorencez pour la manière dont s'est exécutée la retraite, le soin qu'il a pris des blessés, et l'ordre qu'il a su maintenir dans sa colonne encombrée de chariots.

« Voici maintenant la ligne de conduite à tenir par le général Forey:

« 1º Faire à son arrivée une proclamation dont les idées principales lui seront indiquées.

« 2º Accueillir avec la plus grande bienveillance le général Almonte et tous les Mexicains qui s'offriront à lui.

« 3º N'épouser la querelle d'aucun parti, déclarer que tout n'est que provisoire, tant que la nation mexicaine ne se sera pas prononcée. Montrer une grande déférence pour la religion, mais rassurer en même temps les détenteurs de biens nationaux.

« 4° Nourrir, solder et armer, suivant ses moyens, les troupes mexicaines auxiliaires; leur faire jouer le rôle principal dans les combats.

« 5° Maintenir parmi nos troupes, comme parmi les auxiliaires, la plus sévère discipline; réprimer vigoureusement tout acte, tout propos blessant pour les Mexicains; car il ne faut pas oublier leur caractère orgueilleux, et il importe au succès de l'entreprise de se concilier, avant tout, l'esprit des populations.

« Parvenu à Mexico, il est à désirer que le général Almonte et les personnes notables de toute nuance, qui auraient embrassé notre cause, convoquent, suivant les lois mexicaines, une assemblée qui décidera de la forme du gouvernement et des destinées du Mexique.

« Le général aidera le nouveau pouvoir à introduire dans l'administration, et surtout dans les finances, cette régularité dont la France offre le meilleur modèle. Dans ce but, on enverra au gouvernement mexicain des hommes capables de seconder sa nouvelle organisation.

« Le but à atteindre n'est pas d'imposer aux Mexicains une forme de gouvernement qui leur serait antipathique, mais de les seconder dans leurs efforts pour établir, selon leur volonté, un gouvernement qui ait des chances de stabilité et puisse garantir à la France le redressement des griefs dont elle a à se plaindre.

« Il va sans dire que, si les Mexicains préfèrent une monarchie, il est de l'intérêt de la France de les appuyer dans cette voie, et, dans ce cas, le général pourrait indiquer l'archiduc Maximilien comme le candidat de la France.

« Il ne manquera pas de gens qui vous demanderont pourquoi nous allons dépenser des hommes et de l'argent pour mettre un prince autrichien sur un trône.

« Dans l'état actuel de la civilisation du monde, la prospérité de l'Amérique n'est pas indifférente à l'Europe, car c'est elle qui alimente notre industrie et fait vivre notre commerce. Nous avons intérêt à ce que la république des États-Unis soit puissante et prospère; mais nous n'en avons aucun à ce qu'elle s'empare de tout le golfe du Mexique, domine de là les Antilles et l'Amérique du Sud, et soit la seule dispensatrice des produits du Nouveau-Monde. Maîtresse du Mexique, et par conséquent de l'Amérique centrale et du passage entre les deux mers, il n'y aurait plus désormais d'autre puissance en Amérique que celle des États-Unis.

« Si au contraire le Mexique conquiert son indépendance et maintient l'intégrité de son territoire, si un gouvernement stable s'y constitue par les armes de la France, nous aurons posé une digue infranchissable aux empiétements des États-Unis, nous aurons maintenu l'indépendance de nos colonies des Antilles et de celles de l'ingrate Espagne; nous aurons étendu notre influence bienfaisante au centre de l'Amérique, et cette influence rayonnera au Nord comme au Midi, créera des débouchés immenses à notre commerce et procurera les matières indispensables à notre industrie.

« Quant au prince qui pourrait monter sur le trône du Mexique, il sera toujours forcé d'agir dans les intérêts de la France, non par reconnaissance seulement, mais surtout parce que ceux de son nouveau pays seront d'accord avec les nôtres, et qu'il ne pourra même se soutenir que par notre influence.

« Ainsi donc aujourd'hui, notre honneur militaire engagé, l'exigence de notre politique, l'intérêt de notre industrie et de notre commerce, tout nous fait un devoir de marcher sur Mexico, d'y planter hardiment notre drapeau, d'y établir soit une monarchie, si elle n'est pas incompatible avec le sentiment national du pays, soit tout au moins un gouvernement qui promette quelque stabilité.

« Sous le rapport militaire, je n'ai pas besoin de rappeler au général Forey que plus une expédition est lointaine, plus elle doit être conduite avec un mélange bien calculé d'audace et de prudence, c'est-à-dire que partout où l'on n'a pas à lutter contre des obstacles matériels, on peut hasarder des coups de main, et que partout, au contraire, où se rencontrent des fortifications, il faut agir avec la circonspection la plus grande. Un coup de canon au Mexique est cent fois plus précieux qu'en France. Ce que je blâme absolument dans la dernière affaire de Puebla, c'est d'avoir dépensé mille coups de canon dans une position et à une distance où l'artillerie ne pouvait produire aucun effet.

« La gloire d'un général ne consiste pas seulement dans le suc-

1862.

cès, mais dans les moyens employés pour l'obtenir. Plus il ménagera le tir de ses soldats, plus il tournera les obstacles au lieu de les aborder de front, plus il saura par les manœuvres, diviser les forces de l'ennemi et par cela même accroître ses propres chances, plus il fera preuve de qualités supérieures et plus il justifiera la confiance placée en lui.

« Je recommande au général Forey de n'avoir qu'une seule ligne d'opérations. S'il croit utile de déblayer la route de Jalapa, je ne le ferais, à sa place, qu'après être arrivé à Puebla. Car alors, maître de la Vera-Cruz, d'Orizaba et de Puebla, je séjournerais dans cette dernière ville, et j'enverrais de là une colonne sur Jalapa, ce qui ouvrirait alors les deux grandes routes qui conduisent à Vera-Cruz.

« Cependant, si, d'après des renseignements, cette colonne risquait d'être arrêtée par le fort de Perote, il faudrait bien se garder de faire une expédition inutile et négliger la route de Jalapa, qui, plus tard, s'ouvrirait d'elle-même.

« Pour s'emparer de Puebla, je crois parfaitement inutile de faire le siége de Guadalupe et de Loreto. L'attaque par le Carmen a toujours réussi pendant les guerres civiles, et une attaque de barricades sera beaucoup moins meurtrière que le siége des mamelons ci-dessus mentionnés. Toutefois, même dans cette attaque, quelques travaux de siége ne seront peut-être pas inutiles, et l'emploi des gabions farcis peut mettre les troupes les plus exposées au moins à l'abri de la fusillade.

« Une fois Puebla en notre pouvoir, cette ville doit devenir notre grand dépôt et le centre des approvisionnements, où l'on établira des hôpitaux.

« Il serait très-essentiel d'établir un chemin de fer de la Vera-Cruz jusqu'au pied des montagnes, et je me suis adressé au consul de France à New-York pour savoir à quelles conditions un entrepreneur américain pourrait l'établir.....

(En *post-scriptum*.) « Il va sans dire que le général Forey ayant tous les pouvoirs, M. de Saligny ne doit correspondre avec le ministre des affaires étrangères, que d'après les ordres du général. M. de Saligny doit être vis-à-vis du général Forey, dans la même position qu'un ministre, chef de légation, vis-à-vis d'un ambassadeur dans un congrès. »

La politique de l'Empereur à l'égard du Mexique n'était en rien modifiée ; il n'avait encore perdu aucune illusion ; c'est à peine si l'insuccès du 5 mai lui avait ouvert les yeux sur les difficultés de l'expédition au point de vue militaire, car il attribuait cet échec aux mauvaises dispositions prises par le général de Lorencez. « Je ne doute pas, écrivait l'Empereur, que si les avis de M. de Saligny eussent été suivis, notre drapeau ne flottât aujourd'hui sur Mexico. »

Il persistait à croire que l'intervention française avait de nombreux partisans ; loin d'être désabusé sur le compte de M. de Saligny, il rendait hommage « au bon sens » et à l'exactitude des informations qu'il en avait reçues ; aussi, bien qu'on subordonnât le ministre de France au général Forey, afin de supprimer toute cause de désaccord entre le commandant des troupes et les agents politiques, M. de Saligny n'en conservait pas moins en réalité la direction des affaires ; il avait entre les mains tous les fils de l'intrigue, et c'était lui qui était tout particulièrement chargé d'en préparer le dénoûment. Le général Forey s'efforça donc tout d'abord de rétablir de bonnes relations entre la légation française et l'état-major du corps expéditionnaire ; il alla lui-même chez le ministre de France, invita ses officiers à s'y présenter, et s'attacha à faire disparaître toute trace des dissensions passées. A l'égard du général Almonte, on avait pris moins de précautions. Quelques jours après son arrivée à Vera-Cruz, le général Forey avait simplement fait publier dans les journaux l'avis suivant :

> « Le général, commandant en chef, investi de tous les pouvoirs militaires et politiques, fait savoir au peuple mexicain, et en particulier aux habitants de la Vera-Cruz, que le gouvernement institué par le général Almonte sans le concours de la nation, n'a d'aucune manière l'approbation de l'intervention française.

Le général Forey dissout le gouvernement formé par le général Almonte.

« Le général Almonte aura donc :

« 1° A dissoudre le ministère qu'il a créé.

« 2° A s'abstenir de promulguer aucune loi ou aucun décret.

« 3° A quitter le titre qu'il a pris de chef suprême de la nation, se bornant de la façon la plus stricte à exécuter les instructions de l'Empereur, qui sont de procéder par tous les moyens possibles à l'organisation de l'armée mexicaine avec tous les autres généraux mexicains qui se sont joints à notre drapeau [1]. »

Mais en même temps, pour empêcher les ennemis de l'intervention de prétendre que l'indépendance et l'autonomie mexicaines étaient menacées, il fit hisser le drapeau mexicain à côté du drapeau français sur la maison de ville de Vera-Cruz.

« Le chef suprême intérimaire » était, comme on le voit, traité avec assez peu de façons ; on commençait à se rendre compte de son impuissance et du tort qu'il avait fait à l'influence française. Cependant ses actes gouvernementaux, ayant toujours été concertés avec le ministre de France, en bonne justice, M. de Saligny aurait dû en partager la responsabilité.

Proclamation aux Mexicains.

En arrivant au Mexique, le général en chef, conformément aux ordres de l'Empereur, avait fait publier la proclamation suivante :

« Mexicains,

« L'empereur Napoléon, en me confiant le commandement de la nouvelle armée qui va bientôt me suivre, m'a chargé de vous faire connaître ses véritables intentions.

« Lorsqu'il y a quelques mois, l'Espagne, l'Angleterre et la France, subissant les mêmes nécessités, ont été amenées à se réunir pour la même cause, le gouvernement de l'Empereur n'envoya qu'un petit nombre de soldats, laissant à la nation la plus outra-

---

[1] *Journal de Vera-Cruz*, 1ᵉʳ octobre. — Documents du ministère de la marine.

gée la direction principale dans le redressement des griefs communs. Mais, par une fatalité difficile à prévoir, les rôles ont été intervertis, et la France est demeurée seule à défendre ce qu'elle croyait l'intérêt de tous. Cette nouvelle situation ne l'a pas fait reculer.

« Convaincue de la justice de ses réclamations, forte de ses intentions favorables à la régénération du Mexique, elle a persévéré et persévère plus que jamais dans le but qu'elle s'est proposé.

« Ce n'est pas au peuple mexicain que je viens faire la guerre, mais à une poignée d'hommes sans scrupule et sans conscience, qui ont foulé aux pieds le droit des gens, gouvernent par une terreur sanguinaire, et, pour se soutenir, n'ont pas honte de vendre par lambeaux à l'étranger le territoire de leur pays.

« On a cherché à soulever contre nous le sentiment national, en voulant faire croire que nous arrivions pour imposer à notre gré un gouvernement au pays ; loin de là, le peuple mexicain, affranchi par nos armes, sera entièrement libre de choisir le gouvernement qui lui conviendra ; j'ai mission expresse de le lui déclarer.

« Les hommes courageux, qui sont venus se joindre à nous, méritent notre protection spéciale ; mais, au nom de l'Empereur, je fais appel, sans distinction de parti, à tous ceux qui veulent l'indépendance de leur patrie et l'intégrité de son territoire. Il n'entre pas dans la politique de la France de se mêler, pour un avantage personnel, des querelles intestines des nations étrangères ; mais lorsque par des raisons légitimes elle est forcée d'intervenir, elle le fait toujours dans l'intérêt du pays où son action s'exerce.

« Souvenez-vous que partout où flotte son drapeau, en Amérique comme en Europe, il représente la cause des peuples et de la civilisation.

« Vera-Cruz, le 20 septembre. »

Peu de temps après son arrivée à Orizaba, le 3 novembre, le général en chef jugea utile de caractériser de nouveau la politique française en publiant une seconde proclamation :

« Mexicains,

« A la lecture de la proclamation qu'à mon arrivée dans votre pays je vous ai adressée, vous n'avez pas pu vous tromper, et vous avez reconnu la main de l'Empereur ; lui seul possède le secret de dire tant et de si belles choses dans un style aussi noble que net.

« Mais aujourd'hui que j'ai vu assez de votre pays pour vous dire mes impressions, laissez-moi vous les exposer brièvement et avec la simple franchise d'un soldat qui, je vous le répète, et quoi que puissent vous dire des écrivains de mauvaise foi, ne vient pas faire la guerre au peuple mexicain, mais à un gouvernement dont la triste situation de votre pays prouve à l'évidence l'incapacité à faire le bien.

« Que voit-on en effet dans vos villes? des bâtiments en ruine, des rues impraticables, des eaux croupissantes et viciant l'air; que sont vos routes? des fondrières, des marécages où chevaux et voitures ne peuvent passer sans danger. Qu'est-ce que votre administration? le vol organisé; ceux qui sont chargés par leurs fonctions de faire rendre justice à leurs concitoyens, sont parfois les premiers à les molester dans leurs personnes et dans leurs biens. Les préposés à la rentrée des impôts ne remplissent le plus souvent les caisses de l'état qu'après avoir rempli leurs poches.

« L'agriculture peut-elle être encouragée lorsque le cultivateur est à peu près certain de se voir enlever le fruit de son travail?

« Le commerce, les arts, peuvent-ils fleurir quand de toutes parts, et depuis longues années, retentissent des cris de guerre?

« N'avez-vous donc recouvré votre indépendance, après tant de sang répandu pour un si noble but, que pour en faire un si déplorable usage, et n'est-il plus dans ce pays, favorisé du ciel sous tant de rapports, de véritables patriotes comprenant que cette noble nation est exploitée depuis trop longtemps par quelques ambitieux, qui dépensent dans des luttes fratricides toutes les forces vives du Mexique?

« Oui, je vous le dis avec douleur et avec tous ceux qui voient la triste situation de votre pays, vous courez à votre perte et vous n'avez plus qu'un pas à faire pour tomber dans un abîme qui engloutira votre indépendance et vous replongera dans la barbarie, si vous ne faites un pas en arrière. Faites-le donc ce pas, quand la Providence vous en offre une occasion peut-être unique.

« La France vous envoie une armée, modèle d'ordre et de discipline, quoi qu'ait osé écrire le contraire une presse odieusement calomniatrice; elle vient vous aider à vous constituer en une nation riche, puissante, libre de cette vraie liberté qui ne marche pas sans l'ordre, en une nation que toutes les autres puissent reconnaître comme civilisée. Cette armée vous aidera à constituer un gouvernement honnête, probe, qui n'emploiera que des agents honnêtes et probes comme lui. Alors les finances de l'État seront le bien de tous, et non de quelques-uns; elles serviront, au lieu d'enrichir quelques ambitieux, à payer une armée régulière capable de maintenir l'ordre dans le pays, et de protéger au lieu de détruire la fortune privée, elles serviront à ouvrir des voies de communication comme en Europe, afin de faciliter les relations commerciales qui font la prospérité des peuples; elles serviront à réparer vos routes, vos ponts, vos monuments, à entretenir vos villes mal éclairées, mal pavées.

« Tout cela ne vaut-il pas la peine d'y réfléchir? Que tous les Mexicains, à quelque parti qu'ils appartiennent, se donnent la main pour oublier de vieux ressentiments et travailler en commun à la grandeur de leur patrie. C'est à l'ombre du drapeau français qu'ils peuvent obtenir ce résultat, car ils se souviendront de ces belles paroles de l'Empereur : « Partout où flotte ce drapeau, il représente la cause des peuples et de la civilisation. »

Cette proclamation ne fut pas approuvée en France, et le ministre de la guerre « crut devoir donner au général Forey le conseil de ne pas faire abus des proclamations » [1].

Le général Zaragoza était mort au mois de septembre et avait été remplacé dans son commandement par le général Ortega. Des rapports, qu'on avait lieu de croire exacts [2], avaient fait supposer que le nouveau commandant en chef de l'armée mexicaine, « convaincu que l'intervention française pouvait seule mettre un terme aux maux du pays », ne serait pas éloigné d'entrer en négociations avec les représentants de la France.

Le général Ortega ayant renvoyé à Orizaba deux prisonniers français, restés depuis le 5 mai dans les hôpitaux de Puebla, le général Forey, en le remerciant de cette courtoisie, lui adressa copie de sa proclamation au peuple mexicain. Il lui écrivit, en même temps, que « s'il lui répugnait de correspondre, même pour un motif d'humanité, avec le gouvernement mexicain qui, à en juger par sa conduite, en ignorait les lois, il n'éprouvait au contraire aucune répul-

---

[1] Lettre du ministre au général Forey, 30 décembre.
[2] Note du commandant Capitan, datée du 8 novembre.

sion à répondre par une lettre politique à la délicate attention du général Ortega, qu'il estimait comme un brave soldat et ne confondait pas avec le gouvernement qu'il servait. Il lui exprimait le regret de voir que sa vaillante épée ne fût pas au service d'une cause plus digne de sa patrie » [1].

Le général Ortega renvoya lettre et proclamation, s'excusant, en termes polis du reste, de ne pouvoir laisser d'une manière officielle dans ses archives des documents de pareille nature. « Citoyen libre et indépendant, éloigné jusqu'alors du métier des armes, il était venu, de centaines de lieues, offrir l'appui de son épée au gouvernement actuel, parce que ce gouvernement était celui que les peuples de la république s'étaient donné d'eux-mêmes, qu'il était l'émanation de la démocratie mexicaine et qu'il importait autant de le défendre que de soutenir l'autonomie et les droits de la patrie.

« Quel que soit le terrain sur lequel la question diplomatique soit placée par les événements militaires, disait le général Ortega, la personne qui représentera la France sera tôt ou tard obligée de s'entendre avec ce gouvernement, qui seul a reçu de la nation des pouvoirs pour la représenter. Que semblerait au général Forey, si en lui adressant une communication courtoise à l'égard de sa personne, j'insultais le gouvernement de Napoléon III ? Verrait-il mes phrases avec indifférence ? et cependant de ma part il y aurait quelque justice, puisque le sol de ma patrie est envahi par les armes françaises »…..

En terminant il exprimait l'espoir de voir « le général Forey comprendre, que les véritables intérêts de la France n'étaient pas de s'unir à quelques mécontents pour renver-

---

[1] Le général Forey au général Ortega, 10 novembre 1862 (d'après le texte espagnol publié par le gouvernement mexicain).

ser un gouvernement soutenu par l'opinion presque unanime des peuples du Mexique et pour faire la guerre à une nation qui conservait les plus grandes sympathies pour la France libérale et progressiste » (1).

L'intervention française ne ralliait pas, en effet, de nombreux partisans ; l'armée restait dans un isolement absolu, les populations des villes occupées par les Français souffraient considérablement de l'état de guerre ; elles voyaient leur commerce ruiné, leurs ressources taries; on était obligé d'y payer à un prix excessif les objets de première nécessité. Quels étaient donc les bienfaits de cette intervention, qui s'annonçait avec de si belles promesses? Les plus mauvais jours des guerres civiles n'avaient pas été si durs.

Pénurie des vivres et des transports.

Toute la zone comprise entre Orizaba et Vera-Cruz était épuisée ; on avait de la peine à se procurer de la viande dans ces régions où les troupeaux abondent d'ordinaire ; l'ennemi les avait chassés dans la montagne ou retirés fort loin de la route et des postes français. Quant au blé, ce pays n'en produit pas, et les guérilleros pendaient les Indiens qui venaient de l'Anahuac apporter des provisions à Orizaba. La ration de pain, dans la fabrication duquel le maïs entrait pour moitié, n'était que de 600 grammes. L'intendance avait passé des marchés exécutoires à Puebla et à Mexico ; ce n'était pas le moyen de sortir des embarras présents ; il fallait donc toujours demander les approvisionnements à Vera-Cruz, et le nombre des voitures était si insuffisant que le général en chef ne crut pas possible de faire avancer ses troupes sur les hauts plateaux avant d'avoir assuré ses ravitaillements et s'être procuré une

---

(1) Le général Ortega au général Forey, 16 novembre. (Pièces publiées par le gouvernement mexicain.)

plus grande quantité de chariots et de mulets. Il pria le ministre de la guerre de lui en envoyer de France; il donna l'ordre de faire d'importants achats aux États-Unis et aux Antilles ; enfin, il essaya aussi d'utiliser les ressources locales en se mettant en rapport avec les gens du pays.

Le général mexicain Lopez ayant pris l'engagement de livrer un millier de mules à Tampico si une troupe française occupait cette ville pendant quelque temps, le général en chef y consentit ; quelques autres expéditions moins importantes eurent également lieu, dans le même but, aux environs des postes français. En attendant la réunion de ces moyens de transport, le général Forey se résolut, malgré le danger du climat, à maintenir une grande partie de ses troupes à peu de distance de Vera-Cruz, afin d'en faciliter le ravitaillement.

Marche de la brigade de Bertier sur Jalapa.

La brigade de Bertier fut envoyée à Jalapa, centre d'un pays que l'on avait lieu de croire moins appauvri ; quelques autres troupes suivirent aussi cette route, tandis que plusieurs régiments s'arrêtaient sur divers points de celle d'Orizaba. Le général de Bertier partit de Vera-Cruz, le 27 octobre, à la tête d'environ 5,400 hommes [1]. Des forces irrégulières assez nombreuses, commandées par Diaz-Miron, avocat de Vera-Cruz, poëte plutôt que militaire, mais homme énergique et sincèrement attaché au parti de la réforme, tenaient plusieurs excellentes positions défensives. La première de ces positions, le Puente-Nacional, fut cependant occupée sans coup férir. Le général de Bertier s'y arrêta pour attendre un convoi de vivres, et laissant ses malades (211 hommes) dans une hacienda voisine, sous

---

[1] 7ᵉ bataillon de chasseurs, 51ᵉ et 62ᵉ de ligne, une batterie d'artillerie, un escadron du 12ᵉ chasseurs et quelques troupes d'administration. — Le général Forey au ministre, 25 novembre. — (Journaux de marche.)

la protection de quelques compagnies, il se porta de nouveau en avant le 3 novembre.

Près du rancho de la Rinconada, des guérilleros embusqués dans les broussailles commencèrent à tirailler sur la tête de colonne et se retirèrent sans qu'on pût les atteindre ; peu après, la cavalerie alliée du colonel Figuerero, qui éclairait la marche, fut vivement ramenée par deux cents cavaliers mexicains. L'escadron de chasseurs, s'élançant aussitôt, aborda vigoureusement l'ennemi à l'arme blanche, lui fit tourner bride et le poursuivit pendant deux lieues. Quinze Mexicains restèrent sur le terrain, deux chasseurs furent tués et dix blessés.

Le lendemain, le général de Bertier fit attaquer la forte position du Cerro-Gordo que défendaient environ 3000 hommes et plusieurs pièces d'artillerie. La tête de colonne fut arrêtée au pied des hauteurs par une vive fusillade et plusieurs coups à mitraille, mais deux compagnies de chasseurs s'apprêtant à tourner la position, l'ennemi l'évacua précipitamment en abandonnant un obusier de montagne. La colonne française eut deux hommes tués et deux blessés.

Jalapa fut occupé sans autre résistance le 7 novembre ; la population de cette ville parut assez mal disposée pour que le général de Bertier jugeât prudent de faire camper ses troupes en dehors ; il ne s'installa dans l'intérieur que quelques jours après.

Tandis que s'effectuait le mouvement sur Jalapa, le général Bazaine avait envoyé de petites colonnes au sud de Vera-Cruz, afin de dégager le cours inférieur du Rio Atoyac, d'éloigner les guérillas de la route d'Orizaba et de chercher à ramener des bêtes de somme ou de trait

Opérations au sud de Vera-Cruz.

et des bestiaux qui se trouvent en nombre considérable sur les bords des Rios Blanco et Atoyac et près des lagunes d'Alvarado. Le 1er novembre, 300 guérilleros furent chassés de Medelin par une compagnie du 95e et les cavaliers de Stœcklin, qui traversèrent résolûment le Rio Jamapa, sous le feu de l'ennemi, ayant de l'eau jusqu'à la ceinture.

Le 16 novembre, le 3e zouaves et un escadron de chasseurs d'Afrique s'avancèrent jusqu'à Alvarado que l'ennemi abandonna après avoir éloigné le bétail et encloué les canons. Le général Bazaine se disposait à faire continuer le mouvement jusqu'à Tlacotalpan, situé sur les bords du Rio Papaloapan, large et beau fleuve qui traverse une contrée fertile et que les canonnières peuvent remonter pendant plusieurs lieues, mais il en fut empêché par les ordres du général en chef qui lui prescrivirent de ne pas disséminer ses troupes et de ne pas les fatiguer dans des opérations accessoires. Le 3e zouaves fut donc rappelé à Vera-Cruz [1].

Occupation d'Omealca.

Également dans l'espoir d'attirer et d'utiliser pour l'armée les ressources des pays qu'arrosent le Rio Atoyac et le Rio Blanco, un détachement avait été envoyé de Cordova pour occuper l'hacienda d'Omealca à six lieues au sud-est de Cordova, et dont le pont sur le Rio Blanco sert de débouché aux produits des terres chaudes du sud de Vera-Cruz. Quatre compagnies du 1er zouaves, après avoir vigoureuse-

---

[1] L'opération sur Tlacotalpan ne fut pas abandonnée ; un détachement de 50 volontaires créoles, qui avait été envoyé à Alvarado pour soutenir les cavaliers de Stœcklin, occupa Tlacotalpan le 6 décembre ; mais ayant voulu, avec l'appui de la canonnière *la Sainte-Barbe*, relancer les guérillas sur la rive opposée du Papaloapan, cette tentative échoua. Sept hommes furent tués et dix-huit blessés, dont plusieurs restèrent entre les mains de l'ennemi (11 décembre). Les guérilleros étant complétement maîtres du cours supérieur du fleuve, l'occupation de Tlacotalpan n'offrit aucun des avantages qu'on en attendait, et la ville fut évacuée le 22 décembre.

ment enlevé des barricades établies par l'ennemi au Peñon, dans un défilé formé par des rochers et le lit escarpé du Rio Blanco, s'emparèrent d'Omealca le 13 novembre. Mais fidèles à leur tactique, les Mexicains établirent un cordon de surveillance autour de l'hacienda et arrêtèrent les marchandises, qui d'ordinaire prennent cette direction. Ce poste fut abandonné le 26 décembre, dès que commença le mouvement général vers les hauts plateaux.

L'expédition sur Tampico fut la plus importante de ces opérations préliminaires, destinées à faciliter l'organisation des transports.

Tampico est un port de fondation moderne, situé au nord de Vera-Cruz, à trois lieues de la mer, près du confluent des Rios Panuco et Tamesi, grands fleuves assez facilement navigables pendant 40 à 50 lieues, mais dont l'embouchure est obstruée par une barre dangereuse, impraticable dans les mauvais temps et sur laquelle on ne trouve parfois que 2^m,50 d'eau. Malgré cette circonstance défavorable, le port de Tampico, que des routes commerciales relient d'un côté avec San Luis Potosi, de l'autre avec Vittoria et Monterey, acquit rapidement une grande prospérité. Sa population s'éleva au chiffre de huit mille habitants, et le revenu de sa douane, considérablement augmenté depuis l'occupation de Vera-Cruz par les forces étrangères, constituait une des ressources les plus importantes du gouvernement mexicain.

Par suite du désir, trop scrupuleux sans doute, de ménager les intérêts des neutres et ceux de la population mexicaine, la croisière française avait l'ordre de se borner à arrêter la contrebande de guerre ; Tampico n'avait donc pas eu à souffrir d'un blocus exercé dans de telles conditions et les navires de commerce français, auxquels l'accès du port était interdit par les autorités mexicaines ou qui n'y pouvaient entrer qu'à des conditions excessivement onéreuses, étaient seuls à supporter un préjudice. A défaut d'autre résultat, l'expédition projetée devait avoir au moins l'avantage de modifier cette singulière situation [1].

Le 81ᵉ de ligne fort de 1500 hommes environ, sous les ordres du colonel de la Canorgue, fut désigné pour cette opération dont l'amiral Jurien prit en personne la direction; il partit de Vera-Cruz le 17 novembre, avec dix bâtiments, afin d'avoir un nombre d'embarcations suffisant pour un débarquement de vive force. Le 22 novembre, les chaloupes, portant 1200 hommes, franchirent la barre et le débarquement s'effectua sans résistance. Tampico fut occupé le lendemain.

Le général Pavon, qui commandait la garnison ennemie, ne s'était pas trouvé assez fort pour défendre la ville, mais avec quelques centaines d'hommes, dont il disposait, il la cerna étroitement en attendant des renforts. La canonnière *la Lance* entra dans le Rio Panuco, elle en remonta le cours pendant environ vingt-cinq lieues jusqu'à Panuco; les guérilleros la saluèrent au passage de la Isletta par un feu violent de mousqueterie, qui ne lui fit du reste aucun mal.

Outre *la Lance*, l'amiral laissa dans le fleuve une chaloupe et deux yachts à vapeur; les gros bâtiments se tinrent au mouillage de l'île Lobos prêts à embarquer les mulets promis par le général Lopez; mais on s'aperçut bientôt que ce personnage ne serait nullement à même de satisfaire à ses engagements. Il aspirait à jouer un rôle poli-

---

[1] Rapport du commandant du *Berthollet*, 28 oct.

tique, bien plus qu'il ne se préoccupait de venir en aide à l'armée française. Il s'était installé de lui-même *alcade mayor* de Tampico et dispensateur des revenus de la douane; on disait qu'en les exploitant à son profit, il pourrait non-seulement payer à l'administration le dédit de son marché, mais encore réaliser d'importants bénéfices.

Le général en chef avait eu l'intention de limiter à un mois la durée de l'expédition ; ce délai allait expirer et les mules étaient loin d'être rassemblées ; il ne voulait cependant, à aucun prix, se priver de la coopération d'un de ses régiments en prolongeant l'occupation de Tampico. Dans le principe, l'amiral Jurien n'avait pas été favorable à l'opération, mais il trouvait que, puisqu'elle avait été entreprise, il fallait en tirer toutes les conséquences possibles ; si la présence d'une garnison française à Tampico avait pour résultat de priver Juarez d'une notable partie de ses revenus et de favoriser des mouvements en faveur de l'intervention de la part des généraux Mejia et Moreno, qui se tenaient entre San Luis et la mer, il pensait qu'on n'aurait pas à regretter cette diversion. Sa correspondance avec le général Forey sur cette question est fort intéressante. Voici une de ses lettres :

Vera-Cruz, 10 décembre.

« Je ne puis nier, mon cher général, que je n'aie eu une tendance très-prononcée à vous entraîner à une occupation illimitée de Tampico, mais soyez bien convaincu que je n'en ai laissé concevoir l'espérance à personne. Les habitants de Tampico ont su, dès le premier jour, que cette décision n'appartenait qu'au général en chef et que le général en chef n'avait à Tampico d'autre représentant que M. le colonel de la Canorgue. Vous savez, mon cher général, que j'ai toujours eu quelques doutes sur la prompte et fidèle exécution du contrat du général Lopez, mais j'aurais eu mauvaise grâce à élever des objections contre une expédition à laquelle

1862.

vous teniez essentiellement. Je ne puis avoir d'autre rôle ici que de travailler de mon mieux à seconder vos projets et croyez bien que je le ferai toujours avec le plus sincère et le plus affectueux dévouement. C'est ce dévouement même qui m'oblige à vous représenter les conséquences d'une évacuation complète de Tampico, si avant de nous retirer nous ne laissions la place en mains sûres. Ni les négociants français, ni les Mexicains, qui se sont compromis en restant en contact avec les envahisseurs ne voudraient attendre le retour des libéraux. Nos bâtiments devraient donner asile à de nombreux réfugiés et l'effet moral d'une expédition, qui a si bien réussi jusqu'à présent, serait loin d'être avantageux à la cause de l'Intervention. Mais je le répète, il n'appartient qu'à vous de juger ce qu'il convient ou ce qu'il est possible de faire. Si vous laissez un détachement à Tampico, je l'appuierai de tous mes moyens. Si vous n'en laissez pas, je dirai à tout le monde et je me persuaderai à moi-même que vous avez bien fait.

« Ayez confiance, mon cher général, dans mon loyal désir d'aplanir les difficultés contre lesquelles vous luttez avec tant d'énergie et permettez-moi d'oublier quelquefois la déférence que doivent m'inspirer vos longs et éclatants services pour ne me souvenir que de l'affection que vous m'avez si souvent témoignée. »

Le général en chef maintint l'ordre de faire revenir le 81ᵉ de ligne, il laissa toutefois à l'amiral la faculté de garder Tampico avec ses propres ressources et un détachement de trois compagnies d'infanterie de marine, c'est-à-dire environ deux cents hommes, qu'il mit à sa disposition. L'amiral crut d'abord cette combinaison possible, mais il se rendit bientôt compte des difficultés, pour une aussi faible garnison, de résister à un ennemi dont les forces s'accroissaient sans cesse. Le soin d'occuper et de défendre ce port eût été pour l'escadre une charge trop lourde. L'évacuation fut résolue [1]. Le chiffre des troupes libérales qui entouraient Tampico s'élevait alors à près de 2000 hommes.

---

[1] La marine avait déjà perdu 1200 hommes en gardant Vera-Cruz; ces sacrifices ne pouvaient se continuer sans de graves inconvénients. Les troupes de mer, pas plus que celles de terre, n'étant à l'abri du climat meurtrier des terres

Le colonel de la Canorgue, qui ne voulait pas se laisser enfermer dans la place, avait fait sortir plusieurs reconnaissances. Le 21 décembre, une de ces colonnes eut à quelques kilomètres en avant d'Altamira une rencontre assez sérieuse avec l'ennemi.

Le 22 décembre, des canots portèrent un petit détachement d'environ deux cents hommes sur la rive droite du fleuve, afin de débusquer l'ennemi, qui avait pris position à Pueblo Viejo ; les embarcations s'échouèrent à une trop grande distance de la plage et, après une fusillade qui coûta deux tués et vingt blessés, il fallut donner le signal de la retraite. L'expédition fut reprise le lendemain en débarquant sur un point un peu plus éloigné, mais les Mexicains quittèrent Pueblo-Viejo avant l'arrivée de la colonne française, pour y rentrer aussitôt après son départ.

Le 28 décembre, un engagement eut encore lieu au nord de la ville ; ce fut le dernier, l'ordre d'évacuation était donné ; quatre cents habitants, qui avaient témoigné des sympathies chaudes, l'amiral demanda au ministre de la marine la création, dans le plus bref délai, de bataillons coloniaux formés avec des hommes de couleur pris, soit au Sénégal, soit aux Antilles, sans quoi on serait exposé à voir les troupes européennes se fondre les unes après les autres (A).

La marine avait en effet de trop cruelles épreuves à supporter, même sur les bâtiments qui tenaient la mer, pour qu'elle pût se charger de la garde des postes à terre. On avait dû renvoyer à New-York le *Masséna*, dont l'équipage était épuisé ; *la Grenade*, qui se trouvait devant Carmen, avait eu à la fois quarante-cinq hommes malades, et dans ce nombre tous ses officiers, tous les maîtres moins un. Vingt et un hommes étaient morts à la date du 8 novembre ; il avait fallu qu'elle complétât son équipage par des levées à bord des bâtiments marchands, et qu'on lui envoyât des matelots noirs (B).

A la fin du mois de novembre, *la Normandie*, avait perdu vingt-quatre hommes, parmi lesquels trois de ses chirurgiens et trois officiers. L'épidémie à bord de cette frégate prit de telles proportions, qu'on fut obligé de l'envoyer au

(A) Du 12 juillet au 29 octobre, on avait successivement débarqué 280 marins pour le service à Vera-Cruz. Quinze ou vingt jours après leur débarquement, ils entraient généralement à l'hôpital. — Lettre de l'amiral, 29 octobre.

(B) Rapport du commandant de l'*Éclair*, 26 novembre.

aux troupes françaises et craignaient les vengeances des libéraux, furent pris à bord des bâtiments de l'escadre. Le 1er bataillon du 81e fut embarqué le 2 janvier ; de violentes et fréquentes tempêtes forçant à chaque instant les navires à s'éloigner d'une côte sans abri, les opérations du rembarquement ne furent terminées que le 22 de ce mois. Pendant cette période, les bâtiments se virent forcés de quitter sept fois la rade pour aller recevoir les coups de vent en pleine mer. La ville fut évacuée le 13 janvier et les dernières troupes (c'est-à-dire 320 hommes du 81e et 60 marins) restèrent campées sur la plage, du 17 au 22 janvier, sans pouvoir communiquer avec l'escadre ; une force ennemie supérieure en nombre avec plusieurs pièces d'artillerie se tenait à peu de distance, se bornant à les observer.

Ces derniers détachements embarqués, il fallait faire sortir la canonnière *la Lance* de la rivière, dont les eaux avaient beaucoup baissé ; comme on était à l'époque de la plus

---

mouillage des Saintes, aux Antilles, pour y rétablir son état sanitaire. Elle partit le 20 décembre après avoir perdu son commandant, le capitaine de vaisseau Russell et quarante officiers ou marins, sur un équipage de 550 hommes. Elle laissa cent six hommes à l'hôpital ; on dut mettre à son bord un équipage noir de quatre-vingt-dix hommes et la faire escorter par *le Tourville*.

Dans de telles conditions, l'amiral trouvait que le service de la flotte devait se restreindre. Voyant en outre un grand inconvénient à la situation mal définie de l'amiral commandant dans le golfe à l'égard du général commandant en chef, il demanda à plusieurs reprises qu'il fût constitué à Vera-Cruz, avec deux ou trois transports, des bâtiments de flottille, le stationnaire et les marins de la direction du port, une station locale à l'entière disposition du général commandant en chef. Cette petite division permettrait à celui-ci de faire opérer sur la côte les mouvements rendus opportuns par la situation politique et militaire de l'intérieur du pays, et comme il en disposerait directement, il n'y aurait plus à craindre qu'il demandât à la marine un concours hors de proportion avec ses moyens d'action. Les grands bâtiments et les avisos rapides formeraient alors une division d'observation qui seconderait la station locale, mais dont la mission serait surtout de maintenir dans le golfe l'ascendant du pavillon.

Cette demande ne fut pas accueillie.

grande marée du mois, tout espoir de la sauver n'était pas perdu ; cependant, bien qu'elle eût été allégée autant que possible et, malgré toutes les précautions, elle s'échoua et fut vivement canonnée par deux pièces mexicaines, qui vinrent se mettre en batterie à 1200 mètres. L'artillerie de la *Tempête* et de la *Tourmente* (deux autres canonnières restées en dehors de la barre) réduisit au silence les pièces ennemies, mais l'amiral, ayant reconnu l'impossibilité de renflouer la canonnière échouée, donna l'ordre de l'incendier et de la détruire à coups de canon.

Ainsi se termina cette expédition sans autre résultat que l'acquisition de deux cents et quelques mulets à un prix fort élevé. Aussitôt arrivé à Vera-Cruz, le 81ᵉ de ligne s'achemina vers Orizaba.

Sans attendre que les moyens de transport fussent aussi complets qu'il l'eût désiré, le général en chef s'était décidé à porter une partie de ses troupes au delà des Cumbres. Le 1ᵉʳ décembre, deux colonnes d'un effectif de 5,700 hommes et placées sous les ordres du général Douay, s'avancèrent l'une par la route d'Acultzingo, l'autre par celle de Maltrata. Le général Douay franchit les Cumbres d'Acultzingo que l'ennemi ne chercha pas à défendre et porta son quartier général à San Agustin de Palmar. Le colonel L'Hériller suivit le chemin de Maltrata pour s'établir à San Andrès-Chalchicomula ; il rencontra les avant-postes mexicains à peu de distance de cette ville ; comme il prenait des dispositions d'attaque, on vint le prévenir que ses adversaires battaient en retraite ; un escadron de chasseurs d'Afrique s'élançant à leur poursuite atteignit et chargea, à un kilomètre au delà de San Andrès, un corps d'environ cinq cents hommes auquel il fit quelques prisonniers.

Le corps expéditionnaire s'avance sur le plateau d'Anahuac.

1862.

Les environs de Palmar et de San Andrès sont riches et bien cultivés. Les récoltes étaient encore sur pied dans la plupart des localités, aussi le mouvement des colonnes françaises avait-il été fort opportun pour empêcher l'ennemi de se les approprier ou de les détruire. On put se procurer du blé et surtout du maïs ; les moulins de Palmar, de San Andrès et de la Cañada le transformèrent en farine [1], ce qui permit de faire vivre les troupes plus facilement qu'on ne l'avait pensé d'abord ; en effet, les ressources de toute nature abondent sur le plateau d'Anahuac ; si l'armée avait pu s'établir plus tôt dans cette région, elle n'aurait pas été obligée de faire venir ses vivres de Vera-Cruz au prix d'énormes fatigues et de dépenses considérables.

Une colonne fut envoyée à Tehuacan, où l'on offrait au Trésor une quantité assez importante de numéraire (400,000 francs environ), dont l'armée avait toujours grand besoin. L'administration s'y procura également du sel, que l'on exploite dans les environs de cette ville. Cette colonne rallia ensuite le général Douay qui, le 1er janvier, avança ses lignes jusqu'à Quetcholac et Tecamachalco. L'ennemi se retirait devant nos troupes, mais ses avant-postes restaient toujours à peu de distance. D'ailleurs les populations reprenaient confiance ; à Palmar et à San Andrès les habitants

---

[1] Le maïs, qui forme la majeure partie des cultures et dont les habitants font la base de leur alimentation, offrait une ressource précieuse. Au Mexique, les galettes de maïs ou *tortilles*, à la confection desquelles les femmes du pays passent une grande partie de leur journée, tiennent lieu de pain. Il n'existe de boulangeries qu'en petit nombre et seulement dans les villes. Les manutentions de l'armée mélangèrent la farine de maïs à la farine de blé dans la proportion du tiers et quelquefois de la moitié, et l'on obtint ainsi du pain d'assez bonne qualité. On put alors rétablir la ration à son poids normal de 750 grammes. Le maïs en grain était distribué aux chevaux, qui le préféraient de beaucoup aux avoines venues de France et échauffées par la traversée ; enfin les tiges de maïs sèches ou vertes (*zacate*) tenaient lieu de paille et même de foin.

organisèrent des gardes civiles pour résister aux guérilleros et sauver leurs récoltes de la destruction, auxquelles les condamnaient les décrets du gouvernement mexicain.

Ces premières positions sur le plateau étant prises, le général en chef fit également porter plus en avant les troupes qui avaient suivi la route de Jalapa. Le défilé, qui conduit de cette ville sur le plateau d'Anahuac, est commandé par un petit fort placé au pied du Cofre de Perote près de la ville du même nom. Comme il pouvait arriver que les Mexicains cherchassent à disputer le passage, le général en chef prescrivit au général Bazaine, resté jusqu'alors à Vera-Cruz, de rejoindre avec quelques troupes le général de Berlier à Jalapa et de prendre la direction de ce mouvement. Il se résolut à faire concourir aussi à cette opération les contingents alliés du général Marquez.

1862.

D'après une situation du 1ᵉʳ décembre, l'effectif de ces contingents était de 1300 hommes d'infanterie, 1100 cavaliers, 50 artilleurs et un nombre fort considérable d'officiers isolés [1], que l'on réunit plus tard en escadron d'élite sous le commandement du général Taboada. Le général Marquez faisait de grands efforts pour organiser ses soldats et en tirer quelque parti, mais il était mal secondé par la plupart de ses officiers. Jusqu'à l'époque de son arrivée à Orizaba, le général Marquez n'avait occupé dans les troupes de la réaction qu'une position secondaire sous les ordres du général Zuloaga. A la suite de certaines contestations, celui-ci lui avait même retiré son commandement pour

Situation des forces alliées du général Marquez.

---

[1] On comptait deux généraux de division, huit généraux de brigade, trente-huit colonels, trente-sept lieutenants-colonels, soixante-dix chefs de bataillon, deux cent deux capitaines, cent soixante-six lieutenants, cent quatre-vingt-douze alferez. (Situation au 1ᵉʳ octobre.)

le donner à Cobos. Au moment où le général de Lorencez se porta sur Puebla, Zuloaga et Cobos ayant pris vis-à-vis de Juarez l'engagement de ne gêner en rien les opérations de l'armée libérale, le général Almonte avait donné l'ordre à Marquez de revendiquer le commandement supérieur et de venir le rejoindre. Il l'avait tenté, mais n'avait pu se faire suivre que par une faible partie des troupes et, parmi les officiers mexicains présents à Orizaba, un grand nombre lui étaient même hostiles. Comme il avait conservé de bonnes relations avec le général de Lorencez, il était ensuite devenu suspect au général Almonte et la jalousie de ses compatriotes lui créait de fréquentes difficultés.

Si la mésintelligence régnait entre les chefs, la discipline, le dévouement, la fidélité au drapeau étaient choses inconnues du soldat. Ces malheureuses troupes étaient en outre dans un dénûment absolu, hommes et chevaux mouraient de faim. Dans ces conditions elles ne pouvaient rendre de grands services; aussi étaient-elles plus gênantes qu'utiles. Pour vivre, elles pillaient le pays et augmentaient ainsi l'impopularité de l'intervention française; le général de Lorencez leur ayant fait donner des vivres mais pas de solde, elles continuèrent leurs exactions parce que les vivres étaient insuffisants; on essaya de leur donner une solde sans vivres, elles gardèrent la solde et pillèrent encore pour se nourrir; le général Forey se décida à leur faire distribuer une solde et des vivres [1] et leur promit des effets d'équipement attendus de France. Les troupes françaises avaient peu de sympathie pour ces alliés déguenillés et pillards plus semblables à des bandits qu'à des soldats; quant

---

[1] Le général Forey au ministre, 25 octobre 1862.

aux officiers, leur origine, leurs habitudes, leur éducation, leur moralité étaient en général si différentes de celles des officiers français que des rapports intimes ne pouvaient guère s'établir entre eux. Les Mexicains se trouvaient du reste humiliés d'être à la solde du trésor français, les formes rigoureuses de notre administration blessaient leur susceptibilité ; ils ne pouvaient s'empêcher en outre de voir d'un œil jaloux l'ingérence de la France dans leurs affaires intérieures ; désireux, à coup sûr, d'en tirer pour eux-mêmes tout le profit possible, ils pardonnaient difficilement à l'étranger les services qu'ils étaient obligés d'en accepter ; l'épithète de traître, que leur prodiguaient leurs compatriotes, sonnait douloureusement à leurs oreilles, tandis que, d'autre part, ils se sentaient peu estimés par les Français à côté desquels ils étaient appelés à combattre. Les soldats français n'eussent jamais consenti à être placés, même éventuellement, sous les ordres d'un officier mexicain. Ils étaient très-disposés à tourner en dérision leurs alliés, dont le cri de ralliement *Viva la Religion !* était peu en rapport avec la manière de vivre ; ils avaient au contraire une tendance à se montrer plus sympathiques à la devise *Libertad y Reforma*, inscrite sur le drapeau libéral, et qui leur paraissait plus conforme à leurs propres idées. C'était fort regrettable car, en se reportant au but assigné à l'expédition, on ne pouvait espérer de résultat satisfaisant, si un parti politique sérieux ne grandissait à l'abri du drapeau français. Le mépris témoigné à ceux qui devaient en être le noyau ne pouvait en favoriser le développement.

Le général Forey voulut relever les troupes alliées à leurs propres yeux et à ceux de l'armée française ; il essaya de les moraliser, de leur donner une organisation à peu près régulière, mais il n'y parvint qu'à grand'peine se heurtant sans cesse contre le mauvais vouloir des officiers mexicains, contre leur répugnance à suivre des conseils ou à recevoir une direction des chefs de l'armée française. Ils eussent voulu que les sommes destinées à l'entretien de leurs troupes, sommes qu'ils trouvaient du reste très-insuffisantes, leur fussent remises en bloc, avec la faculté d'en disposer selon leur gré ; il était d'autant plus difficile d'admettre une pareille prétention, que l'on avait de sérieuses raisons de penser qu'une bonne partie de l'argent n'arriverait pas à sa destination et que le soldat serait plus malheureux encore. Il fut enfin convenu, après de longues discussions, que les troupes mexicaines seraient soumises au contrôle de l'intendance et tiendraient leur comptabilité, sinon d'une façon exactement conforme aux règles de l'administration française, au moins d'après les mêmes principes ; mais il fallut commencer par liquider 156,000 francs de dépenses faites par le général Almonte.

Lorsque le général Forey manifesta l'intention d'envoyer à Jalapa la petite division du général Marquez, on lui fit craindre que les hommes ne désertassent en grand nombre ; il persista néanmoins dans son projet, croyant même qu'il était bon de leur témoigner plus de confiance qu'il n'en avait réellement. Les troupes mexicaines se mirent en route le 29 novembre et, de fait, elles montrèrent plus de discipline et de tenue qu'on ne l'avait espéré. Elles arrivèrent à Jalapa le 7 décembre et se rangèrent sous les ordres du général Bazaine ; cette épreuve leur fut favorable et dès ce moment elles tinrent assez honorablement leur place à côté des troupes françaises nouvellement débarquées, qui ne partageaient pas à leur égard les préventions de l'ancienne garnison d'Orizaba.

Le général Bazaine, amenant avec lui le 3ᵉ zouaves et une batterie d'artillerie, arriva le 12 décembre à Jalapa ; quatre jours après, il commença son mouvement sur Perote, à la tête d'une colonne forte de 3,700 hommes environ. Le 17 décembre, entre la Hoya et las Vigas, des tirailleurs ennemis, qui s'étaient dissimulés grâce à un épais brouillard, firent une décharge sur l'avant-garde avec laquelle marchait le général Bazaine ; ils blessèrent mortellement un officier d'état-major et atteignirent quelques hommes ; le lendemain, la colonne, qui avait bivouaqué à las Vigas, prit le chemin de Cerro Leone, afin de tourner les obstacles accumulés sur la route principale. Un corps de 7 à 800 cavaliers mexicains ayant été signalé, le général Bazaine lança contre eux la cavalerie de Marquez qu'il fit appuyer par un escadron du 12ᵉ chasseurs. Les chasseurs eurent bientôt dépassé les cavaliers alliés et chargeant l'ennemi le mirent en pleine déroute, après lui avoir sabré une quarantaine d'hommes. Comme à la Rinconada, comme à San Andrès, un seul escadron vigoureusement conduit avait obtenu sur des forces très-supérieures un avantage marqué qui affermit la réputation de la cavalerie française.

Le fort de Perote fut occupé sans résistance le 19 décembre ; le général Bazaine s'y arrêta et fit rayonner ses troupes dans les environs, autant pour rassurer les populations que pour se procurer des vivres. On trouva des approvisionnements en grande quantité et l'on réunit un troupeau de dix-huit cents têtes.

L'armée pouvait largement vivre sur le pays sans se préoccuper outre mesure de la constitution des moyens de transport. Il n'eût donc pas été impossible au corps expéditionnaire, aussitôt après son débarquement, de choisir des cantonnements sur le plateau d'Anahuac, et

1862.

Marche du général Bazaine de Jalapa sur Perote.

par une reprise vigoureuse et immédiate des hostilités de rétablir le prestige du drapeau qu'une trop longue inaction pouvait au contraire compromettre.

Arrivé à Perote, le général Bazaine, pour se conformer aux ordres du général en chef, s'occupa de faire replier tous les détachements laissés sur la route en commençant par celui de Puente Nacional qui était le plus éloigné.

Trois compagnies du 62e, envoyées de Jalapa pour protéger cette évacuation, rencontrèrent l'ennemi dans les bois de l'Organo; l'engagement se prolongea un certain temps, mais ne coûta que sept tués et cinq blessés.

Les troupes françaises quittèrent également Jalapa; le dernier détachement arriva le 18 janvier à Perote. Le général Bazaine laissa ses malades dans le fort sous la protection d'une petite garnison et continua son mouvement en avant; le 1er février, il établit son quartier général dans la petite ville de Nopalucan, d'où il se mit en communication avec Orizaba par San Andrès. La brigade du général de Castagny vint l'y rejoindre et il conserva sous ses ordres la brigade de Bertier, bien qu'elle ne fît pas partie de sa division [1].

La citadelle de Perote fut ensuite abandonnée; le premier convoi d'évacuation, commandé par le colonel Garnier, fut attaqué le 12 février près de la Ventilla par six cents cavaliers; mais une colonne française avait été envoyée à sa rencontre; les chasseurs d'Afrique accourant au bruit du combat se jetèrent sur l'ennemi qu'ils poursuivirent à outrance, jusqu'à ce qu'il eût disparu dans la montagne. Le dernier convoi fut amené sans encombre à San Andrès le 25 février.

[1] Dans la suite, la brigade de Bertier passa définitivement à la 1re division; la brigade Neigre la remplaça à la 2e division.

De son côté, le 16 février, le général Douay se porta de Quetcholac à Acatzingo et à los Reyes ; il se mit en relations avec le général Bazaine. Les Mexicains ne cherchaient pas à s'opposer d'une façon sérieuse à ces mouvements, mais ils les surveillaient de très-près, ne se hasardant à attaquer que lorsque la supériorité numérique ou des circonstances très-favorables paraissaient leur assurer le succès ; ils étaient toujours prêts, du reste, à se retirer rapidement si les chances tournaient contre eux, car ils ne mettaient aucun point d'honneur à rester maîtres de leurs positions et ne prétendaient faire pour le moment qu'une guerre d'escarmouches.

C'est dans ces conditions que deux pelotons de chasseurs d'Afrique, formant l'avant-garde d'une reconnaissance conduite par le général Douay sur la route de Tepeaca, ayant attaqué une embuscade de tirailleurs, se trouvèrent inopinément en présence de cinq cents cavaliers réguliers des escadrons de Zacatecas ; bien qu'ils combattissent dans la proportion d'un contre dix, ils n'hésitèrent pas à charger de nouveau et vinrent se heurter encore contre une troupe d'infanterie couverte par un fossé ; mais leur élan incomparable triompha de tous les obstacles ; ils firent plier l'ennemi et le poursuivirent pendant quatre lieues. Trois sous-officiers furent tués ; les Mexicains perdirent trente tués et neuf prisonniers, dont un officier.

Le général Douay, en se rapprochant de Puebla, laissa plusieurs postes en arrière pour assurer ses communications avec Orizaba et particulièrement pour garder les magasins et les dépôts de munitions rassemblés à Quetcholac. Les voitures du corps expéditionnaire avaient été employées sans relâche à amener dans cette petite ville les parcs d'artillerie et du génie et les réserves de matériel nécessaires au siége [1].

Heureusement les subsistances étaient, comme nous l'avons dit, largement assurées. Les denrées trouvées sur les plateaux permirent de suffire à la consommation journalière et de constituer une réserve de vingt jours de vivres. Déchargé de préoccupation à cet égard, le général en chef put affecter tous ses transports au matériel de guerre et il donna l'ordre de vendre, de céder à la marine ou de réexpédier en Europe les vivres accumulés à Vera-Cruz [2].

L'état sanitaire de l'armée était alors satisfaisant. Les troupes échappèrent en général aux influences du vomito; elles eurent toutefois à souffrir de fièvres d'acclimatement qui, pendant quelque temps, rendirent indisponibles un certain nombre de soldats; mais leur santé s'était rétablie depuis qu'ils avaient gravi le dernier étage des plateaux; les hommes dont la constitution était trop affaiblie furent renvoyés en France; enfin l'effectif du corps expédition-

---

[1] Ces moyens de transport se composaient en ce moment de 108 voitures du train français, de 226 voitures mexicaines et de 250 voitures américaines achetées à New-York. Quoique inférieures aux grands chariots mexicains et moins bien appropriées aux routes du pays, ces dernières voitures, qui se rapprochaient du modèle des chariots de parc français recouverts d'une bâche, n'en constituaient pas moins un matériel roulant d'une valeur réelle; mais on manquait d'animaux pour les atteler.

Les escadrons du train avaient amené avec eux 636 bêtes de trait et 670 bêtes de somme; on n'avait pu se procurer aux Antilles, aux États-Unis et au Mexique qu'environ 2500 mulets, sur lesquels on dut en réserver 1100 pour les équipages de bât; il fallut donc laisser à Vera-Cruz 210 de ces voitures, en attendant les attelages demandés en France.

1100 mulets avaient été achetés à Cuba, 1200 à New-York, 116 à Tampico, 250 aux Antilles, 88 au Mexique, en divers endroits. — Total : 2,754, sur lesquels on perdit environ 200 bêtes pour diverses causes.

[2] C'est-à-dire 550,000 rations de biscuit, 310,000 de sel, 250,000 de sucre et café, 1,250,000 d'eau-de-vie, 12,000 quintaux d'avoine.

naire allait être notablement augmenté par l'arrivée d'une brigade de réserve forte de 6,000 hommes (1).

Les opérations contre Puebla pouvaient donc commencer dans de bonnes conditions, et satisfaction allait être donnée à l'impatience avec laquelle le gouvernement et la nation française attendaient la nouvelle d'une reprise sérieuse des hostilités.

Avant d'entreprendre le siége, le général Forey organisa solidement sa ligne de communication avec Vera-Cruz. Il partagea tous les postes entre deux commandements supérieurs, celui de Vera-Cruz, et celui d'Orizaba (2). Il ordonna de les pourvoir de vivres pour trois mois, d'un approvisionnement de trois cents cartouches par homme, et de les protéger par des ouvrages de campagne ; quelques

Organisation des postes sur la ligne de communication avec Vera-Cruz.

---

(1) Depuis le commencement de la campagne jusqu'au 25 mars 1863, l'armée de terre avait perdu : 17 officiers tués, 29 officiers morts de maladie, 68 soldats tués, 571 soldats morts de maladie, 101 disparus. — Total : 786 hommes. — 93 officiers et soldats avaient été rapatriés.

(2) COMMANDEMENT DE VERA-CRUZ.

M. DURAND SAINT-AMAND, capitaine de vaisseau, commandant supérieur.

Vera-Cruz.
- Compagnies de matelots noirs des Antilles (253 hommes).
- Détachement de marins (91 hommes).
- Une compagnie d'infanterie de marine (40 hommes valides).
- Section de volontaires de la Martinique (50 hommes).
- Fraction de la contre-guérilla de Figuerero.

La Tejeria.
- Deux compagnies et demie d'infanterie de marine.
- La compagnie du génie colonial (moins 25 hommes).
- Fraction de la contre-guérilla Figuerero.

La Soledad.
- Quatre compagnies d'infanterie de marine.
- 25 hommes du génie colonial.
- Les auxiliaires de Tampico (c'étaient des gens de Tampico, compromis pendant l'occupation de la ville par les Français, et qui avaient été ramenés par l'escadre).
- Douze cavaliers du 12e chasseurs.

Le poste de Medelin et celui d'Alvarado relevaient aussi du commandement

pièces de canon mexicaines furent placées à la Soledad, au Chiquihuite et à Orizaba.

Chaque bataillon du corps expéditionnaire, à l'exception des bataillons de chasseurs, fournit une compagnie pour la garde des postes ; cette mesure, prise dans le but de donner également à tous les corps la satisfaction de participer aux opérations actives, présentait l'inconvénient de constituer partout des détachements sans homogénéité : aussi n'était-elle que provisoire et devait-elle durer seulement jusqu'à l'arrivée de la brigade de réserve, qui serait plus particulièrement affectée à ce service. Il n'avait pas été possible de laisser des détachements de cavalerie mexicaine à la Soledad et au Fortin, les officiers ayant déclaré que tous les soldats déserteraient. Le général en chef, ne voulant pas se priver de sa cavalerie française, en la disséminant sur ses derrières, s'efforça d'y suppléer en développant l'organisation des contre-guérillas. Il avait déjà pres-

---

de Vera-Cruz. A Medelin furent cantonnées une section d'infanterie de marine et la contre-guérilla Stœcklin, récemment placée sous les ordres du colonel Dupin.

A Alvarado, il se trouvait seulement une cinquantaine d'hommes des volontaires de la Martinique.

COMMANDEMENT D'ORIZABA.

M. Waïsse de Roquebrunne, lieutenant-colonel du 81ᵉ de ligne, commandant supérieur.

A Paso del Macho.	Une compagnie de tirailleurs algériens.
	Douze cavaliers du 12ᵉ chasseurs.
Au Chiquihuite.	Deux compagnies du 81ᵉ de ligne.
Cordova et Rio Seco.	Deux compagnies du 1ᵉʳ zouaves.
	Deux compagnies du 2ᵉ zouaves.
	Douze cavaliers du 12ᵉ chasseurs.
Au Fortin.	Une compagnie du 3ᵉ zouaves.
Orizaba	Une compagnie du 3ᵉ zouaves.
	Deux compagnies du 99ᵉ de ligne.
	Deux compagnies du 95ᵉ de ligne.
	Deux compagnies du 51ᵉ de ligne.
	Deux compagnies du 62ᵉ de ligne.
	Douze cavaliers du 12ᵉ chasseurs.

crit d'en porter l'effectif à quatre cents hommes. Au mois de février, M. de Stœcklin, qui offrit sa démission, fut remplacé par le colonel d'état-major Dupin, alors en non-activité et nominalement attaché à l'état-major du général Almonte. Le corps de Stœcklin se composait de quarante-cinq fantassins, et de quatre-vingts cavaliers aventuriers de toutes les nations du monde, armés de façons diverses, mal équipés, mal montés, sans munitions, mais presque tous gens intrépides et à ne reculer devant aucune entreprise.

Le colonel mexicain Figuerero commandait environ quatre-vingts hommes à cheval.

Le 23 février, arrivèrent en outre à Vera-Cruz quatre cents Egyptiens destinés spécialement au service des terres chaudes. L'Empereur avait demandé au vice-roi d'Egypte de mettre à sa disposition un bataillon de noirs du Soudan dans l'espoir que ces hommes résisteraient mieux que les Européens au climat de la côte. Ce bataillon avait été secrètement embarqué à Alexandrie, pendant la nuit du 7 au 8 janvier, sur le transport *la Seine*[1].

Il était composé de :

Un chef de bataillon, un capitaine, un lieutenant ;

8 sergents, 15 caporaux, 359 soldats, 39 recrues, 22 enfants de dix à quinze ans.

Les soldats étaient habillés et bien équipés ; les recrues, enlevées par la police du vice-roi la veille du départ, étaient presque nues. Un fonctionnaire de l'intendance, qui avait été envoyé à bord de *la Seine*, s'occupa d'organiser cette troupe qu'il divisa en quatre compagnies et dont il compléta les cadres par des promotions immédiates.

Arrivée à Vera-Cruz d'un bataillon d'Egyptiens.

---

[1] Rapport du commandant de *la Seine*, 23 février.

Pendant la traversée, sept hommes moururent à la suite de fluxions de poitrine ou de fièvres typhoïdes. On en perdit encore une quinzaine peu après leur débarquement, et l'on craignit un instant qu'ils ne fussent pas à l'abri des influences pernicieuses des terres chaudes. Il était presque impossible de s'en faire comprendre; on ne savait comment les utiliser; plus tard des interprètes choisis dans le bataillon de tirailleurs algériens parvinrent à entendre leur langue; lorsque l'on sut connaître leurs besoins, soigner leurs maladies, tirer parti de leurs aptitudes, ces soldats noirs se disciplinèrent, s'acclimatèrent rapidement et rendirent les plus grands services dans les postes, où les troupes françaises se fondaient en quelques jours. Énergiques et braves au feu, on pouvait sans crainte les opposer aux bandes de guérillas qui ne cessaient de battre le pays, épiant l'occasion de surprendre un convoi insuffisamment escorté ou un petit poste trop faiblement gardé.

Jusqu'alors le succès avait presque toujours couronné le courage de nos soldats, mais les fatigues les affaiblissaient. On s'efforça de rendre moins pénible le service dans les terres chaudes, en faisant continuer les travaux du chemin de fer destiné à en abréger la traversée. Une subvention fut accordée à la compagnie, des ouvriers furent amenés d'Amérique, des rails et du matériel envoyés de France, mais les difficultés étaient grandes, les courses incessantes des bandes ennemies entravaient les travaux, et dans cette première partie de la campagne, on ne put utiliser que la section déjà ouverte entre Vera-Cruz et la Tejeria.

Reprise des opérations contre Puebla. Toutes les dispositions pour une nouvelle offensive étant arrêtées, le général Forey transporta son quartier général à Quetcholac. Il y arriva le 27 février ; le lendemain, il réunit un conseil de guerre dans lequel furent discutés les moyens d'investir Puebla ; le choix du point d'attaque fût réservé.

La caisse de l'armée manquant de numéraire, on attendit jusqu'au 9 mars un convoi d'argent venant de la Havane. Les troupes profitèrent de ce délai pour s'organiser complétement et se rapprocher encore de quelques lieues.

Le général en chef avait alors sous sa main :

18,000		hommes d'infanterie.
1,400	—	de cavalerie.
2,150	—	d'artillerie.
450	—	du génie.
2,300	—	de troupes d'administration.
2,000	—	de troupes mexicaines.

Total : 26,300 hommes environ
et 56 bouches à feu, parmi lesquelles deux mortiers mexicains ; les canons étaient approvisionnés à 300 coups, les mortiers à 150 coups. On avait une réserve de 2,400,000 cartouches.

Avant son départ d'Orizaba, le général Forey annonça au corps expéditionnaire la reprise des opérations contre Puebla par l'ordre du jour suivant :

« Soldats,

« Voici bientôt neuf mois qu'un petit nombre d'entre vous, marchant avec une confiance aveugle sur Mexico, a rencontré devant Puebla un obstacle que vous n'aviez pas les moyens matériels de renverser.

« Vous dûtes alors différer l'accomplissement de la grande et noble mission que l'Empereur vous avait confiée, jusqu'à ce que vous eussiez reçu tout ce qui vous manquait pour cela ; mais il a fallu du temps, parce que la France est loin et qu'elle a voulu vous donner tous les moyens de vaincre.

« Ce temps du reste n'a pas été perdu, et un séjour prolongé dans vos cantonnements vous a fait apprécier par le peuple mexicain, qui a pu reconnaître à l'ordre, à la discipline qui n'ont cessé de régner parmi vous, que vous n'êtes pas les instruments d'une politique d'oppression, comme s'efforcent de le lui faire croire ceux qui ont intérêt à le voir courbé sous leur pouvoir arbitraire, mais que vous êtes bien les soldats de la France, de cette France qui marche à la tête de la civilisation, portant haut et ferme son drapeau dans les plis duquel peuvent se lire, à côté des noms de tant de victoires qui l'ont illustré, ces mots : ORDRE et LIBERTÉ.

« Cette patience que vous avez mise à préparer vos moyens d'action, les soldats abusés du gouvernement qui règne encore pour quelques jours à Mexico ont pu, dans la présomption que leur a donnée leur facile triomphe du 5 mai, l'imputer à la crainte qu'ils vous inspiraient. S'ils se sont endormis dans cette pensée, que leur réveil soit terrible !

« Soldats, le temps du repos est passé ; reprenez vos armes, et marchez à la victoire que Dieu vous donnera, parce que jamais cause n'a été plus juste que la vôtre. Vous avez à venger vos compatriotes soumis depuis longues années, par le gouvernement de ce pays, à des injures, à des excès de tout genre ; vous avez en outre à rendre le Mexique à lui-même. Quelle plus belle mission que celle-là !

« Animés de cette noble ardeur qui vous a rendus si redoutables sur tant de champs de bataille, vous allez renverser tous les obstacles qui se présenteront devant vous.

« Comme je vous l'ai déjà dit, soyez humains après la victoire, surtout envers les êtres faibles et désarmés ; mais soyez terribles pendant le combat, et bientôt vous planterez le noble étendard de la France sur les murs de Mexico, au cri de : Vive l'Empereur !

« Orizaba, le 17 février 1863. »

Le 4 mars, la tête de colonne du général Bazaine s'avança jusqu'à Acajete, celle du général Douay jusqu'à San Bartolo ; l'une et l'autre étaient ainsi à une petite journée de marche d'Amozoc, point sur lequel devait s'opérer la concentration des troupes avant l'investissement de Puebla.

Le 9 mars, le général Douay occupa Amozoc après avoir échangé quelques coups de feu avec un avant-poste mexicain, tandis que le général Bazaine envoyait des reconnaissances dans la direction d'Huamantla afin de donner le change à l'ennemi sur ses projets ultérieurs. Ayant reçu l'ordre définitif de concentration, le général Bazaine réunit sa division près d'Acajete le 15 mars.

Le 16 mars, le général Douay partit d'Amozoc et s'établit à l'hacienda de Manzanilla en face des cerros de Guadalupe ; le général Bazaine, traversant Amozoc sans s'y arrêter, vint camper sous Puebla, entre le cerro Amalucan et l'hacienda de Alamos.

L'investissement commençait.

Le gouvernement mexicain n'avait cessé d'augmenter ses éléments de résistance et de faire venir des hommes et du matériel des provinces éloignées. Il cherchait à exalter le sentiment national en ravivant la haine de l'étranger et en rappelant la victoire du 5 mai. Des médailles commémoratives étaient distribuées à tous ceux qui avaient pris part au combat des Cumbres et à celui de Puebla ; le congrès mexicain déclarait qu'ils avaient bien mérité de la patrie, des pensions étaient promises à ceux dont les parents succomberaient dans la guerre. D'autre part, on cherchait à obtenir des Français résidant au Mexique, des déclarations désavouant les griefs présentés par M. de Saligny ; des embaucheurs s'efforçaient d'entraîner les soldats français à la désertion, en leur promettant des concessions de terre dans l'intérieur du pays. « Les soldats français, » disait une des nombreuses brochures répandues par l'ennemi dans les rangs de l'armée, « comprendront enfin la vérité, et au lieu de continuer à verser leur sang pour asservir un peuple libre, en se forgeant des chaînes pour eux-mêmes, ils abandonneront le rôle de tristesse et d'infamie qu'on leur fait jouer, pour venir parmi nous où ils trouveront toute espèce de protection. »……

« Qu'ils viennent donc ; amis, ils trouveront ici la richesse et la liberté [1]. »

Le général Ortega avait déployé une grande activité dans la mise en état de défense de Puebla ; un matériel de guerre considérable s'y trouvait réuni et des fortifications continues avaient été élevées autour de la ville. Si Puebla succombait, le gouvernement mexicain pensait avoir encore une armée de 15 à 20,000 hommes pour défendre Mexico, et lorsque la capitale tomberait aux mains de l'ennemi, il se retirerait de ville en ville jusqu'aux confins du territoire en éternisant la lutte. On intimait aux habitants l'ordre d'abandonner leurs maisons et de détruire leurs récoltes à l'approche de l'armée envahissante. Dans plusieurs endroits déjà, cet ordre avait été exécuté sous la pression des guérillas.

A Puebla, le général Ortega expulsait les religieuses des couvents qu'elles possédaient encore (10 décembre) et transformait ces bâtiments en hôpitaux et en magasins. Le gouvernement, pour accentuer de nouveau sa politique de réforme, étendit bientôt cette mesure au pays entier.

L'ancien président Comonfort rentra au Mexique et offrit son concours à Juarez, pour lequel il avait témoigné jusqu'alors peu de sympathie. Il reçut de M. Vidaurri, gouverneur *ad perpetuum* des états de Nuevo-Léon et de Coahuila,

---

[1] Extraits de la préface d'une brochure imprimée en français à Mexico, contenant les discours prononcés au Corps législatif sur la question mexicaine par MM. Ernest Picard et Jules Favre. Cette brochure était répandue par l'ennemi dans les rangs de l'armée française.

le commandement des contingents de ces provinces, et Juarez lui ayant confié la mission spéciale de protéger Mexico, il vint prendre position à San Martin-Texmelucan, à la tête d'un corps de trois mille hommes environ (2 février).

Lorsque l'on sut à Mexico que le général Forey avait quitté Orizaba et que la reprise des opérations contre Puebla était imminente, le président Juarez se rendit dans la place, passa la revue de la garnison, distribua de l'argent aux troupes et les exhorta à une défense énergique. Il rentra ensuite dans la capitale, et l'armée mexicaine se prépara avec une confiance et un calme réels à soutenir l'effort que l'armée française allait tenter contre elle.

Le 10 mars, l'état de siége fut déclaré par le général Ortega; le 14 mars, toutes les bouches inutiles et les résidents français reçurent l'ordre de sortir de la place [1].

[1] Pièces officielles mexicaines.

CHAPITRE SIXIÈME.

SOMMAIRE.

Investissement de Puebla (16 mars 1863). — Fortifications de Puebla. — Combat de Cholula (22 mars). — Ouverture de la tranchée (23 mars). — Prise du fort de San Javier (29 mars). — Attaque des cadres. — Conseil de guerre (7 avril). — Combat d'Atlixco (14 avril). — Attaque du couvent de Santa Inès (25 avril). — On change le système des attaques. — Combat de San Pablo del Monte (5 mai). — Combat de San Lorenzo (8 mai). — Ouverture de la tranchée devant le fort Totimehuacan. — Reddition de la place (17 mai). — Evasion des prisonniers faits à Puebla.

L'investissement de Puebla avait commencé le 16 mars. Dès le matin, la division Douay, après avoir poussé devant elle les avant-postes ennemis, prit position sur le Cerro Amalucan ; à l'arrivée de la division Bazaine, qui la releva sur ce point, elle s'étendit en tournant Puebla par le nord, fit une reconnaissance offensive sur les fortifications de Guadalupe et vint bivouaquer, comme nous l'avons dit, à l'hacienda de Manzanilla. Le lendemain, elle continua son mouvement vers la droite, tandis que la division Bazaine tournait la ville par le sud. La marche des troupes fut retardée par les travaux qu'il fallut exécuter au passage des

Investissement de Puebla (16 mars 1863).

barrancas dont la plaine de Puebla est sillonée ; le 18 au soir seulement, le général Douay ayant fait occuper, après un court engagement, les ponts de Mexico et de las Animas et le cerro San Juan qui se trouve à l'ouest de Puebla, le général Bazaine, s'étant établi à l'hacienda de San Bartolo, d'où il commandait les routes du sud, la ville fut complétement enveloppée.

La ligne d'investissement était ainsi tracée :

PREMIÈRE DIVISION.

A San Bartolo.
- Quartier général de la 1re division.
- La brigade de Berlier.
- 1er bataillon du 3e zouaves.
- 2e régiment de cavalerie de marche.
- Cavaliers auxiliaires Trujèque.
- Batterie de campagne de la 1re division.
- Compagnie du génie.
- Ambulance et convoi.

Camp du Cerro Amalucan.
- Le reste de la brigade de Castagny, moins un bataillon du 95e, laissé à Amozoc.

DEUXIÈME DIVISION.

Hacienda de Manzanilla.
- Escadron Taboada.

La Resurreccion.
- Escadron Lamadrid.

San Aparicio.
- Un bataillon d'infanterie de marine.
- Le grand quartier général et son escorte.

Santa Maria et San Felipe.
- La brigade Neigre.

Camp du Rancho Posadas.
- Le corps du général Marquez à hauteur du Rancho sur la route de Tlaxcala.
- Une compagnie du 2e zouaves.

Camp San Juan entre le Rancho Posadas, le pont de Mexico et le pont de Las Animas.
- Le quartier général de la 2e division.
- Le 2e zouaves.
- Le bataillon de marins.
- Trois escadrons.
- Une section du génie.
- La batterie de réserve.

Sur le Cerro San Juan.	Un bataillon de chasseurs. Batterie de montagne. Une section du génie.
Pont de Mexico.	Quatre compagnies du 99ᵉ. Une section du génie. Deux pièces de campagne.
Pont de Las Animas.	Le général L'Hériller. Huit compagnies du 99ᵉ. Une section du génie. Quatre pièces de campagne.

Des travaux de retranchement furent immédiatement commencés sur tous les points et principalement aux ponts de Mexico et de las Animas, qui étaient menacés de très-près par le corps d'observation du général Comonfort.

Le 19 mars, le général en chef établit son quartier général sur le cerro San Juan et donna l'ordre d'y amener les parcs et les magasins de vivres; les troupes rectifièrent leurs positions et protégèrent leurs camps par quelques travaux de campagne. Les reconnaissances des fortifications de la place confirmèrent le général en chef dans son intention de diriger ses attaques du côté de l'ouest.

Fortifications de Puebla.

Depuis l'année précédente Puebla avait été sérieusement fortifiée. La ville est formée d'îlots de maisons ou cadres séparés par des rues qui se coupent à angle droit. Elle renferme environ cinquante églises ou couvents, édifices d'une construction massive, ayant des murs de maçonnerie de plusieurs mètres d'épaisseur et dont l'ennemi avait avantageusement tiré parti, soit pour l'organisation défensive de l'enceinte, soit pour mettre ses munitions et ses magasins à l'abri. Au centre de la ville, une double rangée de barricades à embrasures protégeait les établissements militaires les plus importants. Une ligne de maisons crénelées appuyées par des parapets de terre ou des amas de décombres formait une enceinte intérieure continue. Sur tout le périmètre de la ville, avaient été construits des ouvrages en terre se flanquant les uns les autres, avec de solides bâtiments pour réduits. C'étaient, en commençant par le nord :

Le fort de *Guadalupe*, que la petite armée du général de Lorencez avait attaqué sans succès le 5 mai précédent ;

Le fort de *Loreto*, également construit sur les hauteurs du nord de la ville et relié au précédent par une ligne à redans à laquelle l'ennemi avait donné le nom de *Cinco de Mayo* ;

Le fort *Santa Anita* (appelé aussi *el Democrata*) ayant pour réduit l'église de Santa Ana. Il était relié au fort Loreto par une flèche posée en travers du Rio San Antonio ;

Le fort *San Javier* (appelé aussi *Iturbide* ou *Pénitencier*), fortification importante d'un tracé irrégulier, dont le réduit était formé par un vaste bâtiment servant de pénitencier et par l'église San Javier ;

Entre le fort San Javier et le fort Santa Anita s'élevaient des ouvrages moins importants, que l'on appela tranchées *de la Calera*, de *San Pablo*, *del Senor de los trabajos* ;

Les ouvrages du *rancho de Toledo* (appelés aussi *Morelos*), constitués par une ligne à crémaillère ouverte à la gorge ;

Le fort de *Carmen* (appelé aussi *Hidalgo*), ayant pour réduit le grand couvent de Carmen ;

Le fort de *los Ingenieros*, désigné aussi sous le nom de *Totimehuacan*, parce qu'il commandait la route de ce village.

Les forts de Carmen et de los Ingenieros étaient construits de façon à battre complétement la vallée du Rio San Francisco ;

Le fort *Zaragoza* (appelé aussi de *los Remedios*).

Le fort *Independencia* (appelé aussi *la Misericordia*).

Ces deux derniers défendaient l'entrée de Puebla du côté de la route d'Orizaba.

Au moment de l'investissement, la garnison de la place comptait environ 22,000 hommes [1], placés sous le commandement du général Ortega, qui avait pour chef d'état-major le général Mendoza.

Le général Paz commandait l'artillerie.

Le général O'Horan, la cavalerie.

L'infanterie formait cinq divisions sous les ordres des généraux Berriozabal, Negrete, Antillon, Alatorre, La Llave.

Les généraux Garcia, Prieto, Gayosso, Porfirio Diaz, Escobedo, Ghilardi, Ignacio Mejia, Lamadrid, Carbajal, Aureliano Rivera, Pinzon, Patoni, etc., commandaient en sous-ordre.

Toutes les dispositions défensives avaient été minutieusement prises. Le moral du soldat était exalté par le souvenir du 5 mai ; les officiers se montraient enthousiastes et résolus ; s'ils n'espéraient guère pouvoir résister indéfiniment aux efforts de leurs adversaires, ils avaient du moins la ferme volonté de prolonger la résistance jusqu'à ses dernières limites. De son côté, l'armée française s'avançait avec la confiance tranquille des vieilles troupes ; elle ne doutait pas d'un succès prochain, mais ses chefs, avertis par l'expérience de la précédente attaque, procédaient avec une prudence extrême, ne voulant rien laisser au hasard.

Le fort San Javier formait à l'ouest une saillie très-prononcée permettant de faire converger les attaques ; on le choisit pour objectif de préférence au fort de Carmen qui, dans les siéges précédents, avait été considéré par les Mexi-

---

[1] Rapport du général Ortega (Zacatecas, 1863).

cains comme le point le plus faible (¹). Mais on pensait alors qu'il suffirait de percer l'enceinte fortifiée pour se rendre maître de la place, et, cette hypothèse admise, il devait, en effet, paraître préférable d'attaquer le fort San Javier, bien qu'il fût éloigné du centre du réduit intérieur d'une distance double de celle qui en séparait le Carmen.

En attendant que les préparatifs du siége fussent terminés, les troupes se bornèrent à fortifier leurs lignes et à maintenir l'investissement autant que le permettait la disproportion de leur effectif avec l'étendue considérable du périmètre à garder. Vers le nord entre Santa Maria et Manzanilla, c'est-à-dire sur une longueur de plus de deux lieues, on avait laissé seulement deux bataillons d'infanterie, un escadron français et quelque cavalerie mexicaine ; campées à cinq kilomètres de la place, ces troupes ne pouvaient surveiller efficacement les mouvements de la garnison. L'ennemi sut en profiter ; dans la nuit du 21 mars, 1500 cavaliers commandés par Carbajal et Aureliano Rivera, se glissèrent dans la grande barranca de San Aparicio, passèrent tout près de la Resurreccion où se trouvaient 120 Mexicains alliés, poste trop faible pour leur barrer le passage, et rejoignirent l'armée de Comonfort, qui s'occupait alors de faire enlever les ressources des haciendas environnantes.

Combat de Cholula (22 mars). Le général Forey, pour ne pas laisser affamer le pays, envoya, le 22 mars, le général de Mirandol occuper Cholula, petite ville située à deux lieues environ à l'ouest de Puebla. La colonne française y trouva un corps de deux mille cavaliers ennemis. Le général de Mirandol, à la

---

(¹) Opinion que l'Empereur avait rappelée dans ses instructions au général Forey.

tête de trois escadrons de chasseurs d'Afrique, commandés par le colonel du Barail et d'une centaine de cavaliers alliés, se porta de suite à leur rencontre. Il eut à franchir sous un feu très-vif une barranca profonde et escarpée, et trois fois, avant qu'elles aient eu le temps de se former, ses têtes de colonne reçurent et soutinrent résolûment le choc de la cavalerie ennemie ; enfin à leur tour les chasseurs d'Afrique s'élancèrent sur les Mexicains qui, bientôt rompus et culbutés, se débandèrent après une mêlée sanglante, et s'enfuirent laissant sur le terrain deux cents morts et cinquante prisonniers. Les chasseurs d'Afrique eurent trois hommes tués et dix-neuf blessés, parmi lesquels deux officiers.

Le 23 mars au soir, les dispositions préliminaires du siége étant terminées, la tranchée fut ouverte devant le fort San Javier, sur un développement de mille mètres et à 600 mètres du saillant. Les travaux d'attaque furent vigoureusement menés ; le 25 mars, la deuxième parallèle fut établie à 330 mètres ; le lendemain, les batteries ouvrirent le feu, bouleversèrent les parapets du fort, percèrent à jour les bâtiments du pénitencier, et démontèrent toutes les pièces ennemies à l'exception de deux ; une troisième parallèle fut tracée à 135 mètres du saillant ; dès lors, le fort San Javier était complétement ruiné ; une attaque de vive force en était possible ; l'ennemi le désarma presque entièrement, il plaça les canons qu'il en avait enlevés dans les rues adjacentes et derrière les maisons voisines, de manière à pouvoir en battre les abords ; on jugea utile, pour diminuer l'étendue du terrain que les colonnes d'attaque

Ouverture de la tranchée (23 mars).

(1) Le général en chef au ministre, 26 mars, 2 avril.

1863.

auraient à franchir à découvert, d'établir une quatrième parallèle. Elle fut ouverte, pendant la nuit du 27 au 28, à soixante-dix mètres environ du bastion attaqué.

Prise du fort San Javier (29 mars).

Le général Forey réserva au 1er bataillon de chasseurs à pied et au 2e bataillon du 2e zouaves, dont l'héroïque valeur s'était brisée, le 5 mai 1862, sur les murs de Guadalupe, l'honneur de monter à l'assaut du fort San Javier.

Le 29 mars à cinq heures du soir, le général Bazaine, placé dans la quatrième parallèle, en donne le signal. Les hourras des troupes y répondent aussitôt, et la première colonne, sous les ordres du commandant de Courcy, du 1er bataillon de chasseurs, s'élance sur les parapets qu'elle couronne rapidement. Une fusillade des plus vives part des murs crénelés, des terrasses, des portes, des fenêtres, des clochers et couvre les attaques. L'ennemi démasque au même moment les pièces cachées derrière les barricades, les soutient par le feu de nombreux mortiers et celui d'une batterie de montagne, qui vient prendre position en avant de Carmen. Les ouvrages de Santa Anita, de San Pablo, de la Calera, de Morelos et de Carmen donnent à leur tir la plus grande intensité ; mais cette pluie de balles, de boulets, de bombes et de mitraille, n'arrête pas l'élan des troupes.

La seconde colonne, dirigée par le commandant Gautrelet, du 2e zouaves, suit de près la première ; toutes deux poursuivent leur succès, dépassent les retranchements et pénètrent dans le Pénitencier. Il y restait encore environ sept cents Mexicains, qui résistèrent avec acharnement. Ils cédèrent enfin, mais un très-petit nombre parvint à s'échapper ; beaucoup se firent tuer, les autres furent faits prisonniers. L'ennemi tenta plusieurs retours offensifs, et à 8 heures du soir seulement, le feu diminua de part et d'autre.

D'après les documents mexicains, la perte de l'ennemi dans cette journée fut de six cents hommes ; on ramena deux cents prisonniers au nombre desquels deux colonels et huit officiers. Trois obusiers de montagne, une pièce de campagne, deux fanions furent enlevés par les troupes françaises ; mais ce succès leur coûta trois officiers tués et treize blessés. Le général de Laumière, commandant l'artillerie, fut blessé mortellement ; vingt-six sous-officiers ou soldats furent tués et 189 blessés.

Le prise du fort San Javier n'avança pas les opérations du siége autant qu'on l'avait espéré ; les Mexicains, avec une opiniâtreté à laquelle on était loin de s'attendre, se retranchèrent dans les maisons voisines, à cinquante mètres seulement des murs du pénitencier ; leurs tirailleurs, placés sur les terrasses, plongeaient sur les attaques, dont ils gênaient considérablement les travaux. Les pièces de petit calibre, qui furent amenées dans le fort San Javier, ne parvinrent pas à renverser les murs de ces massives constructions espagnoles ; on tenta inutilement de pétarder les portes ; une attaque par surprise ne réussit pas mieux ; l'emploi de la mine ne donna aucun résultat. Des masses de pierres et de décombres, accumulés derrière les murs des maisons, les transformaient en épais parapets de maçonnerie, contre lesquels ne pouvaient rien les procédés ordinaires des siéges. Le tracé régulier des rues, dont le passage était couvert par de fortes barricades armées de canon, permettait à l'ennemi de former de cent mètres en cent mètres de véritables lignes fortifiées d'une solidité extrême. Ces difficultés étaient tout imprévues. Le général en chef

1863.

Attaque des cadres.

donna l'ordre de faire le siége en règle de chacun des cadres [1].

Des pièces de montagne furent hissées sur les étages supérieurs du Pénitencier pour combattre le feu partant des clochers voisins; on ouvrit une brèche dans le couvent de Guadalupita (cadre n° 2) et, dans la nuit du 31 mars, le 18e bataillon de chasseurs s'en rendit maître malgré une vigoureuse résistance; une large ouverture ayant été pratiquée à l'aide d'un sac à poudre dans la maison voisine (cadre n° 9), on put aussi l'occuper. Les Mexicains perdirent quatre-vingts hommes tués et soixante prisonniers, les Français deux tués et huit blessés.

On s'organisa défensivement dans les cadres dont on s'était emparé; mais, de leur côté, les défenseurs de la place construisirent plus en arrière de nouvelles barricades, percèrent des créneaux et couvrirent de sacs à terre les édifices voisins. Leur nouvelle ligne de défense fut tracée de Carmen à Santa-Anita en passant par Santa Inès, San Agustin, la Merced et l'église del Señor de los Trabajos [2]. Reculant pied à pied, recommençant chaque jour des travaux défensifs considérables, ils forçaient les assaillants à renouveler sans cesse leurs efforts et leurs sacrifices. Ils resserraient le périmètre défensif au fur et à mesure des progrès de l'assiégeant, et loin d'être affaiblis par la perte des cadres de la première ligne, il semblait au contraire qu'il leur était avantageux de se replier derrière leur seconde et leur troisième ligne, moins étendues et plus faciles à défendre. Aussi laissèrent-ils enlever sans

---

[1] Pour faciliter l'intelligence des ordres des généraux et les rapports des commandants de tranchée, les îlots de maisons furent numérotés de 1 à 158; le Pénitencier prit le n° 1.

[2] Rapport du général Ortega (Zacatecas, 1863).

grande résistance les îlots 8, 7, 6, 5, 3, et 25, situés en dehors de leur nouvelle enceinte et qu'il leur importait peu de conserver ; mais, dans la nuit du 2 au 3 avril, on fut arrêté par le cadre n° 26, où se trouvait une caserne.

Après avoir traversé la rue sous une violente fusillade, la colonne d'attaque, formée d'un détachement du 3ᵉ zouaves, envahit le bâtiment et déboucha dans une chambre obscure, n'ayant d'autre issue qu'un porche étroit par lequel il fallut défiler un par un devant deux obusiers. Trente hommes, le capitaine Lalanne en tête, s'engagèrent dans ce passage ; ils arrivèrent au milieu d'une cour entourée de murs crénelés, où ils trouvèrent tous les escaliers détruits et toutes les issues barricadées. Accablés par une grêle de mitraille, de mousqueterie et de grenades, ils furent forcés de battre en retraite et revinrent tous blessés.

Au même moment, le commandant de Longueville s'était élancé du cadre n° 7 sur le cadre n° 27 avec deux compagnies du 51ᵉ et une section du génie ; après avoir pénétré dans la première maison, il s'était heurté contre un mur parallèle à la façade et percé de deux rangées de meurtrières. Le capitaine Melot parvint cependant à se maintenir dans une chambre ; on s'efforça de le soutenir en établissant une sape à travers la rue ; la mousqueterie des terrasses et la mitraille d'une barricade voisine empêchèrent ce travail.

Le général de Bertier tenta vainement de faire tourner cette barricade par deux compagnies du 1ᵉʳ zouaves ; accueillies par un feu terrible, elles furent obligées de rétrograder. L'ordre fut alors donné d'évacuer cette position intenable, mais il fallait passer de nouveau à découvert sous les décharges de mitraille qui balayaient la rue. Tous les blessés furent cependant emportés à dos d'homme au pas de course ; au point du jour la compagnie de grenadiers du capitaine Melot quitta cette maison, où elle avait donné un si bel exemple de courage et de fermeté.

Le 4 avril, on renouvela l'attaque du cadre n° 26 ; trois colonnes formées par des compagnies du 1er et du 18e bataillon de chasseurs à pied, se précipitèrent avec la plus grande intrépidité ; après avoir franchi les brèches, les chasseurs arrivèrent encore dans des chambres dont toutes les issues étaient solidement fermées, les murs garnis de trois rangs de créneaux et les voûtes percées de mâchicoulis. Devant ces obstacles insurmontables, ils durent se replier. On abandonna l'attaque de la caserne et l'on essaya de se rendre maître du cadre n° 34 ; un pétard attaché à une porte cochère n'ayant produit aucun effet, on commença une gabionnade double afin de traverser la rue ; mais cette opération attira un feu tellement vif que tous les gabions furent enlevés par les boulets et tous les sapeurs blessés. Il fallut y renoncer. On boucha les ouvertures préparées dans le cadre n° 25 (église San Marcos) pour la sortie des colonnes d'assaut, et l'artillerie se contenta de tirer sur San Agustin dans le but d'empêcher l'ennemi d'éteindre un incendie qui s'y déclarait.

Le général en chef se rendit dans le cadre de San Marcos pour apprécier les obstacles contre lesquels étaient venus échouer les efforts des troupes. Il vit de tous côtés des barricades étagées pourvues d'artillerie, des murs crénelés, des terrasses garnies de sacs à terre, les dômes et les clochers des églises couverts de tirailleurs parfaitement abrités. Il put se convaincre des difficultés des attaques de vive force dans lesquelles on perdait les plus braves soldats, car c'étaient toujours eux qui tenaient la tête des colonnes et tombaient les premiers. Il ordonna de commencer des galeries de mine. A la nuit, une tranchée souterraine fut creusée dans la direction du cadre n° 34; on trouva le roc, et ce travail ne put être continué.

Le 5 avril, des pièces de 12 furent amenées dans le cadre de San Marcos pour ouvrir des brèches que les canons de montagne n'arrivaient pas à pratiquer dans de bonnes conditions ; le lendemain, six compagnies du 1ᵉʳ zouaves attaquèrent de nouveau le cadre n° 34. A 5 heures du soir, une avant-garde de trente hommes, conduite par le lieutenant Galland et un détachement du génie pénétrèrent vivement par la brèche ; une section les suivit avec le même entrain ; un feu épouvantable de mitraille et de mousqueterie remplit aussitôt la rue ; plusieurs hommes furent tués, et les blessés, se rejetant en arrière, paralysèrent l'élan de la colonne. Le commandant Carteret-Trécourt, saisissant un zouave par le bras, l'entraîne avec lui au milieu de l'espace qui sépare les deux cadres et que la mitraille balaie incessamment ; le capitaine Michelon, le lieutenant Avèque s'élancent sur ses pas, espérant enlever leur compagnie. Efforts inutiles ! le capitaine Michelon est tué, les deux autres officiers sont blessés ; le feu de l'ennemi se concentre sur les ouvertures de San Marcos ; il empêche la colonne de déboucher et force à renoncer à l'attaque.

Le lieutenant Galland organisa la défense des chambres qu'il avait occupées ; tout moyen de retraite lui fut bientôt fermé ; à 9 heures du soir l'ennemi lui proposa de se rendre, il refusa ; ses hommes n'ayant pas de vivres, sentant l'impossibilité de résister, le quittèrent successivement ; il ne resta avec lui que deux sous-officiers, deux caporaux et un zouave. Dans ces conditions il se rendit à son tour après avoir obtenu pour lui et ceux qui ne l'avaient pas abandonné, l'honneur de conserver leurs armes ; trente-six hommes furent ainsi faits prisonniers. Cette attaque infructueuse coûta en outre : un officier tué, deux blessés, huit hommes tués et dix-huit blessés.

Conseil de guerre (7 avril).

Les échecs subis dans la nuit du 2 au 3 avril, dans celles du 4 au 5, et du 6 au 7, n'avaient pas encore épuisé l'énergie des troupes; cependant il était impossible de méconnaître qu'elles avaient produit une impression fâcheuse sur leur moral. Les circonstances paraissaient graves; le général en chef réunit en conseil de guerre les généraux de division et les chefs de service [1], afin de recueillir leurs avis sur la direction à imprimer aux opérations ultérieures. On discuta dans ce conseil :

1º S'il fallait, en présence de la supériorité de l'artillerie ennemie, suspendre les attaques et attendre l'arrivée de canons de gros calibre, que l'on ferait demander à l'amiral commandant l'escadre du golfe ;

2º S'il fallait suspendre le siége, maintenir seulement l'investissement de Puebla et marcher sur Mexico ;

3º S'il fallait même abandonner l'investissement et se porter sur Mexico avec toute l'armée.

Ces deux derniers partis devaient avoir le grave inconvénient d'augmenter l'exaltation des adversaires de l'intervention et le découragement de ses partisans. Le général en chef les rejeta et se résolut à poursuivre le siége.

On eut la pensée de diriger contre les forts de Totimehuacan et de Carmen une attaque analogue à celle qui avait fait tomber San Javier; c'eût été d'autant plus opportun qu'en abordant la ville de ce côté on prenait les cadres dans le sens de leur plus petite épaisseur et que les difficultés eussent ainsi beaucoup diminué ; mais le comman-

---

[1] Le général en chef au ministre, 19 avril.

dant de l'artillerie fit craindre que l'approvisionnement en munitions fût insuffisant pour cette double attaque. Il fallut se résigner à continuer ces cheminements si lents et si meurtriers vers le cœur de la ville. On n'avait plus que six cents kilogrammes de poudre de mine, et l'on ne pouvait même songer à faire une guerre souterraine (1). Un temps d'arrêt allait être forcément imposé aux opérations du siége en attendant l'arrivée de nouveaux convois de munitions.

Dans cette première période les pertes avaient été de :

Un officier général tué, cinq officiers tués, deux officiers morts de leurs blessures, 39 officiers blessés, 56 soldats tués, 443 soldats blessés dont 250 étaient encore à l'ambulance (1).

L'artillerie de la place avait tiré environ 25,000 coups de canon, et lancé un millier de bombes (2).

Pendant cette interruption des travaux du siége, les troupes s'occupèrent d'améliorer les ouvrages de la ligne d'investissement ; elles furent aussi employées à quelques opérations extérieures ayant pour objet le ravitaillement de l'armée. Le corps d'armée du général Comonfort ne cherchait que mollement à s'opposer à ces opérations; cependant un détachement franco-mexicain de quinze cents hommes(3) s'étant avancé jusqu'à Atlixco, de fortes colonnes ennemies l'attaquèrent le 14 avril. Dès qu'il se vit menacé, le colonel Brincourt, qui commandait cette petite expédition, prit l'offensive de manière à battre successivement,

Combat d'Atlixco (14 avril).

---

(1) Le général Forey au ministre, 12 avril.
(2) Rapport du général Ortega.
(3) 500 zouaves, 500 fantassins mexicains, 260 chasseurs d'Afrique et 200 cavaliers mexicains.

avant qu'elles eussent opéré leur jonction, deux colonnes ennemies qui s'avançaient sur deux directions différentes.

Huit escadrons mexicains, aux ordres de Carbajal, se montraient du côté d'Axocopan, tandis que des colonnes d'infanterie et de cavalerie commandées par Etchegaray, chef d'état-major de Comonfort, descendaient dans la vallée par le chemin de San Juan Tianguismanalco. Deux escadrons de chasseurs se portèrent rapidement à la rencontre de Carbajal. Couverts par les cavaliers mexicains alliés déployés en tirailleurs, ils défilèrent par un chemin creux, se formèrent en échelons, et vigoureusement enlevés par le commandant de Tucé, ils chargèrent à fond sur le flanc droit de la cavalerie ennemie qui, surprise par cette attaque imprévue, se vit forcée de faire un changement de front en arrière. Chargé de nouveau pendant sa manœuvre, l'ennemi fut complétement culbuté ; il se rallia cependant derrière une barranca, sous la protection de deux bataillons d'infanterie accourus à son secours. Une troisième charge acheva sa déroute et les fuyards, battus d'autre part par le feu de l'artillerie et de l'infanterie françaises, tombèrent encore sous le sabre des chasseurs. La colonne du général Etchegaray commençait alors à déboucher dans la vallée ; mais vivement attaquée avant d'avoir pu prendre une formation, elle se replia presque aussitôt sans tenter le moindre retour offensif. L'honneur de la journée revint à la cavalerie française, qui ne montra jamais plus d'entrain et de vigueur. Environ deux cents Mexicains étaient couchés sur le champ de bataille, et parmi les morts se trouvait le général Porfirio Garcia. Ce succès ne couta cependant que trois chasseurs tués, deux officiers et sept chasseurs blessés. La cavalerie mexicaine alliée, qui se comporta bravement à côté de la cavalerie française, eut dix-sept tués et trente-deux blessés. Le colonel Brincourt put achever avec toute sécurité le rassemblement des denrées ; sa mission terminée, il rentra au camp devant Puebla, le 20 avril.

Le corps de siége n'eut qu'un court répit à ses fatigues. Sans modifier toutefois le système général des attaques, le général en chef avait décidé que des travaux d'approche seraient commencés vis-à-vis des forts de Carmen et de Totimehuacan ; il en confia la direction au général Bazaine. Le général Douay, avec trois bataillons, fut spécialement chargé de faire continuer les cheminements dans l'intérieur de la ville, en avant du fort San Javier ; il établit son quartier général dans les bâtiments mêmes du pénitencier.

De son côté, l'ennemi n'était pas inactif ; il perfectionnait chaque jour ses lignes de défense, et dans la nuit du 13 avril, il parvint à faire sortir de la place, par le chemin déjà suivi par les quinze cents cavaliers de Carbajal, un corps de cavalerie de même force sous les ordres du général O'Horan. Les postes de la ligne d'investissement reçurent l'éveil trop tard pour s'opposer à son passage.

Dans la nuit du 17 avril, une partie de cette cavalerie essaya de jeter un convoi dans la place en combinant son mouvement avec une sortie de la garnison ; cette tentative échoua et le convoi fut enlevé.

L'ennemi ne s'était pas mépris sur l'importance des travaux que le général Bazaine faisait exécuter devant le fort de Carmen. En effet, un solide ouvrage de campagne avait été construit près de l'église de San Baltazar, et une batterie placée sur une hauteur voisine enfilait une des principales rues de Puebla. Dès le 15 avril, une forte colonne de 1,500 hommes d'infanterie et de 700 cavaliers appuyée par huit pièces de canon, sortit de la ville et attaqua avec une grande vigueur les positions françaises ; elle fut cependant forcée de rétrograder, et les tentatives de même nature, renouvelées les jours suivants, furent également impuissantes à arrêter les progrès des attaques.

Les cheminements dans les cadres se poursuivaient d'autre part avec les lenteurs, les difficultés, les dangers de ce genre de guerre. Le cadre n° 4 avait été enlevé le 16 avril ; le 19, après une attaque meurtrière qui coûta dix hommes tués et quarante-cinq blessés, on s'était emparé du cadre n° 29. L'ennemi perdit cent cinquante hommes tués, deux cent cinquante prisonniers, deux mortiers et une pièce de montagne. Il abandonna ensuite et détruisit en grande partie les cadres n°ˢ 30, 26, 27 et 28, afin d'agrandir le champ de tir du couvent San Agustin. Bien que l'on avançât péniblement, on faisait cependant quelques progrès, et le général en chef espérait prendre à revers le fort de Carmen, pendant que le général Bazaine l'attaquait par la plaine.

Attaque du couvent de Santa Inès (25 avril) (1). C'est vers ce but que tendaient ses efforts, lorsqu'il ordonna de préparer l'attaque du couvent Santa Inès (cadre n° 52) et l'un des points les plus forts de la nouvelle ligne de défense de l'ennemi. Cette ligne se trouvait alors tracée par les cadres n°ˢ 34, 33, 32, 51, 52 et 53. Le cadre n° 32 était ce grand édifice de San Agustin, dont les feux croisés avec ceux de Santa Inès avaient été jusqu'alors si gênants.

L'artillerie construisit des batteries de brèche dans le cadre n° 30, situé en face de Santa Inès ; le génie établit des fourneaux de mine. L'attaque commença le 25 avril au matin. L'explosion des mines renversa une partie du mur d'enceinte et des constructions extérieures

(1) Voir le plan du siége de Puebla.

du couvent ; les batteries en achevèrent la destruction, mais on put alors se rendre compte des difficultés inouïes que présentait l'attaque. En arrière du mur renversé régnait une forte grille en fer, que les boulets ne pouvaient abattre ; quatre retranchements successivement étagés, dont les deux derniers avec des escarpes en pierre, avaient été formés au moyen des décombres des constructions voisines. Les abords étaient garnis d'abatis et de filets en corde de cuir, reliés entre eux par des piquets ; derrière le dernier parapet s'élevaient les bâtiments du couvent de Santa Inès, avec leurs murs percés de créneaux, des tireurs à toutes les fenêtres et sur les terrasses. Une aile de ce bâtiment, sur laquelle était placée une pièce d'artillerie, flanquait les retranchements. A six heures et demie les canons de la batterie de brèche entrent en action, cherchant à bouleverser les retranchements, à briser la grille, à détruire les maçonneries. Le feu dure ainsi pendant trois heures, quoique les servants des pièces aient beaucoup à souffrir de la proximité des tirailleurs ennemis. A neuf heures et demie, le général de Castagny reçoit l'ordre de tenter l'assaut.

Le signal est donné ; les huit pièces de la batterie de brèche font une salve à mitraille et les colonnes s'élancent. Celle de droite, composée de quatre compagnies du 3ᵉ bataillon du 1ᵉʳ zouaves, est commandée par le chef de bataillon Melot ; celle de gauche, composée des quatre autres compagnies du même bataillon, est conduite par le capitaine Devaux. L'ennemi avait ralenti son feu ; mais à peine les colonnes commencent-elles à déboucher, que les murs, les fenêtres, les terrasses se couvrent de tirailleurs. Plus de 2,000 Mexicains concentrent leur tir sur l'espace étroit où se pressent les assaillants et dont le parcours est rendu très-difficile par les décombres des murs renversés et par les obstacles qui s'y trouvent accumulés. Les zouaves s'avancent sous une grêle de balles ; la colonne de droite atteint la grille, celle de gauche la dépasse et arrive jusqu'aux constructions du couvent; en ce moment, le feu de l'ennemi redouble. Les colonnes s'arrêtent écrasées; l'attaque ne peut être continuée sans de grands et inutiles sacrifices; l'ordre est donné de battre en retraite, mais bien peu de ces braves soldats rentrent dans les lignes. Ce terrible assaut avait coûté dans la colonne de gauche, sur dix officiers, neuf tués ou disparus ; dans celle de droite, un officier tué, deux disparus, cinq blessés ; 27 hommes étaient tués, 127 blessés, 176 avaient disparu. On sut plus tard que sur ce chiffre 130 hommes dont sept officiers étaient prisonniers. L'ennemi admira leur courage et les traita avec égards. Ces hommes avaient combattu « *comme des lions* », dit le rapport du général Ortega.

On change le système des attaques. A la suite de ce nouvel échec, le général en chef convoqua de nouveau les généraux de division et les commandants de l'artillerie et du génie ; c'était la quatrième fois que dans cette guerre de rues les troupes venaient se heurter contre des obstacles insurmontables ; chaque fois leur insuccès avait été payé du sang de leurs meilleurs soldats. On se décida enfin à abandonner le système de cheminements suivi jusqu'alors. Comme de nouvelles bouches à feu et d'importants approvisionnements de poudre devaient arriver prochainement, le général en chef reprit le projet d'attaque contre les forts de Carmen et de Totimehuacan. En attendant, il se contenta de prescrire la mise en état de défense des maisons occupées dans l'intérieur de la ville et quelques travaux de sape destinés à resserrer l'investissement. Enhardi par le succès de sa résistance, l'ennemi parut vouloir intervertir les rôles et assiéger les cadres occupés par les troupes françaises. Il ouvrit en effet des brèches dans les îlots n°s 30 et 31, et vint y donner l'assaut; mais il échoua et renonça pour l'avenir à de semblables tentatives.

Le général Forey fit compléter les travaux d'investissement. Ne pouvant enlever la place de vive force, il voulut au moins y enfermer la garnison et lui interdire d'une façon absolue toute communication avec l'armée de secours qui cherchait à la ravitailler. Les événements qui suivirent montrèrent l'opportunité de ces dispositions.

Le 4 mai, on apprit en effet que le président Juarez s'était rendu au camp de Comonfort, et l'on sut vaguement qu'un effort sérieux allait être fait pour introduire un grand convoi dans Puebla. Le 5 mai, l'approche des forces ennemies fut signalée sur toute la ligne d'investissement du nord, depuis San Domingo jusqu'à la Resurreccion. Un millier de cavaliers appuyés par de l'infanterie et de l'artillerie, s'étant montrés près de San Pablo del Monte, le général L'Hériller dirigea contre eux un escadron de chasseurs d'Afrique; vaillamment conduits par le commandant de Foucaud, les chasseurs forcèrent l'ennemi à se replier vers l'hacienda d'Acupilco. Le commandant de Foucaud fut tué d'un coup de lance en tête de la charge; mais le capitaine de Montarby rallia son escadron et le ramena plusieurs fois encore sur la cavalerie mexicaine. L'arrivée de quelques compagnies du 99e et d'une section d'artillerie de montagne décida l'ennemi à ne pas engager son infanterie et son artillerie. Chacun reprit ses positions. Les Mexicains perdirent vingt morts, vingt prisonniers, un drapeau; les troupes françaises, un officier et trois hommes tués, deux officiers et dix hommes blessés.

Combat de San Pablo del Monte (5 mai).

Pendant ce combat, de fortes colonnes sorties de la place attaquèrent sans résultat le poste de San José et celui de Dolores.

Le combat de San Pablo del Monte prouva au général Comonfort que les troupes françaises se tenaient sur leurs gardes ; renonçant alors au projet de faire passer son convoi dans cette direction, il voulut essayer de lui faire suivre les bords du Rio Atoyac, entre les hauteurs de San Lorenzo et le cerro de la Cruz, qui est à une lieue du fort Santa Anita ; il pensait que s'il réussissait à chasser du cerro de la Cruz les petits postes qui s'y trouvaient, son artillerie pourrait croiser ses feux avec ceux de la place, ouvrir momentanément une communication et protéger le passage des voitures. Il commença donc par prendre position, sa droite au cerro San Lorenzo, son centre à l'hacienda de Pensacola, sa gauche sur les cerros Tenexaque.

Le 6 mai, il reprit l'offensive ; ses troupes poussèrent devant elles les postes du général Marquez chargés de garder le passage de l'Atoyac et les hauteurs de la Cruz ; mais l'arrivée d'une colonne française rétablit bientôt le combat et força l'ennemi à rétrograder. Cependant le général Comonfort ne sembla pas découragé par l'insuccès de ses tentatives du 5 et du 6 mai ; on le vit concentrer ses forces près du village de San Lorenzo, et y faire exécuter des travaux de fortification.

Combat de San Lorenzo (8 mai (1)). Le général Forey résolut de le déloger de ces positions. Dans la nuit du 7 au 8 mai, à une heure du matin, le général Bazaine partit du pont de Mexico avec quatre

---

(1) Journaux de marche. — Rapport du général Comonfort. — Voir le plan n° 3.

bataillons[1], trois escadrons français, un escadron mexicain, la batterie de la garde, la section d'artillerie de montagne des marins et un détachement du génie. Il suivit la route de Mexico, et après avoir dépassé le village de Cuautlancingo, il prit à travers champs de manière à éviter les postes ennemis. Cette opération délicate s'accomplissait heureusement, et la colonne, observant le plus grand silence, s'approchait de San Lorenzo, lorsqu'une grand'garde ennemie, placée à gauche de la direction suivie, éventa son mouvement. Le général Bazaine se trouvait en tête de colonne ; il réussit à tromper les vedettes en faisant répondre à leur : « *qui vive!* » par les cavaliers mexicains ; il continua de gagner du terrain ; une barranca arrêta sa marche, mais les sapeurs du génie pratiquèrent en peu de temps des rampes qui permirent à l'artillerie de la traverser. A quatre heures et demie du matin les éclaireurs furent de nouveau arrêtés par un avant-poste ennemi. Le jour commençait à poindre ; comme il devenait impossible de dissimuler plus longtemps l'opération, le général Bazaine prescrivit d'enlever ce poste, ce qui fut vivement exécuté. En même temps il fit presser la marche, car les hauteurs de San Lorenzo s'apercevaient à environ deux kilomètres ; il couvrit son front par une ligne de tirailleurs.

A cinq heures, les dernières troupes ayant franchi la barranca, le général Bazaine déploya sa colonne par bataillons, la section d'artillerie de montagne à l'aile droite, la batterie de la garde entre les deux premiers bataillons, la cavalerie en colonne par escadron à l'aile gauche. On continua d'avancer dans cet ordre de bataille.

Le jour parut et l'on put alors se rendre compte de l'en-

---

[1] Un bataillon du 3ᵉ zouaves, du 51ᵉ et du 81ᵉ de ligne, et le bataillon de tirailleurs algériens.

semble de la position. San Lorenzo est situé sur une colline dont les pentes, du côté de l'est, rocheuses, assez roides et sillonnées de ravines, vont tomber brusquement sur la rive droite de l'Atoyac ; à l'ouest, les pentes ondulées se prolongent au loin et sont en partie couvertes de cactus, de bouquets d'arbres et de cases indiennes. Au sud, du côté par lequel arrivaient les troupes françaises, le relief est peu sensible. Une ligne continue d'épaulements, à peu près terminés et garnis d'artillerie, formait une sorte de grande redoute ouverte à la gorge, dont l'église de San Lorenzo était le réduit. A 1,200 mètres, l'artillerie ennemie commença le feu ; la batterie de la garde se porta rapidement en avant et répondit de manière à protéger les dernières dispositions d'attaque. A 800 mètres, le général Bazaine forma sa ligne en échelons par bataillon, l'aile gauche en avant, afin de déborder l'ennemi et de lui couper la retraite, s'il était possible ; il prescrivit à la cavalerie de prolonger ce mouvement tournant en suivant le pied des hauteurs et de rejeter sur l'Atoyac tout ce qu'elle rencontrerait. Ces ordres donnés, il fit battre la charge ; les cris enthousiastes des soldats y répondirent et les troupes s'élancèrent en bon ordre sur San Lorenzo, l'arme sur l'épaule, malgré un feu violent de mitraille et de mousqueterie. La défense fut opiniâtre dans le village, où se trouvaient 6 à 7,000 hommes et huit pièces d'artillerie. Elle fut plus énergique encore dans le réduit occupé par un bataillon de Zapadores, mais la vigueur de l'attaque triompha de toutes les résistances.

Averti à cinq heures du matin seulement de la marche du général Bazaine, le général Comonfort avait aussitôt renforcé la division qui défendait San Lorenzo, ordonné quelques dispositions défensives et prescrit de faire éloigner rapidement le convoi de ravitaillement ; il s'était ensuite porté au village de San Lorenzo ; mais déjà ses soldats, chassés de leurs positions, s'enfuyaient vers le gué de Peñsacola, et lui-même fut entraîné par les fuyards. Pendant ce temps une partie de la cavalerie française poursuivait sept à huit cents cavaliers mexicains, tandis que l'autre fraction se rabattait vers l'Atoyac en sabrant ceux qui, descendant de San Lorenzo, cherchaient à gagner les gués. La 1re division de l'armée de Comonfort et la plus grande partie de la 2e division furent détruites ; la 3e division et la cavalerie du général O'Horan, qui se trouvaient sur la rive gauche du Rio, ne prirent pas part au combat et se retirèrent par la route de Tlaxcala.

Le général Marquez était en position sur le cerro de la Cruz ; dès qu'il vit l'ennemi lâcher pied, il descendit dans la plaine avec deux bataillons et deux escadrons et poursuivit son arrière-garde jusqu'à Santa Inès Zacatelco. A neuf heures et demie du matin, les débris de l'armée mexicaine disparaissaient dans la direction de Tlaxcala. Le général Comonfort ne s'y arrêta pas et vint le soir même prendre position à San Martin Texmelucan, afin de rallier une division qui, sous les ordres du général la Garza, couvrait la route de Mexico.

Les résultats du combat de San Lorenzo furent considérables : trois drapeaux, onze fanions, huit pièces de canon, la plus grande partie du convoi, environ mille prisonniers, dont soixante-douze officiers, restèrent entre les mains du général Bazaine. On évalua les pertes de l'ennemi à huit cents tués ou blessés. Grâce à leur élan, celles des troupes françaises furent minimes : un officier et dix hommes tués, neuf officiers et quatre-vingts hommes blessés ; les troupes alliées eurent cinq hommes tués et dix-huit blessés.

Le général Bazaine, après avoir rallié ses troupes, passa la nuit sur les hauteurs de San Lorenzo; le lendemain il rentra à son quartier général de Molino en Medio, tandis que le général Neigre, à la tête d'une colonne légère, fut chargé de faire recueillir les denrées qui existaient encore en grande quantité dans les haciendas des environs.

<small>Ouverture de la tranchée devant le fort Totimehuacan (12 mai).</small>

Les travaux du siége avaient été fort ralentis pendant les opérations contre l'armée de Comonfort; aux attaques de gauche, ils s'étaient réduits à la mise en état de défense des îlots conquis dans l'intérieur de la ville. Aux attaques de droite, on avait continué quelques cheminements. Le général Bazaine reprit la direction de ces travaux et les fit pousser aussi rapidement que possible. Le 12 mai à 7 heures et demie du soir, une première parallèle fut ouverte devant le fort Totimehuacan, à 690 mètres du saillant sud, sur une longueur de 780 mètres.

Le 16, les batteries des attaques de gauche et celles des attaques de droite ouvrirent leur feu et le menèrent avec une grande vigueur; la place riposta avec énergie, mais à huit heures du matin le bastion d'attaque n'avait plus une seule pièce en état de servir, ses embrasures étaient complétement détruites. A midi, les batteries françaises, qui avaient eu beaucoup à souffrir du feu de l'ennemi, ayant été réparées, recommencèrent l'attaque contre les forts de Carmen et de los Remedios. L'artillerie ennemie, écrasée par un tir convergent et bien dirigé, ne répondit que faiblement; à 4 heures du soir, la lutte ayant recommencé pour la troisième fois, elle resta silencieuse. A la nuit, la deuxième parallèle fut ouverte à la sape volante à 250 mètres du saillant du fort.

Depuis plusieurs jours déjà, des ouvertures confidentielles de capitulation avaient été faites au général Forey, qui les avait repoussées, en exigeant des propositions plus catégoriques. Dans la journée du 16 mai, à deux heures du soir, au moment où les batteries françaises attaquaient si vigoureusement les forts de Totimehuacan, de Carmen et de los Remedios, le général Mendoza, chef d'état-major général de l'armée ennemie, s'était de nouveau présenté au quartier général. Un armistice qu'il demanda ayant été péremptoirement refusé, il proposa de laisser sortir la garnison avec armes et bagages et une partie de son artillerie de campagne, en lui accordant les honneurs de la guerre et la liberté de se retirer sur Mexico. Le général en chef rejeta également cette demande et congédia le parlementaire en l'invitant à faire connaître au général Ortega qu'il consentirait aux honneurs de la guerre et au défilé devant l'armée française, mais que la garnison devrait ensuite déposer ses armes et se constituer prisonnière de guerre. Le général Mendoza rentra dans la place.

Le 17, vers une heure du matin, on remarqua un grand mouvement dans la ville et dans les forts; bientôt après on entendit de fortes explosions. L'ennemi brisait ses armes, enclouait ses canons et faisait sauter ses munitions.

Le général Ortega avait adressé aux troupes l'ordre du jour suivant :

« Le manque de vivres ne permet pas à la garnison de prolonger la résistance, et il ne reste même pas assez de munitions pour soutenir les assauts que l'ennemi tentera vraisemblablement au point du jour; l'avis de la plupart des généraux étant conforme au sien, le général commandant en chef décide :

« Entre 4 et 5 heures du matin, tout l'armement qui a servi à la défense de la ville sera brisé, de manière qu'il ne puisse en aucune façon être utilisé par l'ennemi; la patrie exige ce sacrifice.

1863.

Reddition de la place (17 mai).

« Le commandant de l'artillerie fera détruire toutes les pièces qui armaient la place.

« Les généraux commandant les divisions, au zèle et au patriotisme desquels est confiée l'exécution du présent ordre et les généraux commandant les brigades, dissoudront toutes les troupes. Ils feront connaître aux soldats qui ont défendu la place avec tant de valeur et d'abnégation et au prix de tant de souffrances que cette mesure, rendue nécessaire par les circonstances, ne les dégage pas cependant des devoirs que leur impose la défense de leur sol natal. Le général commandant en chef a confiance qu'ils iront se présenter au gouvernement suprême et qu'ils continueront à défendre l'honneur du drapeau mexicain ; il les laisse en liberté absolue et ne les constitue pas prisonniers de guerre entre les mains de l'ennemi.

« Les généraux, officiers supérieurs, officiers et soldats de l'armée doivent être fiers de la défense ; si l'ennemi va occuper la place de Puebla, ce résultat est dû, non à la puissance de ses armes, mais au défaut absolu de vivres et de munitions ; en effet, la ville entière et les forts extérieurs, à l'exception du fort San Javier, sont encore entre les mains des soldats de l'armée d'Orient.

« A 5 heures et demie, on sonnera au parlementaire ; un pavillon blanc sera hissé sur chaque fort et sur chacune des maisons qui font face à celles occupées par l'ennemi.

« A la même heure, les généraux et les officiers se réuniront sur la place de la cathédrale et au palais du gouvernement pour se constituer prisonniers de guerre.

« Le général en chef ne demandera aucune garantie pour les prisonniers ; chacun reste donc complétement libre de choisir le parti qu'il croira le plus honorable et le plus conforme à ses devoirs à l'égard du pays.

« Les fonds qui existent au commissariat seront répartis entre les soldats. »

A quatre heures du matin, le général Ortega écrivit au général Forey :

« Général,

« Le manque de munitions et de vivres ne me permettant pas de continuer la défense de la place, j'ai dissous l'armée qui était sous mes ordres et brisé son armement y compris toute l'artillerie.

« La place est donc aux ordres de V. E., qui peut la faire occuper si elle le juge convenable et prendre les mesures de précaution nécessaires, afin d'éviter les malheurs qui seraient la conséquence d'une occupation de vive force sans raison actuellement.

« Les généraux, officiers supérieurs, et autres officiers de l'armée, se trouvent au palais du gouvernement et se rendent prisonniers de guerre.

« Je ne puis me défendre plus longtemps, sinon Votre Excellence ne doit pas douter que je l'eusse fait.

« Acceptez, etc. »

Bientôt après, la garnison débandée sortit de tous côtés ; un grand nombre de soldats furent arrêtés par les avant-postes français et faits prisonniers. Un bataillon de sapeurs, commandé par le lieutenant-colonel de Gagern, tenta de forcer la ligne d'investissement du côté du nord ; il fut cerné et déposa les armes sans résistance. Quelques généraux et beaucoup d'officiers réussirent à s'échapper. Puebla fut aussitôt occupée par un bataillon de chasseurs à pied.

Le 19, le drapeau français fut hissé sur une des tours de la cathédrale, le drapeau mexicain sur l'autre, et le général en chef fit son entrée à la tête d'une partie de l'armée ; il fut reçu par le clergé mexicain à la porte de la cathédrale et assista à un Te Deum d'actions de grâces.

En rendant compte au ministre de la guerre que d'importants approvisionnements de vivres et de munitions avaient encore été trouvés dans la ville, le général Forey exprimait l'opinion que la reddition en était due à l'énergie avec laquelle les travaux d'approche avaient été conduits contre les forts du sud. C'était bien en effet le côté faible de la place. Une attaque de vive force était imminente. Le général Ortega ne pensait pas être à même d'y résister ; tout espoir d'un secours extérieur étant perdu depuis le combat de San Lorenzo, il fut obligé de terminer une défense qu'il avait du reste suffisamment prolongée pour l'honneur de ses armes.

Les prisonniers causèrent tout d'abord un grand embarras. Les officiers, pour la plupart anciens guérilleros, exaltés et dangereux, étaient fort gênants. Le général en chef décida qu'ils seraient envoyés en France. Cinq mille soldats furent versés dans l'armée de Marquez, deux mille employés à détruire les barricades et les retranchements de la ville ; les autres furent dirigés sur les ateliers du chemin de fer. La prise de Puebla avait fait tomber entre les mains des troupes françaises : 26 généraux, 303 officiers supérieurs, 1179 officiers subalternes, 11,000 sous-officiers ou soldats [1], 150 pièces de canon.

Évasion des prisonniers faits à Puebla.

Bien que les officiers eussent refusé d'engager leur parole, on avait cru pouvoir s'abstenir de leur imposer une surveillance excessive ; un grand nombre en profitèrent pour s'évader.

Le 18 mai, 1508 officiers avaient déclaré se rendre à Puebla.

Le jour du départ, on ne trouva que : 22 généraux, 228 officiers supérieurs, 700 officiers subalternes. Total : 950.

Au moment de l'embarquement à Vera-Cruz on ne compta plus que : 13 généraux, 110 officiers supérieurs, 407 officiers subalternes. Total : 530 [2].

Le plus grand nombre de ceux qui manquaient s'étaient enfuis principalement pendant le trajet d'Orizaba à Vera-Cruz. Six généraux : Ortega, La Llave, Patoni, Pinson,

---

[1] Une note signée du chef d'état-major de la 2ᵉ division n'estime qu'à 9,000 le nombre des prisonniers.

[2] Rapport de l'amiral.

Garcia et Prieto s'évadèrent d'Orizaba même ; d'autres partirent de Puebla et parmi ces derniers : Escobedo, Berriozabal, Antillon, Porfirio-Diaz, Ghilardi, Negrete. On retrouvera tous ces chefs à la tête de bandes isolées ou de corps régulièrement constitués. La plupart retournèrent dans les provinces où ils étaient connus et où ils pouvaient avoir de l'influence. Ce furent eux qui entretinrent le foyer des idées libérales et contribuèrent le plus à prolonger la guerre [1].

Depuis le commencement de la campagne, le corps expéditionnaire avait perdu par le feu de l'ennemi :

18 officiers et 167 hommes de troupe tués.

79 officiers et 1039 hommes de troupe blessés ; parmi ceux-ci un grand nombre étaient morts des suites de leurs blessures [2].

Le siége avait duré soixante-deux jours depuis l'investissement, cinquante-cinq jours depuis l'ouverture de la tranchée.

La nouvelle de la prise de Puebla fut reçue en France avec une grande allégresse. L'Empereur en témoigna sa satisfaction au général Forey dans la lettre suivante :

« Palais de Fontainebleau, 12 juin 1863.

« Général, la nouvelle de la prise de Puebla m'est parvenue avant-hier par la voie de New-York. Cet événement nous a comblés de joie.

« Je sais combien il a fallu aux chefs et aux soldats de prévoyance

---

[1] Lettre du général Woll au ministre, 2 juin 1863. (Le général Woll, Français d'origine, avait pris du service au Mexique. C'était un homme âgé, considéré dans le pays et dont le concours fut souvent utile à l'armée française.) — Le général Forey au ministre, 2 juin, 14 juin.

[2] Le général Forey au ministre, 2 juin.

et d'énergie pour arriver à cet important résultat. Témoignez, en mon nom à l'armée, toute ma satisfaction ; dites-lui combien j'apprécie sa persévérance et son courage dans une expédition si lointaine, où elle avait à lutter contre le climat, contre la difficulté des lieux et contre un ennemi d'autant plus opiniâtre qu'il était trompé sur mes intentions. Je déplore amèrement la perte probable de tant de braves, mais j'ai la consolante pensée que leur mort n'a été inutile ni aux intérêts, ni à l'honneur de la France, ni à la civilisation.

« Notre but, vous le savez, n'est pas d'imposer aux Mexicains un gouvernement contre leur gré, ni de faire servir nos succès au triomphe d'un parti quelconque. Je désire que le Mexique renaisse à une vie nouvelle, et que bientôt régénéré par un gouvernement fondé sur la volonté nationale, sur les principes d'ordre et de progrès, sur le respect du droit des gens, il reconnaisse, par des relations amicales, devoir à la France son repos et sa prospérité.

« J'attends les rapports officiels pour donner à l'armée et à son chef les récompenses méritées; mais dès à présent, général, recevez mes vives et sincères félicitations.

« Napoléon »

CHAPITRE SEPTIÈME.

SOMMAIRE.

Mesures politiques prises après la reddition de Puebla. (Mai 1863.) — Marche de l'armée sur Mexico. — Pronunciamiento à Mexico. — Entrée du général Forey à Mexico (10 juin 1863). — Manifeste à la nation mexicaine. — Formation d'un gouvernement provisoire. — Proclamation de l'Empire (10 juillet). — Opérations militaires. — Combat de Camaron (1ᵉʳ mai). — Opérations sur les côtes. — Situation politique du pays. — Rappel du général Forey et de M. de Saligny (octobre 1863).

Le général Forey nomma le colonel Brincourt commandant supérieur de Puebla et prescrivit de réorganiser les administrations locales. M. de Saligny et le général Almonte désignèrent les personnes auxquelles furent confiées les fonctions administratives.

Mesures politiques prises après la reddition de Puebla.

Sur les propositions qui lui en furent faites par le ministre de France et par M. Budin, receveur général des finances en mission, chef des services financiers, le général en chef arrêta plusieurs mesures politiques importantes [1]. Un journal, rédigé en deux langues, fut créé sous le titre de *Moniteur franco-mexicain. Bulletin des actes officiels de l'Intervention.*

---

[1] *Moniteur franco-mexicain.* — Le général Forey au ministre, 2 juin.

1863

Les douanes de terre, sources principales de revenus de l'État de Puebla, furent rétablies.

Par un décret du 21 mai, les biens de toutes les personnes portant les armes contre l'intervention furent mis sous séquestre; l'application de cette mesure causa de nombreux embarras.

Un décret du 22 mai prescrivit *la révision des ventes des biens ayant appartenu aux corps moraux*, c'est-à-dire à l'ayuntamiento et à diverses sociétés de bienfaisance de Puebla, ventes ordonnées par le gouvernement de Juarez et dont un grand nombre étaient entachées de fraude.

Dans l'intention de faciliter les opérations du trésor de l'armée, un décret du 27 mai interdit « *l'exportation du numéraire et des matières d'or et d'argent* (¹). »

Le 4 juin, jour de la Fête-Dieu, le général Forey, à la tête de son état-major, suivit la procession dans les rues de Puebla; toutes les troupes formèrent la haie. Le commandant en chef pensait que cette manifestation produirait un effet utile sur l'esprit d'une population dont il connaissait les sentiments religieux et qui était privée depuis longtemps des cérémonies extérieures du culte (²).

Marche de l'armée sur Mexico.

Il se préparait d'ailleurs à continuer les opérations et commençait à diriger les troupes vers Mexico, où les libéraux avaient, disait-on, l'intention de résister(³). Le 1ᵉʳ juin, les têtes de colonne étaient déjà à Ayotla, à sept lieues de la capitale, lorsqu'on apprit que Juarez, renonçant à tout projet de défense, en était parti la veille. Les consuls

---

(1) Les décrets sur le séquestre et sur l'exportation du numéraire furent formellement désapprouvés par le Gouvernement français, qui en ordonna l'annulation. (Lettres du ministre de la guerre, 17 juillet, 28 octobre, 15 novembre.)
(2) Le général Forey au ministre, 14 juin.
(3) Le général Forey au ministre, 2 juin.

d'Espagne, de Prusse et des États-Unis se rendirent, le 2 juin, à Puebla, près du général en chef, et le prièrent de faire occuper la ville par les troupes françaises, à l'exclusion de la division Marquez. L'ordre fut aussitôt donné au général Bazaine de se rapprocher de Mexico et d'y envoyer quelques détachements, s'il le jugeait opportun.

Cependant les hommes du parti conservateur, auxquels le départ de Juarez avait laissé le champ libre, s'étaient immédiatement concertés sous la direction du général Aguilar, un des plus ardents instigateurs de l'intervention française et des idées monarchiques. Ils rédigèrent un acte d'adhésion à l'intervention et recueillirent un nombre très-considérable de signatures. Un vieil officier, le général Salas, prit le commandement supérieur civil et militaire de la ville, et quelques-uns d'entre eux furent députés auprès du général Forey pour lui annoncer le *pronunciamiento* qui venait d'avoir lieu. Le général en chef les reçut le 4 juin; il les trouva si intolérants, si peu modérés dans l'expression de leurs sentiments, qu'il craignit quelque violente réaction et crut prudent de ne pas laisser les troupes de Marquez entrer à Mexico, ainsi d'ailleurs que le lui avaient demandé les consuls étrangers. Il donna l'ordre de les cantonner à quelque distance dans la petite ville de Texcoco.

Le 4 juin, un bataillon de chasseurs à pied alla bivouaquer aux portes de la ville. Le 7 juin, le général Bazaine en prit possession à la tête de sa division. Le général Forey, qui avait quitté Puebla le 5, arriva le 9 au Peñon, à trois kilomètres de Mexico. Un grand nombre d'habitants vinrent le complimenter, et leurs instances furent si vives, qu'il consentit à modifier les ordres déjà donnés à la division Marquez et à lui faire prendre la tête de colonne dans l'entrée solennelle à Mexico, qui devait avoir lieu le lendemain.

Entrée du général Forey à Mexico (10 juin).

L'armée fut accueillie avec un grand enthousiasme; toutes les rues étaient garnies d'arcs de triomphe, une population immense se pressant sur son passage l'acclama et la couvrit de fleurs. Le général en chef en rendit compte au ministre de la guerre, dans les termes suivants, par une dépêche télégraphique datée du 10 juin même :

« Je viens d'entrer à Mexico à la tête de l'armée. C'est le cœur encore tout ému que j'adresse cette dépêche à Votre Excellence pour lui annoncer que la population de cette capitale, tout entière, a accueilli l'armée avec un enthousiasme qui tenait du délire. Les soldats de la France ont été littéralement écrasés sous les couronnes et bouquets dont l'entrée de l'armée à Paris, le 14 août 1859, en revenant d'Italie, pourrait seule donner une idée. J'ai assisté à un Te Deum avec tous les officiers dans la magnifique cathédrale de cette capitale remplie d'une foule immense; puis l'armée, dans une admirable tenue, a défilé devant moi au cri de : Vive l'Empereur ! Vive l'Impératrice !

« Après le défilé, j'ai reçu au palais du gouvernement les autorités qui m'ont harangué. Cette population est avide d'ordre, de justice, de liberté vraie. Dans mes réponses à ses représentants, je lui ai promis tout cela au nom de l'Empereur.

« Par la plus prochaine occasion, j'aurai l'honneur de vous donner de plus amples détails sur cette réception sans égale dans l'histoire, et qui a la portée d'un événement politique dont le retentissement sera immense. »

Le 10 juin au soir, le général Forey fit afficher une proclamation dans laquelle il remercia la population de l'accueil qui lui avait été fait. Il assista, le lendemain, avec toutes les troupes, à la procession de l'octave de la Fête-Dieu [1].

---

[1] Le général Forey au ministre de la guerre, 14 juin.

Deux jours après, il adressa le manifeste suivant au peuple mexicain :

Mexicains !

« Est-il nécessaire que je vous dise encore dans quel but l'Empereur a envoyé au Mexique une partie de son armée ? Les proclamations que je vous ai adressées, malgré la politique ombrageuse du gouvernement déchu, vous sont certainement connues, et vous savez que notre magnanime souverain, ému de votre triste situation, n'a voulu qu'une chose en faisant traverser les mers à ses soldats : vous montrer le noble drapeau de la France, qui est le symbole de la civilisation. Il a pensé avec raison qu'à sa vue ceux qui vous opprimaient au nom de la liberté, ou tomberaient vaincus, ou s'enfuiraient honteusement. La mission que l'Empereur m'a confiée avait un double but : j'avais à faire sentir aux prétendus vainqueurs du 5 mai 1862, le poids de nos armes et à réduire à sa juste valeur ce fait de guerre auquel la jactance de quelques chefs militaires avait donné la proportion d'une grande victoire.

J'avais ensuite à offrir le concours de la France au Mexique pour l'aider à se donner un gouvernement qui fût l'expression de son libre choix, un gouvernement pratiquant avant tout la justice, la probité, la bonne foi dans ses relations extérieures, la liberté à l'intérieur, mais la liberté comme elle doit être entendue, marchant avec l'ordre, le respect de la religion, de la propriété, de la famille.

« La déroute des troupes ennemies dans toutes les circonstances où elles ont osé affronter nos sabres ou nos baïonnettes, puis le siége de Puebla, ont donné ample satisfaction à notre honneur militaire.

« Arrivés avec de faibles moyens d'attaque devant Puebla, dont le gouvernement déchu avait fait une place de premier ordre et qu'il regardait comme un boulevard où viendraient se briser nos efforts et où dans sa forfanterie habituelle, il prétendait que nous devions trouver notre tombeau, nous l'avons forcé à se rendre à discrétion ; et chose extraordinaire dans les fastes militaires, une garnison de 20,000 hommes a été obligée de se constituer prisonnière avec tous ses généraux, tous ses officiers, à abandonner en notre pouvoir un immense matériel de guerre, et cela lorsqu'elle avait encore de puissantes ressources, ainsi que nous avons pu le constater.

« Après la chute de Puebla, nous allions marcher sur la capitale, qui, disait-on, se préparait à une sérieuse résistance; nous avions pour la vaincre de puissants moyens d'action, et la victoire, fidèle au drapeau de la France, n'était pas douteuse.

« Mais Dieu n'a pas permis une nouvelle effusion de sang, et le gouvernement qui savait très-bien qu'il ne pouvait s'appuyer sur le peuple de cette capitale, n'a pas osé nous attendre derrière ses remparts; il s'est enfui honteusement, laissant cette grande et belle cité à elle-même. S'il doutait encore de la réprobation générale dont il était l'objet, la journée du 10 juin 1863, qui appartient désormais à l'histoire, doit lui enlever toute illusion et lui faire sentir son impuissance à conserver les débris du pouvoir dont il a fait un si déplorable usage.

« *La question militaire est donc jugée.*

« Reste la question politique.

« La solution, Mexicains, dépendra de vous. Soyez unis dans des sentiments de fraternité, de concorde, de véritable patriotisme; que tous les honnêtes gens, les citoyens modérés de toutes les opinions se confondent en un seul parti, celui de l'ordre; n'ayez pas pour but mesquin et peu digne de vous la victoire d'un parti sur un autre; voyez les choses de plus haut, abandonnez ces dénominations de Libéraux, de Réactionnaires qui ne font qu'engendrer la haine, que perpétuer l'esprit de vengeance, qu'exciter enfin toutes les mauvaises passions du cœur humain. Proposez-vous avant tout d'être Mexicains, et de vous constituer en une nation unie, forte, par conséquent grande, parce que vous avez tous les éléments nécessaires pour cela.

« C'est à quoi nous venons vous aider, et nous arriverons ensemble à créer un ordre de choses durable, si, comprenant les vrais intérêts de votre pays, vous entrez résolûment dans les intentions de l'Empereur que je suis chargé de vous exposer.

« Ainsi, à l'avenir, il ne sera plus exigé aucune contribution forcée, ni réquisition de quelque nature et sous quelque prétexte que ce soit; il ne sera commis aucune exaction sans que leurs auteurs soient punis.

« Les propriétés des citoyens, ainsi que leurs personnes, seront placées sous la sauvegarde des lois et des mandataires du gouvernement.

« Les propriétaires des biens nationaux, qui ont été acquis régulièrement et conformément à la loi, ne seront nullement inquiétés et resteront en possession de ces biens; les ventes frauduleuses seules pourront être l'objet d'une révision.

« La presse sera libre, mais réglementée d'après le système des avertissements établi en France ; deux avertissements entraîneront la suppression du journal.

« L'armée sera soumise à une loi de recrutement modéré, qui mettra fin à cette odieuse habitude de prendre de force et d'arracher à leur famille les Indiens et les laboureurs, cette intéressante classe de la population que l'on jette dans les rangs de l'armée la corde au cou, et qui ne peuvent que donner le triste spectacle de soldats sans patriotisme, sans la religion du drapeau, toujours prêts à déserter ou à quitter un chef pour un autre ; et cela se conçoit par cela seul qu'il n'y a point au Mexique d'armée nationale, mais des bandes aux ordres de chefs ambitieux qui se disputent le pouvoir, dont ils ne se servent que pour détruire de fond en comble les ressources du pays, en s'emparant des richesses d'autrui.

« Les impôts seront réglés comme dans les pays civilisés, de manière que les charges pèsent sur tous les citoyens, proportionnellement à leur fortune, et l'on cherchera s'il ne convient pas de supprimer certains droits de consommation, plus vexatoires qu'utiles, et qui frappent principalement les producteurs les plus pauvres de la campagne.

« Tous les agents qui ont le maniement de la fortune publique seront convenablement rétribués ; mais ceux qui n'exercent pas leur emploi avec la probité et la délicatesse que l'Etat est en droit d'exiger d'eux seront remplacés, indépendamment des peines qu'ils auront pu encourir pour malversation.

« La religion catholique sera protégée et les évêques seront rappelés dans leurs diocèses. Je crois que l'Empereur verrait avec plaisir qu'il fût possible au gouvernement de proclamer la liberté des cultes, ce grand principe des sociétés modernes.

« Des mesures énergiques seront prises pour réprimer le brigandage, cette plaie du Mexique, qui en fait un pays à part dans le monde et paralyse tout commerce, toute entreprise d'utilité publique ou privée qui, pour prospérer, ont besoin de sécurité.

« Les tribunaux seront organisés de manière que la justice soit rendue avec intégrité et qu'elle ne soit plus le prix du plus offrant et dernier enchérisseur.

« Tels sont les principes essentiels sur lesquels s'appuiera le gouvernement à établir ; ce sont ceux des peuples de l'Europe qui se distinguent entre tous ; ce sont ceux que le nouveau gouvernement du Mexique devra s'efforcer de suivre avec persévérance et énergie, s'il veut prendre sa place parmi les nations civilisées.

« Cette seconde partie de la tâche qui m'est imposée, je ne pourrai la remplir que si je suis secondé par les bons Mexicains.

« Aussi, je ne terminerai pas ce manifeste sans faire appel à la conciliation. J'invoque le concours de toutes les intelligences, je demande aux partis de désarmer et d'employer désormais leurs forces, non à détruire, mais à fonder. Je proclame l'oubli du passé, une amnistie complète pour tous ceux qui se rallieront de bonne foi au gouvernement que la nation librement consultée se donnera.

« Mais je déclarerai ennemis de leur pays ceux qui se montreront sourds à ma voix conciliatrice, et je les poursuivrai partout où ils se réfugieront. »

« Fait à Mexico, le 12 juin 1863. »

Formation d'un gouvernement provisoire.

Le général Forey s'occupa aussitôt de la constitution des pouvoirs publics. L'autorité de Juarez étant encore reconnue sur presque tout le territoire du Mexique, il était difficile de réunir un congrès d'après les lois du pays. Il fut décidé qu'on formerait une assemblée de notables choisis dans la capitale; M. de Saligny se chargea d'en préparer l'élection. Le général Forey, par un décret du 18 juin, désigna d'abord trente-cinq citoyens pour former une junte supérieure de gouvernement. Cette junte eut à choisir trois de ses membres et deux suppléants pour l'exercice du pouvoir exécutif, puis à former une assemblée de notables en s'adjoignant deux cent quinze membres nouveaux. Le 22 juin, le général Almonte, Mgr de Labastida, archevêque de Mexico, alors en Europe, et le général Salas furent élus membres du gouvernement provisoire. Mgr Ormeacha remplaça l'archevêque absent.

Ce fut aux mains de ce triumvirat que le général en chef remit, le 24 juin, l'autorité gouvernementale effective, qu'il avait jusqu'alors exercée. Il se réserva seulement la présidence de la section de la junte chargée de l'administration du département de la guerre. Outre les décrets précédemment rendus à Puebla sur le séquestre, sur l'exportation du numéraire, sur la révision des ventes des biens nationalisés, le général Forey prit encore à Mexico plusieurs décisions importantes. Il réglementa la presse conformément à la législation en vigueur en France. Il créa des cours martiales, et ces tribunaux, chargés de juger sommairement tous les individus ayant fait partie d'une bande de malfaiteurs armés, furent investis de pouvoirs discrétionnaires. Leurs arrêts, prononcés à la majorité absolue des voix, étaient sans appel et exécutoires dans les vingt-quatre heures.

Quelques jours après la nomination des membres du pouvoir exécutif, la junte supérieure s'adjoignit les deux cent quinze citoyens avec lesquels elle devait se transformer en assemblée des notables constituante. M. de Saligny prétendit que ses désignations portaient sur des hommes modérés de tous les partis, mais on avait eu soin de s'assurer préalablement des dispositions du plus grand nombre d'entre eux. Trente-quatre membres ne siégèrent pas pour divers motifs. Sept refusèrent le mandat qui leur était donné. L'assemblée se réunit pour la première fois le 8 juillet et nomma aussitôt une commission pour examiner la question de la forme du gouvernement.

Le 10 juillet, cette commission présenta un rapport dont voici les conclusions [1] :

« Résumant ce qui vient d'être exposé, la commission croit avoir démontré de la manière la plus satisfaisante :

« 1° Que le système républicain, soit sous la forme fédérative, soit sous celle de la plus énergique centralisation du pouvoir, a été, depuis l'époque où il a été mis en pratique, la source de tous les maux de notre patrie, et que le bon sens et l'expérience politique ne permettent pas d'espérer qu'on puisse les faire cesser autrement qu'en extirpant l'unique cause qui les a produits;

---

[1] D'après la traduction jointe aux dépêches du général Forey.

1863.

« 2° Que l'institution de la monarchie est la seule convenable pour le Mexique, surtout dans les circonstances présentes, parce que, combinant en elle l'ordre avec la liberté, et la force avec la justice, elle parvient presque toujours à vaincre l'anarchie, à refréner la démagogie immorale et désorganisatrice par sa propre nature;

« 3° Que, pour fonder ce trône, il n'est pas possible de choisir un souverain parmi les enfants du pays, bien qu'il renferme des hommes d'un mérite éminent, par ce motif que les qualités essentielles pour constituer un monarque sont de celles qui ne s'improvisent pas, qu'il n'est pas donné à un simple particulier de posséder et de réunir et qui bien moins encore s'obtiennent au moyen du vote populaire;

« 4° Que parmi les princes, brillant autant par la splendeur d'une naissance illustre que par l'éclat des qualités personnelles, l'Archiduc Ferdinand-Maximilien d'Autriche, est désigné au choix de la nation pour régir ses destinées comme un des rejetons les plus éminents de la race royale, autant par ses qualités personnelles, sa haute instruction, son intelligence élevée que par son aptitude au gouvernement.

« En conséquence, la commission soumet à la délibération souveraine de cette respectable assemblée les propositions suivantes:

« 1° La nation mexicaine adopte pour forme de gouvernement la monarchie tempérée et héréditaire sous un prince catholique.

« 2° Le souverain prendra le titre d'Empereur du Mexique.

« 3° La couronne impériale du Mexique sera offerte à S. A. I. et R. le prince Ferdinand-Maximilien d'Autriche pour lui et ses descendants[1].

« 4° Dans le cas où, par des circonstances qu'on ne peut prévoir, l'Archiduc Ferdinand-Maximilien ne prendrait pas possession du trône qui lui est offert, la nation mexicaine s'en remet à la bienveillance de S. M. Napoléon III, Empereur des Français, pour qu'il indique un autre prince catholique à qui la couronne sera offerte. »

---

[1] L'archiduc Ferdinand-Maximilien-Joseph d'Autriche, né le 6 juillet 1832, frère de l'empereur François-Joseph, marié le 27 juillet 1857 à la princesse Marie-Charlotte, fille du roi des Belges, née le 6 juin 1840.

L'assemblée passa aussitôt à la délibération sur ce projet, qui fut rapidement adopté à une majorité de deux cent vingt-neuf voix contre deux opposants. Le succès avait couronné l'habileté déployée par les promoteurs de l'Empire, mais les fondations de l'édifice étaient loin d'être solides. L'assemblée vota des actions de grâces à l'empereur Napoléon, à l'Impératrice, au général Forey, au général Almonte, à M. de Saligny, au général Marquez, etc. Elle décida que le buste de l'empereur Napoléon serait placé dans la salle des séances et qu'on demanderait au Pape sa bénédiction.

Le gouvernement provisoire prit le nom de « *Régence de l'Empire.* » Un *Te Deum* fut chanté à la cathédrale et, le 13 juillet, le « *Bando,* » annonçant l'Empire sous Maximilien Ier, fut publié dans les rues de Mexico au milieu des démonstrations populaires, qui accompagnent volontiers tout changement de gouvernement. Une députation fut envoyée en Europe pour offrir la couronne à l'archiduc et lui exprimer « les vœux de la nation mexicaine représentée, était-il dit, conformément au droit public et aux usages traditionnels du pays, par une assemblée de notables. »

Cependant Juarez, suivi de quelques députés du congrès, avait transporté à San Luis Potosi le siége de son gouvernement ; il ne paraissait nullement vouloir renoncer à la lutte. L'armée française en entrant à Mexico, disait une de ses proclamations, ne s'était rendue maîtresse que d'une ville de plus (*No mas que un pueblo*) ; tout le reste du pays obéissait encore à son autorité. C'était exact ; car aucune manifestation favorable à l'intervention ne se produisit dans les parties du territoire sur lesquelles l'action des armes françaises ne se faisait pas directement sentir. L'occupation de Mexico n'avait pas dénoué la question mexicaine.

1863.

Opérations militaires.

Une partie des troupes ennemies s'étaient fractionnées en bandes de guérillas et se disposaient à mettre les circonstances à profit pour se livrer au pillage; mais le général Uraga, avec quelques forces régulièrement organisées, se retirait en ordre par la route de Toluca, tandis que Doblado se repliait par celle de Queretaro, et que Negrete, un des généraux qui s'étaient enfuis de Puebla, se préparait à opérer entre Mexico et Vera-Cruz, de manière à gêner les communications de l'armée française avec la mer.

Un des premiers soins du général en chef, après son entrée à Mexico, avait été d'établir des postes sur la route de Vera-Cruz, afin de rendre faciles en tout temps la marche des convois et le service des dépêches. Les nécessités du siége de Puebla ayant amené la concentration autour de cette place de la presque totalité des troupes françaises, on n'avait pu jusqu'alors protéger ces communications d'une manière efficace. Les dépêches ne passaient qu'avec une extrême difficulté; le commandant supérieur de Vera-Cruz recevait rarement des nouvelles de l'armée; de temps à autre seulement, un Indien arrivait à traverser les lignes des guérillas et apportait quelques renseignements succincts sur les opérations du siége. Toutes les nouvelles défavorables étaient au contraire rapidement propagées par l'ennemi et aussitôt exploitées par les partisans de Juarez, très-nombreux parmi la population de Vera-Cruz.

A la fin du mois de mars, une brigade de renfort, composée du 7ᵉ de ligne et du régiment étranger et divers autres détachements, formant un effectif total d'environ six mille hommes, étaient arrivés au Mexique. Ces troupes furent réparties dans les postes des terres chaudes et dès ce moment la route put être mieux surveillée. Cependant les guérillas, dont le quartier général était à Jalapa, ne perdirent rien de leur audace; le 31 mars, elles attaquèrent les ateliers du chemin de fer, tuèrent ou blessèrent un grand nombre d'ouvriers et bouleversèrent les travaux.

1863.

Le 1ᵉʳ mai, une compagnie du régiment étranger fut également attaquée par des forces supérieures et entièrement détruite après une héroïque résistance.

Combat do Camaron (1ᵉʳ mai).

Un convoi portant trois millions de francs et un autre, chargé de munitions, devaient être envoyés de Vera-Cruz à Puebla; le général Milan, commandant les guérillas des terres chaudes, ayant formé le projet de les enlever, s'embusqua près de la route avec un millier de fantassins et huit cents cavaliers. On ignorait le voisinage d'une force aussi considérable, lorsque, le 30 avril, une compagnie du régiment étranger, commandée par le capitaine Danjou, et forte de soixante-deux hommes et trois officiers, partit du poste du Chiquihuite pour éclairer les environs. Après avoir marché une partie de la nuit, elle s'arrêta, à sept heures du matin, au lieu dit *Palo-Verde*, pour y faire le café; quelques instants plus tard, des éclaireurs ennemis étant signalés sur la route du côté du Chiquihuite, le capitaine Danjou se replia dans la direction du village de Camaron; soudain il fut enveloppé par une nuée de cavaliers. La compagnie se forma en carré et reçut une première charge. Profitant d'un moment de répit, elle gravit un talus voisin et soutint encore sans se rompre une deuxième attaque de la cavalerie mexicaine; puis, chargeant à son tour, elle perça la ligne ennemie et se jeta dans les maisons.

Le bâtiment dans lequel le capitaine Danjou se disposa à la résistance se composait d'une cour carrée de cinquante mètres de côté dont une face, celle qui bordait la route, était formée par un corps de logis divisé en plusieurs

1863.

chambres. Il occupa la cour, dont il fit barricader les ouvertures et la chambre située à l'un des angles ; au même moment, l'ennemi pénétrait dans la chambre située à l'extrémité opposée.

Il était environ neuf heures. Le détachement français, sommé de se rendre, refusa énergiquement, et le feu commença de tous côtés. Le capitaine Danjou n'espérait pas résister avec succès, mais il fit promettre à ses hommes de se défendre jusqu'à la dernière extrémité ; bientôt après, il tombait frappé mortellement.

Le sous-lieutenant Vilain prit le commandement.

Vers midi, on entendit un bruit de tambours et de clairons ; il y eut une lueur d'espoir parmi les défenseurs de Camaron qui crurent à l'arrivée d'un secours. Cette espérance fut bientôt dissipée : c'étaient trois bataillons mexicains, forts de trois à quatre cents hommes chacun, que le général Milan amenait sur le lieu du combat. Cependant l'ennemi avait réussi à pratiquer, sur une des faces de la cour, une brèche par laquelle il prenait à revers les défenseurs des autres faces. A deux heures, le sous-lieutenant Vilain fut tué. Le commandement passa au sous-lieutenant Maudet.

La chaleur était accablante, la troupe n'avait pas mangé depuis la veille, personne n'avait bu depuis le matin. Les souffrances des blessés étaient atroces. L'ennemi fit une nouvelle sommation, qui fut encore repoussée avec la même énergie ; alors il incendia un des hangars extérieurs, et la fumée rendit plus intolérables encore les tortures de la soif. Malgré tout, on se maintint aux créneaux et aux brèches.

A cinq heures et demie, l'attaque fut suspendue ; le général Milan, rassemblant ses soldats à l'abri d'une maison voisine, les harangua, leur disant que ce serait une honte de ne pas en finir avec les quelques Français qui restaient debout. Ces paroles furent entendues par un soldat d'origine espagnole qui les traduisit à ses camarades. Aussitôt après, un assaut général fut donné, les Mexicains se précipitèrent à la fois sur toutes les ouvertures. A la porte principale, il ne restait qu'un homme, il fut pris. A l'angle opposé, il y avait encore quatre soldats qui jusqu'alors avaient réussi à défendre une brèche, ils furent enveloppés par l'ennemi qui remplissait la cour et entraînés. Le sous-lieutenant Maudet s'était barricadé avec quatre hommes dans les débris d'un hangar ruiné. Il s'y défendit encore un quart d'heure; puis, ayant fait envoyer la dernière balle à l'ennemi, il donna l'ordre de charger à la baïonnette. Au moment où il sortait du hangar, tous les fusils étaient dirigés sur lui; un de ses hommes lui fit un rempart de son corps et tomba foudroyé; lui-même fut grièvement blessé par deux balles et renversé à terre. Alors les Mexicains, se précipitant sur les quelques survivants de l'infortunée compagnie, les firent prisonniers.

Il était six heures du soir, lorsque succomba cette poignée d'hommes héroïques; ils combattaient depuis plus de neuf heures; deux officiers étaient tués, le troisième mortellement blessé. Vingt sous-officiers et soldats avaient été tués, vingt-trois blessés parmi lesquels sept moururent de leurs blessures; les autres furent faits prisonniers, à l'exception d'un tambour laissé pour mort et qui, recueilli le lendemain par une reconnaissance du régiment étranger, donna les premiers détails sur le combat.

On assura que les Mexicains avaient perdu trois cents hommes dont deux cents morts [1]. La vigoureuse résistance

---

[1] Ordre général du 30 août 1863.

de cette compagnie détermina le général Milan à laisser passer les convois sans les attaquer, et il ramena à Jalapa ses troupes fort impressionnées des pertes sanglantes que leur avait coûté cette victoire. Du reste les Mexicains traitèrent avec humanité leurs prisonniers dont ils avaient admiré la bravoure ; lorsque le sous-lieutenant Maudet mourut, s'honorant eux-mêmes par les égards témoignés à leur ennemi vaincu, ils lui rendirent les honneurs militaires.

Ces bandes n'étaient ni les seuls ni les plus terribles ennemis contre lesquels avaient à lutter les postes des terres chaudes. Depuis le commencement de la saison des pluies, ils étaient décimés par les maladies ; le vomito, recommençant ses ravages périodiques à Vera-Cruz, avait signalé son apparition en enlevant, à quelques jours d'intervalle, le colonel Labrousse, commandant supérieur de Vera-Cruz et le chef du bataillon égyptien. Le colonel Jeanningros, qui remplaça le colonel Labrousse, faillit aussi succomber ; onze officiers et la moitié des soldats de la garnison de Vera-Cruz moururent ; les équipages de la flotte subirent de cruelles pertes. Heureusement les Égyptiens résistèrent au climat et purent seconder les compagnies créoles des Antilles, également à l'abri du fléau ; mais les garnisons françaises de la Tejeria et de la Soledad étaient épuisées par les fièvres.

Sur les plateaux, l'état sanitaire était aussi satisfaisant qu'on pouvait le désirer. La saison des pluies apportant un temps d'arrêt aux opérations militaires, les troupes purent se reposer dans de bons cantonnements. Le général en chef se borna à faire poursuivre les bandes de voleurs qui, arborant, soit le drapeau libéral, soit le drapeau conservateur, sortaient des hautes montagnes qui bordent la vallée de Mexico, pour ravager la plaine et exploiter les grands chemins. Une bande de cent trente-quatre hommes, qui se disait ralliée à l'intervention, fut cernée et désarmée (17 juin); son chef, Buitron, et ses lieutenants furent passés par les armes.

Des détachements français occupèrent Chalco et Tlalpan; des troupes mexicaines alliées furent placées à Texcoco, à Guadalupe, à Apan, à Teotihuacan, à Cuautitlan. Ce dernier poste avait pour mission spéciale de surveiller les digues du lac de Zumpango, dont la rupture menacerait Mexico d'inondations dangereuses [1]. Enfin, une colonne, composée de huit compagnies de zouaves, de deux pelotons de chasseurs d'Afrique et de quelques troupes alliées, placés sous le commandement du colonel Mangin du 2e zouaves, fut envoyée dans les montagnes du Monte-Alto. Elle enleva de vive force le village de Santiago, que défendaient les gens de Romero (10 juillet) et les poursuivit pendant plusieurs jours à travers les sentiers affreux de ce

[1] Mexico est situé au centre d'un grand bassin de quinze lieues de long sur douze de large, auquel on donne improprement le nom de vallée. Les eaux qui tombent sur cette immense surface s'accumulent dans les lagunes qui en occupent les parties les plus basses, et près desquelles Mexico est bâti. A certaines époques, il en est résulté des inondations terribles comme celles des années 1553, 1580, 1604, 1607, dont l'histoire a conservé le souvenir. Ces lagunes sont à différents étages. Le niveau moyen des eaux de celle de Texcoco, la plus voisine de la ville, est de $3^m,64$ inférieur au plan du parvis de la cathédrale ; les lacs de Chalco, de San Cristobal et de Xaltocan sont à 0^m54 au-dessous de ce plan. Le lac de Zumpango est à $2^m,44$ au-dessus. Ce ne sont à vrai dire que des nappes d'eau sans profondeur, derniers vestiges des grands lacs sur lesquels naviguaient les brigantins de Cortez. Leur surface est aujourd'hui encombrée d'herbes et la circulation n'est généralement possible que dans les canaux qui ont été dégagés de végétation. Dans la saison des grandes pluies, le niveau des lagunes inférieures monte assez pour couvrir d'eau la plaine qui entoure Mexico ; mais en temps ordinaire, l'évaporation et l'absorption dans les terres perméables suffisent pour maintenir les eaux à une hauteur normale. On a du reste exécuté quelques travaux d'art afin de détourner dans les lagunes supérieures le cours du Rio de Cuantitlan, qui se déversait dans le lac de Texcoco, et l'on a ouvert une profonde tranchée dans les montagnes qui ferment le bassin au nord, afin de procurer au trop-plein de leurs eaux une dérivation artificielle sur le versant de l'Atlantique. Ce canal, appelé *Desague Real*, date de la domination espagnole.

pays et sous une pluie torrentielle qui augmentait encore les fatigues de cette expédition. Cependant Romero reparut bientôt après dans la vallée. On n'arrivait pas non plus à débarrasser les environs d'Ajusco des bandes qui les infestaient, le général en chef crut alors indispensable de faire occuper d'une manière permanente quelques points sur les versants opposés des montagnes.

Déjà le 62ᵉ de ligne (colonel Aymard) avait été envoyé à Pachuca, à vingt lieues au nord de Mexico, pour protéger l'exploitation des riches mines d'argent qui entourent cette ville (19 juin). Le général de Bertier, avec le 51ᵉ de ligne, avait pris possession de Toluca, ville de douze mille habitants, située à seize lieues au sud-est de la capitale, au centre d'une fertile contrée (5 juillet). Un bataillon du 99ᵉ de ligne sous les ordres du lieutenant-colonel Lefebvre, six cents fantassins et cinq cents cavaliers de la brigade mexicaine du général Vicario, furent dirigés sur Cuernavaca, ville de dix mille âmes, dans une position importante au débouché des terres chaudes du Pacifique, à dix-huit lieues au sud de Mexico, et à quatre-vingt-dix lieues du port d'Acapulco. Cuernavaca fut occupé le 29 juillet, et les troupes mexicaines furent poussées plus en avant à Jautepec, Xochitepec, Tetecala, Tasco, Iguala et Teloloapan; elles eurent avec l'ennemi de nombreux engagements dans lesquels l'avantage ne leur resta pas toujours. Les bandes de cette région, dont l'effectif ne s'élevait pas à moins de quinze cents hommes, étaient en grande partie composées de *plateados* [1], sortes de bandits affectant le luxe, et qui jouissent d'une certaine considération dans le pays.

---

[1] Le nom de *plateados* leur vient de *plata*, argent, parce que leurs effets et leurs équipements sont garnis d'argent.

On rencontrait également des corps de *plateados* au nord de Puebla, du côté de Tlaxcala, que le 81ᵉ de ligne, sous les ordres du colonel de la Canorgue, occupait depuis le 2 juillet. Le général Negrete y avait établi son quartier général et se disposait à y concentrer les guérillas avec lesquelles il comptait opérer sur la ligne de communication de l'armée française. Il ne chercha pas à résister, remonta plus au nord et prit position entre Tulancingo et Huauchinango au débouché des montagnes de la Huasteca.

On donne ce nom à une vaste région montagneuse, qui s'étend depuis Pachuca et Tulancingo, jusqu'à Tancanhuitz au nord, la côte du golfe à l'est et le plateau d'Anahuac au sud. C'est un pays tourmenté, couvert de grandes forêts, sillonné par de profondes déchirures, très-difficilement praticable, habité par une population fort énergique et dont les chefs se sont toujours rendus, jusqu'à un certain point, indépendants de l'autorité centrale.

Soutenues par le voisinage de Negrete, les guérillas de la Huasteca tentèrent plusieurs coups de main dans les Llanos de Apan. Le colonel Aymard se porta sur Tulancingo et les refoula dans leurs montagnes (16 juillet). La population de cette ville, se montrant sympathique à l'intervention française, il y laissa une garnison permanente (13 août), et se proposa de chasser Negrete de la forte position qu'il occupait à Necaxa, à quelques lieues au nord. Il fit d'abord enlever le village d'Huauchinango ; on le prévint alors que Negrete avait douze cents hommes de troupes régulières, de nombreux contingents de montagnards et quatorze pièces de canon ; se trouvant numériquement trop faible pour tenter l'attaque avec une certitude suffisante de succès, il demanda le concours du général mexicain Liceaga, qui occupait Apan, et celui du général de la Canorgue (1), qui était à Tlaxcala. Le général Liceaga s'avança aussitôt sur Zacatlan ; mais l'ennemi ayant intercepté ses dépêches, le colonel Aymard ne put en être prévenu ; le temps était affreux, les pluies défonçaient les routes, il renonça à l'opération et revint à Tulancingo, ramenant son artillerie avec la plus grande peine (6 septembre). Le général Liceaga rentra également à Apan.

De son côté, le général de la Canorgue n'avait pu se mettre en mouvement que le 8 septembre. Il se porta cependant à Zacatlan (21 septembre) et y resta en attendant que les circonstances permissent de reprendre l'expédition.

Pour aider au mouvement sur Necaxa, le général Brincourt, commandant supérieur de Puebla, avait envoyé une colonne de sept compagnies du 2ᵉ zouaves (commandant Lalanne) sur Zacapoaxtla, une des positions fortifiées de la Huasteca au nord de San Juan de los Llanos. Zacapoaxtla fut enlevé le 12 septembre après un brillant combat. Un officier et un zouave furent tués, neuf hommes blessés. On prit un drapeau et deux canons.

Negrete, que tous ces mouvements inquiétaient, se décida à quitter Necaxa et, quelque temps après, rejoignit Juarez à San Luis Potosi. On put confiner dans les montagnes les bandes de cette contrée, et la route entre Puebla et Orizaba fut ainsi très-efficacement protégée du côté du nord.

Du côté du sud, les populations s'étaient montrées franchement disposées à maintenir l'ordre et avaient organisé

---

(1) Le colonel de la Canorgue, du 81ᵉ de ligne, venait d'être promu général.

des gardes civiles. Un parti libéral de l'État d'Oajaca, fort d'environ neuf cents hommes, ayant tenté de pénétrer dans l'État de Puebla, trente-cinq braves Indiens du petit village de Tepeji de la Seda, qui commande la route, avaient résolûment essayé de lui barrer le passage; ils se défendirent jusqu'à l'épuisement complet de leurs munitions, donnant ainsi un noble exemple à suivre aux populations d'habitude trop craintives, dont les bonnes dispositions étaient souvent paralysées par une poignée de bandits.

Une colonne française, envoyée au secours de Tepeji, poursuivit l'ennemi sans pouvoir l'atteindre, jusqu'à Huajuapan à cinquante lieues au sud de Puebla, et châtia sévèrement les villages, dont les habitants étaient hostiles. Elle parcourut le pays pendant plusieurs jours, visita Piaxtla, Chinantla, Tehuicingo, fit raser Tusantlan, brûler le rancho San Vicente, propriété d'un des chefs ennemis, punit encore le village de San Pedro Acoyuca et rentra à Puebla, le 30 septembre, après avoir laissé sur son passage des traces de dévastation, plus propres sans doute à terrifier les populations mal intentionnées qu'à les rallier à l'intervention.

Dans les terres chaudes, le colonel Dupin, à la tête de la contre-guérilla, avait adopté le même système de guerre. Les adversaires qu'il avait à combattre étaient, il est vrai, indignes de toute pitié. Leurs excès, leurs cruautés devaient à juste titre les faire considérer comme des bandits avec lesquels il était impossible d'admettre aucune composition; il arriva malheureusement que des gens inoffensifs eurent à souffrir des mesures sévères dirigées contre les guérilleros. Pour rendre impossibles des coups de main sur les convois, le colonel Dupin fit brûler, à plusieurs lieues de distance, toutes les cases isolées, les ranchos ou les pueblos, qui pouvaient offrir à l'ennemi des abris pendant la saison des pluies.

Quelques expéditions furent aussi envoyées au nord de Cordova, où étaient les centres de rassemblement des guérillas de Jalapa; mais l'ennemi, toujours prévenu à temps, se retirait dans les montagnes voisines, emmenant avec lui tous les habitants. Une garnison fut laissée à Coscomatepec; toutefois les tentatives de pacification faites dans ces contrées demeurèrent alors sans résultat. Il en fut de même en général dans toutes les terres chaudes et sur la côte du golfe, pays sans industrie, sans agriculture et dont la population clair-semée était habituée depuis longtemps à se passer d'ordre et de tranquillité. Des détachements de la contre-guérilla, ou des colonnes françaises visitèrent plusieurs fois la vallée du Rio-Blanco, Tlaliscoyan, Cotastla, etc., sans pouvoir y ramener le calme. Les troupes réparties entre Mexico et Puebla, Puebla et Orizaba, Orizaba et Vera-Cruz étaient en outre continuellement en mouvement pour chercher à atteindre un ennemi presque toujours insaisissable.

Opérations sur les côtes. Sur les côtes, l'intervention française n'avait recueilli d'autre adhésion que celle des habitants de l'île de Carmen. Intéressés à faire protéger le commerce de bois de la Laguna, ils avaient accepté le plan politique du général Almonte. Au mois de mai 1862, la canonnière *La Grenade*, envoyée dans ces parages, captura une goëlette de guerre mexicaine venue de Campêche dans le but de réprimer le pronunciamiento de Carmen et força deux autres bâtiments à se jeter à la côte [1].

[1] Rapport du commandant de *la Grenade*, 26 avril.

Peu après (17 mai 1862), la canonnière *l'Eclair* alla sommer le gouverneur de Campêche de s'abstenir de tout acte d'hostilité contre l'île de Carmen ; mais cette démarche n'aboutit qu'à un échange de coups de canon, inoffensifs il est vrai, entre elle et les batteries de terre.

Les bâtiments de flottille français avaient une surveillance très-difficile à exercer sur toute cette côte où leurs équipages étaient fort éprouvés par les maladies ; malgré leur faible tirant d'eau, ils étaient obligés de se tenir encore à près de quatre milles du rivage et les embarcations ennemies pouvaient, presque toujours, passer impunément entre eux et la terre ; quelques petits bâtiments furent cependant capturés par *le Marceau* et par *l'Eclair*, on s'en servit pour aider au service des croiseurs. Le gouvernement français, par égard pour les intérêts des neutres, n'ayant pas déclaré le blocus complet des ports mexicains, les navires de guerre étaient réduits à voir, à portée de leurs canons, les douanes mexicaines percevoir des sommes assez considérables, qui étaient aussitôt appliquées à l'entretien des guérillas. La présence d'une canonnière dans les eaux de Carmen avait été, pendant un certain temps, utile au commerce de cette île, mais l'ennemi, maître du cours supérieur des rivières, intercepta bientôt la descente des bois. Les embarcations françaises remontèrent le cours du grand fleuve Usumacinta, d'abord jusqu'à Palizada à dix-huit lieues de l'embouchure, puis jusqu'à Jonuta à huit lieues plus loin, elles en chassèrent les postes de guérilleros et dégagèrent momentanément la navigation.

Le général en chef, dont tous les efforts étaient alors concentrés vers Puebla, voulait éviter une dissémination de forces préjudiciable à l'ensemble de l'entreprise et s'opposait à ce que ces opérations prissent trop de développement; après être entré à Mexico, il reporta son attention sur les côtes du golfe et se proposa d'enlever à l'ennemi les ressources considérables qu'il tirait de la mer. Dans ce but, il décida que des garnisons iraient s'établir à Minatitlan et à Tampico. Le consul de France de Vera-Cruz avait beaucoup insisté pour faire décider l'expédition de Minatitlan ; ce port est situé sur le Rio Goatzacoalco à huit lieues de la mer, dans une position avantageuse; il devait être la tête du canal et de la ligne ferrée que les Américains avaient projeté d'établir à travers l'Isthme de Tehuantepec. Le revenu de sa douane du 10 février au 1er mai avait été de 26,000 piastres, ce qui donne la mesure de son importance. Le contre-amiral Bosse qui, depuis le mois d'avril 1863, avait succédé au vice-amiral Jurien dans le commandement de l'escadre, ne voulait pas assumer la responsabilité d'une occupation permanente des villes du littoral ; il était contraire à ce projet, mais M. de Stœcklin, l'ancien commandant de la contre-guérilla des terres chaudes, se faisait fort, disait-il, de tenir dans ce poste avec cent vingt aventuriers qu'il avait recrutés et armés tant bien que mal ; l'expédition fut définitivement résolue. L'amiral fit armer un petit bâtiment mexicain récemment capturé, *le Pizarro*, afin de le laisser devant Minatitlan pour soutenir le détachement qu'on y établirait.

La troupe de M. Stœcklin fut débarquée sans résistance le 17 juillet; un grave accident signala cependant cette expédition; pendant la nuit, la frégate *le Montezuma*, par maladresse ou par trahison du pilote, s'échoua sur un banc de sable. Il fut impossible de la remettre à flot.

M. de Stœcklin obtint d'abord d'assez bons résultats; plusieurs localités voisines se soumirent, mais, le 17 août, s'étant imprudemment porté avec vingt-cinq hommes contre un rassemblement ennemi qui se formait à Jaltipan, il fut entouré par des forces très-supérieures et succomba sous le nombre de ses adversaires. Le capitaine Dubosc du régiment étranger le remplaça. Grâce au concours du *Pizarro* et d'une canonnière restée devant Minatitlan, il put se maintenir dans le fort; cependant, le 14 octobre, ayant tenté une sortie, il fut vivement ramené par l'ennemi qui lui tua quarante hommes, en blessa quatorze et lui enleva un canon. Il fallut envoyer de Vera-Cruz d'importants renforts et se résigner à garder une attitude toute défensive. Du reste, le commerce était complétement interrompu, le blocus de l'embouchure du Rio Goatzacoalco eut donc été de beaucoup préférable à cette stérile et dangereuse occupation.

Il en fut de même à San Juan Bautista, capitale de l'État de Tabasco, que le général mexicain Marin, gouverneur de Carmen, avait occupé le 18 juin; la garnison s'était bientôt vue hors d'état de se suffire à elle-même et l'amiral avait encore été obligé d'envoyer une canonnière stationner devant la ville.

L'expédition de Tampico devait se faire aussitôt après celle de Minatitlan, mais la perte du *Montezuma* en retarda les préparatifs. Le général en chef avait destiné à cette opération 900 hommes d'infanterie de marine sous les ordres du colonel Hennique et un corps mexicain auxiliaire de deux compagnies et d'un escadron composés en grande partie d'habitants de Tampico réfugiés à Vera-Cruz. La marine fournit en outre un détachement de quatorze canonniers pour le service de deux pièces de 4 et de deux pièces de 12. L'effectif total de ces troupes s'élevait à 1280 hommes et 172 chevaux. Elles s'embarquèrent le 6 août.

L'amiral Bosse dirigea lui-même l'escadre. Le 8 août, il se présenta à l'embouchure du Rio Panuco, fit embosser trois de ses bâtiments à quinze cents mètres de la côte et réduisit au silence l'artillerie d'un fortin qui défendait l'entrée du fleuve. Le débarquement s'opéra le lendemain; les embarcations, remorquées par trois chaloupes à vapeur, franchirent heureusement la barre et sept cents hommes furent mis à terre sans résistance. Peu après, une des chaloupes à vapeur, *La Jeanne d'Arc*, sombra sur la barre; son équipage fut sauvé.

Le 11 août, le colonel Hennique entra à Tampico. L'ennemi ne songea pas à défendre la ville, mais comme l'année précédente, il la bloqua étroitement du côté de la terre et la priva de toute communication avec l'intérieur du pays, tandis que le vomito se déclarant avec une extrême violence décimait chaque jour sa garnison.

Enfin, le 6 septembre, le gouvernement français se décida à déclarer le blocus effectif des côtes du golfe, depuis un point situé à dix lieues au sud de l'embouchure du Rio Bravo jusqu'à et y compris Campêche [1]. Cette mesure était réclamée depuis longtemps par les commandants des bâtiments dont les croisières ne pouvaient avoir aucun résultat sérieux.

Situation politique du pays.

A la fin de l'été de 1863, l'armée française se trouvait donc maîtresse de Puebla et de Mexico; son influence se faisait sentir dans un rayon d'une vingtaine de lieues autour de ces villes; ses détachements occupaient la ligne de Mexico à Vera-Cruz. Le pavillon français se montrait sur toutes les côtes du golfe, et l'escadre du Pacifique l'avait

---

[1] L'amiral Bosse au ministre de la marine, 30 août.

également fait voir sur plusieurs points des côtes du grand Océan, mais aucun mouvement sérieux ne s'était produit en faveur de l'intervention.

Dans les diverses localités visitées par nos troupes, les populations paraissaient, il est vrai, plutôt sympathiques qu'hostiles, elles s'étaient assez volontiers associées à la fête nationale du 15 août; d'autre part, elles avaient paru flattées de voir l'armée française célébrer avec elles les fêtes commémoratives de l'indépendance mexicaine des 16 et 20 septembre et donner ainsi un témoignage de son respect pour la nationalité mexicaine. Il arrivait souvent que des villages ou des petites villes, pressurées par des bandes de guérilleros, sollicitaient la protection d'une garnison française pour échapper à leurs violences, mais là se bornaient toutes les manifestations interventionnistes; Juarez était toujours le chef reconnu et obéi de la presque totalité du pays. Le gouvernement de la Régence était impuissant à se constituer et à se suffire; pour lui permettre de fonctionner, il avait fallu que le général en chef autorisât des émissions de bons du trésor, garantis par la France, jusqu'à concurrence de 200,000 piastres par mois[1]. La coopération des forces alliées, dont le chiffre s'élevait à environ six mille hommes, était, pour ainsi dire, nulle. Le général Forey avait cru devoir abolir les enrôlements forcés ou *Levas*, mode de recrutement peu moral sans doute, mais le seul connu et appliqué au Mexique; on n'avait donc aucun moyen de maintenir l'effectif de ces troupes que les désertions affaiblissaient chaque jour. Près de Pachuca, une compagnie était passée à l'ennemi, son capitaine en tête; si on les eût envoyées dans les terres

---

[1] Le général Forey au ministre de la guerre, 13 juillet.

chaudes, elles auraient déserté en masse. On n'avait donc que fort peu de confiance dans les soldats, et l'on ne savait encore quels étaient ceux de leurs chefs sur lesquels il était possible de compter.

Les guérillas ennemies et les forces dites régulières montraient au contraire une grande énergie; leurs exactions leur donnaient les ressources dont elles avaient besoin; elles dominaient le pays par la terreur ; de toutes parts des bandes surgissaient et inquiétaient les petits postes sans vouloir s'engager d'une manière sérieuse. Elles se recrutaient partout, même dans les villes occupées par les Français, même à Mexico où les libéraux abusant de la protection accordée aux gens paisibles de tous les partis poursuivaient leurs menées hostiles.

Des réunions avaient lieu dans la maison du chargé d'affaires du Pérou, et le général en chef qui s'efforçait cependant de résister aux tendances réactionnaires de la Régence, consentit, d'après les conseils de M. de Saligny, à faire arrêter neuf personnes désignées par le gouvernement mexicain et à les faire déporter sans jugement à Cayenne. Il déclina toutefois la responsabilité de cette mesure qui causa une vive émotion au Mexique et fut formellement désapprouvée par le gouvernement français. Le chargé d'affaires du Pérou reçut ses passe-ports et dut quitter le Mexique [1].

L'ancien président Miramon était revenu à Mexico (28 juillet) et bien qu'il promît son concours à l'intervention, il était nécessaire de le surveiller. Le fils de Santa-Anna vint aussi à Vera-Cruz, mais on jugea prudent de l'inviter à quitter le Mexique.

---

[1] Le maréchal Forey au ministre de la guerre, 24 août. — Le général Bazaine au ministre de la guerre, 27 août.

A la suite du siége de Puebla, le général Forey avait été élevé à la dignité de maréchal ; le ministre lui écrivit que l'Empereur « pensait qu'étant revêtu de cette dignité, il n'y avait plus lieu de le laisser à la tête du corps expéditionnaire » ; il l'invita à remettre son commandement au général Bazaine. A cette époque, on ne connaissait encore à Paris ni l'entrée à Mexico, ni la proclamation de l'Empire [1].

1863.

Rappel du général Forey et de M. de Saligny.

Au même moment, M. de Saligny recevait aussi l'ordre de rentrer en France; les instructions adressées au général Bazaine montrent que le cabinet des Tuileries était aussi peu satisfait de la lenteur avec laquelle les opérations militaires avaient été menées, que des mesures politiques prises de concert par le commandant en chef et le ministre de France. Cependant, ni le maréchal, ni M. de Saligny, ne parurent se rendre compte des raisons qui avaient pu motiver leur rappel. Ils se décidaient avec peine à quitter le Mexique; l'un et l'autre différèrent leur départ. Le maréchal voulut attendre la réponse aux dépêches annonçant la proclamation de l'Empire sous Maximilien, pensant que cette importante nouvelle modifierait peut-être les ordres de l'Empereur [2]. M. de Saligny espérait aussi que ce résultat, dont il s'attribuait avec raison le mérite, lui vaudrait d'être maintenu à son poste. En attendant, des manifestations furent provoquées en sa faveur dans la presse mexicaine, et les résidents français signèrent des adresses au gouvernement pour déclarer que sa présence aux affaires serait absolument indispensable lorsque l'on règlerait les indemnités. Le général Almonte agit dans le même sens, mais en

---

[1] Le ministre de la guerre au maréchal Forey, 17 juillet.
[2] Le maréchal Forey au ministre de la guerre, 24 août.

vain [1]. Le maréchal Forey et M. de Saligny furent de nouveau et plus impérativement rappelés. Le ministre de la guerre écrivait au général Bazaine qu'il regrettait l'ajournement apporté à l'exécution des instructions envoyées au maréchal parce qu'il devait en résulter « du trouble et de l'irrésolution dans le pays, d'autant plus qu'une presse imprudente, pour ne rien dire de plus, se permettait d'élever sur un piédestal un ministre plénipotentiaire, que son gouvernement rappelait et sans doute pour de bonnes raisons [2] ».

Le maréchal Forey remit donc son commandement au général Bazaine le 1er octobre; il s'embarqua le 21 à Vera-Cruz. Quant à M. de Saligny, il cessa ses fonctions mais ne partit pas encore, il était au moment de se marier et désirait ne pas s'éloigner immédiatement. Cependant le gouvernement français attachait une importance toute particulière à son départ. La dépêche suivante, adressée le 28 octobre au général Bazaine par le ministre de la guerre, en donne la preuve :

« M. le ministre des affaires étrangères a adressé par trois fois différentes à M. de Saligny l'ordre de rentrer en France, même sans attendre l'arrivée de son successeur, M. de Montholon, ministre plénipotentiaire au Mexique.

« Je suis chargé de vous faire connaître que l'intention formelle de l'Empereur est que l'ordre concernant M. de Saligny soit exécuté au reçu de cette lettre, dans le cas où il serait encore au Mexique. Vous donnerez connaissance à M. de Saligny du contenu de la présente dépêche, et le préviendrez qu'elle doit recevoir sa complète exécution, quelque considération qu'il pût d'ailleurs faire valoir pour provoquer un ajournement de quelque durée que ce soit.

« Il vous appartient de prendre telle mesure que vous jugerez convenable pour que les présentes dispositions soient accomplies.

---

[1] Le général Almonte au général Woll, 25 août.
[2] Le ministre de la guerre au général Bazaine, 30 septembre.

et que M. de Saligny s'embarque à Vera-Cruz par le premier paquebot qui sera en partance après la réception de cette lettre.

« Vous me rendrez compte de l'exécution.

« *Post-scriptum*. Alors même que M. de Saligny donnerait sa démission, il ne devrait pas moins quitter le Mexique sans aucun retard. »

Cette lettre est en réalité la condamnation la plus sévère et la plus formelle de la conduite de M. de Saligny et de la direction qu'il avait jusqu'alors imprimée à la politique française au Mexique. Depuis le début de l'expédition, aucun des représentants de la France n'avait donc su remplir les intentions de l'Empereur. L'amiral Jurien, le général de Lorencez, le maréchal Forey, M. de Saligny avaient tour à tour été désapprouvés. Seules, les appréciations de M. de Saligny eurent pendant longtemps le privilége de guider la politique des Tuileries; l'intermédiaire du duc de Morny donna une grande influence à sa manière de voir; l'Empereur déclara même dans ses instructions au général Forey qu'il avait une entière confiance en lui. Le rappel du ministre de France et le changement simultané du commandant en chef indiquent par conséquent un mécontentement sérieux et une intention bien arrêtée de modifier la ligne de conduite suivie jusqu'alors.

L'inertie des populations que l'on avait prétendu si disposées à acclamer l'intervention française, l'impuissance du parti réactionnaire, qui ne s'était que trop révélée depuis dix-huit mois, avaient sans doute fait évanouir bien des illusions. Des dépêches du ministre des affaires étrangères, datées du mois de juin, et qui malheureusement n'arrivèrent à Mexico qu'à la fin de juillet, témoignent du désir du gouvernement français de mettre fin aussi promptement que possible à l'expédition du Mexique.

Ces dépêches étaient écrites avant que l'on connût la prise de Puebla, mais on la regardait comme prochaine et M. Drouyn de Lhuis indiquait dans les termes suivants, au général en chef, quelle conduite il aurait à tenir [1] :

« Général, au moment où je vous adresse cette dépêche, le gouvernement de l'Empereur est autorisé par vos derniers rapports à considérer la prise de Puebla comme un fait accompli.

.....Après une résistance aussi longue et aussi opiniâtre, vous ne serez sans doute pas en mesure de reprendre immédiatement les opérations actives. Sa Majesté a pensé que vous emploieriez environ deux mois pour rassembler les moyens de vous remettre en marche sur Mexico dans toutes les conditions désirables de succès. Ce temps d'arrêt nécessaire nous a paru opportun pour vous entretenir de la situation politique et examiner si les circonstances ne nous permettraient pas d'entrevoir dès à présent la satisfaction des intérêts, qui nous ont obligés à porter la guerre au Mexique. »

Le ministre rappelait que les intentions et les devoirs de la France étaient définis par les termes de la convention de Londres, par les instructions données à l'amiral Jurien et enfin par celles que le général Forey avait lui-même reçues. Il n'y était pas question « d'imposer aux Mexicains une forme de gouvernement qui leur fût antipathique, mais de les aider dans leurs efforts pour établir, selon leur volonté, un gouvernement qui eût des chances de stabilité et pût assurer à la France le redressement des griefs dont elle avait à se plaindre. »

« Nous n'avons jamais dissimulé, continuait le ministre, les sentiments que nous inspire l'administration de Juarez ; nous n'avons point caché que nous ne croirions pas pouvoir négocier avec lui et nos dispositions n'ont pas varié. Mais nos engagements ne vont point au delà de la poursuite de nos droits et de l'appui que

---

[1] Le ministre des affaires étrangères au général Forey, 5 juin 1863.

nous avons éventuellement promis de donner aux tentatives dirigées contre le gouvernement actuel.

Nous n'aurions pas d'objection à entrer en relations avec un pouvoir nouveau ayant l'assentiment du pays et prêt à traiter sur la base des indemnités et des garanties d'intérêt général que nous sommes fondés à revendiquer. A nos demandes antérieures nous ne voulons joindre la stipulation d'aucun avantage exclusif en dehors des frais de guerre que l'étendue de nos sacrifices nous oblige à réclamer.

Dans un pays où le pouvoir a si souvent changé de mains depuis quelques années, la difficulté n'est pas de trouver des hommes qui l'aient déjà possédé et qui aspirent à le ressaisir, ainsi que bon nombre de personnalités plus ou moins considérables entourées d'une notoriété suffisante pour y prétendre. Mais une société, dont les malheurs viennent principalement de ses divisions, aurait surtout besoin de voir à sa tête un nom capable de rallier les partis opposés dont les succès alternatifs ont tour à tour déchiré le pays. Notre désir serait donc que l'homme avec lequel vous essayeriez de vous mettre en rapport fût apte autant que possible à entreprendre cette œuvre de conciliation et eût reçu préalablement de la nation elle-même, sous une forme quelconque, même provisoire, le pouvoir de traiter avec vous. Il se pourrait qu'il fallût le chercher parmi les chefs mêmes qui, trompés par leur patriotisme, croient servir la cause nationale en portant les armes contre nous. Vous ne vous refuseriez point à sonder ses dispositions parce qu'il serait aujourd'hui dans les rangs de nos adversaires. Notre politique a été, dès le principe, de faire appel à tous ceux dont le concours nous serait utile, et c'est la même pensée qui doit vous guider dans les ouvertures dont il vous paraîtrait opportun de prendre l'initiative.

Ces considérations, je le répète, restent subordonnées aux exigences de notre honneur militaire, aussi bien que de la situation générale dont vous êtes le meilleur juge. Mais Sa Majesté a pensé qu'après la prise de Puebla et sous l'impression salutaire qu'elle aura dû produire, vous seriez en mesure de provoquer la formation d'un gouvernement avec lequel nous puissions négocier sur les bases que je vous ai rappelées. L'entente que vous auriez à établir préalablement avec le chef militaire qui se chargerait de diriger les événements réglerait, d'ailleurs, les conditions de l'armistice entre nos troupes et les siennes. Son intérêt serait d'accord avec nos propres convenances pour admettre l'occupation amiable de

Mexico jusqu'à la conclusion des arrangements définitifs qui devraient être signés par vous dans cette ville.

Si donc, des nécessités supérieures et que nous ne saurions prévoir à la distance où nous sommes ne s'y opposent pas, l'intention de l'Empereur, dont j'ai pris à ce sujet les ordres, est que, tout en continuant de vous préparer à reprendre votre marche en avant, vous profitiez du moment de repos qui suivra la chute de Puebla pour faire, dans l'ordre d'idées que je viens vous indiquer, tout ce qui serait honorable et possible. Nous sommes allés au Mexique pour réclamer des satisfactions déterminées. Après un brillant succès militaire, nous pouvons les accepter d'un gouvernement autre que celui de Juarez et, si vous en entrevoyez les éléments, vous ne devez rien négliger pour en tirer parti de la manière la plus conforme au sincère désir du gouvernement de l'Empereur de mettre fin aux hostilités aussitôt que notre dignité nous le permettra. »

A la même date, le ministre des affaires étrangères communiquait au général en chef une série de documents relatifs à Santa Anna, et que M. Guttierrez de Estrada lui avait adressés. Ces documents étaient envoyés sans commentaires d'aucune sorte ; comme M. Guttierrez de Estrada était le défenseur le plus ardent des projets monarchiques, il est difficile de ne pas voir dans le laconisme même de la lettre ministérielle un indice des appréciations personnelles du ministre, peu favorable à la constitution d'un empire mexicain.

Ces dépêches autorisent à penser que la proclamation de la monarchie surprit désagréablement le gouvernement français. Les procédés mis en œuvre pour obtenir ce résultat n'étaient pas de nature à diminuer son mécontentement ; l'Empereur et l'Archiduc Maximilien lui-même s'en montrèrent peu satisfaits ; ils ne voulurent pas considérer le vote de l'Assemblée des notables comme une garantie suffisante des vœux du pays.

« Nous avons accueilli avec plaisir, écrivait encore M. Drouyn de Lhuis [1], comme un symptôme de favorable augure, la manifestation des notables de Mexico en faveur de l'établissement d'une monarchie et le nom du prince appelé à l'Empire. Cependant, ainsi que je vous l'indique dans une précédente dépêche, nous ne saurions considérer les votes de cette assemblée que comme un premier indice des dispositions du pays. Avec toute l'autorité qui s'attache aux hommes qui la composent, l'Assemblée recommande à ses concitoyens l'adoption d'institutions monarchiques et elle désigne un prince à ses suffrages. »

Avant d'accepter officiellement la couronne, l'Archiduc, d'accord avec le gouvernement français, demanda que les décisions de l'assemblée des notables fussent ratifiées par l'adhésion des populations de l'intérieur. Ce fut un grand désappointement pour les serviteurs trop zélés de la politique impériale qui, dans leur dévouement hâtif, n'avaient fait en réalité qu'ajouter un nouveau pronunciamiento à la liste déjà trop longue de ceux qui remplissent l'histoire du Mexique. L'Empereur Napoléon se voyait désormais dans l'impossibilité de dégager sa politique. L'Empire mexicain avait été proclamé par une assemblée mexicaine, nommée sous les auspices des représentants de la France et encouragée par eux, comment refuser au nouveau gouvernement la protection qui lui avait été officiellement promise ? A l'armée française va donc échoir la pénible tâche de faire reconnaître l'Empire sur toute la surface d'un immense pays habitué depuis longtemps à la décentralisation d'un gouvernement fédératif ; c'est elle qui sera chargée de faire

[1] M. Drouyn de Lhuis au général Bazaine, 17 août.

accepter le nouvel Empereur par des populations qui ignoraient même l'existence du prince destiné à les gouverner.

Elle consacrera pendant plus de trois ans encore ses efforts et son dévouement à cette œuvre ingrate [1].

---

[1] Depuis le début de l'expédition, les pertes de l'armée de terre étaient de 47 officiers, 283 hommes tués ; 40 officiers, 1370 hommes morts de maladie. Total : 1740 morts. (D'après un relevé fait le 7 novembre 1863).

Les pertes de la marine étaient relativement plus considérables. D'après un relevé statistique du 22 janvier 1864, on comptait comme morts ou disparus : 19 officiers de vaisseau, 9 commissaires, 11 chirurgiens, 1 ingénieur du génie maritime, 1259 officiers mariniers et matelots, 1 officier et 38 hommes d'artillerie de marine, 11 officiers et 652 hommes d'infanterie de marine, 5 gendarmes, 9 sapeurs du génie colonial, 2 volontaires des compagnies créoles. Total : 2017 morts ou disparus.

Le personnel de la flotte qui avait concouru à l'expédition s'élevait au chiffre de 20,312 hommes des équipages (dans ce chiffre les marins sont comptés autant de fois qu'ils ont fait le voyage) ; on avait débarqué 1351 marins, 2150 hommes d'infanterie de marine, 310 hommes d'artillerie de marine, 200 sapeurs du génie colonial, 55 gendarmes. Total : 4,066.

DEUXIÈME PARTIE

DEUXIÈME PARTIE

CHAPITRE PREMIER.

Le général Bazaine.

(Octobre 1863.) Ligne politique tracée au général Bazaine. — Réception de la commission mexicaine par l'archiduc Maximilien. — Forces militaires dont disposait le général Bazaine. — Armée mexicaine alliée. — Préliminaires de la campagne de l'intérieur. — Les colonnes expéditionnaires quittent Mexico. — Poursuite de la division Doblado jusqu'à Aguascalientes. — Opérations du général Douay contre le corps d'Uraga. — Opérations de la division Mejia. — Occupation et défense de San Luis Potosi (25 et 27 décembre 1863). — Occupation de Guadalajara (5 janvier 1864). — Difficultés suscitées par le clergé. — Retour du général en chef à Mexico (4 février 1864). — Marche de la division Douay sur Zacatecas, puis sur Guadalajara. — Situation politique. — Acceptation officielle de la couronne par l'archiduc Maximilien. — Emprunts. — CONVENTION DE MIRAMAR (10 avril 1864). — Arrivée de l'empereur Maximilien à Vera-Cruz (28 mai 1864). — Opérations du général Douay aux environs de Guadalajara. — Destruction des guérillas de l'État de Guanajuato. — Opérations dans la Sierra Morones. — Combat de Matehuala (17 mai 1864). — Opérations aux environs de Tampico. — Evacuation de Minatitlan (28 mars) et de San Juan Bautista (27 février). — Occupation d'Acapulco (3 juin 1864).

Ligne politique tracée au général Bazaine.

Le 1ᵉʳ octobre 1863, le général Bazaine prit le commandement du corps expéditionnaire et la direction des affaires politiques. Il se trouvait en présence d'une situation très-difficile. En effet, les instructions du gouvernement français lui prescrivaient d'arrêter la régence de l'empire dans la voie de réaction où elle paraissait disposée à s'engager; il avait l'ordre formel de faire rapporter les mesures relatives au séquestre et à l'interdiction de la sortie du numéraire, et de s'efforcer de reprendre, sur la direction générale de l'administration du pays, la part d'action qui revenait de droit au représentant de la France; il devait enfin s'opposer énergiquement aux actes gouvernementaux qui ne seraient pas en harmonie avec les déclarations faites à diverses reprises par le gouvernement français. Le général Bazaine se vit donc obligé de modifier l'organisation défectueuse de la plupart des services, de surveiller les détails de l'administration, et de faire élaborer sous sa direction les projets de loi destinés à servir de bases au nouveau gouvernement [1].

Le général Almonte avait toujours montré une grande déférence pour les volontés de l'Empereur; il était animé de dispositions conciliantes et se conforma volontiers aux indications données par le général Bazaine; le général Salas, deuxième membre du gouvernement provisoire, s'associa à cette manière de voir; mais il en fut tout autrement de l'archevêque de Mexico, Mgr Labastida, récemment revenu d'Europe, et qui prit ses fonctions de régent le 19 octobre.

Les trois membres du gouvernement provisoire s'étant partagé les divers ministères, l'archevêque se réserva ceux de la justice et de l'intérieur; il voulut faire rapporter les décrets relatifs à la sécularisation des biens de

---

[1] Le ministre au général Bazaine, 17 juillet, 28 octobre. — Le général Bazaine au ministre, 27 et 28 septembre, 15 novembre 1863.

Le décret interdisant la sortie du numéraire avait été d'autant plus regrettable que l'exportation était continuée dans les ports occupés par l'ennemi et au moyen des navires anglais. La régence perdait donc des droits d'exportation importants, et les métaux arrivaient sur les marchés anglais au préjudice de la France.

mainmorte et restituer au clergé les propriétés vendues en vertu des lois de désamortissement. Il défendit aux juges de connaître des causes concernant d'anciennes propriétés ecclésiastiques et demanda que les locataires des immeubles, adjugés en vertu de ces lois, payassent leurs loyers aux anciens propriétaires et non aux adjudicataires dont il se refusait à reconnaître les droits de propriété. Le général Almonte lui représentait en vain que la France ne consentirait jamais à admettre pareille prétention, qu'il était prudent de ne pas augmenter, par des réclamations intempestives, les embarras déjà trop considérables de la situation; l'archevêque ne voulut rien entendre. Ne pouvant, disait-il, transiger sur une question de principes, il ne consentait même pas à conserver le *statu quo* jusqu'au moment où la cour de Rome aurait donné son avis.

Pour calmer l'agitation que ces discussions répandaient dans le public, le général Bazaine obtint des généraux Almonte et Salas la publication d'une note officielle destinée à rappeler que, jusqu'à nouvelle décision, les juges devaient se conformer à l'esprit du manifeste du général Forey, dans lequel il était dit « que les ventes régulières seraient confirmées, et que les transactions frauduleuses seules seraient sujettes à la révision ». L'archevêque ayant protesté, ses collègues, d'accord avec le général Bazaine, lui notifièrent qu'il cessait de faire partie de la régence. Il répondit en déclarant que toutes les mesures gouvernementales prises en dehors de sa participation seraient frappées de nullité.

Déçus de l'espoir de recouvrer leurs richesses perdues et leur prépondérance dans le pays, les évêques mexicains deviennent dès ce moment les adversaires déclarés de l'intervention française. Il ne leur suffit pas d'être revenus de l'exil, de voir la religion protégée, ses ministres honorés ; sans se préoccuper du tort que cette attitude pourra causer à leur propre parti, ils réclament encore la restauration de priviléges qui, dans la plupart des États catholiques, ont disparu sous l'influence des idées modernes.

Le général Bazaine écrivit à l'archevêque pour l'engager à rejeter les conseils des hommes imprudents contre lesquels il était d'ailleurs décidé à sévir, et pour l'inviter à quitter ses fonctions gouvernementales sans nouvelle insistance. Les deux autres membres du gouvernement provisoire persistèrent dans les idées de conciliation dont s'inspirait la politique française, mais les esprits n'en restèrent pas moins fort agités ; le général en chef, obligé de quitter Mexico pour se mettre à la tête des colonnes expéditionnaires qui se dirigeaient vers l'intérieur, eut le regret de laisser derrière lui une situation très-tendue et des embarras de nature à compromettre l'influence même de la France.

Réception de la commission mexicaine par l'archiduc Maximilien.

La marche des troupes françaises, dans l'intérieur du Mexique, avait pour but de provoquer l'adhésion des populations au vote exprimé par l'assemblée des notables, condition expresse que l'empereur Napoléon et l'archiduc Maximilien avaient mise à l'acceptation de la couronne offerte à ce prince.

Le 3 octobre, en recevant au château de Miramar la députation envoyée par l'assemblée de Mexico, l'archiduc avait répondu aux vœux qu'elle lui exprimait :

« Messieurs, je suis vivement touché du vœu émis par l'assemblée des notables de Mexico dans la séance du 10 juillet et que vous êtes chargés de me communiquer.

« Il est flatteur pour notre maison que les regards de vos compatriotes se soient tournés vers la famille de Charles Quint, dès que le mot de monarchie a été prononcé.

« Quelque noble que soit la tâche d'assurer l'indépendance et la prospérité du Mexique, sous l'égide d'institutions à la fois stables et libres, je n'en reconnais pas moins, en parfait accord avec Sa Majesté l'Empereur des Français, dont la glorieuse initiative a rendu possible la régénération de votre belle patrie, que la monarchie ne saurait y être rétablie sur une base légitime et parfaitement solide que si la nation tout entière, exprimant sa volonté, vient ratifier le vœu de la capitale.

« C'est donc du résultat des votes de la généralité du pays que je dois faire dépendre en premier lieu l'acceptation du trône qui m'est offert. D'un autre côté, comprenant les devoirs sacrés d'un souverain, il faut que je demande en faveur de l'empire qu'il s'agit de reconstituer, les garanties indispensables pour le mettre à l'abri des dangers qui menaceraient son intégrité et son indépendance.

« Dans le cas où ces gages d'un avenir assuré seraient obtenus et où le choix du noble peuple mexicain pris dans son ensemble se porterait sur moi, fort de l'assentiment de l'Auguste Chef de ma famille, et confiant dans l'appui du Tout-Puissant, je serais prêt à accepter la couronne.

« Si la Providence m'appelait à la haute mission civilisatrice attachée à cette couronne, je vous déclare dès à présent, Messieurs, la ferme résolution de suivre le salutaire exemple de l'Empereur, mon frère, en ouvrant au pays, par un régime constitutionnel, la large voie du progrès basé sur l'ordre et la morale, et de sceller par mon serment, aussitôt que le vaste territoire sera pacifié, le pacte fondamental avec la nation.

« Ce n'est qu'ainsi que pourrait être inaugurée une politique vraiment nationale où les divers partis, oubliant leurs anciens ressentiments, travailleraient en commun à rendre au Mexique la place éminente qui lui semble destinée parmi les peuples, sous un gouvernement ayant pour principe de faire prévaloir l'équité dans la justice.

« Veuillez, Messieurs, rendre compte à vos concitoyens des déterminations que je viens de vous énoncer en toute franchise et provoquer les mesures nécessaires pour consulter la nation sur le gouvernement qu'elle entend se donner. »

1863.

1863.

L'archiduc exprimait les mêmes intentions dans sa correspondance avec le général Almonte ; il était donc urgent, pour sortir le plus rapidement possible des difficultés inhérentes à un gouvernement provisoire, d'obtenir l'adhésion à l'empire des provinces de l'intérieur. Le général Bazaine s'en occupa activement.

Forces militaires dont disposait le général Bazaine.

Le corps expéditionnaire était alors constitué de la manière suivante :

Commandant en chef : le général de division BAZAINE.
Chef d'état-major général : le général de brigade D'AUVERGNE.
Chef des services administratifs : l'intendant militaire WOLF.
Commandant de l'artillerie : le général de brigade COURTOIS D'HURBAL.
Commandant du génie : le général de brigade VIALLA.
Vaguemestre général : le lieutenant-colonel HUGUENEY.
Grand-prévôt : le chef d'escadron de gendarmerie DE CHASTEL.
Payeur en chef : M. LOUET.

PREMIÈRE DIVISION D'INFANTERIE.

Le général de brigade DE CASTAGNY, commandant la division.

1re brigade, général DE BERTIER.

7e bataillon de chasseurs, 51e et 62e régiments de ligne . . . .   4,692 hommes.

2e brigade, colonel MANGIN.

20e bataillon de chasseurs, 95e régiment de ligne, 3e régiment de zouaves   5,064

Total de la 1re division . . . .   9,756 hommes.

DEUXIÈME DIVISION D'INFANTERIE.

Le général de division DOUAY.

1re brigade. — Général L'HÉRILLER.

1er bataillon de chasseurs, 99e régiment de ligne, 2e régiment de zouaves . . . .   4,659 hommes.

2e brigade, général NEIGRE.

18e bataillon de chasseurs, 81e régiment de ligne, 1er régiment de zouaves   5,547

Total de la 2e division . . . .   10,206 hommes.

BRIGADE DE CAVALERIE.

Le général de brigade DU BARAIL
(nommé par décret en date du 2 juillet 1863; il remplaçait le général DE MIRANDOL, qui avait été nommé général de division et qui était rentré en France).

1ᵉʳ régiment de marche (quatre escadrons), 2ᵉ régiment de marche (quatre escadrons), 5ᵉ hussards (un escadron)...	1,700 hommes.

BRIGADE DE RÉSERVE.

Le général de brigade : DE MAUSSION.

7ᵉ régiment de ligne, régiment étranger............	3,282 hommes.

TROUPES DE LA MARINE.

Régiment d'infanterie de marine..............	1,086 hommes.
Volontaires de la Martinique.................	105
Marins-fusiliers........................	459
Total de l'infanterie.........	1,650 hommes.
Batterie d'artill. de marine, batt. de montagne des marins.	455
Compagnies du génie de la Guadeloupe et de la Martinique.	168
Total des troupes de la marine.........	2,273 hommes.
Troupes d'artillerie [1].................	3,105 hommes.
Troupes du génie...................	725
Troupes d'administration...............	2,306
Services administratifs.................	475

L'effectif total des troupes françaises était donc de... 34,144 hommes, ayant 7,477 chevaux ou mulets.

Outre les voitures du train des équipages, l'administration disposait de 274 grandes voitures mexicaines, de 30 voitures dites américaines, et de 1,200 mulets de bât.

Les corps spécialement affectés aux terres chaudes, et non compris dans l'effectif ci-dessus, se composaient de :

Un bataillon d'Égyptiens, de..............	400 hommes.
La contre-guérilla du colonel Dupin, de.........	203

[1] L'artillerie disposait de 20 canons rayés de 12 de siége, 6 canons rayés de 12 de campagne, 24 canons rayés de 4 de campagne, 22 canons rayés de 4 de montagne, 4 mortiers de 27 c., 10 de 22 c., 6 de 15 c., largement approvisionnés.

En y comprenant les troupes mexicaines, le chiffre total des forces placées sous le commandement du général Bazaine s'élevait à 47,667 hommes, dont 42,000 environ sous les armes.

Le matériel était en bon état; on avait mis à profit la saison des pluies pour faire les réparations; le ministre avait envoyé de France les approvisionnements nécessaires. L'artillerie, après avoir organisé ses ateliers, s'occupait de mettre en état le matériel des troupes alliées et de fabriquer pour elles des munitions de toute espèce. Depuis l'arrivée de l'armée française à Mexico on avait travaillé activement à reconstituer les établissements militaires saccagés au moment du départ du président Juarez, et qui comprenaient : une capsulerie, une fabrique d'étoupilles, une manufacture d'armes, une poudrerie et un arsenal de construction. A la fin du mois de septembre, sept canons-obusiers de montagne étaient déjà fondus, la capsulerie, la fabrique d'étoupilles et l'arsenal étaient à même de suffire aux besoins courants des troupes alliées; la manufacture d'armes allait être bientôt rétablie, mais elle ne serait à même de donner que cent fusils par mois, et ce chiffre étant insuffisant, le général en chef renouvela la demande d'armes faite au ministre par le maréchal Forey. Quatre mille fusils avaient déjà été expédiés, le ministre ordonna d'en envoyer encore six mille [1].

Pour remplacer les libérables et combler les vides faits

---

[1] Le ministre au général en chef, 31 août, 15 novembre.

Il avait en outre fait embarquer, sur un bâtiment parti de Cherbourg le 23 septembre, six cents harnachements, mousquetons, sabres et pistolets et deux millions de cartouches pour les contre-guérillas des terres chaudes. Au mois de novembre, il ordonna encore l'envoi de 4,000 fusils, 2,000 mousquetons, 2,000 sabres et 150 fusils à deux coups.

par les maladies ou par le feu de l'ennemi, le ministre de la guerre fit envoyer au Mexique un renfort de 3,700 hommes. Le maréchal Forey avait demandé une nouvelle brigade d'infanterie et un régiment de cavalerie (¹) ; le départ de ces troupes fut préparé, mais le général Bazaine, ayant exprimé l'avis que l'effectif du corps expéditionnaire était suffisant, on ne mit en route que le 2ᵉ bataillon d'infanterie légère d'Afrique, un détachement pour le régiment étranger et quatre escadrons, non montés, des régiments de cavalerie, qui faisaient déjà partie du corps expéditionnaire (²).

1863.

L'organisation des troupes mexicaines alliées était fort irrégulière. On avait été forcé d'accueillir tous les officiers qui s'étaient présentés et les bandes de guérillas disposées à se rallier au nouvel ordre de choses, quelle que fût l'authenticité des grades auxquels prétendaient les chefs, quel que fût le mode de formation des détachements qu'ils amenaient avec eux. Il n'existait alors au Mexique aucune loi de conscription. L'armée se recrutait par la *leva*, c'est-à-dire l'enrôlement forcé des Indiens, qu'on enlevait de leurs villages. La plupart du temps ces pauvres gens, ignorants des querelles des partis auxquels ils servent d'instruments, se soumettent avec résignation au sort qui leur est imposé ; sobres, infatigables marcheurs, sachant au besoin bien mourir, ils deviennent quelquefois de bons soldats, mais désertent à la première occasion.

Armée mexicaine alliée.

Lorsque les chances de la guerre les font tomber aux

(¹) Le maréchal Forey au ministre, 9 septembre.
(²) Le 2ᵉ bataillon d'Afrique arriva à Vera-Cruz le 14 avril 1864 ; deux escadrons du 12ᵉ chasseurs le 10 février ; un escadron du 1ᵉʳ chasseurs d'Afrique et un escadron du 5ᵉ hussards le 9 mars.

mains du parti opposé, le vainqueur les enrôle dans ses rangs ; sans enthousiasme, sans esprit militaire, n'ayant aucun espoir de voir se modifier leur misérable condition, le triomphe des uns ou des autres ne leur importe guère. Leurs femmes les suivent habituellement et partagent avec eux la maigre ration qui suffit à leur sobriété indienne ; si la solde est payée régulièrement, ils ne trouvent pas leur vie trop malheureuse, mais lorsque l'argent fait défaut, on est obligé, pour empêcher les désertions, de parquer les soldats comme des troupeaux dans les cours des casernes ou des *Mesones* [1] dont les issues sont soigneusement gardées. Si l'on ajoute que les chefs, pour la plupart officiers improvisés, sont fréquemment dépourvus d'instruction et de moralité ; qu'ils sont disposés à considérer les changements de gouvernement comme d'excellentes occasions d'obtenir de nouveaux grades ; que leur avancement dépend du caprice de tel ou tel général, sans qu'il y ait aucune loi protectrice des droits acquis et des services rendus, on se rendra compte de la différence qui existe entre ces troupes et les troupes européennes.

A côté des corps soumis à certaines règles de discipline et d'administration, il existe de nombreuses bandes de volontaires ou guérillas affranchies de toute tutelle hiérarchique et qui font la guerre de partisans au gré du chef qui les conduit. Réunies aujourd'hui pour atteindre un but déterminé, elles se dispersent le lendemain et deviennent insaisissables ; quelque temps après on les trouve reformées à plusieurs journées de distance. Ce sont presque toujours des troupes de cavaliers, bandits de grands chemins, aventuriers, ou quelquefois aussi les serviteurs ou les amis

---

[1] *Meson* se dit d'une auberge de passage avec grandes cours et dépendances pour les convois d'arrieros.

d'un riche propriétaire, d'un hacendero qui a levé le drapeau d'un parti et entraîné à sa suite les hardis *vaqueros* (¹) qui vivent sur les terres. Un grand nombre avaient surgi dans les terres chaudes de Vera-Cruz ; un plus grand nombre encore s'étaient constituées avec les débris de l'armée de Comonfort et les prisonniers évadés de Puebla.

1863.

Quant à l'armée mexicaine alliée, commandée par le général Marquez, elle avait eu pour noyau la poignée de soldats qui, suivant la fortune de cet officier, étaient venus rejoindre le général de Lorencez à Orizaba. Leur chiffre s'était grossi successivement de quelques déserteurs de l'armée libérale et enfin, après la prise de Puebla, on avait incorporé dans leurs rangs un grand nombre d'hommes provenant de la garnison prisonnière (²). Plus tard, le général Mejia avait amené d'importants contingents de la Sierra Gorda ; quelques autres troupes s'étaient aussi ralliées ; enfin beaucoup d'officiers des anciennes armées du parti conservateur se présentaient chaque jour ; presque tous aspiraient à une solde élevée et prétendaient être généraux, colonels, ou au moins officiers supérieurs ; on ne trouvait point d'officiers subalternes. Il était difficile de remettre un peu d'ordre dans ce chaos et d'organiser ces troupes de façon à les utiliser ; aussi la commission présidée par le maréchal Forey s'était-elle bornée à prescrire les mesures les plus urgentes. Elle avait divisé les troupes alliées en troupes permanentes et troupes auxiliaires. Dans les troupes permanentes furent comptés :

(¹) Les *vaqueros* sont les gardiens des troupeaux de chevaux ou de bétail vivant en liberté sur les grandes haciendas ; hardis cavaliers, ils passent leur temps à dresser les chevaux sauvages confiés à leur surveillance.

(²) Ce sont ces soldats qui avaient figuré dans l'entrée solennelle de l'armée franco-mexicaine à Mexico, le 10 juin 1863, et défilé devant le maréchal Forey, au cri de : *Viva Napoleon !*

1863.

Les invalides, les officiers disponibles et la division Marquez organisée en : six bataillons, six escadrons de cavalerie, un escadron d'exploradores, une compagnie du génie et trois batteries d'artillerie, formant un effectif total d'environ 7000 hommes.

Dans les troupes auxiliaires furent rangés tous les autres corps qui, par leur mode de recrutement ou par le service particulier auquel ils devaient être affectés, ne se prêtaient pas aux formes administratives arrêtées pour les troupes permanentes. C'étaient :

La division Mejia, forte de six bataillons, six escadrons, une batterie. Effectif total : 1,900 hommes environ;

La brigade Vicario, forte de trois bataillons et demi, six escadrons, une section d'artillerie de montagne. Effectif total : 1,900 hommes environ;

Et onze autres corps de moindre importance dont l'effectif s'élevait à 2,300 hommes environ. Le trésor mexicain étant vide et l'entretien de ces troupes incombant aux finances françaises, elles furent soumises au contrôle de l'intendance [1].

Préliminaires de la campagne de l'intérieur.

Avant d'entreprendre une expédition dans l'intérieur, le général en chef organisa solidement sa ligne de communication avec la mer. Il réduisit le nombre des postes des terres chaudes, mais il fit installer ceux qu'il conserva dans de bons réduits, susceptibles d'une défense prolongée, bien approvisionnés en vivres et en munitions; il imprima la plus grande activité aux travaux du chemin de fer et créa

---

[1] Situation d'octobre 1863. — Le général en chef au ministre, 8 octobre 1863. — Règlement du 25 septembre 1863.

Le 8 octobre, les dépenses d'habillement s'élevaient déjà à trois millions de francs.

des compagnies de contre-guérillas françaises pour protéger les ateliers et assurer la sécurité des convois. Cette formation provisoire comprit deux compagnies de cent volontaires et un escadron de quarante cavaliers choisis dans les troupes françaises et placés sous le commandement supérieur du colonel Dupin. La contre-guérilla proprement dite dut être réorganisée et portée à l'effectif de six cents hommes.

Le général en chef compléta ces mesures en faisant occuper d'une façon permanente, par quinze cents hommes des troupes de Marquez, la petite ville de Jalapa, quartier général des bandes des terres chaudes. La brigade de réserve eut la mission de garder les districts de Cordova, d'Orizaba et de Tehuacan ; une forte garnison, composée du 1er zouaves, fut laissée à Puebla, mais on évacua tous les petits postes qui défendaient les débouchés de la Huasteca, Zacapoaxtla, Tlaxco, Zacatlan ; un détachement de deux compagnies resta seulement à Tlaxcala, et le 81e de ligne fut appelé à Mexico.

Quatre compagnies de partisans, fortes chacune de cent hommes de bonne volonté et commandées par des officiers de choix, furent chargées de protéger les convois du commerce et de faire une guerre à outrance aux bandes de guérilleros et de voleurs qui coupaient les chemins ; elles furent réparties entre Mexico, Puebla, Orizaba et Cordova.

Le général Bazaine put alors mobiliser la plus grande partie du corps expéditionnaire. Il forma deux colonnes principales, l'une sous les ordres du général de Castagny, composée des 7e et 20e bataillons de chasseurs, du 3e zouaves, du 51e et du 95e de ligne, de deux escadrons de cavalerie ; l'autre, à la tête de laquelle fut placé le général Douay, comprit le 1er bataillon de chasseurs, le bataillon de tirailleurs algériens, un bataillon du 62ᵉ de ligne, le 99ᵉ de ligne, le 2ᵉ zouaves et trois escadrons de cavalerie. La division mexicaine du général Mejia dut marcher avec le général Douay; le général Marquez, avec 4,700 hommes, suivit le général de Castagny. L'effectif total des troupes mobilisées s'élevait à 14,000 Français et 7,000 Mexicains.

Les forces de l'ennemi, dont on ne connaissait pas exactement l'importance, étaient réparties sur plusieurs points. Entre Queretaro et Tepeji del Rio se trouvaient, disait-on, treize mille hommes et une artillerie nombreuse sous les ordres de Doblado. Le général Negrete, à la tête de huit mille hommes, se tenait entre San Luis Potosi et Pachuca. Le général Uraga avait quatre mille hommes en avant de Morelia; il était appuyé par un corps de quatre mille hommes sous les ordres d'Alvarez dans l'Etat de Guerrero et par un autre de cinq mille hommes que commandait Porfirio Diaz. On prêtait à l'ennemi l'intention de se retirer sans combattre et de manœuvrer sur les flancs et les derrières des colonnes franco-mexicaines. Le général en chef prit ses dispositions en conséquence.

La base d'opérations sur laquelle il devait s'appuyer s'étendait de Pachuca à Toluca en passant par Mexico. Les garnisons françaises qui, depuis le mois de juillet, occupaient ces deux villes, n'avaient d'abord eu devant elles que des bandes de guérilleros sans consistance; mais vers la fin de septembre plusieurs corps réguliers de l'armée ennemie, enhardis par leur immobilité, essayèrent de les déborder dans l'intention de tourner Mexico et de gêner les communications de l'armée française avec la mer. Les engagements, qui eurent lieu aux environs de Toluca et de Pachuca, préludèrent au mouvement général d'offensive.

Du côté de Toluca, où commandait le général de Bertier, on signalait à Zitacuaro un rassemblement ennemi considérable. C'était le corps de Porfirio Diaz qui se préparait à faire un mouvement tournant par le sud, pour donner la main aux forces libérales de l'Etat de Guerrero et se rendre dans l'Etat de Oajaca. Porfirio Diaz exécuta en effet cette manœuvre; les détachements français s'étant avancés vers Asuncion-Malacatepec et Villa del Valle dans le but de lui barrer la route, il élargit son mouvement, les évita, poussa devant lui la troupe mexicaine du colonel Valdez trop faible pour lui résister, et grossissant ses forces avec des contingents du Guerrero, il vint, à la tête de six mille hommes, menacer les positions de la brigade Vicario au sud de Cuernavaca. Le 30 octobre, après un siége de trois jours et malgré l'énergique résistance des habitants, il enleva la petite ville de Tasco; le 5 novembre, il attaqua Vicario lui-même, qui s'était renfermé à Iguala. L'alarme fut grande au camp des Mexicains alliés; ils sollicitèrent des secours avec instance; les deux brigades de la division Marquez, l'une envoyée de Mexico, l'autre venant de Toluca par des chemins de montagne, arrivèrent assez à temps pour empêcher l'ennemi de poursuivre ses succès. Porfirio Diaz leva le siége d'Iguala le 7 novembre et se dirigea sur Oajaca, où il se déclara gouverneur des Etats de Puebla, d'Oajaca, de Vera-Cruz, et de Chiapas. Il ne tenta plus aucun effort sur les postes franco-mexicains et se contenta de renforcer les guérillas des terres chaudes.

Aux environs de Pachuca, extrême droite des positions françaises, se montraient aussi de nombreux partis ennemis appartenant à la division Negrete; les détachements du 62e et du corps de Mejia, qui occupaient ce pays, restèrent sur la défensive jusqu'au moment où les dispositions préliminaires de la campagne de l'intérieur étant terminées, ils purent combiner leur mouvement en avant avec celui des troupes qui suivaient la route de Queretaro. Le 11 octobre, le général Mejia enleva la petite ville d'Actopan défendue par 1300 hommes, puis il vint prendre position à Tula. Quelques semaines plus tard, il s'avança jusqu'à l'hacienda d'Arroyo-Zarco et l'occupa après un engagement de cavalerie. Un bataillon du 62e le suivit, l'autre bataillon resta dans le district des mines pour tenir en respect les guérilleros qu'attiraient les richesses de cette région. Les garnisons de Pachuca d'une part, de Toluca et de Cuernavaca de l'autre, couvraient ainsi très-efficacement les flancs des colonnes qui allaient s'avancer vers l'intérieur.

Deux routes carrossables conduisent de Mexico dans le centre du pays. L'une, tracée par Toluca, Acambaro, Morelia, la Barca, aboutit à Guadalajara. Dans la saison des pluies, elle est impraticable non-seulement à cause de son mauvais état d'entretien, mais encore parce que les cours d'eau ne sont pas guéables. L'autre est la route des diligences; elle passe par Queretaro, Leon, Lagos, franchit les rivières sur des ponts, traverse les contrées les plus riches et les plus peuplées du Mexique et arrive également à Guadalajara, d'où elle se prolonge jusqu'à San Blas sur le Pacifique. C'est la grande artère commerciale entre les deux océans. Les convois, qui se dirigent vers les provinces du Nord-Est, la suivent jusqu'à Queretaro et remontent ensuite du côté de San Luis Potosi; ceux qui vont dans les provinces du Nord-Ouest passent par Lagos, Aguascalientes et Zacatecas.

Le général en chef choisit la route de Queretaro pour ligne principale d'opérations; des postes chargés de garder les communications devaient être répartis de distance en distance. La division Douay, les grands parcs et les réserves de vivres, suivirent cette direction. Le général Bazaine, avec les divisions de Castagny et Marquez, prit l'autre route dans le but de s'assurer la possession de Morelia avant de pénétrer plus à l'ouest.

Les mouvements des colonnes expéditionnaires commencèrent dès les derniers jours du mois d'octobre. A cette époque, les grandes pluies ont cessé et l'on entre dans la saison la plus favorable aux opérations militaires. Les généraux, commandant les divisions, se mirent en route, le 9 novembre, pour rejoindre leurs têtes de colonne. Le 18, le général en chef partit à son tour, laissant la place de Mexico sous le commandement supérieur du général Neigre.

Le général Douay, poussant rapidement ses troupes, fit occuper Queretaro le 17 novembre. Il s'y arrêta afin d'attendre que la colonne de Castagny fût à sa hauteur; les ressources de cette ville importante lui permirent de former des magasins en vue des opérations ultérieures.

Le général de Castagny, de son côté, atteignit Acambaro, le 24 novembre, n'ayant eu avec l'ennemi qu'une seule rencontre d'avant-garde près de Maravatio. Il fut rejoint le 27 par le général en chef et par la division Marquez. Cette division, soutenue par la brigade de Bertier, se porta immédiatement sur Morelia, où elle entra, sans coup férir, le 30 novembre.

Le général Marquez se hâta de s'y organiser défensivement. Bien que la population fût généralement hostile[1], il

---

[1] Un sous-lieutenant du 51ᵉ de ligne fut assassiné dans la rue peu après l'entrée des troupes.

pouvait se suffire à lui-même, et le général de Berlier rétrograda aussitôt avec les troupes françaises.

Assuré désormais du succès de la campagne, puisque, en moins d'un mois, les colonnes expéditionnaires s'étaient avancées à soixante lieues dans l'intérieur, sans rencontrer de résistance, le général Bazaine, tout en poursuivant ses opérations dont le but précis, indiqué par l'Empereur lui-même, était l'occupation des grandes villes du pays, se proposait de manœuvrer de manière à mettre l'ennemi dans l'obligation d'accepter le combat, ou du moins d'abandonner l'important matériel de guerre qu'il traînait avec lui. Les progrès faciles des forces interventionnistes et l'accueil favorable qu'elles avaient reçu des populations dans la plupart des localités, à l'exception de Morelia, faisaient bien augurer des dispositions des habitants en faveur de l'empire. Des actes d'adhésion, signés dans chaque municipalité, avaient réuni les noms d'un certain nombre de citoyens considérables par leur fortune et par leur influence. Des troupes de guérillas commençaient à s'organiser en faveur du nouveau gouvernement, et l'une d'elles, ayant tendu une embuscade à un détachement ennemi, venait de tuer le général Comonfort et une vingtaine d'hommes qui l'escortaient. D'autres chefs, Zermeño de Lagos, Chavez d'Aguascalientes, écrivaient qu'ils avaient arboré le drapeau conservateur et demandaient leur incorporation dans l'armée impériale ; enfin Doblado lui-même, inquiet de voir les armes françaises envahir les contrées où se trouvaient ses grandes propriétés, paraissait vouloir sauvegarder ses intérêts personnels. Quelques-uns de ses amis firent des ouvertures que le général en chef était disposé à bien accueillir, mais Doblado ne cherchait en réalité qu'à gagner du temps et à vendre au trésor français d'importantes quantités de numéraire des mines de Guanajuato qu'il avait accumulees dans sa caisse particulière. Au moment même où des démarches étaient faites en son nom, il publiait une proclamation belliqueuse, et l'on assurait qu'il avait encore sous sa main près de quinze mille hommes. Cependant, en reculant sans cesse, l'ennemi s'était laissé enlever l'importante route d'Acambaro à Celaya, seule voie carrossable par laquelle les deux corps principaux de l'armée libérale pouvaient communiquer entre eux; afin de rétablir ces communications, Doblado faisait activement travailler à rendre praticable aux voitures le chemin de la Piedad à Leon.

Aussitôt après la prise de Morelia, le général Bazaine s'était porté d'Acambaro à Celaya; il dirigea la colonne du général Douay par San Miguel Allende sur Guanajuato, qui fut occupé, le 8 décembre, aux acclamations enthousiastes de la population. De son côté le général en chef s'avança par la route principale jusqu'à Salamanca; il allégea sa colonne en y laissant les parcs et les grands convois et, le 12 décembre, concentrant à Silao la division Douay et la majeure partie de la division de Castagny, il se mit à la poursuite de Doblado. On était encore très-incertain sur les intentions de l'ennemi. Une assez grande réunion de forces, venues de Morelia, de Queretaro et de Guanajuato, était signalée près de San Pedro Piedra-Gorda; Uraga et Doblado s'y trouvaient, et l'on supposait à l'ennemi le projet de faire un retour offensif sur l'aile gauche française, afin d'écraser la division Marquez et lui enlever Morelia.

Le général Bazaine résolut alors de se diriger de Silao

vers Piedra-Gorda, tandis que le général de Bertier, laissé à Salamanca, s'avancerait vers Penjamo et que le général Douay se porterait vivement sur Leon pour couper cette ligne de retraite à l'ennemi. Le mouvement était commencé sur ces données, lorsque de nouveaux avis firent connaître que Doblado, avec son artillerie et ses parcs, défilait par Leon et Lagos pour se jeter dans le nord. Modifiant son premier plan, le général Bazaine lança derrière lui les troupes le plus rapprochées, c'est-à-dire la division de Castagny qui était déjà engagée sur la route de Piedra-Gorda; il se mit à sa tête [1] et, le 14 décembre au soir, il entrait à Leon, dont la population se montra fort sympathique. Le lendemain, il arrivait à Lagos; Doblado, n'ayant que quelques heures d'avance, en était parti la veille, mais la nécessité de réunir des vivres força la colonne française à s'arrêter toute la journée du 17. La poursuite recommença le 18 dans la direction d'Aguascalientes. L'infanterie laissa ses sacs; la cavalerie, qui avait conservé les traditions des campagnes d'Afrique, déposa une grande partie des objets dont elle avait l'habitude de charger ses chevaux, l'artillerie n'emmena que les batteries de combat; à 5 heures du soir, on avait parcouru 47 kilomètres, les troupes se reposèrent quelques instants; à une heure du matin elles se remirent en marche, et vers 4 heures elles arrivèrent à la grande hacienda de Ledesma, 14 kilomètres plus loin.

Le général en chef avait fait réunir sur ce point les vo-

[1] Le général Bazaine conservait toujours sous ses ordres directs une brigade mixte, dite *brigade d'avant-garde*, qu'il avait organisée le 29 novembre et dont il avait donné le commandement au général du Barail. Cette brigade se composait de six escadrons de cavalerie, du 3ᵉ zouaves, d'une section d'artillerie de montagne et de la batterie montée de la garde.

lontaires de Chavez; quelques heures avant, deux cents cavaliers libéraux, envoyés de San Luis de Potosi pour porter au général Uraga une forte somme d'argent, étaient venus donner au milieu de leur bivouac. L'ennemi perdit vingt-huit morts et dix-sept prisonniers.

Les éclaireurs mexicains annonçant que l'artillerie de Doblado avait dépassé Aguascalientes depuis longtemps déjà, le général Bazaine crut devoir renoncer à l'atteindre; il arrêta sa colonne et la fit reposer le 19; le jour suivant, il renvoya à Lagos la majeure partie de ses troupes et continua sa route sur Aguascalientes avec la brigade du Barail. Les derniers détachements de l'ennemi venaient seulement d'en partir. Il remit Aguascalientes à la garde de Chavez, et le 24 décembre, revint à Lagos après avoir fait plus de cinquante lieues en moins de six jours.

Le général Douay avait été chargé d'exécuter vers Piedra-Gorda le mouvement que le général en chef avait eu d'abord le projet de diriger lui-même et qu'il avait abandonné pour poursuivre Doblado. Précédé à une journée de marche par une avant-garde légère commandée par le colonel Margueritte, le général Douay se porta donc de Léon sur Piedra-Gorda; le général Uraga, réunissant toutes les forces libérales des États voisins, s'était déjà jeté sur Morelia avec douze mille hommes et trente-six bouches à feu. Le 17 décembre, il paraissait devant la ville, et le 18 au matin, il l'attaquait avec la plus grande vigueur. Un instant il put croire au succès, ses colonnes parvinrent jusqu'à la place principale, mais l'énergie de la défense répondit à l'impétuosité de l'attaque. Le général Marquez, donnant à ses soldats l'exemple du courage et de la confiance, sut faire face de tous côtés et eut le bonheur de

Opérations du général Douay contre le corps d'Uraga.

repousser les assaillants ; Uraga dut se replier en désordre perdant près de six cents hommes tués, autant de prisonniers, une grande partie de son parc et cinq obusiers de montagne. Le général Marquez fut blessé grièvement à la figure, il eut quarante-cinq tués et quatre-vingt-huit blessés.

C'était la première fois que les troupes mexicaines alliées se trouvaient en présence de l'ennemi sans être soutenues par les Français ; elles firent belle contenance et relevèrent ainsi leur réputation aux yeux de leurs adversaires comme à ceux du corps expéditionnaire. Le général en chef se félicita d'autant plus de ce succès qu'il était inespéré, et que personne ne comptait alors sur une coopération sérieuse des contingents alliés.

Le général Uraga avait battu en retraite par la route de la Piedad, dans l'intention soit de se retirer sur Guadalajara, soit plutôt d'essayer de rejoindre Doblado ; mais apprenant le mouvement du général Douay vers la Piedad, il engagea ses convois sur la route de Zamora, seule voie carrossable qui lui restât. Le 20 décembre, au moment où il reçut la nouvelle du combat de Morelia, le général Douay avait son avant-garde à la Piedad et la suivait à quelques lieues de distance ; comprenant l'importance qu'il y avait à devancer Uraga pour lui barrer le chemin, il fit accélérer le mouvement de ses colonnes. Le 22 décembre, à 8 heures du matin, après avoir marché une partie de la nuit, la cavalerie du colonel Margueritte arriva inopinément sur Zamora, enleva les barricades qui défendaient l'entrée de la ville, sabra un corps de trois cents cavaliers et de cent fantassins qui se préparaient à se mettre en route et ramena un convoi de munitions.

Uraga se trouvait alors à Chilchota, il rétrograda aussitôt sur Uruapan. La route de Zamora lui étant fermée, il allait tenter, malgré les difficultés de l'entreprise, de faire passer les débris de sa division par le chemin de Los Reyes et de Coalcoman auquel il fit travailler en toute hâte pour permettre le passage des voitures ; lui-même prit position à Los Reyes, pour protéger l'évacuation de son matériel.

Le général Douay, qui était arrivé à Zamora le soir même du combat, après une marche forcée de vingt lieues exécutée en trente-huit heures, se vit obligé de laisser reposer ses troupes et d'attendre ses voitures de vivres. Il ne put être à Los Reyes que le 28 décembre ; Uraga en était parti la veille, mais tous ses convois n'étaient pas encore passés ; la colonne française, en se portant sur Uruapan, arrêta complétement leur marche et enleva une énorme quantité de matériel, un outillage de fonderie de canons, une machine à frapper de la monnaie, un approvisionnement considérable de munitions, et une batterie de neuf pièces abandonnées sur la route. Les jours suivants, les Indiens retrouvèrent encore, dans les montagnes, beaucoup de munitions, d'armes et d'équipements ; ce qui témoignait du désarroi et de la précipitation avec lesquels l'ennemi avait effectué sa retraite. Sa désorganisation était complète ; il ne restait dans le Michoacan que des bandes éparses et désormais hors d'état de menacer de nouveau Morelia ; mais Uraga, avec 2,500 hommes et la partie la moins pesante de ses parcs, parvint à gagner Zapotlan dans le Jalisco, et s'occupa aussitôt de reconstituer son corps d'armée, en concentrant autour de lui les forces libérales de cette province et celles de l'État de Colima. Le général Douay revint à Zamora par la route de San Pedro Paracho ; il y trouva des instructions à la suite desquelles il se porta sur la Barca, pour concou-

1863.

Opérations de la division Mejia. Occupation et défense de San Luis Potosi. (25 et 27 déc. 1863.)

rir, s'il en était besoin, au mouvement que le général en chef opérait alors sur Guadalajara.

En s'avançant vers l'ouest, le général Bazaine avait laissé à Guanajuato la division Mejia; quelque temps après il la fit relever par une garnison française, et lui donna l'ordre de se rapprocher de San Luis de Potosi, où se trouvait le siége du gouvernement libéral. Le président Juarez maintint dans cette ville la division Negrete, dont l'effectif était peu important; il jugea prudent de se retirer lui-même au Mineral de Catorce à soixante lieues plus au nord. Le général Mejia ne disposait que de 2,500 combattants et d'une batterie de montagne; il ne marchait donc qu'avec la plus grande circonspection, mais son influence personnelle était considérable dans ce pays; des pronunciamientos en faveur de l'empire se déclarèrent dans un grand nombre de localités voisines, et Negrete ne tarda pas à abandonner San Luis. Les forces alliées en prirent possession, le 25 décembre, au milieu des démonstrations les plus enthousiastes; cependant, le 27 décembre, Negrete, renforcé par des troupes venues de Zacatecas, tenta un vigoureux retour offensif avec environ cinq mille hommes et neuf pièces d'artillerie. Il attaqua San Luis sur trois directions et pénétra jusqu'au centre de la ville; en ce moment une charge heureuse de la cavalerie de Mejia repoussa l'ennemi, qui se retira dans le plus grand désordre, abandonnant 850 prisonniers, toute son artillerie et tout son parc. La division Mejia perdit cinquante hommes tués et soixante-cinq blessés; elle se renforça des huit cents prisonniers qui, selon la coutume mexicaine, furent incorporés dans ses rangs.

Avant d'avoir connaissance des succès du général Mejia, le général en chef, ne voulant pas laisser cette division trop exposée, avait pris la précaution de diriger le général de Castagny de Lagos sur Aguascalientes, et lui avait prescrit de s'avancer vers San Luis pour donner la main à la division alliée. Le général de Castagny fit cette démonstration, que l'issue heureuse du combat de San Luis rendit moins nécessaire, et il revint ensuite prendre position à Aguascalientes pendant que le général Bazaine se dirigeait vers Guadalajara.

1864.

Le général en chef avait quitté Lagos le 28 décembre, et ne rencontrant aucun obstacle, il arriva le 5 janvier devant Guadalajara, qui fut occupé sans résistance. Le général Arteaga, gouverneur de l'État de Jalisco, s'étant trouvé trop faible, avait évacué la ville et était allé dans le sud rallier les débris d'Uraga.

Occupation de Guadalajara (5 janvier 1864).

Un important résultat était obtenu par les combinaisons militaires à la suite desquelles les divisions françaises, traversant le Mexique en moins de deux mois, avaient séparé en deux tronçons les forces ennemies, rejeté Doblado dans l'extrême nord, et refoulé Uraga dans les provinces du sud. Elles avaient provoqué l'adhésion au nouvel ordre de choses des grandes cités de Queretaro, Morelia, Guanajuato, Leon, Aguascalientes, San Luis de Potosi, Guadalajara et rendu possible l'acceptation définitive de la couronne par l'archiduc Maximilien.

Les troupes françaises étaient à cent vingt lieues seulement des côtes de l'Océan, et grâce au concours offert par le général mexicain Lozada, elles allaient pouvoir entrer en rapport avec l'escadre du Pacifique. A cette époque le parti libéral semblait très-affaibli ; on pouvait espérer que les gens d'ordre, fatigués des luttes intestines, se rallieraient autour d'un pouvoir fortement constitué et que, dans leur propre intérêt, ils aideraient à sa consolidation. L'avenir dépendait entièrement de l'attitude que sauraient prendre les hommes importants du parti conservateur. Quant aux chefs libéraux, la plupart se montraient découragés. Plusieurs d'entre eux, regardant Juarez comme le principal obstacle qui s'opposât à une entente avec le gouvernement français, désiraient qu'il quittât le pouvoir. L'archiduc Maximilien, leur avait-on dit, hésitait toujours à venir au Mexique, et ils supposaient qu'il serait possible d'entrer en arrangement avec la France, tout en conservant au gouvernement sa forme républicaine; mais ils échouèrent dans ces tentatives. Juarez, moins peut-être par ambition personnelle que par dévouement passionné à la cause de la réforme dont il était le plus tenace champion, resta inébranlable; il se déclara décidé à continuer la lutte jusqu'à sa dernière limite et à ne pas abandonner une autorité, dont il était légalement et constitutionnellement le dépositaire. Près de lui était un petit groupe d'amis fermes et dévoués qui l'encouragèrent à la résistance et l'aidèrent virilement à défendre le drapeau de leur parti.

C'est en vain qu'on eût cherché les marques d'une semblable énergie politique dans les rangs du parti interventionniste. Les libéraux avaient été contraints d'évacuer la plupart des grandes villes; dans certains endroits, les Français avaient même été acclamés comme des libérateurs, mais le gouvernement provisoire n'apportait aucune activité à l'organisation des administrations publiques destinées à faire reconnaître et à maintenir son autorité. Il ne manquait pas de solliciteurs pour les places lucratives de préfets politiques. Cependant, une fois nommés, les nouveaux préfets ne se souciaient que médiocrement du bien public; disposés à considérer ces fonctions comme la juste rémunération des dommages soufferts sous l'ancien gouvernement, ils montraient peu d'empressement à se rendre à leur poste et la Régence ne savait pas les y contraindre. Le général Bazaine déplorait cette apathie; souvent il avait eu la plus grande difficulté à constituer les administrations locales; il s'était vu forcé de laisser Aguascalientes aux mains de Chavez, chef de guérillas dont la valeur politique et le désintéressement étaient fort contestables; nulle part se faisait sentir l'impulsion vigoureuse grâce à laquelle peut se fonder un régime nouveau; l'action du pouvoir central ne s'étendait pas aux provinces, et presque partout il fallait que les commandants militaires français suppléassent à l'absence ou à l'insuffisance des fonctionnaires mexicains.

1864.

Les évêques eux-mêmes, au lieu de rentrer dans les diocèses qui leur étaient ouverts, de travailler à l'apaisement des esprits et au rétablissement de la paix publique, restaient à Mexico, groupés autour de Mgr Labastida; ils excitaient, par leurs protestations et leurs réclamations intempestives, les passions du parti catholique et augmentaient l'hostilité du parti de la réforme. Une scission menaçait déjà de se produire parmi les partisans de l'empire; on répandait à Mexico des écrits clandestins contenant d'ardentes attaques contre les chefs de l'expédition française, des appels aux armes, et des provocations à un soulèvement général contre les Français; le clergé semblait favoriser ces menées.

Difficultés suscitées par le clergé.

Soutenus et encouragés par le général en chef, les généraux Almonte et Salas, chefs du pouvoir exécutif, s'efforçaient de résister aux tendances réactionnaires des évêques, et par de nouvelles circulaires, en date du 9 novembre et du 15 décembre, ils avaient jugé nécessaire de confirmer les communiqués du 24 octobre, et de maintenir le *statu quo* relativement aux intérêts engagés sur les biens ecclésiastiques sécularisés. Ces mesures, inspirées par un esprit de sage prudence, provoquèrent une violente protestation que signèrent sept prélats. Ils défendirent d'obéir aux décrets de la régence, sous menace d'excommunication majeure, déclarèrent que l'absolution *in articulo mortis* serait refusée à quiconque n'aurait pas restitué les biens dont il pouvait être détenteur et n'aurait pas rétracté formellement toute participation aux mesures attentatoires aux droits de l'Eglise. La lutte prenait, on le voit, un caractère de plus en plus tranché. Dans des correspondances échangées avec le général Neigre, gouverneur de Mexico, l'archevêque ne craignit pas d'accentuer positivement son attitude hostile ; ainsi donc au lendemain même de la proclamation de l'empire, lorsque les forces libérales encore menaçantes venaient à peine d'être éloignées des portes de la capitale, l'influence française trouvait déjà, parmi ses adversaires les plus acharnés, ceux qui avaient le plus ardemment appelé l'intervention. Ce n'était pas le premier mécompte de la politique qui avait conduit le drapeau français au Mexique, ce ne fut pas le dernier. On verra dans la suite la plupart des partisans de la France et le nouvel empereur lui-même se tourner contre elle.

Le tribunal suprême suivit les évêques dans la voie de protestation où ils s'étaient engagés. Il adressa au gouvernement une longue remontrance dans laquelle il énumérait les titres de l'Église mexicaine à la reconnaissance de la nation, et rappelait l'attachement des populations aux immunités ecclésiastiques ; l'intervention française, disait-il, avait été sollicitée dans le but de renverser les *lois de réforme*, mesures iniques des gouvernements révolutionnaires ; en voulant les maintenir, même provisoirement, l'intervention manquait à l'objet qu'elle devait se proposer ; du reste elle ne pouvait logiquement considérer ces lois comme des actes réguliers, puisqu'elle avait refusé de reconnaître le président Juarez, de qui elles étaient émanées ; enfin, les promesses contenues dans le manifeste du maréchal Forey n'auraient d'autre conséquence que de favoriser la mauvaise foi des adjudicataires des biens ecclésiastiques ; en résumé, le tribunal refusait de prêter le concours de la justice aux mesures édictées par les régents. La rébellion était formelle et la Régence n'avait d'autre alternative que de céder ou de dissoudre le Tribunal suprême. Ce fut à ce dernier parti qu'elle s'arrêta (2 janvier 1864) ; cette décision énergique eut un excellent effet, et la masse de la population ne se laissa pas entraîner par les agitateurs.

1864.

Le général en chef était à Guadalajara lorsqu'il fut informé des difficultés avec lesquelles la Régence était aux prises ; il abandonna le projet qu'il avait formé de pousser jusqu'à Colima pour compléter la destruction du corps d'Uraga ; laissant à Guadalajara une garnison d'environ seize cents hommes de troupe française et de quatorze cents Mexicains sous le commandement supérieur du colonel Garnier, il revint à Mexico en passant par la Barca, Valle Santiago, Salamanca et Queretaro. Pendant cette marche, il lança plusieurs fois des détachements de la colonne qui l'accompagnait, contre les bandes ennemies signalées à sa portée. Le 21 janvier, deux escadrons de chasseurs d'Afrique et quelques cavaliers mexicains alliés, commandés par le colonel Petit, atteignirent un parti ennemi à Penjamillo, à huit lieues de la Piedad, lui firent vingt-neuf prisonniers, et mirent une trentaine d'hommes hors de combat. Des postes furent placés à la Piedad et à

Retour du général en chef à Mexico.

Zamora pour aider les populations à s'organiser défensivement.

Le général Bazaine tenta, sans y réussir, de surprendre un corps ennemi qui venait lever une contribution sur Irapuato ; et le 4 février, ayant franchi en quatre jours les soixante lieues qui séparent Mexico de Queretaro, il rentrait dans la capitale.

<small>Marche de la division Douay sur Zacatecas et sur Guadalajara.</small>

Le général Douay était en observation à La Barca au moment où le général Bazaine se dirigeait sur Guadalajara. L'occupation de cette place ayant eu lieu sans résistance, son concours devenait inutile ; il reçut l'ordre de ramener sa division à Leon et de prendre la direction supérieure des opérations militaires dans le nord. La division de Castagny fut placée momentanément sous son commandement ; avec ces forces réunies il devait s'emparer de Zacatecas, où l'on supposait que Doblado chercherait à résister. Le général Douay, après avoir concentré sa division à Lagos, la dirigea sur Aguascalientes en deux colonnes ; avec l'une d'elles, forte de trois escadrons et du 18ᵉ bataillon de chasseurs, il fit au préalable une pointe à gauche de la route sur Teocaltiche, où se trouvait un corps ennemi en position de menacer les communications sur les derrières des colonnes. Il parvint à dérober sa marche jusqu'à trois kilomètres de la ville, et la fit alors rapidement cerner par sa cavalerie. La place, défendue par six cents hommes environ, fut enlevée par les chasseurs à pied ; l'ennemi perdit cinquante hommes tués et une centaine de prisonniers. Les autres s'échappèrent, grâce à la connivence des habitants. Les trois chefs, Jaureguy, Mendoza et Ramirez, convaincus de brigandage à main armée, furent passés par les armes (29 janvier). La colónne reprit ensuite le chemin d'Aguascalientes et se porta sur Zacatecas par la route directe, tandis que le général de Castagny suivait celle de los Angeles et de la Blanca. L'ennemi ne les attendit point, et cette ville importante, centre de riches exploitations minières, fut occupée sans difficultés, le 6 février. Laissant dans cette province la division de Castagny, le général Douay se hâta de rétrograder, afin de secourir le colonel Garnier, sérieusement menacé à Guadalajara.

En effet, le général Uraga avait reconstitué sa division plus vite qu'on ne l'avait pensé ; comptant sur les sympathies des populations et sur les intelligences qu'il avait dans la ville, il s'avança contre Guadalajara avec cinq mille hommes. Le général Ortega, l'ancien défenseur de Puebla, avait réuni deux mille hommes dans l'Etat de Zacatecas, et devait aider ce mouvement en descendant vers le sud ; mais l'énergique contenance du colonel Garnier montra bientôt à l'ennemi qu'il ne serait pas facile d'avoir raison de sa petite garnison. Il contint par sa ferme attitude les dispositions hostiles d'une partie des habitants, déclara la ville en état de siége, et se mettant à la tête d'une portion de ses troupes, il prit lui-même l'offensive et força les guérillas, qui s'approchaient de la place, à reculer au delà de San Agustin. Pendant plusieurs jours, on tirailla aux garitas, mais l'ennemi n'osa faire aucune tentative sérieuse. L'arrivée du général Douay (25 février) et de plusieurs détachements, envoyés par le général en chef, mit Guadalajara complétement à l'abri des insultes des forces libérales. Le général Douay installa dans cette ville le quartier général de sa division.

De retour à Mexico, le général Bazaine affermit le gouvernement provisoire dans les dispositions qu'il avait montrées ; il lui recommanda de continuer à entourer les

1864.

Situation politique.

évêques de considération, mais de sévir très-énergiquement contre tous ceux qui, leur servant d'instrument, chercheraient à troubler la paix publique. Il fit revenir à Mexico le général Miramon, resté à Guadalajara, et dont l'attitude paraissait suspecte. Vers la même époque, Santa-Anna arrivait à Vera-Cruz ; bien qu'il protestât de son dévouement à l'empire et qu'il eût consenti à signer un engagement formel de s'abstenir de toute démonstration politique, il publia un manifeste dans un journal d'Orizaba. Le général Bazaine donna l'ordre de l'arrêter et de le renvoyer à la Havane sur un navire de guerre. Il prescrivit à tous les commandants militaires d'exercer une surveillance active sur les autorités civiles et de s'opposer à ce qu'elles abusassent de la protection des baïonnettes françaises en s'engageant dans une voie de réaction. Les secours spirituels ayant été refusés à un habitant de Morelia, acquéreur de biens ecclésiastiques, et son corps étant resté sans sépulture, le général en chef, de sa propre autorité, ordonna l'inhumation et provoqua, de la part de la Régence, l'envoi d'instructions formelles à tous les préfets, pour prévenir le retour de pareils scandales ; l'effervescence du parti clérical se calma, du reste, peu à peu. L'acceptation définitive de la couronne par l'archiduc et son arrivée au Mexique paraissant prochaines, le clergé attendit dans l'espoir de trouver, chez le nouveau souverain, des dispositions plus favorables. Les évêques de Guadalajara, de San Luis, et de Zacatecas partirent pour leurs diocèses. Cependant, à Guadalajara, l'autorité ecclésiastique, de concert avec le préfet, ayant essayé de rétablir dans l'instruction publique certaines règles abrogées et revendiquant, en outre, ses droits sur les anciennes propriétés du clergé, le général en chef, dans l'intérêt de l'apaisement des passions politiques, jugea nécessaire d'oposer à ces tendances un *veto* absolu. A chaque instant, se voyait ainsi forcé d'intervenir dans les questions 'administration intérieure; le général Almonte lui prêtait n concours loyal, il est vrai, mais trop insuffisant pour u'il fût possible de réagir d'une manière efficace contre s funestes habitudes et la démoralisation que les révolu- ions incessantes avaient introduites dans la nation. Il était ifficile de faire revivre les traditions d'un pouvoir centra- isateur oubliées depuis longtemps et de rétablir ces règles e déférence à l'autorité centrale, qui sont la base nécessaire e tout gouvernement monarchique. Les préfets tendaient gouverner leurs provinces comme des États indépen- lants. Ils s'organisaient avec un budget à part, une petite rmée particulière, acceptant les secours financiers ou l'ap- ui des forces militaires du gouvernement suprême, mais ullement disposés à se priver de leurs propres ressources our contribuer aux charges communes. Si l'on voulait rriver à fonder l'empire, il fallait de toute nécessité faire bandonner ces anciens errements [1].

Il est intéressant d'observer qu'au moment même où e général Bazaine se plaignait des tendances fédéralistes es autorités provinciales, le président Juarez se trouvait ui-même au milieu de graves embarras dus à la même ause. Forcé de reculer devant les colonnes franco-mexi- aines, nous avons vu qu'il avait transféré le siége de son ouvernement de San Luis de Potosi au Real de Catorce. Il ontinua son mouvement de retraite vers le nord et mani- esta l'intention de s'établir à Monterey, capitale du Nuevo- eon et la ville la plus importante des provinces du nord- st. Les États limitrophes de Nuevo-Leon et de Coahuila

---

[1] Le général Bazaine au ministre de la guerre, 17 décembre 1863, 21 fé- rier et 28 mars 1864.

avaient alors pour gouverneur commun D. Vidaurri, qui avait acquis une grande influence dans ces contrées et s'y était rendu en quelque sorte indépendant. N'ayant pu dissuader Juarez de venir à Monterey, il déclara qu'il s'y opposerait par la force, voulant, disait-il, préserver ses Etats du fléau de l'invasion étrangère que la présence du président ne manquerait pas d'attirer. Celui-ci ne tint aucun compte de ces menaces. Il arriva, le 11 février, à Monterey, escorté par des forces assez importantes ; mais Vidaurri lui ayant enlevé par surprise son artillerie, il se retira, craignant d'engager un conflit dont l'issue pouvait être douteuse.

Le général Bazaine crut voir, dans cette attitude de Vidaurri, un indice de dispositions favorables à l'empire ; il lui fit faire des ouvertures confidentielles, et, dans le but de hâter son évolution politique, il donna l'ordre à la division Mejia de s'avancer jusqu'à Matehuala. Le colonel Aymard, commandant à San Luis, se porta à Venado ; mais, soit défiance de ses propres forces, soit espoir de se maintenir indépendant, à la fois vis-à-vis du gouvernement républicain de Juarez et du gouvernement de la Régence, Vidaurri publia les lettres du général Bazaine et déclara que, dans une aussi grave conjoncture, il ne pouvait prendre de détermination sans consulter le peuple de ses provinces qu'il avait toujours associé à son administration. Il donna, en effet, l'ordre d'ouvrir des registres de vote et appela les populations à se prononcer par *oui* ou par *non* sur la question de savoir si l'on résisterait aux Français, ou si l'on accepterait l'intervention et l'empire. Il n'eut pas le temps de faire cette singulière application du suffrage universel, idée louable à coup sûr, si l'on reste dans le domaine de la théorie, mais en vérité bien étrange pour quiconque connaît l'indifférence profonde avec laquelle, au Mexique, la masse du peuple a l'habitude de subir les changements de gouvernement. Vidaurri ne réussit pas dans son double jeu ; violemment combattu par les partisans de Juarez, il se vit bientôt forcé de lui céder la place et s'enfuit au Texas avec Quiroga, son lieutenant, laissant aux mains du président de précieuses ressources de toute nature, des forces militaires bien organisées, et des sommes importantes qui permirent au gouvernement républicain de reconstituer son armée et de continuer la résistance. Le moment ne paraissait pas opportun pour entreprendre une nouvelle campagne ; le général en chef rappela le colonel Aymard à San Luis et fit cantonner, à Matehuala, Catorce, et Venado, la division Mejia, que le typhus avait sérieusement éprouvée.

Juarez recouvra ainsi les moyens matériels de maintenir son autorité et de résister aux intrigues qui se tramaient au sein même du parti libéral. Les amis de Doblado poursuivaient toujours leurs démarches auprès du général Bazaine ; mais, inspirés par la politique anglaise et espagnole, ils proposaient des bases de conciliation maintenant inadmissibles, telles que la reprise de la Convention de Londres et l'établissement d'un nouveau gouvernement sous le protectorat des trois puissances. Doblado désirait que Juarez abandonnât la présidence ; dans ce cas, les pouvoirs présidentiels auraient été, d'après la constitution, exercés provisoirement par le général Ortega, président de la cour suprême, sur les bonnes dispositions duquel il pensait pouvoir compter.

Cette combinaison eût peut-être été acceptable quelques mois plus tôt ; mais actuellement, le commandant en chef devait attendre le développement de la situation créée par le vote de l'assemblée des notables, et s'efforcer de renverser les obstacles qui s'opposaient encore à l'édification

1864.

Acceptation officielle de la couronne par l'archiduc Maximilien.

du trône. En homme prévoyant, Doblado s'occupait, du reste, de réaliser son énorme fortune et de se ménager les moyens de passer aux Etats-Unis.

L'archiduc Maximilien était en effet décidé à se rendre au Mexique. Les actes d'adhésion à l'empire recueillis sur le passage des colonnes françaises, avaient été envoyés à Miramar, et lorsque le nombre en parut suffisant, l'archiduc prévint la commission mexicaine qu'il était prêt à accepter la couronne. Le 10 avril 1864, il reçut solennellement les députés mexicains ayant à leur tête M. Guttierrez de Estrada.

Sur une table étaient déposés les actes d'adhésion dont le mûr examen, disait l'archiduc, lui donnait l'assurance qu'il était l'élu du peuple mexicain. Il annonça aux députés que la loyauté et la bienveillance de l'empereur des Français lui avaient permis d'obtenir pour le nouvel empire des garanties suffisantes, et que, de l'assentiment du chef de sa famille, il acceptait la couronne des mains de la nation mexicaine. Il promit l'établissement de lois constitutionnelles aussitôt que le permettrait la pacification du pays, et annonça l'intention d'aller, avant son départ pour le Mexique, demander les bénédictions du Saint-Père.

Près de huit mois s'étaient déjà écoulés depuis le moment où les vœux de l'assemblée des notables avaient été transmis à l'archiduc. La grave détermination qu'il venait de prendre était donc sérieusement mûrie ; on assure, d'ailleurs, qu'il n'eut jamais d'hésitation, et ses lettres au général Almonte en font foi. Tandis que les colonnes françaises provoquaient l'adhésion à l'empire des populations du centre du Mexique, l'archiduc réglait d'importantes questions financières, de la solution desquelles dépendaient les conditions d'existence de son gouvernement. De plus, instruit sur les vicissitudes de la fortune, il ne voulait pas abandonner sa patrie sans esprit de retour, et tenait à conserver ses droits de succession éventuelle au trône d'Autriche.

L'empereur, son frère, s'y opposait, et ces contestations de famille ne furent terminées qu'au dernier moment. L'archiduc, désirant ne pas retarder plus longtemps l'acceptation officielle de la couronne du Mexique, signa la renonciation que l'empereur d'Autriche demandait; mais, quelques mois après, il protesta contre l'irrégularité de cette renonciation.

L'archiduc Maximilien voulait, en outre, obtenir la reconnaissance des puissances européennes, s'assurer un appui financier sérieux par la conclusion d'un emprunt, et enfin avoir la certitude que des forces françaises, en nombre suffisant, resteraient pendant plusieurs années au Mexique. Le gouvernement français avait trop grand intérêt à mener à terme la difficile entreprise dans laquelle il s'était si imprudemment engagé, pour ne pas mettre au service du nouvel empereur sa diplomatie, ses finances, et ses soldats.

La question financière était la plus difficile à régler. Nous avons déjà dit dans quelle détresse le trésor mexicain se trouvait depuis de longues années; les sources de revenus étaient presque entièrement taries, il fallait donc demander au crédit public les sommes indispensables aux frais de premier établissement; mais comment amener les capitalistes à prêter leur argent à un débiteur jusqu'ici insolvable et dont l'insolvabilité future n'était que trop facile à prévoir? L'habileté de M. Fould, ministre des finances, triompha de cet obstacle, en substituant, il est vrai, aux graves difficultés du moment des difficultés plus graves encore pour l'avenir. La plus grande partie des titres de la dette extérieure mexicaine, qui s'élevait au capital de 256 millions de francs, et dont l'origine remontait aux premiers temps de l'indépendance, se trouvaient entre les mains de créanciers anglais. En affectant au paiement d'une partie de cette dette une fraction de l'emprunt projeté, on devait intéresser les créanciers anglais à son succès. M. Fould sut faire accepter cette idée par une importante maison de banque anglaise qui se chargea de l'émission. Plus tard, la société du Crédit mobilier français fut associée à cette combinaison, et les receveurs généraux des finances furent invités à y prêter leur concours.

Il fut convenu que l'on créerait 18 millions de rente à 6 0/0, dont six millions seraient réservés à la France et aux indemnités françaises. En émettant l'emprunt au taux de 63 fr., on comptait sur un capital de 190 millions environ ; mais la souscription publique fournit seulement 102,600,000 francs, que les frais de courtage et de commission réduisirent encore à moins de 96 millions. Sur ce produit, une somme de 8 millions fut immédiatement comptée à l'archiduc Maximilien ; 27 millions passèrent aux mains des créanciers anglais ; le reste fut déposé à la Caisse des dépôts et consignations en garantie de deux années d'intérêt, ou repris par le Trésor français à valoir sur les frais de guerre. L'emprunt fut presque entièrement souscrit en France, grâce à la confiance qu'inspirait la prétendue coopération des capitalistes anglais, et grâce surtout à la propagande faite par les agents de l'Etat. Le résultat de cette opération financière était, en définitive, de faire servir l'épargne française au remboursement des créances anglaises, et au paiement des dépenses personnelles de l'empereur Maximilien.

Une commission des finances mexicaines fut constituée à Paris sous la présidence du comte de Germiny, pour représenter le gouvernement mexicain dans les opérations financières nécessitées par l'emprunt.

1864.

Quant aux rapports qui devaient lier la France à l'empire du Mexique, ils furent déterminés par une convention dont les termes avaient été préalablement discutés et qui fut signée à Miramar le 10 avril 1864. Il y fut stipulé que l'effectif des troupes françaises serait réduit au chiffre de vingt-cinq mille hommes, et qu'elles évacueraient le Mexique au fur et à mesure de l'organisation des troupes destinées à les remplacer. La légion étrangère, dont l'effectif serait porté à huit mille hommes, resterait au Mexique six ans après le départ des troupes françaises. En cas de réunion de troupes françaises et mexicaines, le commandement appartiendrait toujours à l'officier français.

Convention de Miramar (1) (10 avril 1864).

Les frais de guerre à rembourser par le Mexique furent arrêtés, au 1er juillet 1864, à la somme de 270 millions de francs. A partir de cette époque, le gouvernement mexicain paierait mille francs par homme et par an pour l'entretien des troupes françaises.

Dans des articles additionnels secrets, l'empereur Maximilien approuvait les principes et les promesses énoncés dans la proclamation du maréchal Forey, en date du 12 juin 1863, ainsi que les diverses mesures prises de concert entre la Régence et le commandant en chef du corps expéditionnaire. L'empereur Napoléon s'engageait à ne réduire que successivement l'effectif du corps expéditionnaire, de telle sorte qu'il resterait vingt-huit mille hommes en 1865, vingt-cinq mille hommes en 1866 et vingt mille hommes en 1867.

(1) Voir le texte à l'appendice.

1864.

Avant son départ, l'empereur Maximilien arrêta la création d'un corps de volontaires autrichiens composé de trois bataillons d'infanterie, deux régiments de cavalerie à cinq escadrons, deux batteries d'artillerie de montagne, deux compagnies de pionniers dont l'effectif total devait être de deux cent cinquante officiers et sept mille trois cents hommes. On s'occupa aussi de former un régiment belge à deux bataillons, fort de deux mille hommes. Le gouvernement français ayant, de son côté, l'intention de développer l'organisation de la légion étrangère française, on pensait que ces troupes deviendraient le noyau de l'armée impériale et resteraient au Mexique après le départ des Français.

Arrivée de l'empereur Maximilien au Mexique (28 mai 1864).

L'empereur Maximilien et l'impératrice Charlotte quittèrent Miramar, le 14 avril, sur la frégate autrichienne *la Novara*, escortée par la frégate française *la Thémis*. Ils allèrent à Rome s'agenouiller devant le Saint-Père et aussitôt après, firent route pour Vera-Cruz, où ils arrivèrent le 28 mai.

A cette époque, la situation militaire et politique du Mexique paraissait satisfaisante; les troupes françaises occupaient la plupart des grandes villes; à l'abri de leurs baïonnettes, il commençait à se produire parmi les populations un mouvement en réalité très-favorable à l'empire. Dans beaucoup d'endroits, les habitants demandaient des armes et formaient des gardes civiles; à la Piedad, ils avaient énergiquement résisté à une attaque des libéraux. De courageux citoyens ne craignaient pas de se mettre à la tête des administrations locales, postes dangereux, où ils s'exposaient aux cruelles vengeances des chefs libéraux.

Cependant les vallées de Mexico et de Puebla étaient

toujours parcourues par quelques guérillas, mais ces bandes sans consistance, activement poursuivies par les compagnies de partisans, ne pouvaient inspirer aucune inquiétude sérieuse.

Les terres chaudes même étaient plus tranquilles; Cotastla, sur le Rio-Blanco, ayant été occupé d'une manière permanente, les guérillas s'étaient éloignées de la route de Vera-Cruz; Diaz-Miron avait fait sa soumission. Depuis le mois d'août 1863, les travaux du chemin de fer atteignaient la Soledad; il n'était plus nécessaire de faire escorter les convois du commerce. Camaron, Paso del Macho, la Soledad se repeuplaient rapidement. Au mois de février, plus de six cents chariots et huit mille mules étaient venus prendre des chargements, et si l'aspect de ce pays désolé et inculte devait encore frapper de tristesse les souverains qui venaient de quitter les rivages de l'Adriatique, ceux qui se souvenaient des misères des années 1862 et 1863, reconnaissaient à peine cette contrée ainsi transformée où, d'étape en étape, on était sûr d'avoir, au moins, des vivres et un abri.

Le général Bazaine trouvait la situation aussi bonne que possible. « Je suis plein de confiance dans la solution pacifique prochaine de la question mexicaine, écrivait-il au ministre de la guerre, et j'ai assez de troupes pour la mener à bon terme. On ne parle plus de Juarez et de son gouvernement ambulant, et je ne sais pas, quant à présent, où ils sont. » Bien que ces appréciations ne fussent pas justifiées, les progrès de la pacification étaient incontestables. Ce résultat était dû à l'activité incessante et à l'intelligente énergie des troupes françaises. Fractionnées en une infinité de détachements et de petites colonnes, dont l'effectif dépassait rarement quinze cents ou deux mille hommes, elles cherchaient partout l'ennemi, ne lui laissant ni trêve ni repos. Les soldats étaient aguerris aux fatigues, vigoureux, dévoués; on pouvait tout oser avec de pareils éléments.

Ainsi le 4 février, le commandant Estelle, commandant supérieur de Salamanca, avec quatre cents fantassins de différents corps, dix-sept chasseurs d'Afrique et quarante cavaliers mexicains, attaquait deux mille hommes des guérillas du Michoacan qui avaient occupé Valle Santiago. L'élan fut si impétueux qu'en une demi-heure il était maître de la position, avait entre ses mains un drapeau, trois obusiers de montagne, deux cents chevaux, et deux cents prisonniers; le détachement français perdit seulement huit blessés.

Le 30 mars, le capitaine Mealhié sortait de Salamanca avec cent soixante-quatre fantassins français et quatre-vingts cavaliers mexicains; au point du jour, il attaquait, à Cuitzeo de las Naranjas, sept cents fantassins et cinq cents cavaliers ayant deux canons. Après avoir soutenu pendant deux heures et demie une très-vive fusillade, il fit sonner la charge, et sa poignée d'hommes, culbutant l'ennemi, enleva les deux pièces et lui fit perdre plus de trois cents tués, blessés ou prisonniers. Il n'eut que deux tués et vingt blessés.

Les nombreuses colonnes que le général en chef dirigeait de Mexico vers l'intérieur, afin de reformer d'une façon à peu près normale les divisions désorganisées par la multiplicité des petits postes laissés en arrière, aidaient à la dispersion des guérillas ennemies. Le colonel Clinchant, en se rendant de Puebla à Guadalajara, avec une partie du 1er régiment de zouaves, traversa le Michoacan, fit une pointe sans résultat sur Zitacuaro (26 mars), mais soutint par sa présence dans le pays les petites opérations des détachements mexicains alliés. L'autre fraction de ce régiment et un escadron du 12ᵉ chasseurs à cheval, sous les ordres du colonel du Preuil, étaient, à la même époque, également dirigés sur Guadalajara par la route de Leon. Cette colonne contribua à la poursuite des bandes de Romero entre Mexico et Queretaro ; arrivé à Leon, le colonel du Preuil, avec sa cavalerie, se porta rapidement par une marche de nuit sur la Cañada de los Negros, où il atteignit et sabra une troupe de six cents cavaliers et cent fantassins. L'ennemi perdit une centaine de morts, l'escadron français cinq hommes blessés. (28 avril.)

1864.

De leur côté, les généraux Douay et de Castagny ordonnèrent des expéditions plus importantes, afin de dégager les pays de production qui alimentent Guadalajara et Zacatecas.

Le général Douay, après avoir parcouru les environs de Guadalajara et pourvu à la sécurité des routes voisines, s'avança vers l'ouest dans le but d'entrer en relations avec le général Lozada, chef d'une grande influence qui, à la tête des Indiens du district de Tepic, était le maître incontesté de cette partie du pays. Il lui donna rendez-vous à Tequila, à trois journées de Guadalajara ; mais jaloux sans doute de ménager l'indépendance de sa position en évitant de se rencontrer avec un général français, Lozada prétexta une maladie et se fit représenter par le général Rivas, son lieutenant (19 mars). Il accepta, du reste, des subsides pour ses troupes qu'il évaluait à deux mille fantassins et mille cavaliers, et promit son concours à l'empire. A son retour, le général Douay se porta au sud de Guadalajara contre les bandes de Simon Guttierez et de Rojas, dont les cruautés et les exactions désolaient la province.

Opérations du général Douay aux environs de Guadalajara.

Le 21 mars, les chasseurs d'Afrique du colonel Margueritte atteignirent Guttierrez à Cuisillo, après une course à toute bride de cinq kilomètres; les bandits, abrités derrière des murs en pierre sèche, essayèrent en vain de résister; cent cinquante des leurs tombèrent sous le sabre des chasseurs, qui enlevèrent deux cents chevaux et une pièce d'artillerie.

Le général Douay visita les montagnes voisines de Cocula; il fit détruire les fonderies et les fabriques d'armes et de poudre de Tula et de Tapalpa (26 et 27 mars), puis revint, le 31 mars, à Guadalajara, se réservant de chasser plus tard le général Uraga des positions qu'il avait prises sur les barrancas du nevado et du volcan de Colima.

Destruction des guérillas de l'Etat de Guanajuato. — Un bataillon de marche de six cents hommes, venus de Guadalajara sous les ordres du colonel Garnier, avait appuyé ces opérations. Lorsqu'elles furent terminées, le colonel Garnier quitta l'Etat de Jalisco avec le 51ᵉ de ligne, pour se rendre dans l'Etat de Guanajuato, dont il était nommé commandant supérieur. Il s'occupa sans retard de purger le pays, compris entre Leon et La Piedad, des guérillas nombreuses qui avaient été déjà atteintes à Valle Santiago, à Cuitzeo, à la Cañada de los Negros. Il explora la Sierra de San-Gregorio, enleva des approvisionnements considérables cachés dans les grottes, prit trois pièces d'artillerie, et força Rincon Gallardo, gendre de Doblado, à disperser les bandes réunies sous son commandement et à quitter lui-même la contrée (du 30 mai au 3 juin). Quelques jours après, la compagnie de partisans du 51ᵉ de ligne, sous les ordres du capitaine de Musset, surprit à Cueramaro la bande de Guzman, et le fit prisonnier avec vingt-huit de ses hommes (26 juin).

Enfin, le 17 août, Cantarito, qui venait d'être battu à Yuririapundaro, fut encore atteint par cette compagnie de partisans au Rancho de Rodeo. Il fut tué avec vingt-quatre guérilleros; vingt-quatre hommes furent faits prisonniers et deux cents chevaux enlevés. Cet heureux coup de main acheva la destruction des bandes de l'Etat de Guanajuato et rétablit dans cette contrée une tranquillité dont peu de provinces jouissaient à cette époque.

Le général de Castagny avait également voulu chasser les guérillas des vallées de Jerez et de Villa-nueva dont les produits servent à l'alimentation des districts miniers de Zacatecas et de Fresnillo. Il les parcourut avec des colonnes légères sans pouvoir atteindre l'ennemi. Le 16 février seulement, un détachement de cent chasseurs à pied et de soixante cavaliers mexicains, sous les ordres du commandant Lepage de Longchamps, surprit, après une marche de seize lieues, la petite ville de Colotlan et enleva deux pièces de montagne, deux couleuvrines (*Esmerillas*) et soixante-seize prisonniers [1]. A peine le général de Castagny était-il de retour à Zacatecas, que les bandes reparaissaient dans la Sierra Morones. José Maria Chavez réunissait de nouveau sous ses ordres cinq cents hommes avec deux canons. Le 25 mars, il attaquait l'hacienda de Malpaso, y massacrait femmes, enfants, vieillards; mais le lendemain, le capitaine Crainvillers, envoyé de Zacatecas avec une compagnie du 1er bataillon de chasseurs à pied, le surprit à Jerez, le fit prisonnier avec quarante des siens, tua une centaine d'hommes, et enleva les deux canons. Un seul chasseur fut blessé.

[1] Parmi ces prisonniers se trouvait le général Ghilardi, ancien garibaldien, échappé de Puebla après la capitulation; il fut déféré à une cour martiale et passé par les armes (17 mars).

Opérations dans la Sierra Morones.

Quelques jours après (11 avril), le commandant de Courcy, avec cent cinquante chasseurs à pied, atteignit à Colotlan la bande de Sandoval, forte de cinq cents cavaliers, cent fantassins et deux pièces, et lui tua quelques hommes. Il se remit en campagne accompagné d'un grand nombre de rancheros armés, battit toute la Sierra, fit quatre-vingts lieues en sept jours, et ramassa un obusier de 12 et une grande quantité de munitions. Il devenait nécessaire de combiner une opération sérieuse pour débarrasser complétement le pays des bandes dont la présence entretenait une grande agitation. Le général Douay fit placer une garnison mexicaine à Cuquio sur la route de Zacatecas à Guadalajara par la Sierra Morones, envoya dans cette région une colonne de six compagnies d'infanterie, un escadron et deux pièces de montagne, sous les ordres du colonel de Potier. Au même moment, le général L'Hériller, qui commandait à Zacatecas (le quartier général du général de Castagny ayant été transféré à Queretaro), faisait partir des détachements de Zacatecas et d'Aguascalientes pour concourir à cette expédition.

Le 13 mai, le colonel de Potier attaqua Nochistlan, où se trouvaient environ cinq cents hommes commandés par Jesus Mejia. La ville fut enlevée après un combat sanglant, dans lequel périrent Jesus Mejia lui-même, presque tous ses officiers, et plus de deux cents hommes. Le reste fut pris ; quatre pièces d'artillerie et une grande quantité de chevaux et de munitions restèrent entre les mains de la colonne française, qui perdit seulement un homme tué, deux officiers grièvement blessés, et vingt-quatre blessés.

Le colonel de Potier s'engagea ensuite dans la Sierra à la poursuite de Sandoval ; toutes les issues étant fermées, on espérait le cerner ; malheureusement le passage de

Tlaltenango ayant été momentanément abandonné par suite de faux renseignements, Sandoval en profita et se déroba en fuyant vers le nord. Le commandant de Courcy se mit à sa poursuite avec une petite colonne de cent quatre-vingt-dix fantassins, dix-sept cavaliers français, et trente-trois cavaliers mexicains. Il finit par l'atteindre le 22 mai à Valparaiso. Le peloton de chasseurs à cheval, réduit à treize hommes, aborda sans hésiter plus de trois cents cavaliers, pendant que l'infanterie accourait au pas de course. L'ennemi perdit cent vingt morts, trois cents prisonniers, cinq canons, deux cents chevaux, une grande quantité d'armes et de munitions. Le commandant Japy, avec un détachement du 2ᵉ zouaves envoyé de Zacatecas, arriva une heure après le combat. Il avait franchi vingt-huit lieues en vingt-quatre heures. Quelques instants plus tôt, et les bandes de Sandoval étaient entièrement anéanties. Ce combat coûta deux chasseurs à cheval tués, l'officier commandant le peloton fut blessé de cinq coups de lance. De son côté, le colonel de Potier avait parcouru la Sierra, enlevé six canons, 60,000 cartouches, deux fauconneaux, des armes, des munitions. Le détachement venu d'Aguascalientes surprit aussi, à Sandovales (24 mai), une cinquantaine de guérilleros qui furent presque tous tués ou faits prisonniers. Ces opérations rendirent pour quelque temps la tranquillité aux vallées de Jerez et de Villanueva dont les habitants s'organisèrent défensivement, sous la protection des compagnies de partisans du 99ᵉ de ligne et du 2ᵉ zouaves. Continuellement harcelés par les colonnes françaises, la Cadena et Sandoval se décidèrent à faire leur soumission (août 1864).

A Piños, à peu près à égale distance de Zacatecas, de San Luis de Potosi et d'Aguascalientes, se trouvaient aussi

1864.

de nombreux partis. Des détachements venus de ces trois villes convergèrent sur ce point (8 mai) ; ils ne purent toutefois atteindre qu'une fraction des forces ennemies, à laquelle ils enlevèrent un canon et une trentaine de prisonniers. Toutes ces guérillas se replièrent vers le nord dans la Sierra Hermosa, où le général Ortega concentra trois mille hommes et seize canons. Le but de l'ennemi paraissait être de pénétrer dans les districts miniers afin de se procurer de l'argent et d'affirmer la vitalité du parti républicain, en provoquant une levée générale de boucliers au moment où l'empereur Maximilien débarquerait au Mexique. Si les Français, obligés de renforcer leurs positions dans le nord, dégarnissaient la route de Vera-Cruz à Mexico, une guérilla hardie parviendrait peut-être à inquiéter le cortége impérial, et l'opinion publique en Europe, comme en Amérique, ne pourrait manquer d'en être sérieusement impressionnée.

Combat de Matehuala (17 mai 1864).

Juarez, dont l'armée s'était en partie reformée dans les provinces du nord, se disposait donc à faire attaquer simultanément les postes avancés du côté de Zacatecas et de San Luis [1]. Le mouvement sur Zacatecas n'eut pas lieu en temps utile, mais Doblado, à la tête de six mille hommes avec dix-huit pièces d'artillerie, descendit de Monterey et marcha sur Matehuala, centre des cantonnements de la division Mejia.

Le colonel Aymard, commandant supérieur de San Luis, se porta au secours de la division alliée avec neuf compagnies du 62ᵉ de ligne, un escadron de chasseurs d'Afrique, et trois sections d'artillerie, formant un effectif

[1] Correspondances interceptées jointes à la lettre du général Bazaine au ministre, du 10 août 1864.

d'environ huit cents hommes. Le 17 mai au matin, il arriva en vue de Matehuala au moment où la division Doblado, qui ignorait encore son approche, débouchait dans la plaine. Les troupes alliées l'attendaient rangées en bon ordre derrière des murs en pierres sèches. Laissant deux cents hommes à la garde de ses bagages, le colonel Aymard traversa rapidement la ville, forma une colonne d'attaque de quatre compagnies, et la lança aussitôt sur l'aile gauche de l'ennemi. Carbajal, à la tête de cinq cents cavaliers, essaya de contrarier ces dispositions, mais il fut si vigoureusement chargé par les chasseurs d'Afrique et par un escadron allié, que sa cavalerie complétement culbutée s'enfuit en désordre et ne reparut plus de la journée. Une batterie ennemie de quatre pièces, concentrant alors son feu sur la colonne française, s'efforça d'arrêter ses progrès; les chasseurs d'Afrique s'élancèrent de nouveau et l'infanterie les suivant au pas de course enleva les canons.

A l'aile gauche, la division Mejia avait résisté avec succès aux attaques de l'ennemi ; prenant ensuite l'offensive, elle força également ses adversaires à lui céder le terrain. Les troupes libérales se retirèrent en pleine déroute, abandonnant douze cents prisonniers, un drapeau, toute leur artillerie, et tous leurs équipages à l'exception de ceux de la réserve. On ne connut pas le chiffre des morts et des blessés. Les troupes françaises perdirent quatre hommes tués et quarante-cinq blessés ; les Mexicains alliés, trente-deux morts et quatre-vingt-sept blessés.

Cette campagne désastreuse n'abattit pas la persévérance de Juarez. Il se maintint à Monterey ; mais Doblado, dont l'influence fut ruinée par cet insuccès, quitta la scène politique et peu de temps après passa aux États-Unis, où il mourut le 19 juin 1865.

1864.

1864.

Quant aux bandes des terres chaudes, elles furent tenues en respect; aucun nuage n'assombrit donc l'aurore de l'empire, mais l'orage ne devait pas tarder à se former et à grossir au-dessus du trône.

Cependant le combat de Matehuala avait dégagé l'état de San Luis; les gardes rurales suffirent à la poursuite des quelques guérillas restées dans le pays. Cette bonne situation faisait espérer au général Bazaine de pouvoir rétablir prochainement les communications commerciales entre San Luis et Tampico; c'était une question importante, car en ramenant dans le port de Tampico les navires qui, faute de trouver de débouché pour leurs marchandises, préféraient aborder sur les points occupés par l'ennemi, le gouvernement impérial bénéficierait d'importants droits de douane dont la caisse de Juarez avait jusqu'alors profité.

Opérations aux environs de Tampico.

Tampico avait été réoccupé, le 11 août 1863, par le régiment d'infanterie de marine, mais la garnison, décimée par les maladies, s'était vue réduite à un rôle purement défensif. L'ennemi la bloquait de près du côté de la terre, tandis que le mauvais temps de la saison d'hiver ne lui permettait pas de communiquer régulièrement avec les bâtiments de l'escadre. Les troupes de marine, devant rentrer en France [1], le général Bazaine les fit remplacer,

---

[1] Les troupes de la marine avaient été laissées dans les terres chaudes. Le ministre de la marine, qui voyait ces contingents plus exposés que les troupes de terre aux dangers des maladies, en provoqua le rappel. Le bataillon de marins fusiliers précédemment réorganisé en deux compagnies et stationné à La Soledad fut remis à la disposition de l'amiral le 28 février 1864; l'infanterie de marine quitta Tampico pour rentrer en France, le 9 mars suivant.

au mois de mars, par la contre-guérilla Dupin, réorganisée et notablement augmentée. Un certain nombre d'anciens soldats, libérés du service, y furent attirés par des avantages particuliers, et l'on y détacha de bons officiers pris dans les régiments du corps expéditionnaire. Cette troupe comptait alors cinq cent cinquante hommes, et une section d'obusiers de montagne. Le colonel Dupin eut en outre, sous ses ordres, un corps mexicain de trois cents hommes commandé par le colonel Llorente.

Après avoir réussi à occuper le petit port de Tuxpan, le colonel Llorente avait été forcé de l'abandonner et se trouvait assiégé à Temapache par douze cents hommes, à la tête desquels était Carbajal (avril 1864). Cortina, le chef libéral le plus influent du Tamaulipas, était également attendu et tous deux se flattaient de jeter à la mer la poignée de Français qui occupaient Tampico.

Le colonel Dupin, loin de se laisser intimider, entra immédiatement en campagne. Le 11 avril, il partit de Tampico avec cent quarante fantassins, cent vingt-cinq cavaliers, vingt artilleurs, et ses deux pièces. Son mouvement détermina Carbajal à lever le siége de Temapache, mais le colonel Llorente, au lieu de rejoindre la contreguérilla, retourna à Tuxpan; la population de race indienne prêta heureusement un utile concours au colonel Dupin, lui fournit des guides, et lui procura des vivres. De leur côté, les hacenderos ralliaient les forces libérales; le colonel Dupin fit ruiner leurs propriétés; suivant l'ennemi l'épée dans les reins, il joignit enfin Carbajal, le 18 avril, au village de San Antonio et lui livra un sanglant combat. La contre-guérilla eut six officiers blessés dont un mortellement, huit hommes tués et vingt-six blessés grièvement. On releva cent cinquante cadavres de l'ennemi parmi lesquels seize officiers. Un drapeau et la caisse contenant huit cents piastres tombèrent entre les mains du colonel Dupin ; on fit un seul prisonnier, c'était un aide de camp de Carbajal ; les Indiens assouvirent leurs vengeances en massacrant les hommes isolés qu'ils rencontrèrent dans la campagne. Carbajal quitta définitivement cette contrée, où ses troupes étaient incapables de tenir contre les vaillants aventuriers de la contre-guérilla. Il rallia la division de Doblado et nous avons déjà vu qu'il prit part, sans plus de bonheur, au combat de Matehuala.

La contre-guérilla revint à Tampico, où elle attendit le moment de reprendre ses opérations vers l'intérieur.

Évacuation de Minatitlan (28 mars) et de San Juan Bautista (27 février).

La garnison française, qui gardait Minatitlan, était loin d'avoir obtenu les mêmes heureux résultats. Des renforts, envoyés par Porfirio Diaz, avaient élevé à trois mille hommes l'effectif des troupes ennemies de Garcia ; il cernait la ville de très-près, interdisait toute communication avec l'intérieur, et arrêtait complétement le commerce. La garnison, déjà très-éprouvée par les maladies, se trouvait fort exposée ; le général en chef fit évacuer Minatitlan (28 mars), et décida que l'on se bornerait à bloquer l'embouchure du Goatzacoalco.

La même mesure avait déjà été prise à l'égard de San Juan Bautista dans l'Etat de Tabasco. Une petite garnison mexicaine de deux cents hommes, sous les ordres du commandant Arevalo, s'y maintenait difficilement. La canonnière *la Tourmente* était venue s'embosser près de la ville, et, pendant plus d'un mois, ce bâtiment resta exposé au feu de deux pièces de 24 ; il était presque entièrement désemparé, avait perdu quatre hommes tués et dix-neuf blessés. Le général en chef autorisa l'amiral à faire cesser cette lutte inutile et disproportionnée. Les cours d'eau, qui sillonnent ce pays permettaient à l'ennemi de se mouvoir rapidement dans tous les sens à l'aide de ses embarcations ; on ne pouvait donc espérer aucun résultat de pacification dans une province si éloignée du centre et dont la population se montrait si peu disposée en faveur de l'empire. San Juan Bautista fut abandonné le 27 février; l'ennemi ne gêna pas le mouvement d'évacuation. L'embouchure du Rio Tabasco fut bloquée, mais les bouches des autres bras du fleuve étant praticables aux grandes embarcations, l'ennemi conserva des communications faciles avec la mer.

L'abandon de Minatitlan et de San Juan Bautista pouvait nuire au prestige de l'influence française et aux progrès des idées interventionnistes ; l'effet défavorable, produit sur les populations de la côte, fut en partie contrebalancé par les avantages récemment obtenus au Yucatan. Un parti assez nombreux, à la tête duquel était le général Navarrete, s'était déclaré en faveur de l'empire. La lutte politique se compliquait d'ailleurs de rivalités locales et les gens de Mérida, ennemis de ceux de Campêche, étaient entrés en campagne pour réduire cette ville qui soutenait l'autorité de Juarez. L'appui des navires de l'escadre leur assurait le succès ; en effet Campêche s'étant rendu le 22 janvier au commandant du *Magellan* [1], tout le Yucatan reconnut l'empire, mais Navarrete fut impuissant à retenir plus longtemps ses soldats sous les armes, et l'on ne put, comme on l'avait espéré, les utiliser dans le Tabasco.

Ainsi, lorsque l'empereur Maximilien arriva, le drapeau

---

[1] Le commandant du *Magellan* enleva comme trophées une vingtaine de pièces d'artillerie, la plupart d'origine française, portant le millésime de 1740.

1864.

impérial flottait sur toute la côte du Yucatan, à Carmen, Alvarado, Vera-Cruz, Tuxpan, et Tampico ; l'autorité de Juarez était encore reconnue dans les autres ports du golfe du Mexique.

Occupation d'Acapulco (3 juin 1864).

Sur les côtes de l'océan Pacifique, le général Lozada, rallié à l'Empire, occupait San Blas, et dans les premiers jours de juin, un détachement français fut débarqué à Acapulco. Ce port n'était pas le plus important au point de vue du rendement des douanes, mais c'était un refuge nécessaire pour les bâtiments de la croisière et le point de relâche des paquebots américains par lesquels l'escadre se procurait des ravitaillements.

L'amiral Bouët, commandant l'escadre du Pacifique, avait demandé au général en chef d'y placer une garnison permanente. Déjà, au mois de janvier 1863, il avait essayé d'entrer en pourparlers avec le gouverneur de la ville, lui proposant d'établir entre eux des rapports de neutralité réciproque. Le gouverneur, tout en déclinant cette proposition, avait cependant répondu qu'il laisserait les navires entrer pour prendre de l'eau ; mais l'escadre, composée de la *Pallas*, frégate à vapeur, la *Galathée*, corvette à voiles, la *Cornélie*, corvette à voiles, le *Diamant*, aviso, fut reçue à coups de canon lorsqu'elle se présenta (10 janvier 1863). Les bâtiments ripostèrent aussitôt ; en vingt minutes ils firent taire les batteries ennemies. Des détachements jetés à terre allèrent enclouer les pièces, et l'escadre resta trois jours sur rade. Peu de temps après le blocus fut mis devant Acapulco et Manzanillo ; toutefois on laissa aux navires de guerre des puissances neutres et aux paquebots américains la faculté d'entrer à Acapulco, sous la condition de ne prendre et de ne déposer ni passagers ni marchandises; à quelque temps de là, les navires français capturèrent trois petits bâtiments ennemis qui furent armés par nos marins et concoururent à la croisière.

L'amiral Bouët ayant obtenu du général en chef l'envoi d'une garnison à Acapulco, le bataillon de tirailleurs algériens fut destiné à cette occupation ; on le croyait plus apte qu'aucune autre troupe à résister à l'insalubrité d'un climat, moins mauvais que celui de Vera-Cruz, fort dangereux cependant à cause des fièvres pernicieuses qui règnent une partie de l'année. Ce bataillon, fort de trente officiers et 464 hommes, fut embarqué à San Blas le 28 mai et débarqué sans résistance à Acapulco, le 3 et le 4 juin ; une partie avait été montée sur des chevaux du pays, afin de former une sorte d'infanterie à cheval, pouvant se transporter rapidement d'un point sur un autre, mais combattant à pied et conservant l'armement du fantassin. Le lendemain du débarquement, les tirailleurs attaquèrent un camp de huit cents Mexicains à Pueblo Nuevo, à trois lieues d'Acapulco, lui enlevèrent quatre canons, et tuèrent une cinquantaine d'hommes, quatre tirailleurs furent blessés; quelques autres sorties heureuses éloignèrent les forces mexicaines restées à portée de la place.

Tel était donc l'ensemble de la situation du Mexique à l'arrivée de l'Empereur. Les opérations militaires étaient loin d'être terminées puisque les troupes libérales tenaient encore au nord les provinces de Tamaulipas, de Nuevo-Leon, de Coahuila, de Durango, de Chihuahua, de Sinaloa, et de Sonora ; au sud, elles occupaient les états de Michoacan, d'Oajaca, de Tabasco, et de Chiapas; la circulation commerciale, seule ressource qui alimentât le trésor public, était rétablie seulement entre Vera-Cruz, Guadalajara, San Luis, Zacatecas, et Morelia. Les revenus des douanes maritimes, à l'exception de celles de Vera-Cruz, étaient complétement nuls; les libéraux tiraient au contraire des sommes importantes des ports entre leurs mains. Matamoros leur donnait 200,000 piastres par mois; les revenus de Mazatlan étaient également fort élevés. Il fallait certainement se rendre maîtres de ces deux points, mais on ne pouvait tout demander à la fois à une armée d'un effectif restreint. Cependant les actes du général Bazaine étaient déjà l'objet de critiques dont l'écho parvint à Paris. L'empereur Napoléon, auquel on représenta l'urgence de s'emparer de Mazatlan, en donna l'ordre formel. Quelques-uns des conseillers du nouvel empire allaient même jusqu'à se plaindre de l'inaction du corps expéditionnaire, et à exciter l'empereur Maximilien contre son commandant en chef; ce fut l'origine de difficultés qui prirent dans la suite un grand développement.

Loin d'être inactive, on verra qu'avec un effectif de moins de quarante mille hommes, l'armée française montra son drapeau, du nord au sud du Mexique, sur une étendue de plus de six cents lieues; mais le premier devoir du général, qui disposait d'un instrument aussi précieux, était d'en ménager l'emploi, et non de le faire servir à toutes les ambitions comme à toutes les impatiences.

Le général Bazaine le comprit; il fut soucieux de la santé et de la vie de ses soldats; il sut éviter, à une si grande distance de la mère-patrie, tout désastre qui eût été sans doute irréparable. Si ceux des Mexicains, qui se disaient impérialistes, eussent suivi les exemples de dévouement et d'abnégation donnés par les troupes françaises, l'Empire mexicain eût été fondé.

CHAPITRE DEUXIÈME.

SOMMAIRE.

Manifeste de l'empereur Maximilien à son arrivée au Mexique (29 mai 1864). — Voyage de l'Empereur dans les provinces de l'intérieur. — Situation générale du pays. — Le nonce du pape. — Questions religieuses. — Opérations militaires. — Expédition dans la Huasteca. — Combat de la Candelaria (1er août). — Opérations dans le nord. — Occupation de Durango (4 juillet). — Occupation de Saltillo et de Monterey (20 et 26 août). — Combat du Cerro de la Majoma (21 septembre). — Opérations de l'escadre à l'embouchure du Rio Bravo del Norte. — Occupation de Matamoros (26 septembre). — Opérations dans l'Etat de Jalisco. — Occupation de Colima (5 novembre). — Combat de Jiquilpan (22 novembre). — Evacuation d'Acapulco (14 décembre 1864).

La nouvelle de l'acceptation officielle de la couronne par l'archiduc arriva, le 15 mai, à Mexico ; à partir de ce jour la Régence fut dissoute et le général Almonte prit les rênes du pouvoir comme lieutenant de l'Empereur ; il ne les conserva que peu de temps puisque, le 28 du même mois, la frégate la *Novara*, ayant à son bord les nouveaux souverains, entrait dans les eaux de Vera-Cruz [1].

Manifeste de l'empereur Maximilien à son arrivée au Mexique. (29 mai 1864.)

[1] On trouve, dans le recueil des documents diplomatiques des Etats-Unis, la traduction d'une lettre que l'empereur Maximilien aurait écrite à Juarez pour lui demander de cesser la guerre civile, et de venir loyalement concourir avec lui au bonheur du Mexique. Bien que ces sentiments soient en concordance avec les illusions généreuses de l'empereur Maximilien et avec les idées qu'il exprimait volontiers, l'authenticité de cette lettre nous paraît discutable.

1864.

L'empereur Maximilien, en mettant le pied sur la terre du Mexique, adressa le manifeste suivant à la nation :

« Mexicains,

« Vous m'avez désiré ! Votre noble pays, par l'expression spontanée des vœux de la majorité, m'a élu pour veiller dorénavant sur ses destinées.

« Quelque pénible qu'il ait été pour moi de dire adieu pour toujours à mon pays natal et aux miens, je l'ai fait, persuadé que le Tout-Puissant m'a confié par votre intermédiaire la noble mission de consacrer toutes mes forces et toute mon âme à un peuple qui, fatigué de combats et de luttes désastreuses, aspire ardemment à la paix et au repos, à un peuple qui, après avoir assuré glorieusement son indépendance, veut jouir maintenant des bienfaits de la civilisation et du véritable progrès.

« Le sentiment de confiance réciproque, qui nous anime, sera couronné d'un brillant résultat, si nous restons toujours unis pour défendre courageusement les grands principes, seuls fondements vrais et durables des sociétés modernes. La justice inviolable et immuable, l'égalité devant la loi, la facilité pour tous de se créer une carrière et une position sociale, la liberté individuelle bien comprise s'accordant avec la protection des personnes et des propriétés, le développement de la richesse nationale, l'amélioration de l'agriculture, des mines, et de l'industrie, la création de voies de communications propres à l'extension du commerce, et enfin le libre développement de l'intelligence dans tous ce qui intéresse le bien public.

« Les bénédictions du ciel, le progrès et la liberté ne nous manqueront pas, si tous les partis, se laissant guider par un gouvernement fort et loyal, se réunissent pour atteindre le but que je viens d'indiquer, et si nous conservons le sentiment religieux qui a toujours distingué notre belle patrie jusque dans les temps les plus malheureux.

« Le drapeau civilisateur de la France porté si haut par son noble Empereur, à qui vous devez le retour de l'ordre et de la paix, représente les mêmes principes. C'est ce que vous disait, il y a quelques mois, dans un langage sincère et désintéressé le commandant en chef de ses troupes, lorsqu'il vous annonçait une nouvelle ère de prospérité.

« Tous les pays, qui ont voulu devenir grands et puissants entre les nations, ont dû suivre cette voie ; si nous sommes unis, loyaux et fermes, Dieu nous donnera la force pour atteindre au degré de prospérité que nous ambitionnons.

« Mexicains ! L'avenir de notre beau pays est entre vos mains. Quant à moi, je vous offre une volonté sincère, la loyauté, et une ferme intention de respecter les lois et de les faire respecter avec une autorité inviolable.

« Ma force est dans la protection de Dieu et dans votre confiance; le drapeau de l'indépendance est mon symbole ; ma devise, vous la connaissez déjà : « *Equité dans la justice.* » J'y serai fidèle toute ma vie. Il est de mon devoir de prendre le sceptre avec confiance et l'épée de l'honneur avec fermeté. A l'Impératrice appartient la tâche enviable de consacrer au pays tous les nobles sentiments d'une âme chrétienne et toute la douceur d'une tendre mère.

« Unissons-nous pour atteindre le but commun ; oublions les ombres du passé, ensevelissons les haines de parti ; l'aurore de la paix et d'un bonheur mérité se lèvera radieuse sur le nouvel empire. »

Le 29 mai au matin, l'Empereur et l'Impératrice débarquèrent à Vera-Cruz. Comme on était à l'époque du *Vomito*, il avait été décidé qu'ils traverseraient la ville sans s'y arrêter. Cette circonstance et l'heure matinale du débarquement influèrent d'une manière fâcheuse sur l'accueil qu'ils reçurent de la population vera-cruzaine, fort peu sympathique du reste à l'empire. Ils en furent péniblement impressionnés, l'Impératrice surtout ; la traversée des terres chaudes, le mauvais temps, et un accident de voiture contribuèrent à attrister le début du voyage ; mais à Cordova, où ils arrivèrent au milieu de la nuit, l'Empereur et l'Impératrice furent chaleureusement

1864.

acclamés par les Indiens accourus en grand nombre des campagnes voisines; dans leur crédulité naïve, ces pauvres gens saluaient en eux l'avènement d'une ère nouvelle, et l'accomplissement des antiques traditions qui promettaient à leur race, affranchie par un libérateur venu de l'orient, l'éclat et la splendeur des temps passés. Ces ovations se continuèrent sur toute la route jusqu'à Mexico. La veille du jour fixé pour leur entrée solennelle dans la capitale, l'Empereur et l'Impératrice s'arrêtèrent à Guadalupe; la plus grande partie de la société de Mexico se porta au devant d'eux. Des députations étaient arrivées des provinces de l'intérieur; les arcs de triomphe, les vivats, les acclamations, les démonstrations les plus enthousiastes ne manquèrent pas sur le passage du cortége impérial; l'allégresse paraissait générale, et, si l'on n'avait su que de semblables manifestations accueillent généralement tous les nouveaux pouvoirs, on eût pu croire que l'empire répondait en effet aux vœux sincères du peuple. L'Empereur et l'Impératrice se montrèrent d'une aménité parfaite avec les officiers français; ils témoignèrent une grande considération au commandant en chef, et l'Empereur lui laissa la libre direction des opérations militaires.

Le général Bazaine fut, peu de temps après, élevé à la dignité de maréchal[1]. « Mes relations avec Sa Majesté, écrivait-il au ministre, sont des plus faciles, car Elle a bien voulu me laisser entièrement la direction militaire; je n'en abuserai certes pas et, quand je prends une détermination d'une certaine gravité, j'en donne toujours connaissance à l'Empereur[2]. »

---

[1] Décret impérial du 5 septembre 1864.
[2] Le général Bazaine au ministre de la guerre, 28 juin 1864. — Voir à l'appendice la répartition des troupes au mois de juin 1864.

Les premiers jours, les choses marchèrent aussi bien que possible, mais lorsqu'il fallut s'occuper sérieusement des affaires, les difficultés surgirent de toutes parts. La détresse financière, les animosités de parti, les désordres administratifs, la stagnation commerciale rendaient la situation fort critique. Ce n'était pas seulement un trône qu'il s'agissait de consolider, c'était une nation entière qu'il fallait rappeler à la vie. Toute la puissance d'un homme de génie eût à peine suffi à pareille entreprise.

L'empereur Maximilien était heureusement doué ; bon, affable, intelligent, instruit, exerçant un grand charme sur tous ceux qui l'approchaient, il manquait cependant de la décision et de la force de volonté nécessaires pour triompher d'une situation aussi difficile ; le soin d'organiser son palais, de régler l'étiquette de sa cour, de distribuer les hautes charges domestiques ou gouvernementales aux familiers qui l'avaient accompagné au Mexique, paraît avoir absorbé une précieuse partie de son temps. L'Impératrice, femme d'une intelligence élevée, d'une grande vigueur morale, et d'un caractère énergique, s'associa aux travaux de l'Empereur ; mais comment pouvait-elle suppléer par son activité à l'expérience politique qui faisait naturellement défaut à une princesse de vingt-quatre ans?

Avec les souverains, étaient arrivés d'Europe, deux hommes dont l'influence fut considérable au début du règne. L'un d'eux, M. Scherzenlechner, hongrois d'origine, avait été gouverneur de l'Empereur dans sa jeunesse ; l'autre, M. Eloin, ingénieur belge, s'était attaché à la fortune de l'impératrice Charlotte. Installés au cabinet de l'Empereur avec le titre de conseillers intimes, ils se partagèrent toutes les questions. Rien ne se fit sans leur intermédiaire ; leur ignorance des hommes et des choses du pays, l'impossibilité de suffire à la multiplicité des travaux, l'insuffisance de leurs connaissances en matière politique et administrative, les entraves qu'ils apportaient à la prompte expédition des affaires par un examen minutieux et parfois incompétent, eurent les plus fâcheux résultats. Les ministres supportèrent difficilement l'ingérence de ces deux étrangers dans les affaires du pays, et le maréchal Bazaine, lui-même, eut bientôt à se plaindre des critiques dont ses opérations militaires étaient l'objet. D'un autre côté, l'Empereur, obéissant à des tendances libérales qu'il n'était pas opportun de manifester, éloigna la plupart des hommes choisis par la Régence, et nomma le général Almonte grand maréchal du palais, pour le reléguer dans une haute sinécure honorifique qui ne lui laissait plus aucune influence. Il constitua son ministère en y appelant des hommes connus pour leur libéralisme ; il donna le portefeuille des affaires étrangères à M. Ramirez, républicain ardent, remarqué par son antipathie pour l'intervention, et qui n'avait pas voulu siéger à l'assemblée des Notables ; cette politique aliéna la plupart des hommes du parti clérical conservateur sans rallier sincèrement aucun de ceux du parti opposé.

Voyage de l'Empereur dans les provinces de l'intérieur.

Des tiraillements ne tardèrent pas à se produire ; sollicité de prendre une décision sur les graves questions qui divisaient le pays, et dont la plus sérieuse était toujours celle des biens ecclésiastiques, l'Empereur n'osa pas trancher les difficultés qu'elles soulevaient, et voulut gagner du temps pour attendre l'arrivée d'un nonce apostolique. Afin de se soustraire aux obsessions dont il était l'objet, et s'assurer personnellement des dispositions du pays, il laissa la régence à l'Impératrice et quitta Mexico pour voyager dans l'intérieur. Accompagné de quelques officiers français mis à sa disposition par le général Bazaine et d'une escorte de cavalerie franco-mexicaine, sous les ordres du commandant Loysel, chef d'escadron d'état-major, il se mit en route le 10 août.

Le 15 août, jour de la fête de l'empereur Napoléon, il présida un banquet qu'il offrit à San Juan del Rio aux troupes françaises; il s'arrêta quelques jours à Queretaro, et se rendit, le 16 septembre, à Dolores Hidalgo, où la fête de l'Indépendance mexicaine fut célébrée au lieu même d'où le curé Hidalgo avait jeté le premier cri de liberté. L'Empereur saisit cette occasion de rendre publiquement hommage à l'appui prêté au Mexique par la France [1].

Il visita Guanajuato, Leon, La Piedad, Morelia, Toluca, et ne revint à Mexico que le 30 octobre, après une excursion de près de trois mois que les pluies continuelles et le mauvais état des routes avaient plus d'une fois rendue extrêmement pénible. Aucune réception officielle ne devait avoir lieu à Mexico, mais la population fit spontanément à l'Empereur une ovation plus enthousiaste encore qu'à son arrivée [2]. Partout, sur sa route, il avait été accueilli avec les mêmes démonstrations et de nombreuses protestations de dévouement; aucun souverain héréditaire, visitant ses États, ne trouva de réceptions plus chaleureuses que celles qui lui furent faites à Guanajuato, à Leon, à Morelia surtout, dont la population s'était cependant montrée si hos-

---

[1] . . . . . La idea de la independencia habia nacido ya ; pero desgraciadamente aun no la de la union ; peleaban hermano contra hermano, las pasiones y odios de partido amenazaban minar a lo que los heroes de nuestra hermosa patria habian creado. La tricolor, ese magnifico simbolo de nuestras victorias, se habia casi dejado invadir por un solo color, el de la sangre. Entonces llego al pais del apartado oriente y tambien bajo el simbolo de una gloriosa tricolor el magnanimo auxilio; una aguila mostro à la otra el camino de la moderacion y de la ley. . . .

[2] Le maréchal au ministre, 9 novembre.

1864.

tile à l'intervention française au mois d'octobre précédent. L'établissement de la monarchie semblait répondre aux véritables désirs du peuple. On ne saurait en effet nier la spontanéité des manifestations qui se produisirent sur le passage de l'Empereur; mais la masse indienne raisonnait peu ses acclamations, et comme, d'autre part, les ennemis de l'empire s'éloignaient ou se taisaient, il était possible de se faire illusion sur les sentiments du pays. Cette fièvre d'enthousiasme une fois apaisée, les passions se réveillèrent; aucune plaie n'était cicatrisée, aucun esprit mieux disposé aux concessions; la popularité du souverain allait être compromise le jour où il lui faudrait porter la main sur les abus et entreprendre les réformes.

L'Empereur reçut avec bienveillance les hommes de tous les partis; il s'efforça de leur faire accepter une sorte de trêve; cependant il témoignait une préférence marquée à ceux qui lui étaient signalés pour leurs idées libérales [1]; presque partout il changea les fonctionnaires nommés par la Régence et les remplaça par d'autres d'opinions plus avancées; c'était agir avec une grande précipitation. Ces mesures, froissant les intérêts et la susceptibilité d'hommes souvent très-dévoués aux institutions monarchiques, les désaffectionnèrent et les découragèrent profondément; malgré ces modifications de personnel, aucune impulsion vigoureuse ne fut donnée aux rouages administratifs. Les nouveaux élus restèrent dans les errements traditionnels de leurs prédécesseurs et nulle amélioration ne fut réalisée dans les mœurs politiques du pays. L'Empereur visi-

---

[1] Il reçut avec distinction le général Uraga qui, depuis quelques jours, venait de déposer les armes, et prit son fils comme officier d'ordonnance. Il vit aussi le général Vidaurri, l'ancien gouverneur de Nuevo-Leon. Tous deux entrèrent au Conseil d'État.

tait les églises, les écoles, les prisons, accordait des grâces, passait une grande partie du jour à examiner les sollicitations des uns et des autres, et se perdait dans les détails alors qu'aucune loi constitutionnelle n'était encore préparée pour le pays, que le clergé presque menaçant revendiquait ses priviléges, et que le canon des troupes juaristes se faisait entendre de nouveau à quelques journées seulement de la route qu'il suivait. Cédant toujours à cette prévention qui le portait à éloigner de lui les hommes de l'ancien parti interventionniste, l'Empereur ne voulait pas voir le général Marquez dont la division, alors réunie dans le Michoacan, était en marche vers Colima ; il essaya de l'éviter ; mais le général Marquez tenait à honneur de lui présenter ses troupes alors très-convenablement organisées, et qui pouvaient devenir un excellent noyau pour une armée nationale. Il se trouva sur le passage du cortége impérial ; l'Empereur, forcé de le recevoir, l'accueillit froidement, ne s'arrêta que quelques instants, et ne daigna pas seulement passer devant le front de cette petite division mexicaine qui, la première, avait combattu sous la bannière de l'empire. A cette époque, au contraire, il en décidait le licenciement, et commettait la faute de n'entourer son trône que de baïonnettes étrangères. Le général Marquez était si compromis, par l'énergie souvent cruelle dont il avait fait preuve, que, sans doute, il eût été difficile de lui conserver une haute position dans l'armée ou dans le gouvernement impérial ; sa présence pouvait être un obstacle à la fusion des anciens partis ; mais il n'était pas encore question de cette réconciliation, et il y avait ingratitude de la part de l'empereur Maximilien à méconnaître les services rendus par ce général à la cause de l'empire.

1864.

Pendant son voyage, l'Empereur avait pu se convaincre du déplorable état dans lequel se trouvaient toutes les branches de l'administration, du désordre des finances, de l'ignorance du clergé, de son insouciance des choses religieuses, de sa préoccupation des intérêts matériels (1).

Il se préoccupa vivement du sort de la race indienne maintenue presque partout dans un état voisin du servage(2). Attaché à la culture des grandes haciendas, le travailleur ou *peon* ne peut en quitter le territoire sans s'être acquitté vis-à-vis de l'hacendero, non-seulement de ses dettes personnelles, mais encore de celles de son père que l'iniquité des anciennes lois coloniales fait passer sur sa tête. Son salaire est si modique qu'il ne peut jamais se libérer ; au contraire, sa dette s'accroît sans cesse, parce que, pour resserrer les liens qui l'attachent à la glèbe, son maître se charge de lui procurer de l'eau-de-vie, des vêtements, les menus objets de ménage dont il a besoin, et lui ouvre volontiers un crédit dans *la tienda* (magasin de détail) de l'hacienda. La douceur ordinaire des Indiens, l'intelligence qu'ils dénotent souvent, leur reconnaissance pour les égards qu'on leur témoigne, intéressèrent l'Empereur, comme elles avaient déjà intéressé les chefs de l'expédition française. Ces pauvres gens, habitués à être maltraités et pressurés par tous les partis, se montraient parfois étonnés des ménagements dont les Français usaient envers eux ; ils n'étaient pas éloignés de les

---

(1) A son passage à Queretaro, il s'était étonné de ne pas y voir l'évêque du diocèse, et l'avait fait immédiatement mander de Mexico, où il se trouvait ; mais ce prélat répondit que « le soin de sa famille » ne lui permettait pas de quitter la capitale ; or, à quelques lieues seulement de Queretaro, des villages entiers d'Indiens n'étaient pas baptisés ; l'empereur ayant formé le projet de s'y rendre et de servir lui-même de parrain à ces malheureux, les curés se hâtèrent de les baptiser en masse.

(2) Voir à l'appendice la note sur la colonisation.

considérer comme des libérateurs ; aussi, dans plus d'un endroit, entourèrent-ils l'Empereur des témoignages non équivoques de leur dévouement, et ne cachèrent-ils pas les espérances que leur faisait concevoir l'établissement d'un nouvel ordre de choses. En profitant des aspirations de cette nombreuse population, en l'émancipant graduellement, l'Empereur espérait trouver en elle les plus fermes soutiens de son trône.

A son retour à Mexico, il fit publier, par le *Journal officiel*, une lettre qu'il écrivit à M. Velasquez de Leon, et dans laquelle étaient résumées les impressions rapportées de son voyage. *Convaincu*, disait-il, *de l'adhésion à l'empire de l'immense majorité du pays*, fort du devoir qui lui était imposé de ramener la paix et la tranquillité, il ne pouvait plus considérer comme des belligérants les bandes armées qui battaient la campagne ; elles devaient donc être traitées comme des rassemblements de malfaiteurs auxquels étaient applicables toutes les rigueurs des lois. Il rétablit la juridiction des cours martiales [1] qu'il avait d'abord cru pouvoir adoucir ; mais le général Bazaine, ne voulant pas laisser retomber, sur l'armée française seule, la responsabilité des exécutions sommaires, insista pour que ces tribunaux exceptionnels fussent autant que possible composés d'officiers mexicains. Les colonnes mobiles pouvaient suffire d'ailleurs à purger le pays des bandes de voleurs, et à réduire ce qui restait des forces juaristes dans les provinces du centre. Les difficultés réelles de la situation résidaient dans les questions de finance et dans les questions religieuses ; c'était là surtout qu'on devait apporter un remède énergique.

Depuis l'arrivée de l'Empereur au Mexique, le général

---

[1] Le maréchal au ministre, 9 novembre, 10 décembre 1864.

en chef avait prescrit aux commandants militaires français de ne plus s'immiscer dans les affaires administratives, mais cependant de se tenir au courant de ce qui se passait dans l'étendue de leur commandement, afin de pouvoir l'instruire confidentiellement des mesures qui violeraient les principes de l'intervention, ou compromettraient l'influence française; d'un autre côté, les caisses publiques se trouvant, dans la plupart des localités, hors d'état de subvenir aux besoins des services, il avait autorisé les commandants supérieurs à adresser, aux payeurs de l'armée, des réquisitions à titre d'avances remboursables à Mexico. Cette mesure permit aux autorités impériales de fonctionner; une pareille situation ne pouvait se prolonger longtemps: il était de toute nécessité que le gouvernement central arrivât à fournir à ses agents les moyens d'action dont ils avaient besoin et qu'il leur inspirât l'énergie indispensable à l'accomplissement de leurs devoirs. L'Empereur comprenait le mal; mais, impuissant à le guérir, il se bornait à indiquer, dans des circulaires, les principes de bonne administration qu'il désirait voir appliquer. Il instituait des commissaires impériaux chargés de parcourir les provinces pour les inspecter, redresser les abus, et faire droit aux réclamations[1]. Chaque jour paraissait au *Journal officiel* quelque décret nouveau; il ne suffisait pas de décréter, il fallait agir; et ni l'Empereur, ni les ministres ne montrant de résolution, les travaux du cabinet restaient forcément stériles. Un conseil d'Etat fut créé; l'Empereur, toujours désireux de concilier les partis, y fit entrer des hommes d'opinions diverses; l'intention était bonne, cependant il eût mieux valu commencer par asseoir l'autorité impériale sur des bases solides

---

[1] Le maréchal au ministre, 27 novembre.

et ramener les uns et les autres dans l'obéissance, avant de tenter une réconciliation chimérique.

Il existait alors au Mexique trois partis bien tranchés : Le parti libéral et républicain repoussait d'une façon absolue l'idée monarchique, bien que les principes proclamés par l'empereur Maximilien fussent susceptibles de donner une ample satisfaction à ses désirs de réforme ; cette opposition ne pouvait être réduite que par la force. Le parti réactionnaire et clérical regardait l'empire comme son œuvre personnelle, et prétendait en conséquence à la réparation des dommages subis sous le régime antérieur et au rétablissement de ses priviléges perdus. La politique conciliatrice de l'Empereur et les intentions libérales du nouveau gouvernement ne répondaient en rien à ses espérances et à ses illusions ; depuis longtemps déjà, il ne dissimulait plus son hostilité contre l'influence française ; le moment n'était pas éloigné où il ferait preuve des mêmes dispositions à l'égard de l'empire. Enfin, un troisième parti tendait à se former sous le nom de parti national pur. Il réunissait des hommes honorables, modérés dans leurs idées, portés jusqu'à un certain point à soutenir les institutions impériales, mais impatients de la tutelle d'une armée étrangère et hostiles à toute intervention du dehors. C'était sur eux que l'Empereur pensait pouvoir le mieux compter ; il leur donna la majorité dans ses conseils, et bientôt alors se manifesta, dans les divers degrés de la hiérarchie, une tendance marquée à se dégager de l'influence de la France, tout en profitant de l'appui indispensable de son trésor et de son armée. On eût voulu que depuis le commandant d'un simple poste militaire jusqu'au maréchal, les officiers français ne fussent que les agents du gouvernement impérial, une sorte de gendarmerie chargée de pour-

1864.

Situation générale du pays.

voir à sa sûreté et de veiller à l'exécution de ses ordres. L'armée française n'était pas disposée à accepter un pareil rôle; elle se savait le soutien indispensable de l'empire et supportait avec quelque impatience les allures singulières de certaines autorités. De nombreux froissements se produisirent; des plaintes furent portées à l'Empereur contre plusieurs mesures prises par des officiers français, entre autres contre des amendes ordonnées par des commandants militaires. Le général en chef, loin de désavouer ses subordonnés, les couvrit de sa propre responsabilité; il se plaignit à son tour de l'attitude malveillante et taquine des fonctionnaires mexicains, et demanda la révocation de plusieurs préfets [1]. Le ministre de l'intérieur, lui-même, en vint à adresser au commandant en chef une lettre écrite en termes mal sonnants et signée par son secrétaire. Le maréchal la lui renvoya [2]. Il est facile de comprendre quelles blessures d'amour-propre devaient être la conséquence de pareilles relations; forcés de céder devant le commandant de l'armée entre les mains duquel étaient non-seulement la force matérielle, mais encore les ressources financières, les fonctionnaires mexicains s'en vengeaient en critiquant ses actes auprès de l'Empereur, et ils provoquaient ainsi cette mésintelligence qui dura jusqu'à la fin du séjour des troupes françaises au Mexique [3].

Cependant l'empereur Maximilien se voyait obligé d'avoir sans cesse recours à la protection de ces troupes, et

---

[1] Le maréchal à l'impératrice Charlotte, 24 septembre 1864.

[2] Quelques jours auparavant, le ministre de l'intérieur s'était permis de blâmer officiellement, dans une circulaire, les mesures ordonnées par le général Neigre à Guadalajara.

[3] Le maréchal Randon, alors ministre de la guerre, avait depuis longtemps prévu ces difficultés inévitables; aussi ne cessait-il de recommander au maréchal d'inspirer à ses subordonnés et aux agents civils des finances, la patience, le

d'appeler auprès de lui des employés français pour suppléer au mauvais vouloir ou à l'incapacité des Mexicains. Conformément à la convention de Miramar, les services financiers ayant été remis entre les mains de fonctionnaires mexicains, les recettes de toute nature avaient baissé et les caisses s'étaient promptement vidées. Désireux de rétablir l'rdre dans la perception et l'Eemploi des deniers publics, l'empereur voulait rendre à des agents français la direction et le contrôle des finances mexicaines. Il pria l'empereur Napoléon de lui envoyer, pour réorganiser le service, un fonctionnaire d'un ordre élevé [1]; en attendant, il convint, avec le maréchal Bazaine, que des employés français seraient immédiatement placés dans les principaux centres de perception, afin de s'efforcer de faire rentrer, dans les caisses centrales, les ressources que les autorités montraient trop de tendance à conserver pour les affecter à des besoins locaux. Le maréchal hâta le départ de ces employés, mais le ministre des finances mexicaines avait intentionnellement omis de transmettre des instructions à ses agents, et lorsque les Français arrivèrent, ils se heurtèrent contre une force d'inertie dont il leur fut impossible de triompher. Le maréchal prévint le ministre que si cette hostilité se prolongeait, et si l'on se refusait plus longtemps à entrer dans

---

dévouement, l'abnégation qui leur étaient nécessaires, afin de consolider le gouvernement dont ils avaient la tutelle. Il n'était peut-être pas trop à regretter, pensait-il, que le souverain, tout en restant fidèle aux principes protégés par l'armée française, cherchât en dehors de son influence des points d'appui dans le pays. Les intérêts de la France ne s'en trouveraient que plus tôt dégagés. — Le ministre au maréchal, 15 septembre, 30 octobre.

[1] Une bonne administration pouvait donner des ressources importantes. En effet, dans les neuf premiers mois de l'année 1864, les douanes de Vera-Cruz rapportèrent 2,445,262 piastres. — Le maréchal au ministre, 27 septembre.

la voie des réformes, il cesserait d'autoriser les avances d'argent que le trésor mexicain demandait chaque jour aux caisses de l'armée (¹).

Trop facilement disposé à céder aux influences de son entourage, l'empereur Maximilien ne montrait pas assez de fermeté. Loin d'accepter les projets financiers élaborés par la mission française, il reculait devant l'établissement de nouveaux impôts, et caressait l'idée d'arriver à d'importantes économies par une réorganisation complète du système militaire mexicain. La base de cette combinaison était le licenciement en masse de presque toutes les troupes mexicaines. Il n'est pas nécessaire d'insister pour faire apprécier l'inopportunité de cette mesure et l'effet déplorable qu'elle devait produire dans le pays. La pacification n'était pas achevée ; Juarez restait encore maître des provinces du nord ; de sérieux rassemblements de troupes libérales existaient dans les Etats de Michoacan, de Guerrero, et d'Oajaca, et c'est dans ces conditions que l'Empereur voulait dissoudre les quelques bataillons mexicains qui représentaient l'armée impériale. A ces soldats médiocres, il avait le projet de substituer les troupes françaises et les contingents de volontaires autrichiens et belges dont il avait arrêté la formation avant son départ d'Europe ; mais c'était une grande faute de ne montrer autour du trône que des uniformes étrangers à l'exclusion de l'uniforme national ; de plus, tout le poids de l'occupation militaire allait retomber ainsi sur l'armée française, et le maréchal se disait fort opposé au projet de l'Empereur dont les conséquences lui paraissaient devoir être onéreuses pour la France (²). Il

---

(¹) Le maréchal au ministre de la guerre, 27 nov., 10 et 27 décembre 1864.
(²) Le maréchal au ministre, 28 octobre 1864, 9 et 20 janvier 1865.

savait que l'armée mexicaine coûtait très-cher, que les chefs de corps présentaient souvent des effectifs imaginaires, qu'ils gaspillaient l'argent ; il voulait donc qu'on cherchât à la moraliser, qu'on essayât d'y introduire de nouveaux éléments, mais il voyait un danger à désorganiser des troupes dont les services étaient utiles et qui ne manqueraient pas de passer à l'ennemi le lendemain de leur licenciement. Cependant l'Empereur persista dans son intention de dissoudre au moins tous les corps auxiliaires, resguardos, contre-guérillas, volontaires, etc., répartis dans les provinces ; il ordonna de licencier ces forces le 1er février 1865, et de les remplacer par des gardes rurales *stables* ou *mobiles*, dont l'importance serait déterminée dans chaque district par une junte locale. La solde et l'entretien de ces troupes devant être à la charge des habitants, ceux-ci, pour diminuer l'impôt qui en était la conséquence, furent naturellement portés à restreindre l'effectif des nouveaux corps ; les gardes rurales ne s'organisèrent pas ou s'organisèrent mal, elles furent insuffisantes pour assurer la sécurité des routes, et beaucoup d'officiers et de soldats congédiés, se trouvant sans solde et sans emploi, entrèrent dans les guérillas ennemies. Les commandants militaires français ayant signalé partout les inconvénients de cette mesure, le maréchal obtint qu'elle fût ajournée, mais déjà le mauvais effet était produit et le mécontentement général dans l'armée mexicaine. Ainsi, dans les affaires militaires comme dans les affaires administratives, le gouvernement de l'empereur Maximilien n'avait pu réaliser aucune amélioration.

Il n'arriva pas à un meilleur résultat pour le règlement des questions religieuses. Le clergé persistait dans son attitude

1864.

d'opposition ; il refusait les sacrements aux détenteurs de biens ecclésiastiques, et il trouvait parfois, parmi les autorités et près des tribunaux, de complaisants auxiliaires pour ses revendications. A Puebla, il avait su tirer parti du décret du général Forey relatif à la restitution des propriétés appartenant aux établissements de bienfaisance ; en faisant classer dans cette catégorie la presque totalité de ses biens, il parvenait à rentrer peu à peu dans ses anciennes richesses [1].

L'Empereur, à son passage à Rome, avait obtenu du Pape la promesse d'être soutenu dans le règlement des difficultés religieuses, mais il avait négligé de déterminer les bases principales du concordat à intervenir ; maintenant, il attendait l'arrivée d'un nonce apostolique, et n'osait toucher, sans l'assentiment du Saint-Siége, aux prérogatives de l'Eglise. Le nombre des mécontents ne fit que s'accroître ; on se plaignit tout haut de la lenteur et des demi-mesures du gouvernement. Les journaux de Juarez tournaient l'Empereur en ridicule ; ils plaisantaient ses irrésolutions et le peu de portée des décisions gouvernementales qui, la plupart du temps, n'avaient pour objet que des questions d'ordre secondaire [2].

---

[1] Le maréchal au ministre, 28 juillet, 27 septembre, 28 octobre, 9 novembre.

[2] « Le temps se passe et le manifeste ne paraît pas ; l'aventurier qui se voit assailli par les importuns, s'occupe d'examiner les enfants des écoles, de visiter les hôpitaux pour en étudier les misères et les lamentations, puis il rentre chez lui lire les œuvres du baron de Humboldt... Parler d'une goutte de sang horrible Maximilien..... et c'est caché sous la crinoline de la gentille Charlotte qu'il veut sauver l'empire, tandis que d'autres le lui conquièrent. — Avec son ministre Velasquez de Leon et la gentille Charlotte, qu'on nous représente comme un Lycurgue féminin, il ne reste pas même à Maximilien la fatigue de noircir une plume. » (*Periodico official del gobierno constitucional de la republica mexicana*, n° 41. Monterey, le 14 août 1864.)

Enfin le nonce apostolique, Mgr Meglia, débarqua le 29 novembre à Vera-Cruz. Il fut reçu par l'empereur le 10 décembre suivant. Dès son arrivée, Mgr Meglia montra son peu de sympathie pour l'influence française. Il ne venait pas, disait-il, autoriser un compromis qui amenât la conciliation des intérêts opposés, mais au contraire faire restituer au clergé tous les biens dont il avait été injustement dépouillé [1].

La situation, que l'empereur Maximilien voulait régulariser de concert avec le Saint-Siège, était fort complexe. Elle avait pris naissance, sous la présidence de Comonfort, dans un décret du 25 juin 1856, par suite duquel une partie des propriétés ecclésiastiques fut régulièrement aliénée, tout en sauvegardant, dans une certaine mesure, les droits du clergé. Après la chute de Comonfort, un décret du 28 janvier 1858, rendu par Miramon, considéra comme nulles et non avenues toutes les aliénations faites sous l'empire du décret précédent. Mais à la même époque, Juarez, résumant en lui les pouvoirs constitutionnels, établissait son gouvernement à Vera-Cruz; par un troisième décret de 1859, il déclarait tous les biens du clergé, propriété nationale et en prescrivait la vente au profit du trésor. Lorsque Juarez fut installé à Mexico, des lois dites *de réforme*, promulguées au mois de décembre 1860, confirmèrent le décret de 1859 dans toute son extension. De ce conflit de lois, de décrets, de règlements émanés de pouvoirs rivaux, étaient résultées de nombreuses complications. D'une part, il y avait eu des ventes régulières et des droits légitimement acquis; d'autre part il

---

[1] Le maréchal au ministre, 9 et 10 décembre.

existait incontestablement des contrats frauduleux. Telles étaient, en résumé, les difficultés que l'Empereur pensait pouvoir résoudre avec le concours du nonce, en reconnaissant, dans les limites de la justice, les conséquences des faits accomplis, et en tenant compte de l'impossibilité dans laquelle on était de reconstituer des biens dont un certain nombre avaient déjà changé de nature, ou étaient passés entre plusieurs mains. Il demandait donc que l'Eglise mexicaine consentît à céder les propriétés que les gouvernements antérieurs avaient vendus comme biens nationaux; de son côté, l'Etat pourvoirait aux frais du culte et à l'entretien de ses ministres. A cette proposition, et malgré les pressantes instances de l'Impératrice même, le nonce se contenta de répondre que ses instructions ne lui permettaient nullement d'accepter de pareilles bases et qu'il devait en référer à la cour de Rome. « Sa mission avait pour but, dit-il dans une lettre au ministre Escudero, de voir révoquer et abolir en même temps que les lois, dites de réforme, toutes celles contraires aux droits sacrés de l'Eglise. L'épiscopat et le clergé, d'accord avec la partie la plus saine de la nation, abhorraient l'idée d'une indemnisation payée par le trésor et préféreraient vivre de la charité des fidèles. Le Saint-Siége avait pu d'autant moins donner des instructions sur les bases proposées, qu'il ne pouvait supposer que le gouvernement impérial consommerait l'œuvre commencée par Juarez [1]. »

Les instructions du Souverain Pontife, résumées dans une lettre du 18 octobre 1864, que le nonce apportait à l'Empereur, prescrivaient d'obtenir l'abrogation des lois de réforme, l'établissement de la religion catholique à l'exclusion

---

[1] Lettre du 25 décembre 1864.

de tout autre culte, le rétablissement des ordres religieux, la restitution du patrimoine ecclésiastique, la surveillance du clergé sur l'instruction publique. L'Empereur répondit à cette déclaration en faisant publier au journal officiel la lettre suivante qu'il adressa au ministre de la justice :

Mexico, 27 décembre 1864.

« Afin d'aplanir les difficultés qui ont été soulevées au sujet des lois dites de réforme, nous nous proposions d'adopter avant tout des mesures à la fois satisfaisant les justes exigences du pays, rétablissant la paix dans les esprits et la tranquillité dans les consciences de tous les habitants de l'empire.

« Dans ce but, nous sommes allé à Rome pour ouvrir des négociations avec le Saint-Père, comme chef universel de l'Eglise catholique.

« En ce moment le Nonce apostolique est à Mexico ; mais, à notre extrême surprise, il a manifesté qu'il manquait d'instructions et qu'il avait à les attendre de Rome.

« La situation violente, qu'avec de grands efforts nous avons prolongée pendant plus de sept mois, n'admet plus de délai et demande une prompte solution ; pour cela même nous vous chargeons de nous proposer au plus tôt des moyens efficaces, pour que la justice soit administrée sans égard à la qualité des personnes ; pour que les intérêts légitimes créés par les lois de réforme soient assurés, en réparant les excès et injustices commis sous le voile même de la justice, enfin pour subvenir au maintien du culte et à la protection des choses sacrées placées sous la sauvegarde de la religion, et faire que les sacrements soient administrés et les fonctions du ministère sacerdotal soient exercées, dans tout l'empire, sans rétribution, ni charge aucune pour les populations.

« A cet effet, vous nous proposerez avant tout une révision des opérations d'amortissement et de nationalisation des biens ecclésiastiques, basée sur la sanction de celles légitimement faites, exécutées sans fraude et aux termes des lois qui ont décrété l'amortissement et la nationalisation desdits biens.

« Agissez, enfin, conformément au principe d'ample et franche

1864. tolérance, sans perdre de vue que la religion de l'Etat est la religion catholique, apostolique et romaine. »

Le Nonce protesta par une note conçue en termes si irrespectueux, que le ministre des affaires étrangères lui répondit qu'il n'avait pas jugé convenable d'en donner communication à l'Empereur; c'était le seul moyen de sauvegarder la dignité du souverain, tout en évitant une rupture éclatante.

Quelques jours après, un décret impérial ayant remis en vigueur les lois relatives à l'*exequatur* des bulles émanant de la cour de Rome, le Nonce protesta de nouveau en revendiquant la souveraineté et l'indépendance de l'Eglise, et le droit suprême de juridiction du Pape en matière de dogme, de morale, et de discipline, droit auquel nul *« de ses sujets, fût-il empereur ou roi,* » ne pouvait porter atteinte en empêchant la promulgation de ses décrets. La société moderne, même au Mexique, ne sait plus entendre un pareil langage; aussi M. Ramirez, ministre des affaires étrangères, répondit-il fièrement: « Maximilien, citoyen et membre de la communion chrétienne, s'incline avec respect et soumission devant l'autorité spirituelle du père commun des fidèles; mais Maximilien, empereur et représentant la souveraineté mexicaine, ne reconnaît pas sur la terre de pouvoir supérieur au sien » [1].

Ce fut le dernier échange de communications officielles entre le gouvernement mexicain et le Nonce qui demanda ses passe-ports, et quitta Mexico à la fin d'avril 1865. L'Empereur le fit accompagner avec les plus grands égards jusqu'à Vera-Cruz, où il s'embarqua le 2 juin. De son côté,

---

[1] M. Ramirez à Mgr Meglia, 29 janvier 1865.

l'empereur Maximilien envoya une mission extraordinaire
à Rome, afin d'essayer encore d'obtenir l'entente indispensable pour ramener le calme dans les esprits.

Les conflits, qui s'étaient élevés entre le Nonce du Saint-Siége et le gouvernement, avaient en effet singulièrement empiré la situation et surexcité le parti clérical. Des menées secrètes, aboutissant à une sorte de vaste complot, furent découvertes par la police. Dans des réunions tenues à Puebla, la ville cléricale par excellence, on discutait les moyens de combattre efficacement le gouvernement impérial et de soulever les populations contre l'armée française. En prévision des difficultés que pourrait causer l'opposition du clergé, le maréchal avait déjà conseillé à l'Empereur d'éloigner du Mexique les hommes qui pouvaient servir d'instrument ou d'appui à cette faction. Le général Miramon, qui jusqu'alors n'avait été que gênant, mais dont l'attitude paraissait devenir hostile, fut envoyé en Europe avec la mission, assez peu déguisée, d'étudier le système militaire de la Prusse. Le général Marquez, qui était en expédition du côté de Colima, fut rappelé à Mexico et, peu de temps après, partit également, sous le prétexte de négocier avec le Sultan certaines acquisitions dans la Terre-Sainte [1]. Comme on le voit, on ne s'était pas beaucoup préoccupé de trouver une raison plausible à l'éloignement de ces deux personnages.

Le maréchal s'absentait en ce moment de Mexico pour prendre la direction d'une expédition contre Oajaca; il recommanda au général L'Hériller, entre les mains duquel il laissa le commandement, de montrer la plus grande énergie et, après avoir pris toutefois l'agrément de l'Empereur, de ne pas hésiter à faire enlever les individus suspects. Le

---

[1] Le lieutenant-colonel Boyer, chef du cabinet du maréchal, au général Ribourt, chef du cabinet du ministre, 11 novembre.

général Taboada fut arrêté, puis exilé en Europe ; le général Vicario, fort compromis également, échappa par la fuite aux rigueurs dont il était menacé ; ses troupes restèrent d'ailleurs fidèles sous les ordres du colonel Ortiz de la Peña. Une de ces alliances hybrides, fréquentes aux époques de crises politiques, s'était conclue entre des hommes qui, placés par leurs idées, leurs intérêts, et leurs passions, à des pôles opposés, étaient hier encore ennemis acharnés, mais s'entendaient maintenant sur ce point commun : le désir de renverser un gouvernement dont les allures modérées ne convenaient aux exagérations, ni des uns, ni des autres. Dans leurs proclamations, les libéraux républicains déversèrent l'outrage sur les personnes du parti libéral modéré qui, admettant l'intervention française comme moyen, appuyaient l'empire parce qu'ils y trouvaient la solution la plus favorable aux intérêts du pays. Ils tendaient au contraire la main aux cléricaux, en exaltant le mérite des hommes influents de ce parti qui avaient des griefs personnels contre le gouvernement impérial ; puis, ils cherchèrent à surexciter l'amour-propre national en montrant l'Empereur entouré de soldats étrangers, tandis que les troupes mexicaines étaient licenciées. « S'il est vrai qu'ils protégent le parti conservateur, pourquoi ne forment-ils pas une armée mexicaine ? Pourquoi poursuivent-ils et exilent-ils nos bons généraux, tels que Miramon, Velez, Sanchez, Facio, et une foule d'autres qui ont toujours été considérés comme les plus forts soutiens du parti conservateur ? Pourquoi, en leur donnant des missions spéciales à l'étranger, a-t-on exilé les hommes les plus capables et les plus influents du Mexique ? Et enfin, pourquoi Maximilien, empereur d'une poignée de traîtres, s'il est appuyé par la volonté nationale, ne fait-il pas retirer l'armée française et n'adopte-t-il pas une nouvelle constitution pour moraliser le pays? Au contraire, il a désarmé quelques compagnies mexicaines qu'il avait formées [1]..... »

Les succès militaires des premiers mois de l'année 1865 ne permirent pas à ces menées de se développer d'une manière inquiétante; quelques chefs de troupes auxiliaires firent seuls défection, et la main vigoureuse du commandement empêcha le mal de se propager. L'archevêque de Mexico voulut retourner en Europe; mais l'Empereur s'y opposa, et tout en conservant une certaine déférence vis-à-vis du clergé, il ne se départit pas de la fermeté qu'il entendait montrer.

Le 26 février, l'Empereur décréta la liberté des cultes et la révision de toutes les transactions relatives aux anciennes propriétés ecclésiastiques, afin de confirmer celles qui avaient eu lieu de bonne foi et concilier, autant que possible, les divers intérêts engagés. Malheureusement, les dispositions de ce décret, dont l'esprit était très-juste et très-libéral, devaient être entravées par des lenteurs interminables. Les propriétaires loyaux des anciens biens ecclésiastiques, en faveur desquels il avait été rendu, le trouvèrent même préjudiciable à leurs intérêts [2]. Il était impossible de satisfaire personne, si l'on voulait rechercher patiemment la vérité dans le dédale de ces affaires, ne pas tolérer les abus, éviter de ressusciter des priviléges abolis. D'autre part, les évêques, appuyés par la cour de Rome, étaient outrés des procédés du gouvernement impérial. Sous le gouvernement de Juarez, ils avaient été spoliés, la religion avait été outragée, les ministres maltraités, mais c'était là une situation bien définie dans

---

[1] Proclamation de Félix Diaz, janvier 1865.
[2] Le maréchal au ministre, 27 février.

laquelle la justice était de leur côté, la violence et l'injustice du côté de Juarez, en résumé, une crise révolutionnaire, après laquelle tous les droits méconnus ne manqueraient pas d'être restaurés ; voici au contraire que le pouvoir réparateur, à l'établissement duquel ils avaient travaillé avec tant d'ardeur, dont les premières assises avaient été posées par leurs soins, et qui se proclamait le protecteur de la religion, ne restaurait rien, et, loin de restituer à l'Eglise ses richesses perdues, lui en demandait le sacrifice volontaire, afin de ratifier, à tout jamais, les conséquences des lois de réforme rendues par Juarez. Ce résultat était inattendu pour l'épiscopat mexicain ; sourd aux leçons du passé, il ne voulut faire aucune concession et, au lieu d'aider à la consolidation du trône, il unit aveuglément ses efforts à ceux des libéraux républicains qui voulaient le précipiter dans l'abîme. Ce que désirait obtenir l'empereur Maximilien était-il donc une innovation dont l'histoire de l'Eglise ne présentait aucun exemple? Voulait-il, lui le premier, porter atteinte à un principe inviolable et jusqu'alors universellement respecté par la société catholique? Au sortir de la tourmente de 93, lorsque Bonaparte releva la religion de ses ruines, il eut à régler avec le Saint-Siége des difficultés tout aussi importantes ; mais il réussit dans son entreprise parce que son pouvoir était fort, et qu'il imposait des volontés plutôt qu'il ne demandait des services. Cependant, la France rentra dans le giron de l'Eglise, et son clergé, purifié par les épreuves, fut digne d'être donné comme exemple au clergé du monde entier. Telle n'était pas la position de l'empereur Maximilien. Sans armée, sans finances, presque sans partisans, le nonce du Souverain Pontife prend à son égard une attitude presque hautaine, et lui refuse tout concours pour la réforme de l'Eglise mexicaine. Une lettre de l'impératrice Charlotte, datée du mois de janvier 1865, fait voir quels soucis environnaient alors le trône.

« Je ne sais si vous êtes au fait que le Saint-Père, qui a le caractère enjoué, dit souvent de lui-même qu'il est *jettatore*. Eh bien ! c'est positif que depuis que son envoyé a mis le pied sur notre sol, nous n'avons eu que des déboires, et nous en attendons un nombre qui ne sera pas moindre dans un avenir prochain.

« L'énergie et la persévérance ne nous manquent, je crois, pas ; mais je me demande si les difficultés de toute espèce continuant de la sorte, il y aura possibilité d'en sortir. En effet, voici l'état des choses actuel. Le clergé, blessé à mort par la lettre du 27 décembre, n'est pas facile à dompter ; tous les vieux abus se coalisent pour éluder les dispositions de l'Empereur vis-à-vis de lui. Il y a là-dedans, non peut-être du fanatisme, mais une telle ténacité sourde et manœuvrière, que je crois impossible que les membres, qui composent aujourd'hui le clergé, puissent jamais en former un nouveau. Ce qu'on fera d'eux, voilà la question. Lorsque Napoléon Ier obtint du Pape la démission des évêques émigrés, ils vivaient à l'étranger, et comme c'étaient de saints personnages, ils se résignèrent. Ceux-ci, nous les avons ici, ils quitteraient volontiers leurs siéges, mais pas leurs revenus. Un traitement de l'Etat ne leur rapporterait jamais autant, et leur idéal est de vivre en Europe avec cet argent, pendant que nous bataillons ici pour fixer la position de l'Eglise.

« Les biens vendus vont être revisés, seconde pomme de discorde ; car par la reconnaissance des lois de réforme, nous nous sommes mis les conservateurs sur les bras. Aujourd'hui, nous allons avoir à dos les libéraux et les adjudicataires. Comme il ne saurait y avoir qu'un poids et une mesure pour tous, ceux qui se sont livrés à des opérations illicites vont devoir restituer leurs gains, et je crains que cette œuvre de réparation et de justice n'excite autant de passions que la perte des biens pour le clergé. »

C'était malheureusement trop vrai et très-exactement prévu.

1864.

Opérations militaires.

Expédition dans la Huasteca.

Cependant, l'armée française, restant étrangère à ces agitations politiques, avait poursuivi sa tâche. Une des plus grandes préoccupations du maréchal était, depuis longtemps, le rétablissement des communications commerciales entre Tampico et San Luis. Pour obtenir ce résultat, déjà préparé par le combat de San Antonio (18 avril 1864), il fallait amener la soumission des chefs de la Huasteca dont les contingents, en donnant la main aux guérillas du Tamaulipas, étaient maîtres du pays qui sépare ces deux villes. Le maréchal prescrivit au général Mejia d'envoyer une garnison à Tula de Tamaulipas, afin de se mettre en relations avec la contre-guérilla qui occupait Tampico, et il prépara une opération militaire dans la Huasteca. Les conditions topographiques particulières de cette province, dont les montagnes et les forêts sont des plus favorables à une guerre de partisans, rendaient cette opération fort difficile. L'expédition projetée avait pour objectif Huejutla, à soixante-dix lieues environ au nord de Mexico et l'une des bourgades les plus importantes de la Huasteca. C'était le quartier général d'Ugalde et de Campfner, les chefs les plus influents de la province.

Le colonel Dupin entra le premier en campagne (7 juin); à la tête de 550 hommes, il se dirigea vers Tancasnequi, point où cesse la navigation du Rio Tamesi, à trente-cinq lieues de Tampico. En face de Tancasnequi, à Tantoyuquita, sur la rive opposée du fleuve, se trouvaient les entrepôts des marchandises que le commerce de Tampico expédiait vers l'intérieur, et un bureau de douane qui percevait pour les libéraux un énorme droit de trente p. 0/0 *ad valorem*.

Au moment où la contre-guérilla arrivait à Tancasnequi, un convoi considérable venait d'en partir dans la direction de Vittoria. La cavalerie, lancée à sa poursuite, en atteignit plusieurs fractions et ramena, quelques jours après, un certain nombre de voitures, les unes chargées de munitions, les autres contenant du vin et des liqueurs que le colonel Dupin considéra comme de bonne prise [1].

A la même époque, le général Olvera, avec quatre mille hommes de la division Mejia, se portait de San Luis Potosi à Tula. Le colonel Dupin lui demanda un bataillon pour garder les entrepôts de Tantoyuquita, et continua sa marche vers Tancanhuitz; mais les populations se soulevèrent à l'instigation des chefs libéraux ; les pueblos d'Ozuluoma, de Panuco, de Tantima se prononcèrent contre l'empire ; on disait, en outre, qu'Huejutla était défendu par onze cents hommes, et le concours promis par les chefs impérialistes se bornait à l'arrivée de deux généraux, quatorze officiers, et dix-huit hommes. Plutôt que de continuer sur Huejutla une opération qui n'était pas sans dangers, le colonel Dupin revint sur ses pas et, dérobant sa marche, il fut assez heureux pour surprendre successivement les bandes de Noriega, de Mascareñas et de Casado. Il les détruisit en partie, fit pendre tous les guérilleros qui tombèrent entre ses mains, parcourut ensuite les villages insurgés, et les fit rentrer dans l'ordre.

D'un autre côté, le colonel Tourre était parti de Mexico, le 7 juillet, avec un bataillon du 3e zouaves, un escadron du 5e hussards, et une section d'artillerie de montagne ; il suivit la route de Tulancingo et de Zacualtipan. Le 28 juillet, il quittait ce dernier point et s'engageait au cœur de la Huasteca, dans une région déserte, sans aucune ressource,

---

[1] Cette prise donna lieu à de vives protestations de la part du commerce de Tampico et à des revendications qui n'étaient pas sans fondement.

et dont les rares habitants s'enfuyaient à son approche. Il comptait sur la coopération de la contre-guérilla ; mais le colonel Dupin, dont le tempérament ne s'accommodait guère du contact des troupes régulières et de la subordination qui en était la conséquence, prétexta une dépêche du maréchal qui lui disait de se disposer à prendre part à une grande opération vers le nord, et il revint à Tampico (31 juillet), laissant le colonel Tourre livré à ses propres forces.

Combat de la Candelaria (1er août 1864). Les avantages du mouvement combiné par le maréchal se trouvaient ainsi perdus. Ugalde, rassuré au sujet des inquiétudes que lui causait la présence de la contre-guérilla sur ses derrières, prit position avec huit cents hommes au défilé de la Candelaria, dangereux passage qu'il rendit plus difficile encore en y faisant élever des retranchements. Les guérilleros, embusqués dans des broussailles impénétrables, reçurent la colonne française par une fusillade meurtrière. Il fallut un rude combat pour forcer le défilé. La chaleur était suffocante ; les hussards, mettant pied à terre, firent le coup de feu à côté de l'infanterie. Pour gravir les pentes et en déloger l'ennemi, les zouaves durent se pratiquer un chemin à travers les lianes avec leurs sabres-baïonnettes ; enfin, les crêtes furent couronnées et les Mexicains battirent en retraite. Ce vigoureux effort coûta la vie à huit hommes asphyxiés ; un officier et trois hommes furent tués, et trente-trois, blessés ; la chaleur rendait toutes les blessures fort graves. Le lendemain, le colonel Tourre entrait à Huejutla, où il ne restait pas un seul habitant.

Après quelques jours d'un repos indispensable à la suite des fatigues de cette pénible marche dans les montagnes, sous un soleil ardent, il rétrograda vers Mexico.

En plusieurs endroits, l'ennemi essaya encore de lui barrer la route; mais chaque fois, la colonne s'ouvrit rapidement un passage.

On ne retira pas le moindre résultat de ces labeurs et de ces souffrances; cependant, un peu plus tard, lassés de cette lutte incessante dont le profit était en définitive à peu près nul pour eux, les principaux chefs ennemis manifestèrent des tendances de soumission. Dans l'espoir de hâter leur décision, le maréchal fit partir de nouveau, pour la Huasteca, deux compagnies de partisans commandées par le capitaine du Bessol, tandis que, d'après l'ordre de l'Empereur, le général mexicain Casanova se rendait à Tampico pour entamer les pourparlers. Le capitaine du Bessol, tout en opérant contre les guérillas, accepta les ouvertures qui lui furent faites. On convint d'abord d'une suspension d'armes, puis d'un armistice pendant lequel deux des principaux chefs, Campfner et Andrade, et trente de leurs officiers se rendirent à Mexico. Entre autres conditions, ils demandaient le paiement d'une certaine somme d'argent destinée, disaient-ils, à couvrir les engagements personnels qu'ils avaient pris pour soutenir la guerre. Cette prétention n'était pas exorbitante, et le maréchal eût voulu la voir accueillir, mais les conseillers de l'Empereur en jugèrent autrement ; aucune réponse satisfaisante ne fut donnée aux délégués; l'affaire fut traînée en longueur et l'agitation dans la Huasteca fut ainsi perpétuée. Le maréchal déclara que si le gouvernement ne profitait pas de l'occasion qui se présentait, il se refuserait à envoyer ses troupes s'user dans ce pays.

Cette menace ne produisit aucun effet. Les premiers détachements de volontaires autrichiens étaient arrivés, et l'empereur Maximilien, qui projetait de s'en réserver l'emploi, pensait obtenir par la force une pacification que les négociations n'avaient pas amenée. Du reste, il suffisait de masquer les débouchés de la Huasteca, pour localiser l'insurrection dont cette contrée était le foyer.

Opérations dans le nord.

Il importait au contraire d'en terminer avec le gouvernement de Juarez, de détruire son armée, et d'occuper les provinces du nord qui obéissaient toujours à son autorité. L'ancien président était encore soutenu par des partisans dévoués avec lesquels il fallait compter. Patoni, gouverneur de Durango, avait sous ses ordres environ 3000 hommes; des guérillas importantes du Sinaloa et de la Sonora étaient à portée de lui prêter leur appui. Dans la même région, Ortega commandait à 2,500 hommes, avec lesquels il tenait Sombrerete, Rio-Grande, San Juan Mesquital. Auprès de Juarez, sous les ordres directs de Negrete, ministre de la guerre, se trouvaient 4000 hommes et une nombreuse artillerie. Enfin, dans le Tamaulipas, les guérillas de Canales et de Cortina, et les forces dont disposait le général La Garza, gouverneur de cet Etat, s'élevaient environ à 3000 hommes. L'ensemble de ces troupes formait donc un effectif total de 12 à 13,000 hommes. Les ressources financières du gouvernement libéral étaient assez considérables. Il disposait encore des douanes de Matamoros, de Piedras Negras, de Mazatlan, de Guaymas; on lui expédiait des armes de toutes parts, mais surtout de San Francisco et du Texas; on suppose qu'il recevait aussi de l'argent des Etats-Unis; enfin il avait toujours la ressource extrême des « *prestamos* » ou emprunts forcés. Mais il tirait sa plus grande force de l'appui moral que lui prêtaient les Etats-Unis, et des sympathies non déguisées du parti libéral dans tous les pays européens. En France même, au Corps législatif, les députés de l'opposition ne cessaient de réclamer très-énergiquement le rappel des troupes du Mexique.

1864.

Au commencement de l'expédition française, le président Lincoln avait écrit à Juarez : « Nous ne sommes pas en guerre ouverte avec la France, mais comptez sur de l'argent, sur des canons, et sur des enrôlements volontaires que nous favoriserons. » Plus tard, M. Seward, dans ses instructions au général Banks, commandant le département du golfe du Mexique, prescrivait d'observer les règles d'une stricte neutralité et de s'abstenir de toute intervention armée sur le territoire mexicain ; mais il lui rappelait que les Etats-Unis étaient « en relations de bienveillance et d'amitié avec la république mexicaine, et qu'ils entretenaient avec elle des rapports diplomatiques » (1). Juarez avait en effet à Washington un représentant accrédité, M. Romero, dont l'influence et l'activité lui étaient des plus précieuses. Enfin, le 4 avril 1864, la chambre des représentants des Etats-Unis adopta, par un vote unanime, une résolution qui affirmait son opposition à la reconnaissance de la monarchie au Mexique. Le gouvernement français avait été fort ému de cette manifestation ; M. Drouyn de Lhuis, en recevant la visite du représentant des Etat-Unis, l'accueillit par ces mots : « Nous apportez-vous la paix ou la guerre ? » (2). Mais M. Seward, trop prudent pour ne pas ménager la France et s'engager dans des complications extérieures qui eussent rendu plus menaçante la crise américaine, s'était hâté d'écrire que le gouvernement des Etats-Unis, tout en acceptant avec déférence la résolution votée par la chambre, ne jugeait pas opportun

---

(1) M. Seward au major général Banks, Washington, 23 novembre 1863. (Senate documents, 1864-1865.)

(2) M. Dayton à M. Seward, 22 avril 1864.

de l'exprimer dans les mêmes termes, ni de se départir, *quant à présent*, de la politique qu'il avait jusqu'alors suivie à l'égard de l'intervention française au Mexique. Cette résolution, ajoutait-il, était l'interprète fidèle du sentiment unanime du peuple des Etats-Unis; cependant pour avoir un caractère législatif, il fallait qu'elle fût adoptée par les deux chambres et sanctionnée par le président, ou, en cas de refus du président, votée de nouveau par les deux tiers des membres de chaque chambre. La France ne devait donc ni s'alarmer, ni douter du bon vouloir du gouvernement américain, et les instructions données aux autorités de la frontière mexicaine leur prescrivaient toujours d'observer une stricte neutralité [1]. Il était facile de voir que le gouvernement des Etats-Unis attendait le rétablissement de la paix intérieure pour se déclarer plus franchement. D'ailleurs les manifestations anti-françaises se multipliaient à New-York, à la Nouvelle Orléans, en Californie; dans des banquets publics, les vœux les plus ardents étaient émis en faveur de la république du Mexique [2]. Pour Juarez, la question se résumait donc en ceci : résister et vivre assez longtemps pour que le triomphe déjà prévu des fédéraux sur les confédérés fût assuré et que, libres d'autres préoccupations, les Etats-Unis pussent l'aider d'une manière plus effective. La France et l'empire mexicain avaient, au contraire, intérêt à hâter le plus possible la dissolution du gouvernement républicain et à forcer Juarez de quitter le pays; si l'empire restait le seul gouvernement de fait existant au Mexique, on pensait que les Etats-Unis ne pourraient en reconnaître, ni en soutenir un autre.

Pendant la saison sèche, il eût été dangereux d'aventurer

[1] M. Seward à M. Dayton, 7 avril 1864.
[2] Le maréchal au ministre, 10 mai, 31 août.

des colonnes dans les déserts arides qui séparent San Luis de Saltillo ; il avait donc fallu attendre la saison des pluies pour entreprendre les opérations vers le nord. Au mois de juin, le moment d'entrer en campagne était arrivé.

Les troupes franco-mexicaines de la ligne du nord étaient alors réparties de la manière suivante : la brigade L'Hériller à Zacatecas, ayant des avant-postes à Fresnillo, et faisant face aux divisions Patoni et Ortega.

La brigade Aymard à San Luis Potosi avec un avant-poste à Venado.

La division mexicaine Mejia cantonnée à Tula de Tamaulipas, Rio Verde, Valle del Maïz, ayant en avant-garde la brigade Lopez à Matehuala, à Catorce, et au Cedral.

La contre-guérilla Dupin à Tampico ; ces trois dernières fractions faisant face à la division Negrete et aux guérillas du Tamaulipas.

La division de Castagny avait son quartier général à Queretaro en seconde ligne.

Deux grandes routes conduisent dans le nord : l'une part de Zacatecas et se dirige vers Durango et Chihuahua ; l'autre va de San Luis à Saltillo, Monterey, et Matamoros. Des routes transversales unissent Zacatecas à San Luis par Salinas ; Zacatecas à Saltillo par Mazapil ; Durango à Saltillo par Parras. Au nord de la route de Parras, s'étend un vaste pays désert, le *Bolson de Mapimi*, dans lequel une troupe ne pourrait subsister [1].

---

[1] De Mexico à Zacatecas, on compte 163 lieues ;
De Zacatecas à Durango, 71 lieues ; de Durango à Chihuahua, 170 lieues ;
De Mexico à San Luis, 114 lieues ; de San Luis à Saltillo, 112 lieues ; de Saltillo à Monterey, 40 lieues ; de Monterey à Matamoros, 90 lieues ;
De Durango à Parras, 92 lieues ; de Parras à Saltillo, 30 lieues ;
De Tampico à Vittoria, 65 lieues ; de Vittoria à Monterey, 70 lieues ;
De Tampico à Tula de Tamaulipas, 77 lieues ; de Tula à San Luis Potosi, 65 lieues ; de Tula à Vittoria, 40 lieues.

1864.

Le projet du maréchal était de pousser d'abord la brigade L'Hériller sur Durango, puis de faire avancer sur des lignes parallèles la division de Castagny, la division Mejia, et la contre-guérilla. La division de Castagny suivrait la grand'route de San Luis à Saltillo, le général Mejia marcherait par Vittoria et Linarès pour arriver, selon les circonstances, soit à Monterey, soit à Matamoros; la colonne légère du général Lopez prendrait la route de Galeana pour maintenir en relations les colonnes du général de Castagny et du général Mejia; enfin, la contre-guérilla, suivant jusqu'à Vittoria la même direction que la division Mejia, se rapprocherait ensuite de la côte vers Soto-la-Marina et San Fernando de Presas, afin de se mettre en communication avec l'escadre dont les compagnies de débarquement seraient mises à terre à l'embouchure du Rio Bravo del Norte.

La marche du général L'Hériller sur Durango étant combinée avec ces mouvements, il ne resterait à Juarez d'autre alternative que de passer la frontière ou de s'enfoncer dans les solitudes du nord-ouest.

Occupation de Durango (4 juillet).

Parti de Zacatecas le 22 juin, le général L'Hériller entra le 4 juillet, à Durango, sans avoir trouvé de résistance sur sa route. La population de cette grande ville accueillit les troupes françaises avec beaucoup de sympathie: Les habitants les plus considérables acceptèrent les fonctions publiques. Une adresse de reconnaissance à l'empereur Napoléon se couvrit de signatures; un riche propriétaire, M. Florès, fit don, par acte régulier, à l'armée française, d'un territoire de 50 lieues carrées aux environs de Mapimi, pour l'établissement de colonies militaires; nulle part l'intervention ne fut mieux accueillie. Ni Ortega, ni Patoni n'avaient cherché à s'opposer au mouvement du général

L'Hériller. Le premier avait rejoint Juarez avec sa division, le second se trouvait à Chihuahua où il organisait les contingents de cette province. Surpris, disait-on, par la rapidité de la marche des colonnes françaises, il n'avait pas eu le temps de revenir.

Quelques jours après l'occupation de Durango, le général L'Hériller, ayant appris que l'artillerie, qui avait évacué la ville à son approche, se trouvait arrêtée par les mauvais chemins à quelques lieues vers le nord, envoya des troupes à sa poursuite ; une colonne légère s'avança jusqu'à San Juan del Rio, mais sans pouvoir l'atteindre, et dut se contenter de battre l'arrière-garde ennemie.

Une fraction importante des forces de Patoni, sous les ordres de Corona, s'était détachée de sa division ; ce chef commença dans l'Etat de Durango, et plus tard continua, dans celui de Sinaloa, une guerre de partisans plus gênante que redoutable, mais qui harassait les troupes et les forçait à multiplier les colonnes mobiles. Le 19 juillet, deux compagnies du 2ᵉ zouaves (capitaine Hurtel), surprit le camp de Corona, à Juana-Guerra, après une course de quatre kilomètres au pas gymnastique. Elles lui enlevèrent une trentaine de prisonniers, ses bagages, soixante chevaux, et tuèrent quarante-cinq hommes. Nous ne tarderons pas cependant à retrouver Corona, maître des passages de la Sierra et paralysant tous les efforts de pacification tentés dans le Sinaloa et l'ouest de l'Etat de Durango.

Pendant que le général L'Hériller opérait sur Durango, le général de Castagny faisait préparer le mouvement au nord de San Luis. Un poste français, ayant pris possession de Vanegas à soixante lieues de San Luis, on dirigea sur ce point les approvisionnements de vivres et de munitions nécessaires pour les opérations ultérieures. Le 29 juillet, le général de Castagny quitta San Luis à la tête d'une colonne de 3,500 hommes ; le 9 août, il était à Vanegas. Le succès de l'opération dépendait en grande partie de la rapidité avec laquelle elle serait conduite. Il importait, en effet, d'arriver, sur chaque lieu d'étape, assez à temps pour empêcher l'ennemi de détruire, avant de se retirer, les réservoirs dans lesquels sont conservées les seules eaux du pays. La cavalerie de la division, soutenue par un bataillon de chasseurs, ayant été rapidement poussée en avant, réussit à empêcher la destruction complète des digues, et, le 16 août, après avoir battu un parti de deux cents cavaliers, elle atteignit l'hacienda d'Agua-Nueva, située à huit lieues seulement de Saltillo ; des sources existant sur ce point, la marche des convois était dès lors assurée.

A peu de distance au delà, se trouve le défilé de l'Angostura, forte position, célèbre par le combat que les Américains y livrèrent en 1846. L'ennemi avait élevé quelques ouvrages de fortification et paraissait disposé à disputer le passage, mais inquiété sur ses derrières par un corps de huit cents hommes commandés par Quiroja, lieutenant de Vidaurri, il se décida, au dernier moment, à se retirer en abandonnant huit pièces d'artillerie et une centaine de caisses de munitions.

On se rappelle que Vidaurri, gouverneur des Etats de Nuevo-Leon et de Coahuila, avait cherché à résister à Juarez, mais que, forcé de lui céder la place, il s'était réfugié sur la rive gauche du Rio Bravo. Les confédérés l'accueillirent bien, et lui fournirent les moyens de réorganiser une petite troupe, dont ils facilitèrent le passage sur l'autre rive du fleuve. Ce sont ces partisans, commandés par Quiroja, qui menaçaient à revers les positions des libéraux à l'Angostura. Ils occupèrent Monterey, le 15 août, au moment même où l'avant-garde française arrivait à Agua-Nueva. Toutefois, la conduite de Quiroja était aussi ambiguë que l'avait toujours été celle de Vidaurri; il se défendait d'être l'allié des Français et annonçait avec jactance qu'il saurait bien les arrêter et conserver au Nuevo-Leon son indépendance [1].

Juarez fit passer sa famille aux Etats-Unis; il prit lui-même la route de Parras pour rallier Patoni et se rendre à Chihuahua.

Le 20 août, le général de Castagny occupa Saltillo dont la population se montra plutôt craintive que mal disposée; il fallut cependant employer des mesures de rigueur pour faire accepter aux notables des fonctions administratives. Une colonne légère, commandée par le général Aymard, poursuivit Juarez sur la route de Parras; les autres troupes se dirigèrent sur Monterey, où elles entrèrent sans coup férir, le 26 août. Quiroja en était parti la veille, non sans avoir fait protester, près du général de Castagny, de ses dispositions favorables à l'empire et à l'intervention. On trouva dans Monterey 55 pièces de divers calibres, 150,000 cartouches, et 15,000 projectiles, ce qui donne la mesure des ressources dont Juarez disposait encore.

Arrivé à Monterey, le général de Castagny se vit forcé, avant de poursuivre ses opérations, d'attendre que la division Mejia, qui marchait sur sa droite, fût à sa hauteur. Cette colonne ayant trouvé de grandes difficultés dans sa marche, était encore très en arrière, et ce retard paralysait le mouvement des troupes françaises; la saison des pluies, époque la plus favorable pour la traversée

1864.

Occupation de Saltillo et de Monterey (20 et 26 août).

---

[1] Journal de Monterey. — Le maréchal au ministre, 29 août.

des plaines de l'Etat de San Luis, gênait au contraire les opérations militaires dans les montagnes du Tamaulipas; en quelques heures, les torrents grossis devenaient parfois des rivières de deux cents mètres de large et opposaient au passage des troupes des obstacles presque infranchissables. Les bagages ne pouvaient suivre les colonnes à travers les chemins fangeux; les soldats, exposés à mille privations, mouillés toute la journée, épuisés de fatigue, succombaient en grand nombre, et ces souffrances étaient encore augmentées par l'insuffisance de l'organisation administrative des troupes mexicaines qui n'avaient ni les transports, ni les ambulances, ni les réserves de vivres sans lesquelles une colonne française n'entrait jamais en campagne. Partie de Tula de Tamaulipas le 5 août, la division Mejia avait dû suivre des sentiers à peine tracés, bordés de précipices; assez heureuse encore pour ne pas rencontrer l'ennemi, elle était arrivée à Vittoria le 14 août; trente-huit hommes et quarante-cinq animaux étaient morts de misère dans cette marche de neuf jours. Il fallut s'arrêter pour reposer les troupes, et le 26 août seulement, c'est-à-dire le jour même où le général de Castagny entrait à Monterey, le général Mejia poursuivit son mouvement en avant. Il arriva le 8 septembre à Cadeyreita dans un état déplorable. Les bagages étaient restés embourbés sur les routes, les hommes étaient exténués, et c'est à peine si, des débris de sa division, il put tirer l'effectif d'une petite colonne légère avec laquelle il se dirigea sur Matamoros.

Les lenteurs de la marche du général Mejia avaient été des plus préjudiciables à l'ensemble des opérations. Le général de Castagny, craignant de le laisser trop en l'air, était resté à Monterey pour l'attendre et l'appuyer au besoin; il avait même jugé nécessaire de faire rétrograder le général Aymard, qui s'était avancé jusqu'à Parras à la poursuite de Juarez. Toutefois le mouvement de cette dernière brigade n'avait pas été entièrement stérile; car, serrés de trop près, plusieurs corps ennemis se jetèrent dans les solitudes du Bolson de Mapimi, où les soldats se mutinèrent et se débandèrent; quarante officiers se présentèrent à Parras; les déserteurs couvraient les routes, et les coureurs de Quiroja enlevèrent trois cents hommes et soixante voitures. Il était regrettable qu'au lieu de continuer son mouvement vers l'ouest, la brigade Aymard eût rétrogradé vers Saltillo. Le Rio de Nazas débordé coupait à l'ennemi la route de Chihuahua, et si un mouvement avait été combiné entre le général Aymard et des colonnes envoyées de Durango, il eût été possible de détruire complétement l'armée libérale et peut-être d'enlever Juarez lui-même.

Bien que le général L'Hériller, commandant à Durango, ne disposât que de peu de troupes, il s'éclairait cependant à d'assez grandes distances en faisant parcourir le pays par des colonnes mobiles. L'une d'elles, commandée par le colonel Martin et forte de cinq compagnies du 2ᵉ zouaves, deux pelotons de cavalerie et une section d'artillerie, s'était avancée jusqu'à l'hacienda de la Zarca au delà du Rio de Nazas (27 août); elle avait ramassé un matériel considérable et tenait facilement en respect Patoni, dont les troupes, réduites par la désertion, ne s'élevaient plus qu'à sept ou huit cents hommes; mais, lorsque Juarez arriva de l'est avec les corps réunis de Negrete et d'Ortega, le colonel Martin craignit de se trouver trop isolé et se replia sur San Juan del Rio (10 septembre). L'ennemi, enhardi par le faible effectif des troupes qui gardaient Durango et les communications en arrière, avait formé le projet d'enlever Durango aux Français et de rétablir d'un seul coup son prestige détruit par des échecs continuels. On estimait à cinq mille hommes les forces que Juarez pouvait encore concentrer ; outre le détachement du colonel Martin, le général L'Hériller n'avait à Durango, pour faire face à l'orage, qu'un bataillon de chasseurs à pied, deux compagnies du 99ᵉ de ligne, et deux pelotons de cavalerie. Trois compagnies étaient à Sombrerete ; quatre compagnies et cinq cents cavaliers auxiliaires à Fresnillo. Averti de la gravité de la situation, le maréchal ordonna aux garnisons de Zacatecas, d'Aguascalientes et de Leon de faire un mouvement vers le nord ; il arrêta le 99ᵉ, qui rétrogradait sur Mexico, et dirigea rapidement, de San Luis sur Zacatecas, une colonne de renfort primitivement destinée au général de Castagny. Mais les distances à franchir étaient trop considérables pour permettre à ces troupes d'arriver en temps utile ; seule, la brigade Aymard aurait pu prêter un secours efficace au général L'Hériller, si elle avait prolongé son mouvement au delà de Parras.

Le 10 septembre, les têtes de colonne ennemies étaient signalées simultanément : Patoni à Cuencamé ; Negrete et Juarez à La Noria ; Carbajal à Yerbaniz. Le général L'Hériller donna l'ordre à tous les détachements militaires mexicains de sortir de leurs postes pour éclairer le pays. Le colonel Martin, laissant une petite garnison à San Juan del Rio, se porta sur Santa Lucia, de manière à observer San Juan tout en couvrant Durango. Dans la nuit du 15 au 16 septembre, une reconnaissance, sortie de Fresnillo sous les ordres du capitaine Hurtel, surprit Carbajal, qui était venu lever une contribution à l'hacienda de Juan Perez, et le rejeta sur Yerbaniz ; enfin, un autre détachement d'une compagnie de chasseurs et de deux pelotons de cavalerie, commandé par le capitaine Marqué et venant de Durango, reconnut, le 16 septembre, la présence à Tapona d'un corps de 3,000 hommes ayant 26 canons. L'ennemi paraissait descendre vers le sud par Mesquital et Nieves de façon à se porter soit sur Sombrerete, soit sur Fresnillo ; le colonel Martin résolut de l'attaquer pendant cette marche de flanc. Le 18, il atteignit Porfias, le 20, Saucillo, le 21, il prit la direction de l'hacienda de la Estanzuela située à douze lieues de Saucillo. A trois lieues de l'hacienda, il fut prévenu, par des bergers, que l'ennemi se dirigeait également sur ce point ; une vedette, enlevée un peu plus loin, lui apprit que la cavalerie s'y trouvait déjà et que l'infanterie et l'artillerie avaient pris position plus en arrière. Le colonel Martin, qui avait été rallié par le détachement du capitaine Marqué, disposait alors de six compagnies d'infanterie, un escadron de chasseurs, deux obusiers de montagne, et un escadron mexicain, ensemble cinq cent trente Français et quatre-vingts Mexicains.

L'escadron de chasseurs formant l'avant-garde fouilla les abords de l'hacienda ; après un court engagement, les avant-postes ennemis se replièrent, mais avec un aplomb inaccoutumé, d'où l'on conclut qu'ils se sentaient fortement soutenus. Le colonel Martin prit ses dispositions d'attaque ; il massa son convoi derrière les bâtiments de l'hacienda, plaça les muletiers aux créneaux des terrasses, et, laissant la compagnie de chasseurs comme réserve, il marcha sur l'ennemi, une compagnie en avant pour soutenir la cavalerie, les quatre autres compagnies déployées, l'artillerie au centre.

En sortant de la Estanzuela, la route de San Miguel Mesquital s'infléchit à droite et s'élève sur un petit plateau ;

1864.

Combat du Cerro de Majoma (24 septembre).

1864.

à trois kilomètres environ, elle passe au pied du Cerro de Majoma dont le relief est de trente mètres. C'était derrière ce mouvement de terrain que le général Ortega, dissimulant des forces assez considérables, avait rangé son corps d'armée en bataille. Le colonel Martin croyait d'abord n'avoir devant lui qu'une division de quinze cents hommes; il ne tarda pas à reconnaître l'énorme supériorité numérique de ses adversaires, mais il était trop avancé pour pouvoir hésiter. Il allait lancer sa poignée de cinq cent trente Français contre plus de quatre mille Mexicains, appuyés par vingt pièces de canon. C'étaient les divisions Alcade (ancienne division Negrete), Patoni et Ortega, formant trois mille cinq cents hommes d'infanterie, et la cavalerie de Carbajal, forte de sept cents chevaux[1]. Patoni était à l'extrême droite, Alcade au centre, Ortega à gauche, une partie de l'artillerie près de la route de San Miguel-Mesquital, l'autre partie en batterie sur le Cerro de Majoma. Le colonel Martin dirigea l'effort de ses soldats sur le versant nord de la hauteur, dont l'escalade était favorisée par les arbustes qui la couvraient. Aussitôt l'artillerie ennemie ouvrit le feu, et l'un des premiers boulets vint le frapper mortellement. Le chef de bataillon Japy du 2ᵉ zouaves, ayant pris le commandement, ordonna l'assaut.

Quatre officiers et un grand nombre d'hommes tombent bientôt grièvement blessés ; les zouaves, dont la disproportion du nombre exalte l'ardeur, gravissent les pentes du Cerro, abordent résolûment et enlèvent à la baïonnette une batterie de huit pièces qui, placée à mi-côte, balayait le plateau. Ils couronnent ensuite la hauteur, refoulent les bataillons ennemis sur le versant opposé, et

[1] Ces chiffres résultent d'une situation trouvée sur le corps d'un officier mexicain tué dans le combat.

restent maîtres de trois autres canons. Tant d'audace déconcerte l'ennemi ; mais Ortega ramène franchement ses bataillons à la charge. Il ne leur demande que « dix minutes d'énergie » et les pièces vont être reprises. Les zouaves se serrent pour résister au choc. Le commandant Japy engage alors sa dernière réserve ; l'escadron de chasseurs fournit une charge à fond sur les masses ennemies, les culbute sans retour et dégage les zouaves, tandis que, les chasseurs à pied, accourant au pas de course, se jettent sur la batterie de neuf pièces en position sur la route de Mesquital, et s'en rendent maîtres ; ils la retournent contre l'ennemi et chargeant eux-même les canons, ils précipitent sa retraite par l'efficacité de leur tir. L'artillerie du Cerro est également retournée contre les Mexicains ; leur déroute est complète. L'obscurité de la nuit et l'extrême fatigue des troupes qui, avant de combattre, avaient fait une étape de douze lieues, mirent fin au combat. Les cadavres couvraient les pentes du Cerro de Majoma ; on ne recueillit que vingt et un blessés de l'ennemi. Toute l'artillerie, c'est-à-dire vingt pièces, une grande quantité d'armes, 152 prisonniers furent les trophées de cette journée ; deux généraux mexicains étaient tués ; deux autres grièvement blessés furent transportés à Mesquital. La colonne française comptait un officier et vingt hommes tués, quatre officiers et quarante-six hommes blessés. Les moyens dont disposait le commandant Japy ne lui permettant pas de poursuivre l'ennemi, il rétrograda sur Durango, où il rentra le 26 septembre au milieu de l'allégresse générale. Si, dans ce moment, la division de Castagny avait pu déboucher de Parras, c'en était fait de l'armée libérale. Juarez, qui attendait à Nazas le résultat de ces opérations, se retira avec Negrete et une petite escorte de deux cents cavaliers, et se réfugia à Chi-

1864

huahua, où il fut d'ailleurs chaleureusement accueilli. Patoni, accompagné de quelques officiers, mais sans un soldat, se rendit à Nazas, d'où il gagna également Chihuahua. Carbajal conserva deux cents cavaliers ; l'infanterie se révolta et un grand nombre de déserteurs se rendirent aux avant-postes français. Les reconnaissances envoyées aux environs de la Estanzuela ne trouvèrent plus un seul groupe ennemi ; elles ramassèrent encore une grande quantité de matériel et sept pièces de canon.

Le combat du Cerro de Majoma termina brillamment la campagne ; cependant le résultat ne fut pas décisif, puisque Juarez restait sur le territoire mexicain, et que, loin de se décourager, il avait simplement transporté de Monterey à Chihuahua le siége de son gouvernement.

Opérations de l'escadre à l'embouchure du Rio Bravo del Norte.

L'État de Durango se trouvait dès lors soumis en entier à l'autorité impériale. Au nord-est du Mexique, les opérations combinées de la division Mejia, de la contre-guérilla et de l'escadre avaient également fait reconnaître l'empire dans les provinces de Nuevo-Leon et de Tamaulipas.

Dès le mois d'août, l'amiral Bosse, commandant l'escadre du golfe, avait envoyé, à l'embouchure du Rio Bravo, *le Darien*, *le Colbert* et *la Drôme* ; il s'y était ensuite rendu lui-même avec *la Bellone*, et, le 22 août, 400 marins de débarquement, commandés par M. le capitaine de vaisseau Véron, avaient pris possession de la petite ville de Bagdad située sur la côte, près du fleuve. A cette époque, Matamoros était au pouvoir de Cortina, qui l'occupait avec 400 fantassins, 500 cavaliers et 12 pièces de canon.

L'amiral ne disposait pas de moyens suffisants pour s'emparer de la ville ; n'ayant aucune nouvelle de la contre-guérilla, ni du général Mejia, il se contenta de bloquer l'embouchure du fleuve et de le faire remonter par quelques embarcations qui tiraillaient avec les postes ennemis embusqués sur les rives. Le voisinage des forces américaines fédérales et confédérées, qui se disputaient la possession du fort Brownsville, situé en face de Matamoros sur la rive gauche, rendait en outre fort délicate la position des détachements français. Trois cents cavaliers confédérés étaient maîtres du fort; neuf cents fédéraux, parmi lesquels deux cents soldats noirs, étaient campés à peu de distance dans une île voisine de Tres-Brazos. Les chefs de l'une et de l'autre force envoyèrent complimenter l'amiral; les confédérés, comptant plus particulièrement sur sa sympathie, firent tous leurs efforts pour l'amener à leur prêter quelques secours, et s'offrirent eux-mêmes à l'aider s'il voulait attaquer Matamoros; en revanche, les fédéraux avaient déjà recherché l'alliance de Cortina, et ils n'étaient pas éloignés de le favoriser dans ses entreprises contre les Français, tout en prétendant respecter la neutralité.

Le 6 septembre, Cortina vint déployer ses forces devant Bagdad et fit un simulacre d'attaque; mais cette démonstration n'avait d'autre but que de dissimuler le passage sur la rive opposée de 400 de ses hommes, qui allèrent soutenir les fédéraux dans une attaque contre les confédérés.

L'amiral ayant protesté près du colonel Day, commandant des troupes fédérales, en lui demandant l'internement des gens de Cortina, cet officier répondit, avec une mauvaise foi évidente, qu'il n'avait encore reçu aucun avis officiel de l'arrivée des Mexicains dans ses lignes et qu'il s'efforcerait du reste de les empêcher de repasser la frontière. Il vint lui-même à Bagdad le 10 septembre, et promit que Cortina ne tarderait pas à faire des ouvertures de con-

1864.

ciliation. La nuit suivante, Cortina repassa cependant sur la rive droite, et revint à Matamoros pour en chasser Canales, son lieutenant, qui avait profité de son absence pour faire un pronunciamiento contre lui. Les chefs américains étaient très-intéressés dans les débats personnels entre Cortina et Canales ; ni les fédéraux, ni les confédérés n'avaient d'artillerie ; celle qui se trouvait à Matamoros était l'objet de leurs convoitises. Les confédérés entrèrent à ce sujet en pourparlers avec Canales, tandis que les fédéraux, s'étant concertés avec Cortina, proposaient de sa part à l'amiral une suspension d'hostilités à condition que ses troupes seraient libres de passer au camp fédéral avec leur matériel et leur artillerie. Au même moment, le colonel fédéral faisait secrètement embarquer sur un bâtiment américain deux des pièces mexicaines. Cependant, peu de temps après, une embarcation française, portant pavillon parlementaire, était accueillie à coups de canon par la garnison de Matamoros, et forcée de rétrograder après s'être trouvée dans une position critique. L'amiral n'avait aucun moyen de venger cette insulte, mais il reçut enfin des nouvelles du général Mejia, qui lui annonçait son arrivée prochaine.

Occupation de Matamoros (26 septembre).

Matamoros fut en effet occupé sans coup férir, le 26 septembre, par les troupes impériales. Ne sachant plus que devenir, ne pouvant redescendre vers San Fernando, où il aurait rencontré la contre-guérilla, n'ayant plus la possibilité de déjouer la surveillance de la marine pour passer au camp fédéral, Cortina, afin de gagner du temps, avait pris le parti d'offrir sa soumission pure et simple, et de livrer les quinze pièces qui armaient encore Matamoros ; quant à Canales, il passa avec deux cents hommes à Brownsville où il fut bien accueilli par les confédérés.

Le général Mejia envoya un détachement relever le poste français de Bagdad ; l'escadre laissa un bâtiment à l'embouchure du Rio Bravo et revint à Vera-Cruz.

La contre-guérilla avait également coopéré aux opérations dans le Tamaulipas. Le 12 août, le colonel Dupin, avec cinq cents hommes, était parti de Tampico, où ne devait rester qu'une petite garnison ; mais avant son départ, fidèle au système de terrorisme par lequel il jugeait nécessaire de dominer le pays, il fit pendre aux réverbères de la place principale quatre guérilleros récemment arrêtés. Il se rendit d'abord à Vittoria, où était encore la division Mejia ; le 12 septembre, après avoir reçu la soumission du général La Garza, gouverneur du Tamaulipas, et avoir organisé les administrations, il continua son mouvement ; comme à Tampico, il ne quitta pas la ville sans laisser des exemples de sa justice sommaire ; trois hommes furent pendus sur la place. Très-gênée par les pluies torrentielles de la saison, la contre-guérilla franchit péniblement les trente lieues qui séparent Vittoria de Soto la Marina ; le débordement des rivières la retint sur ce point, du 15 au 25 septembre. Le 29, elle occupa San Fernando de Presas, quartier ordinaire des bandes de Cortina, où elle trouva d'importants approvisionnements ; sept pièces d'artillerie furent découvertes soit dans la ville, soit dans les environs où elles étaient embourbées. Ayant appris l'occupation de Matamoros, le colonel Dupin laissa, pour garder San Fernando, un bataillon mexicain mis à sa disposition par le général Mejia, et rétrograda sur Vittoria ; nulle part il n'avait rencontré l'ennemi et l'on pouvait croire le Tamaulipas pacifié ; mais en réalité les guérillas s'étaient simplement dispersées en attendant le retour de la belle saison.

1864.

Il est incontestable cependant que la cause de l'empire avait fait d'importants progrès. Vidaurri et Quiroja s'étaient enfin décidés à faire leur soumission. Vidaurri fut nommé conseiller d'Etat par l'empereur Maximilien. Beaucoup d'autres chefs moins importants avaient également offert de déposer les armes. L'armée de Juarez était presque entièrement anéantie. Dans cette dernière campagne, on lui avait enlevé 118 pièces d'artillerie, vingt mille projectiles, un million de cartouches; ses moyens de guerre ne pouvaient être reconstitués de longtemps.

Le maréchal confia la garde des Etats de Nuevo Leon et de Coahuila et du district de Matamoros à la division Mejia; le colonel Dupin fut nommé gouverneur du Tamaulipas; quant au général de Castagny, il reçut l'ordre de transporter son quartier général à Durango, pour relever la brigade l'Hériller qui devait prochainement rentrer en France.

Des résultats satisfaisants furent également obtenus dans les provinces centrales de Guanajuato et de Zacatecas, soit par la dispersion des bandes, soit par la soumission de leurs chefs.

Opérations dans l'Etat de Jalisco.

Dans le sud-ouest, restait encore un groupe important de forces libérales provenant du corps d'armée d'Uraga. Avant l'arrivée de l'empereur, des pourparlers avaient été entamés avec le général Uraga; il ne partageait pas les préventions de la plupart de ses compatriotes contre l'étranger, et croyait que l'influence des idées européennes pouvait être utile à son pays; au début de l'expédition il avait donné, comme on le sait, des preuves nombreuses de sympathie pour la France. Cependant, au mois de mars 1864, les généraux et les officiers de sa division signèrent une protestation formelle contre la monarchie; une copie de ce manifeste, conçu d'ailleurs en termes modérés, respectueux même pour le nom de l'empereur Maximilien, avait été envoyée au commandant en chef par le général Uraga. En lui exprimant d'une manière fort courtoise son attachement aux principes républicains, il ajoutait que sa conviction sincère était que « *la monarchie perdrait le Mexique et coûterait cher à la France*[1] », et qu'il désirait sincèrement voir l'ordre, la paix et la tranquillité rétablis par des moyens de conciliation en dehors de l'idée monarchique ; après l'arrivée de l'empereur Maximilien, lorsque l'empire eut obtenu l'autorité du fait accompli, se voyant dans l'impossibilité de tenir la campagne d'une façon honorable, répugnant à rester à côté d'hommes tels que Rojas, Guttierrez et quelques autres dont les actes déshonoraient la cause républicaine, le général Uraga écrivit qu'il adhérait à l'empire et prévint le général Marquez qu'il traverserait ses lignes, pour se rendre à Leon, avec une escorte d'une centaine de cavaliers ; il vit l'empereur lors de son voyage dans l'intérieur, et, comme Vidaurri, il accepta un siége au conseil d'Etat. Cinq généraux et plusieurs officiers suivirent son exemple ; quelques-uns cherchèrent à rejoindre Juarez et furent arrêtés en route par les guérillas impérialistes ; d'autres enfin restèrent à la tête des troupes qui se fractionnèrent en deux groupes principaux, l'un sous les ordres d'Arteaga, l'autre sous ceux d'Etchegaray. Resserrés dans un espace étroit entre les montagnes du Michoacan, Guadalajara et la mer, ces chefs comprenaient l'inutilité de leur résistance : aussi essayèrent-ils toujours, sans jamais y réussir, de percer la ligne des postes français pour gagner les provinces du

---

[1] Le général Uraga au général Bazaine, 16 avril 1864.

nord où Juarez avait transporté la guerre. Un corps de quatre bataillons, qui tentait de s'ouvrir une issue du côté de Cocula, fut complétement battu au Chifflon par le colonel Clinchant, commandant la ligne des avant-postes de Guadalajara, et perdit environ deux cents hommes, six canons, de nombreux prisonniers (9 août). Ces troupes furent donc forcées de rester dans leurs anciennes positions au sud de Zapotlan ; dès que la saison des pluies fut passée, le maréchal prescrivit au général Douay de concerter une expédition avec le général Marquez, afin de prendre possession de Colima et du port de Manzanillo.

Le 15 octobre, le général Douay partit de Guadalajara, marchant directement au sud ; sur sa droite des corps mexicains devaient observer le pays jusqu'à la mer, tandis que le général Marquez, établi à Zamora avec quinze cents fantassins, trois cents cavaliers et quelques pièces d'artillerie, couvrirait sa gauche et s'avancerait par la route de los Reyes. Cette dernière colonne le rejoignit, le 26 octobre, à Zapotitlic, non loin des volcans de Colima [1].

D'énormes barrancas prennent naissance dans ces montagnes ; les plus importantes, celles d'Atenquique et de Beltran, ont près de dix-sept cents mètres de profondeur. Aucune voiture ne peut les traverser ; les chemins étroits et rapides tracés sur leurs versants ne sont praticables qu'aux bêtes de somme. Les Mexicains s'étaient établis en arrière de ces immenses tranchées dont leur artillerie balayait facilement le bord opposé. Il eût été imprudent d'aborder ces obstacles de front : aussi le général Douay, laissant une partie de sa colonne devant les barrancas pour

---

[1] Le volcan de Colima est à 3,800 mètres au-dessus du niveau de la mer; le Nevado, montagne couverte de neiges perpétuelles, est à 4,300 mètres.

occuper et surveiller l'adversaire, traversa le Rio Coahua- nejo dans lequel les barrancas viennent déboucher et, faisant un grand détour sur sa gauche, il suivit un chemin de montagne par lequel il pouvait, d'après les circonstances, soit prendre la position à revers, soit marcher directement sur Colima.

Dès que l'ennemi eut connaissance de ce mouvement, il se retira précipitamment, détruisit son matériel, culbuta dans les ravins ses douze pièces de grosse artillerie, et s'échappa par le sentier de Javali qui contourne le volcan au sud-ouest. La route était donc ouverte; le 5 novembre, le général Douay se rendit à Colima, où le général Marquez était entré déjà depuis trois jours. Il y laissa les troupes mexicaines alliées, et rétrograda aussitôt pour se mettre à la poursuite de l'ennemi. Trois colonnes convergèrent sur Autlan; les Mexicains, sous les ordres du général Arteaga, marchant avec une extrême rapidité, n'avaient fait que traverser cette ville; ils s'étaient ensuite concentrés à Tecolotlan, et, le 15 novembre, on apprit inopinément à Guadalajara qu'ils avaient coupé la ligne d'avant-postes entre Cocula et Ameca, et qu'ils se dirigeaient à marches forcées vers l'est. Déjà les postes franco-mexicains de cette région avaient été plusieurs fois attaqués par les bandes de Rojas et de Guttierrez, qui disposaient alors de huit cents hommes et de deux pièces d'artillerie. Le général Rivas s'était même trouvé très-compromis à Ameca, et n'avait été dégagé que par l'arrivée très-opportune de la compagnie de partisans du capitaine Berthelin, qui tua une centaine d'hommes à l'ennemi et lui enleva cinquante prisonniers et un canon (7 novembre).

Inquiet pour les troupes disséminées dans la plaine, le général Neigre, commandant à Guadalajara, leur donna

1864.

Occupation de Colima (5 novembre).

l'ordre de se replier sur Santa Ana Acatlan, et envoya pour les soutenir une colonne sous les ordres du lieutenant-colonel Lepage ; mais un détachement de quatre-vingts hommes, s'étant mal éclairé, fut enlevé dans la nuit du 16 au 17. La compagnie qui occupait le poste de Santa Ana, dissimulant son petit nombre à la faveur de l'obscurité, harcelait au contraire les Mexicains, cherchait à entraver leur marche, mettait une quarantaine d'hommes hors de combat, et portait le désordre dans leurs rangs.

Le lieutenant-colonel Lepage suivit l'ennemi qui longeait le bord sud du lac de Chapala ; mais comme il n'avait que trois cents hommes, il ralentit sa marche de manière à attendre que d'autres colonnes envoyées par le général Douay fussent à sa hauteur.

De son côté, le maréchal fit rapidement descendre un fort détachement de Leon sur Jalpa, pour barrer la route du nord.

Le général Douay, averti du mouvement d'Arteaga, dirigea trois détachements sur trois chemins parallèles. Le lieutenant-colonel Cottat partit de Zapotlan ; le colonel de Potier se porta de Zacoalco sur Teoquitatlan ; le colonel Clinchant prit une direction intermédiaire entre le colonel de Potier et le lieutenant-colonel Lepage. Celui-ci marchait sur la route la plus rapprochée du lac et par conséquent de l'ennemi ; cependant, le 22 novembre au matin, il entendit le canon en avant de lui. C'était le colonel Clinchant qui, avec deux cent cinquante zouaves, un escadron de chasseurs et deux pièces de montagne, avait gagné les Mexicains de vitesse et était déjà aux prises avec eux. Le 21 au soir, après une marche forcée, il était arrivé à une lieue et demie de Jiquilpan, où se trouvaient campés quatre mille hommes et vingt pièces de canon.

Après avoir fait reposer ses hommes, il repartait au milieu de la nuit, et vers 5 heures du matin, il abordait un petit plateau au-dessus de Jiquilpan, sur lequel l'ennemi était en position. Tout d'abord son avant-garde, culbutant les premiers postes à la baïonnette, délivra le détachement français fait prisonnier quelques jours avant, puis les zouaves gravirent la hauteur en poussant l'ennemi devant eux ; pendant un moment, ils se virent entourés de tous côtés, mais une charge décisive de l'escadron de chasseurs les dégagea et assura le succès. Les Mexicains se retirèrent laissant un grand nombre de morts, neuf obusiers de montagne, et une grande quantité de munitions. Un général et une vingtaine d'officiers se constituèrent prisonniers. Le colonel Clinchant, un officier, et quinze zouaves furent blessés ; un officier et six zouaves, tués.

1864
Combat
de Jiquilpan
(22 nov. 1864).

Le lieutenant-colonel Lepage arriva peu après le combat. Le colonel de Potier, qui avait élargi son mouvement vers le sud, se trouvait à Tinguindin le soir même, et son avant-garde put encore atteindre une partie des forces battues le matin à Jiquilpan. Le corps d'armée d'Arteaga, se dispersa dans les montagnes du Michoacan, où il renforça les guérillas qui tenaient ce pays. D'après les ordres du maréchal, le général Douay, au lieu de revenir à Guadalajara, se rendit à Morelia afin de s'occuper de la pacification de cette province.

Le général Marquez, qui avait pris possession de Manzanillo le 18 novembre, ne crut pas devoir y laisser de garnison permanente ; il répartit sa division entre Colima et Zapotlan sous les ordres d'un de ses lieutenants ; lui-même revint à Mexico et fut obligé, ainsi que nous l'avons dit, de partir pour l'Europe.

Le maréchal regretta qu'on n'eût pas conservé le port de Manzanillo, car les ordres venus de France lui prescrivant

Évacuation
d'Acapulco
(14 décembre).

28

d'occuper Mazatlan, il dut employer à cette opération les troupes de la garnison d'Acapulco, et l'escadre allait ainsi perdre le seul port de relâche qu'elle possédât sur la côte méridionale du Mexique. Le gouvernement mexicain ne jugeait de l'importance d'Acapulco qu'au point de vue commercial ; c'était lui, comme on l'a vu précédemment, qui avait provoqué les instructions auxquelles le maréchal devait obéir. Il est vrai que le revenu des douanes de ce port était à peu près nul, tandis que les nombreux navires, qui fréquentaient Mazatlan, y acquittaient des droits considérables. L'occupation de Mazatlan était donc utile, mais il eût fallu conserver également Acapulco où l'escadre trouvait des ravitaillements, du charbon et d'où elle pouvait se mettre en relations avec la ligne des paquebots américains.

Bien que ses équipages y fussent décimés par les fièvres, que *la Victoire* eût près de cent malades, que *la Pallas* en eût deux cents, l'amiral Bouët tenait à l'occupation d'Acapulco comme à une question de première nécessité. Le capitaine de vaisseau de Kergrist, qui le remplaça par intérim, était du même avis. Le maréchal essaya donc de conserver cette position en donnant l'ordre au général Vicario, qui était à Iguala, d'y envoyer un détachement de ses troupes. Vicario n'obéit qu'à regret ; il lui fallait s'éloigner de ses propriétés, s'exposer à un climat meurtrier, et affronter les Indiens Pintos du vieil Alvarez, dont le nom seul inspirait de la terreur aux Mexicains des plateaux. Il descendit cependant vers le sud, mais arrivé à Chilapa, où l'ennemi était renfermé, il tourna autour de la place pendant plusieurs semaines sans oser l'attaquer, finalement se fit bousculer dans une sortie, et se replia en désordre. Tout espoir de faire arriver des troupes mexicaines à Acapulco, se trou-

vant perdu, le maréchal expédia l'ordre formel et définitif
d'évacuation. Le 14 décembre, les quatre dernières compagnies de tirailleurs, qui restaient dans ce port, furent
embarquées et transportées à Mazatlan, où se trouvait déjà
l'autre fraction du bataillon.

Lorsque s'acheva l'année 1864, l'armée française avait
fait reconnaître l'autorité impériale sur la plus grande
partie de l'immense territoire du Mexique, de nombreuses
adhésions s'étaient manifestées, et cependant l'existence
de l'empire était toujours en question. C'est qu'aucune solution n'avait encore été donnée aux graves difficultés qui divisaient le pays ; même dans les villes les plus
dévouées au nouveau gouvernement, on sentait que les
succès militaires des troupes françaises étaient les seules
bases sur lesquelles reposât l'édifice, et l'on disait partout
que, l'armée française partie, l'empire s'écroulerait. Il restait encore à pacifier le Michoacan, à chasser Juarez de
Chihuahua, à occuper les ports de l'océan Pacifique, et
à se rendre maître de la province d'Oajaca, dans laquelle
Porfirio Diaz commandait à un corps important de troupes
libérales ; ce fut la tâche que le maréchal entreprit avec
l'année nouvelle. L'effectif du corps expéditionnaire s'élevait alors au chiffre de trente mille hommes ; les volontaires autrichiens et belges commençaient seulement à
arriver au Mexique, et l'on ne savait quel parti il serait
possible d'en tirer ; du reste, aucune organisation sérieuse
n'avait encore été donnée à l'armée mexicaine. En France,
après avoir espéré que l'avénement de l'empereur Maximilien serait le signal de la rentrée successive des troupes,
on s'alarmait aujourd'hui de voir l'occupation se prolonger.
Le maréchal, désireux de donner quelque satisfaction au

sentiment public, renvoya une brigade entière : le 1er bataillon de chasseurs, le 99e de ligne, et le 2e zouaves, troupes qui étaient arrivées les premières au Mexique. La batterie de la garde était déjà partie. L'empereur Maximilien et l'impératrice Charlotte regrettaient cette mesure. Ils se rendaient assez exactement compte de la situation et n'étaient pas rassurés pour l'avenir. Dans une lettre dont il a déjà été donnée des extraits au sujet des questions religieuses, l'impératrice Charlotte écrivait :

« .....Le fait capital est que l'armée diminue et avec elle la force matérielle du gouvernement. Je crains toujours qu'on ne lâche la proie pour l'ombre. Certes, le corps législatif parlera en France, mais il ne s'agit que de discours plus ou moins sonores. Tandis qu'ici, ce sont des faits qui peuvent compromettre le succès d'une œuvre que la France a fondée, et qui est destinée à porter le nom de Napoléon III aux générations futures. Il est fort beau de dire, comme dans le parlement anglais : Le Mexique est si bien organisé qu'il n'a besoin du secours de personne. Mais, pour ma part, je préfère m'en tenir aux réalités.

« Pour civiliser ce pays-ci, il faut en être complétement maître, et afin d'avoir ses coudées franches, il faut pouvoir tous les jours réaliser sa force en gros bataillons; c'est un argument qui ne se discute pas.

« Toute la force que l'on n'est pas à même de réaliser, telle que le prestige, l'habileté, la popularité, l'enthousiasme, n'a qu'un prix conventionnel, ce sont les fonds qui montent et qui baissent..... il faut des troupes. Les Autrichiens et les Belges sont très-bons en temps de calme, mais vienne la tempête, il n'y a que les pantalons rouges; s'il m'est permis de vous dire toute ma pensée, je crois qu'il nous sera très-difficile de traverser toutes les premières crises vitales, si le pays n'est pas plus occupé qu'il ne l'est. Tout est fort disséminé et il me semble qu'au lieu de rien rappeler, il aurait peut-être fallu augmenter. Je crains fort que le maréchal ne se repente de n'avoir pas écrit au mois d'octobre ce que nous lui avions demandé. Il a craint du mécontentement en France, et a, je crois, échangé un petit désagrément contre un plus grand. Ceci n'est pas mon opinion toute seule que je n'oserais avancer avec autant d'assurance, c'est celle de juges compétents. Ils disent qu'ils ne sont pas rassurés non point tant à cause de nous, qu'à cause de l'armée ; car nous pouvons supporter un accroc, personne ne s'en étonnerait, mais pas les armes françaises ; nous pouvons au besoin nous retirer comme Juarez dans une province éloignée, nous pouvons retourner d'où nous sommes venus ; mais la France ne peut pas ne pas triompher, parce qu'elle est la France d'abord, et parce que son honneur est engagé. »

CHAPITRE TROISIÈME.

SOMMAIRE.

Opérations militaires dans la province d'Oajaca. — Siége et prise d'Oajaca (8 février 1865.)— Opérations contre les guérillas de l'Etat d'Oajaca, de la Huasteca, des terres chaudes de Vera-Cruz, du Michoacan, de l'Etat de Jalisco. — Occupation de Mazatlan (13 novembre 1864). — Marche de la division de Castagny de Durango à Mazatlan. — Combat de l'Espinazo del Diablo (1er janvier 1865). — Combat de Veranos (11 janvier). — Occupation de Guaymas de Sonora (29 mars). — Agitation dans les provinces du nord. — Mouvement de Negrete, de Chihuahua sur Saltillo, Monterey, et Matamoros. — Appréhensions d'une intervention des Etats-Unis. — Forces militaires à la disposition du maréchal Bazaine. — Mésintelligence entre le gouvernement mexicain et les autorités françaises. — Etat des finances. — Emprunts.

Avant la fin de l'année 1864, l'influence française ne s'était pas encore fait sentir dans les provinces au sud de Puebla; les États de Guerrero, d'Oajaca, et de Chiapas n'avaient pas reconnu l'autorité impériale.

Porfirio Diaz, un des meilleurs généraux du parti républicain, s'était établi à Oajaca, avec un corps de troupes assez considérable qu'il entretenait facilement à l'aide des ressources de cette riche province. La présence de ces forces ennemies à peu de distance de la grand'route de Vera-Cruz, obligeait le maréchal à conserver des postes importants sur cette ligne de communication, et entravait les progrès de la pacification parmi les popula-

Opérations militaires dans la province d'Oajaca.

tions de ces contrées généralement bien disposées pour l'empire; mais, avant de s'engager dans une expédition contre Porfirio Diaz, il désirait attendre que les opérations entreprises dans le nord eussent été menées à bonne fin, et qu'il lui fût possible de disposer d'un nombre de troupes suffisant pour réduire toute résistance.

Oajaca est situé à cent vingt lieues de Mexico et à quatre-vingt-dix lieues de Puebla; il fallait tout d'abord ouvrir une route carrossable pour le passage des convois. C'est dans ce but, et aussi avec l'intention d'arrêter les incursions de l'ennemi dans les districts pacifiés de l'état de Puebla, que le maréchal avait, dès le mois de juillet 1864, prescrit au général Brincourt, commandant supérieur de Puebla, de se porter à Huajuapan à cinquante lieues au sud de Puebla et d'y établir un poste de deux bataillons. En même temps, une colonne française devait s'avancer d'Orizaba sur Teotitlan, une colonne mexicaine marcher d'Atlixco sur Tlapa, enfin la brigade Vicario s'efforcerait de descendre de Cuernavaca sur Chilapa. Le maréchal espérait, par ce mouvement combiné, resserrer Porfirio Diaz dans la province d'Oajaca.

Le général Brincourt se dirigea donc sur Huajuapan qu'il occupa sans résistance le 1er août; le même jour, le colonel Giraud, parti d'Orizaba, entrait à Teotitlan; au lieu de s'y arrêter, il poursuivit son mouvement vers San Juan de los Cueïs en laissant plusieurs petits détachements derrière lui.

Porfirio Diaz se trouvait alors sur la ligne d'Huajuapan; dérobant sa marche à travers les montagnes, il se porta vers Teotitlan, et, le 10 août, à la tête de deux mille hommes, il tomba inopinément sur le village de San Antonio où se trouvait une compagnie du 7e de ligne, tandis que son frère Félix Diaz (surnommé el Chato), avec six cents fantassins, cent cinquante cavaliers, et trois canons, attaquait une autre compagnie à l'hacienda d'Ayotla. Les détachements français, commandés par d'énergiques officiers, résistèrent vigoureusement, cependant ils eussent succombé sous la supériorité du nombre, sans la prompte arrivée de quelques renforts. L'ennemi subit des pertes sensibles; les troupes françaises eurent cinq morts et une trentaine de blessés. Dix cavaliers mexicains alliés se firent bravement tuer à côté d'elles.

Le colonel Giraud, revenu à Teotitlan, se préparait à rétrograder sur Orizaba; ayant appris que Porfirio Diaz méditait une nouvelle attaque, il arrêta son mouvement; le 17 août, le général Brincourt rejoignit le colonel Giraud, et ne pouvant résister au désir de poursuivre l'ennemi, bien que le maréchal ne l'y eût pas autorisé, il poussa jusqu'à Nochistlan situé à trente-cinq lieues de Tehuacan et à vingt lieues environ d'Oajaca. Il se croyait même assez fort pour enlever cette ville, mais il fut, contre son gré, forcé de céder aux injonctions formelles du commandant en chef. Le maréchal Bazaine s'opposait à cette expédition parce qu'il n'avait que fort peu de monde sous la main, et qu'il lui aurait été impossible de soutenir le général Brincourt, en cas d'insuccès; de plus il était nécessaire de renforcer les colonnes engagées dans le nord; le mouvement vers Oajaca fut donc arrêté, une garnison fut laissée à Yanhuitlan dans une excellente position militaire; les autres troupes rétrogradèrent. On continua de faire activement travailler aux routes; des corvées d'Indiens y furent employées sous la direction des officiers français pendant les mois de septembre, d'octobre, et de novembre 1864; comme le temps manquait pour des études nouvelles sur le terrain, on se contenta d'élargir le chemin muletier et d'en adoucir les pentes les plus roides ; la tâche était déjà des plus difficiles ; il y avait d'énormes crevasses à franchir, et souvent les gorges étaient si étroites qu'il fallait cheminer dans le lit même des torrents, entre les hautes murailles granitiques qui les encaissent. A la fin du mois de novembre, les travaux étaient cependant assez avancés pour que des voitures pussent arriver jusqu'à Yanhuitlan. C'est à cette époque que furent repris les projets contre Oajaca. Une forte colonne des trois armes fut organisée sous les ordres du général Courtois d'Hurbal, commandant l'artillerie du corps expéditionnaire.

La colonne principale, les convois, et un parc de siége s'acheminèrent par la grand'route de Puebla à Yanhuitlan ; deux autres petites colonnes légères furent dirigées sur Oajaca ; l'une, partant d'Orizaba, suivit le chemin muletier de Teotitlan ; l'autre, partant de Mexico, eut l'ordre de passer par Cuernavaca, Morelos, et Matamoros, afin de rassurer les populations de ces contrées, alarmées par quelques échecs récents des forces mexicaines alliées ; elle devait rejoindre le général Courtois d'Hurbal à Acatlan.

Le système de défense d'Oajaca était analogue à celui de Puebla ; presque toute la population avait quitté la ville qui était couverte de retranchements et de barricades. Les maisons de l'enceinte extérieure ayant été démolies, leurs décombres, amoncelés dans les maisons de la deuxième ligne, formaient d'immenses parapets de maçonnerie auxquels de solides couvents servaient de réduit. Un fort carré de construction ancienne dominait la ville ; Porfirio Diaz avait fait élever des ouvrages en terre sur les hauteurs voisines. Il disposait d'environ sept mille hommes,

dont trois mille de troupes régulières, le reste formé par
des contingents de montagnards, tireurs habiles, qu'on
avait armés de rifles américains, et ardents libéraux, fort
attachés à Juarez, leur compatriote.

Le frère de Porfirio Diaz commandait en outre un corps
de sept cents cavaliers ; l'un et l'autre déployaient la plus
grande énergie et ne reculaient devant aucune considération pour organiser la résistance. Ils avaient enlevé
les vases sacrés des églises pour les convertir en argent,
et les cloches pour fondre des boulets ou s'en servir
comme fougasses en avant des retranchements. Ils avaient
ruiné non-seulement les maisons de la ville, mais encore
un grand nombre de propriétés suburbaines ; aussi l'animosité des Indiens était-elle à son comble.

Ces hommes doux et paisibles, habitant les riches vallées
de cette province, propriétaires ou usufruitiers de la terre
qu'ils cultivent, bien moins soumis que dans les autres parties du Mexique à la domination tyrannique des hacenderos
et, par suite, vivant dans une meilleure condition, étaient
intéressés au maintien de l'ordre et de la tranquillité. Le
pillage de leurs églises, l'enlèvement de leurs cloches les
avaient vivement indisposés contre les libéraux ; ils accueillirent avec une joie non déguisée l'arrivée des colonnes
françaises et vinrent en grand nombre travailler aux routes ;
ils répondirent toujours avec empressement à l'appel qui
leur fut fait par les autorités impérialistes, et se prêtèrent
volontiers et sans apparence de servilité, à toutes les corvées que nécessitait le passage des convois dans les endroits
difficiles.

Le 12 décembre, le général Courtois d'Hurbal atteignit
Yanhuitlan ; au delà de ce poste, la route n'était pas encore
ouverte ; il fallait, pour descendre dans la vallée d'Oajaca,

franchir une sierra difficile, et c'était là que les plus grands obstacles attendaient les colonnes. Tout le matériel roulant fut laissé à Yanhuitlan ; suivi seulement des troupes légères, le général se porta en avant pour organiser les ateliers de travailleurs sur les routes et reconnaître les positions de l'ennemi.

A douze lieues d'Yanhuitlan, au rancho de las Minas, un ravin, profond de plusieurs centaines de mètres et encaissé entre des berges presque verticales, coupe la route ; d'un côté, la descente n'a pas moins de cinq kilomètres de développement ; sur le bord opposé, la disposition des escarpements ne permet pas d'en adoucir les pentes ; après les travaux qui furent exécutés, elles conservèrent encore une rapidité excessive qui atteignait en certains endroits $0^m,40$ par mètre. La colonne légère passa néanmoins sans trop de peine; le 17 décembre, elle fit sa jonction, à San Francisco Huitzo, avec celle qui venait d'Orizaba et dont les guérillas de Figueroa avaient essayé de gêner la marche. Le lendemain, on rencontra, en avant d'Etla, les grand'gardes ennemies ; elles se replièrent après un combat de quelques instants, dans lequel furent tués un officier et six cavaliers du peloton français d'avant-garde. Le général Courtois d'Hurbal s'établit à Etla, à quatre lieues d'Oajaca ; pendant que l'on travaillait à préparer l'arrivée du parc de siége, il fit autour de la place des reconnaissances préliminaires qui amenèrent plusieurs engagements.

Les démonstrations des colonnes françaises et les préparatifs ostensibles d'un siége, ne paraissant pas décider Porfirio Diaz à quitter Oajaca, le maréchal se résolut à prendre la direction de cette opération dont l'importance s'accusait chaque jour de plus en plus. Il prépara l'envoi de nouveaux renforts, et emmenant avec lui quelques escadrons, il franchit en douze jours les cent vingt-cinq lieues qui séparent Mexico d'Etla ; il rejoignit le général Courtois d'Hurbal le 15 janvier 1865 [1].

Au prix d'incessants travaux et d'efforts inouïs, la plus grande partie du matériel de siége avait été amenée dans la vallée d'Oajaca. De nombreux attelages de bœufs et plusieurs centaines d'Indiens ayant été réunis au ravin de las Minas, on avait pu descendre les chariots de parc tout chargés, en enrayant complétement les roues et en appliquant cinquante hommes par voiture à des cordes de retraite, mais il avait été impossible de leur faire gravir la pente opposée. On dut vider les caissons d'artillerie, et transporter les projectiles et les cartouches à dos de mulet jusqu'au sommet de la pente ; on attela quatre et quelquefois cinq paires de bœufs à chaque pièce ; quarante à cinquante hommes poussaient aux roues ou tiraient à des cordes fixées au joug des bœufs et aux anses des canons ; sans le concours de ces nombreux auxiliaires, il eût été probablement impossible de triompher des difficultés exceptionnelles qui se présentèrent.

Lorsque le maréchal prit le commandement direct, il avait sous sa main : deux bataillons du 3ᵉ zouaves, douze compagnies du régiment étranger, un bataillon d'infanterie légère d'Afrique, une compagnie de zouaves montés, trois escadrons de cavalerie française, commandés par le général de Lascours, quatre escadrons mexicains, une batterie de 4, une batterie de 12, quatre sections d'artillerie de montagne, et une compagnie du génie. En attendant l'arrivée des grands convois qu'il avait mis en route avant son départ, il fit investir la place. Il établit son quartier général à l'ha-

---

[1] Le colonel Osmont, chef d'état-major général, accompagnait le maréchal.

cienda Blanca, et commença, le 17 janvier, à faire tourner la ville simultanément par le nord et par le sud. Le bataillon d'Afrique, passant par le nord, devait franchir, au col de Tres-Cruces, le contrefort montagneux à l'extrémité duquel étaient établis les ouvrages qui dominaient la ville ; les postes, chargés de garder les hauteurs, disputèrent le passage, cependant on s'établit le même jour au village de San Felipe, et l'on coupa l'aqueduc qui fournit les eaux à la ville.

L'investissement se compléta les jours suivants ; pour suppléer à l'insuffisance du corps de siége, le maréchal ordonna que chaque petit poste se couvrirait par des travaux de campagne de façon à pouvoir soutenir pendant quelque temps l'effort d'une troupe supérieure ; il fit élever des barricades sur toutes les avenues et tracer une ligne de circonvallation autour de la place ; on profita des obstacles naturels toutes les fois qu'on le put et, partout ailleurs, on creusa une tranchée ; les Indiens vinrent en grand nombre, moyennant salaire, concourir à ces travaux. Le développement de cette ligne avait trente-sept kilomètres, pour la surveillance desquels on comptait moins de quatre mille hommes. L'ennemi, qui s'était laissé enfermer sans trop s'en rendre compte, fut ainsi privé de toute communication avec l'extérieur ; il aurait pu sans doute forcer ce faible cordon, mais les travaux de circonvallation devaient assez retarder la marche d'une colonne pour que les troupes d'investissement eussent le temps de se concentrer et de se mettre à sa poursuite. La cavalerie de Felix Diaz, sortie de la place au commencement du mois, tenta inutilement d'y rentrer ; l'artillerie des forts et des couvents essaya, sans y réussir, de gêner les travaux ; le 22 janvier seulement, Porfirio Diaz disputa l'occupation de l'hacienda de l'Aguilera. La position resta aux troupes françaises ; le maréchal, qui n'avait pas ordonné de prendre possession de ce point, ne voulut pas y exposer un poste ; l'hacienda fut évacuée et l'on se contenta d'établir des embuscades aux abords.

La place devait être attaquée par les hauteurs du nord, en même temps que des cheminements seraient commencés dans la plaine sur plusieurs directions. Les ouvrages défensifs de l'ennemi étaient assez importants pour exiger dans une certaine mesure le développement des opérations d'un siége régulier. Quatre grands couvents, placés aux quatre points cardinaux de la ville, formaient en quelque sorte les bastions d'un vaste réduit carré, dont une double ligne de barricades et de maisons fortifiées représentaient les courtines. C'étaient au nord : les couvents contigus de San Domingo et de Carmen ; à l'est : le couvent de la Merced ; au sud : San Francisco ; à l'ouest : la Soledad. De l'artillerie en armait les terrasses ; les murs des cours et des chambres étaient percés de créneaux ; des communications couvertes les reliaient entre eux et avec le centre de la ville.

Des ouvrages permanents ou des retranchements s'étageaient sur les hauteurs dont ils couronnaient les sommets.

Sur le Cerro de la Soledad, à 170 mètres au-dessus de la place d'armes, s'élevait un fort carré en maçonnerie, appelé fort Zaragoza ; à deux cents mètres en avant, était un ouvrage en terre appelé *la Libertad* ; à onze cents mètres plus au nord et à deux cent quatre-vingt-dix mètres au-dessus de la place, le 1er Cerro du Dominante était défendu par une redoute carrée en terre ; enfin le 2e Dominante, à quatre cents mètres du précédent, portait un ouvrage ouvert à la gorge et une flèche encore inachevée. Ces fortifications étaient protégées par un système complet, et fort judicieusement établi, de fougasses, trous de loup, petits piquets, réseaux de fil de fer et de cordes de cuir.

Les convois de vivres et de munitions et les dernières troupes étant arrivées à la fin du mois de janvier, le maréchal disposait de :

4,000 hommes d'infanterie,
200 sapeurs du génie,
500 cavaliers,
800 artilleurs.

Total. . 5,500 combattants, et environ cinq cents hommes des services administratifs. Il avait en outre trois cents cavaliers mexicains alliés, une centaine d'*exploradores* (volontaires du pays), une section du génie, et une demi-section d'artillerie mexicaines.

Le matériel d'artillerie était considérable; on avait rassemblé un parc de douze pièces de 12 de siège approvisionnées à trois mille coups, huit canons de 4 de montagne, et six mortiers de divers calibres.

La tranchée fut ouverte, le 1er février, sur la crête étroite qui relie les cerros Dominante au col de Tres Cruces, à douze cents mètres du saillant des ouvrages avancés; mais les cheminements ne se continuèrent pas régulièrement [1]. Presque aussitôt, une batterie fut commencée à mille mètres de l'ennemi et la communication en arrière, avec le dépôt de tranchée, se fit à découvert par un sentier à peu près défilé des vues de l'artillerie. Deux autres batteries furent construites sur les hauteurs voisines appelées cerro Mojote et cerro Pelado. Elles ouvrirent le feu le 4 février, tandis

---

[1] Les travaux du génie du siège d'Oajaca furent dirigés par le colonel Doutrelaine, sous les ordres du général Vialla. Le général Courtois d'Hurbal fut spécialement chargé de l'attaque sur les hauteurs.

que dans la plaine, la ligne d'investissement se resserrait chaque nuit et que les zouaves, avec leur audace traditionnelle et leur intelligente initiative, s'avançaient peu à peu dans les faubourgs mêmes de la ville.

Une gabionnade fut établie, dans la nuit du 5 au 6 février, à moins de trois cents mètres du cerro Dominante, et transformée le lendemain en batterie de mortiers dont le tir eut une grande efficacité, bien qu'ils fussent placés à une cinquantaine de mètres en contre-bas. L'ennemi couvrait les tranchées d'obus, de mitraille et de balles ; dans la nuit du 5 au 6 et dans la journée suivante, il tira plus de quatre cents coups de canon sur l'étroit espace où se faisaient les travaux d'approche, mais quelques hommes seulement furent atteints.

Le roc affleurant presque partout, il était difficile de pousser les cheminements plus loin : aussi le maréchal résolut-il de tenter une attaque de vive force ; il donna l'ordre de livrer l'assaut le 9, au point du jour ; les troupes étaient déjà massées dans les tranchées, lorsque le général Porfirio Diaz, après avoir demandé une capitulation qui lui fut refusée, se présenta en personne au quartier général et rendit la place à discrétion.

Un plus beau résultat ne pouvait être obtenu avec moins de sacrifices. Quatre mille prisonniers, soixante pièces de canon, un matériel de guerre important tombaient entre les mains des troupes françaises, dont les pertes ne se montaient qu'à huit ou dix tués et à une trentaine de blessés. Les habiles dispositions du maréchal Bazaine se trouvaient couronnées d'un plein succès.

Le général Porfirio Diaz, les officiers, et une partie des soldats furent dirigés sur Puebla ; mais, comme il était difficile de conserver un aussi grand nombre de prisonniers, le maréchal remit en liberté la plupart des soldats enrôlés de force; ceux qui appartenaient aux provinces éloignées de Sinaloa et de Sonora y furent renvoyés par les soins des autorités impériales; d'autres furent incorporés dans les troupes mexicaines alliées.

Après quelques jours de repos, le maréchal reprit la route de Mexico avec la plus grande partie de ses troupes. Il rentra dans la capitale le 25 février [1].

On apprit, vers la même époque, que Tehuantepec venait d'être occupé par des partisans de l'empire. Des armes et des munitions leur furent envoyées.

Opérations contre les guérillas de l'Etat d'Oajaca.

Le général Mangin [2] restait à Oajaca avec deux bataillons du régiment étranger et le bataillon d'infanterie légère d'Afrique. Son premier soin fut d'y rappeler les habitants que le siége avait chassés et de les encourager à reconstruire leurs demeures pour la plupart détruites, non par le feu des batteries de siége, mais bien par suite de l'impitoyable exigence des chefs mexicains qui, ayant sacrifié toute autre considération aux nécessités de la défense et transformé cette riche cité en un amas de décombres, ne s'étaient pas fait pardonner leur vandalisme en poussant la résistance jusqu'à ses dernières limites. Le général Mangin se préoccupa ensuite de faire reconnaître l'autorité impériale dans toute l'étendue de la province, où ne se trouvaient plus d'autres forces ennemies que le corps de cavalerie de Chato Diaz et les guérillas de Figueroa.

Chato Diaz, sorti d'Oajaca au commencement de janvier,

---

[1] Du 1er juillet 1864 jusqu'au 1er mai 1865, on dépensa en transports pour les expéditions sur Oajaca, 1,866,000 francs, qui furent imputés aux finances mexicaines.

[2] Le colonel Mangin, du 3e zouaves, avait reçu, quelques jours auparavant sa nomination de général.

avait battu le pays à d'assez grandes distances, et cherché
à inquiéter la marche des convois du corps de siége ; il
avait tenté des coups de main sur Huajuapan et sur Tehuacan ; repoussé par les gardes rurales mexicaines, il se
replia sur Teotitlan et se jeta dans la Sierra d'Ixtlan où ses
forces ne tardèrent pas à se disperser. Des colonnes, envoyées dans cette région et dans le district de Villa-Alta,
purent sans difficultés installer les autorités impériales et
organiser des troupes locales ; mais Figueroa, avec ses contingents, dominait toujours le pays au nord-est de Teotitlan. Son quartier général était établi dans les montagnes
voisines de Huehuetlan.

1865.

Le général Mangin essaya de détruire ce centre de résistance. Le 15 mars au matin, après une pénible marche
de nuit de treize lieues, il attaqua les hauteurs d'Huehuetlan ; les premières positions furent rapidement enlevées,
mais un épais brouillard vint paralyser l'élan des assaillants
et permit à l'ennemi de battre en retraite. Les fortifications
furent rasées ; un poste d'observation fut laissé à Teotitlan
pour surveiller les guérillas dont le voisinage était dangereux et gênant.

Les populations qui vivent dans les pays de montagnes
et d'un accès difficile sont généralement plus jalouses
de leur indépendance et plus énergiques que celles des
terres basses ; les guérilleros trouvent dans ces régions
des refuges où il est presque impossible de les forcer. Il
fallait donc, ou négocier la soumission des chefs, ou se
borner à occuper les défilés des Sierras, afin de garantir la tranquillité des habitants de la plaine, en général plus paisibles et disposés à se soumettre à n'importe quelle autorité, pourvu qu'ils eussent la possibilité
de vaquer à leur négoce ou à leurs travaux agricoles.

1865.

Il en fut ainsi presque partout au Mexique, dans la province d'Oajaca comme dans le Michoacan, dans le Sinaloa, et dans la Huasteca.

Guérillas de la Huasteca.

Les mauvaises dispositions des ministres de l'Empereur ayant fait échouer les pourparlers entamés avec les chefs de cette dernière contrée, les hostilités recommencèrent. Le 8 décembre 1864, l'ennemi attaqua une première fois Zacatlan; il en fut repoussé. Quelque temps après, les guérillas, ayant réuni quinze cents hommes, triomphèrent de la résistance que leur opposaient les habitants de cette petite ville. Le maréchal, fort mécontent de voir que le gouvernement mexicain n'avait pas voulu accepter les conditions de soumission offertes par les chefs du pays insurgé, était résolu à ne plus envoyer de troupes dans la Huasteca; il lui était difficile cependant de refuser tout concours aux populations qui s'armaient d'elles-mêmes et demandaient à être soutenues. L'ordre fut donné aux commandants des postes français de Tulancingo et de San Juan de Los Llanos d'appuyer les gardes rurales. Zacatlan fut repris (27 décembre 1864); toutefois le capitaine Hurtel, commandant supérieur de Tulancingo, dépassa les intentions du commandant en chef; à la tête de quatre compagnies du 2e zouaves, il tenta une expédition dans le cœur même de la Sierra d'Huauchinango. Le 28 janvier, il attaqua l'ennemi au col de Tres-Cruces, et, après l'avoir délogé de cette position, il se porta vers Pehuatlan; les guérilleros occupèrent alors toutes les crêtes voisines et dirigèrent sur la colonne française une fusillade si meurtrière qu'elle dut rétrograder. La retraite se fit sous une pluie de balles, mais avec calme et en bon ordre, comme il convenait à ces vigoureux soldats dont la valeur avait été maintes fois éprouvée; quatre officiers et huit zouaves tombèrent mortellement frappés, un officier et vingt-six hommes furent blessés ; le détachement s'arrêta quelques instants au sommet du col, puis rentra au milieu de la nuit à Acazuchitlan.

A la même époque, le premier détachement des volontaires autrichiens entrait en campagne. Sur un ordre direct de l'empereur Maximilien, qui était en désaccord avec le maréchal relativement à l'opportunité des opérations dans la Huasteca, le major Kodolich marcha sur Tesuitlan, au nord de Jalapa, et enleva la place après un brillant combat (6 février) ; ce fut un heureux début pour ces nouveaux contingents. Le 17 février, un détachement autrichien et une petite colonne française s'emparèrent également de Zacapoaxtla où l'ennemi avait repris position ; mais le mois suivant, cinquante hommes tombèrent dans une embuscade à Xochiapulco ; vingt-trois hommes furent tués et les autres faits prisonniers (19 mars). Il fallut renouer les négociations avec les chefs ennemis ; on conclut un armistice et les prisonniers furent rendus à Tulancingo le 6 avril.

Cette suspension d'armes, dont la durée fut de plusieurs mois, correspond à une période d'assez grande tranquillité dans les provinces centrales du Mexique. En effet, l'Etat d'Oajaca venait d'être pacifié presque complétement, les Etats de Puebla, de Mexico, de Queretaro, de Guanajuato, de San Luis étaient fort paisibles.

Dans l'Etat de Vera-Cruz, Daquin, l'un des principaux chefs des guérillas, s'était soumis. Seules les bandes du Rio Blanco continuaient à donner quelque inquiétude. Un certain nombre de prisonniers de guerre de la garnison d'Oajaca rendus à la liberté ou qui s'étaient échappés, et des

Guérillas des terres chaudes de Vera-Cruz.

1865.

hommes provenant des auxiliaires mexicains des terres chaudes, licenciés d'après les ordres de l'empereur Maximilien, avaient notablement grossi leurs rangs. La garde rurale d'Alvarado avait fait défection. Pour arrêter les progrès de l'ennemi, le chef de bataillon Maréchal, commandant supérieur de Vera-Cruz, se porta sur le Rio Blanco avec cent Autrichiens, cent vingt Egyptiens et une trentaine de cavaliers mexicains. Il s'empara de Tlaliscoyan, le 26 février, à la suite d'un violent combat, puis il enleva la position du Cocuite ; mais, le 2 mars, il tomba dans une embuscade au Callejon de la Laja et y fut tué avec vingt-cinq de ses soldats. La petite colonne revint à Vera-Cruz, emmenant, non sans peine, vingt-sept blessés que l'excessive chaleur faisait affreusement souffrir. Du reste cet insuccès ne compromit en rien la situation générale des terres chaudes.

Guérillas du Michoacan.

Dans le Michoacan, les bandes de Romero venaient d'être détruites ; la partie de cette province, voisine du Rio de Lerma, avait retrouvé quelque sécurité ; mais, à l'ouest et au sud, les guérillas s'étaient renforcées, depuis l'arrivée dans ce pays des forces d'Arteaga chassées de l'Etat de Jalisco.

Jusqu'au mois de décembre 1864, aucune opération d'ensemble n'avait été entreprise contre les bandes du Michoacan. Le général Marquez, qui commandait à Morelia, ayant trop peu de troupes, s'était borné à protéger un rayon assez restreint autour du chef-lieu de la province, et à placer des garnisons sur quelques points, à Zitacuaro entre autres qui était le lieu de concentration ordinaire des bandes ennemies, lorsqu'elles tentaient un mouvement du côté de l'Etat de Mexico.

Au mois de juin 1864, Riva Palacio s'était avancé jusqu'à Toluca.

Les guérillas de cette région avaient un effectif de plus de deux mille hommes. Elles attaquèrent Zitacuaro et déterminèrent les détachements mexicains alliés à leur abandonner cette position (8 août). Le général en chef prescrivit d'en reprendre possession, ce qui eut lieu le 22 août. Romero reparut cependant dans la vallée de Toluca, pilla plusieurs haciendas, et réussit à se dérober à toutes les poursuites. Il fallait mettre à l'abri des insultes de l'ennemi la route que l'empereur Maximilien devait parcourir, lors de son voyage dans l'intérieur. Une colonne mobile, composée d'une compagnie de zouaves et de quarante-cinq chasseurs d'Afrique, fut donc envoyée de Mexico sous les ordres du capitaine de La Hayrie; les zouaves furent montés sur des mulets, afin de pouvoir suivre la cavalerie et d'être encore à même, après une longue étape, de faire une marche de nuit, ou de tenter un coup de main dans les montagnes. Cette organisation donna d'excellents résultats et fut, dans la suite, appliquée à quelques autres compagnies.

Dans une affaire de nuit à Irimbo, Crescencio Morales, un des chefs les plus influents, ayant été tué, sa mort amena la soumission d'un grand nombre de villages (13 octobre); l'Empereur passa sans être inquiété.

Le capitaine de la Hayrie continua de battre le pays avec les troupes mexicaines des colonels Lamadrid et Valdez. Le 1er novembre, une rencontre eut lieu entre les contingents alliés et la bande de Romero. Valdez, sur la fidélité duquel on pouvait compter, fut blessé mortellement; son fils prit le commandement à sa place et fit défection, mais

1865.

une compagnie de partisans, envoyée à sa poursuite, reprit une partie du matériel et les deux pièces d'artillerie de cette troupe (9 janvier). Quant à Romero, il fit sans succès une tentative sur Toluca (25 décembre), et rentra dans les montagnes de Zitacuaro.

L'expédition sur Colima ayant dégarni le Michoacan, on ne put mener les opérations dans cette région aussi activement qu'il eût été nécessaire. Au mois de décembre, l'arrivée des troupes de la 2e division d'infanterie permit de s'en occuper de nouveau. Le quartier général de cette division fut établi à Morelia le 27 décembre; le général Douay, rentrant en France (11 janvier), remit le commandement provisoire au colonel du Preuil, qui parcourut le pays entre Tacambaro, Ario, Taretan, Uruapan, Tancitaro et Patzcuaro; il laissa des garnisons mexicaines à Taretan et à Uruapan. D'un autre côté, le colonel de Potier, placé avec un bataillon du 81e de ligne à Maravatio, entrait en campagne dans les montagnes voisines de Zitacuaro; il fractionna sa colonne en détachements qui atteignirent plusieurs fois l'ennemi, et le 31 janvier, avec une compagnie du 81e de ligne, deux pelotons de cavalerie, et les cavaliers mexicains alliés de Lamadrid, il surprit à Apacingan les bandes réunies de Romero. Deux cents hommes furent tués, cent soixante faits prisonniers, tous les autres dispersés. Un nombre considérable de chevaux, d'armes et de munitions tombèrent entre les mains du détachement franco-mexicain, qui perdit seulement quelques blessés. Romero était au nombre des prisonniers. Il fut conduit à Mexico, déféré à une cour martiale pour crimes de brigandage et d'assassinats, et passé par les armes avec deux de ses officiers. L'empereur Maximilien fit grâce aux autres.

Dans l'ouest et le sud du Michoacan, les résultats ne furent pas aussi complets. Le général Neigre, ayant pris le commandement le 2 février, organisa une ligne d'avant-postes à Tacambaro, Ario et Acuitzeo, pour garantir Morelia contre les entreprises des troupes d'Arteaga. Le 20 février, un détachement de deux compagnies de zouaves se heurta à los Reyes contre huit cents hommes. Les auxiliaires mexicains ayant lâché pied, il fut forcé de rétrograder laissant aux mains de l'ennemi un officier grièvement blessé et deux zouaves qui furent d'ailleurs traités avec égards et recueillis, quelque temps après, par une colonne française. Comme nous l'avons dit, la pacification de l'Etat de Michoacan offrait des difficultés toutes particulières, par suite de la configuration du pays et de la possibilité pour les guérillas de se ravitailler et de se reformer dans la vallée du Rio de las Balzas.

Presque au même moment, dans l'Etat de Jalisco, les bandes de Simon Guttierres, d'Herreira Cairo et de Rojas étaient atteintes par les colonnes légères françaises. Rojas, le bandit le plus redouté du pays, avait été surpris, le 28 janvier, à Potrerillos par la compagnie de partisans de Guadalajara. Il avait été tué ainsi que soixante hommes ; un obusier, cinq cents chevaux et mulets, cinq cents armes, sept mille piastres, une grande quantité de matériel furent pris dans son camp, et la tranquillité revint dans cette province. Plusieurs généraux du parti libéral avaient déposé les armes [1] ; l'ennemi cédait partout devant les troupes françaises ; et il semblait

Guérillas de l'Etat de Jalisco.

---

[1] Les généraux Romulo del Valle, Etchegaray, Solis, Neri, Julio Garcia, Herreira y Cairo, firent leur soumission à cette époque.

1865.

alors que l'influence de l'empire faisait de sérieux progrès.

Occupation de Mazatlan (13 nov. 1864).

Mazatlan venait d'être occupé ; on ne pouvait supposer encore que la soumission des provinces de Sinaloa et de Sonora dût rencontrer des difficultés particulières, et le maréchal avait assez de confiance dans l'avenir pour songer à renvoyer d'autres troupes en France.

Au commencement de l'année 1864, *la Cordelière* avait essayé de canonner Mazatlan ; mais son artillerie ayant une portée inférieure à celle de la place, elle reçut une dizaine de boulets dans sa coque ou dans sa mâture, et fut obligée de se retirer sans avoir obtenu aucun résultat.

Les opérations sérieuses contre Mazatlan n'eurent lieu qu'au mois de novembre 1864. M. le capitaine de vaisseau de Kergrist, commandant par intérim l'escadre du Pacifique, prit deux des compagnies de tirailleurs algériens de la garnison d'Acapulco et les conduisit d'abord à San Blas, où elles furent rejointes par le commandant Munier et un détachement venu de Mexico. Le 13 novembre, il débarqua ces troupes à Mazatlan, qui fut occupé après une canonnade de quelques instants, par deux cent vingt tirailleurs algériens et cent cinquante marins.

Le général Lozada, à la tête de trois mille Indiens, s'était avancé de Tepic par la route du Rosario, afin d'appuyer cette opération. L'état de la mer n'avait pas permis aux bâtiments de se rapprocher assez de la côte pour entrer en relations avec lui ; mais dès qu'il entendit le canon, il se porta vivement sur Mazatlan, et sa cavalerie atteignit encore quelques troupes de l'arrière-garde ennemie ; le général Lozada ne pouvait maintenir longtemps ses contingents sur pied ; il lui fallut ramener ses Indiens dans leurs villages où les appelaient les travaux des champs, et la garnison de Mazatlan, forte de trois cents hommes à peine, se trouva livrée à ses propres forces ; elle ne tarda pas à être étroitement bloquée dans la place. Le 11 décembre, un corps de quatorze cents hommes menaça la ville, et s'avança à portée de canon des remparts. Un renfort de deux cent trente tirailleurs montés étant arrivé le 16 décembre, le commandant Munier en profita pour rompre le cercle qui l'enveloppait ; il sortit le lendemain et culbuta les avant-postes ennemis. Mais un regrettable événement survint alors et rendit sa position plus difficile en portant un coup sérieux au prestige des armes françaises. Une compagnie de tirailleurs algériens, forte de soixante-huit hommes, avait été envoyée à bord du *Lucifer* pour aider à l'installation des autorités impériales à Culiacan. Le 20 décembre, M. le capitaine de frégate Gazielle la conduisit à Altata et débarqua lui-même avec une compagnie de marins et deux obusiers. Il se dirigea sur Culiacan avec une troupe mexicaine de quatre cents hommes sous les ordres du général Cortez. Le 22 décembre, l'ennemi, commandé par Rosalès, fut rencontré à San Pedro, à six lieues de Culiacan. Les auxiliaires alliés ne tinrent pas, et, après un combat de deux heures, le détachement français se vit forcé de se rendre. Quatre-vingt-cinq hommes, dont sept officiers, furent faits prisonniers. Le général Cortez s'échappa.

Le général Vega, qui soutenait la cause de l'empire dans le nord de l'Etat de Sinaloa, venait également de tomber entre les mains des libéraux; Patoni le fit fusiller (16 décembre).

1865.

Marche de la division de Castagny de Durango à Mazatlan.

La situation pouvait devenir grave, mais des colonnes importantes allaient prochainement arriver de Durango. Le général de Castagny avait reçu l'ordre de transporter son quartier général à Mazatlan et préparait les moyens de faire passer ses troupes à travers les montagnes abruptes de la Sierra Madre du Pacifique. Les habitants de Durango, dont les intérêts commerciaux étaient fort étroitement liés au rétablissement des communications avec la mer, le secondèrent en fournissant des subsides pour les réparations du chemin qui conduit à Mazatlan. La distance entre ces deux villes est de 85 lieues, et le sentier qui les unit est à peine praticable pour les convois de mulets. Des pentes, que la dureté du roc ne permet pas d'adoucir, s'accentuent en certains endroits jusqu'à 45 degrés; les pierres roulantes, le peu de largeur du sentier, les précipices qui le bordent, en rendent les passages fort périlleux, même pour les piétons et les bêtes de somme. Au fond des gorges qui séparent les chaînons parallèles des montagnes, coulent des ruisseaux dont les gués n'ont d'ordinaire que quarante à soixante centimètres d'eau, mais que la moindre pluie transforme en torrents infranchissables. Enfin, jusqu'à Durasnito, situé à cinquante lieues de Durango, on ne rencontre aucun village, aucune ressource; au delà, le pays est moins pauvre, mais les bandes de Corona l'avaient dévasté, et les habitants se déclaraient tous hostiles à l'intervention française. Ces obstacles ne devaient pas néanmoins empêcher l'expédition. Le 18 novembre, un détachement avait été envoyé jusqu'à Durasnito pour diriger les travaux de réparations de la route, pendant que le 1er bataillon de chasseurs, le 51e et le 62e de ligne, destinés à cette opération, se concentraient à Durango.

Une avant-garde de trois compagnies, sous les ordres du

lieutenant-colonel Deplanque, commença le mouvement le 18 décembre; elle fut suivie le 22 par une première colonne de deux bataillons du 51ᵉ, commandée par le colonel Garnier. Le quartier général avec un bataillon et un escadron se mit en route le 26 ; enfin, une dernière colonne partit le 4 janvier. Chacune de ces fractions était accompagnée d'un grand convoi de mulets chargés de vivres et de munitions ; on emmena des troupeaux et l'on emporta des fours de campagne, de manière à pouvoir distribuer chaque jour du pain aux hommes et leur permettre de surmonter les fatigues qu'on allait affronter.

Aux difficultés inhérentes à une marche dans de pareilles montagnes, par d'étroits sentiers taillés en corniche, où l'on devait se suivre à la file, et où le moindre faux pas pouvait coûter la vie, vinrent s'ajouter d'autres souffrances physiques, conséquence de la raréfaction de l'air et du froid qui règne dans ces régions à 3,000 mètres au-dessus du niveau de la mer [1]. Enfin, à l'endroit le plus difficile, sur une crête à laquelle son âpreté a fait donner le nom de l'Espinazo del Diablo, les bandes de Corona attendaient les colonnes et s'apprêtaient à leur disputer le passage. L'avant-garde s'arrêta.

Le colonel Garnier la rejoignit bientôt, et le 1ᵉʳ janvier au matin, il lança trois détachements à l'assaut de cette formidable position ; celui qui devait l'aborder de front rencontra des obstacles insurmontables, mais les deux autres, gravissant résolûment les rochers sans répondre au feu des gens de Corona, atteignirent les redoutes derrière lesquelles ils étaient abrités, les attaquèrent à la baïonnette, et les

Combat de l'Espinazo del Diablo (1ᵉʳ janv. 1865).

---

[1] Pendant la nuit, le thermomètre descend à plusieurs degrés au-dessous de zéro.

1865.

poursuivirent de sommet en sommet. Onze barricades ou retranchements furent ainsi enlevés; l'ennemi eut une centaine d'hommes hors de combat; la colonne française compta dix tués et trente-neuf blessés. Les jours suivants, et jusqu'à l'arrivée à Mazatlan, les guérillas ne cessèrent de harceler la marche de cette première colonne, mais aucun combat sérieux ne fut plus livré.

Combat de Veranos (11 janvier).

Le général de Castagny suivait de près le colonel Garnier. A son passage à Veranos, il laissa une compagnie de chasseurs à pied pour garder les communications avec Durango. La nuit suivante (10 au 11 janvier) ce détachement fut attaqué, il résista énergiquement; mais le feu ayant été mis aux maisons voisines du réduit, il dut chercher son salut en se faisant jour à la baïonnette. Quelques hommes seulement réussirent dans cette tentative désespérée et se réfugièrent dans les bois, les autres furent faits prisonniers. Dès qu'il apprit ce malheur, le général de Castagny rétrograda et put encore sauver quatorze soldats et deux officiers; on releva dix-sept cadavres; le reste avait été pris et emmené. Tandis qu'on enterrait les morts, quatre cents cavaliers firent soudain irruption dans le village qu'ils traversèrent au galop; une division de chasseurs d'Afrique sauta immédiatement à cheval et les poursuivit pendant deux lieues, leur sabrant une soixantaine d'hommes; cette charge, si vigoureusement menée, coûta la vie au chef d'escadron de Montarby qui la commandait et à un chasseur; un officier fut blessé. Le général de Castagny fit entièrement brûler le village de Veranos, dont il accusait les habitants de connivence avec les guérilleros. Corona, de son côté, mit ses prisonniers à mort et laissa leurs corps [1] sans

---

[1] Cinquante hommes, d'après le rapport de Corona.

sépulture. C'est ainsi que fut inaugurée dans l'Etat de Sinaloa une guerre qui allait être implacable et sans merci.

Arrivé à Mazatlan le 13 janvier, le général de Castagny, se conformant aux ordres du maréchal, renvoya le bataillon de tirailleurs algériens à San Blas, et bien qu'il n'eût avec lui que 2,800 hommes, il organisa, pour battre les environs, deux colonnes mobiles, fortes chacune de six compagnies, d'une section d'artillerie de montagne, et de quelques cavaliers. Ces détachements ne purent jamais joindre l'ennemi; familiarisés avec la contrée, dont ils connaissaient tous les chemins et tous les couverts, les guérilleros insultaient presque chaque jour le bivouac des colonnes et osaient même venir, jusqu'aux portes de Mazatlan, enlever les mules au pâturage ; ils étaient les maîtres du pays et trouvaient de l'appui chez presque tous les habitants.

Cependant la population du district de la Noria, au nord-est de Mazatlan, ayant témoigné le désir de vivre en paix avec les Français, le général de Castagny lui envoya une garnison; au contraire il donna mission au colonel Cottret de se rendre dans le district de San Sebastien, compris entre les Rios de Mazatlan et du Rosario, et de raser le pays dont les habitants étaient partisans de Corona. Le rancho de Baron, le village de Malpica, la petite ville de San Sebastien furent livrés aux flammes, puis ensuite San José Matatlan, Copala, où l'ennemi essaya de se défendre, et Guacimas. Une autre colonne détruisait au même moment el Verde, Santa Catalina, Naranjas, Zigueros, et Jacobo, où furent retrouvés les corps des prisonniers de Veranos.

Ces exécutions, loin de comprimer les mauvaises dispositions du pays, augmentèrent encore l'acharnement des guérillas ; les détachements envoyés en reconnaissance et les postes permanents placés à La Noria et à Mesillas, étaient continuellement aux prises avec elles. Les intérêts des populations agricoles de la plaine les amenaient, dans plusieurs endroits, à demander la protection des troupes françaises pour s'occuper de leurs travaux de culture et sauver leurs récoltes ; quelques villages organisaient même des gardes rurales ; mais les habitants des districts miniers et montagneux de Copala, de Panuco et de Petaca fournissaient aux chefs libéraux des hommes et des ressources.

Le maréchal, espérant que le général Lozada, dont l'influence était considérable le long de la côte du Pacifique, pourrait être un utile auxiliaire dans le Sinaloa, lui demanda de venir de nouveau prêter son concours au général de Castagny. Le 5 avril, Lozada arriva en effet au Rosario avec ses contingents, et, quelques jours après, battit complétement un corps de quinze cents hommes que Corona conduisait contre lui ; en peu de temps, il parvint à organiser, dans les régions bien disposées, un millier d'hommes de gardes rurales, tandis que le lieutenant-colonel Cottret poursuivait ses opérations dans les districts hostiles et détruisait encore Panuco, Petaca, Santa Lucia et Charcos. Guzman, un des lieutenants de Corona, fit sa soumission ; Corona lui-même quitta momentanément le pays. La route de Tepic à Mazatlan se trouva dégagée, et l'Etat de Sinaloa étant alors assez tranquille, Lozada rentra dans le district de Tepic. Le général de Castagny, qui avait été rallié par un bataillon du 62e venu de Durango, put envoyer une partie de ses troupes s'établir au port de Guaymas en Sonora.

1865.

Occupation de Guaymas de Sonora (29 mars).

Au début de l'expédition du Mexique, et sur la foi de renseignements peu précis, on avait dit des merveilles sur les richesses minières de l'Etat de Sonora, pays vierge, inexploré, si éloigné du pouvoir central que son action ne s'y faisait nullement sentir. A Paris, on avait même discuté, dans les conseils du gouvernement, la possibilité pour la France de prendre possession d'une partie de ce territoire et d'en exploiter les mines pour couvrir les dépenses de la guerre [1]; bien que ce projet présenté par quelques esprits plus aventureux que sages n'eût pas été accepté, il avait cependant inquiété assez sérieusement les Mexicains. Le gouvernement français s'empressa de les rassurer à cet égard, et lorsque l'escadre française fit voile pour Guaymas, il ne s'agissait d'aucune entreprise sur les richesses supposées de cette province, mais seulement d'enlever à Juarez le dernier port par lequel il communiquait avec les Américains de San Francisco.

Le 25 mars 1865, la division navale du Pacifique, composée du *Lucifer*, du *d'Assas*, de la *Cordelière* et de la *Pallas*, prit à Mazatlan un détachement d'un millier d'hommes, placé sous le commandement du colonel Garnier, et formé de dix compagnies du 51ᵉ de ligne et d'une section d'artillerie de montagne. Le général de Castagny accompagna les troupes destinées à cette expédition. L'escadre arriva devant Guaymas le 29 mars; Patoni, qui occupait la ville, se retira sans essayer de résister. Le débarquement s'opéra sur le môle même, et les premiers détachements mis à terre purent encore échanger quelques coups de feu avec l'arrière-garde des troupes mexicaines.

---

[1] La maison de banque Jecker était concessionnaire de vastes terrains en Sonora; l'influence des personnages qui avaient des intérêts dans ses affaires ne paraît pas avoir été étrangère à ces projets, auxquels du reste aucune suite ne fut donnée.

1865.

Les reconnaissances envoyées autour de la place signalèrent toutefois les avant-postes ennemis à très-petite distance ; la situation se présentait donc la même qu'à Mazatlan ; la garnison française, bloquée de très-près et isolée de toute communication avec l'intérieur, allait être réduite à un rôle passif. D'ailleurs la ville, laissée sous le commandement du colonel Garnier, officier sur l'énergie duquel on savait pouvoir compter, était à l'abri d'un coup de main. Le général de Castagny revint à Mazatlan.

Il était maintenant bien prouvé que l'autorité du gouvernement impérial ne s'établirait nulle part dans le Sinaloa et la Sonora, sans la protection permanente des troupes françaises. Dans le Sinaloa, il eût été difficile de trouver des partisans sincères de l'Empire. La population de Mazatlan, presque exclusivement composée d'étrangers, surtout d'Américains, dont le commerce avait été arrêté par l'arrivée des Français, regrettait le gouvernement républicain. Autrefois, malgré l'insécurité des routes, les transactions commerciales étaient encore possibles ; aujourd'hui elles étaient entièrement interrompues. Confiant dans son courage et dans sa supériorité morale qui en imposent aux Mexicains, l'Américain du Nord ne redoute guère les pillards des grands chemins ; bien armé, bien monté, il ne craint jamais d'aller partout où peuvent l'attirer les intérêts de son négoce. Ce n'est pas chez ces hardis pionniers que l'intervention française et l'Empire devaient trouver de sympathiques auxiliaires ; à la protection gênante et aux entraves d'une administration régulière, leur caractère indépendant préférait de beaucoup la liberté d'action avec le souci de se protéger eux-mêmes. Depuis quelque temps, les avantages d'une terre particulièrement propre à la culture du coton entre l'Océan et le pied de la Sierra Madre, les attirait dans le Sinaloa, de même que les richesses minérales les avaient conduits dans les provinces du nord du Mexique. C'est par cette émigration, lente mais continue, de la race saxonne, que se prépare l'absorption successive des plus riches contrées du Mexique dans le vaste système républicain des Etats-Unis. L'initiative personnelle de ces aventuriers, bien plus encore que l'habileté politique du gouvernement américain, favorise les progrès d'une invasion qui, sous des apparences actuellement pacifiques, n'en aura pas moins, plus tard, toutes les conséquences d'une conquête. La terre reste toujours au plus digne; il est donc probable que, dans ces régions, les races indienne, créole et métisse se fondront dans la race plus puissante qui s'implante au milieu d'elles ou disparaîtront d'un sol qu'elles n'ont pas su féconder. Sans doute, l'intervention européenne n'aura fait que hâter ce résultat; trop faibles, en effet, pour résister seuls aux forces de la France, les libéraux du Mexique ont appelé à eux les Américains du Nord, qui se sont empressés de leur fournir des armes, des soldats, de l'argent, en échange de concessions importantes. Beaucoup d'hommes du parti libéral voyaient cependant le danger d'une intimité trop grande avec les Etats-Unis; opposés à la monarchie, qu'ils croyaient incompatible avec les mœurs du pays, ils déploraient à la fois, et la conduite des partisans de l'Empire et celle du gouvernement de Juarez, dont le résultat commun devait être une regrettable ingérence des Etats-Unis dans les affaires intérieures du Mexique (1).

---

(1) Le maréchal au ministre, 10 mai, 10 août 1865, et les pièces annexées.

1865.

Agitation dans les provinces du Nord.

Le combat du cerro de Majoma, en détruisant la dernière armée de Juarez, n'avait cependant ni abattu son courage, ni amoindri sa persévérance. Il s'était occupé de reconstituer ses moyens de guerre et ne se résignait même pas à une attitude défensive. Bientôt, les corps de partisans, qui se tenaient dans le nord de l'Etat de Durango, devinrent assez gênants pour déterminer les commandants supérieurs de cette province à envoyer des colonnes légères de ce côté; au mois de novembre 1864, l'une d'elles s'avança jusqu'au Rio Florido et peu après il fut nécessaire d'établir une forte ligne d'avant-postes sur le Rio de Nazas. On disait alors que Negrete, à la tête de 2,500 hommes bien armés, bien équipés, bien soldés, ayant seize pièces de canon, méditait une entreprise sérieuse sur les provinces soumises à l'Empire.

Par suite de l'occupation du Sinaloa, l'Etat de Durango se trouvait très-dégarni de troupes; le maréchal, préoccupé des projets attribués à l'ennemi, dirigea rapidement des renforts vers le nord; il prépara la réunion à San Luis Potosi d'une colonne mobile d'un millier d'hommes, et ordonna la formation, à Queretaro, d'un corps de réserve prêt à se porter où le danger menacerait. En ce moment, on craignait de voir les Etats-Unis se déclarer enfin d'une manière formelle contre l'intervention française en faveur de Juarez. Comme s'ils eussent été assurés de la coopération active des Américains, un grand nombre de chefs libéraux se rapprochaient de la frontière du Rio Bravo et y réunissaient des troupes; leurs proclamations affirmaient l'espoir d'être soutenus par une armée américaine, et, de fait, l'attitude des chefs des troupes fédérales sur la frontière du Nord était de nature à justifier ces prévisions. Ils avaient cherché à s'entendre avec les confédérés, en donnant pour base à leur réconciliation un projet d'intervention armée au Mexique, et ceux-ci en avaient prévenu le général Mejia, qui commandait à Matamoros. Carbajal, Texien d'origine, servait d'intermédiaire habituel entre les fédéraux américains et les libéraux du Mexique ; il était allé à la Nouvelle-Orléans pour nouer des relations avec eux et en avait reçu des preuves certaines de sympathie et des promesses d'appui qui se seraient sans doute réalisées, sans la prudence et la réserve que le gouvernement de l'Union apportait encore dans ses relations internationales. Les chefs des bandes juaristes persistaient néanmoins dans leurs espérances ; Escobedo et Mendez étaient prêts à commencer une vigoureuse campagne ; d'autres venaient les rallier de différents points de l'intérieur. En même temps, sous l'influence des agents de Juarez, toute la Laguna, c'est-à-dire le pays compris entre Parras, Aviles et Cuencamé, s'était insurgée et de nombreuses bandes s'y organisaient. Les guérillas du Sinaloa remontaient au nord à travers la Sierra et paraissaient vers Tamasula et Guanasevi. Negrete continuait, de son côté, ses préparatifs militaires ; il se tenait entre Parral et Rio Florido, pays de grandes ressources, et manifestait hautement l'intention de pénétrer dans l'Etat de Durango, où l'effectif des troupes françaises était fort restreint.

Cette situation réclamait sérieusement l'attention du maréchal. Il envoya un bâtiment de guerre à l'embouchure du Rio Bravo pour surveiller les menées américaines, et donna l'ordre à la contre-guérilla française [1] de se rendre de Tula à Matehuala pour servir d'avant-garde à

---

[1] La contre-guérilla était alors composée de trois compagnies d'infanterie, deux escadrons et une section d'artillerie, formant ensemble environ six cents hommes sous le commandement du capitaine Ney d'Elchingen. Le colonel Dupin,

une colonne en formation à San Luis Potosi sous les ordres du colonel Jeanningros.

Le général Aymard, commandant supérieur de Durango, crut nécessaire de prendre en personne le commandement des avant-postes du Rio de Nazas, afin d'observer de plus près les mouvements de l'ennemi; il sollicita des renforts avec instance.

Le général Brincourt reçut donc l'ordre de se porter rapidement de Leon sur Fresnillo et sur Cuencamé. Le général Neigre, commandant provisoirement la 2e division, dut quitter le Michoacan et prendre position à Fresnillo avec dix compagnies, deux escadrons, et six pièces d'artillerie, afin d'être à même de se porter, soit sur Parras, soit sur Sierra Hermosa.

Mouvement de Negrete de Chihuahua sur Saltillo, Monterey et Matamoros.

Le maréchal les prévint que, selon toute probabilité, Negrete chercherait à étendre dans les provinces de l'Est l'agitation qui se produisait dans celles de l'Ouest; il leur recommanda de surveiller ses mouvements, et, dans le cas où il paraîtrait se diriger vers Monterey, de s'établir sur la route de Parras pour lui barrer le passage [1].

Le 28 mars, le général Brincourt était à Cuencamé. Il supposait encore Negrete au Rio Florido, et il se rendit à Nazas pour se mettre en relations avec le général Aymard, qu'il devait remplacer dans son commandement, puis il se dirigea sur Mapimi par la route d'El Gallo; mais Negrete, qui se trouvait à Mapimi, en partit le 30 mars pendant que le général Brincourt était à El Gallo; il déroba sa marche et se jeta sur le chemin de Parras, que désormais personne ne pouvait plus lui fermer. Le

contre lequel des plaintes nombreuses avaient été portées, était rentré en France, sur la demande formelle de l'empereur Maximilien.

[1] Le maréchal au ministre, 19 mai.

général Neigre arriva le 8 avril à Fresnillo ; mal renseigné aussi sur les mouvements de l'ennemi, ne recevant du général Brincourt aucune nouvelle qui lui confirmât les craintes exprimées par le maréchal, il continua sa route sur Durango. Le général Brincourt, de son côté, ne trouvant personne à Mapimi, se rabattit au sud par San Salvador et San Juan del Rio, afin de contenir les guérillas du Sinaloa qui cherchaient à déboucher par Papasquiaro, puis il revint à Durango.

Quant à Negrete, il marchait avec la plus grande rapidité, et le 9 avril entrait au Saltillo, que les insurgés de Parras avaient momentanément envahi après un petit engagement avec la garnison impérialiste ; poursuivant ses succès, il occupa Monterey le 12 avril, y laissa une garnison, et se dirigea aussitôt sur Matamoros. Des partis de guérilleros insultaient déjà la place ; Cortina avait fait défection avec sept cent cinquante hommes, et s'était réuni à Carbajal ; sa troupe, grossie de nombreux flibustiers américains, s'empara de toutes les villes des bords du Rio Grande.

Le général Mejia concentra en toute hâte, à Matamoros, sa division éparse. Il ne disposait que de trois mille hommes de troupes ; les habitants et les commerçants étrangers s'étant armés formèrent en outre un corps de huit cents volontaires. Au même moment, la plus grande partie du Tamaulipas se souleva ; de nombreux pronunciamientos eurent lieu, la garnison impérialiste de Vittoria fut attaquée par Mendez le 5 avril ; livrée à elle-même, privée de tout appui, elle capitula le 22 du même mois. Grâce à l'énergie de son préfet politique, Tula de Tamaulipas résista pendant quelque temps ; mais, le 4 juin, l'ennemi s'en rendit maître. Cependant, au nord, la situation s'aggravait chaque jour ; on redoutait de voir les Américains

1865.

entrer en scène. Le maréchal Bazaine se hâta d'envoyer par mer au secours du général Mejia un bataillon de cinq cents hommes du régiment étranger, sous les ordres du commandant de Brian. Ce renfort ayant été débarqué le 2 mai à l'embouchure du Rio Bravo, son arrivée détermina Negrete à battre en retraite; il s'était, du reste, borné à échanger quelques coups de canon avec la place et n'avait rien entrepris de sérieux.

A en juger par la mollesse de ses attaques, il semblerait qu'il eût été fort désappointé par l'attitude réservée des forces fédérales américaines, sur la coopération desquelles les libéraux avaient cru pouvoir compter ; pour les entraîner à faire en sa faveur quelque démonstration compromettante, il allégua faussement que sa retraite avait été déterminée par un mouvement d'un corps de confédérés, ce qui donnait la preuve de leur alliance secrète avec les Français. Le *statu quo* n'en fut pas moins maintenu sur les deux rives du fleuve, et Negrete prit le parti de rétrograder. Le 17 mai, il était au Saltillo ; ses forces s'élevaient alors à quatre mille fantassins, huit cents cavaliers et vingt et un canons.

Désireux de combattre le mauvais effet produit par la manœuvre hardie à la suite de laquelle les Etats de Coahuila et de Nuevo-Leon paraissaient être rentrés sous l'autorité de Juarez, le maréchal Bazaine voulut essayer d'envelopper Negrete et de détruire ses troupes. Il donna l'ordre à trois colonnes de converger sur Saltillo ; l'une, commandée par le général Brincourt, devait arriver par la route de Parras ; la seconde, sous les ordres du colonel Jeanningros, venir par la route de San Luis, et la troisième être envoyée de Matamoros. Les deux premières effectuèrent le mouvement ordonné, mais le général Mejia, occupé à régler ses rapports avec les autorités fédérales récemment installées à Brownsville, craignit d'affaiblir sa garnison et ne concourut pas à cette opération.

Negrete s'était fortifié dans les gorges de l'Angostura. Le colonel Jeanningros arriva devant l'ennemi, le 31 mai; il attendit le général Brincourt pour attaquer, mais au dernier moment, Negrete refusa le combat; il évacua ses positions dans la nuit du 6 au 7 juin, et se retira par la route de Monclova avec deux mille cinq cents hommes et seize canons. Une autre fraction de deux mille hommes, conduite par Escobedo, prit le chemin de Galeana.

Le 7 juin, les colonnes réunies du colonel Jeanningros et du général Brincourt entrèrent au Saltillo; cette dernière rétrograda immédiatement sur Parras afin de fermer cette ligne de retraite à Negrete, tandis que le colonel Jeanningros, se mettant à sa poursuite, put atteindre et sabrer son arrière-garde à Mesillas. Les troupes ennemies, forcées de se jeter dans le désert de Mapimi, se débandèrent; un grand nombre de déserteurs se présentèrent à Parras, et Negrete ne put conserver avec lui qu'une poignée d'hommes. Il rapportait, il est vrai, des sommes importantes provenant des contributions de guerre, mais la destruction presque complète de sa division ayant indisposé contre lui les chefs du gouvernement républicain, il se sépara d'eux.

Juarez se trouvait donc de nouveau sans armée, isolé dans sa capitale de Chihuahua. Le moment paraissait venu d'en finir avec lui et de le contraindre à quitter le Mexique. Le cabinet de Mexico attachait toujours à cette question une grande importance; il conservait l'illusion de voir les États-Unis reconnaître l'empereur Maximilien dès que l'ancien président aurait définitivement abandonné le territoire mexicain. C'était singulièrement se méprendre sur les dispositions des Américains et sur leurs véritables sentiments à l'égard de l'Empire que le gouvernement français avait essayé de fonder à leurs frontières. Le dernier coup venait d'être porté à la résistance des confédérés ; le 26 mai 1865, avait été signée la convention qui terminait la guerre de la Sécession. L'heure était venue pour les Etats-Unis de se souvenir que l'intervention française au Mexique était la conséquence d'une politique hostile, d'ailleurs très-clairement manifestée par la reconnaissance du droit de belligérants accordée aux Etats du Sud. Si, à cette époque, le Mexique complétement pacifié eût été soumis en entier à l'autorité de l'empereur Maximilien, peut-être les Etats-Unis, fatigués par une longue lutte, occupés à cicatriser les plaies de la guerre civile, eussent-ils craint de s'engager dans de trop grandes complications extérieures et consenti à vivre momentanément en bonne intelligence avec ce nouveau gouvernement ; mais telle n'était pas la situation. L'Empire était seulement reconnu dans les provinces où flottait le drapeau français ; il ne subsistait que grâce à cette protection, tandis que la récente tentative de Negrete, l'existence des forces libérales encore maîtresses du Tamaulipas et de la plus grande partie du Michoacan, la résistance des guérillas du Sinaloa et de la Sonora, qui tenaient en échec les garnisons de Mazatlan et de Guaymas, prouvaient la vitalité du parti républicain. Dès ce moment, on pouvait prévoir qu'à moins d'affronter une rupture avec les Etats-Unis, rupture contraire aux sympathies et aux intérêts de la nation française, l'empereur Napoléon se verrait forcé de rappeler prochainement, et non sans quelque humiliation, les régiments qui, depuis plus de trois ans, s'épuisaient dans des efforts aussi glorieux que stériles. C'en était donc fait du trône de Maximilien.

En effet, les Etats-Unis affirment dès lors leur volonté formelle de ne pas tolérer plus longtemps un seul soldat européen sur leur continent; ils déclarent l'intention d'appliquer la doctrine Monroë de la manière la plus absolue, et c'est à peine s'ils prennent le soin d'adoucir leurs réclamations près du gouvernement français, sous les formes ordinairement courtoises du langage diplomatique. Bien qu'ils ne se départissent pas encore de la neutralité officiellement observée depuis le commencement de l'expédition, aucune entrave n'était apportée aux enrôlements faits ouvertement, sous la direction du général Ortega, à Pittsburg, à Philadelphie et à New-York; des armes, des munitions, des équipements étaient expédiés sur les douanes de Piedras Negras, de Paso del Norte et d'Acapulco. Ils interdisaient, au contraire, l'exportation des fourrages que l'administration française faisait venir de San Francisco pour les garnisons de la côte du Pacifique, et ils s'opposaient à l'émigration de la Californie vers le Mexique, de peur que le gouvernement impérial ne profitât de l'appui des nombreux confédérés alors disposés à chercher un établissement en Sonora [1]. Il y avait certainement une grande exagération dans les assertions des chefs libéraux qui ne cessaient d'annoncer le prochain passage du Rio Bravo par un corps de 30,000 hommes, mais il était néanmoins prudent de se rendre compte de quel poids pèserait l'épée des Etats-Unis si elle venait à être jetée dans la balance.

Au mois d'avril 1865, les forces militaires à la disposition du maréchal Bazaine se composaient environ de :

Forces militaires à la disposition du maréchal Bazaine.

---

[1] Le maréchal au ministre, 28 mars, 8 avril.

1865.

28,000 hommes de troupes françaises,
20,000 hommes de troupes mexicaines,
8,500 hommes de gardes rurales ou de corps de police, difficilement mobilisables.
6,000 hommes des contingents volontaires autrichiens.
1,300 hommes des contingents belges.

Ce qui donnait un total de

63,800 hommes, dont la moitié pouvait entrer en ligne; effectif assez imposant pour que le maréchal se crût à même de résister pendant longtemps à une invasion américaine.

Le corps d'armée français formait un noyau de troupes excellentes, autour duquel se groupaient des corps indigènes ou auxiliaires dont quelques-uns n'étaient pas sans valeur. On avait cependant peu fait pour créer au Mexique un état militaire en rapport avec les exigences de la situation politique. A proprement parler, l'armée nationale n'existait pas; du moins, ce n'était toujours qu'une agglomération sans consistance d'hommes obéissant à tel ou tel chef, et qu'il n'avait pas été possible de soumettre à une énergique centralisation de commandement et d'administration; à l'exception des divisions Mejia et Marquez, les troupes mexicaines étaient employées dans les expéditions seulement comme appoint des colonnes françaises. Leur effectif s'accroissait à mesure que le rayon d'opérations du corps expéditionnaire s'étendait, mais aucun progrès sensible n'avait été réalisé dans leur organisation depuis le règlement provisoire du mois de septembre 1863. L'empereur Maximilien n'avait pas apporté à cet objet une sollicitude suffisante. Peu attiré vers les choses militaires par la nature de ses études antérieures, il était incompétent sur la plupart des questions qui s'y rattachaient. Il forma une commission sous la présidence du maréchal Bazaine et se déchargea entièrement sur lui du soin important de constituer son armée. Les soldats mexicains lui inspiraient peu de sympathie. Les Indiens malingres, gauches, mal habillés, avaient, il est vrai, une triste apparence militaire et n'offraient rien qui pût flatter l'amour-propre d'un souverain, aussi s'était-il peu soucié de savoir quel parti on pouvait tirer de ces pauvres gens. Quant aux officiers, ce qu'il en entendait dire, ce qu'il en avait vu par lui-même, n'était pas de nature à corriger la mauvaise impression produite par l'aspect extérieur des soldats. L'empereur Maximilien avait donc l'armée mexicaine en médiocre estime ; il la négligea ; le jour où il s'occupa d'elle, ce ne fut que pour ruiner le peu d'organisation qu'elle possédait et en réduire l'effectif sous prétexte qu'elle coûtait trop cher.

Le décret du 7 novembre 1864, relatif au licenciement des corps auxiliaires et à la création de gardes rurales, porta le premier coup à l'armée mexicaine, et bien que l'exécution en eût été suspendue après quelques essais malheureux, il désaffectionna un grand nombre d'officiers. Ensuite l'éloignement du général Marquez, opportun peut-être au point de vue politique, paraissait fort regrettable au point de vue militaire, car, de l'avis général, c'était un des meilleurs officiers du Mexique et l'un des plus expérimentés. Enfin, la promulgation d'une loi organique de l'armée (loi du 25 janv. 1865), résultat des travaux de la commission, avait été tout à fait inefficace pour porter remède à la situation militaire [1]. L'organisation de l'ar-

---

[1] Cette loi déterminait les cadres et les effectifs de l'armée ainsi qu'il suit : 18 officiers généraux, 40 officiers d'état-major, 66 officiers d'administration, 16 officiers d'état-major de place.

Une garde palatine, 50 hommes ; une légion de gendarmerie, 1,918 hommes ;

mée mexicaine sur ces nouvelles bases était beaucoup plus théorique que pratique. L'empereur Maximilien eut l'imprudence d'inaugurer cette réorganisation par un décret de licenciement qui devait être appliqué, le 1er février 1865, à l'ensemble de toutes les troupes permanentes ou auxiliaires, et il avait décidé qu'on ne reformerait d'abord que quelques corps modèles destinés à servir de type aux nouveaux bataillons ou régiments. A lire ce décret, on ne peut croire vraiment qu'il eût pour objet de réorganiser une armée en présence de l'ennemi. Le mécontentement fut général, les protestations arrivèrent de toutes parts, des corps entiers firent défection [1].

Bien que le licenciement ne dût amener qu'une transformation des corps existants et non leur suppression, il fut difficile de calmer les esprits ; les commandants supérieurs français, témoins des désordres qui résultaient de l'annonce de cette mesure, l'appelaient *un désastre*, et c'est alors qu'en l'absence du maréchal occupé au siége d'Oajaca, le général L'Hériller, commandant à Mexico, obtint de l'empereur Maximilien de faire surseoir à sa mise à exécution.

Sauf quelques modifications de détail, l'armée mexicaine

---

douze bataillons d'infanterie, commandés par des colonels ou lieutenants-colonels et deux bataillons de chasseurs (à huit compagnies), 17,500 hommes;

Six régiments de cavalerie à quatre escadrons, 4,740 hommes;

Douze compagnies présidiales, 1,524 hommes;

Un bataillon d'artillerie à pied, à six batteries ; un régiment d'artillerie à cheval, à huit batteries, dont quatre montées et quatre de montagne ; un escadron du train d'artillerie, 2,595 hommes;

Un bataillon du génie, 837 hommes;

Un escadron du train des équipages, une compagnie d'ouvriers d'administration, 830 hommes.

Total, avec les cadres d'officiers, 31,000 hommes.

[1] Fragoso, dans l'État de Mexico; Valdez, aux environs de Toluca. Fragoso, véritable chef de bandits, s'était rallié à l'empire au commencement de 1864 ; on avait eu la faiblesse de lui reconnaître le grade de colonel et de le laisser à la tête de sa troupe.

conserva donc son ancienne formation. Il fallait cependant prendre une décision à l'égard des nombreux officiers disponibles dont on devait reviser les brevets [1]. Aucune loi de recrutement n'était encore arrêtée. La *Leva* ayant été supprimée, le maréchal eût désiré voir établir la conscription, mais l'Empereur craignait avec raison que ce système ne fût pas applicable au Mexique où existent des castes très-tranchées. On employa parfois avec succès le recrutement à prime pour le recruteur et pour la recrue; dans d'autres cas, particulièrement pour les gardes rurales, les municipalités et les haciendas furent tenues de fournir un certain nombre d'hommes, dont elles étaient responsables; on incorporait les déserteurs et les prisonniers de l'ennemi, et, afin de conserver les hommes sous les drapeaux, on était obligé, suivant la coutume ordinaire au Mexique, de les tenir renfermés dans les casernes.

Pour réorganiser une armée, il faut une main ferme et une volonté puissante. Les commissions étudient les différentes questions, proposent des projets, mais elles sont naturellement incapables de faire exécuter un ordre, de faire appliquer un décret. Le maréchal avait la force et l'influence nécessaires pour être obéi; il se désintéressa de cette question et se contenta de se plaindre de l'insuffisance ou de la mauvaise volonté des ministres de l'Empereur, sans paraître se rendre compte que c'était à lui, surtout, que revenaient le droit et le devoir de constituer autour du trône mexicain les troupes destinées à le défendre. L'empereur

---

[1] Il n'y avait pas au Mexique de général de quelque notoriété qui n'eût nommé des officiers de tous grades; d'autres s'étaient conféré leurs titres à eux-mêmes, et le justifiaient sur le chiffre des hommes qui s'étaient groupés autour d'eux. L'appât d'une solde les attirait maintenant en grand nombre, et il fallait reviser toutes ces positions fort irrégulières.

1865.

Maximilien comprit la nécessité de dissoudre les commissions et sous-commissions dont le rôle d'élaboration était terminé. Il en prévint le maréchal et le remercia par une lettre particulière [1]. Il eût désiré cependant qu'un officier général français fût chargé de continuer l'organisation à peine ébauchée. Cette combinaison n'ayant pu aboutir, l'Empereur confia ce soin au général autrichien de Thun, commandant la brigade austro-belge.

Les volontaires autrichiens et belges étaient arrivés dans les premiers mois de 1865, et nous avons déjà parlé de plusieurs opérations militaires auxquelles ils prirent part.

Cette brigade se composait :

1° D'un régiment belge à deux bataillons;

2° D'un corps autrichien comprenant :

Trois bataillons de chasseurs à pied,

Deux compagnies de pionniers,

Deux batteries de montagne,

Un régiment de hussards à cinq escadrons,

Un régiment de uhlans à cinq escadrons [2].

Le maréchal avait fait venir les Belges à Mexico ; quant

---

[1] L'empereur Maximilien au maréchal, 26 mars 1865.

[2] Le premier détachement belge arriva au Mexique le 13 octobre 1864 ; les autres furent amenés successivement par les paquebots mensuels. Le premier détachement autrichien arriva le 30 décembre 1864, le dernier le 5 mai 1865.

L'uniforme des Belges se rapprochait de celui de nos chasseurs à pied, avec un chapeau conique en feutre noir.

Les Autrichiens portaient un pantalon garance avec jambière, une vareuse bleu foncé et un chapeau conique en feutre gris.

Les volontaires autrichiens étaient formés d'hommes de toutes provenances, de nationalités diverses, d'âges très-différents ; un certain nombre avaient un passé fort obscur, aucune cohésion n'existait entre eux ; aussi, au début, inspiraient-ils une très-médiocre confiance à leurs officiers; la plupart des fantassins n'avaient jamais

aux Autrichiens, ils restèrent en majeure partie à Orizaba et dans l'état de Puebla.

Au mois d'avril 1865 [1], les troupes françaises étaient

touché un fusil, beaucoup de cavaliers ne savaient pas monter à cheval ; d'ailleurs ils étaient venus au Mexique sans chevaux, et la remonte fut longue et difficile. (*Aus den Gefechten des œsterreichischen Freicorps in Mejico*, par le major von Schonovsky, Vienne, 1873.)

Si les volontaires autrichiens se mirent rapidement à la hauteur du service que l'on attendait d'eux, s'ils se distinguèrent souvent par leur bravoure et leur fermeté, on doit en reporter le mérite au corps d'officiers placés à leur tête.

Le régiment belge, également bien commandé, était formé en partie d'hommes très-jeunes ; ce corps avait besoin d'être instruit et discipliné avant de pouvoir être employé activement ; les Belges avaient cru venir au Mexique comme garde d'honneur de l'impératrice Charlotte. Les fatigues et les privations d'une campagne pénible n'étaient compensées par aucun avantage réel ; il y eut chez ces volontaires, comme chez les Autrichiens, de nombreuses désillusions.

[1] La 1re division : général de Castagny ; quartier général à Mazatlan.

1re brigade : 7e bataillon de chasseurs, 51e de ligne, 62e de ligne ; en majeure partie à Mazatlan et aux environs, avec des détachements à Guaymas et à Durango.

2e brigade : 2e bataillon d'Afrique, à Oajaca ; 3e zouaves, à Mexico ; régiment étranger, à Oajaca, Mexico, Queretaro.

La 2e division : général Douay (provisoirement commandée par le général Neigre) ; quartier général en marche, de Morelia sur Durango.

1re brigade : bataillon de tirailleurs algériens, à Guadalajara ; 81e de ligne, à Mexico, Morelia, etc. ; 1er zouaves, à Aguascalientes, Zacatecas, Guadalajara, Leon, Lagos.

2e brigade : 18e bataillon de chasseurs, en colonne au nord de Durango ; 7e de ligne, à Guanajuato, San Luis Potosi, Leon ; 95e de ligne, à Aguascalientes, Zacatecas, Guadalajara et environs.

Brigade de cavalerie : général de Lascours ; 1er régiment de marche, à Mazatlan et nord de Durango ; 2e régiment de marche, à Mexico ; 12e chasseurs, à Mexico, Guadalajara.

Compagnie du génie colonial : à Cordova et Campêche.

Contre-guérilla : à Venado, Tampico.

Bataillon égyptien : Terres chaudes de Vera-Cruz.

La compagnie de volontaires créoles, dont les engagements n'avaient qu'une durée de deux ans, était partie du Mexique le 17 novembre 1864. Les troupes de la marine avaient été successivement rappelées, et depuis le mois de janvier 1865, il ne restait à terre que les matelots de la direction du port de Vera-Cruz.

Le contre-amiral Bosse avait été nommé au commandement en chef de la division navale des Antilles, du golfe du Mexique et de l'Amérique du Nord ; il fut remplacé dans le commandement direct de l'escadre des côtes du Mexique par M. le capitaine de vaisseau Cloué (26 août 1864).

fort disséminées ; le maréchal Bazaine voulut les répartir d'une manière plus normale qui permît une concentration rapide. Nous avons déjà vu qu'un bataillon français avait été envoyé à Matamoros, et que des colonnes s'étaient dirigées au nord vers Saltillo et Monterey ; quelques-unes de ces troupes restèrent dans ces contrées comme pointe avancée, de manière à surveiller de près les mouvements de l'ennemi sur les rives du Rio Bravo ; une colonne se porta sur Chihuahua, tandis qu'une partie de la division de Castagny, rappelée de Mazatlan, reprenait position dans l'état de Durango. Des corps de réserve se concentrèrent en arrière, à Leon, Lagos, Queretaro.

Le maréchal Bazaine, portant alors toute son attention vers la frontière américaine, négligeait les soins de la pacification dans les provinces du centre et du sud. Sa correspondance prouve qu'à cette époque il se préoccupait exclusivement de tenir tête, avec sa poignée de Français, aux armées que les Etats-Unis pourraient envoyer contre lui, et qu'il reléguait toutes les autres questions au second plan.

Mésintelligence entre le gouvernement mexicain et les autorités françaises.

Il n'existait plus de rapports bienveillants entre le commandant en chef et l'Empereur dont les conseillers étaient, en général, peu favorables à la France. M. Eloin, son chef de cabinet, avait particulièrement montré, dès les premiers jours, une hostilité à peine déguisée contre tout ce qui portait l'empreinte de l'influence française. Le maréchal sentait ses actes discutés, ses opérations militaires critiquées ; il fut froissé plus d'une fois des mauvaises dispositions de l'entourage impérial et, de son côté, ne témoigna plus aux souverains la même sympathie. Il faisait mouvoir les troupes, aussi bien les Autrichiens et les Mexicains que les Français, comme il l'entendait ; il imposait des amendes aux populations mal disposées, ordonnait des réquisitions de transport à la charge du trésor mexicain, en un mot agissait en maître, et prenait à peine le soin d'en informer l'Empereur. Intervenant même dans les questions d'administration civile, il fit, de sa propre autorité, arrêter et traduire devant les conseils de guerre, en vertu des décrets sur l'état de guerre, rendus en juin et novembre 1863 et non rapportés, cinq rédacteurs de journaux qui, à l'occasion du procès du chef de bande Romero, avaient publié des articles critiques ou injurieux contre l'armée française. Cette mesure avait ému l'Empereur qui laissa cependant la justice française suivre son cours, de peur de provoquer une rupture de la part du maréchal [1]. Les rédacteurs furent condamnés à la prison et à l'amende.

Cette mésintelligence s'accentua de jour en jour ; au commencement de l'année 1865, le siége d'Oajaca glorieusement terminé, le maréchal eût peut-être envisagé avec satisfaction la possibilité de quitter le Mexique ; l'empereur Maximilien, de son côté, aurait vu avec plaisir le commandement supérieur passer aux mains du général Douay qui, rentrant momentanément en France avec un congé de convalescence, s'était arrêté quelques jours à Mexico, et dont les idées et les appréciations sur la situation générale du Mexique et la conduite de la guerre avaient séduit l'Empereur et l'Impératrice [2].

A cette époque, le maréchal prétendait en effet que la

---

[1] Le maréchal au ministre, 28 mars 1865.

[2] L'empereur Maximilien demanda (février 1865) le rappel du maréchal Bazaine. Tel est du moins un des motifs que l'on attribua au voyage en France du général mexicain Woll ; mais celui-ci aurait atténué dans ses rapports à l'empereur Napoléon les expressions du mécontentement de l'empereur Maximilien.

« situation était très-bonne et croyait le moment favorable au rétablissement des finances par des réductions d'effectif; » il avait maintenu ses ordres relatifs au renvoi de nouvelles troupes en France. L'empereur Maximilien en était fort mécontent [1].

Cependant le maréchal ayant formé le projet d'épouser une jeune fille d'une des principales familles de Mexico, mademoiselle de la Peña, l'empereur espéra que ces nouveaux liens l'intéresseraient plus intimement à l'avenir de l'empire; ce fut l'occasion d'un rapprochement entre eux. Le maréchal, trouvant que les affaires politiques marchaient mal, n'en continua pas moins à blâmer les mesures prises par le gouvernement impérial; l'Empereur, jugeant que les opérations militaires auraient dû être différemment conduites, s'en prenait toujours au maréchal des difficultés de la situation. Les tiraillements se renouvelèrent; le préfet de Guanajuato ayant montré du mauvais vouloir au commandant militaire français, le maréchal retira la garnison française, et fit savoir à l'Empereur qu'il en agirait de même partout où il ne rencontrerait pas un concours loyal et dévoué de la part des autorités politiques et administratives. Les anciens partis relevaient la tête; à Mexico, un comité directeur travaillait par tous les moyens à la ruine de l'empire. Des lettres de Santa-Anna, qui furent interceptées, ne laissaient aucun doute à cet égard, et le maréchal croyait que plusieurs ministres, certains commissaires impériaux, beaucoup de fonctionnaires de tous rangs étaient en rapport avec les conspi-

---

[1] Le maréchal au ministre, 27 février 1865.— Outre la batterie de la garde, et de nombreux libérables et convalescents, on avait renvoyé en France, aux mois de septembre et d'octobre 1864, le 1er et le 20e bataillons de chasseurs à pied; le 99e de ligne partit en deux convois, au mois de décembre suivant, et le 2e zouaves au mois de mars 1865.

rateurs. Il écrivit à Paris au ministre de la guerre qu'un grand nombre d'hommes, importants par leur position dans le pays, étaient mécontents du gouvernement, qu'ils cherchaient à se grouper : « leurs inquiétudes s'aggravant depuis les derniers événements d'Amérique, ils se comptent et forment un faisceau dont la force s'augmente en proportion de la faiblesse du gouvernement, et du danger que peut créer l'apathie apparente qui préside aux destinées du pays ou le choix des agents du pouvoir exécutif.

« J'ai reçu à cet égard des confidences qui émanent d'une source qui ne me permet pas le doute, et je sais que, plutôt que de subir le joug américain auquel tend le parti démagogique, les conservateurs n'hésiteraient pas à se donner au bras qui les a soutenus, et sur lequel ils basent toutes leurs espérances d'avenir. C'est une annexion à la France, ou tout au moins un protectorat sous sa forme la plus absolue, que le parti conservateur est décidé à proposer, le jour où par suite d'événements, qui ne sont point improbables, le souverain que l'intervention a donné au pays viendrait à lui manquer [1]. »

Le ministre de la guerre répondit que « si ces tendances prenaient quelque consistance », il fallait « les repousser de la manière la plus péremptoire, car, à aucun titre et dans quelque circonstance que ce fût, une pareille combinaison ne saurait être admise ou seulement entrevue, elle serait en opposition formelle avec les intérêts de la France et avec les intentions de l'Empereur [2]. »

Le mariage du maréchal fut célébré, le 26 juin, à la chapelle du palais; le maréchal écrivit au ministre de la guerre

---

[1] Le maréchal au ministre, 28 mai 1865.
[2] Le ministre au maréchal Bazaine, 30 juin 1865.

que l'Empereur et l'Impératrice avaient été pour lui « d'une parfaite bonté [1]. »

Loin de s'apaiser, le mécontentement de l'Empereur était cependant entretenu par des nouvelles fort peu satisfaisantes reçues de tous les points du territoire ; il pensait qu'on aurait pu remédier à cet état de choses, si le maréchal, au lieu de présenter la situation sous des couleurs trop favorables et de renvoyer des troupes en France, avait, ainsi qu'il le lui conseillait, sollicité de nouveaux renforts. Les sentiments de l'empereur Maximilien se trouvent nettement exprimés dans une lettre datée du 29 juin 1865 :

« Je reçois des nouvelles fort alarmantes. Il faudra pourvoir à la sûreté de cette place importante de Guanajuato.

« Si le moindre scandale arrive, j'en rends responsable le maréchal.

« Il faut le dire nettement, notre situation militaire est des plus mauvaises, Guanajuato et Guadalajara sont menacés.

« La ville de Morelia est entourée d'ennemis ; Acapulco est perdu et donne par son excellente position un chemin toujours ouvert pour alimenter la guerre, et pour fournir l'ennemi d'hommes et d'armes.

« Oajaca est presque dégarni ; San Luis Potosi est en danger.

« Du nord ne viennent pas de nouvelles, de manière que la position militaire est, je le répète, bien mauvaise, plus mauvaise que l'automne passé.

« On a perdu un temps précieux, on a ruiné le trésor public, on a ébranlé la confiance, et tout cela parce qu'on a fait croire à Paris que la guerre est glorieusement finie, que d'immenses territoires plus vastes que la France étaient redevenus calmes et paisibles.

---

[1] Le maréchal au ministre, 28 juin.

L'Empereur donna en dot à la maréchale le palais de Buena-Vista, résidence du commandant en chef. Une clause du contrat spécifiait que, dans le cas où le maréchal quitterait le Mexique, cet hôtel serait repris par l'Etat moyennant une somme de *cent mille piastres*. Après la chute de l'empire, le gouvernement républicain s'en empara.

« Donnant suite à ces rapports complétement faux, on a rappelé une grande quantité de troupes, voulant ainsi gagner l'opposition; on a laissé un nombre insuffisant de soldats.

« D'un autre côté, on nous a fait dépenser des sommes énormes pour les mauvaises troupes auxiliaires, et de cette manière le pauvre pays doit payer des troupes françaises,....des hordes d'indigènes qui ne lui font que du mal, et en récompense de ces immenses sacrifices pécuniaires, nous voyons les principales villes du pays, les centres de la richesse, menacés par des troupes audacieuses qu'on se plaît à appeler « *ladrones* », mais qui montrent un talent militaire très-remarquable, profitant immédiatement des grandes faiblesses de notre position.

« Dans tous ces points, il y a deux questions sérieuses à régler: l'insuffisance des troupes et les sommes inouïes que cette lente et malheureuse guerre engloutit.

« Le point le plus brûlant pour le moment est d'assurer les grandes villes.

« La perte de Guanajuato serait un malheur irréparable; la prise de Morelia un scandale sans nom.

« A propos de Morelia, je me rappelle très-bien les promesses qu'on m'avait faites l'année dernière. On parlait comme à présent du temps des pluies. On disait qu'en hiver tout serait fait. On faisait mille promesses aux malheureuses populations, et il se passe une année et nous voilà dans la position la plus déplorable. »

Il y avait beaucoup de vrai dans ce triste exposé de la situation du pays, bien que les alarmes au sujet de la conservation des grandes villes de l'intérieur, toujours protégées par l'armée française fussent des plus exagérées. Il eût été certainement avantageux d'avoir un effectif français plus considérable; mais enfin ces mauvaises troupes auxiliaires, ces hordes d'indigènes, dont l'Empereur parle avec tant de dédain, étaient en définitive composées des mêmes éléments que les troupes républicaines; qu'elles fussent médiocres, et sur tous les points de beaucoup inférieures à des corps européens, c'est incontestable ; l'Empereur devait le savoir avant d'accepter la couronne. Il assurait d'ailleurs ne s'être jamais fait d'illusions sur le véritable état du pays [1]; d'autre part, il ne pouvait espérer que le gouvernement français continuerait indéfiniment ses sacrifices d'hommes et d'argent, malgré le désir maintes fois exprimé par la France de voir mettre un terme à l'intervention au Mexique. Quand les Mexicains eux-mêmes restaient inertes, que les plus ardents partisans de la monarchie se montraient impuissants à provoquer quelque manifestation sérieuse en faveur de l'empire, était-il sage de croire que les troupes françaises, leur effectif fût-il double ou triple, arriveraient à rétablir l'ordre dans un pays déchiré depuis quarante ans par la guerre civile? Le clergé était de plus en plus hostile ; la reconnaissance des lois de réforme avait porté son irritation au comble, tandis que la révision des ventes des biens ecclésiastiques avec les lenteurs de la justice mexicaine et les vexations qui en étaient la conséquence, ne satisfaisait personne et grossissait les rangs de l'opposition. Les plaintes de milliers de veuves de militaires, d'estropiés, et de blessés, auxquels on ne payait pas régulièrement la pension qu'ils recevaient des autres gouvernements, faisaient le plus mauvais effet. Une lettre, datée du 30 juin 1865, adressée à l'Empereur par le

[1] J'ai bien voulu croire ce que Teran me disait avant mon départ d'Europe, et je savais que les idées des pauvres exilés de la Régence embarrassée n'étaient que des fantasmagories. Je ne me fis jamais d'illusions, mais j'ai trouvé que la situation n'était pourtant pas si triste que Teran la peignait alors et qu'il voudrait encore la faire paraître ; ce pays est meilleur qu'il n'en a la réputation, et il est précisément meilleur dans le sens contraire aux exilés. . . . . (Extrait d'une lettre de l'empereur Maximilien au baron de Pont, 8 décembre 1865.)

M. Teran, agent du gouvernement de Juarez en Europe, était allé voir l'empereur Maximilien à Miramar, pour le détourner d'accepter la couronne du Mexique.

préfet de Morelia pour lui donner sa démission, est intéressante à connaître comme indice des dispositions actuelles des anciens partisans de l'empire :

« Sire, la marche politique que S. M. a cru devoir imprimer à son gouvernement n'a pas répondu au grand but que S. M. se proposait sans doute en l'adoptant; tout au contraire, les populations l'ont vue avec une extrême défiance et les révolutionnaires avec un dédain marqué.

« L'enthousiasme des premières est éteint, elles sont tombées dans l'indifférence, d'où elles passeront à l'aversion.

« La révolution dont les titres ont été reconnus par S. M., de la façon la plus explicite et la plus solennelle, méprise les concessions parce qu'elle se croit autorisée à les regarder comme de justes réparations qui lui sont dues. Elle marche à son but, rien ne l'arrête et peut-être triomphera-t-elle dans ce département.

« Ce n'est pas qu'elle soit forte par le pouvoir des armes; sa force est dans la faiblesse du gouvernement. Celui-ci n'a pas de pensée fixe, il n'a pas d'ensemble dans ces mesures; l'opportunité et l'unité d'action manquent dans tout. En un mot, Sire, on cherche en vain l'intelligence supérieure qui dirige, la volonté ferme qui décide, la main vigoureuse qui exécute; le chaos en est la conséquence forcée.

« Telle est la situation du Michoacan. Il convient à mon devoir comme autorité, à ma loyauté comme homme d'honneur, de l'exprimer franchement à S. M. en insistant pour la quatrième fois sur la démission que je donne de la préfecture politique.

« Je prie S. M. de l'accepter pour me sauver au moins du ridicule qui est le sort réservé aux fonctionnaires publics de ce malheureux département. »

La désaffection était en effet générale. L'Empereur, au lieu d'exercer le pouvoir d'une main ferme et sous sa propre responsabilité, laissait paralyser ses excellentes intentions par le mauvais vouloir ou l'apathie de ses agents; il avait la faiblesse de soumettre ses décisions au contrôle de ses ministres, et en subordonnait l'exécution à leur autorisation préalable (¹). Très-fréquemment, des questions arrêtées dans un sens entre l'Empereur et le maréchal recevaient, quand elles avaient passé par les ministres, une solution toute différente, ou bien elles étaient indéfiniment ajournées.

L'expérience était faite, l'épreuve était tentée ; de plus la guerre civile d'Amérique une fois terminée, l'influence française devait inévitablement succomber sous l'influence bien autrement puissante de la république américaine. Les moins clairvoyants reconnaissaient actuellement l'impossibilité de maintenir l'empire ; la fraction la plus active et la plus intelligente du pays était entraînée dans le courant des idées républicaines démocratiques ; la masse indienne restait inerte, et les conservateurs monarchiques ne représentaient qu'une minorité fort insuffisante ; avec plus d'énergie, l'empereur Maximilien aurait peut-être tiré meilleur parti de la situation, il n'est pas probable qu'il fût parvenu à la dominer.

Il était également injuste de rendre le maréchal Bazaine responsable des difficultés de l'heure présente. L'empereur Maximilien se montrait cependant trop disposé à le faire (²).

(1) Un Français, qui était allé à Mexico pour s'occuper de la fondation d'établissements de crédit, écrivait le 12 août 1865 : « Comme étranger, ce qui se passe dans ce pays ne me regarde pas ; mais je ne puis m'empêcher de plaindre sincèrement S. M. Maximilien d'être entouré d'hommes aussi arriérés ; en vérité, on serait porté à croire que c'est de mauvaise foi qu'ils agissent. Sa Majesté est trop bonne et a trop de déférence pour eux ; avec de pareils hommes, ses efforts pour faire le bien du pays sont frappés de stérilité. »

(2) La lettre suivante, de l'empereur Maximilien, fera connaître l'aigreur de ses sentiments à l'égard du maréchal.

Chapultepec, 18 *juillet* 1865 — «...,Je ne me plains pas contre les Français auxquels le Mexique doit tant de reconnaissance, mais je me plains amèrement

Un rapide exposé de la situation financière du pays achèvera de prouver combien étaient précaires les conditions d'existence de l'empire.

Les ministres de l'empereur Maximilien s'exprimaient ainsi dans un rapport qu'ils lui adressaient à ce sujet :

Sire, en montant sur le trône du Mexique, ce dont Votre Majesté pouvait le moins se flatter c'était de venir gouverner une nation prospère. V. M. reconnut de la manière la plus formelle que l'Empire et la présence de l'Empereur étaient acceptés comme l'espoir

et directement contre quelques Français qui servent mal leur Empereur et l'honneur de leur drapeau. Je parle de ces hauts fonctionnaires qui dépensent l'argent et le sang du Mexique inutilement, qui font toutes les intrigues pour contrecarrer la formation d'une armée nationale, qui renvoient des troupes sans la permission de leur souverain et contre les traités les plus sacrés, qui permettent et autorisent le vol et le saccage, qui démoralisent de plus en plus, tous les jours, une belle et glorieuse armée, qui foulent à leurs pieds les principes de la civilisation, la gloire de Napoléon et de ses drapeaux ; je parle de ces chefs qui me laissent dans l'ignorance la plus complète de faits militaires, qui me parlent de victoires quand il y a des défaites, qui sacrifient inutilement de braves troupes, qui ont mis mon empire dans une position militaire plus triste qu'elle n'a été l'année passée, qui permettent à Juarez d'enrôler une nouvelle armée et de se moquer d'un maréchal de France et de son armée.

« Si je ne me plains pas ouvertement, si je ne montre pas mon mépris, c'est par égard pour mon meilleur ami, pour l'empereur Napoléon, par respect pour cette grande nation à laquelle nous devons tant. J'avale bien des injustices, bien des humiliations auxquelles je n'étais accoutumé de ma vie, par amour pour ma nouvelle patrie, par amitié pour la France. Je fais comme si j'étais dupé, pour sauver l'avenir, et vous savez bien que je ne suis la dupe de personne et que ma mémoire, malheureusement trop bonne, me fait rappeler toutes les promesses et tous les mensonges qu'on m'a faits et dits depuis quatorze mois. Aucune des promesses n'a été tenue et, je le répète, la position militaire est plus mauvaise que l'année dernière, chose que je peux vous prouver sur la carte et par les rapports que je reçois, qui, c'est vrai, ne me parviennent pas malheureusement du quartier général comme cela devrait être, mais qui pour cela ne sont pas moins authentiques. Du reste, je me console de ne pas recevoir des rapports inexacts du quartier général, puisque le même malheur arrive comme je viens de le savoir positivement à l'empereur des Français.

« On se joue des deux Empereurs, voilà la situation ; mais elle ne durera pas longtemps ; les deux Empereurs commencent à voir clairement et le Mexique et la gloire de l'armée française seront sauvés et triompheront de toutes les intrigues méprisables. »

1865. d'un remède à d'immenses malheurs qui pesaient douloureusement sur ce pays depuis longues années, et que le gouvernement de V. M. était l'héritier de beaucoup d'autres qui avaient accumulé, peu importe à qui en revient la faute, une foule de désordres et de calamités, d'engagements et de déceptions....

« *Grande renommée de richesses, pauvreté réelle, brillantes illusions et amères déceptions, telle est notre histoire financière.* »

On disait que les revenus du Mexique, sous le gouvernement des vice-rois, s'élevaient à vingt millions de piastres; mais, en regardant les chiffres de près et en déduisant les frais de perception, on arrive seulement à un total de treize millions et demi de piastres qui s'était abaissé à huit ou neuf millions au moment où l'indépendance fut proclamée. On estimait que, lorsque l'empereur Maximilien accepta la couronne, le revenu public s'élevait à quinze millions de piastres au plus ; il était dû dix annuités sur la dette étrangère, plus de cinquante millions de piastres à la France pour frais de l'expédition, et cent millions à la dette intérieure. Quoique ce bilan ne fût pas alors très-bien connu, la première préoccupation du nouveau souverain, avant même son départ de Miramar, avait été de négocier un emprunt. Nous avons déjà dit qu'il réussit, grâce à l'habileté de M. Fould, ministre des finances de France; on obtint cet emprunt au chiffre nominal d'un peu plus de cinquante millions de piastres, à un taux de 6 %, mais les frais et les conditions de la souscription le réduisirent à moins de vingt millions de piastres, ce qui fit ressortir l'intérêt à plus de 12 % ; pour le Mexique ces conditions n'étaient pas encore trop mauvaises ; « dans ses jours les plus prospères, la république mexicaine eût été heureuse de trouver de l'argent à ce prix »[1].

---

[1] Rapport du ministre des finances.

Mais c'est à peine si, après les prélèvements faits pour les créanciers anglais, pour les garanties d'intérêts, et pour le trésor français, il était resté, sur le produit de cet emprunt, quelques millions que l'empereur Maximilien reçut à Miramar et appliqua en partie aux dépenses de premier établissement. Il fallait, de toute nécessité, faire un nouvel appel au crédit public.

Dans les premiers mois de l'année 1864, le ministre des finances avait envoyé au Mexique M. Corta, député au Corps législatif, « homme d'un excellent esprit, calme, et instruit, » disait le ministre lui-même[1]; il avait pour mission spéciale d'étudier la situation financière, de se rendre compte des difficultés, d'en préparer l'aplanissement, de régler les différentes questions d'indemnités et de réclamations françaises, sans oublier surtout la créance Jecker[2], et de faire la lumière sur les incertitudes de l'avenir.

Après un séjour de quelques semaines à Mexico, M. Corta revint à Paris, ébloui, disait-il, de la fécondité de ce sol privilégié. C'est alors que fut conçue cette nouvelle et hardie combinaison financière de l'émission d'un emprunt mexicain sur la place de Paris, malgré la dépréciation qui frappait déjà les titres précédemment émis. M. Corta arriva juste à point pour faciliter le succès de cette aventureuse opération. Il fit à la tribune du corps législatif un récit merveilleux des richesses du Mexique[3], de l'avenir fortuné qui lui était réservé par le développement du commerce, de l'agriculture, et de l'industrie; sous le gouvernement

---

[1] Lettre de M. Achille Fould, 31 mars 1864.
[2] Voir à l'appendice.
[3] Séances des 9 et 10 avril 1865 : « Le Mexique, au point de vue agricole, commercial et industriel, est tout simplement le pays le plus favorisé du globe. » La plupart des chiffres cités par M. Corta au sujet des revenus des impôts, aux différentes époques, sont erronés.

sage et populaire de l'empereur Maximilien, « apparaissant aux Indiens comme l'homme de la prédiction, l'homme venu d'Orient aux cheveux blonds et aux yeux d'azur. »

M. Rouher, ministre d'Etat, corrobora les assertions de M. Corta dans un pompeux langage, où il était question de découverte et d'exploitation de mines de fer, de houille, de sources d'huile de pétrole ; il donna, en ces termes, aux futurs souscripteurs de l'emprunt, la garantie morale du gouvernement français : « Le but doit être atteint, la pacification doit être complète, l'armée française ne doit revenir sur nos rivages que son œuvre accomplie et triomphante des résistances qu'elle aura rencontrées(1). »

Quelques jours après, l'emprunt était lancé et, en trois jours, entièrement souscrit avec un engouement indescriptible (2). L'épargne française s'engloutissait de nouveau dans ce gouffre où l'influence politique et le prestige de la France étaient déjà près de disparaître. Enfin, quelque argent était trouvé pour satisfaire aux exigences pressantes du moment. Déduction faite des frais de négociations et des prélèvements divers, il ne paraît pas être resté au gouvernement mexicain une somme de 50 millions de francs, sur les 170 millions ou environ qui furent versés par les souscripteurs.

On comprend que, dans de telles conditions, il était difficile que l'état financier du Mexique parvînt à s'améliorer.

---

(1) Séance du 10 avril 1865.

(2) Par un syndicat de trente-cinq banquiers, auxquels s'adjoignirent deux cents banques secondaires.

On émit 500,000 obligations à 340 fr., devant produire un capital de 170 millions. — Ces obligations, remboursables à 500 fr., étaient productives d'un intérêt annuel de 30 fr. La grande attraction de cette combinaison était le tirage de lots semestriels de 500,000 fr., de 100,000 fr., de 50 et de 10,000 fr. Les banquiers chargés de l'émission prélevèrent une commission de 10 p. 100.

Avec une bonne gestion, on aurait pu notablement augmenter les revenus publics, mais il y avait peu d'ordre dans l'administration, peu d'intégrité chez beaucoup d'agents. Nous avons dit que l'empereur Maximilien avait voulu confier le contrôle et la direction des services financiers à des employés français, et nous avons fait connaître les difficultés que la mauvaise volonté des Mexicains opposait à l'application de cette mesure. Cependant, l'Empereur ayant demandé à la France un fonctionnaire d'un rang élevé pour organiser le système financier du Mexique, un inspecteur général des finances, M. Bonnefons, fut mis à sa disposition. Il se rendit à Mexico au mois de février 1865. L'Empereur et l'Impératrice désiraient qu'il acceptât le portefeuille de ministre des finances, mais il se récusa sagement, d'accord avec le maréchal Bazaine qui écrivait à ce sujet :

« J'ai reçu M. Bonnefons, et nous sommes tombés d'accord sur les difficultés qui surgiraient, et sur le peu d'indépendance que lui laisserait, vis-à-vis des intérêts de la France, sa position officielle de ministre des finances mexicaines. De son côté, l'empereur Maximilien voudrait qu'il fût ministre titulaire, mais je crois qu'il y a une arrière-pensée qui peut se traduire ainsi : « M. Bonnefons une fois ministre, je ne serai jamais embarrassé, puisqu'il aura à sa disposition la caisse et le crédit de l'armée française »; je puis me tromper, mais M. Bonnefons ne serait qu'un banquier officiel ayant rang de ministre. Il vaut donc mieux qu'il prenne la direction des services financiers à titre de conseiller, de commissaire général, de contrôleur général, comme on voudra, avec son admission au conseil des ministres.

« J'ai donc parlé dans ce sens à l'Empereur et à l'Impératrice qui, avec raison, s'occupe des affaires du pays, et LL. MM. trouvent que M. Bonnefons est trop timide quant à la responsabilité et qu'il faut qu'il soit ministre réel; l'affaire en est là (¹). »

(¹) Le maréchal au ministre, 10 mars 1865.

1865.

Ce n'était pas sans arrière-pensée d'intérêt personnel que le gouvernement français envoyait un fonctionnaire des finances à l'empereur Maximilien. Il entendait s'exonérer autant que possible des charges que lui imposait le maintien de son armée au Mexique, et des instructions confidentielles avaient été adressées à ce sujet au maréchal.[1] On ne consentait à venir en aide à l'empereur Maximilien au moyen de la trésorerie de l'armée qu'à certaines conditions déterminées, entre autres la remise, aux mains d'agents français, de la direction de tous les services financiers, le règlement des indemnités françaises, et le remboursement d'une somme de 2,100,000 fr., payée pour la construction du chemin de fer de Vera-Cruz. L'empereur Maximilien, n'ayant pas le choix des moyens, souscrivit à toutes ces exigences; mais on ne peut s'empêcher de plaindre ce malheureux souverain qui n'avait le droit de disposer ni d'un écu, ni d'un soldat.

M. Bonnefons, étant tombé malade, fut remplacé par M. Langlais, conseiller d'Etat; en attendant l'arrivée de ce nouveau fonctionnaire, les ministres mexicains se hâtèrent de prendre nombre de mesures qui devaient paralyser son action, et, à l'insu des représentants de la France, consentirent même avec la maison Jecker à un arrangement onéreux pour le Trésor mexicain [2].

M. Langlais fut d'abord assez mal reçu; plus tard, l'empereur Maximilien apprécia combien était précieux un auxiliaire aussi dévoué et aussi intelligent; mais sa santé était déjà ébranlée par le changement de climat; il ne put résister à l'excès de travail, et mourut après une courte maladie. L'empereur Maximilien le pleura comme un ami.

---

[1] Instructions du 15 mars. — Le maréchal au ministre, 28 avril.
[2] Voir à l'appendice. — Le maréchal au ministre, 27 et 28 octobre.

M. Langlais avait élaboré un plan d'organisation financière et un projet de budget où les recettes et les dépenses s'équilibraient à peu près ; on ne réussit pas, du reste, à mettre ses combinaisons en pratique.

CHAPITRE QUATRIÈME.

SOMMAIRE.

Politique des États-Unis. — Émigration des confédérés au Mexique. — Création des divisions militaires et des grands commandements. — Opérations militaires dans le Michoacan. — Premier combat de Tacambaro (11 avril 1865). — Combat d'Huaniqueo (23 avril). — Deuxième combat de Tacambaro (11 juillet). — Combat de Santa Ana Amatlan (12 octobre). — Menées du général Santa Anna. — Réoccupation d'Acapulco (11 août). — Opérations des volontaires autrichiens dans la province d'Oajaca et dans la Huasteca. — Expédition sur Chihuahua. — Décret du 3 octobre 1865. — Opérations militaires en Sonora. — Opérations dans le Tamaulipas. — Opérations des colonnes françaises dans le nord-est. — Voyage de l'impératrice Charlotte au Yucatan.

Vers le milieu de l'année 1865, la possibilité d'une intervention armée des États-Unis dans les affaires du Mexique préoccupait vivement le maréchal Bazaine : aussi, comme nous l'avons dit, il cherchait à concentrer ses troupes de manière à les diriger promptement sur la frontière du nord, dans le cas où les circonstances l'exigeraient. On s'appliqua, du reste, à écarter toute cause de conflit, et la plus grande patience fut recommandée au général Mejia à l'égard des chefs militaires de la rive gauche du Rio Bravo.

Politique des États-Unis.

Avant d'évacuer Brownsville, les confédérés avaient fait passer sur la rive mexicaine d'assez grandes quantités de marchandises et une batterie d'artillerie. Les fédéraux en

1865.

réclamèrent la restitution. Pour que cet incident ne prît pas trop d'importance, le maréchal conseilla au gouvernement mexicain de restituer purement et simplement la batterie d'artillerie, ce qui était conforme au droit international ; la question des marchandises fut réservée, et M. Roblès, ministre de Fomento [1], fut envoyé en mission spéciale à Matamoros, pour régler les questions litigieuses et arranger les différends à l'amiable. Les bandes de Cortina et d'Escobedo continuaient à recevoir bon accueil sur le territoire des Etats-Unis, où elles passaient fréquemment, soit pour se ravitailler, soit pour échapper aux poursuites des forces impérialistes ; cependant d'assez bons rapports s'établirent entre le général Mejia et le général Brown, commandant à Brownsville ; celui-ci protesta de son intention d'observer une stricte neutralité ; le cabinet de Washington paraissait mieux disposé ; le gouverneur de la Californie s'opposait au départ pour le Mexique d'un bâtiment portant quatre cents flibustiers ; il faisait surveiller la frontière de l'Arizona afin d'en interdire le passage aux bandes armées [2] ; les alarmes, causées par les dispositions hostiles des Etats-Unis, s'apaisèrent, et le maréchal crut possible de proposer au ministre de la guerre de faire encore rentrer en France un régiment d'infanterie, un bataillon de chasseurs, et deux escadrons [3]. Cependant on apprit bientôt que les Américains envoyaient des troupes au Texas ; le général Shéridan était attendu, disait-on, avec 60 à 70,000 hommes ; les rapports de la marine signalaient, à Brazos-Santiago, la présence de

---

[1] Le ministère de *fomento* correspond aux ministères des travaux publics, de l'agriculture, du commerce, etc. La signification de *fomento* est : encouragement, appui, protection.
[2] Le maréchal au ministre, 28 juin.
[3] Le maréchal au ministre, 11 juillet.

quinze navires à vapeur ; 25,000 hommes étaient déjà réunis, parmi lesquels 15,000 soldats noirs dont les Etats-Unis étaient fort embarrassés, et qu'ils auraient sans doute lâchés volontiers sur le Mexique [1]. On savait que le gouvernement américain n'avait aucune envie d'augmenter ses difficultés en s'engageant dans une guerre avec la France ; mais l'animosité du peuple était si grande, que le cabinet pouvait se voir débordé, soit par l'opinion publique, soit par le congrès. M. de Montholon, ancien ministre de France à Mexico, où il avait été remplacé par M. Dano, et qui remplissait alors les mêmes fonctions à Washington, écrivait au maréchal, le 30 juillet[2] : « La guerre étrangère est à l'ordre du jour aux Etats-Unis ; le gouvernement lutte pour l'éviter, afin de ne pas augmenter sa dette publique, qui s'élève déjà à plus de quinze milliards de francs, mais il n'est pas assez fort pour s'opposer aux cris que l'on profère partout autour de lui, et particulièrement dans l'armée qui est encouragée dans le sens de la guerre par son chef le général Grant. »

Au même moment, l'empereur Maximilien, s'abusant sur les véritables sentiments du cabinet de Washington, écrivait personnellement au président Johnson, sans avoir pris la précaution de faire sonder ses dispositions ; celui-ci refusait de recevoir la lettre de l'Empereur et déclinait tout rapport avec l'envoyé chargé de la lui remettre. En faisant part de cet incident au ministre de France à Washington, M. Seward, secrétaire d'Etat aux affaires étrangères, en prit occasion pour affirmer, de nouveau et officiellement, l'intention bien arrêtée des Etats-Unis de reconnaître seulement le gouvernement républicain et son

---

[1] Le maréchal au ministre, 28 juillet.
[2] Le maréchal au ministre, 27 août.

président Juarez. Bien que le gouvernement français fît valoir, auprès du cabinet de Washington, que le rappel du corps expéditionnaire serait la conséquence presque immédiate de la reconnaissance de l'Empire, au moins comme pouvoir de fait établi à Mexico, toutes ses démarches échouèrent.

<small>Émigration des confédérés au Mexique.</small>

L'accueil reçu au Mexique par les nombreux émigrés confédérés, forcés de s'expatrier, augmenta l'irritation des Américains du nord, dans le cœur desquels les vives passions, suscitées par la guerre civile, n'étaient pas encore calmées. L'empereur Maximilien et le maréchal Bazaine pensaient, avec raison, que cette émigration d'hommes énergiques était une bonne fortune pour le Mexique. Leur industrieuse activité féconderait le sol, et, par leur esprit pratique, ils développeraient les idées d'ordre et de respect aux lois, dont le pays avait grand besoin ; mais les Etats-Unis étaient mécontents de voir s'établir près de leurs frontières une population essentiellement hostile, toute disposée à combattre leur influence et à recommencer la guerre dès que les circonstances le permettraient. Le maréchal s'attacha autant que possible à faire disparaître cette cause d'excitation en donnant l'ordre au colonel Jeanningros, commandant à Monterey les troupes françaises les plus avancées, de faire désarmer les Américains qui se présenteraient dans ses lignes, et de les diriger immédiatement vers l'intérieur [1]. Tout en évitant de heurter directement les Etats-Unis, il était de la politique du gouvernement impérial, d'accueillir ces hôtes et de chercher à les fixer dans le pays.

<small>[1] Un certain nombre d'officiers, dont plusieurs avaient acquis de la notoriété dans la guerre de la Sécession, passèrent au Mexique ; c'étaient les généraux Allen, Magruder, Walker, Wilcox, Leabster, Stevens, Kings, Terrel, Hardeman, Harris, Price, Pole, Preston, Smith, Kirby, etc., et le commodore Maury.</small>

Un ancien représentant de l'État de Californie au Sénat américain, le docteur Gwin, avait formé un vaste plan de colonisation pour la Sonora ; il fut reçu en audience par l'empereur Napoléon ; des correspondances interceptées ayant appris au cabinet de Washington l'accueil bienveillant que ces projets avaient trouvé aux Tuileries, il chargea M. Bigelow, son représentant à Paris, de demander des explications à ce sujet. Le ministre américain fit donc savoir, par une note officielle, au ministre des affaires étrangères, qu'il était « chargé de déclarer franchement que les sympathies du peuple américain pour les républicains du Mexique étaient très-vives, et qu'on verrait avec impatience la continuation de l'intervention française dans ce pays;....que toute faveur accordée au projet du docteur Gwin par l'empereur titulaire du Mexique, ou par le gouvernement impérial de France, tendrait notablement à accroître cette impatience populaire parce qu'elle serait regardée, peut-être avec justice, comme impliquant un danger pour les Etats-Unis ».

Le ministre des affaires étrangères répliqua que le gouvernement français, « toujours prêt à répondre loyalement aux demandes d'explications inspirées par un esprit de conciliation et présentées sur un ton amical, était au contraire résolu à repousser toute interpellation qui serait faite sur un ton comminatoire ». Toutefois, en écrivant au ministre de France à Washington, M. Drouyn de Lhuis lui fit connaître l'intention du gouvernement de rappeler les troupes françaises, au fur et à mesure du rétablissement de l'ordre et de la pacification du pays ; il ajouta « qu'il hâtait de ses vœux les plus sincères le jour où le dernier soldat français quitterait le Mexique », et que le terme assigné à l'occupation de ce pays serait très-avancé, si les Etats-Unis

1865.

cessaient d'encourager l'anarchie et d'appuyer de leurs sympathies le parti hostile à l'Empire; au surplus, on devait savoir que la France n'avait pas l'habitude de presser son pas sur des injonctions hautaines [1]. Cependant, quelle que fût l'aigreur de ces communications, on ne partageait pas les craintes du maréchal Bazaine, relativement à une intervention armée des Américains du nord. D'ailleurs les ministres de l'empereur Maximilien, inspirés par un faux sentiment de susceptibilité nationale, se montraient hostiles à tout ce qui venait de l'étranger; les entraves qu'ils apportèrent aux projets de colonisation les firent avorter [2].

Création des divisions militaires et des grands commandements.

Un des corollaires de la loi organique de l'armée mexicaine avait été le partage du territoire de l'empire en huit divisions militaires [3].

Il fut convenu, entre l'Empereur et le maréchal, que pour donner plus d'unité aux opérations militaires, il serait établi en outre deux grands commandements.

San Luis de Potosi fut désigné pour être le chef-lieu du premier commandement, formé par la réunion des 3e et 5e divisions militaires, et comprenant les anciens États de San Luis, de Tamaulipas, de Nuevo-Leon, et de Coahuila. Il fut confié au général Douay, qui était revenu au Mexique. Durango devint le siége du deuxième grand commandement, à la tête duquel fut placé le général de Castagny. Il comprenait les 6e et 8e divisions territoriales, c'est-à-dire les anciens États de Zacatecas, de Durango, de

---

[1] M. Drouyn de Lhuis à M. de Montholon, 17 août 1865.
[2] Voir à l'appendice une note sur la colonisation et sur les efforts généreux tentés par l'empereur Maximilien pour émanciper la classe des travailleurs agricoles.
[3] Au point de vue administratif, et pour arriver à détruire l'autonomie provinciale, le pays avait été divisé en cinquante départements.

Chihuahua, de Sonora, et de Sinaloa. Le maréchal remania l'organisation divisionnaire des troupes du corps expéditionnaire ainsi qu'il suit :

1865.

1re division : général Douay.

1re brigade :
général Neigre.
- 1er rég. de zouaves.
- 81e rég. de ligne.
- Bataillon de tirailleurs algériens.

2e brigade :
général Mangin.
- 3e rég. de zouaves.
- 2e bataillon d'infanterie légère d'Afrique.
- Régiment étranger.

2e division : général de Castagny.

1re brigade :
général Brincourt.
- 18e bataillon de chasseurs à pied.
- 7e rég. de ligne.
- 95e rég. de ligne.

2e brigade :
général Aymard.
- 7e bataillon de chasseurs à pied.
- 51e rég. de ligne.
- 62e rég. de ligne.

Le général Douay se rendit à San Luis ; le général de Castagny quitta Mazatlan et revint à Durango (1er juillet). Comme il était à présumer, si la guerre éclatait, que l'effort principal des Américains se porterait sur la ligne de San Luis, le général de Castagny devait, dans cette hypothèse, se replier de Durango sur Zacatecas, puis sur Queretaro, position centrale et avantageuse pour la concentration de l'armée. Des mesures de précaution furent prises sur la route de Vera-Cruz à Mexico ; des fortifications, élevées sur plusieurs points, et l'on prépara les moyens de ramener promptement les garnisons de Guaymas et de Mazatlan.

Outre les deux grands commandements du Nord-Est et du Nord-Ouest, l'empereur Maximilien aurait désiré

1865.

constituer au Sud, sous les ordres d'un général français, un troisième commandement dans lequel eût été comprise la province de Michoacan. Le général L'Hériller, à qui cette mission fut offerte, crut impossible de l'accepter sans avoir un chiffre suffisant de forces françaises, et comme le maréchal n'était pas disposé à faire opérer ses troupes dans une direction qui les éloignait des lignes stratégiques du Nord, il ne fut pas donné suite à ce projet.

Opérations militaires dans le Michoacan.

C'était dans le Michoacan que les forces libérales se maintenaient avec le plus de succès; elles étaient organisées en cinq brigades, commandées par Regules et Riva-Palacio, sous les ordres supérieurs du général Arteaga. A la tête des troupes mexicaines impériales se trouvait le colonel Mendez, officier sur lequel on pouvait compter.

Au commencement de l'année 1865, lorsque le quartier général de la division Douay fut transporté à Morelia, de sérieux efforts avaient été faits pour pacifier ce pays. On était parvenu à détruire quelques guérillas; cependant l'ennemi continuait à tenir la campagne; lorsqu'il avait besoin de se reposer ou de se réorganiser, il se retirait dans la vallée du Rio de las Balzas, où des armes, des munitions et de l'argent lui arrivaient par les ports du Pacifique; les colonnes françaises s'avancèrent jusqu'à Huetamo; mais il leur eût été impossible de rester longtemps dans cette région, sous un climat énervant et sans communication assurée avec le centre du pays. Elles revinrent sur leurs pas et l'on dut se borner à couvrir Morelia par une ligne d'avant-postes, placés à Tacambaro, Ario et Acuitzeo.

Au mois de mars 1865, le départ de la plus grande partie des troupes françaises, appelées, par les événements du

Nord, dans l'Etat de Durango, fut pour les guérillas libérales le signal de nouvelles entreprises. Dès le 7 mars, Arteaga occupait Tacambaro ; Ugalde, Valdez, le curé Traspeña enveloppaient Zitacuaro et faisaient la garnison prisonnière. Le colonel Mendez reprit possession de cette petite ville ; une garnison mixte de cent vingt Belges et de cent Mexicains y fut placée ; mais l'ennemi revint et, sans se compromettre dans une attaque, il alluma des incendies qui consumèrent toutes les maisons, à l'exception du réduit (15 avril) ; on fut obligé de l'abandonner.

Quant à Regules, avec deux mille hommes, il paraissait vouloir s'ouvrir, par la Piedad, un chemin qui lui permît de gagner les provinces du Nord. Les détachements envoyés en toute hâte de Leon et de Guanajuato le forcèrent à renoncer à cette tentative.

A cette époque, les opérations dans le Michoacan étaient dirigées par le colonel de Potier, qui, outre la brigade mexicaine du colonel Mendez, disposait d'un bataillon du 81° de ligne, du régiment des volontaires belges et d'un escadron du 5° hussards ; il envoya deux colonnes à la poursuite de Regules ; celui-ci, manœuvrant avec une grande habileté, leur échappa, et, marchant avec une prodigieuse vitesse, passa de Zipimeo à Cuitzeo, puis à Querendaro ; il se dirigea ensuite vers le Sud et, le 11 avril, tomba inopinément sur Tacambaro, où se trouvaient quatre compagnies belges et un escadron mexicain. Envahissant la ville avec une rapidité telle que pas un coup de fusil ne fut tiré, il attaqua aussitôt le réduit où les Belges s'étaient précipitamment renfermés. Après une résistance de quatre heures, pendant laquelle sept officiers et vingt hommes furent tués, trois officiers et onze hommes blessés,

1865.

Premier combat de Tacambaro (11 avril 1865).

le major Tydgadt, mortellement blessé lui-même, capitula. Regules emmena deux cent dix prisonniers.

A la nouvelle de ce malheureux événement, le colonel de Potier se dirigea immédiatement sur Tacambaro; il y arriva le 16 avril, recueillit les blessés et une vingtaine de prisonniers qui s'étaient échappés des mains de l'ennemi, et reprit la poursuite de Regules. Celui-ci, après avoir échoué, le 17 avril, à Uruapan, devant l'énergique résistance d'une garnison mexicaine de deux cents hommes, crut avoir assez d'avance sur la colonne française pour se porter vers Morelia et tenter un coup de main contre cette ville, alors dégarnie de troupes.

Combat d'Huaniqueo (23 avril).

Il ne réussit pas et fut atteint, le 23 avril, à Huaniqueo, par le colonel de Potier, battu, complétement désorganisé et forcé de reprendre la route du Sud. L'escadron du 5ᵉ hussards, qui était à l'avant-garde de la colonne, fut, pendant quelque temps, très-sérieusement engagé contre un ennemi fort supérieur en nombre. L'arrivée de l'infanterie décida le succès du combat. Les troupes françaises perdirent dix-sept hommes, dont dix hussards.

Cette guerre se continua pendant les mois suivants avec des chances diverses; les corps français ayant été rappelés à Mexico (1ᵉʳ juin), Arteaga et Regules rentrèrent en campagne avec 2,500 hommes; le 19 juin, après un combat acharné, ils s'emparèrent d'Uruapan et fusillèrent le commandant militaire et le préfet politique. Une colonne française, sous les ordres du colonel Clinchant, était alors en observation à Puruandiro, près du Rio de Lerma; elle se porta rapidement sur Uruapan et chassa l'ennemi (23 juin); mais le maréchal persistait à ne vouloir laisser aucun détachement de ses troupes dans le Michoacan. Il prescrivit au colonel Clinchant de retourner à Leon. Le régiment belge et les troupes mexicaines de Mendez restèrent seuls dans cette province, et reçurent l'ordre de se borner à l'occupation permanente de Patzcuaro, de Morelia, et d'Acambaro.

Le 11 juillet, le régiment belge prit à Tacambaro une brillante revanche du combat malheureux du mois d'avril. Le lieutenant-colonel Van der Smissen, à la tête de 850 Mexicains et Belges, attaqua les forces d'Arteaga, qui avait pris position à une lieue de la ville, mit trois cents hommes hors de combat et leur enleva six canons, leur parc, six cents fusils et cent soixante-cinq prisonniers. Il perdit onze Belges tués dont un officier. Gêné par ses blessés et de nombreux malades, le colonel Van der Smissen revint à Morelia; mais Arteaga était mis dans l'impossibilité de reprendre la campagne avant quelque temps [1].

Deuxième combat de Tacambaro (11 juillet).

Le rapport envoyé par le lieutenant-colonel Van der

---

[1] Le succès remporté par les Belges charma tout particulièrement l'Impératrice, dont il flattait l'amour-propre national; le colonel de Potier, à la tête de son régiment qui avait fait la campagne du Michoacan avec les Belges, alla l'en féliciter au château de Chapultepec. L'Impératrice en fut vivement touchée; on lit dans une lettre qu'elle écrivait le même jour :

« J'ai passé devant le front des troupes en parlant à la plupart des officiers et à plusieurs soldats, puis le régiment a défilé aux cris de : Vive l'Empereur ! Vive l'Impératrice ! Ils étaient superbes, avec leur air martial, leurs pantalons rouges, couvre-nuque et guêtres blanches.

« A vous dire vrai, la vue de tout régiment français me cause un battement de cœur indéfinissable et je ne sais quel sentiment de consanguinité. Les drapeaux troués, qui sont restés parmi les premiers souvenirs de mon existence, produisent sur moi une sensation que je ne saurais dire. C'est de l'affection, de l'admiration, le tout ensemble, mais tout en la retenant; car que suis-je pour ces hommes-là qui me sont tout ! »

1865.

Smissen à la suite du combat de Tacambaro fut la cause de dissentiments graves entre lui et le colonel Mendez, qui trouvait trop amoindrie la part de succès attribuée aux troupes mexicaines ; d'un autre côté, le lieutenant-colonel belge ne voulait pas se placer sous les ordres de Mendez ; des officiers envoyèrent leur démission, et le maréchal, pour couper court à ces difficultés, éloigna ce régiment du Michoacan, et l'envoya dans le Nord, sous les ordres du général Douay.

Combat de Santa Ana Amatlan (12 octobre).

Au mois d'octobre, Arteaga ayant reparu à Uruapan, le colonel Mendez, à la tête de trois cents cavaliers et de quatre cents fantassins, se mit à sa poursuite ; après une marche de nuit, il atteignit et battit à Santa Ana Amatlan un corps d'un millier d'hommes (12 octobre). Les généraux Arteaga et Salazar, dix officiers supérieurs, une quarantaine d'officiers subalternes et quatre cents hommes tombèrent entre ses mains. L'empereur Maximilien venait, par un décret du 3 octobre, de déclarer hors la loi les chefs dissidents qui persistaient à ne pas déposer les armes ; Mendez s'en autorisa aussitôt et, en représailles de l'exécution du commandant militaire et du préfet d'Uruapan, il fit fusiller les deux généraux et trois colonels.

Regules ne vengea pas la mort de ses compagnons sur les prisonniers de Tacambaro qui étaient en son pouvoir ; mais les chefs libéraux refusèrent de traiter directement de leur échange avec le gouvernement mexicain ; les négociations à ce sujet furent réglées entre Riva Palacio et le quartier général français. Le 5 décembre, sept officiers belges, neuf officiers mexicains et cent quatre-vingts soldats belges furent rendus à Acuitzeo.

Les succès précédemment obtenus par les libéraux dans l'Etat de Michoacan avaient donné à plusieurs des chefs de partis hostiles à l'Empire l'idée d'y transporter le centre de la résistance, afin de se rapprocher de Mexico et d'avoir plus de chances de profiter des soulèvements qu'ils comptaient provoquer. Le haut clergé, des ministres mêmes de l'Empereur, s'il faut en croire les rapports du maréchal, s'entendaient avec Santa Anna.

1865.

Menées du général Santa Anna.

Des lettres saisies avaient indiqué le plan général du mouvement projeté ; Santa Anna devait débarquer sur la côte de Vera-Cruz ou sur celle du Pacifique ; les guérillas du Michoacan, les Indiens du Guerrero conduits par Alvarez, et les corps que Porfirio Diaz pourrait organiser dans l'Etat d'Oajaca [1], se porteraient alors simultanément sur Mexico ; une insurrection générale ne manquerait pas d'éclater et renverserait l'étranger du trône. Santa Anna travaillait à cette combinaison avec l'ardeur et l'inconséquence dont sa vie politique ne donne que trop d'exemples ; un de ses neveux était son agent à Mexico ; son fils s'étant permis de protester contre une de ses proclamations au peuple mexicain, il déclara qu'il le déshériterait et qu'il consacrerait toute son immense fortune[2] à la guerre sainte. On devait certainement faire la part de l'emphase ordinaire de ce personnage ; mais, dans l'éventualité d'une rupture avec les Etats-Unis, il fallait prévoir les embarras qui pourraient surgir de ce côté, d'autant plus que les Américains lui avaient déjà vendu une assez grande quantité d'armes[3],

---

[1] Le maréchal au ministre, 10 août.—Porfirio Diaz s'était évadé de Puebla, où il était interné depuis la prise d'Oajaca.

[2] Cent vingt millions de francs, disait-on.

[3] Quatre mille carabines, quatre mille pistolets, douze canons. — Le maréchal au ministre, 9 octobre.

et récemment une frégate des Etats-Unis s'étant rendue à Saint-Thomas, Santa Anna en grand uniforme était monté à son bord où il avait reçu des honneurs tout particuliers.

Réoccupation d'Acapulco (14 août).

Il paraissait donc urgent de réoccuper Acapulco. Deux des bâtiments de l'escadre, *la Victoire* et *le Lucifer*, prirent à Manzanillo quatre cents hommes de troupes mexicaines, sous les ordres du général Oroñoz, et, le 11 août, les débarquèrent sans coup férir devant Acapulco. La ville était presque entièrement abandonnée par ses habitants. Le maréchal, de son côté, envoya des reconnaissances vers le Guerrero, et fit ouvrir une route carrossable entre Cuernavaca et le Rio Mescala. Le pays au sud de Mexico était alors dégarni de troupes françaises ; la brigade mexicaine de la Peña (ancienne brigade Vicario) surveillait seule la vallée du Rio de Mescala.

Opérations des volontaires autrichiens dans la province d'Oajaca et dans la Huasteca.

L'Etat d'Oajaca était gardé par des troupes austro-mexicaines ; mais bien que, de l'avis du maréchal, les contingents autrichiens eussent une excellente composition en officiers et en soldats, les dispositions ordonnées par le général de Thun avaient été si malheureuses, qu'au mois d'août, Figueroa battit un faible détachement autrichien sorti de Tehuacan ; il entra ensuite dans la ville et fit prisonniers une vingtaine d'hommes réfugiés dans le réduit (14 août). Une petite colonne française, venant d'Acultzingo, le chassa de cette position ; mais il réussit encore à détruire un détachement austro-mexicain de cent quarante hommes envoyé d'Oajaca. Figueroa fut à son tour battu le 25 octobre, à Acalpan, par un escadron autrichien.

Il perdit deux cents hommes et offrit sa soumission qui fut acceptée ; un mois après, il reprenait la campagne à la tête de cinq cents guérilleros. Les garnisons laissées dans cette province, paraissant beaucoup trop faibles au maréchal, il donna l'ordre formel au général de Thun d'abandonner les expéditions inutiles et meurtrières dans la Huasteca, et d'augmenter le chiffre des troupes autrichiennes dans l'Etat d'Oajaca.

Les opérations dans la Huasteca s'étaient continuées contre le gré du commandant en chef. L'armistice conclu au mois d'avril n'ayant été suivi d'aucun arrangement définitif, les hostilités furent reprises au commencement de juillet. Le général de Thun, après avoir concentré ses forces à Zacapoaxtla, attaqua, le 16 juillet, les positions des Cumbres d'Apulco et les enleva après un combat opiniâtre ; il y construisit un blockhaus ; quelques jours plus tard (22 juillet), les Mexicains l'incendièrent, et firent prisonniers les vingt-cinq hommes qui s'y trouvaient. Plusieurs autres engagements eurent encore lieu avec des chances différentes, mais toujours sans conséquences utiles pour la pacification. L'expérience démontrait de nouveau l'impossibilité de soumettre un pays, dont les montagnes, les gorges, les ravins, sont autant de positions presque inexpugnables ; les Autrichiens suspendirent leurs opérations et laissèrent seulement des postes à Tesuitlan, Zacapoaxtla et Tulancingo. Des négociations reprises avec les chefs de la Huasteca ayant amené, à la fin du mois de novembre, la soumission de Martinez, un des plus importants d'entre eux, les troupes autrichiennes se bornèrent dès lors à quelques petites expéditions au nord de Jalapa, afin de faire respecter la route de Vera-Cruz ; la majeure partie de ces contingents ainsi rendus disponibles fut envoyée dans l'État d'Oajaca, pour arrêter les progrès de Porfirio Diaz.

Expédition sur Chihuahua.

Le maréchal, ainsi rassuré au sujet des tentatives que les chefs libéraux pourraient faire sur ses derrières, prit ses mesures afin de relancer Juarez jusque dans l'Etat de Chihuahua. Depuis l'insuccès de la campagne du général Negrete, le commandement des troupes libérales du Nord était partagé entre Ruiz, Aguirre, Villagran, Ojinaja et Carbajal. Ils rallièrent les soldats dispersés, rassemblèrent le matériel épars, firent des levées d'hommes et d'argent, et s'efforcèrent, par tous les moyens, de reconstituer une nouvelle armée.

Dès le mois de mai, avant même la dispersion du corps de Negrete, le maréchal avait prescrit au général Brincourt de se préparer à marcher sur Chihuahua, et de pousser cette opération avec assez de vigueur pour que Juarez eût quitté le territoire du Mexique au mois d'octobre, époque de la réunion du Congrès des Etats-Unis. Comme nous l'avons dit, on espérait à Mexico que le départ de l'ancien président déterminerait le cabinet de Washington à reconnaître l'empire. C'était le seul but que se proposait le maréchal en envoyant des troupes à Chihuahua. « Je ne veux d'aucune façon, écrivait-il, que nos troupes dépassent Chihuahua de plus d'une journée de marche ; et, tout en laissant croire que nous resterons dans cette province, dès que les troupes seront reposées, le général Brincourt se mettra en route sur Rio-Florido, puis sur Durango..... Il fera reconnaître l'empire, organisera les autorités civiles et militaires, s'il y a les éléments suffisants et de *bonne volonté*, sans compromettre les uns ou les autres... Ainsi, il est bien entendu que la colonne Brincourt doit se mettre en retour quinze ou vingt jours au plus après son arrivée, pour revenir à Durango... Les événements, qui peuvent se produire d'un instant à l'autre sur la frontière nord, ne nous permettent pas de tenir les troupes aussi éparpillées. Nous aurons fait le possible, advienne ce qui pourra de Juarez et des populations, et pensons avant tout à l'honneur de nos armes, le cas échéant !

« En résumé, la diplomatie veut s'appuyer sur la fuite de Juarez de sa dernière capitale, pour amener les États-Unis à la reconnaissance de l'empire mexicain ; nous ne pouvons faire plus, et ce serait folie que de vouloir le suivre en ce moment dans tous les recoins où il voudra aller. »

Des ordres étaient donnés pour que la garnison de Guaymas fît, à la même époque, une pointe offensive vers l'intérieur, afin que Juarez ne pût se réfugier en Sonora. Les limites de l'opération sur Chihuahua étaient donc bien définies ; il importait en outre qu'elle fût rapidement effectuée, aussi le maréchal prescrivit-il au général Brincourt, à moins d'impossibilité absolue, de marcher sur Chihuahua par la route la plus courte, c'est-à-dire de se porter directement de Parras, où il se trouvait, sur Mapimi, en traversant la Laguna. La saison des pluies était déjà fort avancée, et dans ce pays coupé de rivières et inondé à chaque instant, la marche de colonnes suivies de voitures ne laissait pas que de présenter de sérieuses difficultés. Le 9 juin, à la Sauceda, entre Saltillo et Parras, le général Brincourt avait eu un exemple des dangers que présentent ces inondations subites. « Le bivouac était établi près d'une petite rivière, et à peu de distance de profondes barrancas alors à sec, ayant en moyenne six mètres de profondeur sur vingt mètres de largeur et qui, réunies, eussent contenu les eaux d'un grand fleuve de France.

1865.

Un violent orage éclate, les barrancas se remplissent, l'eau s'y écoule avec une rapidité prodigieuse, et cependant la colonne se trouve tout à coup au milieu d'un lac immense, les eaux s'élevant à plus de cinquante centimètres au-dessus du sol [1]. »

Le général Brincourt commença son mouvement le 1er juillet; de Parras, où restait momentanément un poste français, il devait se rendre à Mapimi; de Mapimi, à Rio Florido; il se proposait d'établir sur ce point des magasins, des dépôts de vivres, et d'y préparer les moyens de traverser en tout temps le Rio Florido, obstacle le plus important entre Durango et Chihuahua. Le village de Rio Florido est situé sur la rive gauche du fleuve dont la largeur, en cet endroit et à cette époque de l'année, est d'environ mille mètres; c'est une bonne position militaire, à peu de distance des villes de Allende et de Parral, à 86 lieues de Durango et à 75 de Chihuahua [2].

Le général Brincourt avait sous ses ordres trois bataillons, deux escadrons de chasseurs d'Afrique, et quatre sections d'artillerie, ensemble 2,500 hommes [3]; le 8 juillet, il traversa, non sans grande peine, le Rio de Nazas, au gué de Torreon. Entre le Rio de Nazas et le Rio Florido, le pays n'est qu'un désert; la colonne arriva, le 22 juillet, à Rio Florido et le lendemain à Villa Allende;

---

[1] Le général Brincourt au Maréchal, 14 juillet.

[2] De Durango à San Salvador. . . . . 42 lieues 1/2
De San Salvador à Rio Florido. . . . . 43 —
De Rio Florido à Allende. . . . . 8 — 1/2
De Allende à Santa Rosalia. . . . . 21 —
De Santa Rosalia à Santa-Cruz de Rosales . . . . . . 18 — 1/2
De Santa-Cruz de Rosales à Chihuahua. . . . . 27 —
                                                    160 lieues 1/2

De Allende au Parral, 7 lieues.

[3] 18e bataillon de chasseurs à pied, 95e de ligne, 1er chasseurs d'Afrique.

de ce point, un détachement fut envoyé chercher de l'argent au Parral, ville de 10,000 habitants et centre minier important, à 29 kilomètres de Allende.

C'était au Parral, à Allende, et à Rio Florido que l'ennemi cherchait à reconstituer ses forces. Ruiz, qui était au Parral, se replia sur Santa Rosalia; puis, se voyant suivi dans cette direction par les colonnes françaises, il se mit en retraite sur Chihuaha emmenant dix-huit pièces d'artillerie, dont quatorze de gros calibre, tandis que Aguirre, avec environ sept cents hommes, se retirait vers le désert. Le général Brincourt fut arrêté pendant huit jours à Las Garzas par le Rio de Conchos, dont le passage offrit des difficultés inouïes; Ruiz était au même moment arrêté par le Rio San Pablo, à Santa-Cruz de Rosales; mais ayant appris que la tête de colonne française commençait à franchir le Rio de Conchos, il fit enclouer ses pièces, noyer ses munitions, briser ses affûts, et passa le Rio San Pablo à la nage avec une partie de ses troupes; le général Villagran, accompagné d'un bataillon de cinq cents hommes et de quatre pièces de montagne, se sépara de lui et remonta à l'ouest, vers la Sierra.

Le 9 août, une avant-garde du général Brincourt arrivait à Rosales, où elle s'emparait du matériel et des quatorze pièces abandonnés par l'ennemi. On était alors à vingt-sept lieues de Chihuahua; Juarez avait quitté cette ville depuis le 5 août et se retirait vers Paso del Norte; les troupes libérales s'étaient dispersés. Le général Brincourt ayant assuré ses communications par des postes laissés au Rio Florido, à Allende, au Parral, à Santa Rosalia, et à Santa Cruz de Rosales, marcha sur Chihuahua avec une colonne légère et entra dans la ville le 15 août; il s'occupa aussitôt de rétablir es autorités municipales et de réorganiser l'administration.

A la suite de cette courte mais pénible campagne que les troupes avaient fournie avec une remarquable vigueur, le drapeau français était ainsi porté à plus de quatre cents lieues de Mexico et à cent soixante lieues de Durango. On avait perdu seulement un officier et un soldat noyés au passage du Rio de Conchos ; mais le général Villagran, qui avait quitté le gros des troupes libérales à Santa-Cruz de Rosales, s'était porté rapidement sur le Parral, et avait écrasé une compagnie du 95ᵉ de ligne, envoyée dans cette ville pour chercher de l'argent. Le lieutenant Pyot, qui commandait cette compagnie forte de soixante-six hommes, fut attaqué le 8 août, dans la nuit ; il résista pendant deux heures, et se faisant ensuite jour à la baïonnette avec quatorze de ses hommes, il parvint à gagner la campagne et à rentrer au Rio Florido ; un officier et seize hommes furent tués, vingt-quatre faits prisonniers. D'après le rapport de Villagran, les Mexicains perdirent un général, un officier, quatre hommes tués et trois blessés. Averti de ces événements, le colonel Cousin, du 95ᵉ, se porta rapidement de Allende sur le Parral ; il arriva le lendemain du combat et recueillit treize soldats blessés.

En rendant compte au maréchal du succès de son expédition, le général Brincourt mentionnait certains bruits, venant de la frontière, d'après lesquels Juarez aurait quitté le territoire mexicain et serait passé aux Etats-Unis. Cette nouvelle, également rapportée par plusieurs journaux américains, fut accueillie à Mexico avec grande satisfaction. L'empereur Maximilien croyait y voir la fin de la résistance du parti républicain, et comptait plus que jamais sur la reconnaissance prochaine de l'Empire par les Etats-Unis. « Le gouvernement des Etats-Unis est assez bien disposé, écrivait-il ; il reçoit déjà mes agents avec amabilité et encouragement, mais faisant toujours la craintive question : « Juarez est-il parti? (¹). » C'est à cette époque cependant, que le président Johnson éconduisait l'envoyé porteur d'une lettre de l'empereur du Mexique, et qu'il faisait officiellement savoir au gouvernement français son intention formelle de ne pas reconnaître l'empire mexicain.

L'empereur Maximilien pensa que le moment était venu de faire une sérieuse manifestation politique. Il adressa au pays une proclamation dans laquelle il déclarait que, l'ancien président ayant quitté le territoire national, personne ne pouvait s'abriter désormais derrière le masque de la légalité pour continuer la guerre contre l'Empire ; par conséquent les bandes de guérillas devaient être considérées comme des associations de malfaiteurs auxquelles serait appliquée toute la rigueur des lois martiales :

« Mexicains, la cause soutenue avec tant de courage et de constance par D. Benito Juarez avait déjà succombé non-seulement devant la volonté nationale, mais devant la loi même que ce chef invoquait à l'appui de ses titres. Aujourd'hui, cette cause, dégénérée en faction, est restée abandonnée par le fait de la sortie de son chef du territoire de la patrie.

« Le gouvernement national a été longtemps indulgent et il a prodigué les actes de clémence pour laisser aux hommes égarés, à ceux qui ne connaissaient pas l'état des choses, la possibilité de s'unir à la majorité de la nation et de rentrer dans le chemin du devoir.

« Il a obtenu le résultat désiré ; les hommes honorables se sont groupés autour de son drapeau, et ont accepté les principes justes et libéraux qui guident sa politique. Le désordre n'est plus entretenu que par quelques chefs égarés par des passions qui n'ont rien de patriotique, et par une soldatesque sans frein qui reste toujours comme le dernier et triste vestige des guerres civiles.

« Dorénavant la lutte sera entre les hommes honorables de la

(¹) Lettre de l'empereur Maximilien, du 17 août 1865.

1865.

nation et les bandes de malfaiteurs et de brigands. Le temps de l'indulgence est passé ; elle ne servirait plus qu'au despotisme des bandes, à ceux qui incendient les villages, à ceux qui volent et assassinent les citoyens pacifiques, de malheureux vieillards et des femmes sans défense.

« Le gouvernement, fort de son pouvoir, sera désormais inflexible dans le châtiment; ainsi l'exigent les droits de la civilisation, le respect de l'humanité, et les exigences de la morale [1]. »

Mexico, le 2 octobre 1865.

Cette proclamation était suivie d'un décret, daté du 3 octobre, contresigné par tous les ministres, édictant des peines sévères contre les bandes et rassemblements armés, et tous ceux qui leur prêteraient appui.

Art. 1er. — Tous les individus faisant partie de bandes ou rassemblements armés existant sans autorisation légale, qu'ils proclament ou non un prétexte politique, quels que que soient d'ailleurs l'organisation de ces bandes, le caractère et la dénomination qu'elles prennent seront jugés militairement par les cours martiales; s'ils sont déclarés coupables, lors même que ce ne serait que du seul fait d'appartenir à une bande armée, ils seront condamnés à la peine capitale, et la sentence sera exécutée dans les vingt-quatre heures [1].

Les individus de cette catégorie, faits prisonniers à la suite d'un combat, devaient être jugés par le commandant de la troupe au pouvoir de laquelle ils tomberaient, l'enquête terminée et la sentence exécutée dans les vingt-quatre heures.

Art. 5. — Seront jugés et condamnés conformément à l'art. 1er [1]:

I. Ceux qui, volontairement, auront procuré aux guérilleros de l'argent ou toute autre espèce de secours.

II. Ceux qui leur auront donné des avis, nouvelles, ou conseils.

III. Ceux qui, volontairement et sans ignorer la qualité des guérilleros, leur vendront ou procureront des armes, des chevaux, des munitions, des vivres, et en général tout article de guerre.

[1] D'après une traduction.

Les personnes qui entretiendraient des relations avec les guérilleros, leur donneraient asile, répandraient des nouvelles de nature à troubler l'ordre, n'avertiraient pas du passage d'une bande ou de son approche, devaient être traduites devant les cours martiales et condamnées à la prison ou à des amendes. Les habitants et les hacenderos qui, pouvant le faire, ne se défendraient pas contre les guérillas, étaient également rendus passibles des mêmes peines. Une amnistie fut accordée aux individus ayant appartenu à une bande armée, à la condition de se présenter aux autorités avant le 15 novembre.

La rigueur des peines portées dans ce décret n'était nullement en dehors des conditions ordinaires dans lesquelles vivait le Mexique, et fut loin d'émotionner le pays, comme la presse hostile voulut le faire croire. Chaque changement de gouvernement, chaque crise politique sérieuse a toujours amené les chefs de parti à user de semblables moyens pour réduire leurs adversaires; l'histoire du Mexique présente un grand nombre de faits analogues; il suffit de rappeler le décret rendu par Juarez, le 25 janvier 1862 au commencement de la guerre, décret qui appliquait la peine de mort à des cas si nombreux qu'on l'avait ironiquement désigné sous le nom de *Loi mortuaire* [1].

Rendu sur les instances et d'après les conseils du maré-

---

[1] Ces décrets de rigueur portent d'ordinaire leurs correctifs en eux-mêmes, car leur sévérité les rend la plupart du temps inapplicables. Cependant les exécutions des généraux Arteaga et Salazar et de leurs compagnons, fusillés sur l'ordre du colonel Mendez, ont été la conséquence du décret du 3 octobre ; elles n'étaient du reste que des représailles de la mort du commandant militaire et du préfet d'Uruapan, exécutés peu de temps avant par les chefs libéraux. L'empereur Maximilien en fut douloureusement impressionné ; son intention était beaucoup plutôt de menacer que de frapper ; aussi l'ordre fut immédiatement donné à Mendez d'épargner les chefs honorables qui viendraient à tomber entre ses mains,

chal Bazaine(1), le décret du 3 octobre n'avait pas en vue les chefs honorables du parti libéral ; il se proposait la répression du brigandage qui, sous le drapeau politique, avait pris d'effrayantes proportions. Plutôt que de faire une nouvelle loi sur laquelle la malveillance et l'hostilité des partis ont eu tant de prises, il aurait mieux valu appliquer purement et simplement, mais d'une manière ferme et équitable, les décrets déjà rendus, en 1863, par le maréchal Forey sur l'organisation et la juridiction des cours martiales; au lieu de faire un crime à l'empereur Maximilien des dispositions du décret du 3 octobre, on aurait pu, avec beaucoup plus de raison, lui reprocher d'avoir trop souvent, par excès de bonté, adouci la sévérité des peines prononcées par les tribunaux militaires. S'il n'avait pas craint d'indisposer l'armée française, il eût étendu sa clémence sur le plus grand nombre des gens condamnés par les cours martiales (2). Enfin, si le décret du 3 octobre avait besoin d'être justifié, il suffirait de citer le texte même de la circulaire datée du même jour et envoyée aux préfets par le ministre de l'intérieur :

« Le gouvernement de S. M. suit une marche libérale ; il tolère toutes les opinions, respecte tous les droits ; d'après cela vous comprendrez que les considérations de parti ne doivent être d'aucun poids dans vos actes qui, de cette manière seulement, seront conformes à l'esprit de la loi promulguée à la date de ce jour.

Riva-Palacio particulièrement, dont le père siégeait au Conseil d'Etat et fut plus tard, à Queretaro, un des défenseurs de l'Empereur.

Le décret du 3 octobre a été un des principaux chefs d'accusation portés contre l'empereur Maximilien ; mais il fallait l'injustice des passions politiques et la mauvaise foi pour lui reprocher d'avoir été cruel un seul jour ; les journaux libéraux eux-mêmes ne s'étaient-ils pas moqués de sa clémence et de son horreur de la guerre, en disant qu'une goutte de sang le faisait évanouir ?

(1) Le maréchal au ministre, 9 octobre.
(2) L'Empereur voulait même gracier Romero, chargé de plusieurs crimes de droit commun.

« Les bandes armées, qui saccagent les centres de populations, enlèvent les habitants, incendient, assassinent, et volent, n'ont pas de drapeau ; et si elles en arborent un, dans le but de couvrir leurs crimes, la dignité humaine et l'honneur du pays exigent qu'il soit arraché de leurs mains.

« Le gouvernement espère que les chefs honorables qui, par suite d'un déplorable aveuglement, conservent une attitude hostile de nature à encourager les criminels, finiront par comprendre, suivant les dispositions de la loi, que la cause, qui ne peut plus être dignement défendue, est en dehors du droit de la guerre, qu'il n'est jamais permis d'armer le brigandage contre la société, et que les principes libéraux et de progrès réel qui, solidement établis, ouvriront à notre pays une ère de prospérité, ne doivent pas être sacrifiés à des questions d'intérêt personnel et de simple forme du gouvernement (1). »

La préoccupation constante de l'empereur Maximilien, comme le prouvent le préambule de sa proclamation et la circulaire du ministre de l'intérieur, était de rallier les dissidents libéraux, Juarez lui-même s'il était possible. Vivant d'illusions, il ne désespérait pas d'arriver à ce résultat, et penchait de plus en plus vers le parti que l'intervention française avait combattu au Mexique, tandis qu'il délaissait, au contraire, ses premiers et plus fidèles partisans. Les hommes, dont l'empereur Maximilien recherchait l'appui et dont il s'entourait le plus volontiers dans ses conseils, étaient ceux qui, ne pouvant souffrir la tutelle française, auraient à tout prix voulu chasser l'étranger de leur pays. Naturellement le quartier général n'approuvait pas cette tendance politique, les journaux, qui recevaient ses inspirations, critiquèrent l'hommage rendu à Juarez par ces termes de la proclamation impériale : « *La cause soutenue avec tant de courage et de constance par D. Benito Juarez.* » Leurs observations provoquèrent un vif mécontentement et leur atti-

---

(1) D'après une traduction.

rèrent les sévérités de l'administration mexicaine ; *l'Ère nouvelle* reçut un avertissement. La docilité, avec laquelle les ministres avaient contresigné le décret du 3 octobre, docilité dont l'Empereur lui-même s'était étonné, faisait supposer au maréchal qu'ils pourraient bien avoir une arrière pensée et, en échange de leur complaisance, chercher à obtenir de l'Empereur quelque mesure hostile à la France. On prétendait même que les libéraux promettaient de se rallier à l'Empire, si l'on renvoyait l'armée française. Le maréchal rapporta ces bruits au gouvernement français; cependant ils ne paraissent pas avoir été vraiment sérieux [1]. En effet Juarez, au lieu de quitter le territoire mexicain, comme on le supposait, envoyait de Paso del Norte aux différents agents de son gouvernement la note suivante, signée par son ministre Lerdo de Tejada :

Paso del Norte, 15 août 1865.

« Ayant quitté la ville de Chihuahua le 5 courant, le président de la république est arrivé à Paso del Norte hier ; il a ordonné que le siége du gouvernement y serait établi pour le présent.

« Ici, comme sur tout autre point de la République où les circonstances pourront rendre convenable que le siége du gouvernement soit établi, le citoyen président fera tout son possible pour remplir son devoir avec courage et constance ; il répondra ainsi aux vœux du peuple mexicain, qui ne cessera jamais de lutter partout contre l'envahisseur, et finira infailliblement par triompher dans la défense de son indépendance et des institutions républicaines. »

« Indépendance et Liberté. »

Le général Brincourt avait obtenu de bons résultats dans l'État de Chihuahua ; les Indiens de cette province se montrèrent sympathiques à l'empire ; ils se prononcèrent en sa faveur du côté de Concepcion et s'armèrent

---

[1] Le maréchal au ministre, 9 octobre.

pour résister aux forces libérales. Ojinaja, gouverneur militaire du pays pour Juarez, fut tué dans un combat contre eux et ses troupes se débandèrent. Bien que les ordres du maréchal fussent formels, le général Brincourt trouvait que l'abandon de Chihuahua serait si impolitique qu'il retarda, autant qu'il le put, le moment de rétrograder et sollicita de nouvelles instructions. Il suffisait, disait-il, d'un millier d'hommes pour conserver à l'Empire tout un immense territoire, en interdire l'accès aux juaristes, et amener ainsi la ruine totale de leur parti; mais le maréchal se montrait toujours inquiet de la possibilité d'une collision avec les Etats-Unis, plus inquiet peut-être qu'il ne l'était en réalité et que la situation ne le comportait; ses ordres furent maintenus. On a voulu voir, dans cette évacuation fort intempestive, une preuve des mauvaises dispositions du maréchal à l'égard de l'empereur Maximilien, et du médiocre intérêt que lui inspirait la consolidation de sa couronne. Cependant, peu après, cédant aux instances de l'Empereur, il consentit à laisser provisoirement une garnison française à Chihuahua; un contre-ordre ne pouvant arriver à temps pour arrêter le général Brincourt, une nouvelle colonne fut dirigée de Durango vers le nord, sous le commandement de M. le chef d'escadron d'état-major Billot [1].

Le général Brincourt avait, bien à regret, quitté Chihuahua le 29 octobre; le 20 novembre suivant, Juarez y revenait avec une centaine de ses partisans, mais il devait y rester seulement quelques jours. Sa politique n'était pas de concentrer autour de lui les forces militaires du parti libéral; il cherchait, au contraire, à grossir les

---

[1] Elle se composait d'un bataillon du 7e de ligne, de deux pelotons de cavalerie et d'une section d'artillerie; ensemble : 500 hommes environ.

troupes qui opéraient dans le Tamaulipas sous Escobedo, dans le Sinaloa et la Sonora avec Patoni [1], afin de diviser les efforts des Français et les empêcher de ruiner d'un seul coup les espérances des républicains en anéantissant toute l'armée libérale dans une campagne heureuse. Quant à lui, il se contentait d'une petite escorte, et ne mettait aucun amour-propre à reculer de village en village ; lorsque la deuxième colonne expéditionnaire du nord, venant de Durango, s'approcha de Chihuahua, il en repartit simplement (9 décembre) et retourna au Paso del Norte attendre, avec la patience inépuisable des hommes de sa race, des circonstances plus favorables. Sa petite armée, sous les ordres de D. Luis Terrazas, représentée alors par quatre cents fantassins, une centaine de cavaliers, et six canons, se retira également. Chihuahua fut réoccupé sans coup férir, le 11 décembre.

Cependant la désunion s'était glissée parmi les adhérents de Juarez ; il était arrivé au terme de ses pouvoirs depuis le 30 novembre 1865 ; mais, de sa propre autorité, par un décret du 8 novembre, il les avait prorogés jusqu'à la fin de la guerre, et avait destitué le général Ortega qui, d'après la constitution et en qualité de président de la Cour suprême, aurait dû exercer l'autorité présidentielle jusqu'aux nouvelles élections. Le général Ortega s'était rendu aux Etats-Unis sans autorisation. Juarez saisit ce prétexte pour se débarrasser d'un compétiteur gênant. Sa conduite fut désapprouvée par plusieurs membres influents du parti libéral, Don Manuel Ruiz entre autres, membre de la Cour suprême et suppléant légal du président de cette cour. M. Ruiz se présenta au commandant Billot à Rio Florido, le 1er dé-

---

[1] Lettre de Juarez à D. Jesus Teran, Paso del Norte, 17 août.

cembre, et déclara rentrer dans la vie privée. La veille, il avait publié au Parral une protestation, longuement motivée, contre la violation des principes fondamentaux de la constitution dont Juarez s'était rendu coupable. La notoriété, dont jouissait D. Manuel Ruiz, et la place qu'il occupait dans le parti libéral, donnaient à ce manifeste une importance toute particulière ; ces incidents paraissaient devoir favoriser les efforts tentés par l'empereur Maximilien pour rallier les hommes politiques encore attachés au régime républicain. Si Juarez eût, en cette occasion, montré quelque défaillance, peut-être la république mexicaine eût-elle sombrée ; il ne serait resté que des chefs de bande n'ayant aucune cohésion, sans mandat d'aucune sorte, capables tout au plus d'entretenir l'anarchie et la guerre civile ; l'Empire se serait fortifié de tout ce que le parti opposé aurait perdu. La protestation de Manuel Ruiz et celle qui fut publiée quelque temps après par le général Ortega, n'empêchèrent pas Juarez de rester toujours la véritable personnification de la résistance à l'intervention française et à l'Empire ; il continua d'être reconnu comme président de la république par la grande majorité des chefs libéraux. Ortega ne rallia qu'un très-petit nombre de partisans.

Malgré les intentions bien formulées par Juarez de n'accepter aucun compromis avec l'Empire, et les gages certains donnés à cette politique par sa conduite même, l'empereur Maximilien poursuivait toujours son rêve d'alliance avec le parti libéral. Un de ses amis, le baron de Pont, était en relations avec D. Jesus Teran, ancien secrétaire de Juarez et son agent confidentiel en Europe ; par l'intermédiaire de ces deux personnes, des lettres de Juarez écrites à D. Jesus Teran parvenaient à l'empereur Maximilien et, très-probablement aussi, les lettres de l'Em-

1865.

pereur au baron de Pont étaient communiquées à Juarez. Or voici les révélations curieuses que contient une des lettres de l'Empereur, datée du 8 décembre 1865 [1].

« Teran est un vrai patriote comme son maître, il avait les meilleures intentions pour son pays; s'il est bien informé, il doit savoir que, dans toutes les discussions, je défends son maître et que je reconnais toujours combien, en beaucoup de choses, il a été utile au Mexique; mais il lui arrive, comme à notre bon vieux Guttierrez, ce qui arrive à tous, il exagère, et les souvenirs de la réalité s'effacent.....

« La question du moment et du prochain avenir est d'organiser le pays d'une manière réfléchie et patiente. Cette tâche n'admet ni miracles, ni transitions subites, et je cherche à éviter l'unique erreur de mon prédécesseur Juarez qui, dans le court espace de sa présidence, voulut tout briser, tout réformer.

« La seule chose à laquelle on peut prétendre, c'est un développement organique et une conviction réfléchie; il faut laisser de côté tous les coups brillants, ils sont permis en Europe où l'on a affaire à des esprits blasés, ici tout est vigueur et jeunesse . . . .

---

[1] Le baron de Pont avait communiqué à l'empereur Maximilien une lettre de D. Jesus Teran dans laquelle, entre autres choses, on lisait :

Berne, 17 septembre 1865.

« Je crois, monsieur le baron, que le moment est venu, pour l'empereur du Mexique, de réfléchir sérieusement sur sa position et de prendre une résolution définitive avant que les affaires ne se compliquent, parce qu'alors il sera emporté par la force des événements, et que sa conduite ne dépendra plus de sa volonté.....

« Si mes anciennes relations avec Don B. Juarez, et les personnes qui composent son cabinet me permettent de lui être de quelque utilité, je suis disposé à faire ce qui dépendra de moi pour le dégager honorablement de sa position, certain que j'éviterai ainsi à ma patrie de nouvelles épreuves. Je travaillerai à amener Don B. Juarez à conclure un arrangement honorable pour l'un et pour l'autre..... A la place de l'empereur, je commencerais par décréter une suspension d'hostilités avec le gouvernement constitutionnel.

« Afin de conclure un traité aussi avantageux que possible, et usant des facultés qu'accorde le traité de Miramar, je renverrais l'armée française ,..... puis je ferais connaître ma résolution de me retirer.

« Je crois trouver dans les lettres de Teran une diplomatie profonde et réelle ; je désire beaucoup m'entendre avec Juarez, mais tout d'abord, il doit reconnaître la décision de la majorité effective de la nation qui veut la tranquillité, la paix, et la prospérité, et il faut qu'il se décide à collaborer avec son énergie inébranlable et son intelligence reconnue à l'œuvre difficile que j'ai entreprise. Si, comme je le crois, il envisage réellement le bonheur du Mexique, il doit bien comprendre qu'aucun Mexicain n'aime autant que moi le pays et son progrès, et que j'y travaille avec toute sincérité et avec les meilleures intentions ; qu'il vienne pour m'aider sincèrement et loyalement, et il sera reçu à bras ouverts comme tout bon Mexicain..... Vous pouvez remercier Teran, en mon nom, de ses bonnes paroles ; vous lui direz que je suis prêt à recevoir Juarez dans mon conseil et parmi mes amis, mais que, pour le moment, j'ai à défendre ce qui est au-dessus de ma vanité et de mon bien-être individuels, l'indépendance d'un beau pays et d'un peuple de huit millions d'âmes, tâche digne d'un prince de ma famille [1]. »

Opérations militaires en Sonora.

Nous avons dit qu'au moment même où le général Brincourt marchait sur Chihuahua, les troupes françaises pénétraient également dans l'intérieur de la Sonora. La garnison débarquée à Guaymas, le 29 mars précédent, était trop faible pour sortir de la place, mais à la fin du mois de mai, elle avait reçu des renforts qui lui permirent de rompre le blocus de l'ennemi. Les forces libérales, commandées par Pesquiera, comptaient deux mille cinq cents hommes et dix canons ; elles étaient campées à la Pasion au pied des montagnes, à huit lieues de Guaymas. Le 22 mai, le colonel Garnier, après avoir forcé les avant-postes ennemis du Cavallo à se replier, essaya de surprendre le camp de Pesquiera par une marche de nuit ; l'escadron de chasseurs, qui formait l'avant garde, s'avança trop

---

[1] D'après le texte publié par l'abbé Domenech, *Juarez et Maximilien*, Paris, 1868.

1865.

loin du gros de la colonne ; il tomba sur le campement des libéraux, y sema le désordre, mais donna l'éveil à l'ennemi, qui put battre en retraite et se mettre hors de portée avant l'arrivée de l'infanterie française. Pesquiera se retira sur Hermosillo, la ville la plus importante de la contrée, à trente-sept lieues de Guaymas ; le colonel Garnier revint à Guaymas.

La province de Sonora compte environ cent vingt mille habitants dont la moitié de race indienne ; cette population est éparpillée sur une grande étendue de pays, en partie aride, et dont la richesse minérale paraît être de beaucoup au-dessous des narrations exagérées qui en ont été faites. Le nord de cette contrée est fréquemment dévasté par les Indiens Apaches ; depuis la suppression des présidios espagnols, la plupart des haciendas et des villages sont détruits, le pays est ruiné.

Les tribus indiennes, fixées en Sonora, et dont la plupart sont converties au christianisme depuis les premiers temps de la conquête, sont les seuls adversaires qui puissent être opposés aux Indiens sauvages. Les plus considérables de ces tribus sont celles des *Pimas* (quinze mille individus environ) établis dans les districts du Nord-Ouest ; les *Papayos*, tribu guerrière non convertie qui habite près de la frontière (huit à dix mille individus); les *Opatas* (trente-cinq mille environ) établis dans les districts d'Urès, d'Arispe, d'Opozura, de Sahuaripa; Tanori, leur chef, vint à Guaymas offrir au colonel Garnier un concours qui fut très-utile dans plus d'une circonstance ; enfin les *Yaquis* et les *Mayas* qui vivent dans les vallées des Rios Yaqui et Maya, où ils s'adonnent à l'agriculture et à l'industrie minière. Ils sont au nombre d'environ trente mille. Sous l'influence de quelques hommes dévoués aux nouvelles institutions, ces tribus se montrèrent favorables aux Français et chassèrent les libéraux de leurs villages (1).

Ces bonnes dispositions déterminèrent le maréchal à faire pénétrer des troupes françaises dans le cœur du pays. Parti de Guaymas, le 23 juillet 1865, avec cinq cent cinquante hommes, le colonel Garnier entra sans coup férir à Hermosillo, le 29 du même mois. Pesquiera, continuellement harcelé par les Indiens qui lui enlevèrent quatre canons, se replia sur Urès, puis sur Arispe. Un pronunciamiento en faveur de l'Empire ayant eu lieu à Urès, le colonel Garnier s'y rendit et occupa la ville le 15 août, jour même où le général Brincourt entrait à Chihuahua.

Les contingents alliés furent bientôt maîtres d'El Altar, d'Opozura, puis de Magdalena, de Sahuaripa et d'Arispe. Toute la province, à l'exception d'Alamos, reconnut l'autorité impériale et, peu après, les Indiens occupèrent ce dernier point, à la suite d'un combat où le chef libéral Rosales fut tué avec une centaine des siens. Mais, par suite des nouvelles combinaisons arrêtées par le maréchal, en vue de la possibilité d'une agression des Etats-Unis, un seul régiment, le 62º de ligne, devait être laissé dans les deux provinces de Sonora et de Sinaloa ; le 51º de ligne fut donc rappelé à Mazatlan et renvoyé à Durango. Le bataillon du 62º, qui le remplaça en Sonora, eut l'ordre de borner son occupation au port de Guaymas ; les autres points furent confiés aux contingents indiens.

A l'autre bataillon du 62º, incombait la lourde tâche de

---

(1) Les Indiens délivrèrent la plupart des prisonniers français du combat de San Pedro, qui se trouvaient à Opozura ; ils ramenèrent à Guaymas six officiers, trente-trois marins, vingt-trois railleurs. La colonne du général Brincourt en recueillit quelques autres dans sa marche vers Chihuahua.

garder l'Etat de Sinaloa ; nous dirons plus loin quelles difficultés il eut à vaincre. Son effectif ne lui permettant pas de dominer le pays, Corona y revint avec ses bandes, brûla la Noria pour punir ce village des sympathies témoignées aux Français, et, bientôt, les troupes laissées dans le Sinaloa se trouvèrent restreintes à un étroit rayon autour de Mazatlan. Du reste l'insuffisance du corps expéditionnaire se manifestait sur tous les points.

Comme le maréchal concentrait ses troupes, dont la trop grande dissémination pouvait avoir des inconvénients, il devenait souvent impossible aux autorités impériales de se maintenir sans leur appui.

Opérations dans le Tamaulipas. Dans le Nord-Est, il ne resta de garnison française qu'à Monterey et à Matehuala ; la division Mejia, qui comptait seulement 3,500 hommes, ne pouvait suffire à garder d'une manière efficace l'immense territoire compris entre Matamoros, Tampico et Monterey. Pour protéger les communications entre cette dernière ville et Matamoros, la contre-guérilla avait été placée à Cadeireita ; un convoi de commerce envoyé de Matamoros, sous l'escorte de huit cents hommes de troupes mexicaines, réussit à passer ; mais à son retour, ce détachement perdit deux cent cinquante hommes dans un combat malheureux et fut obligé de revenir sur ses pas. Cortina isola complétement Matamoros et interdit toute communication avec la ville ; aucune marchandise n'entrait ni ne sortait sans sa permission et sans lui payer des droits. C'était à lui que les voyageurs s'adressaient pour obtenir des passe-ports [1].

Au sud de Monterey, les guérillas libérales coupaient

---

[1] Le maréchal au ministre, 9 septembre.

également les routes et menaçaient Matehuala ; il fut nécessaire d'envoyer dans cette place un bataillon de renfort. Les bandes ennemies s'étaient alors rabattues vers le Sud par les grandes haciendas de Solis et de Peotillos ; des colonnes légères sorties de San Luis Potosi et de Queretaro les atteignirent plusieurs fois, les forcèrent d'abandonner les districts de Santa Maria del Rio et de Rio Verde, et les obligèrent à se replier sur Tula de Tamaulipas, dont elles s'étaient emparées depuis le commencement du mois de juin. Le maréchal voulut les déloger également de cette position afin de rouvrir la route entre San Luis et la mer. Déjà, le 16 juin, le bataillon d'infanterie légère d'Afrique (commandant Chopin) avait été débarqué à Tampico. Il devait y laisser ses impedimenta et s'avancer rapidement vers l'intérieur, afin de combiner ses mouvements avec les petites colonnes qui sortaient alors de Matehuala, de San Luis et de Queretaro. Contrairement à ces prescriptions, ce bataillon emmena ses bagages à Tancasnequi ; le manque absolu de moyens de transport et les pluies torrentielles, qui inondaient le pays, le mirent dans l'impossibilité de se mouvoir. Le maréchal avait l'intention d'employer dans le Tamaulipas le bataillon du régiment étranger qui se trouvait alors à Matamoros ; il le fit transporter à Tampico sur les bâtiments de l'escadre (19 juillet) ; mais cette troupe était dans un tel état d'épuisement (sur un effectif de 500 hommes au départ de Vera-Cruz, il ne restait que 257 hommes valides), qu'il fallut renoncer à cette combinaison et la ramener à Vera-Cruz. Le bataillon d'Afrique fut également très-éprouvé par les maladies, et ne se trouva plus en état de présenter en ligne un nombre suffisant de combattants pour affronter les guérillas ennemies ; un bataillon du 3ᵉ zouaves (commandant Delloye) dut lui conduire de Matehuala à Tancasne qui les moyens de transport qui lui faisaient défaut, et protéger sa marche jusqu'à Tula. Arrivé le 26 août à Tancasnequi, le commandant Delloye en repartit le lendemain avec le bataillon d'Afrique, son convoi et ses nombreux malades; cette colonne rencontra d'abord à El Nopal, puis le 9 septembre au col de Chamal, dans une forte position, les guérillas de Mendez qui lui disputèrent le passage; à la suite d'un vigoureux combat, la colonne française parvint cependant à s'ouvrir la route.

On avait, en outre, envoyé contre Escobedo, qui battait le pays entre Linares et Burgos, la contre-guérilla et un bataillon du régiment étranger (août 1865); les bandes ennemies ne cessaient d'inquiéter la route de San Luis; elles pillèrent le minéral de Catorce (22 août) et attaquèrent un convoi français à Tanque de las Vacas (31 août). L'ennemi laissa passer la saison des pluies sans rien tenter de sérieux dans le Nord, mais, dès les premiers jours d'octobre, Escobedo réunit son monde et, le 18 du même mois, avec trois mille hommes et onze canons, il assiégea Matamoros. Le général Mejia était disposé à résister énergiquement; les négociants étrangers, les Français en particulier, lui prêtèrent un concours actif, mais il craignait à chaque instant que ses soldats, activement travaillés par les agents de l'ennemi, ne fissent défection. L'attitude des Américains le préoccupait également; ils fournissaient à Escobedo des munitions et des vivres; ils recevaient ses blessés dans leurs hôpitaux; des soldats et des officiers des Etats-Unis passaient fréquemment le fleuve et combattaient à côté des troupes libérales. Deux attaques furent cependant repoussées avec succès le 25 et le 26 octobre.

M. le capitaine de vaisseau Cloué, commandant l'escadre française du golfe, vint surveiller l'embouchure du Rio

Bravo; il fit armer par ses marins un petit vapeur de rivière, *l'Antonia*, et l'envoya au secours de Matamoros. Ce bâtiment remonta le Rio Bravo, le 7 novembre, malgré la fusillade et le feu d'artillerie qui partaient des rives du fleuve. La nuit suivante, Escobedo leva le siége; un renfort de quatre cents Autrichiens arriva peu de temps après.

Le général Mejia et le commandant Cloué protestèrent près du général américain Weitzel, contre l'appui effectif que les troupes d'Escobedo avaient trouvé sur la rive gauche; celui-ci répondit d'abord assez courtoisement, exprimant ses regrets de ne pouvoir empêcher, comme il le voudrait, ces violations de neutralité; puis cette correspondance s'aigrit, des lettres furent renvoyées de part et d'autre sous prétexte qu'elles étaient rédigées en termes inacceptables [1]. Le général Sheridan, commandant supérieur à la Nouvelle-Orléans, fit passer au général Mejia une

---

[1] (*Extraits des correspondances échangées entre le commandant Cloué et le général Weitzel.*)

« *Le commandant Cloué au général Weitzel* :

« Devant le Rio Grande, 6 novembre 1865.

« Monsieur le général, j'ai toujours été exactement renseigné sur tous les événements qui se passent aux environs de Matamoros; c'est vous dire que je connais parfaitement tous les secours que les soi-disant libéraux ont retirés et retirent du Texas, et en particulier de Brownsville.

« Les hommes, les vivres, les munitions de guerre sont fournis à nos ennemis par des personnes qui relèvent de votre commandement; les pièces d'Escobedo sont servies par des canonniers qui viennent de votre armée et ne sont même pas encore congédiés. Les blessés sont reçus à l'hôpital de Brownsville. Les officiers d'Escobedo et de Cortina viennent journellement en armes dans cette ville prendre leurs repas, ou se reposer dans les intervalles de loisir que leur laisse l'attaque de Matamoros. En un mot, Brownsville semble être le quartier général des juaristes, et personne ne doute que ni Escobedo, ni Cortina ne seraient en état d'entreprendre quoi que ce soit, s'ils n'avaient les ressources continuellement renouvelées du Texas pour les soutenir.

« Je prendrai la liberté, Monsieur le général, de vous rappeler combien a été dif-

dépêche presque menaçante ; celui-ci refusa de la recevoir, il était fort inquiet et n'osait sortir de Matamoros, de peur qu'en son absence des flibustiers américains ne s'en rendissent maîtres. La surexcitation, qui existait alors en Amérique contre la France et contre l'Empire mexicain, ne justifiait que trop ces alarmes ; un déplorable événement les augmenta encore.

Dans la nuit du 4 au 5 janvier 1866, des bandes de sol-

férente de ce qui se passe ici, la conduite de la France pendant la récente guerre qui vient de déchirer l'Union américaine.

« La France est restée loyalement neutre ; s'il en avait été autrement, si nous avions fait la centième partie de ce qui se fait à Brownsville ou sur les bords du Rio Grande, le peuple américain aurait protesté hautement et il aurait eu raison.

« Les lois internationales adoptées par toutes les nations civilisées sont obligatoires *pour toutes*. De même que ces lois, nous engagent d'honneur à rester neutres, elles *vous engagent* à votre tour, car vous ne pouvez pas prétendre à être affranchis des règles sur lesquelles vous vous êtes appuyés, sous le prétexte qu'elles ne vous sont plus bonnes à rien.

« Après vous avoir présenté les observations qui précèdent, Monsieur le général, je termine ma lettre en protestant de la manière la plus formelle contre la violation flagrante de la neutralité de cette frontière et particulièrement à Brownsville.

« Veuillez agréer, etc.

« Signé : Cloué. »

Réponse à la lettre précédente. — *Le général Weitzel au commandant Cloué.*

« Sir, I have received your communication of the 6th instant, and return it herewith, as I cannot receive a document so disrespectfull towards the government I have the honour to represent.

« If you have any complaints to make, they will be duly submitted by me to higher authorities, if said complaints are in proper terms and couched in proper language.

« I am, Sir, very respecfully, your obedient servant.

Signé : Weitzel. »

Le commandant Cloué ayant écrit de nouveau, reçut la réponse suivante sans signature ; il la renvoya au général américain.

Le général Weitzel au commandant Cloué (17 novembre).

« He (general Mejia) and I, have already had more correspondence than was pleasant to me. I do not wish to write letters. It is not my profession, and I was not sent here by my government to write letters. I would therefore again repeat that either you, or general Mejia alone take charge of all correspondence with me. »

dats nègres, portant le nom de *Cortina* sur leurs chapeaux, mais ayant l'uniforme américain, traversèrent le Rio Bravo et envahirent la ville de Bagdad. Ils surprirent une petite garnison impérialiste de deux cents hommes qu'ils emmenèrent à Clarksville, au Texas, où l'on engagea les prisonniers à se laisser incorporer dans la troupe de Cortina. La population de Bagdad, composée en majeure partie de négociants étrangers, fut maltraitée par cette bande de forcenés dont le chiffre grossissait à chaque instant. Le pillage, les violences, les assassinats désolèrent la ville ; au matin, des officiers américains (le général Crawford, le colonel Reed entre autres) furent tellement effrayés de ce désordre, qu'ils firent demander quelques compagnies régulières de soldats noirs. Les nouveaux venus chassèrent les pillards de la nuit, puis ils pillèrent à leur tour. *L'Antonia*, à bord de laquelle se trouvaient trente marins français et quarante soldats autrichiens, était amarrée près de la ville lorsque commença l'invasion des nègres. Elle fut attaquée et reçut plusieurs projectiles lancés avec des pièces enlevées aux fortifications de Bagdad ; mais l'équipage résista assez longtemps pour permettre au bâtiment d'allumer ses feux et de s'éloigner en remontant le fleuve. Le stationnaire français, *la Tisiphone*, s'était approché de la terre ; il n'avait pu qu'imparfaitement se rendre compte de ce qui se passait ; un de ses canots s'embossa cependant à huit cents mètres et tira quelques coups de canon sur des gens qui pillaient des bateaux échoués ; une batterie de la terre répondit à son feu. Pendant plusieurs jours ce fut, entre Bagdad et Clarksville, une allée et venue continuelle pour transporter le butin sur la rive américaine ; les pillards emportèrent tout ce qu'ils purent, meubles, ustensiles de toute sorte, et jusqu'à des maisons de bois qu'ils démontèrent. Les Américains appelèrent à Bagdad les chefs libéraux ; ceux-ci vinrent en effet avec quelques hommes et prirent nominalement possession de la ville, mais les troupes américaines y restèrent jusqu'au 22 janvier. Le 25, un détachement austro-mexicain de six cent cinquante hommes y rétablit l'autorité impériale. La responsabilité de ces déplorables événements ne fut pas acceptée par le commandant des forces américaines. C'était, disait-il, le fait de soldats licenciés, aux désordres desquels il n'avait pu s'opposer. Quant aux troupes envoyées par lui, elles n'avaient eu d'autre mission que de protéger les habitants. Cette réponse était peu rassurante ; rien n'empêcherait d'en faire une pareille, si l'on voulait un jour prendre et piller Matamoros ; le général Mejia recommanda aux commerçants étrangers de rester armés et de s'organiser d'une façon permanente pour garder leurs propriétés. Le gouvernement des Etats-Unis s'efforça, du reste, de prévenir le retour de pareilles scènes. Il remplaça le général Weitzel, restitua les canons, fit rechercher et emprisonner le général Crawford, les officiers et les soldats qui avaient participé au sac de Bagdad.

Opérations des colonnes françaises dans le Nord-Est.

Au mois de novembre, pendant le siège de Matamoros par Escobedo, le maréchal avait envoyé deux colonnes expéditionnaires, l'une à l'extrême nord sur Monclova, l'autre sur Vittoria, dans le but de diviser l'attention de l'ennemi et de l'empêcher de concentrer toutes ses forces contre le général Mejia. Le colonel d'Ornano occupa Vittoria le 17 novembre, et y réinstalla une garnison de trois cents Mexicains ; à peine s'était-il éloigné, que les guérillas de Mendez attaquaient la place ; il revint sur ses pas, la dégagea, mais, sur l'ordre du maréchal, qui ne voulait pas laisser de troupes françaises dans cette région, il l'évacua définitivement le 15 décembre 1865, et l'autorité de l'empereur Maximilien n'y fut plus rétablie.

Au nord, le général Jeanningros, parti de Saltillo le 12 novembre, était entré à Monclova le 15, et avait forcé l'ennemi à se retirer sur Piedras Negras ; mais, profitant de son éloignement, Escobedo, qui venait de lever le siége de Matamoros, se jeta sur Monterey, où ne se trouvait qu'une garnison mexicaine de six cents hommes. Ce détachement résista deux jours, puis une partie se replia sur Saltillo, l'autre s'enferma dans la citadelle (24 novembre).

Dès qu'il apprit ces événements, le commandant de La Hayrie, du régiment étranger, partit de Saltillo avec cent cinquante-six hommes ; s'aidant de quelques charrettes, il franchit en vingt heures les vingt-trois lieues qui le séparaient de Monterey et, le 25 novembre, à quatre heures du matin, il pénétrait à l'improviste dans la ville ; il enleva successivement plusieurs postes ennemis, les passa à la baïonnette, parcourut les rues, faillit prendre Escobedo, mais se sentant trop faible pour livrer combat pendant le jour, il se replia, et resta en observation à l'entrée de la ville.

Le général Jeanningros était à Villaldama lorsqu'il fut informé des événements de Monterey. Il revint à marches forcées ; son infanterie fit trente-deux lieues en deux jours ; sa cavalerie, qui la précédait à une petite distance, arriva le 25 novembre, à deux heures du soir ; elle put atteindre l'arrière-garde d'Escobedo et lui sabrer une centaine d'hommes.

Vers cette époque, l'impératrice Charlotte fit un voyage au Yucatan. Les ovations qu'elle reçut des populations sur tout son passage, aussi bien dans le Yucatan que le long

1865.

Voyage de l'impératrice Charlotte au Yucatan.

de la route de Mexico à Vera-Cruz, firent un moment diversion aux tristesses de la situation générale.

Depuis la prise de Campêche par Navarette au mois de février 1864, le Yucatan tout entier s'était déclaré en faveur de l'Empire ; un petit corps de troupes mexicaines dans l'intérieur de la province, une garnison mixte à Campêche [1] suffisaient pour en assurer la tranquillité. Il n'y avait guère d'autres alarmes que celles qui provenaient des incursions sauvages, mais sans aucun caractère politique, des Indiens *Bravos* de l'Ouest. Quelque agitation avait cependant continué sur la frontière de l'Etat de Tabasco, dont les guérillas, à l'aide des canaux naturels qui sillonnent le pays, pouvaient se porter inopinément sur un point ou sur l'autre, inquiéter les populations paisibles et entraver le commerce des bois.

Au mois de juin 1865, la canonnière française *le Brandon* avait remonté le grand fleuve de Palizada avec un détachement austro-mexicain de quatre cents hommes. Palizada fut occupé le 5 juin, et les fortifications de Jonuta furent enlevées le lendemain ; on laissa sur ce point un poste de 250 Mexicains.

Le mois suivant, le général Castillo, alors commandant du Yucatan, voulut tenter une opération dans l'intérieur de l'Etat de Tabasco ; mais lorsque ses soldats se trouvèrent en présence des Indiens du pays, ils furent saisis d'une sorte de terreur panique et prirent la fuite. Pendant deux jours l'ennemi tirailla sur Jonuta. *Le Brandon* se porta au secours de ce poste ; une sortie de nuit, appuyée par quelques marins, porta le désordre dans le camp des guérillas

---

[1] La compagnie de volontaires créoles, la compagnie du génie de la Martinique, la compagnie yucatanaise (août 1864), qui furent relevées par trois cents Autrichiens au commencement de mars 1865.

qui se dispersèrent en abandonnant leur canon. Leurs tentatives ne s'étant pas renouvelées, il fut possible de retirer de Campêche les compagnies autrichiennes fort éprouvées par les fièvres (25 août 1865). Du reste, l'intérieur du Yucatan n'avait pas été troublé; depuis longtemps, les habitants de cette province industrieuse et éclairée, pour laquelle l'empereur Maximilien avait toujours eu beaucoup de prédilection, et qu'il se plaisait à appeler « l'enfant gâté de son règne », insistaient pour qu'il les visitât. Ce voyage, arrêté en principe, avait été successivement remis; puis l'état des affaires ne permettant pas à l'Empereur de s'absenter, l'Impératrice s'y rendit seule. Son passage à Vera-Cruz fut l'occasion de manifestations qui contrastaient singulièrement avec la froideur dont elle avait été si impressionnée au moment de son arrivée au Mexique. Sa voiture fut dételée et traînée par le peuple [1]. Elle fut aussi chaleureusement reçue au Yucatan, où elle séjourna un mois.

Quelque temps auparavant, l'Empereur avait également trouvé une grande sympathie à Orizaba, à Cordova, à Jalapa, et surtout à Puebla. Souvent les princes sont salués sur leur passage par des démonstrations officielles auxquelles se mêlent facilement les cris et les vivat du peuple toujours avide de fêtes et de nouveautés; toutefois l'accueil que l'empereur Maximilien et l'impératrice Charlotte rencontrèrent la plupart du temps dans leurs différents voyages, eut quelque chose de si cordial, de si sincère, qu'on est obligé de reconnaître l'influence exercée par leur bonne grâce, leur affabilité, leur bienveillance sur tous ceux qui les approchaient. Du reste, la partie des Etats de Mexico,

---

[1] Le commandant de Vera-Cruz au ministre, 2 décembre. — Le maréchal au ministre, 9 novembre, 9 et 28 décembre.

de Puebla et de Vera-Cruz qu'ils traversèrent, jouissait depuis plus de deux ans de la plus grande tranquillité. L'agriculture, le commerce, la richesse publique s'y développaient, grâce à une sécurité dont ces contrées avaient été longtemps privées, et les populations se montraient reconnaissantes de ces bienfaits qu'elles devaient à l'Empire ; malheureusement, ces acclamations entretinrent dans l'esprit de l'Empereur et de l'Impératrice des illusions que ne justifiait pas l'ensemble de la situation ; elles leur inspirèrent une fausse confiance dans le dévouement du pays, et dans l'appui qu'ils pourraient trouver près des populations au jour du danger.

CHAPITRE CINQUIÈME.

SOMMAIRE.

Relations diplomatiques entre la France et les Etats-Unis. — Déclaration du gouvernement français relative au rappel des troupes du Mexique. — Organisation des forces militaires à la disposition de l'empereur Maximilien. — Création des cazadores. — Détresse financière de l'Empire mexicain. — Progrès des forces républicaines dans le nord du Mexique. — Opérations militaires dans les Etats de Nuevo-Leon et de Coahuila. — Combat de Santa Isabel (1er mars). — Combat de Camargo (15 juin). — Capitulation de Matamoros (23 juin). — Note du 31 mai. — Mémoire de l'empereur Maximilien à l'empereur Napoléon. — Nature des relations entre l'empereur Maximilien et le maréchal Bazaine. — Convention du 30 juillet 1866.

Relations diplomatiques entre la France et les Etats-Unis.

Les dispositions peu bienveillantes montrées par les Etats-Unis depuis la fin de la guerre de la Sécession, et la surexcitation croissante causée dans ce pays par la présence d'une armée française au Mexique, obligeaient le gouvernement français à observer, avec un redoublement de prudence, la phase nouvelle dans laquelle les affaires allaient s'engager.

Nous avons dit qu'en Amérique, un parti nombreux, à la tête duquel était le général Grant, réclamait la stricte application de la doctrine Monroë, dans sa lettre plutôt que dans son esprit, et voulait que la France fût mise en demeure de retirer immédiatement ses troupes du continent américain. Les hommes passionnés, qui ne craignaient pas de pousser leur pays dans une guerre étrangère, s'inquiétaient peu de savoir si la thèse qu'ils soutenaient était logique. En effet, le but de Monroë avait été de garantir l'autonomie des peuples nouveaux formés par l'émancipation des colonies d'Amérique, et de les protéger contre les revendications de leurs anciennes métropoles. Or, loin d'être menacée, l'autonomie du Mexique avait été un des premiers principes proclamés par la France et consacrés par l'empereur Maximilien lorsqu'il avait accepté la couronne ; la doctrine Monroë était donc invoquée à tort, et, aux Etats-Unis même, beaucoup d'esprits sages et prudents pensaient ainsi ; quant aux hommes d'Etat qui composaient le cabinet de Washington, ils étaient fort opposés à une guerre contre la France, et résistaient autant que possible à l'entraînement populaire ; mais il était difficile d'assurer qu'ils y réussiraient toujours. La situation était donc des plus graves, puisqu'une aussi sérieuse complication dépendait d'une pareille éventualité. L'empereur Napoléon savait, en outre, combien une guerre avec les Etats-Unis serait désastreuse, au moment où l'industrie se relevait à peine de la crise causée par une longue interruption de rapports avec les pays producteurs du coton. Il était de son devoir, comme de son intérêt, d'épargner à tout prix une si pénible épreuve à la nation, et, quelque douloureuse que pût être pour lui cette extrémité, il résolut de dégager sa politique en rappelant ses troupes du Mexique, le trône de l'empereur Maximilien dût-il s'écrouler. Le gouvernement français étant décidé à éviter, autant qu'il dépendait de lui, une rupture avec les Etats-Unis, la guerre n'était à craindre que dans le cas où les Américains tiendraient un langage si arrogant que l'honneur de la France ne pourrait le supporter.

La note de M. Bigelow, du 1ᵉʳ août 1865, relative au Dʳ Gwin, et que nous avons déjà citée, peut être considérée comme le point de départ des pourparlers engagés avec l'Amérique, au sujet du rappel des troupes du Mexique. Les projets du Dʳ Gwin n'ayant pas été mis à exécution, cet incident s'apaisa de lui-même, et, par une dépêche du 18 octobre 1865, M. Drouyn de Lhuys chargea le ministre de France aux Etats-Unis de reprendre des négociations pour la reconnaissance de l'empereur Maximilien. Il avait été encouragé, disait-il, à tenter ces nouvelles démarches, parce que M. Bigelow « lui avait demandé si cette reconnaissance ne pourrait pas faciliter et hâter le rappel des troupes ». On désirait donc obtenir des Etats-Unis « l'assurance que leur volonté n'était pas de nuire à la consolidation du nouvel état de choses fondé au Mexique, la meilleure garantie de leurs intentions étant la reconnaissance de l'empereur Maximilien par le gouvernement fédéral..... Cette reconnaissance aurait assez d'influence sur l'état intérieur du pays pour permettre au gouvernement français de tenir compte des susceptibilités des Etats-Unis,..... et si le cabinet de Washington se décidait à nouer des relations diplomatiques avec la cour de Mexico, on ne ferait pas difficulté de prendre des arrangements pour rappeler les troupes dans un délai raisonnable, dont on pourrait consentir à fixer le terme ».

Loin d'entrer dans cette voie de conciliation, le gouvernement des Etats-Unis nomma un nouveau ministre près de la république mexicaine; la désignation du général Logan, dont les opinions hostiles à la France étaient connues, rendait cette nomination plus significative encore[(1)]. La réponse officielle de M. Seward à la note du 18 octobre fit disparaître les dernières illusions que l'on aurait pu conserver. « Le sens des suggestions de l'Empereur, dit M. Seward, semble être que la France est disposée à se retirer du Mexique aussitôt qu'elle le pourra, mais qu'elle ne saurait le faire sans inconvénient avant d'avoir reçu des Etats-Unis l'assurance de dispositions amicales ou tolérantes envers le pouvoir qui s'est approprié la forme impériale dans la ville capitale de Mexico..... Je regrette d'être obligé de vous dire que la condition mise en avant est une de celles qui nous semblent complétement impraticables. »

Ainsi, non-seulement les Etats-Unis refusaient de reconnaître l'Empire mexicain, mais encore ils déclaraient qu'ils n'auraient pas de dispositions tolérantes à son égard; et en effet, pourquoi les Etats-Unis auraient-ils fait la concession qu'on leur demandait? Ne savaient-ils pas d'une manière certaine que, sous la pression de circonstances de toute nature, le gouvernement de l'Empereur était forcé de mettre un terme à l'occupation du Mexique?

Cette dépêche est du 6 décembre; M. Drouyn de Lhuys y répondit le 9 janvier. Il eut soin de ne pas relever le refus très-catégorique des Etats-Unis aux propositions qui leur étaient faites, et déclarait au contraire qu'on s'efforçait de prendre avec l'empereur Maximilien des arrangements qui, en satisfaisant les intérêts et la dignité de la France, lui permissent de considérer comme terminé le rôle de son armée sur le sol mexicain. Il se bornait à demander au gouvernement fédéral l'assurance qu'il « maintiendrait à l'égard du Mexique une stricte neutralité ».

---

(1) Le général Logan déclina la mission qui lui était offerte et fut remplacé peu après par M. Campbell. — Le maréchal au ministre, 9 janvier 1866.

M. Bigelow, ministre des Etats-Unis à Paris, représenta que cette déclaration, deamndée aux Etats-Unis de ne pas intervenir dans les affaires du Mexique, serait en quelque sorte une intervention, et qu'il était sans doute préférable que M. Seward exposât dans une dépêche officielle la politique que les Etats-Unis se proposaient de suivre; une copie de cette dépêche remise au gouvernement français aurait tous les avantages d'un traité sans en avoir les inconvénients [1].

Une lettre de M. Seward à M. de Montholon, ministre de France à Washington, en date du 12 février 1866, répondit à l'objet que se proposait M. Bigelow :

« Les Etats-Unis ne peuvent supposer, disait particulièrement M. Seward, que l'Empereur se propose d'établir au Mexique, avant de retirer ses forces, les institutions mêmes qui leur déplaisent, et qui justifient matériellement les objections élevées contre son intervention. Nous regardons, au contraire, l'Empereur comme nous ayant annoncé son intention immédiate de faire cesser le service de ses armées au Mexique, de les rappeler en France, et de s'en tenir fidèlement, sans aucune stipulation, ni condition de notre part, au principe de non-intervention sur lequel il est désormais d'accord avec les Etats-Unis…..

« La France n'a que faire de retarder d'un instant la retraite promise de ses troupes, par quelque crainte que les Etats-Unis se montrent infidèles aux principes et à la politique qu'ils ont toujours pratiqués, et qu'ils s'éloignent de la règle de conduite qui leur a été donnée par Washington lui-même.

« Nous serons charmés lorsque l'Empereur nous donnera l'avis définitif de l'époque à laquelle on pourra compter que finiront les opérations militaires de la France au Mexique. »

Sans se montrer froissé de la forme quelque peu impérieuse de cette dépêche, le cabinet des Tuileries répondit [2] :

---

[1] M. Bigelow à M. Seward, 11 janvier 1866.
[2] M. Drouyn de Lhuys à M. de Montholon, 6 avril.

1866.

« Nous n'hésitons jamais à offrir à nos amis les explications qu'ils nous demandent. M. Seward nous donnant l'assurance que les Etats-Unis resteront fidèles à la règle de conduite que leur a tracée Washington, nous accueillons cette assurance avec une pleine confiance, et nous y trouvons une garantie suffisante pour ne pas différer plus longtemps l'adoption des mesures destinées à préparer le retour de notre armée. L'Empereur a décidé que les troupes françaises évacueraient le Mexique en trois détachements, le premier devant partir au mois de novembre 1866, le second en mars 1867, et le troisième au mois de novembre de la même année.

Voilà donc où venaient aboutir les efforts de la diplomatie française ; les Etats-Unis déclaraient que l'armée française devait partir du Mexique sans aucune stipulation, ni condition de leur part, et la France remerciait le cabinet de Washington de ces bonnes et amicales assurances [1].

Quant à l'empereur Maximilien, il ne prévoyait pas encore le danger qui le menaçait ; il écrivait le 6 janvier qu'il fallait attribuer la recrudescence de l'agitation juariste à l'insuffisance d'effectif des troupes françaises, et il sollicitait de nouveau des hommes et de l'argent.

Les Etats-Unis ne permettaient plus l'envoi de nouvelles troupes au Mexique ; des détachements de la légion étrangère ayant été mis en route pour compléter l'effectif de ce corps, ils demandèrent aussitôt des explications en termes très-énergiques [2]. Ils avaient déjà fait savoir qu'ils n'admettaient pas que l'on recrutât en Egypte des nègres du Soudan, enrôlés de force par le vice-roi. M. Drouyn de Lhuys

---

[1] A la même époque, une proposition faite au congrès américain par M. Woodbridge, pour faciliter à Juarez la conclusion d'un emprunt de 50 millions de dollars, était renvoyée au ministre des affaires étrangères par 65 voix contre 64 — Le maréchal au ministre, 28 mars.

[1] M. Bigelow à M. Seward, 4 juin 1866.

répondit avec quelque mauvaise humeur, en maintenant le droit de la France de prendre des soldats où bon lui semblait ; puis, sans aucun doute, pour éviter encore cette cause de difficultés, on s'était abstenu de donner suite au projet d'envoyer des renforts au bataillon égyptien [1].

Le gouvernement autrichien ayant autorisé de nouveaux enrôlements pour le corps de volontaires du Mexique, l'ambassadeur des Etats-Unis à Vienne lui adressa également des remontrances ; il reçut l'ordre de rompre ses relations diplomatiques et de quitter Vienne, si le gouvernement autrichien persistait dans ses intentions. Le gouvernement autrichien céda aussitôt [2].

Le cabinet de Washington abandonnait donc la réserve qu'il s'était longtemps imposée à l'égard de la question mexicaine. Tant que la guerre civile avait absorbé leurs forces, les Américains avaient dissimulé leur mécontentement ; mais, en dépit des protestations de sympathie du gouvernement français, ils ne pouvaient oublier ces termes de la lettre de l'Empereur au général Forey en 1863 : « Nous allons poser une digue infranchissable aux empiétements des Etats-Unis. » Non contents de presser la France de quitter le Mexique et d'abandonner l'empereur Maximilien, M. Bigelow suggérait à M. Drouyn de Lhuys qu'il serait bien désirable de voir les hostilités cesser entre les républicains du Mexique et les Français ; que le prochain départ de ceux-ci engagerait certainement les libéraux à

---

[1] M. Bigelow à M. Seward, 24 novembre 1865.
[2] Les volontaires réunis à Laybach devaient s'embarquer le 10 mai ; la protestation du ministre des Etats-Unis fut faite le 6 mai, et le contre-ordre immédiatement donné. L'Autriche, dont la position en Allemagne était fort menacée, n'avait aucun désir de s'engager dans de nouvelles complications. — M. Seward à M. Motley, 16 avril, 30 avril 1866. — M. de Mensdorf à M. Motley, 20 mai 1866.

1866.

Déclaration du gouvernement français relative au rappel des troupes du Mexique.

entrer dans un arrangement pour la conclusion duquel offrait ses bons offices, et M. Drouyn de Lhuys les acceptait [1].

Au milieu du mois de janvier 1866, M. le baron Saillard fut envoyé à Mexico avec la mission spéciale de négocier de nouvelles conventions politiques, militaires et financières, destinées à remplacer le traité de Miramar.

Le ministre de la guerre écrivait en même temps au maréchal Bazaine :

« Nous ne pouvons pas prolonger indéfiniment notre séjour au Mexique ; plusieurs raisons, qu'il est inutile d'énumérer, font une loi au gouvernement de l'Empereur de poser des termes à notre occupation.

« Le rapatriement devra commencer l'hiver prochain ou mieux encore à l'automne ; il devra continuer sans précipitation mais sans être interrompu ; la légion étrangère, dans les conditions stipulées dans la convention de Miramar, restera à la solde du Mexique après le départ des troupes françaises ; nous ferons nos efforts pour la porter à un effectif de 7 à 8,000 hommes. Il importe donc que l'empereur Maximilien prenne ses dispositions pour se passer de nous, à une époque que l'on devra fixer [2]. »

Les instructions envoyées par le ministre des affaires étrangères étaient de même nature ; enfin, l'Empereur, à l'ouverture de la session législative, le 23 janvier, annonça le retour des troupes dans les termes suivants :

.....« Notre expédition touche à son terme ; je m'entends avec l'empereur Maximilien pour fixer l'époque du rappel de nos troupes,

[1] M. Bigelow à M. Seward, 11 janvier 1866. — Au Mexique, l'exigence des Américains du Nord ne perdait aucune occasion de se montrer ; le général confédéré Allen, ancien gouverneur de la Louisiane, étant mort à Mexico, le consul des Etats-Unis voulut faire ouvrir la bière pour vérifier s'il n'ayait pas été revêtu d'un uniforme confédéré. Les amis du défunt durent s'y opposer le revolver à la main.

[2] Le ministre au maréchal, 15 janvier 1866.

afin que leur retour s'effectue sans compromettre les intérêts français que nous avons été défendre dans ce pays lointain......L'émotion, produite aux États-Unis par la présence de notre armée sur le sol mexicain, s'apaise devant la franchise de nos déclarations.

« Le peuple américain comprendra que notre expédition, à laquelle nous l'avions convié, n'était pas opposée à ses intérêts. »

Quant à l'opinion publique en France, écrivait le ministre de la guerre, elle se prononçait avec la plus énergique approbation sur le rapatriement de l'armée [1].

Il devait coûter à l'Empereur d'abandonner ainsi une entreprise qu'il avait appelée « la plus glorieuse de son règne ». Toutefois, le gouvernement français ne revint pas sur la détermination qu'il avait irrévocablement prise de rappeler ses troupes du Mexique ; il ne s'en laissa détourner ni par les cris d'angoisse partis du palais de Mexico, ni par les supplications de l'impératrice Charlotte, qui se rendit en Europe pour tenter une dernière démarche, et faire modifier une résolution que les souverains du Mexique considéraient comme un coup mortel porté à l'Empire.

Il est facile de se rendre compte des dispositions que le baron Saillard trouva chez l'empereur Maximilien ; aussi ne put-il rien obtenir de satisfaisant ; arrivé au Mexique au milieu de février, il repartait pour la France moins de quinze jours après.

Il revint à Paris au commencement du mois d'avril, et le *Moniteur officiel* du 5 publia la note suivante :

« M. le baron Saillard est revenu à Paris après avoir rempli à Mexico la mission dont il était chargé.

« A la suite des communications échangées entre M. Dano, ministre de France, S. Exc. le maréchal Bazaine, et le gouvernement

---

[1] Le ministre de la guerre au maréchal, 31 janvier.

mexicain, l'Empereur a déclaré que les troupes françaises évacueront le Mexique en trois détachements ; le premier partira en novembre 1866, le deuxième en mars 1867, le troisième en novembre de la même année.

« Des négociations se poursuivent entre les deux gouvernements, pour substituer, aux stipulations financières du traité de Miramar, des conditions nouvelles ayant pour objet d'assurer des garanties à la créance de la France et aux intérêts français engagés dans les emprunts mexicains. »

Organisation des forces militaires à la disposition de l'empereur Maximilien. Création des cazadores.

Le lendemain, M. Drouyn de Lhuys écrivait à M. de Montholon la dépêche déjà citée, pour faire officiellement la même notification au gouvernement américain. A cette époque, le gouvernement français espérait-il encore que l'empire mexicain pourrait se maintenir après le départ des troupes françaises? Il est probable que l'empereur Napoléon se refusait à admettre que tant d'hommes et tant d'argent eussent été sacrifiés en pure perte. Personnellement attaché au succès définitif de son entreprise, et bien qu'il dût céder aux nécessités de la situation, il s'efforça encore de procurer à l'empereur Maximilien les moyens de se soutenir. Il lui écrivit pour lui promettre de faciliter la création d'une brigade de troupes européennes, dans laquelle seraient fondus le régiment étranger du corps expéditionnaire français et les volontaires austro-belges ; le maréchal Bazaine s'occupa, en outre, d'organiser, sous le nom de *cazadores de Mexico*, des bataillons mixtes français et mexicains. On estimait qu'après le départ du corps expéditionnaire, le gouvernement mexicain pourrait disposer, comme forces actives susceptibles d'être mobilisées :

1º Des troupes permanentes formant 14 bataillons, 11 escadrons, 18 batteries, et dont l'effectif au 1er janvier était

	Hommes.	Chevaux
de	8,600	2,000
2° Des gardes rurales mobiles et des corps auxiliaires fort irrégulièrement organisés, répartis sur tous les territoires et d'un effectif variable mais qu'on évaluait à	27,000	9,000
3° Des troupes étrangères : c'est-à-dire la légion étrangère française actuellement à cinq bataillons (un sixième bataillon en formation à Blidah et fort d'environ 1000 hommes dont un tiers de Français volontaires allait être prochainement envoyé au Mexique) ; l'effectif en serait porté à	8,000	
Les volontaires autrichiens : trois bataillons, deux régiments de cavalerie à 5 escadrons, trois batteries, deux compagnies de pionniers, etc.	6,400	1,400
Les volontaires belges : deux bataillons à six compagnies.	1,300	

Ce qui formait un total de cinquante mille hommes environ, dont seize mille Européens.

On avait 662 pièces d'artillerie réparties dans les différentes places. Mexico et Vera-Cruz étaient en très-bon état de défense ; la plupart des villes situées sur les grandes lignes d'opérations avaient été fortifiées et possédaient de bons réduits. La citadelle de Mexico était pourvue de tous les ateliers nécessaires à la confection et à la réparation de l'armement et du matériel. Des ateliers moins importants existaient aussi à Puebla. La fonderie de Molino del Rey était mise en état.

Les cinq bataillons de la division Mejia étaient considérés comme les meilleures troupes de l'armée mexicaine ; six bataillons assez bien constitués provenaient de l'ancienne division Marquez ; mais les corps ne se recrutaient que par engagements volontaires, et lorsque les effectifs étaient insuffisants, on y incorporait les mauvais sujets ramassés par la police ou condamnés par les tribunaux. Le 7e bataillon de ligne, envoyé au Yucatan, était composé de « deux officiers supérieurs, douze officiers subalternes plus ou moins capables n'ayant ni sabre ni pistolet, dix sergents, six caporaux, 60 vagabonds plusieurs fois condamnés, 115 déportés [1] ». On peut, par cet exemple, juger des conditions de moralité exigées des soldats mexicains ; aussi le général Casanova, qui devait conduire ce bataillon au Yucatan, refusait-il de partir si on ne le faisait accompagner et garder par une autre troupe d'un effectif au moins égal.

La cavalerie était dans de meilleures conditions. Le régiment de l'Impératrice (colonel Lopez) avait rendu des services. Des compagnies présidiales, que les commandants supérieurs français avaient organisées dans le Nord, étaient aussi formées de bons soldats. Quant aux gardes rurales, leur valeur dépendait du chef qui les commandait et de son dévouement personnel à la cause de l'Empire. Dans certaines localités, les milices avaient donné des preuves réelles d'énergie ; dans d'autres endroits, elles avaient lâché pied au premier coup de fusil.

Les volontaires autrichiens étaient mécontents ; leurs officiers ne voulaient pas se mettre sous le commandement d'officiers mexicains, bien que leur contrat d'engagement ne présentât aucune clause restrictive de cette nature ; il

---

[1] Le général Casanova au maréchal, mars 1866.

en était résulté de nombreux froissements entre eux et les chefs des troupes mexicaines. Rarement en contact avec les Français, leurs relations réciproques étaient très-satisfaisantes ; cependant le général de Thun ne recevait pas volontiers des ordres du maréchal [1].

Il en était à peu près de même des volontaires belges ; les officiers avaient hâte de rentrer dans leur pays, on ne pouvait compter d'une manière absolue sur cette troupe.

La légion étrangère française avait fait ses preuves ; mais les derniers contingents arrivés d'Europe donnaient des désertions nombreuses ; il y avait quelque incertitude sur la façon dont ils se comporteraient en présence des Américains, si un conflit venait à éclater, ou même s'ils étaient envoyés sur la frontière du Rio Bravo.

L'empereur Napoléon attachait une grande importance à l'organisation des troupes européennes qui, dans son opinion, devaient constituer le noyau de l'armée mexicaine, et former une réserve sur laquelle l'empereur Maximilien pourrait compter dans des circonstances difficiles. Il désirait que l'on réunît ces régiments sous le commandement d'un général français [2]. Pour atteindre ce résultat, il fallait nécessairement triompher de la susceptibilité des Autrichiens et des Belges ; un moyen se présentait de vaincre

---

[1] Il refusa de se porter à Tulancingo, où le maréchal trouvait sa présence nécessaire ; mais il motivait du reste son refus sur le manque absolu d'argent : « Je ne puis quitter Puebla sans argent.... La solde de l'homme ne suffit pas pour entreprendre des expéditions ; il me faut de l'argent pour les transports, les messagers, et une foule de cas imprévus. De plus, mes officiers se trouvent sans le sou depuis le 1er du mois ; mon devoir est de rester au centre pour éviter tous les désordres qui pourraient résulter de cet état anomal des choses...; de plus, j'ai soumis à l'Empereur un mémoire, et je dois attendre la réponse à Puebla, puisqu'elle décidera du sort et de l'avenir de mon corps de volontaires. » — Le maréchal au ministre, 15 juillet.

[2] L'empereur Napoléon au maréchal, 16 février 1866.

les résistances ; le trésor mexicain n'étant pas en mesure de payer la solde de ces troupes, le ministre de la guerre français offrait d'en prendre provisoirement l'entretien à sa charge, à la condition toutefois qu'elles seraient commandées et administrées d'après le règlement français. Cet allégement considérable pour le budget mexicain devait faciliter la combinaison que l'on cherchait à faire réussir dans l'intérêt de l'empereur Maximilien.

Le maréchal, se conformant à ces idées, proposa d'organiser deux brigades, l'une avec la légion française, sous les ordres du général Jeanningros, l'autre, composée des Autrichiens et des Belges, sous le commandement du général de Thun [1]. Ces deux brigades formeraient une division dont le commandement serait donné au général Neigre, et qui serait administrée par l'intendance française [2]. Ces propositions furent acceptées en principe, et l'empereur Maximilien se réserva de donner aux Austro-Belges, sur le budget mexicain, une gratification spéciale pour compenser la réduction de solde qu'ils auraient à supporter.

Le général de Thun aurait voulu qu'on affectât, pour sa brigade, une somme totale dont il réglerait lui-même l'emploi ; on s'y refusa, et il fut enfin admis que les règlements de l'administration française seraient appliqués aux troupes soldées par le trésor français. Les Autrichiens montrèrent à ce sujet une singulière susceptibilité. Le général de Thun demanda comme faveur

---

[1] Le ministre au maréchal, 16 février, 9 avril.

[2] Le général Brincourt, à qui ce commandement avait été offert, le refusa, disant avec raison qu'après le départ du corps expéditionnaire, il serait impossible de faire avec 15,000 hommes ce que l'on n'avait pu obtenir avec 30,000.

de ne pas figurer sur les états de solde remis à l'intendance française, et de recevoir directement ses appointements du gouvernement mexicain [1]. Le droit au commandement soulevait également des difficultés ; l'empereur Maximilien pensa les écarter en recommandant au général Neigre de tenir la première brigade au nord, la deuxième au sud, afin d'éviter un contact qui n'aurait pas été sans inconvénient, et il décida que, dans le cas où des détachements des deux brigades se trouveraient momentanément réunis, le commandement appartiendrait à l'officier qui aurait reçu une commission spéciale, ou au chef de la fraction la plus forte. Au point de vue de la discipline, chaque troupe devait du reste se régir d'après ses règlements particuliers et son Code de justice national.

Le général Neigre prit son commandement le 1ᵉʳ mai ; quelques officiers autrichiens voulurent saisir cette occasion pour quitter le service mexicain, où ils ne trouvaient pas les avantages sur lesquels ils avaient compté ; ils manifestèrent l'intention de retourner en Autriche, et ce fut à grand'peine que l'empereur Maximilien parvint à calmer cette agitation, en menaçant les officiers démissionnaires d'accusation de désertion dont ils auraient à répondre à leur retour dans leur pays. Peu après, il dut accepter cependant la démission du général de Thun, qui fut remplacé par le major Polak.

A côté des troupes d'infanterie de la légion étrangère française, on devait constituer de l'artillerie, du génie et de la cavalerie dans la proportion adoptée pour l'organisation divisionnaire. Mais, après avoir très-vivement re-

---

[1] Le maréchal au ministre, 21 mai.

commandé la formation de cette légion, le ministre de la guerre écrivait, le 1ᵉʳ mai 1866, que le moment ne lui paraissait pas encore venu de régler les détails d'organisation des différentes armes, et qu'il fallait se borner, quant à présent, à en arrêter les bases principales.

On continuait, cependant, à s'occuper de la création de corps mixtes franco-mexicains.

« Il serait déplorable, avait écrit le ministre, qu'après avoir obéré notre trésor, versé le sang de nos soldats, pour élever un trône destiné à protéger le Mexique contre de perpétuelles révolutions, tous ces efforts si péniblement accomplis devinssent stériles, en laissant le champ libre aux mauvaises passions que l'empereur Maximilien n'aurait plus les moyens de combattre. La gloire militaire que nos armes ont acquise au Mexique y perdrait son prestige ; les germes de civilisation, les principes d'ordre et de moralité publique que nous avons cherché à introduire dans cette contrée, disparaîtraient sous une terrible réaction.

« L'Empereur veut, par tous les moyens compatibles avec l'intérêt de la France, éviter de semblables résultats ; Sa Majesté pense qu'il serait possible de former une nouvelle légion dont les cadres seraient français, sans exclusion toutefois des Mexicains ; les soldats seraient pris parmi les indigènes dont les rangs seraient grossis par des hommes de bonne volonté que fournirait notre armée.

« Cette organisation rappellerait, en plusieurs points, celle que nous donnons maintenant à la légion romaine, et, pour exciter le désir d'entrer dans le nouveau corps mexicain, on pourrait, suivant le cas et suivant les antécédents des militaires qui se présenteraient, donner aux officiers subalternes et aux sous-officiers le rang supérieur à leur grade effectif dans l'armée.

« .....Les officiers, sous-officiers et soldats, qui demanderaient à faire partie de la nouvelle légion, contracteraient l'engagement de rester pendant quatre ans au moins au Mexique après l'évacuation. »

Le maréchal suivit les instructions du ministre et proposa la création de bataillons de chasseurs à pied (cazadores de Mexico). On commença par former deux bataillons auxquels on donna les désignations de 7ᵉ et 8ᵉ bataillons de la légion étrangère, afin de pouvoir en faire supporter l'entretien par le budget français.

À cette époque, l'empereur Maximilien chargea de nouveau le maréchal Bazaine de la réorganisation de l'armée mexicaine; il lui écrivit la lettre suivante :

Palais de Mexico, 3 juin 1866.

« Mon cher maréchal,

« Pour terminer promptement l'organisation de l'armée, ce qu'il faut, avant tout, c'est l'unité d'action.

« Les idées que vous avez émises au conseil, à ce sujet, sont pleines de justesse et de bon sens pratique.

« Vous êtes déjà, d'ailleurs, commandant en chef de l'armée, et directeur exclusif de tous les mouvements militaires, c'est-à-dire meilleur juge que qui que ce soit de ce qu'il faut faire, et en position de l'accomplir.

« Je viens donc, aujourd'hui, vous investir d'une autorité absolue pour l'organisation des bataillons franco-mexicains, et la réorganisation de l'armée nationale.

« J'ai pensé que M. le général Osmont, revêtu de toute ma confiance et de la vôtre, pourrait établir, d'après vos ordres, à l'état-major général, un bureau des affaires mexicaines; de ce bureau partiront des ordres directs pour le ministère de la guerre. M. l'intendant formerait aussi un bureau ou section pour ce qui touche à l'administration, et nous prêterait le concours de ses habiles fonctionnaires.

« Tous les ordres donnés par MM. Osmont et Friant, et envoyés au ministère de la guerre, porteront au bas cette formule : *Par ordre de l'Empereur*.

« Tel est le plan que j'ai adopté définitivement depuis que vous m'avez éclairé de vos conseils, et il est conçu uniquement dans e but de concentrer dans vos mains une organisation que vous seul et vos dignes officiers pouvez bien faire. »

1866.

Le maréchal fixa d'abord à huit puis à neuf le nombre des bataillons de cazadores[1] ; l'état-major en entier fut composé d'officiers français ; on devait y incorporer six officiers de compagnie français et trois ou quatre sous-officiers nommés sous-lieutenants au titre mexicain. Dans chaque bataillon, il se trouverait environ quinze officiers et une centaine de sous-officiers et soldats français.

On se proposait d'organiser, en outre, 14 bataillons d'infanterie, 8 régiments de cavalerie, 12 batteries d'artillerie, et 3 compagnies du génie, de troupes exclusivement mexicaines. L'empereur Maximilien désira placer, dans chacun de ces corps, un officier français comme commandant en second et quelques sous-officiers, nommés sous-lieutenants au titre mexicain, pour remplir les fonctions de comptable. Le gouvernement français y consentit ; mais toutes ces organisations, fort bien combinées sur le papier, n'avaient aucune base de recrutement.

Cependant la formation des bataillons de cazadores se fit dans d'assez bonnes conditions ; les officiers et sous-officiers français, attirés par des avantages d'avancement, répondirent volontiers à l'appel du maréchal ; on trouva aussi des soldats ; la perspective de rester au Mexique ne leur déplaisait pas ; la beauté du climat sur les plateaux supérieurs, la liberté de la vie de campagne, l'espoir de se créer, après leur libération, un avenir meilleur que celui qu'ils auraient dans leur propre pays, déterminèrent un grand nombre d'entre eux à entrer dans ces bataillons. Le maréchal avait pensé qu'il était conforme aux intentions de l'empereur Napoléon de faire entretenir, habiller, et

---

[1] Le maréchal au ministre, 9 juin.

solder ces nouveaux corps dans des conditions analogues à celles du régiment étranger ; cette garantie était en effet indispensable pour attirer de bons éléments français ; mais, en présence des réclamations des Etats-Unis et de l'impossibilité de continuer des sacrifices d'argent aussi considérables, les dispositions du cabinet des Tuileries se modifiaient de jour en jour. La nécessité d'abandonner l'Empire mexicain à ses propres forces apparaissait de plus en plus urgente.

1866.

Des instructions du ministre de la guerre, datées du 31 mai, interdirent d'une manière formelle au maréchal d'autoriser aucune dépense pour les bataillons de cazadores, et lui prescrivirent de se maintenir rigoureusement dans la limite des crédits alloués par les lois des finances [1]. Ces ordres entravèrent toute formation nouvelle.

Le ministre des finances avait compris dans ses prévisions budgétaires des sommes à recouvrer du Mexique ; ne recevant rien, il était fort embarrassé pour établir la balance de ses chiffres. Cependant les sacrifices demandés à la France augmentaient chaque jour, tandis que la situation s'empirait de plus en plus à Mexico ; il s'agissait d'avoir de l'argent pour les dépenses quotidiennes, et le trésor était vide. M. Langlais, qui avait entrepris l'œuvre laborieuse de relever l'état financier de l'Empire mexicain, n'avait pas désespéré d'atteindre son but, mais il s'était vu obligé de demander aux caisses de l'armée de venir à son aide. Le maréchal les lui avait ouvertes, — avec trop de facilité, trouvait le ministre des finances, — avec trop de parcimonie, suivant l'avis de l'empereur Maximilien.

Détresse financière de l'Empire mexicain.

Dès le mois de novembre 1865, le représentant de la

---

[1] Ces instructions furent confirmées le 31 juillet et le 15 août.

1866.

maison Rothschild refusant d'escompter les traites sur la commission des finances de Paris, le maréchal ordonna au payeur en chef de les accepter jusqu'à concurrence de quatre millions [1]. Au mois de février 1866, il fit encore en faveur du gouvernement mexicain une réquisition de quatorze millions [2] sur les caisses de l'armée. L'empereur Maximilien l'en remercia par la lettre suivante :

Mexico, le 5 février.

« Mon cher maréchal, je viens d'apprendre le précieux service que vous avez rendu à mon gouvernement en lui venant en aide, tout récemment, par suite d'une crise financière difficile.

« Veuillez agréer mes très-sincères remerciements pour la discrétion et la cordialité avec lesquelles vous avez agi dans cette circonstance délicate et qui, pour moi, doublent le prix du service rendu.

« Recevez, mon cher maréchal, l'assurance des sentiments d'amitié avec lesquels je suis votre très-affectionné

« MAXIMILIEN. »

La conduite du maréchal fut désapprouvée ; on lui recommanda de ne plus faire de réquisitions sur le trésor de l'armée [3]. M. Langlais étant mort le 23 février 1866, les belles espérances qu'il avait fait concevoir s'évanouirent. M. de Maintenant, inspecteur général des finances, en mission au Mexique, le remplaça provisoirement [4] ; de son côté, l'empereur Maximilien nomma président du conseil des ministres, avec droit de contrôle sur toutes les dépenses, M. Lacunza, homme probe, intelligent et

---

[1] Le maréchal au ministre, 28 novembre 1865.
[2] Le maréchal au ministre, 1er avril 1866.
[3] Le ministre de la guerre au maréchal, 1er avril.
[4] Le maréchal au ministre, 26 février.

énergique, en qui le maréchal avait confiance [1]. Cependant la situation ne s'améliora pas. Nous ne pouvons mieux faire connaître le triste état des finances qu'en citant la lettre écrite par M. Lacunza au maréchal Bazaine, le 25 avril 1866 :

« Au nord, la division Mejia vit péniblement, consommant les faibles revenus des localités qu'elle occupe, faisant des emprunts en quelque sorte forcés, et tirant des sommes importantes sur la place de Vera-Cruz.

« Les troupes de Quiroja n'ont pas à manger ; ce chef se voit obligé de faire payer d'avance les contributions de toute une année ;.....les habitants émigrent pour se soustraire à ces vexations.

« Au sud, les troupes de Franco ne peuvent sortir d'Oajaca pour repousser l'ennemi qui les menace, parce que le prêt journalier des soldats n'est pas assuré et que l'on manque de fourrages pour les chevaux.

« Au centre, ce sont les mêmes raisons qui ont retenu si longtemps Florentino Lopez à San Luis.

« Les troupes austro-belges ont une dette de près de 500,000 piastres, et avant qu'elles soient payées par le trésor français, elles auront dépensé leur dernier écu et consommé toutes les provisions de leurs places de guerre.

« A la caisse centrale de Mexico, il y a pour 300,000 piastres de traites qui ne sont pas payées, et pour lesquelles il n'y a pas d'espérances de paiement. Les dépenses les plus urgentes ne sont pas couvertes, et l'on doit deux mois de solde aux troupes de la garnison.

« Les instructions envoyées de Paris prescrivent au maréchal de ne plus faire d'avance au trésor mexicain. On ne connaissait pas la situation à Paris, sans quoi on n'aurait pas donné de telles instructions contradictoires avec les intentions amicales et la politique même de l'empereur Napoléon.

« A cette situation, il y a un remède ; M. Langlais lui-même l'a déclaré ; toutes les dépenses ont été réduites à commencer par la liste civile de l'Empereur, qui se contente du tiers de celle qui fut assignée, il y a un demi-siècle, à l'empereur Iturbide.

« De nouveaux impôts seront établis ; mais avant que le nouveau système puisse donner des résultats, il faut quelque chose pour

---

[1] Le maréchal au ministre, 10 avril.

vivre, et c'est la France qui doit nous le donner. M. Langlais l'avait reconnu et avait procuré cette assistance au trésor mexicain.

« Au moment de sa mort, les subventions ayant été interrompues, le gouvernement dut subir la loi des capitalistes. Des affaires ruineuses, en tous points, comme on les conclut sous la pression de la nécessité, lui donnèrent de quoi vivre pendant huit jours [1] et le discréditèrent pour beaucoup plus de temps.

« Il se vit forcé d'affecter au remboursement de ces prêts une partie du revenu des douanes maritimes, destinées au paiement des dettes étrangères.

« Tel est le résultat du retrait anticipé de la coopération de la France.

« Or, voici dans quelle alternative se trouve le maréchal : ou bien imposer au trésor français une charge légère pour terminer l'œuvre commencée par l'empereur Napoléon, ou s'en abstenir, et, par là même, imposer à la France des sacrifices beaucoup plus grands, car l'entreprise ne peut être abandonnée. »

Deux jours après l'envoi de cette lettre, le 1er mai 1866, l'empereur Maximilien convoqua en conseil privé : M. Dano, le maréchal, M. de Maintenant, M. Lacunza, les ministres de la guerre et des affaires étrangères. L'Empereur exposa la pénurie du trésor mexicain et la nécessité urgente qu'il fût soutenu par le trésor français ; il demanda que la France se chargeât de payer l'armée mexicaine. Le maréchal fit connaître la désapprobation qu'il venait de recevoir de son gouvernement, au sujet des avances antérieurement consenties. Après une longue discussion, l'empereur Maximilien, prenant la parole, résuma la question en ces mots : « *la banqueroute du trésor, ou l'espoir de le sauver !*

« Si les représentants de la France ne veulent pas prendre

---

[1] Le gouvernement reconnut une créance fort litigieuse de la maison Portilla, de 200,000 piastres ; en échange, cette maison mit aussitôt à sa disposition 100,000 piastres qui devaient lui être remboursées au moyen d'un prélèvement journalier de 1,000 piastres sur les douanes de Mexico.

la responsabilité de dépenser quelques millions, ils assumeront celle d'avoir laissé venir la banqueroute, ce qui n'est certainement pas dans les désirs de l'empereur Napoléon, qui s'est toujours montré, et continue encore à se montrer si ami de l'Empire. »

L'appel était pressant, la situation était grave ; M. Lacunza demandait, jusqu'à la fin de l'année, un prêt mensuel de 800,000 à un million de piastres ; enfin, après de nouvelles discussions, le maréchal accorda une subvention mensuelle de 500,000 piastres en attendant de nouvelles instructions de Paris. Cette subvention était donnée, à titre de prêt remboursable, sur les douanes maritimes ; le premier terme devait être immédiatement à la disposition du gouvernement mexicain ; le jour même, à l'issue du conseil, les formalités du forcement de caisse du payeur de l'armée furent remplies, et une somme de 500,000 piastres mise en réserve pour le gouvernement mexicain. Le maréchal avait préféré accroître ainsi la dette de l'Empire mexicain plutôt que de consentir à se charger de l'entretien de l'armée mexicaine, ainsi que le demandait l'empereur Maximilien. « Il fallait se résoudre, disait-il, à venir en aide à ce gouvernement pendant quelques mois encore » et il avait voulu le faire « *au meilleur marché possible* » ; mais le gouvernement français refusa d'une façon péremptoire de continuer cette subvention.

L'empereur Maximilien s'était rattaché, comme à une dernière espérance, aux promesses que l'empereur Napoléon lui avait faites récemment dans ses lettres ; il restait persuadé que, malgré les déclarations officielles commandées sans doute par les exigences de la politique, l'appui effectif de l'armée et du trésor français ne lui ferait pas encore défaut.

Quand même le trésor mexicain se trouverait hors d'état de satisfaire aux engagements de la convention de Miramar, l'entretien de l'armée française était assuré par le trésor français; l'empereur Maximilien tenait donc à ce que l'effectif n'en fût pas diminué. Cependant, il était fort mécontent des réquisitions pour les transports ou les travaux de fortification, ordonnés, de leur propre autorité, par les généraux français, d'autant plus que le maréchal Bazaine se préoccupait uniquement des éventualités d'un conflit avec les Etats-Unis et négligeait la pacification intérieure. En effet, de grands travaux de défense, exécutés à Durango, à Mexico, et sur divers points des lignes stratégiques, ne pouvaient avoir d'autre but que d'arrêter, le cas échéant, les progrès d'une invasion américaine; le maréchal, malgré les instances de l'Empereur, se décidait avec peine à envoyer des colonnes françaises reprendre possession des localités envahies par les libéraux; on y réinstallait une garnison mexicaine qui souvent lâchait pied à la première attaque, et toutes ces marches et contre-marches n'aboutissaient à rien.

Progrès des forces républicaines dans le nord du Mexique.

Ainsi, après avoir fait réoccuper Chihuahua par la colonne légère du commandant Billot, le maréchal donna l'ordre d'évacuer cette position; il craignait que, dans le cas d'une guerre avec les Etats-Unis, la retraite de ce détachement ne fût coupée par les guérillas de la Laguna. Elles avaient envahi Mapimi et San Juan de Guadalupe, fusillé les partisans de l'Empire, et chaque jour elles tenaient tête aux colonnes mobiles qui parcouraient le pays entre le Rio Florido et le Rio de Nazas. Du reste, l'évacuation de Chihuahua était formellement recommandée dans les instructions du gouvernement français. Une garnison de cinq cents Mexicains y fut laissée, et le commandant Billot rétrograda le 31 janvier. Les Indiens de cette province, comme ceux de la Sonora, s'étaient montrés animés de bonnes dispositions ; l'Empire avait été proclamé dans les cantons d'Abasolo et de Guerrero, à Cosihuiriachi, à la Concepcion, et l'on espérait que Juarez ne pourrait pas facilement y rétablir son autorité. Le maréchal se proposait d'abandonner entièrement le pays au nord de Durango ; il revint ensuite sur cette détermination et conserva, pendant quelque temps encore, une garnison au Parral, mais il prescrivit au commandant de ce poste avancé de ne jamais s'en éloigner au nord à plus d'une journée de marche.

Chihuahua fut attaqué le 25 mars par Luis Terrazas ; la moitié de la garnison ayant fait défection, le commandant impérialiste abandonna la place avec quelques cavaliers restés fidèles (1).

Juarez n'y rentra qu'au mois de septembre ; mais, dès ce moment, les forces républicaines ne cessèrent de s'accroître et de gagner du terrain vers le sud. A la même époque, des pronunciamientos eurent lieu à Allende et à Batopilas ; la garde rurale du Parral, ayant essayé de faire rentrer les révoltés dans l'ordre, fut attaquée elle-même par des forces supérieures, et succomba avec quelques courageux citoyens qui s'étaient volontairement joints à elle. Le général de Castagny punit Allende par de fortes amendes qu'il répartit entre les familles des victimes du Parral ; il fit également lever des contributions sur Rio Florido. Une colonne française fut envoyée au Parral pour y replacer une garnison mexicaine et mettre la ville en état de défense ; mais à peine les Français se furent-ils retirés, que le déta-

---

(1) Le maréchal au ministre, 28 avril.

chement mexicain se replia à son tour. Les troupes libérales l'occupèrent presque aussitôt; des partis ennemis se montrèrent même à la Parridad. Le colonel Cottret, qui commandait la colonne française en retraite, fit un retour offensif, et installa à Cerro Gordo la troupe mexicaine venue du Parral. Lui-même prit position à San Salvador pour garder la ligne du Rio de Nazas, qui devenait au nord la limite des positions françaises.

L'insurrection s'était également développée dans le sud de Durango. Dès les premiers jours de l'année 1866 (19 janvier), Garcia de la Cadena, dont la soumission avait momentanément ramené la tranquillité dans les environs de Zacatecas et dans la Sierra Morones, s'était prononcé de nouveau contre l'Empire. Il rassembla quinze cents hommes en quelques jours, occupa Nochistlan et Teocaltiche, et s'établit dans les vallées de Jerez et de Juchipila. Les colonnes françaises et les gardes rurales, envoyées contre lui, n'obtinrent aucun résultat, et la Cadena finit par rester maître du pays.

Les guérillas de la Laguna, dirigées par Gonzales Herrera, descendirent au sud par San Juan et San Miguel Mesquital. Elles attaquèrent, le 25 mai, la garnison française de Fresnillo, et furent repoussées avec des pertes sensibles; battues encore le lendemain, à la Salada, par une colonne légère venue de Durango, elles se dispersèrent dans le plus grand désordre, en abandonnant deux cents chevaux, trois couleuvrines, des armes, et des munitions en grand nombre. La désunion s'étant alors mise entre les chefs ennemis, leurs entreprises cessèrent.

Au nord-est, les troupes franco-mexicaines se bornaient à occuper la ligne de San Luis à Monterey et celle de San

Luis à Tampico ; les routes n'étaient pas sûres, aucun convoi n'osait s'y aventurer sans une nombreuse escorte ; Matamoros et Tampico étaient entourés de très-près par les guérillas. Les malades et le dépôt du bataillon d'Afrique étaient restés à Tampico ; pour leur permettre de rejoindre leur bataillon à Tula, on dut les faire escorter par la contre-guérilla et échelonner des postes à Santa Barbara et à el Chamal. Mendez attaqua el Chamal, le 11 janvier ; il fut repoussé, et cependant il fallut encore, le 21 janvier, s'ouvrir de vive force le passage de Boca del Abra. Tandis que le convoi continuait sa route, Mendez était revenu sur ses derrières, et, tombant à l'improviste sur Tantoyuquita, il brûla les magasins où le commerce de Tampico, sur les assurances trop aventurées du capitaine Jaquin, commandant de la contre-guérilla, avait imprudemment réuni des quantités considérables de marchandises. Les pertes furent évaluées à près d'un million de francs. Mendez fut tué dans l'action ; le général La Garza, ancien gouverneur du Tamaulipas, qui s'était soumis à l'Empire, prit le commandement à sa place ; son influence et la considération dont il jouissait devaient encore augmenter l'importance politique du mouvement anti-impérialiste.

1866.

Opérations militaires dans les Etats de Nuevo-Leon et de Coahuila.

Les appréhensions du maréchal Bazaine au sujet d'une intervention des Etats-Unis avaient été réveillées par le sac de Bagdad ; il recommanda d'éviter les engagements de détail et s'occupa de concentrer ses troupes sur de bonnes positions. Il avait donné l'ordre au général Douay de s'avancer jusqu'au Saltillo, de garder fortement ses communications avec San Luis, et de pousser le général Jeanningros à deux journées de marche en avant, vers Matamoros, afin de pouvoir soutenir le général Mejia le cas échéant, tout en se tenant assez éloigné de la frontière pour éviter un contact dangereux avec les Américains. Le général Jeanningros rappela donc à lui la garnison française laissée à Parras, et, au commencement de février, il se rendit à Monterey avec un bataillon d'infanterie, deux pièces de montagne, et deux compagnies de partisans, dont une montée ; il établit la troupe mexicaine du colonel Tinajero à Cadeireita, sur la route de Matamoros, et attendit, pour se porter en avant, l'arrivée du régiment belge, que le maréchal destinait à occuper Monterey.

Le général Douay transporta son quartier général à Matehuala, le 15 février, et se relia au Saltillo par des postes placés au Cedral, à Vanegas, au Salado, et à Incarnacion. Des forces ennemies se tenaient à Villaldama et à Ceralvo, et observaient Cadeireita. Escobedo, avec un millier d'hommes et quatre canons, était à Linares ; il s'organisait et rassemblait des approvisionnements dans le pays compris entre Linares, Montemorelos, et Galeana ; il avait un dépôt de munitions à San Pedro Iturbide ; Gonzalez Herrera, avec les bandes de La Laguna, se montrait aux environs de Parras. Le maréchal avait prescrit au général Douay de ne pas s'étendre vers la gauche et de se borner à garder la ligne San Luis, Monterey, Matamoros ; mais une bande, qui avait envahi Parras, pendant une sortie faite par la garnison mexicaine, empêchait le préfet politique d'y rentrer.

Combat de Santa Isabel (1er mars 1866). Le chef de bataillon de Brian, commandant supérieur au Saltillo, réinstalla le préfet Campos à Parras (le 20 février), et voulut, en outre, tenter un coup de main contre les forces libérales réunies au Rancho Santa Isabel, à onze kilomètres de la ville. Dans la nuit du 28 février au

1er mars, il partit de Parras avec cent cinquante hommes du régiment étranger, cent cinquante fantassins et une centaine de cavaliers mexicains ; une compagnie de quatre-vingts hommes fut laissée à Parras.

Vers quatre heures et demie du matin, la petite colonne arrivait à portée de l'ennemi qui occupait les bâtiments du Rancho et une hauteur voisine. Le commandant de Brian prit les devants avec une compagnie, et prescrivit au reste de sa colonne de le rejoindre lorsqu'on entendrait le bruit de son attaque. Aussitôt que la fusillade en donna le signal, les deux autres compagnies françaises et les troupes mexicaines se mirent en mouvement. Elles s'élancèrent à l'assaut du mamelon ; mais déjà l'effort du commandant de Brian avait échoué ; on ne le revit plus ; sa compagnie était détruite, quelques hommes seulement, groupés autour d'un officier, se défendaient encore. La nouvelle attaque ne réussit pas mieux ; l'ennemi, retranché derrière des murs en pierres sèches et appuyé par deux canons, ne permit pas aux assaillants de gravir la hauteur ; au même moment, la cavalerie alliée était culbutée par cinq cents cavaliers. Le jour s'était levé, et des renforts amenés par Gonzales Herrera coupèrent la retraite à la colonne franco-mexicaine. Le détachement français fut complétement anéanti ; un officier et soixante-dix-huit hommes, dont vingt-huit blessés, tombèrent aux mains de l'ennemi ; les autres furent tués. Ce désastre fut bientôt annoncé à Parras par quelques cavaliers mexicains fuyant à toute bride et qui rentrèrent dans la ville à six heures du matin. Le lieutenant Bastidon, commandant la compagnie du régiment étranger, s'enferma dans l'église et repoussa énergiquement les sommations de l'ennemi.

Les journées du 1ᵉʳ, du 2 et du 3 mars se passèrent ainsi; mais l'approche de colonnes de secours déterminèrent l'ennemi à battre en retraite; le 5 mars, Parras était dégagé.

Le général Douay, qui marchait de Matehuala sur Saltillo, avait appris, le 2 mars, à Agua-Nueva, le résultat malheureux du combat de Santa Isabel. Il fit aussitôt partir trois détachements, qui arrivèrent successivement à Parras les 5, 6 et 7 mars. Lui-même s'y rendit; il visita Santa Isabel, eut d'abord l'intention de poursuivre l'ennemi; mais les guérillas ayant trop d'avance, il abandonna ce projet et revint au Saltillo après avoir laissé une garnison provisoire à Parras.

De trop peu d'importance pour compromettre la position des troupes françaises, le combat de Santa Isabel était néanmoins un douloureux épisode qui coûtait à l'armée de vaillants soldats. Le maréchal rappela sévèrement qu'il interdisait d'une façon absolue tout mouvement en dehors des grandes lignes d'opérations, c'est-à-dire la ligne de Vera-Cruz à Guadalajara par Mexico, Queretaro, et Lagos, la ligne de Queretaro à Monterey, et celle de Lagos à Durango. A moins d'ordre précis, aucune troupe ne devait s'en éloigner de plus de quatre à cinq lieues; les commandants des postes n'étaient pas autorisés à étendre leurs opérations au delà de cette distance. La poursuite des guérillas devait être laissée aux compagnies de partisans et aux troupes mexicaines; c'était en effet le seul moyen d'empêcher les troupes françaises, dont l'effectif était restreint, et dont les vides ne seraient plus comblés, de se fondre dans des engagements de détail, toujours stériles au point de vue du résultat général. Le maréchal se voyait obligé de réagir contre la tendance des commandants de détachement à rechercher sans nécessité des occasions de combats. La dissémination des troupes et l'initiative laissée aux chefs de colonnes ou de postes isolés, tout en augmentant la valeur personnelle des officiers, les disposaient parfois à s'affranchir des liens de la subordination, à se considérer comme des centres d'action, et à oublier que, dans l'ensemble des opérations dont le commandant en chef pouvait seul concevoir et diriger les combinaisons, ils ne devaient jouer qu'un rôle restreint et préalablement limité. Le maréchal déclara qu'il réprimerait énergiquement toute infraction à ses instructions, et qu'il n'hésiterait pas à faire traduire devant les conseils de guerre tout officier qui entreprendrait une opération en dehors des lignes stratégiques déterminées, ou qui ferait occuper des points qui n'auraient pas été spécialement désignés [1].

Cependant Escobedo, dont l'autorité paraissait s'étendre sur toutes les bandes éparses dans le Tamaulipas, avait ainsi plus de deux mille hommes, passablement armés et organisés ; les guérillas, sans jamais se compromettre contre des forces supérieures, envahissaient les villes faiblement gardées. Escobedo lui-même entrait au Cedral, au Mineral de Catorce, dont la population faisait cause commune avec lui, et, le 1er avril, il attaquait le poste français de Matehuala ; une colonne de secours força l'ennemi à s'éloigner, mais deux jours après, Escobedo était devant Tula de Tamaulipas et bloquait la garnison française. Trois colonnes furent envoyées contre lui ; il leur échappa et rentra se reposer dans le réduit

---

[1] Circulaire du 7 mars 1866. — Le maréchal au ministre, 17 mars.

qu'il s'était constitué au milieu des montagnes, entre la Soledad, Galeana, et Linares.

La garnison française de Tula ayant été remplacée par quatre cents hommes de troupes mexicaines, Aureliano Rivera revint attaquer la place; l'officier mexicain l'abandonna sans attendre l'ennemi (7 mai). La perte de Tula eut pour résultat de couper de nouveau les communications, déjà si difficiles, entre San Luis et Tampico.

Conformément à des ordres reçus de France, et datés du 15 février, le maréchal avait prescrit au général Douay [1] de faire replier les troupes françaises engagées dans le Nuevo-Leon; cependant, avant d'exécuter ce mouvement de retraite, elles devaient pénétrer dans les montagnes où les guérillas d'Escobedo avaient leur quartier général et s'efforcer de les détruire.

Le général Jeanningros venait de s'avancer sur la route de Matamoros jusqu'à Charco-Escondido (12 avril), pour donner la main au général Mejia, lui conduire un renfort de six cents Mexicains, et échanger des convois de marchandises. Il était rentré à Monterey vers la fin du mois d'avril. Il reçut l'ordre de se diriger de Monterey sur Montemorelos, pendant que le général Douay marcherait de Saltillo sur Galeana, et que la contre-guérilla, dont le colonel Dupin avait repris le commandement, fermerait les routes du côté de Soledad. Mais l'ennemi, ayant intercepté des dépêches, fut averti du mouvement des colonnes françaises et put leur échapper sur tous les points (mai). De fortes amendes furent frappées sur San Pedro Iturbide, Galeana, et l'hacienda de Potosi [2], dont les habitants sou-

---

[1] Dépêche du 28 mars, du 23 avril.
[2] Trois mille piastres sur San Pedro, dix mille sur Galeana, mille sur Potosi.

tenaient les guérillas ; d'importants approvisionnements de grains furent détruits; des caisses de munitions, cachées dans les environs de San Pedro, furent enlevées, et les troupes françaises se retirèrent. Cette expédition n'amena aucun résultat ; l'ennemi conserva sa grande ligne d'opérations depuis le Rio Grande, par Ceralvo, Linares, Vittoria, Tula et Rio Verde, jusqu'aux limites de la Huasteca et de la Sierra Gorda, d'où il se tenait en rapport avec les libéraux des grandes villes de San Luis, de Guanajuato et de Queretaro. On disait même que plusieurs chefs importants, Negrete, Aureliano Rivera, Vicente Martinez, Jaureguy, avaient été vus à San Luis.

A la fin du mois de mai, Armenta essaya de pénétrer dans la Sierra Gorda. Il envahit Arroyo Seco (29 mai), et menaça Jalpan ; les habitants résistèrent, et, soutenus par des colonnes françaises envoyées de Queretaro, de San Luis de la Paz, et de Santa Maria del Rio, ils arrêtèrent les progrès de l'ennemi.

Dans la Huasteca, au contraire, et jusqu'à la côte du golfe, la marche des guérillas libérales fut favorisée par les pronunciamientos des populations à peine soumises à l'Empire et toujours frémissantes. Huejutla fut pris par les insurgés le 21 mai, repris le 12 juin par une colonne mobile de volontaires autrichiens commandée par le major Polak ; mais en arrière, Huauchinango était envahi, et le district des mines assez sérieusement menacé pour qu'il fût nécessaire de renforcer Tulancingo et Tula (de Mexico). Les colonnes expéditionnaires autrichiennes se replièrent partout (juillet).

Le port de Tuxpan ne dut son salut qu'à la prompte arrivée d'un renfort que la marine jeta dans la place (12 juillet).

1866.

Les nouvelles instructions venues de France [1] prescrivant au maréchal de préparer le rapatriement du corps expéditionnaire, mettaient un terme au rôle actif de l'armée française au Mexique. Loin de chercher à comprimer l'insurrection, alors maîtresse de tout le nord du pays, le maréchal devait se borner maintenant, et pour des considérations exclusivement militaires, à en limiter le développement, afin de conserver libres les lignes par lesquelles s'écouleraient les colonnes d'évacuation.

Un événement de guerre des plus graves, à la suite duquel le général Mejia fut obligé d'abandonner Matamoros, vint hâter le mouvement de retraite dans les provinces du Nord et en rendre les circonstances plus douloureuses. Le renfort de six cents hommes, que le général Mejia reçut au mois d'avril, lui avait permis de faire sortir avec succès quelques colonnes mobiles; cependant des flibustiers américains, des nègres licenciés ou déserteurs ne cessaient de grossir les rangs des guérillas ennemies. Le général Mejia voulait faire passer un convoi de Matamoros à Monterey; on lui avait recommandé d'agir avec prudence et d'attendre qu'un détachement de la garnison de Monterey pût aller à sa rencontre. Après l'expédition sur Galeana, on organisa donc, sous les ordres du lieutenant-colonel de Tucé, une colonne de deux mille hommes, composée de deux bataillons de la légion étrangère, de détachements belges et mexicains, de quelque cavalerie, et de six pièces d'artillerie; cette colonne partit de Monterey le 8 juin. Les troupes marchaient

---

[1] Ces instructions, datées du 14 avril, étaient la conséquence du rapport du baron Saillard sur le résultat infructueux de sa mission au Mexique. Elles développaient les déclarations officielles insérées au *Moniteur* du 5 avril et communiquées le 6 avril au ministre de France aux États-Unis.

sur trois routes parallèles, la plus importante fraction suivant le chemin de San Francisco à Ceralvo. Elles eurent avec l'ennemi plusieurs engagements heureux; mais bientôt leurs communications ayant été complétement coupées, elles se trouvèrent sans nouvelles de Monterey et de Matamoros ; le 17 juin seulement, on sut qu'Escobedo avait concentré ses troupes et qu'il s'était dirigé vers Camargo. Le colonel de Tucé, laissant à Ceralvo, sous la protection du détachement belge, ses impedimenta et ses malades, dont le chiffre était fort élevé, se porta rapidement sur Mier, où il arriva le lendemain.

1866.

Le convoi, composé de deux cents voitures, était escorté par seize cents Mexicains, trois cents Autrichiens et deux canons, sous le commandement du général Olvera ; il avait été attaqué le 15 juin près de Camargo par une force qu'on évaluait à cinq mille hommes, parmi lesquels douze à quinze cents Américains.

La chaleur était suffocante, les troupes souffraient beaucoup, douze soldats autrichiens avaient déjà succombé à des insolations. Le convoi fut entièrement enlevé après un sanglant combat [1]; le général Olvera, avec cent cinquante cavaliers, put cependant rentrer à Matamoros. Le général Mejia, qui n'avait plus que trois cents hommes, rappela aussitôt à lui le poste de Bagdad, et se prépara, malgré sa position critique, à faire bonne contenance ; mais l'issue de la lutte n'était pas douteuse, et les instances du commerce, demandant à ce qu'on n'exposât pas la ville à une prise de vive force, le décidèrent à accepter une

Combat
de Camargo
(15 juin 1866).

---

[1] D'après le rapport d'Escobedo, les pertes des libéraux furent de 155 tués et 78 blessés. Les troupes impériales perdirent 251 Mexicains, 145 Autrichiens tués; 121 Mexicains, 45 Autrichiens blessés ; 858 Mexicains, 143 Autrichiens prisonniers. (*Execut. docum.*, 1866-67.)

1866.

Capitulation de Matamoros (23 juin).

capitulation. Il obtint des garanties pour les habitants, et put se retirer avec armes et bagages, ne perdant que son artillerie (43 pièces). Matamoros fut abandonné le 23 juin. Les débris des troupes du général Mejia, transportés à Vera-Cruz, se reformèrent à Paso del Macho. Juarez blâma les clauses de cette capitulation et ne voulut pas en reconnaître la validité.

La destruction de la colonne du général Olvera avait enlevé au colonel de Tucé tout moyen de faire passer son propre convoi à Matamoros. Il se hâta de rétrograder, car la proximité de la frontière américaine amenait des désertions nombreuses dans les bataillons de la légion étrangère [1]. Le 28 juin, il rentrait à Monterey.

La chute de Matamoros remplit d'allégresse les ennemis de l'Empire et diminua d'autant la confiance de ses rares partisans. La garde rurale de Parras, jusqu'alors si fidèle et si dévouée, fit défection dans la nuit du 23 au 24 juin; son chef, Campos, fut obligé de fuir avec huit cavaliers seulement; l'ennemi prit aussitôt possession de la ville. Entre Monterey et San Luis, aucune communication n'était plus possible; ni diligence, ni courriers, ne pouvaient passer; Pedro Martinez coupait les routes; cependant, le 29 juin, il était battu à Catorce; le 13 juillet, étant venu attaquer le poste d'Incarnacion avec six cents hommes, parmi lesquels une centaine de déserteurs, il en était repoussé après un combat de cinq heures; mais ces échecs importaient peu à une troupe qui réparait immédiatement ses pertes. Le maréchal, obligé de rappeler les colonnes françaises engagées dans le Nord, ne voulait pas livrer à l'ennemi une ville aussi importante que Monterey; il comptait y laisser

---

[1] Soixante-dix-neuf hommes désertèrent en quelques jours.

le régiment belge et deux cents hommes de troupes mexicaines de Quiroga. La nouvelle du départ de la garnison française jeta l'alarme dans la ville; on ne pouvait, en effet, avoir aucune confiance dans les troupes belges et mexicaines. Les Mexicains ne recevant pas régulièrement leur solde, on s'attendait à les voir déserter d'un moment à l'autre [1], et le corps belge était menacé d'une désorganisation complète. Le colonel Van der Smissen déclarait lui-même qu'il ne comptait pas sur ses hommes. Les fatigues et les déboires de campagne avaient mécontenté officiers et soldats. Beaucoup d'officiers demandèrent à retourner en Europe, le temps pour lequel ils s'étaient engagés à servir au Mexique étant expiré ; ils ne supportaient pas la subordination hiérarchique vis-à-vis des officiers mexicains; il était même difficile de les placer sous les ordres d'officiers français. Des bruits ayant été répandus sur un projet d'annexion de la Belgique à la France, leur susceptibilité s'en était accrue. Dans ces conditions, il n'était plus possible de conserver Monterey ; toutefois le maréchal donna l'ordre de surseoir à l'évacuation ; il transporta son quartier général à San Luis, afin de veiller de plus près aux embarras de la situation.

Quant à l'empereur Maximilien, il refusait toujours de se rendre à l'évidence et ne comprenait pas que le rôle de l'armée française était terminé ; il se montrait vivement ému des mouvements rétrogrades des troupes et des progrès incessants des libéraux.

Leur retour à Chihuahua lui avait été particulièrement

---

[1] Quiroja et Campos offrirent à Escobedo de se prononcer en faveur de Juarez ; mais les chefs libéraux repoussèrent toute condition et exigèrent une soumission pure et simple. Quiroja et Campos restèrent alors fidèles à l'Empire. (Lettre de Quiroja à Viezca, 30 juillet 1866 ; *Execut. docum.*, 1866-67.)

sensible, et à ce sujet il avait écrit au maréchal Bazaine (1).

« Les nouvelles que je reçois de l'intérieur me démontrent l'impérieuse nécessité de renvoyer Juarez de Chihuahua, et d'occuper cette ville définitivement, pour ôter aux Etats-Unis le seul prétexte plausible d'accréditer auprès de lui un ambassadeur, et l'occasion de présenter chaque jour de nouvelles exigences.

« Il est évident qu'il entre autant dans les intérêts de votre glorieux souverain et de mon auguste allié l'empereur Napoléon, que dans les miens, de mettre un terme aux prétentions du cabinet de Washington, en renvoyant Juarez de sa dernière capitale ; il y va même de notre honneur.

« Je le répète, les nouvelles extérieures que je reçois font ressortir l'urgence de cette mesure, et, comme *chef de mon armée, vous aurez la bonté d'aviser immédiatement à son exécution*, et j'écris à l'empereur Napoléon, auquel je fais part de mes résolutions. »

Le ton de commandement de cette lettre contrastait singulièrement avec l'impuissance de l'Empereur, jusqu'alors tenu en tutelle aussi bien par le maréchal que par le gouvernement français. Le maréchal écrivit cependant au général de Castagny à Durango, pour faire préparer une nouvelle expédition sur Chihuahua ; en confirmant les mêmes ordres le 24 juin, il prévoyait le cas où l'on devrait pousser jusqu'à Paso del Norte, et témoignait en réalité du désir d'en finir avec Juarez, dont il croyait du reste l'influence ruinée ; mais le courrier arrivé d'Europe, le 28 juin, modifia ces dispositions ; contre-ordre fut envoyé par le télégraphe au général de Castagny, et tout mouvement fut suspendu.

A la suite de la mission du baron Saillard, le maréchal Almonte avait été envoyé à Paris pour proposer un projet de modification du traité de Miramar. Les instructions du

---

(1) Le maréchal au ministre, 28 mai.

ministre de la guerre, datées du 31 mai, montraient combien cette démarche avait été mal accueillie ; en effet, à la même date, le gouvernement français adressait au gouvernement mexicain une note diplomatique dans le but de préciser la ligne de conduite qu'il se proposait de suivre à l'avenir.

L'expédition du Mexique, était-il dit, n'avait eu d'autre motif que la nécessité d'obtenir par les armes certaines réparations auxquelles la France avait le droit de prétendre ; si plus tard elle s'était montrée favorable à la fondation de l'Empire et aux tentatives généreuses de l'empereur Maximilien, elle avait dû néanmoins se fixer à elle-même la limite dans laquelle il serait possible de lui venir en aide et « *mesurer à l'importance des intérêts français engagés dans cette entreprise l'étendue du concours qu'il lui était permis de lui offrir* ». C'est dans ce but que le traité de Miramar avait été signé. Le gouvernement mexicain n'en ayant pas rempli les conditions, la France était en droit de réclamer de nouvelles conventions. Le gouvernement français s'étonnait de voir que, malgré ses refus réitérés de prolonger le séjour de ses troupes au Mexique et de consentir de nouvelles avances d'argent, le gouvernement mexicain renouvelât ses demandes, et lui fît porter encore par le général Almonte des propositions de même nature ; « *il se rendait difficilement compte de la persistance des illusions* qui avaient présidé à la conception du projet qu'on lui présentait. » Loin de l'accepter, il demandait formellement au Mexique de nouvelles garanties financières et notamment une délégation de la moitié du produit des douanes maritimes. Dans le cas où cette proposition serait rejetée, il déclarait se considérer comme libre de tout engagement, et prescrirait au maréchal Bazaine « de procéder avec toute la diligence possible au rapatriement de l'armée

1866.

Note du 31 mai.

en ne tenant compte que des convenances militaires et des considérations techniques dont il serait le seul juge. Le maréchal aurait en même temps à procurer aux intérêts français les sécurités auxquelles ils ont droit. »

On se plaignait ensuite, non sans quelque raison, de voir les réclamations anglaises réglées sans conteste [1], des créances douteuses et non exigibles [2] payées argent comptant, tandis qu'une résistance systématique des conseillers de l'empereur Maximilien se manifestait sur tout ce qui touchait aux intérêts de la France.

Dans ses dépêches au maréchal Bazaine, le ministre de la guerre [3] lui recommandait « d'appuyer de toute son influence » les demandes énoncées dans cette note ; il lui faisait connaître que « le gouvernement français persistait dans les considérations qui avaient motivé les déclarations d'après lesquelles avaient été déterminées les époques successives du rappel des troupes, aussi bien que dans les résolutions prises pour exonérer le trésor français de toute dépense, en dehors de celles qui avaient pour objet l'entretien de l'armée française. Il désirait que la moitié du produit des douanes fût attribuée soit aux dépenses courantes de l'armée, soit à l'extinction des dettes que le gouvernement mexicain avait contractées vis-à-vis de la France ».

Le maréchal devait prévoir le cas « où les embarras de toute nature, qui entouraient le gouvernement mexicain, et, en première ligne, le déplorable état de ses finances, amèneraient de la part de l'empereur Maximilien des résolutions extrêmes », et il devait veiller à ce que l'évacuation du

---

[1] Le maréchal, dans une lettre du 6 juillet au ministre, signale l'envoi de six cent mille piastres en Angleterre.
[2] Allusion aux paiements faits à Jecker. Voir à l'appendice.
[3] Le ministre au maréchal, 31 mai.

Mexique par l'armée française, dans d'aussi graves circonstances, ne portât pas atteinte à son prestige.

La rigueur des conditions posées dans la note du 31 mai, avait certainement pour but de déterminer l'empereur Maximilien à une abdication. Il ne paraissait plus possible qu'il fût en état de se maintenir sans la protection des troupes françaises, et celles-ci étant obligées de se retirer, le gouvernement français lui suggérait avec raison la pensée de quitter volontairement un trône dont il serait inévitablement précipité par la force des événements. L'empereur Maximilien pensa en effet à une abdication, car la note du 31 mai détruisait d'un seul coup toutes ses espérances; il n'avait jamais supposé que l'empereur Napoléon pût l'abandonner aussi complétement. Jusqu'alors, les menaces des Etats-Unis ne l'avaient pas inquiété. « Elles ne font pressentir rien de sérieux, disait-il; en irritant la fibre nationale en France, elles nous font plus de bien que de mal. Ils sont bien loin de vouloir faire la guerre ; ce sont des bravades et des tentatives habiles d'intimidation, qui ne me semblent devoir guère réussir vis-à-vis d'un pays tel que le vôtre, qui a foi dans sa force et dans sa position dans le monde, qui ne livrera pas son œuvre à la rapacité d'autrui [1]. »

La note du 31 mai mit fin à ces rêves; le premier mouvement fut peut-être du désespoir, mais il dura peu. On lit dans un rapport confidentiel du 29 juin, adressé au ministre de la guerre quelques heures après l'arrivée à Mexico de la note 31 mai : «On a pu compter sur l'éventualité de l'abandon spontané de l'Empereur, ce qui ouvrirait un

---

[1] L'empereur Maximilien disait du reste qu'une guerre entre la France et les Etats-Unis lui aurait souri.
Lettre de l'empereur Maximilien datée du 16 mars 1866.

nouvel ordre d'idées; mais je crois pouvoir dire à Votre Excellence que je connais bien Sa Majesté et qu'on doit calculer sur une *obstination invincible* [1]. »

« L'Empereur sera d'autant plus affermi dans sa détermination, qu'il comprendra tous les embarras que cette détermination peut causer au gouvernement français. Il est incontestable que l'on a toujours *compté ici* [2] que la France, qui a fait la question mexicaine, se trouvait engagée à la soutenir jusqu'aux dernières limites; si cet appui vient à manquer, il est à craindre qu'une violente réaction n'entraîne à un système d'hostilités indirectes, mais qui peuvent devenir très-compromettantes. »

Départ de l'impératrice Charlotte pour l'Europe.

Depuis quelque temps, l'impératrice Charlotte s'était abstenue de toute immixtion directe ou indirecte dans la politique, et s'occupait exclusivement du conseil de bienfaisance. Elle avait jusqu'alors fait preuve d'une si rare énergie, surtout vis-à-vis des ministres, qu'une aussi complète abstention était fort regrettable. Mais, lorsqu'elle vit quel abîme s'ouvrait devant son trône, elle reparut aussitôt en scène avec toute la virilité de ses résolutions. Il fut décidé qu'elle partirait immédiatement pour Paris, afin d'essayer si son influence n'amènerait pas l'empereur Napoléon à revenir sur ses déterminations. On avait eu d'abord l'intention de cacher le départ de l'Impératrice jusqu'au moment de son embarquement, mais il n'avait pas été possible de garder un secret absolu; ce projet transpira, et, pour mettre fin aux commentaires inquié-

---

[1] En marge de l'original de cette lettre, au crayon, soit de la main du ministre, peut-être de celle de l'empereur Napoléon, on a écrit ces mots : *tant mieux*.

[2] En marge au crayon : *trop*.

tants, le journal officiel du 7 juillet annonça « que l'Impératrice se rendait en Europe chargée d'une mission spéciale relative aux affaires du Mexique ».

Le ministre de France et le maréchal n'en avaient pas été informés ; le maréchal était alors à San Luis de la Paz ; un de ses officiers resté à Mexico l'ayant prévenu par le télégraphe, le 7 juillet, il envoya aussitôt, par dépêche chiffrée, l'ordre au commandant de l'escadre d'avertir le gouvernement français par la voie la plus rapide [1].

L'impératrice Charlotte quitta Mexico le 8 juillet [2].

Le lendemain seulement, l'Empereur reçut M. Dano, ministre de France, chargé de lui remettre officiellement la note diplomatique du 31 mai ; il avait de même prétexté une indisposition pour ne pas voir le maréchal qui, au moment de son départ de Mexico, avait sollicité une audience de congé [3].

L'impératrice Charlotte arriva le 10 août à Saint-Nazaire. La nouvelle de la bataille de Sadowa lui causa tout d'abord une vive et douloureuse impression.

Elle partit aussitôt pour Paris.

L'empereur Napoléon, alors assez souffrant, était à Saint-Cloud ; après avoir essayé d'éviter une entrevue pénible, il dut céder aux instances pressantes de l'impératrice Charlotte et consentir à la recevoir ; mais il resta iné-

---

[1] La dépêche chiffrée, partie de San Luis de la Paz le 7 juillet, fut portée au consul de France à New-York le 19 juillet, arriva à Vigo le 1ᵉʳ août, et à Paris le même jour.

[2] On n'avait pas d'argent pour le voyage de l'Impératrice ; l'Empereur disait « qu'il avait fallu donner un coup de balai dans la caisse centrale pour y ramasser les quelques piastres qui s'y trouvaient. » Le ministre des finances avait conseillé de vendre les bijoux de l'Impératrice.

[3] Le maréchal au ministre, 6 juillet.

1866.

branlable dans ses refus [1]. Le 29 août, l'Impératrice quitta Paris brisée de douleur, fit une visite à Bruxelles, séjourna quelques jours à Miramar, et vers la fin du mois de septembre, se rendit à Rome implorer le secours du Saint-Père. Elle n'avait pu résister à tant d'angoisses, et ce fut au Vatican qu'elle donna les premiers signes de la maladie mentale qui devait éteindre cette intelligence si remarquable.

L'impératrice Charlotte remit à l'empereur Napoléon le mémoire suivant [2] :

Mémoire de l'empereur Maximilien à l'empereur Napoléon.

« M. le ministre de France, à Mexico, a fait parvenir à l'empereur Maximilien la lettre de S. M. l'empereur Napoléon, et le mémoire qui y était joint.

« La lecture attentive de ce mémoire n'a pas laissé que de surprendre douloureusement l'Empereur, non pour sa conclusion, mais pour la nature des motifs que l'on a cru devoir alléguer pour justifier cette conclusion.

« On lit tout d'abord dans le mémoire, que « la France a acquitté loyalement les charges qu'elle avait acceptées dans le traité de Miramar. »

« On ajoute « qu'elle n'a reçu que bien incomplétement du Mexique les compensations équivalentes qui lui étaient promises. »

« Il importe de fixer son attention sur ce point. Le traité de Miramar conférait l'autorité de commandant en chef de l'armée mexicaine au commandant du corps expéditionnaire, et l'investissait ainsi du pouvoir et, par conséquent, de l'obligation de pacifier le pays. La raison refuse d'admettre que le gouvernement de S. M. l'empereur Napoléon, qui déclare encore aujourd'hui que son appui était acquis pour la fondation d'un gouvernement régulier et

---

[1] Dans une de ses visites, l'Impératrice lui aurait dit avec vivacité : Eh bien ! nous abdiquerons. — Abdiquez ! répondit froidement l'Empereur. L'Impératrice comprit alors que tout espoir était perdu.

[2] Le texte en est donné dans l'ouvrage intitulé : *L'Intervention française au Mexique*. — In-8°, Paris, Amyot, 1868. — L'auteur anonyme, M. Léonce Détroyat, lieutenant de vaisseau, avait été attaché au cabinet de l'empereur Maximilien et avait accompagné l'impératrice Charlotte dans son voyage.

fort au Mexique, la raison et l'équité refusent d'admettre, qu'il crût qu'un gouvernement pouvait devenir régulier et fort au Mexique, c'est-à-dire acquitter ses charges réciproques, sans que la pacification fût effectuée. Sans la paix, en effet, il est bien clair qu'on ne peut espérer ni budget en équilibre, ni augmentation des ressources financières.

« Les fonds provenant des deux emprunts ont été engloutis en grande partie dans cette guerre civile, et il faut en imputer les conséquences au commandant en chef de l'armée franco-mexicaine qui, par son inaction d'une année, a fini, il faut le dire, par laisser les dissidents se rendre maîtres aujourd'hui de plus de la moitié du pays.

« Personne n'ignore qu'au Mexique les douanes maritimes sont l'élément le plus productif des recettes. Or, ces douanes sont ruinées, depuis un an, par suite de l'interruption des communications avec les marchés de l'intérieur, et ces communications sont occupées par les dissidents. En ce moment même, les douanes de Matamoros, Minatitlan, Tabasco, La Paz, Huatulco, sont aux mains des ennemis de l'Empire. Celles de Tampico, Tuxpan, Guaymas, Mazatlan, Acapulco, sont improductives, car ces ports sont étroitement bloqués par les juaristes, et les commerçants désespérés sont réduits à s'expatrier. Peut-on raisonnablement obtenir l'équilibre des recettes et des dépenses quand, à mesure que la guerre civile se prolonge, les ressources diminuent? Le gouvernement, réduit à la seule douane de Vera-Cruz, peut-il faire face aux lourdes charges que lui assigne le traité de Miramar? Ce serait faire injure à l'esprit d'équité du gouvernement français et douter de sa bonne foi que de le supposer; car, sur un budget de recettes de dix-neuf millions de piastres [1], on sait que les douanes maritimes doivent fournir onze millions.

« Oui, sans doute, par la convention de Miramar, le Mexique s'est engagé à payer l'entretien du corps expéditionnaire, ses

---

[1] Résumé des recettes nettes de l'empire mexicain pendant l'année 1865 :

DOUANES MARITIMES.	Piastres.
Du golfe	7,632,005 73
Du Pacifique	2,988,786 61
DOUANES DE L'INTÉRIEUR.	
Droits sur la consommation (alcabalas), papier timbré, péages, diverses branches	6,941,960 24
Contributions directes	1,538,382 62
TOTAL	19,101,135 20

La douane de Vera-Cruz entre dans ce total pour la somme de 4,878,735 46

frais de guerre et d'occupation, mais il n'entendait nullement que cette occupation fût seulement du tiers ou de la moitié du pays, et il ne pouvait pas prévoir que les seuls transports de guerre à la suite des colonnes qui ont quatorze fois occupé, puis évacué le Michoacan, cinq fois Monterey, deux fois Chihuahua, se monteraient à seize millions de francs ! Le gouvernement impérial mexicain ne pouvait pas prévoir, et il n'aurait pu admettre, qu'au bout de trois ans d'une guerre ruineuse, le commandant en chef de l'armée franco-mexicaine, forte de cinquante mille hommes, n'aurait pas encore réduit à l'obéissance les riches provinces de Guerrero, de Tabasco, de Chiapas, où pas un soldat français n'a paru. Il ne pouvait pas supposer surtout qu'après ces trois années de guerre, grâce à l'inaction du commandant en chef ou à ses dispositions, tous les vastes États du Nord seraient retombés sous le joug des juaristes. Il suffit de jeter un coup d'œil sur la carte pour se convaincre de cette déplorable situation militaire, et de l'injustice notoire qu'il y a à reprocher au gouvernement impérial mexicain de n'avoir pas suffi aux exigences du traité de Miramar. Le commandant en chef a privé ce gouvernement de ses ressources les plus indispensables, en n'achevant pas l'œuvre de la guerre. C'est un fait que nous devons constater, parce qu'il n'a pas dépendu de nous d'en supprimer les conséquences.

« Lors de la fin de la guerre civile aux États-Unis, l'empereur Maximilien pensa qu'il était de son devoir de rappeler sérieusement au commandant en chef, la nécessité de déployer la plus grande activité pour terminer la pacification. Le maréchal est resté sourd à toutes ces exhortations, et il a abandonné des provinces entières, pour retirer ses troupes qui restèrent pendant de longs mois dans une inaction fatale. Le 10 novembre 1865, l'Empereur lui écrivait : « Je reçois des nouvelles de Monterey qui me font connaître les graves inconvénients qu'entraîne l'évacuation de cette place importante par les troupes françaises. En général, je crois qu'il faut éviter d'abandonner ces grandes villes du Nord qui, d'abord occupées, puis laissées à elle-mêmes, sont tombées de nouveau entre les mains de nos ennemis ; ces alternatives ont le grave danger de faire perdre confiance aux habitants, et de mettre sous les yeux de nos voisins des scènes fâcheuses qui peuvent tromper l'opinion aux États-Unis. Il me paraît d'autant plus nécessaire de faire réoccuper Monterey par les troupes françaises, que, de là, elles peuvent porter aide et secours au brave général Mejia, dont la position ne laisse pas d'être difficile à Matamoros. »

« Le 4 décembre de la même année, Sa Majesté insistait de nouveau sur cette question : « Je viens de recevoir, écrivait-elle, les nouvelles les plus fâcheuses du Sinaloa et du département de Mazatlan. Les populations de ces contrées ne peuvent se rendre compte du motif qui fait partir les troupes françaises avant que des corps mexicains, bien organisés, puissent les remplacer. Elles voient avec terreur Corona rentrer d'un seul coup en possession de tout le pays soumis ; leur confiance est donc profondément ébranlée, et cette fatale mesure nous fait perdre dans l'esprit public plus qu'une défaite éclatante, car elle semble indiquer que le gouvernement, lui-même, n'a pas foi dans l'avenir. »

1866.

« Dans une lettre, en date du 17 décembre 1865, l'Empereur signalait au maréchal l'urgence d'occuper le port de la Paz, capitale de la basse Californie, pour empêcher que cette importante Péninsule, qui ferme le golfe ou mer de Cortès, ne fût envahie par les flibustiers américains, et afin de l'enlever aux dissidents. Le commandant en chef écrivit aussitôt :

« Je m'empresse de répondre à la lettre que Votre Majesté m'a adressée, à la date de ce jour, au sujet de la contre-révolution qui vient d'éclater à la Paz, capitale de la basse Californie. Aussitôt que ces faits sont parvenus à ma connaissance, j'ai donné l'ordre à l'amiral Mazères, qui commande la division navale sur la côte du Pacifique, de prendre une compagnie française à Mazatlan et de se rendre à la Paz pour y rétablir l'ordre. » La compagnie française n'a jamais paru à la Paz, et la basse Californie reste toujours au pouvoir des ennemis de l'Empire.

« Le maréchal a lui-même reconnu la vérité de ces faits, puisque, en janvier 1866, il a annoncé que l'inaction de ses troupes allait cesser et que « bientôt l'Empereur verrait que ce n'était pas « la question militaire qui devait le préoccuper le plus ». La réalité est venue malheureusement démontrer que cette promesse solennelle resterait à l'état de lettre morte.

« A différentes reprises, le commandant en chef a prétendu expliquer les résultats déplorables de son attitude, en se plaignant de quelques autorités infidèles. Ce reproche a trouvé un écho dans le mémoire. Cependant il sera facile de faire voir son peu de fondement. Le 2 décembre 1865, l'Empereur demandait au maréchal des notes sur tous les fonctionnaires mexicains ; le 6 janvier 1866, il lui écrivait : « J'attends de vous, par le retour de ce courrier, les noms des autorités qui vous paraissent déloyales et qu'il faut révoquer, car je veux mettre à votre disposition tous les moyens qui sont en mon pouvoir. Je remplacerai ces autorités par celles qui auront votre confiance. Vous insistez sur le paiement régulier

1866.

des troupes; à ce sujet, il faut remarquer que mon gouvernement a fait tout ce qui était possible ; il a été jusqu'à laisser de côté les améliorations les plus nécessaires dans les services civils, pour consacrer exclusivement toutes ses ressources à l'armée. C'est l'armée qui absorbe seule toutes les rentes de l'État, et il suffit de jeter un coup d'œil sur les comptes du ministère d'Hacienda pour s'en assurer. »

« Le 10 janvier, le commandant en chef désigna trois fonctionnaires et le ministère comme n'ayant pas sa confiance. L'Empereur lui fit part, deux jours après, de sa décision : « En attendant que le travail complet que vous me promettez me soit parvenu, disait Sa Majesté, je porte à votre connaissance que les trois personnes que vous citez ont été relevées de leur emploi. » Le 5 mars suivant, le ministère fut changé !

« On a reproché également au gouvernement impérial mexicain de n'avoir pas marché exclusivement avec un certain parti et d'avoir tenté une œuvre de conciliation. Mais ignore-t-on que c'est là la politique conseillée au début par les généraux français eux-mêmes ? Le général Castagny écrivait au maréchal, le 30 août 1864 : « Les populations de la frontière du Nord sont énergiques, laborieuses, industrielles et libérales. Elles accepteront l'Empire sans difficulté, pourvu qu'on ne froisse pas trop durement leurs convictions. » Le maréchal disait lui-même à Sa Majesté, dans une communication en date du 29 décembre 1864 : « Les tendances cléricales du général Mejia et du général Lopez, et l'esprit généralement libéral de toute la population du Nuevo-Leon et du Tamaulipas réclament des fonctionnaires éclairés et qui puissent, par leur influence, contrebalancer, sinon dominer celle des commandants militaires susnommés. » On voit donc que les conseils, ou les insinuations des chefs de l'armée française les plus autorisés par leur position, montrent que l'Empereur a eu, dans sa ligne de conduite politique, des complices en dehors de son entourage personnel, dont on lui a fait si souvent un reproche.

« Parmi les autres griefs que l'on s'est cru en droit d'adresser au gouvernement impérial mexicain, il en est un d'une nature plus grave. On a dit et on répète : Les finances du Mexique sont en désarroi ; le système sur lequel elles sont basées est défectueux ; les hauts fonctionnaires et les employés chargés de la gestion des intérêts du trésor sont incapables ou improbes. Loin de faire un effort pour remédier au mal, l'Empereur a fermé l'oreille aux meilleurs conseils, et a systématiquement éloigné de lui les Français qui auraient pu lui prêter un concours utile.

« Voilà l'accusation.

« Voici les faits :

« Si la situation financière est mauvaise, quand a-t-elle été bonne ? Ce n'est certes pas lors de l'inauguration de l'Empire, car M. Budin, commissaire extraordinaire des finances, écrivait au nouveau souverain, à la date du 11 juin 1864 : « Les ressources ont été, dès le début, fort restreintes, elles le sont encore. Les agents du gouvernement précédent emportent, en fuyant devant l'intervention, les archives et les rôles des bureaux financiers ; ils créent ainsi de sérieux embarras à l'administration installée par le général en chef. Les mêmes choses se passent d'ailleurs de la même manière dans l'intérieur ; avant de faire des recettes, les agents nouveaux sont obligés d'en créer les titres. »

« Avait-on du moins jeté les bases d'un plan financier qui pût développer les ressources ? Non ; on avait vécu au jour le jour. En présence d'un pareil état de choses, la surprise de l'empereur Maximilien avait été extrême, et il s'en expliqua franchement à l'honorable M. Fould : « En arrivant au Mexique, lui écrivait-il, le 9 août 1864, j'ai cru que l'intervention française aurait tout préparé pour me mettre à même d'apprécier la véritable situation financière, et qu'il ne me resterait qu'à décréter les moyens d'y faire face et d'appliquer, avec la coopération intelligente des fonctionnaires de votre département mis à ma disposition, le système financier français modifié suivant les exigences du pays. Malheureusement, il n'en est pas ainsi. Tout est à faire. »

« Quelques semaines se passèrent en tâtonnements. Enfin, M. Corta, député au Corps législatif, vint au Mexique. Sa droiture, son esprit de conciliation, sa profonde entente des affaires, persuadèrent à l'Empereur qu'il avait trouvé l'homme qu'il cherchait pour améliorer les finances du pays. Il écrivit donc à M. le duc de Morny, le 9 août 1864 : « M. Corta me donne en toute circonstance des preuves de ses hautes qualités administratives et financières. Il a su gagner les sympathies des Mexicains ; sa coopération m'est donc nécessaire.

« J'aurais voulu lui confier immédiatement la direction officielle du ministère des finances ; mais j'ai rencontré, chez cet honorable député, une résistance fondée sur la position qu'il occupe dans le parlement français. La solidarité qui existe entre nos deux gouvernements me fait penser que cette incompatibilité n'existe pas. La mission confiée à M. Corta ne sera terminée que quand il pourra assurer à ses collègues que le pays offre, avec les ressources nécessaires, des garanties d'une organisation financière capable d'en assurer la réalisation. »

« Est-ce là le langage d'un homme qui s'aveugle de parti pris? Après la rentrée en France de l'honorable M. Corta, M. Bonnefons vint prendre la direction de la mission financière française. L'Empereur lui offrit, comme à son prédécesseur, le portefeuille des finances. Si M. Bonnefons crut devoir en décliner l'acceptation, son refus est là du moins pour témoigner des loyales intentions de Sa Majesté. Nous le transcrivons : « Je suis profondément touché de la confiance que m'a témoignée Votre Majesté, sans me connaître. Mais je la supplie de me permettre de lui dire, avec une respectueuse déférence, que je ne puis, dans mon ignorance si complète des hommes et des choses de ce pays, accepter les offres si flatteuses qu'Elle a daigné me faire. »

« L'Empereur ne se découragea pas, et, sur sa demande, M. le conseiller d'Etat Langlais se rendit au Mexique. Ses vues furent de suite les siennes, et, le 30 septembre 1865, un décret impérial investit M. Langlais d'attributions supérieures à celles des ministres, et presque dictatoriales. Toutes les dépenses furent soumises à son examen, et dès qu'il eut présenté son plan de réformes, il fut adopté sans aucune modification, et consacré par les lois et décrets insérés au journal officiel du 12 février 1866.

« Enfin, après l'irréparable perte de cet homme d'Etat éminent, Sa Majesté ne désespéra pas et demanda à Paris un successeur à M. Langlais. Cette demande est restée sans résultat.

« Tel est l'exposé succinct et vrai de la conduite tenue envers les agents financiers et les hommes d'Etat que la France a envoyés au Mexique. Nous ajouterons ici une réflexion.

« Ce n'est pas tout que d'avoir un bon financier dans ses conseils ; il faut encore que des perturbations violentes ne viennent pas à chaque pas le contrecarrer et détruire ses combinaisons. Il ne faut pas surtout qu'une guerre, conduite mollement et qui traîne en longueur, vienne à chaque instant empêcher l'équilibre entre les recettes et les dépenses. Le 12 janvier 1866, l'Empereur disait au commandant en chef : « Quant aux besoins des troupes nationales qui se trouvent en partie dépourvues de vêtements et d'équipements, personne n'en souffre autant que moi, moralement et physiquement ; malheureusement, cette guerre intérieure, par sa durée, absorbe tous les revenus de l'Etat à elle seule. Néanmoins, je suis résolu à faire tous les sacrifices pour coopérer à sa fin si impatiemment attendue par l'opinion publique du pays et de la France, et je viens de donner l'ordre d'acheter des armes et des vêtements dans la limite de nos ressources. »

« On impute au gouvernement impérial mexicain de n'avoir

point pressé l'organisation d'une armée nationale. Mais ignore-t-on que le commandant en chef était chargé de la former et investi de tous les pouvoirs nécessaires? Enfin, lorsque son abstention fut évidente, l'Empereur lui écrivit, le 5 avril 1865, qu'il confiait l'organisation d'une brigade modèle au général comte de Thun, et qu'en conséquence, il était nécessaire de réunir à Puebla les éléments et les cadres de cette troupe. Ils furent réunis en effet, mais ils n'avaient pas encore les premiers liens de leur formation, que le commandant en chef les dispersait dans trois directions différentes pour faire face aux éventualités de la guerre.

« Lorsque, plus tard, M. le ministre de la guerre de Sa Majesté l'empereur Napoléon insista auprès du commandant en chef, pour qu'il pourvût à une organisation des troupes du pays capable de protéger les intérêts français après le départ du corps expéditionnaire, le commandant en chef se détermina à entamer cette œuvre, et il en instruisit l'empereur Maximilien, qui lui donna, de nouveau, des pouvoirs illimités pour la conduire à bonne fin. La lettre suivante du maréchal, datée du 6 juin 1866, en est un témoignage irrécusable : « J'ai reçu, disait-il, la lettre que Votre Majesté m'a adressée le 3 de ce mois, et par laquelle elle daigne investir d'une autorité absolue, pour l'organisation des bataillons de cazadores de Mexico et la réorganisation de l'armée mexicaine, le général chef d'état-major général et l'intendant en chef de l'armée. J'ai communiqué à M. le général Osmont et à M. l'intendant militaire Friant les intentions de Votre Majesté. J'aurai l'honneur de la tenir au courant des résultats qui seront progressivement obtenus. »

« Les officiers généraux désignés ci-dessus se mirent immédiatement à l'œuvre avec un zèle et une intelligence qu'on ne saurait trop louer. Les officiers et soldats de l'armée française répondirent à leur appel avec un empressement bien propre à justifier les espérances qu'on avait conçues de la formation de ces nouveaux corps. Déjà un certain nombre de bataillons de cazadores étaient armés, habillés et équipés, quand arriva la fatale nouvelle du retrait du subside que le maréchal et M. le ministre de France avaient accordé provisoirement comme absolument indispensable.

« Il ne faut donc pas se dissimuler que le maintien de ce subside, jusqu'à la fin de l'année 1867, est la seule garantie pour la constitution de cette armée mexicaine qui, de l'aveu de tous au Mexique, est la seule force capable de protéger les intérêts, aujourd'hui gravement menacés, des résidents étrangers, et que toute autre solution mettra en péril non-seulement les intérêts, mais encore leur existence intimement liée au salut de l'Empire mexicain. »

Ce mémoire n'est qu'un long réquisitoire contre le maréchal Bazaine; l'empereur Maximilien le rendait responsable de tout. Si au point de vue spécial des intérêts de l'Empire mexicain, quelques-uns des reproches de mollesse, d'inaction, d'insouciance adressés au commandant en chef étaient justifiés, on doit cependant reconnaître que sa conduite militaire reçut toujours l'approbation du gouvernement français; les lettres du ministre de la guerre en font foi, et il ne fut blâmé que pour avoir puisé dans les caisses de l'armée, afin de venir en aide au gouvernement mexicain. Les relations du maréchal avec l'empereur Maximilien n'avaient pas toujours été aussi tendues que le ferait supposer la lecture de ce document.

Nature des relations entre l'empereur Maximilien et le maréchal Bazaine.

D'une indécision de caractère qui amenait de continuelles contradictions dans sa conduite et dans ses affections, tantôt l'empereur Maximilien se laissait aller à des penchants naturellement bienveillants, et donnait au maréchal des preuves de sympathie; parfois, au contraire, il s'abandonnait à la méfiance que lui insinuaient quelques personnes de son entourage. Des observations critiques, souvent aussi d'imprudentes plaisanteries qu'il se permettait trop facilement, étaient entendues par des gens qui les colportaient au dehors; l'écho en revenait aux oreilles du maréchal, son amour-propre était froissé; il en résultait de l'aigreur. Le mariage du maréchal, la naissance de son fils que les souverains avaient tenu sur les fonts baptismaux, furent l'occasion de rapprochements momentanés, puis les difficultés revinrent. Le maréchal blâmait les choix des hommes auxquels étaient

confiées des fonctions publiques. En effet, l'empereur
Maximilien, qui rêvait d'être un prince libéral, démocratique même, avait toujours manifesté un singulier éloignement pour les monarchistes, les cléricaux, les *cancrejos*
(*écrevisses*) comme l'Impératrice les appelait plaisamment.
Il cherchait à attirer à lui les libéraux qui le servaient mal
ou le trahissaient; les cléricaux faisaient de l'opposition.
Les uns et les autres se rencontraient d'ailleurs pour attaquer le maréchal en toute occasion; celui-ci ne l'ignorait
pas, et se tenait de plus en plus à l'écart. Lorsqu'il fut
question du rappel de l'armée, les récriminations du gouvernement mexicain augmentèrent encore, dans le but,
prétendait le maréchal, de discréditer le rôle des Français.
L'Empereur aurait dit : « Nous les payons assez cher pour
ce qu'ils font; » il se plaignait du peu de concours que
lui prêtait l'armée française, son commandant en chef en
particulier; il trouvait encore que la conduite arbitraire
des officiers, commandants territoriaux, avait fait plus de
mal que de bien à la pacification du pays [1]. Il reprochait
au maréchal d'avoir concentré ses troupes, au lieu de les employer d'une manière efficace contre les bandes libérales.

Le maréchal, de son côté, disait qu'on n'arrivait à rien,
parce que « Maximilien était plus Mexicain que les Mexi-

---

[1] La grande dissémination des troupes rendait difficile la surveillance du commandement supérieur sur les chefs de poste et de colonne. Livrés à eux-mêmes, maîtres à peu près absolus de leurs décisions, peu habitués à cette indépendance d'action et responsables cependant de la sécurité des troupes sous leurs ordres, quelques-uns ont pu se laisser aller à des abus d'autorité, ou à des actes de sévérité qu'excusaient jusqu'à un certain point les difficultés dont ils étaient entourés. Il en a été et il en sera toujours ainsi dans toutes les guerres. Néanmoins, partout où sont passées les troupes françaises, elles ont laissé des sympathies, et il n'est pas un des officiers du corps expéditionnaire du Mexique qui, de son côté, ne conserve un bon souvenir des relations personnelles qu'il a nouées au Mexique.

cains, plus juariste que Juarez, qu'aucun parti n'avait confiance dans sa politique versatile, ni dans son caractère, qui était celui d'un rêveur allemand.[1] » Des plaintes contre le maréchal furent portées au gouvernement français : « Certain personnage, attaché à l'empereur Maximilien et qui se trouve dans ce moment à Paris, répand le bruit que vous êtes au plus mal avec l'Empereur, que vous ne vous présentez presque plus au palais etc... Qu'est-ce qu'il y a de vrai dans tout cela »? lui demandait le ministre de la guerre[2]. Sous une forme toutefois très-bienveillante, et en lui annonçant que l'Empereur lui réserverait en France une haute position qui serait la digne récompense des services rendus, il autorisait le maréchal à partir avec la première colonne de rapatriement, ou même plus tôt s'il le voulait, et lui envoyait une lettre de service pour remettre le commandement au général Douay dès qu'il le jugerait opportun. Le maréchal ne profita pas de cette autorisation qui pouvait bien être considérée comme une invitation à quitter immédiatement le Mexique ; certaines considérations de famille et d'intérêt le retenaient ; puis, disait-il au ministre avec quelque raison, le général Douay était en expédition au nord de San Luis ; il fallait mener à terme des organisations commencées ; un départ immédiat ne lui paraissait ni possible ni opportun. Il était du reste, à cette époque, dans une phase de bons rapports avec l'Empereur[3].

[1] Le maréchal au ministre, 9 mars.
[2] Le ministre au maréchal, 1er avril 1866.
[3] Le maréchal au ministre, 28 mai.

« Mes relations avec l'empereur Maximilien sont toujours très-amicales de la part de Sa Majesté ; de mon côté, je fais tout ce que je puis pour venir en aide à son gouvernement...... L'Empereur veut éviter de paraître subir l'influence étrangère, c'est pour cela qu'il évite la fréquence de nos entrevues, et puis, parce que son caractère assez irrésolu dans les affaires le porte à réfléchir au moins

Sans avoir toujours la même confiance en l'avenir, l'empereur Maximilien avait repris quelque espoir depuis le départ de l'Impératrice ; il comptait beaucoup sur le résultat de ses démarches[1]. A partir de cette époque, tous ses actes paraissent inspirés par l'intention de faire retomber sur la France le poids de la situation ; il déclara l'état de siège dans les départements de Tancitaro, de Tuxpan, de Tulancingo, et dans le district de Zacatlan ; il proposa même

quarante-huit heures avant de prendre un parti ; les audiences ne sont que des conversations sans conclusions.

« Il arrive aussi que Sa Majesté s'exprime très-légèrement sur tout le monde devant des individus enchantés de prendre à la lettre les boutades de la bouche impériale ; ainsi Elle me disait dernièrement : « Mon cher maréchal, vous savez que nous sommes deux bons amis, quoi qu'il arrive, et si vous entendez dire des sornettes sur mon compte, dites-le-moi comme je vous dirai celles qui sont débitées sur le vôtre, etc. »......

« Je vais au palais aussi souvent que possible, quand l'Empereur est à Mexico ; mais, ainsi que j'ai eu l'honneur de l'exprimer à Votre Excellence, Sa Majesté n'aime pas être surprise par des questions dont la solution est urgente et préfère toujours les traiter par écrit après mûre réflexion, et cette réflexion donne toujours une tout autre portée aux affaires résolues en principe dans une conversation.

...... « En résumé, je ne puis faire, sans manquer à mes devoirs envers mon souverain, toutes les volontés de l'empereur Maximilien qui peuvent être contraires aux intérêts de notre pays et de l'armée qui m'est confiée, mais je ne me pose pas en pouvoir dominateur vis-à-vis de Sa Majesté pour laquelle j'ai dans toutes mes relations la plus grande déférence sans abdiquer la responsabilité qui m'incombe. » (Le maréchal au ministre, 9 avril.)

Le commandant Loysel, qui avait été chargé par l'empereur Maximilien de diriger son cabinet militaire, et rentrait à Mexico après avoir rempli en France une mission qu'il lui avait confiée, constatait également que les relations entre l'Empereur et le maréchal étaient aussi bonnes que possible. « Leurs Majestés vont tenir sur les fonts baptismaux l'enfant qui va naître ; le titre de duc a été offert au maréchal ; ce sont là des gages d'une entente cordiale bien nécessaire. » (Lettre du 20 mai.)

Lui-même, avec le plus grand tact, faisait servir son influence personnelle au maintien de bons rapports entre le souverain et le maréchal ; il avait su loyalement concilier ses devoirs d'officier français avec les obligations que lui imposait sa position près de l'Empereur du Mexique.

[1] « Dans deux mois, disait l'Empereur au moment du départ de l'Impératrice, le maréchal pourrait bien être dans une position plus fâcheuse que moi. »

1866.

au maréchal de l'étendre à tout l'Empire, afin de concentrer les pouvoirs dans les mains de l'autorité militaire française [1]; le maréchal eut l'habileté de refuser.

« Pourquoi déclarer l'état de siége? répondit-il; l'état de guerre qui existe de fait donne au commandement militaire et aux cours martiales toutes les facultés dont ils peuvent avoir besoin, si les circonstances l'exigent; n'est-il pas plus naturel d'agir que d'édicter? L'état de siége, en annihilant tous les éléments nationaux sur lesquels l'Empire pourrait compter encore, deviendrait la source d'un vif mécontentement qui s'étendrait de l'Empereur à la France elle-même, dont l'influence ne se ferait plus sentir que par des rigueurs [2]. »

Il n'y avait plus rien dans le trésor; l'Empereur accorda néanmoins la délégation de la moitié du produit de toutes les douanes maritimes, ainsi que la note du 31 mai le demandait. Peu lui importait! La situation n'en serait que plus nette; mais, en même temps, il sollicitait M. de Maintenant de prendre le portefeuille des finances; sur son refus, il s'adressait à M. Friant, intendant en chef de l'armée, et l'amenait à y consentir. Puis il obtenait du général Osmont, chef d'état-major général, de devenir son ministre de la guerre [3]. Il dissimulait avec le maréchal, lui écrivait des lettres fort gracieuses [4], ne lui laissait pas soupçonner quelles accusations graves l'Impératrice portait au même

---

[1] L'empereur Maximilien au maréchal, 2 août.

[2] Le maréchal à l'empereur Maximilien, Peotillos, 10 août.

[3] L'empereur Maximilien avait déjà un cabinet militaire qui, du consentement du maréchal, avait été organisé par le commandant Loysel, et était alors dirigé par le capitaine Pierron. Cette organisation finit par déplaire au maréchal. Cédant à un sentiment d'hostilité contre tous ceux qui entouraient l'Empereur, il se plaignait parfois injustement de l'influence de ce cabinet.

[4] Le maréchal au ministre, 6 juillet.

moment contre lui ; il lui annonçait un changement de ministère et la formation d'un nouveau cabinet, où n'entreraient que des partisans de l'alliance française ; il lui laissait pleins pouvoirs pour changer, lorsqu'il le jugerait à propos, le personnel administratif dans les provinces qu'il parcourait. Enfin, il obtenait, presque par surprise, son acquiescement à l'entrée au ministère de MM. Osmont et Friant, avec la condition qu'ils continueraient à remplir leurs fonctions dans le corps expéditionnaire [1].

« Mon cher maréchal, écrivait l'Empereur, l'empereur Napoléon m'a écrit à différentes reprises qu'il mettait à ma disposition les officiers et fonctionnaires français dont le concours me serait utile, c'est-à-dire utile à l'œuvre que nous avons entreprise en commun.

« Les circonstances actuelles m'ont paru nécessiter ce concours pour deux motifs; d'abord, pour mettre au grand jour ma constante résolution de marcher d'accord avec la France, et en second lieu, pour déposer dans vos mains de nouvelles garanties pour activer la pacification du pays.

« J'ai donc appelé M. le général Osmont à diriger le ministère de la guerre, M. l'intendant Friant à diriger celui des finances ; ces deux officiers généraux m'ont demandé d'obtenir préalablement votre assentiment. Je le leur ai garanti sur la foi de la parole de l'empereur Napoléon, convaincu qu'en confiant la direction de ces services fondamentaux à des officiers généraux qui ont votre entière confiance, je ne pouvais que répondre à ses vues et étendre votre pouvoir. MM. Osmont et Friant resteront d'ailleurs, comme vous le désirez, à la tête de leurs services respectifs dans le corps expéditionnaire.

« Vous acquerrez ainsi de nouveau la certitude que vos combinaisons militaires auront tout l'ensemble possible, et que les ressources du pays seront consacrées, comme par le passé d'ailleurs, à l'entretien des troupes et aux frais de guerre.

[1] L'empereur Maximilien au maréchal, 25 juillet.

« Les membres des ministères actuels sortent, à l'exception de M. Salazar-Ilaregui, dont le dévouement à l'alliance française ne fait l'objet d'un doute pour personne..... »

Le maréchal répondit « qu'il ne pouvait qu'obtempérer à ces désirs », tout en faisant observer que, les nouvelles fonctions confiées à MM. Osmont et Friant ne lui paraissant pas compatibles avec celles qu'ils occupaient dans l'armée française, on aurait à obtenir à ce sujet l'agrément de l'empereur Napoléon. Ainsi, au moment où la France voulait dégager son action au Mexique, l'intendant en chef et le chef d'état-major général du corps expéditionnaire devenaient, l'un, ministre des finances, l'autre, ministre de la guerre de l'Empire mexicain ; et, comme ils restaient, quant à leurs fonctions spéciales, subordonnés au maréchal, celui-ci allait être, s'il n'y prenait garde, conduit par une pente insensible à endosser la responsabilité entière d'une situation désespérée. L'empereur Maximilien pouvait s'effacer, peut-être disparaître tout à coup en allant s'embarquer sur un navire autrichien, et le commandant en chef du corps expéditionnaire se trouverait en face d'un gouvernement représenté par son propre chef d'état-major et l'intendant de son armée ; il était fort imprudent de s'engager dans cette voie. Tandis qu'il écrivait la lettre approbative que nous venons de rapporter, le maréchal témoignait son mécontentement dans sa correspondance avec le ministre de la guerre ; c'était, disait-il, seulement dans un intérêt de conciliation et pour ne pas paraître malveillant à l'égard de l'empereur Maximilien, qu'il avait donné son consentement à MM. Osmont et Friant ; il s'était vu forcé de sanctionner une chose faite et décidée à son insu ; mais il était « très-froissé » de l'attitude prise à son égard et de ce qu'il appelait « un pronunciamiento préparé en secret » [1].

Non-seulement l'empereur Napoléon n'autorisa pas ces officiers à rester au ministère mexicain, mais ils reçurent un blâme sévère qui fut inséré au *Moniteur officiel* [2] ; d'ailleurs, avant que ce blâme fût connu au Mexique, le maréchal les avait déjà invités à résilier leurs fonctions de ministres.

1866.

[1] Le maréchal au ministre, 4 août, 27 août.

M. Friant informait le ministre de la guerre, à Paris, de la position qu'il avait acceptée par la lettre suivante, datée du 29 juillet :

« L'empereur Maximilien m'a nommé son ministre des finances. En acceptant cette lourde tâche, je n'ai pas consulté mes forces, je n'ai consulté que mon dévouement pour notre grand Empereur. Mon point de départ est le vide le plus absolu dans les caisses publiques, des dettes énormes à payer, le désordre partout.

« Dominerons-nous la situation ? J'en ai l'espoir, je reste toujours intendant de l'armée et je n'ai accepté qu'à cette condition. J'ai l'honneur de prier Votre Excellence de me faire connaître si elle approuve. »

Le général Osmont exposait avec plus de détails les considérations par lesquelles il s'était décidé ; il avait eu en vue « l'intérêt de la France, de l'œuvre entreprise par l'empereur Napoléon et n'avait pas hésité . . . . . Au Mexique toute force émanant du maréchal Bazaine, on ne pouvait rien faire sans lui... il n'était possible d'avoir une autorité réelle qu'en s'appuyant sur lui ; le maréchal étant le grand chef et l'organisateur de l'armée mexicaine, le ministre de la guerre avait à prendre sans cesse ses instructions ; aussi ces fonctions, disait-il, n'étaient nullement incompatibles avec celles de chef d'état-major de l'armée française qu'il voulait avant tout conserver.

« Le maréchal l'avait engagé à accepter et lui avait promis de le soutenir ; le ministre de France n'y avait pas fait opposition. » (Le général Osmont au ministre, 26 juillet.)

[2] *Moniteur officiel* du 14 septembre 1866.

L'entrée de M. le général Osmont et de M. l'intendant Friant au ministère mexicain produisit un fort mauvais effet aux Etats-Unis : « Le président croit nécessaire de faire connaître à l'Empereur des Français que la nomination à des fonctions administratives desdits officiers du corps expéditionnaire par le prince Maximilien, est de nature à porter atteinte aux bonnes relations entre les Etats-Unis et la France, parce que le congrès et le peuple des Etats-Unis pourront voir dans ce fait un indice incompatible avec l'arrangement conclu pour le rappel du corps expéditionnaire français du Mexique. » (M. Seward à M. de Montholon, 16 août 1866.)

1866.

Convention du 30 juillet (1).

Le 30 juillet, quatre jours après l'entrée au ministère de MM. Osmont et Friant, l'empereur Maximilien signa la convention nouvelle destinée à remplacer les stipulations financières du traité de Miramar, et qui faisait l'objet de la note du 31 mai. D'après cette convention, le gouvernement français recevait une délégation de la moitié de toutes les recettes des douanes maritimes de l'Empire. Les droits sur les exportations par les ports du Pacifique étant déjà aliénés pour les trois quarts, la délégation sur ces douanes se trouvait réduite au quart disponible. Comme garantie, les douanes de Tampico et de Vera-Cruz seraient gérées par des agents du gouvernement français, et le produit entier, à l'exception des délégations déjà reconnues, devait être affecté au paiement de la dette française. Les situations des douanes des autres ports seraient visées par le consul français.

Cette délégation servirait :

1° Au paiement des intérêts et à l'amortissement des obligations des deux emprunts mexicains;

2° Au paiement des intérêts à 3 % de la somme de 216 millions, dette reconnue vis-à-vis de la France par le traité de Miramar, et des dettes contractées depuis par le gouvernement mexicain vis-à-vis le trésor français. Le chiffre total à fixer ultérieurement d'une façon précise était évalué approximativement à 250 millions.

Cette convention devait être mise en vigueur après sa ratification par l'empereur Napoléon, et à l'époque qu'il fixerait.

L'heure était passée où le gouvernement français cherchait à aider l'Empire mexicain et lui envoyait ses fonc-

(1) Voir à l'appendice le texte de la convention.

lionnaires pour relever et organiser ses finances; il semblerait, au contraire, qu'en prévision d'une chute prochaine, on se préoccupât seulement de diminuer le chiffre énorme des dépenses occasionnées à la France par l'expédition du Mexique.

CHAPITRE SIXIÈME.

SOMMAIRE.

Le maréchal Bazaine transporte son quartier général à San Luis (juillet 1866). — Evacuation de Monterey (26 juillet). — Combat de la Noria de Custodio (8 août). — Mouvement de concentration sur Durango. — Capitulation de Tampico (7 août). — Mesures prises pendant le ministère de MM. Friant et Osmont. — Opérations dans le Michoacan et l'Etat d'Oajaca. — On arrête l'embarquement. — Mission du général Castelnau. — Projet d'abdication de l'empereur Maximilien ; il part pour Orizaba. — Disposition des Américains ; mission Campbell et Sherman. — Conférences d'Orizaba. — L'empereur Maximilien se décide à rester au Mexique.

Le maréchal Bazaine transporte son quartier général à San Luis.

Alarmé par les événements des provinces du Nord-Est et par l'importance que la capitulation de Matamoros venait de donner aux progrès des troupes libérales, désireux d'ailleurs d'échapper aux ennuis que lui causaient les réclamations et les plaintes du gouvernement mexicain, le maréchal Bazaine transporta son quartier général à San Luis Potosi, afin de juger par lui-même de la gravité de la situation et se tenir à portée de prêter secours aux colonnes françaises engagées dans cette partie du pays. Il se fit accompagner par une brigade mixte sous les ordres du colonel du Preuil, composée de deux escadrons de chasseurs d'Afrique, du 3ᵉ zouaves, et d'une batterie d'artillerie.

Parti de Mexico le 2 juillet, il rejoignit cette colonne à San Luis de la Paz et arriva le 10 à San Luis. Les nouvelles qu'il reçut l'engagèrent à continuer son mouvement vers le nord ; il dépassa Matehuala, visita le Cedral, et, contournant le massif de Catorce, il s'arrêta à l'hacienda de las Bocas, le 4 août.

Les guérillas d'Aureliano Rivera et d'Armenta se tenaient toujours dans la région de Tula et de Rio Verde, mettant à contribution les riches districts de Peotillos, de Guadalcazar, de San Isidro, etc. La route entre San Luis et Monterey était complétement coupée ; pour porter une dépêche au général Douay, il avait fallu envoyer un escadron entier.

Cette situation décida le maréchal à faire évacuer Monterey par les troupes françaises, projet arrêté depuis longtemps et ajourné seulement par suite de l'impossibilité d'y laisser des Belges ou des Mexicains. Les forces libérales, considérablement accrues, menaçaient sérieusement cette place ; sa garnison eût été exposée à subir un jour ou l'autre une capitulation désastreuse comme celle de Matamoros. Les Belges refusaient d'ailleurs d'y rester ; l'évacuation définitive fut donc résolue. De grandes plaines désertes, arides, s'étendent entre San Luis et Monterey ; pendant une partie de l'année, le manque d'eau ne permet pas à une troupe d'y vivre ; le maréchal se proposait d'abandonner tout le nord du Mexique et de reconstituer plus en arrière sur la ligne Durango, Matehuala, Tampico, une nouvelle frontière plus facile à défendre.

Évacuation de Monterey (26 juillet).

Le colonel Jeanningros, commandant à Monterey, fit sauter un bastion de la citadelle, enleva le matériel, et la dernière colonne française partit le 26 juillet ; aucun incident ne troubla l'évacuation. Le général Douay s'était porté en avant de Saltillo pour faciliter cette opération et empêcher l'ennemi d'insulter la retraite. De nombreuses familles abandonnèrent cette malheureuse ville, jadis florissante, maintenant ruinée ; cependant l'ennemi la réoccupa sans se porter aux excès qu'on redoutait ; Escobedo consentit même, moyennant un arrangement pécuniaire, à rendre au commerce la plus grande partie du convoi capturé à Camargo. Du reste, pour ramener la prospérité dans le pays, le rétablissement des communications entre Matamoros et Monterey devait être beaucoup plus efficace que la présence d'une garnison impérialiste.

Saltillo fut évacué le 5 août ; les colonnes se replièrent lentement jusqu'à Matehuala ; l'ennemi les suivait à trop grande distance pour qu'il fût possible de l'atteindre par un retour offensif. Cependant, le 14 août, cinq cents cavaliers s'étant avancés jusqu'au Cedral, un petit détachement français sortit rapidement de Matehuala, les surprit pendant la nuit et leur tua une cinquantaine d'hommes.

Le maréchal, après avoir donné les ordres d'ensemble, revint à petites journées vers San Luis. Le 6 août, il était à l'hacienda de Peotillos ; la marche d'un corps ennemi ayant été signalée, de Rio Verde vers Paso San Antonio, il fit partir deux colonnes sous les ordres du colonel du Preuil, l'une composée de deux escadrons de chasseurs d'Afrique et de deux compagnies de zouaves montés, l'autre de cinq compagnies de zouaves et de deux pièces.

Le 8 août, à 9 heures du matin, après une marche de nuit, les chasseurs d'Afrique débouchèrent à l'improviste dans la plaine de Custodio, à quatre kilomètres de l'hacienda ; ils arrivèrent au galop dans les enclos sans laisser à l'ennemi le temps de se reconnaître, et sabrèrent tout ce qui se trouva devant eux. Cent quatre-vingt-cinq hommes

Combat de la Noria de Custodio (8 août).

furent tués, le reste s'enfuit en désordre en abandonnant deux cents chevaux.

Le colonel du Preuil étant revenu à Peotillos, le 11 août, le maréchal partit deux jours après pour rentrer à Mexico. Il prescrivit de faire occuper Matehuala par le régiment belge et de replier plus en arrière les troupes françaises. Cet ordre parvint au général Douay lorsque les Belges étaient déjà arrivés au Venado ; il voulut les faire rétrograder, mais dix-huit officiers et deux médecins refusèrent d'exécuter ce mouvement et quittèrent leur troupe. On fut donc obligé de laisser à Matehuala le bataillon d'infanterie légère d'Afrique et les contingents mexicains de Quiroga et de Campos qui, ne recevant plus de solde depuis longtemps, étaient entretenus à l'aide de contributions de guerre. Matehuala se trouva bientôt menacé par un corps de quatorze cents hommes qui formait l'avant-garde d'Escobedo.

Revenant encore à ses premières idées, le maréchal pensa en faire renforcer la garnison par le régiment belge ; mais le lieutenant-colonel Van der Smissen ne consentit pas à se mettre sous les ordres d'un chef de bataillon français ; le plus ancien capitaine, à qui le commandement fut offert, refusa de même [1] ; on pouvait craindre des complications graves, si l'on venait à introduire dans cette troupe des officiers français ; aussi, sur le désir exprimé par l'empereur Maximilien, le régiment belge fut renvoyé à Queretaro.

D'ailleurs, la désunion s'étant mise entre les libéraux, la position de Matehuala fut moins exposée. Cinq cents hommes s'étaient prononcés, disait-on, en faveur d'Ortega,

---

[1] Le général Douay au maréchal, 15 août.

les mouvements de l'ennemi perdirent de leur assurance. Le général Douay resta au Venado, à portée de secourir Matehuala ; la légion étrangère, qui devait être réorganisée, continua son mouvement rétrograde jusqu'à Queretaro.

Le maréchal avait prévenu le général de Castagny des dispositions nouvelles du gouvernement français et de la nécessité de se préparer à une concentration immédiate, si l'empereur Maximilien refusait d'accepter les conditions qui devaient lui être posées, ou progressive, si l'évacuation avait lieu à moins bref délai. Dans tous les cas, la ligne de Rio de Nazas devait être abandonnée. A la fin de juillet, les troupes, qui se trouvaient encore au nord de Durango, se replièrent donc sur cette place ; le général de Castagny en partit lui-même le 5 août et transporta son quartier général à Leon. Il ne fut laissé à Durango qu'un bataillon du 7e de ligne, un escadron, une section d'artillerie, et le bataillon de cazadores de Durango, sous les ordres du colonel Cottret [1].

Mouvement de concentration sur Durango.

Tandis que le général de Castagny se repliait en échelonnant ses troupes à Zacatecas, à Aguascalientes et à Leon, le colonel Cottret faisait quelques sorties pour empêcher les libéraux de serrer Durango de trop près. Le 6 septembre, un corps ennemi fut surpris à Porfias et perdit quarante-cinq tués et autant de blessés.

Durango était bien armé, bien fortifié, et la garnison française pouvait s'y maintenir sans inquiétude; mais les bandes libérales occupaient tous les environs, Indé, El

---

[1] Ce bataillon de cazadores était un des mieux organisés du Mexique, grâce au concours des habitants de cette grande ville, qui n'avaient jamais hésité à s'imposer les sacrifices nécessaires pour solder et entretenir les troupes chargées de les protéger.

1866.

Oro, San Juan del Rio, Cuencamé, Porfias, San Miguel et San Juan Mesquital, Nieves, Carrizal. Au même moment, des incursions d'Indiens Apaches avaient lieu jusque dans la sierra voisine, et il fallut lancer les gardes rurales à leur poursuite. Vers la fin de septembre, les guérillas, dont les chefs avaient été en dissentiment, se réunirent de nouveau au nombre de 4 à 5,000 hommes, dans les environs de San Juan Mesquital, et tentèrent de couper les communications entre Durango et Fresnillo. Le colonel Cottret s'opposa à leur projet en se portant à Sombrerete ; puis il revint à Durango le 18 octobre, pour faire ses préparatifs de départ. Les troupes françaises quittèrent cette ville le 13 novembre ; trois jours après, la garnison mexicaine se repliait également. Les libéraux en prirent possession, le 17, et lui imposèrent une contribution de guerre de deux cent mille piastres.

Le 26 août, le maréchal Bazaine était revenu à Mexico, où la gravité des circonstances rendait sa présence nécessaire. Les mouvements de retraite des troupes françaises augmentaient l'audace de l'ennemi ; chaque jour était marqué par la perte d'une ville, et l'empereur Maximilien ne dissimulait pas son irritation.

Capitulation de Tampico (7 août).

Tampico venait également de capituler. Depuis la prise de Tula de Tamaulipas par les troupes d'Aureliano Rivera (7 juin 1866), la garnison de Tampico avait été bloquée du côté de la terre. Toutes les routes de l'intérieur étant coupées, on avait dû se borner à la défense de l'enceinte et à l'occupation de quelques postes avancés. L'insurrection de la Huasteca, des soulèvements qui éclatèrent à Ozuluoma et à Tantima, la destruction de Panuco (2 juillet) achevèrent de l'isoler complétement. La garnison se composait d'une compagnie de contre-guérilla de deux cents hommes, commandée par le capitaine Langlois, et de cinq cents Mexicains. Le 1er août, la place fut attaquée par 2,500 hommes, sous les ordres du général Pavon ; presque aussitôt les Mexicains, qui gardaient le fort Iturbide, firent défection ; le fort fut livré, la ville envahie, et dix hommes de la contre-guérilla furent tués. Les désertions continuèrent dans les troupes auxiliaires ; le 4 août, il ne restait que cent vingt Mexicains fidèles, enfermés avec la contre-guérilla dans le fort de Casamata et dans la caserne de l'Octavo ; les défenseurs repoussèrent les sommations de l'ennemi. Le 7 août, ils furent secourus par deux canonnières de l'escadre française ; mais, s'étant rendu compte de la position désespérée de la garnison, qui manquait de vivres et de munitions, impuissant à lui porter un secours efficace, l'officier, commandant les canonnières, donna l'ordre à M. Langlois d'accepter la capitulation, que le général Pavon offrait aussi honorable que possible. La garnison sortit librement avec armes et bagages, deux obusiers de 12, et reçut les honneurs militaires de la troupe ennemie. Le général Pavon montra une grande courtoisie dans cette négociation et ménagea la ville. Le consul de France put rester sans être inquiété, et le commerce n'eut qu'à se féliciter de cette solution qui, en rouvrant les communications avec l'intérieur, lui offrait la perspective de gros bénéfices. Seul, le préfet politique de Tampico avait été victime d'une vengeance particulière, et pendu, sans que le général Pavon en eût connaissance, avant la capitulation du fort Casamata. Les pertes de la contre-guérilla s'élevaient à treize tués et six blessés.

La prise de Tampico eut un retentissement plus fâcheux

encore que celle de Matamoros. L'empereur Maximilien voulait que le maréchal reprît immédiatement la ville. Dans son mécontentement, il regardait ce nouveau malheur comme la conséquence des mesures de concentration ordonnées dans le Nord; il en écrivit très-durement au maréchal.

Chapultepec, 4 août 1866.

« Mon cher maréchal, la prise de la ville de Tampico par les dissidents, l'évacuation de Monterey par vos ordres, m'apprennent que les résultats de votre campagne dans le Nord auront pour mon pays les plus graves conséquences.

« Je désire donc, à titre de souverain, être instruit du plan que vous vous proposez de suivre dans vos opérations, afin que je tente de sauver, s'il est possible, les adhérents à l'Empire dans les provinces non pacifiées que vous voulez abandonner; mon honneur exige que je n'oublie pas ce soin.

« Sans la connaissance de la ligne de conduite que vous avez adoptée, je suis, comme vous le comprendrez aisément, dans l'impossibilité de prévenir au moins les malheureux fonctionnaires qui se sont sacrifiés pour notre cause.

« Recevez les assurances de ma bienveillance.

« MAXIMILIEN. »

Le maréchal répondit de Peotillos le 12 août :

.....« En associant le fait de la prise de Tampico par les dissidents à l'évacuation de Monterey par mes ordres, Votre Majesté semble vouloir m'imputer la responsabilité de ces deux faits. Je croyais avoir suffisamment exposé à Votre Majesté, par mes deux lettres du 11 et du 20 juillet, la situation du Nuevo-Leon et du Coahuila, pour que la *nécessité de l'évacuation* de Monterey après la destruction des troupes du général Mejia et la capitulation de Matamoros, dans les conditions morales où se trouvait la légion belge, fût reconnue, non-seulement au point de vue politique, mais surtout au point de vue militaire.....

« Quant à la prise de Tampico par les dissidents, j'aurai l'honneur de rappeler respectueusement à l'Empereur, qu'avant d'entreprendre ce qu'il veut bien appeler ma campagne dans le Nord, au moment où les débris des troupes du général Mejia arrivaient à Vera-Cruz, j'ai demandé l'envoi à Tampico de M. le général Olvera avec ce qui restait de sa brigade. Les instances du général Mejia auront vraisemblablement fait modifier la première décision de Votre Majesté qui était favorable au mouvement projeté, car la brigade Olvera ne s'est point rendue à Tampico…..Le général Mejia se plaignait que ses soldats fussent exposés au danger de la fièvre jaune à Tampico. Un faible détachement de la contre-guérilla, le seul dont je pusse disposer, fut alors embarqué à Vera-Cruz sans compter avec les rigueurs du climat, qui nous a coûté un bataillon l'année dernière.

Votre Majesté m'exprime le désir d'être instruit du plan que je me propose de suivre dans mes opérations ; si Votre Majesté eût daigné me recevoir lorsque, la veille de mon départ de Mexico, je sollicitai l'honneur de prendre congé d'Elle, je lui eusse exposé mes projets, qui consistaient simplement à reconnaître de mes propres yeux l'effet produit dans le nord de l'Empire par les événements de Matamoros, à m'assurer de l'exactitude des rapports qui m'étaient adressés sur le peu de confiance que l'on devait avoir dans les principaux fonctionnaires, et sur l'esprit généralement hostile des populations de ces contrées.

« C'est après avoir constaté toutes ces vérités, et beaucoup d'autres encore, que, m'appuyant sur les rapports des généraux Douay et Jeanningros, j'ai reconnu l'impossibilité de conserver pour le moment des points avancés qui ne pouvaient être qu'une source de dangers et de dépenses continuelles.

J'ai pris, en en rendant compte à Votre Majesté, le parti que je persiste à croire sage, d'ordonner l'évacuation de Monterey et de Saltillo, afin d'établir en arrière une ligne forte, facile à garder, et séparée de la première par un véritable désert où, alliés comme ennemis, ne peuvent compter sur aucune ressource. Mon opinion était, et est encore, qu'il est préférable de développer son influence dans l'intérieur en concentrant ses moyens d'action dans une zone déterminée, que de s'user aux extrémités soumises aux influences de la frontière.

« Votre Majesté provoque des explications, je les lui donnerai sincères.

« L'abandon absolu dans lequel les anciens ministres de l'Empire ont laissé le général Mejia à Matamoros a déterminé la capitulation de cette place; la triste situation qui est faite au général Montenegro à Acapulco, malgré mes nombreuses réclamations, malgré les promesses toujours faites et jamais tenues, entraînera, je n'en doute pas, un jour ou l'autre ou la défection de cette troupe qui a donné des preuves réelles d'abnégation et de dévouement ou la capitulation de la place »......

Le maréchal prévenait ensuite l'Empereur qu'il serait forcé de retirer prochainement les garnisons françaises de Guaymas et de Mazatlan.

En France, la perte de Tampico parut particulièrement regrettable, parce que, d'après la convention du 30 juillet, les douanes de ce port devaient servir de garantie aux créances françaises. L'ordre fut donné au maréchal de faire tout son possible pour réoccuper la ville; mais il fallait opérer un débarquement de vive force en présence de troupes plus solides que celles auxquelles on avait eu affaire précédemment, et dans cette saison le passage de la barre et les tempêtes du Norte rendaient une pareille opération très-dangereuse. Le maréchal pensait avec raison que les résultats de cette réoccupation seraient peu importants; l'ennemi bloquerait la ville; le commerce serait suspendu et le revenu des douanes nul. Enfin ce projet d'expédition, retardé de jour en jour, finit par être abandonné en présence des graves complications au milieu desquelles l'armée française exécutait sa retraite.

La capitulation de Tuxpan suivit de près celle de Tampico. Le 20 septembre, la garnison en fut ramenée à Vera-Cruz par un bâtiment de la marine française.

Des bandes libérales avaient paru dans la vallée de Mexico et enlevé des courriers: à Mexico même, on découvrit des menées secrètes contre l'Empire; des arrestations furent faites, et dix-huit personnes déportées au

Yucatan (16 juillet); l'archevêque était compromis; on signalait de nombreuses désertions dans les troupes. Les partisans de Santa Anna se remuaient toujours beaucoup ; ils paraissaient au mieux avec les Américains. Des bâtiments de guerre venaient sans cesse à Saint-Thomas, dont les Etats-Unis voulaient faire l'acquisition ; M. Seward lui-même s'était rendu dans l'île ; il avait vu l'ancien dictateur, et la visite de ce dernier à bord de la frégate américaine avait été saluée de vingt et un coups de canon [1]. L'empereur Maximilien finit par mettre sous séquestre les biens de Santa Anna [2].

Dans l'Etat de Guanajuato, jusqu'alors si paisible, un pronunciamiento avait eu lieu ; le général Antillon, ancien lieutenant de Doblado, y organisait des guérillas. Dans l'extrême Ouest, Lozada, que le gouvernement mexicain avait toujours traité avec quelque dédain, paraissait complétement désaffectionné et prêt à abandonner l'Empire. L'organisation de l'armée mexicaine ne marchait pas ; les expédients employés par le ministre des finances permettaient à peine de vivre au jour le jour, et les caisses publiques restaient vides. Sans argent, on ne pouvait avoir de soldats ; sans soldats, il était impossible de faire rentrer les impôts; on ne sortait pas de ce cercle vicieux. Beaucoup de fonctionnaires, en prévision de la chute de l'Empire, cherchaient à ménager leur position à l'égard des libéraux ; chacun prenait ses précautions. L'Empereur était seul à espérer un résultat favorable du voyage de l'impératrice Charlotte.

M. l'intendant Friant, le nouveau ministre des finances,

---

[1] Le maréchal au ministre, 9 mai.
[2] Décret du 12 juillet.

1866.

Mesures prises pendant le ministère de MM. Friant et Osmont.

s'était mis à l'œuvre; il avait cherché à rétablir l'ordre et à simplifier les rouages administratifs de façon à faire arriver, jusque dans les caisses centrales, les revenus publics, trop souvent absorbés avant d'avoir pu y parvenir. Pour réussir, il demandait parfois aux fonctionnaires de l'intendance une collaboration à laquelle les services financiers de l'Empire eussent certainement beaucoup gagné; mais l'administration de l'armée française allait ainsi se superposer à l'administration mexicaine, et le maréchal s'y opposait. A défaut de fonctionnaires militaires, et au grand déplaisir du maréchal, M. Friant employa des Français venus au Mexique pour chercher fortune; le maréchal se plaignait de voir « tant de noms français dans l'administration mexicaine ». Toutefois, pour remplir le trésor, l'ordre seul ne suffisait pas, il fallait créer des revenus; M. Friant s'efforça de faire rentrer quelques anciennes créances oubliées; puis il proposa d'établir un impôt de 15 p. % sur les prix d'achat de toutes les anciennes propriétés ecclésiastiques, qu'elles eussent été ou non régulièrement adjugées. Cette mesure, contraire aux promesses faites par le maréchal Forey, renouvelées par l'Empereur, et qui assimilait les propriétés légalement acquises à celles frauduleusement possédées, souleva un grand mécontentement, surtout chez les résidents étrangers entre les mains desquels se trouvaient une grande partie de ces biens. Les représentants des puissances étrangères s'en émurent. Des protestations furent adressées au ministre de France et au maréchal, et l'impôt ne put jamais être perçu.

Désireux d'accroître les ressources du trésor, M. l'intendant Friant chercha d'autre part à en diminuer les charges; il se vit bientôt alors en présence des intérêts français. Il trouvait injuste de faire payer sur les finances mexicaines des sommes réclamées par le payeur en chef de l'armée pour dépenses relatives aux bataillons de cazadores et pour le transport des dépêches de l'armée française ; il lui fut dès ce moment très-difficile de concilier ses fonctions d'intendant en chef avec celles de ministre du gouvernement mexicain. En outre, comme il émettait des traites sur les douanes de Vera-Cruz, hypothéquées en faveur de la France par la convention du 30 juillet, il provoqua des réclamations de M. de Maintenant, inspecteur général des finances, chef des services financiers français [1].

Il avait été également impossible au général Osmont, d'obtenir quelque résultat important au sujet de la réorganisation militaire. Le maréchal se montrait mal disposé à son égard. Ses attributions complexes comme chef d'état-major et ministre de la guerre mexicain étaient difficiles à distinguer ; aussi lui était-il arrivé de donner des ordres à des officiers français au sujet d'affaires purement mexicaines. Le maréchal, en étant informé, prescrivit aux officiers de ne pas s'y conformer, et de « renvoyer, sans en accuser réception, toute dépêche émanée du ministère de la guerre mexicain, quelle que fût la signature placée au bas [2] ».

Ces tracasseries de détail, dont les conséquences pouvaient devenir graves, ne permettaient pas aux officiers français de conserver des fonctions dans le gouvernement mexicain. D'ailleurs l'empereur Maximilien, après avoir cherché en vain ses appuis, d'abord auprès du parti libéral, ensuite près du parti de l'alliance française, se jetait maintenant dans les bras du parti clérical, qu'il avait jusqu'alors

---

[1] M. de Maintenant à M. l'intendant Friant, 9 septembre.
[2] Le maréchal au général Douay, 6 septembre 1866.

1866.

tenu éloigné des affaires. Le 14 septembre, il forma un nouveau cabinet sous la présidence de M. Lares, ami et agent de l'archevêque de Mexico. A la suite de cette importante modification politique, une grande manifestation eut lieu; deux cents personnes notables se rendirent au palais de Chapultepec pour remercier l'Empereur et lui donner l'assurance d'un concours dévoué [1]. Vers cette époque, l'abbé Fischer, envoyé en mission à Rome, revenait avec les bases d'un concordat, et l'on espérait régler la question des biens ecclésiastiques moyennant un paiement de 10 pour cent de leur valeur au clergé dépossédé [2].

Comme pour indiquer nettement le programme qu'il se proposait de suivre, la première mesure du nouveau cabinet, mesure de détail, mais significative, fut d'enlever l'administration des cimetières aux ayuntamientos et de la remettre aux mains du clergé.

Le maréchal Bazaine donna l'ordre aux deux ministres français d'opter d'une manière définitive entre leurs portefeuilles ou leurs emplois dans le corps expéditionnaire; malgré les instances très-vives de l'Empereur et de l'archevêque de Mexico, le maréchal ayant maintenu cette décision, ils donnèrent leur démission de ministre [3].

Il était douteux que l'appui des conservateurs cléricaux pût relever la situation désespérée de l'Empire. Le prestige

---

[1] Rapport au ministre, 20 septembre.
[2] Le maréchal au ministre, 27 septembre.
[3] « Je le regrette, écrivait M. l'intendant Friant au ministre de la guerre, à Paris, car nous ne pouvons plus espérer le remboursement, qui était ma principale préoccupation, des sommes dues à votre ministère.

« J'étais d'autant plus fondé à avoir cette espérance que, sans subvention, seulement avec l'impôt des contributions indirectes et dans les deux mois les plus mauvais de l'année, j'avais pourvu jusqu'à ce jour à tous les besoins de l'État. »
— M. l'intendant Friant au ministre de la guerre, 15 septembre.

personnel de l'Empereur paraissait même perdu; beaucoup d'hommes influents du parti fédéraliste, ralliés momentanément, restaient encore inactifs; mais ils déclaraient hautement qu'aussitôt l'armée française partie, ils soulèveraient le pays. L'effectif des troupes impériales mexicaines diminuait chaque jour, tandis que les bandes libérales, partout en mouvement, formaient depuis les terres chaudes de Vera-Cruz par la Huasteca, le Tamaulipas, la Laguna, et la Sierra Morones au nord; par l'Etat d'Oajaca, le Guerrero, et le Michoacan au sud, un cercle de fer qui se rétrécissait chaque jour et au centre duquel l'Empire devait inévitablement périr étouffé.

Les troupes françaises gardaient, la plupart du temps, un rôle passif et se bornaient à faire respecter les positions qu'elles conservaient encore; cependant, au commencement de l'année 1866, avant l'arrivée des instructions qui ordonnaient le rapatriement du corps expéditionnaire, elles avaient entrepris quelques expéditions dans le Tamaulipas. Il en avait été de même au sud de la province de Michoacan, où les chefs libéraux étaient non moins entreprenants.

1866.

Le combat de Santa Ana Amatlan (12 octobre 1865), à la suite duquel les généraux républicains Arteaga et Salazar furent passés par les armes, n'avait été qu'un épisode de l'interminable campagne qui se poursuivait dans cette province. Très-peu de temps après, Regules, à la tête de plusieurs milliers d'hommes, était entré dans les districts d'Acambaro et de Maravatio, et s'était avancé jusqu'à Temascaltepec, au sud de Toluca (26 décembre 1865), pour se mettre en relations avec Porfirio Diaz, qui opérait dans l'État d'Oajaca. Il revint ensuite dans le Michoacan et fit une pointe vers la Piedad.

Opérations dans le Michoacan et l'Etat d'Oajaca.

1866.

Le général Aymard se trouvait à cette époque du côté de Leon avec le 51ᵉ de ligne; il envoya aussitôt quatre compagnies garder les passages du Rio de Lerma à la Piedad, et le général Mendez [1], s'étant mis à la poursuite de l'ennemi, l'atteignit le 21 janvier 1866, à Tacambaro, et le 28, à la Palma. Il livra un sanglant combat à un corps de 2,500 hommes et lui fit sept cents prisonniers. Le 20 février, il rencontrait de nouveau, près d'Uruapan, l'ennemi fort de trois mille hommes et l'attaquait avec un millier de fantassins et cinq cents cavaliers. Il eut cent cinquante hommes hors de combat; les libéraux perdirent (suivant le rapport de Mendez) trois cents prisonniers et deux cents morts; ils se retirèrent en bon ordre sur Reyes et sur Tacambaro, après avoir laissé une garnison dans Uruapan. Regules marcha de nouveau sur la Piedad, et passa le Rio de Lerma au gué de la Concepcion (11 mars); à l'approche d'une colonne française, sous les ordres du général Aymard, il rétrograda rapidement; néanmoins, dans la nuit du 17 au 18 mars, il se laissa surprendre à Tenguecho près de Zamora. Le général Aymard, avec cinq compagnies et un escadron, ayant pu dissimuler son mouvement, tomba sur le campement ennemi, enleva neuf cents chevaux, huit cents armes, trois drapeaux. Les libéraux s'enfuirent dans toutes les directions; ils perdirent vingt-sept prisonniers et vingt-six morts. La colonne française eut seulement deux hommes blessés. Le général Aymard, après avoir ramené ses prises à Zamora, marcha sur Uruapan, où il entra sans coup férir; il y laissa provisoirement une garnison française, puis revint à petites journées sur la Piedad et sur Lagos.

[1] Le colonel Mendez avait été nommé général à la suite du combat de Santa Ana Amatlan.

Regules, complétement désorganisé, s'enfonça dans le Sud pour s'y refaire; le maréchal prescrivit au général Mendez de continuer la poursuite à outrance; il le fit soutenir par une colonne, sous les ordres du général Clinchant, qui se porta de Queretaro à Patzcuaro, et par le bataillon de tirailleurs algériens qui fut envoyé de Mexico sur Zitacuaro et Tusantlan. En même temps, des troupes mexicaines devaient garder les routes de l'Etat de Jalisco, vers Zamora, los Reyes, Tancitaro, Coalcoman, tandis que, dans le Guerrero, une autre colonne s'avancerait de Teloloapan sur Huetamo.

Le général Mendez, parti de Morelia le 8 avril, se porta sur San Pedro Jorullo, où se trouvait Regules avec deux cents officiers et quatre cents hommes. Regules se replia sur Huetamo, mais Mendez craignit de le suivre sur sa route de retraite, en traversant cinquante lieues d'un pays sans ressources. Il remonta vers Ario, prit la route de Tacambaro, et, le 25 avril, il entrait sans résistance à Huetamo. Regules avait déjà passé le Rio de las Balzas et disséminé ses forces. Mendez n'avait plus qu'à rétrograder, et les colonnes françaises se replièrent également [1].

Les mois de mai et de juin se passèrent en marches et contre-marches; enfin, la saison des pluies fit rentrer la plupart des guérillas chez eux. Regules seul était infatigable; dès le 27 mai, on le retrouve à Zitacuaro, il en chasse la garnison mexicaine qui avait remplacé les tirailleurs algériens, et rase cette malheureuse bourgade dont le sort était d'être sans cesse prise, reprise, et brûlée par les uns et les autres. Il marche ensuite sur Toluca; son avant-garde s'avance jusqu'à Ixtlahuaca (15 juillet), et ne

---

[1] Le maréchal au ministre, 28 avril, 9 mai.

bat en retraite que devant des détachements français envoyés contre elle.

En rentrant dans l'Etat de Guanajuato, le général Aymard avait dû s'occuper de dégager la région comprise entre le Rio de Lerma et Leon. De nombreuses guérillas s'y montraient et attaquaient fréquemment les petits postes franco-mexicains. Le général Aymard les poursuivit; le 15 mai, il atteignit, à Frias, 450 cavaliers, commandés par Torres, les battit complétement, et leur mit cent cinquante hommes hors de combat; le 10 juin, l'ennemi fut encore battu à l'hacienda Colorado par le commandant Lalanne. La saison des pluies étant fort avancée, les bandes se dispersèrent. Peu de temps après, le général Aymard revint à Mexico, par la route de Celaya, Acambaro, Maravatio. Il allégea ses troupes, fit une pointe rapide sur Zitacuaro (10 août), rejeta l'ennemi sur Laureles, et continua sa route. Regules revint aussitôt et le suivit à trois ou quatre journées de distance. Le 25 août, il était de nouveau à Ixtlahuaca, avec deux mille hommes. Il fallut en toute hâte envoyer, de Mexico à Toluca, un renfort de deux compagnies françaises et de quatre cents Mexicains, pour empêcher l'ennemi de s'emparer de cette ville.

C'est à cette époque que l'empereur Maximilien demandait au maréchal si l'armée française laisserait envahir tout le territoire, et qu'il réclamait l'envoi, dans le Michoacan, d'une forte colonne française, pour en « *terminer* » la pacification. Mais comment pacifier un pays où les libéraux étaient sûrs de trouver dans chaque maison un abri, dans chaque habitant un ami? La rapidité étonnante avec laquelle Regules reformait des corps de plusieurs milliers d'hommes, lorsque la veille on le croyait épuisé, anéanti, donne l'idée des ressources que lui offraient ces provinces. Les reproches que l'empereur Maximilien adressait si amèrement au maréchal Bazaine, au sujet des insurrections continuelles du Michoacan, prouvent qu'il ne se rendait aucun compte de l'esprit véritable du pays et de l'impossibilité de jamais réduire un ennemi ainsi organisé.

Il y avait lieu de se féliciter que des difficultés diverses eussent empêché les bandes libérales, disséminées dans les Etats de Michoacan, de Guerrero, et d'Oajaca, de se concentrer et de combiner leurs efforts; la situation des troupes impérialistes, dans ces provinces, y fût devenue très-périlleuse. Au commencement de l'année 1866, Porfirio Diaz, qui avait repris le commandement des forces républicaines de l'Etat d'Oajaca, ne disposait encore que de quelques centaines d'hommes, avec lesquels il essaya d'inquiéter les communications entre Puebla et Oajaca; des colonnes légères suffirent pour le forcer à se retirer du côté de Jamiltepec. Un renfort de quatre cents hommes et trois canons, qu'Alvarez lui envoya du Guerrero, lui permit de reprendre l'offensive; il enleva Jamiltepec aux impérialistes (28 mars), et conserva cette ville pendant quelques semaines. Le 11 mai, l'autorité de l'Empereur y fut rétablie, et, en dépit des dissentiments qui existaient entre les fonctionnaires civils et les officiers autrichiens, la situation générale de la province d'Oajaca pouvait néanmoins paraître assez satisfaisante; malheureusement ces rivalités s'accusèrent de plus en plus, les officiers autrichiens refusaient de recevoir des ordres du préfet politique; ils prétendaient au contraire en donner aux troupes mexicaines. Le préfet réclamait sa liberté d'action, et les tiraillements, compliqués par le manque d'argent, rendirent impossible toute action militaire sérieuse.

Porfirio Diaz sut en profiter; au mois d'août, il était avec

1866.

douze cents hommes dans la vallée d'Oajaca, et s'emparait de Teotitlan ; il échoua devant Huajuapan (4 septembre), se retira d'abord sur Tlajiaco, puis dans la Sierra, pour éviter une colonne autrichienne envoyée contre lui. D'un autre côté, les guérillas de Figueroa et d'El Chato avaient de fréquents engagements avec les détachements autrichiens.

Dans le Guerrero, Alvarez était toujours le maître incontesté du pays. Il fallait l'énergie peu ordinaire du général mexicain Montenegro pour que la garnison impérialiste pût se maintenir dans le port d'Acapulco. L'ennemi la bloquait étroitement ; sur un effectif qui s'élevait environ à 750 hommes au 1er août, elle avait perdu 260 hommes par les maladies et 170 déserteurs ; il ne restait pas trois cents hommes valides, et le général Montenegro, sans solde, sans vivres, continuait cependant à se défendre dans le fort et dans les rues adjacentes. Un bâtiment de la marine française, alors sur rade, lui procurait quelques vivres, des munitions, et lui prêtait le concours de ses canots et de ses marins. Le maréchal avait, à plusieurs reprises, ordonné l'envoi de renforts à cette garnison décimée. Un détachement mexicain devait partir de Manzanillo, un autre, de Jamiltepec et s'embarquer à Pochutla ; ni l'un ni l'autre ne se trouvèrent au port d'embarquement lorsque les navires de l'escadre s'y présentèrent ; Acapulco fut laissé à ses propres forces.

Cependant le maréchal, pour se conformer aux ordres de son gouvernement, faisait acheminer vers la côte les troupes désignées pour partir dans les derniers mois de 1866. C'étaient le 7e bataillon de chasseurs à pied, le 51e, le 81e de ligne, deux escadrons de cavalerie, une batterie, une compagnie du génie, etc. Un grand nombre d'hommes ayant été versés dans les autres corps pour en élever l'effectif, ou étant passés aux bataillons de cazadores, le chiffre total de ces troupes ne dépassait pas 2,500 hommes ; mais on rapatriait en outre 2,600 libérables.

Le maréchal avait reçu, au mois d'avril précédent, l'invitation de rentrer avec ce premier échelon et de remettre le commandement au général Douay. Les circonstances étaient si difficiles que ce changement dans la direction des opérations militaires pouvait avoir des inconvénients. D'ailleurs, le général Douay désapprouvait l'évacuation par échelons, et déclarait renoncer à l'honneur du commandement en chef, plutôt que d'assumer la responsabilité d'un plan d'opérations qu'il trouvait mauvais. Tout le poids de la situation militaire et politique reposait donc sur le maréchal ; et, quoique l'empereur Napoléon se fût laissé influencer quelquefois par les accusations portées contre lui, plus le moment critique approchait, plus on sentait la nécessité de laisser jusqu'à la fin le commandement entre ses mains. Le maréchal Randon, ministre de la guerre, lui écrivit, le 15 août, que « le Gouvernement regardait comme très-important qu'il dirigeât les mouvements de l'armée aussi longtemps que les circonstances le commanderaient, et que *son opinion personnelle tout entière était qu'il ne devait quitter le Mexique qu'avec la dernière colonne.* » Le maréchal répondit qu'il resterait « *jusqu'au dernier soldat* » [1], et qu'il saurait ramener ses troupes sans que l'honneur du drapeau reçût la moindre atteinte.

Une telle marque de confiance, un pareil encouragement, désaveu des méfiances antérieures, étaient précieux pour le

---

[1] Dépêche télégraphique du 13 septembre.

maréchal dans un moment où il avait à lutter, non-seulement contre les difficultés de la situation politique, contre les embarras que lui causait le gouvernement mexicain, mais encore contre un certain mécontentement qui se laissait voir dans l'armée. Beaucoup d'officiers s'étaient créé des sympathies dans les provinces et les villes qu'ils protégeaient depuis longtemps ; ils éprouvaient un sentiment pénible en voyant perdu le fruit de tant de travaux, de tant de fatigues, et les chefs de bande, autrefois traqués et fugitifs, revenus en maîtres avant même que fût effacée la trace des pas de nos soldats. Les populations des villes étaient paralysées de terreur en apprenant le départ des garnisons françaises ; les familles fuyaient en masse derrière les colonnes d'évacuation ; et trop souvent les bandits, qui couraient aux avant-gardes des troupes à peu près régulières de l'armée libérale, se portaient à de cruelles vengeances contre les courageux citoyens restés à leur poste. Il était fort triste de battre en retraite dans de telles conditions.

Durs à la fatigue, intrépides au feu, pleins d'initiative et d'intelligence, nos soldats avaient donné les preuves des plus brillantes vertus militaires en mille combats dont la plupart resteront inconnus, parce que leur multiplicité même empêche l'histoire de les enregistrer tous. Dans aucune armée, on ne trouva jamais des éléments supérieurs à ceux qui composaient le corps expéditionnaire du Mexique ; mais, trop confiantes en elles-mêmes, les troupes ne sentaient plus la nécessité d'être resserrées par les liens étroits de l'obéissance hiérarchique. Le maréchal se plaignait des tendances à la critique qui se manifestaient dans leurs rangs [1].

---

(1) Le maréchal au ministre, 27 septembre.

Le 81ᵉ de ligne était arrivé à Vera-Cruz, le 26 septembre, pour s'embarquer ; mais les déterminations du gouvernement français se modifièrent soudainement et, par une dépêche transmise par le câble transatlantique, l'ordre fut donné de suspendre tout embarquement partiel [1]. Un coup de vent de nord avait empêché l'embarquement du 81ᵉ de ligne ; ce régiment rétrograda, et le mouvement des troupes vers la mer fut suspendu.

1866.
On arrête l'embarquement. Mission du général Castelnau.

Le maréchal ayant demandé, par le télégraphe, à l'empereur Napoléon, s'il devait recommencer des expéditions pour remettre des garnisons mexicaines dans les places et les ports repris par les libéraux [2], l'Empereur répondit :

« Ne recommencez pas d'expéditions lointaines, mais maintenez vos troupes réunies sur des points stratégiques de manière à pouvoir repousser toute attaque et embarquer facilement [3]. »

L'Empereur s'était rendu compte qu'une évacuation successive pourrait compromettre la sécurité des derniers détachements laissés au Mexique. Il était en outre décidé à provoquer l'abdication de l'empereur Maximilien ; il espérait que les États-Unis lui en sauraient gré et consentiraient alors à favoriser l'établissement d'un nouveau gouvernement, qui sauvegardât les intérêts et la dignité de la France. Dans les conditions où l'on se trouvait, c'était en effet la meilleure solution que pût recevoir l'intervention française.

---

[1] Le maréchal au ministre, 27 septembre.
[2] Dépêche télégraphique de Mexico, 27 septembre ; de la Nouvelle Orléans, 7 octobre.
[3] Dépêche télégraphique de Biarritz, 8 octobre.

1866.

Le général Castelnau, aide de camp de l'Empereur, fut envoyé au Mexique avec la mission de faciliter et de surveiller le dénoûment de la situation. Il était investi des pouvoirs les plus étendus, avec droit absolu de contrôle et de veto sur toutes les mesures politiques, militaires ou financières. Son autorité se superposait à celle du maréchal et du ministre de France (1).

Le maréchal Bazaine protesta de la déférence qu'il té-

(1) L'Empereur était à Biarritz et le maréchal Randon, ministre de la guerre, était absent lorsque le départ du général Castelnau fut décidé. M. Béhic remplissait alors à Paris l'intérim du ministère de la guerre.

La mission confiée au général Castelnau est indiquée par la note suivante d'après laquelle furent rédigés les pouvoirs dont l'Empereur l'investit :

« Napoléon, etc.....

« Considérant la gravité des circonstances politiques et militaires au milieu desquelles s'exerce au Mexique l'action de la France ; considérant les difficultés qui s'opposent à la prompte transmission de nos ordres ; considérant qu'il importe d'établir une unité de vues et d'action non-seulement entre notre gouvernement central et les autorités françaises tant civiles que diplomatiques et militaires au Mexique, mais encore entre ces autorités elles-mêmes ;

« Vu l'urgence ;

« Avons ordonné et ordonnons ce qui suit :

« Le général Castelnau, l'un de nos aides de camp, est chargé de faire connaître à S. Exc. le maréchal Bazaine, commandant en chef le corps expéditionnaire du Mexique, nos décisions concernant l'évacuation des troupes placées sous ses ordres, les dispositions à prendre pour effectuer cette évacuation à l'époque fixée, les opérations militaires qui précéderont et prépareront cette évacuation, la conduite politique à tenir et les mesures à prendre dans le cas où la forme actuelle du gouvernement du Mexique viendrait à subir des modifications avant l'évacuation. Le général Castelnau est autorisé à connaître de toutes les mesures projetées par les autorités françaises au Mexique, tant diplomatiques que militaires ou civiles. Il est appelé à délibérer avec elles sur tous les actes qui devront émaner de ces autorités et à s'assurer qu'ils sont en concordance avec celles de nos décisions qu'il est chargé par les présentes de leur notifier.

« Dans le cas où le général Castelnau trouverait lesdites mesures en opposition avec nos décisions, il est autorisé à s'opposer à leur exécution, et à cet effet toutes les autorités françaises au Mexique devront, sur sa réquisition écrite, obtempérer aux instructions qu'il leur donnera en notre nom, comme si elles émanaient directement de notre autorité, le général Castelnau étant censé agir ainsi que nous agirions nous-même. »

moignerait au représentant de l'Empereur ; mais ce n'était pas sans froissement qu'un maréchal de France pouvait se résigner à une subordination de cette nature. Aussi le ministre de la guerre insistait-il sur l'importance que le gouvernement attachait à voir le maréchal, « dont la main habile et ferme pouvait seule mener à bien la délicate opération de la rentrée des troupes », conserver le commandement du corps expéditionnaire [1].

On touchait à un moment de crise solennelle ; le maréchal jugeait également que l'abdication de l'empereur Maximilien était nécessaire : « S'il s'obstine à rester au Mexique après notre départ, écrivait-il, il est à craindre que, sans finances, les troupes ne fassent défection, et alors une catastrophe peut arriver ; sous peu de jours, j'aurai une conférence avec Sa Majesté ; je tâcherai de la convaincre..... Je ferai mon possible pour que notre pays se tire le mieux possible de cette situation et surtout sans une tache à son honneur militaire [2]. »

Cette lettre est datée d'Atlancotepec près de Puebla ; le maréchal inspectait alors la ligne d'évacuation pour juger des mesures à prendre contre les entreprises des guérillas de la Huasteca. Le 10 octobre, il rentrait à Mexico, où l'empereur Maximilien réclamait sa présence.

L'Empereur, déjà très-malade, venait d'être cruellement frappé par les nouvelles que le câble transatlantique avait transmises, nouvelles qui ne laissaient aucun doute sur la gravité de l'état mental de l'Impératrice. Il désirait quitter

---

[1] M. Béhic, ministre de la guerre par intérim, au maréchal, 29 septembre, 13 octobre.
[2] Le maréchal au ministre, 8 octobre.

le Mexique; le poids des affaires l'écrasait, l'avenir l'effrayait; il sentait que tout était fini, et la fatigue maladive, sous laquelle il succombait, amollissait l'aigreur de ses ressentiments contre ceux dont il s'était le plus amèrement plaint. Il s'ouvrit au maréchal de ses projets, qu'il avait confiés seulement à quelques confidents intimes et qu'il laissait ignorer à ses ministres. Il ne voulait pas, disait-il, les divulguer avant d'avoir reçu un courrier extraordinaire annoncé de Miramar. Le 20 octobre 1866, il écrivait de Chapultepec au maréchal :

« Mon cher maréchal, j'ai été profondément touché des paroles de consolation et d'affection que vous m'avez adressées en votre nom et en celui de la maréchale. Je vous en exprime ici les plus vifs et les plus profonds remerciements. Le coup terrible apporté par les dernières nouvelles et qui a si gravement blessé mon cœur, joint au mauvais état de ma santé, lequel résulte des fièvres intermittentes dont je souffre depuis longtemps et qui ont naturellement augmenté dans ces derniers jours, rendent nécessaire, d'après la volonté expresse de mes médecins, un séjour momentané dans un climat meilleur.

« Afin de me trouver en même temps plus rapproché du courrier extraordinaire qui m'est annoncé de Miramar et dont j'attends les nouvelles avec une anxiété facile à comprendre, j'ai l'intention de me rendre à Orizaba. C'est avec la plus grande confiance que je m'en rapporte à votre tact pour le maintien de la tranquillité dans la capitale et sur les points qui sont actuellement occupés par les troupes sous vos ordres.

« Dans ces circonstances douloureuses et difficiles, je compte plus que jamais sur la loyauté et sur l'amitié que vous m'avez toujours montrées.

« Je suivrai l'itinéraire que je joins à ma lettre et je prendrai avec moi les trois escadrons de hussards du corps des volontaires autrichiens, ainsi que les hommes disponibles de la gendarmerie.

« Cette lettre vous sera remise par le conseiller d'État Hertzfeld, qui est mon ancien compagnon de mer et qui se mettra à votre disposition, si vous avez besoin d'éclaircissements. Je vous renouvelle à vous et à la maréchale ma très-vive reconnaissance pour vos tendres sentiments qui ont fait tant de bien à mon cœur blessé.

« Recevez, mon cher maréchal, l'assurance de la sincère amitié avec laquelle je suis votre très-affectionné,

« Maximilien. »

En dépit de toutes les rancunes, l'Empereur répétait souvent au maréchal « *qu'il était son véritable ami*; » les termes de cette lettre sont d'accord avec ces protestations amicales.

On fit dire dans le public que l'Empereur allait au devant de l'Impératrice, dont l'arrivée était attendue à la fin du mois, mais personne ne doutait à Mexico que l'Empereur ne partît pour s'embarquer. On savait que la frégate autrichienne le *Dandolo* était toujours à Vera-Cruz, prête à prendre la mer, et depuis longtemps déjà, des meubles, des tableaux, des livres, des objets précieux avaient été acheminés sur ce port. Dès que le ministère connut les projets de départ de l'Empereur, M. Lares vint présenter sa démission. La perplexité de l'entourage impérial était grande. M. Hertzfeld écrivit au maréchal :

20 octobre.

« Monsieur Lares vient de présenter la démission de tout le ministère et a déclaré qu'aussitôt que l'Empereur sortirait de la capitale, il n'y aurait plus de gouvernement. Sa Majesté étant dans un état de faiblesse extrême et insistant pour partir, il faudra prendre des mesures. Je supplie Votre Excellence de vouloir conseiller l'Empereur encore ce soir. »

Le maréchal représenta au président du conseil combien il serait peu généreux au cabinet de se retirer dans des conjonctures aussi graves et dans l'état de faiblesse morale et physique où se trouvait l'Empereur. Il l'encouragea, lui

1866.

promit de le soutenir, et obtint enfin que les ministres conserveraient leurs portefeuilles. L'Empereur partit dans la nuit du 20 au 21 sans traverser Mexico, et le lendemain, de l'hacienda de Zoquiapan, où il s'était arrêté, il écrivit de sa main au maréchal, la lettre suivante [1] :

Hacienda de Zoquiapan, 22 novembre.

« Mon cher maréchal, demain je me propose de déposer entre vos mains les documents nécessaires pour mettre un terme à la situation critique (en espagnol *violente*) dans laquelle je me trouve, moi et le Mexique entier.

« Ces documents devront rester secrets jusqu'au jour que je vous ferai connaître par télégraphe.

« Entre autres choses, il y en a trois qui me tiennent à cœur et dont une fois pour toutes, je veux décliner la responsabilité :

« 1º Que les cours martiales cessent de connaître des délits politiques ;

« 2º Que la loi du 3 octobre soit rapportée ;

« 3º Que sous aucun prétexte il ne soit exercé de persécution pour raison politique, et que cesse toute espèce d'hostilités (*hostilidades*) [2].

« Je désire que vous convoquiez les trois ministres Lares, Marin et Tavera pour convenir des moyens propres à assurer ces trois points, sans qu'il soit nécessaire de laisser deviner mes intentions exprimées dans le premier paragraphe.

« Je ne doute pas que vous n'ajoutiez cette nouvelle preuve d'amitié véritable à celles que vous m'avez déjà témoignées, et je vous exprime à l'avance mes sentiments de gratitude en vous renouvelant les assurances de l'estime et de l'amitié de votre très-affectionné,

« Maximilien. »

---

[1] D'après la traduction envoyée par le maréchal au ministre de la guerre.

[2] Le maréchal dit qu'il interpréta l'expression *hostilidades* comme se rattachant aux délits politiques et non aux faits de guerre, car il ne pouvait admettre, quant à présent, une trêve avec les forces ennemies.

Toujours irrésolu, et fidèle à ses habitudes de promettre au lieu d'agir, l'empereur Maximilien n'envoya jamais au maréchal les documents qu'il lui annonçait. Le maréchal était persuadé cependant que l'Empereur allait s'embarquer; il fit assurer la garde des palais et arrêter le désordre et le gaspillage commencé par les domestiques. D'autre part, il prit les mesures nécessaires pour dégager sa position et rassembler ses troupes, car il ne doutait pas qu'au moment où le départ de l'Empereur serait connu, on verrait les administrations se désorganiser et tous les partis unir leurs forces contre les Français.

Le général Castelnau était arrivé à Vera-Cruz le 12 octobre. L'empereur Maximilien avait envoyé au-devant de lui un officier français, le capitaine Pierron, chef de son cabinet militaire; mais il ne voulait pas le voir. Le 21 octobre, le cortége impérial fut croisé à Ayotla par l'aide de camp de l'empereur Napoléon, qui montait à Mexico. L'empereur Maximilien lui fit dire qu'il était trop souffrant pour le recevoir, et continua sa route.

Le 31 octobre, on crut l'Empereur parti; le commandant de l'escadre avait télégraphié au maréchal que le commandant du *Dandolo* l'attendait le soir même.

Cependant, le même jour, le journal officiel de Mexico publiait une dépêche de l'empereur Maximilien ayant une tout autre signification. Elle annonçait le rétablissement de sa santé et était suivie de cette observation significative : « Ainsi se trouve atteint le but du voyage de Sa Majesté. » L'empereur Maximilien paraissait continuer néanmoins ses arrangements en vue d'un prochain départ; il s'occupait d'assurer le sort de la brigade austro-belge, cependant ses lettres au maréchal laissaient voir que ses projets étaient moins arrêtés qu'au moment où il quittait Mexico. En lui envoyant son aide de camp, le colonel v. Kodolich, pour régler les intérêts des volontaires autrichiens, il lui écrivait (31 octobre) : « Si les négociations que je viens d'entamer n'aboutissent pas à un heureux résultat, les circonstances difficiles, dans lesquelles je me trouve, me forceront à rendre le pouvoir que la nation m'a confié. »

Quelles étaient ces négociations ; et avec qui étaient-elles ouvertes ?

Le général Castelnau, qui avait compté sur le prochain départ de l'Empereur, commençait à s'alarmer ; ses appréhensions s'augmentèrent encore à la lecture d'une lettre écrite à l'empereur Maximilien par M. Eloin, alors en Europe ; cette lettre avait été adressée sous le couvert de « l'agent consulaire de l'empire du Mexique à New-York » ; le secret en avait été violé, et une copie transmise par « un inconnu » au maréchal Bazaine.

Bruxelles, 17 septembre 1866.

« Sire, l'article du Moniteur français, désavouant l'entrée aux ministères de la guerre et des finances des deux généraux français Osmont et Friant, prouve désormais que sans pudeur le masque est jeté. La mission du général Castelnau, aide de camp et homme de confiance de l'Empereur, bien que secrète, ne peut avoir d'autre but, selon moi, que de chercher à provoquer au plus tôt une solution. Pour chercher à expliquer sa conduite, que l'histoire jugera, le gouvernement français voudrait qu'une abdication précédât le retour de l'armée, et qu'ainsi il lui fût possible de procéder seul à réorganiser un nouvel état de choses capable d'assurer ses intérêts et ceux de ses nationaux ; j'ai l'intime conviction que Votre Majesté ne voudra pas donner cette satisfaction à une politique qui doit répondre tôt ou tard de l'odieux de ses actes et des conséquences fatales qui en seront la suite.

« Le discours de M. Seward, le toast à Romero, l'attitude du président, résultat de la couardise du cabinet français, sont des faits graves, destinés à accroître les difficultés et à décourager les plus braves.

« Cependant, j'ai l'intime conviction que l'abandon de la partie, avant le retour de l'armée française, serait interprété comme un acte de faiblesse, et l'Empereur, tenant son mandat d'un vote populaire, c'est à ce peuple mexicain, *dégagé de la pression d'une intervention étrangère*, qu'il doit faire un nouvel appel, et c'est à lui qu'il faut demander l'appui matériel et financier indispensable pour subsister et grandir.

1866.

« Si cet appel n'est pas entendu, alors Sa Majesté ayant accompli sa noble mission jusqu'à la fin, reviendra en Europe ayant tout le prestige qui l'accompagnait au départ, et au milieu des événements importants qui ne manqueront pas de surgir, elle pourra jouer le rôle qui lui appartient à tous égards.....

« En traversant l'Autriche, j'ai pu constater le mécontentement général qui y règne. Rien ne se fait encore. L'Empereur est découragé; le peuple s'impatiente et demande publiquement son abdication; les sympathies pour Votre Majesté se communiquent ostensiblement à tout le territoire de l'Empire; en Vénétie, tout un parti veut acclamer son ancien gouverneur, mais quand un gouvernement dispose des élections sous le régime du suffrage universel, il est facile de prévoir le résultat..... (1).

Le jour même où cette lettre arrivait, le général Castelnau recevait la visite du président du conseil des ministres, du président du conseil d'Etat, et du préfet politique de Mexico; ils lui affirmaient que l'Empire pourrait se suffire avec ses propres forces. Cette démarche faisait craindre que l'empereur Maximilien, renonçant à l'idée d'abdiquer, ne revînt à Mexico; désireux de s'opposer à ce revirement, le général Castelnau manda le capitaine Pierron et lui dicta un télégramme que cet officier adressa personnellement à l'Empereur pour le prier, dans les termes les plus pressants, d'attendre à Orizaba une communication verbale qu'il était chargé de lui faire. L'influence, que son dévouement lui avait permis de prendre

---

(1) En note de la copie de cette lettre était écrit: « M. le marquis de Montholon a eu la joie de voir de ses propres yeux les originaux de ces communications. »

sur l'Empereur, désignait le capitaine Pierron pour cette mission de confiance; sur l'ordre du général Castelnau, il partit aussitôt pour Orizaba, afin d'essayer de convaincre l'empereur Maximilien des raisons sérieuses qui devaient le décider à une abdication immédiate.

Le général Castelnau, M. Dano, le maréchal étaient fort inquiets. Le maréchal, connaissant le caractère de l'Empereur et les sentiments de son entourage, se méfiait des déterminations qui pourraient être prises; au lieu d'une abdication pure et simple, il craignait une protestation, un manifeste, ou un appel au peuple, ce qui compliquerait singulièrement les choses; les hommes du parti ultraconservateur ne se résigneraient certainement pas à disparaître sans bruit de la scène politique; ils cherchaient dès maintenant à s'approprier les ressources financières et militaires dont l'Empire disposait encore. M. Lares s'efforçait d'empêcher une abdication, mais il en prévoyait l'éventualité; afin de mieux pénétrer le but de la mission du général Castelnau, il obtint de l'Empereur des pouvoirs spéciaux l'autorisant à entrer en relation officielle avec cet officier général et à recevoir ses communications.

M. Lares et M. Arroyo, ministre de la maison de l'Empereur, se présentèrent donc, au nom de l'Empereur, chez le général Castelnau; celui-ci les emmena chez le maréchal. Persuadé, leur dit-il, que l'Empire ne pourrait subsister sans l'appui de la France, il trouvait urgent, avant le départ des troupes, d'établir un autre gouvernement fortement constitué. Le maréchal ayant parlé dans le même sens, les ministres comprirent qu'ils ne pouvaient compter, en faveur de leur parti, ni sur le concours, ni même sur les sympathies des représentants de la France; ils prétendirent que le commandant en chef gênait l'action des autorités impériales ; si l'on voulait les laisser libres de toute entrave, ils étaient certains de dominer la situation.

Le lendemain, ils adressèrent aux généraux français une note contenant différentes questions auxquelles ils demandaient une réponse écrite ; ces questions se résumaient ainsi :

La mission du général Castelnau est-elle seulement « de confirmer les lettres du 15 janvier et les suivantes, adressées par l'empereur Napoléon à l'empereur Maximilien, dans lesquelles il lui disait qu'il ne pouvait continuer à aider l'Empire, ni avec les troupes françaises, ni avec de l'argent, afin que S. M. l'empereur Maximilien décide, avec entière liberté, s'il peut continuer à se maintenir avec ses propres ressources ou s'il doit prendre une autre décision ? »

Toutes les troupes mexicaines, les arsenaux, l'artillerie, et les munitions, etc., sont-ils entièrement à la disposition du ministre de la guerre mexicain ?

Le gouvernement mexicain ne pourrait-il être prévenu en temps opportun de l'évacuation des villes et pueblos, par les troupes françaises, afin d'ordonner à cet égard les mesures nécessaires ?

Quelle est l'époque la plus reculée jusqu'à laquelle le corps expéditionnaire doit encore rester au Mexique, et quels secours pourrait-il prêter au gouvernement ?

Enfin, dans le cas où la décision de l'Empereur serait de ne pas continuer à gouverner le pays, quelles dispositions le maréchal et le général Castelnau prendraient-ils, conformément à leurs instructions, pour éviter l'anarchie et les désordres qui résulteraient de l'absence du gouvernement [1] ?

---

[1] MM. Lares et Arroyo au maréchal Bazaine, 4 novembre (d'après une traduction).

Le maréchal répondit (1) :

« 1° La mission du général Castelnau a pour but d'affirmer les intentions du gouvernement français, qui sont de retirer ses troupes dans les premiers mois de 1867, et de connaître si Sa Majesté l'empereur Maximilien peut maintenir son gouvernement avec les seules ressources du pays;

« 2° Les forces mexicaines et le matériel de guerre ont toujours été à la disposition de l'Empereur; des ordres à cet égard ont été renouvelés aux commandants supérieurs français;

« 3° Le gouvernement a toujours été prévenu en temps opportun de la remise des villes aux autorités civiles et militaires; il en sera toujours de même;

« 4° Tant que les troupes françaises resteront au Mexique, elles protégeront, comme elles l'ont fait jusqu'ici, les autorités et les populations, l'ordre en un mot, dans les zones qu'elles occuperont, mais sans entreprendre d'expéditions lointaines.

« Quant au dernier article, il est pour ainsi dire impossible d'exposer les mesures qui seraient prises, le cas échéant; mais on peut assurer qu'elles auraient surtout pour but le maintien de l'ordre et le respect des vœux des populations, ainsi que la sauvegarde des intérêts français. »

Le 9 novembre, le capitaine Pierron revint d'Orizaba. Il dit au général Castelnau : « Je viens d'avoir une longue conférence avec l'empereur Maximilien. S. M. ne retournera pas à Mexico ; elle va quitter le pays. L'Empereur désire seulement, avant d'abdiquer, que la France s'engage à rapatrier les troupes autrichiennes et belges; qu'elle s'intéresse au sort des soldats de ces deux pays mutilés dans les combats; que le nouveau gouvernement soit mis en demeure d'assurer le sort de la princesse Iturbide et de l'enfant; enfin, que des emplois soient réservés aux personnes qui travaillent au secrétariat de sa maison, et que deux mois de solde leur soient payés. »

(1) Le maréchal à M. Lares, 9 novembre.

Le général Castelnau, en rapportant cette conversation dans une dépêche à l'empereur Napoléon [1], continuait ainsi : « L'Empereur a chargé le capitaine Pierron de me recommander spécialement de faire régler le compte de la liste civile avec l'Etat, et de lui faire connaître comment se liquide ce compte. *Le départ de S. M. comme date, est subordonné à la réception de cette dernière pièce.* Je viens à l'instant même de la faire établir, et je l'ai adressée à l'Empereur par un courrier extraordinaire, en assurant S. M. que ses désirs recevraient, autant qu'il peut dépendre de nous, la plus complète satisfaction.

« L'empereur Maximilien a exprimé à mon envoyé le vif désir de conserver l'amitié de Votre Majesté. J'ai donc lieu d'espérer que son abdication sera exempte des récriminations que nous pouvions redouter. »

L'arrivée du courrier du général Castelnau ne décidait nullement l'empereur Maximilien à fixer la date de son départ. Au contraire, le 12 novembre, il écrivait encore au maréchal [2] :

« Avant de résoudre définitivement ce que je dois faire et dans le cas où je prendrais la résolution de m'éloigner de ce pays, il est de mon devoir d'assurer certains points qui, outre qu'ils sont de stricte justice, méritent, en ce qui me concerne, une recommandation spéciale.

« Pour y arriver, je ne doute pas que vous n'ayez la bonté de m'envoyer un acte signé collectivement par vous, par le ministre de France, et par le général Castelnau, et qui traite des questions suivantes :

Ces questions étaient :

[1] Dépêche du 9 novembre.
[2] D'après une traduction.

1866.

1° Le rapatriement des Austro-Belges.

2° La pension à garantir par le Mexique aux mutilés de la brigade austro-belge.

3° Une somme de dix mille piastres à payer à la princesse Doña Josefa de Iturbide, et deux mille piastres au jeune prince Salvador de Iturbide, qui avait été envoyé en France pour faire ses études [1].

4° Une somme de quarante-cinq mille piastres, pour payer les dettes de la liste civile.

5° L'engagement d'effectuer ces paiements avant le départ des troupes françaises de Mexico.

« Ma propriété particulière restera sous votre sauvegarde, mon cher maréchal, afin que, d'accord avec vous, Don Carlos Sanchez Navarro puisse donner à ce qu'elle produira la destination conforme à mes instructions.

« Recevez les assurances des sentiments de ma sincère amitié avec lesquels je suis votre très-affectionné,

« MAXIMILIEN. »

Les représentants de la France se hâtèrent de se rendre au désir de l'empereur Maximilien. Ils lui envoyèrent une déclaration collective (16 nov.) dans laquelle ils s'engagèrent à rapatrier les Austro-Belges ; à faire donner une gratification de réforme aux mutilés et invalides, et une indem-

---

[1] L'empereur Maximilien avait donné aux deux petits-fils d'Iturbide le titre de prince mexicain ; l'un Don Agustin, descendait du deuxième fils de l'empereur Iturbide ; l'autre, Don Salvador, descendait du troisième fils; depuis le 16 septembre 1865, Don Agustin, alors âgé de deux ans, était élevé au palais. Toute la famille, à l'exception d'une tante Dona Josefa, nommée co-tutrice, avait dû consentir à s'éloigner du Mexique. (Le maréchal au ministre, 27 septembre 1865.)

On disait à cette époque que l'Empereur et l'Impératrice se proposaient d'adopter officiellement Don Agustin et de lui assurer la succession au trône. (Le maréchal au ministre, 27 octobre 1865.)

nité à chaque officier et soldat payable au port de débarquement ; à employer leur influence pour qu'une avance fût faite à la princesse Doña Josefa et au prince Don Salvador de Iturbide sur la pension qui leur était due ; à s'efforcer d'obtenir du nouveau gouvernement le complément des sommes nécessaires au paiement des dettes de la liste civile et à la liquidation des comptes de la grande chancellerie, dans le cas où le produit de la vente des effets mobiliers appartenant à la liste civile serait insuffisant.

Cette réponse n'était pas exactement celle que désirait l'empereur Maximilien ; mais ce point ne souleva aucune difficulté. L'Empereur remercia le maréchal par la dépêche suivante :

Très-confidentielle et très-urgente.

Orizaba, le 18 novembre 1866.

« Au maréchal Bazaine.

« Je vous remercie, ainsi que le général Castelnau, ainsi que M. Dano, d'avoir réglé les points qui me touchaient de si près. Mais *il reste à régler le définitif :* un gouvernement stable pour protéger les intérêts compromis. Ces points ne peuvent être traités sans une entrevue directe avec vous.

« La continuation de mes fièvres ne me permet pas de monter à Mexico.

« Je vous invite donc à venir un de ces jours ici et, en peu de paroles, nous pourrons tout arranger d'une manière satisfaisante.

« J'ai appelé ici pour samedi mon conseil d'Etat et mon président du conseil des ministres. »

« MAXIMILIEN. »

Cette dépêche détruisit les illusions que le général Castelnau pouvait encore conserver au sujet des intentions de l'empereur Maximilien. Jusqu'alors, il l'avait cru bien décidé à quitter le Mexique ; ce départ ne paraissant être qu'une question de date, il s'était occupé de discuter avec le maréchal quelle ligne politique il convenait d'adopter.

Le gouvernement français désirait, avant de retirer ses troupes, former sous son patronage un nouveau gouvernement dans l'espoir d'obtenir la reconnaissance de ses créances ; il s'était adressé au cabinet de Washington, lui avait demandé son concours, et espérait tout au moins que son influence s'exercerait dans un sens favorable aux intérêts français. On écartait Juarez de toute combinaison nouvelle ; du reste, le maréchal croyait sincèrement que l'autorité personnelle du président était nulle, que c'était un « mannequin » derrière lequel agissaient les hommes de tête du parti libéral. Il pensait qu'il était possible de le remplacer par D. Manuel Ruiz ; le général Castelnau préférait D. Lerdo de Tejada ; enfin, ils s'arrêtèrent à un moyen terme, et leur choix tomba sur Ortega.

D'après la constitution de 1857, Ortega, président de la Cour suprême, aurait dû hériter des pouvoirs de Juarez à l'époque où expirait le mandat de ce dernier ; il y avait donc quelque apparence de logique et de légalité à le considérer comme président intérimaire. Il avait un parti assez nombreux ; plusieurs chefs libéraux reconnaissaient son autorité ; un de ses amis, D. Manuel Fernandez, envoyé par lui à Mexico, avait laissé entrevoir au maréchal Bazaine la possibilité de régler les questions de garantie en faveur de nos nationaux et de reconnaissance de la dette française. « D'un autre côté, disait le maréchal, Ortega représente une couleur moins rouge que Juarez, moins cléricale que Santa Anna ; il est le champion des idées fédéralistes ; les grands propriétaires, les gens influents sont disposés à le soutenir, c'est le choix le moins mauvais que nous puissions faire, et nous sommes décidés à l'appeler, dès que l'empereur Maximilien aura quitté le Mexique. Il ne nous est pas possible de faire directement l'appel au peuple, qui doit être la base du nouveau gouvernement. Ortega nous fournira les moyens de l'organiser légalement (¹). »

Un agent fut envoyé aux États-Unis pour s'assurer des dispositions de ce personnage à l'égard des satisfactions auxquelles la France prétendait, et s'efforcer de lui ménager l'appui du cabinet de Washington.

Le maréchal et le général Castelnau avaient même pensé qu'il serait possible de s'entendre avec les États-Unis, de manière à placer, près du nouveau gouvernement mexicain, un commissaire français et un commissaire américain à la disposition desquels serait mise une troupe franco-américaine.

<small>Dispositions des Américains. Mission Campbell et Sherman.</small>

Les Américains étaient loin d'abonder dans ce sens. Ils commençaient à être fatigués de cette continuité de pronunciamientos qui entretenaient l'agitation sur la frontière du Rio Bravo. De plus, au moment où le congrès devait se réunir, les intérêts de la politique intérieure conseillaient au cabinet de Washington de faire quelque démarche éclatante pour donner satisfaction à l'opinion publique. L'occasion était propice.

Il prescrivit à M. Campbell (²), désigné, depuis quelque temps déjà, comme ministre près de la république mexicaine, de rejoindre sans retard Juarez à Chihuahua, ou du moins d'attendre, à proximité de la frontière ou des

---

(¹) Le maréchal au ministre, 9 novembre.
(²) Instructions de M. Seward à M. Campbell, 22 octobre 1866.

1866.

côtes du Mexique, le moment favorable pour se mettre en rapport avec le gouvernement républicain. M. Campbell devait être accompagné du général Grant, lieutenant général des Etats-Unis, muni d'une autorité discrétionnaire pour faire, « sans violer toutefois les règles de la neutralité, toute démonstration militaire ou maritime propre à favoriser la restauration de ce gouvernement républicain; » M. Campbell était spécialement accrédité auprès du gouvernement représenté par Juarez, et il lui était formellement recommandé de ne consentir à aucune stipulation avec les commandants français, le prince Maximilien, ou tout autre parti qui aurait une tendance à gêner l'administration du président Juarez.

Le général Grant, ayant décliné la mission qui lui était offerte, fut remplacé par le général Sherman.

MM. Sherman et Campbell s'embarquèrent, le 11 novembre, à New-York, sur la frégate *la Susquehannah*, et se dirigèrent vers les côtes du Mexique.

Peu de temps après, le gouvernement américain était officiellement informé par M. Bigelow, son représentant à Paris, que l'intention de l'empereur Napoléon était de ne rappeler aucun détachement de l'armée du Mexique à l'automne de 1866, et que, pour des raisons d'un intérêt purement militaire, il voulait faire partir toutes les troupes en bloc au printemps de 1867.

Le cabinet de Washington était, à n'en pas douter, parfaitement au courant de ces dispositions, puisque, à dessein, les ordres transmis au maréchal Bazaine par le câble transatlantique n'avaient pas été envoyés en chiffres. Il ne pouvait ignorer d'ailleurs le but de la mission du général Castelnau et les efforts du gouvernement français pour amener l'abdication de l'empereur Maximilien;

il connaissait le désir de l'empereur Napoléon de se dégager le plus vite possible de son intervention au Mexique ; néanmoins, M. Seward saisit cette occasion pour adresser à M. Bigelow une dépêche rédigée en termes presque menaçants pour la France. En flattant ainsi l'orgueil populaire, il donnait satisfaction à la mauvaise humeur qui régnait en Amérique, il affermissait d'autant la position du président Johnson, alors vivement battue en brèche, et il enlevait à l'opposition une des armes dont elle aurait pu se servir contre le cabinet.

Cette dépêche, datée du 23 novembre, fut publiée dans les journaux américains ; le gouvernement français déclara cependant n'en avoir reçu aucune communication [1]. Le gouvernement de l'Union, disait M. Seward, ne pouvait acquiescer aux nouvelles combinaisons arrêtées par l'empereur Napoléon relativement au rappel de ses troupes ; le président n'avait pas été consulté en temps opportun sur cette question qui aurait dû lui être présentée avec les manifestations ordinaires de déférence pour les intérêts et les sentiments des Etats-Unis ; il attendait donc, du gouvernement français, l'exécution littérale de l'accord fait avec lui, car les Etats-Unis avaient déjà envoyé des instructions et pris des dispositions militaires en vue du prochain départ des premiers détachements.

Ces procédés sont ordinaires à la politique des États-Unis. Si l'on avait pris à la lettre les dépêches diplomatiques du cabinet de Washington, on aurait souvent jugé avec inexactitude de ses véritables dispositions ; mais les rapports du ministre de France faisaient connaître les difficultés intérieures contre lesquelles le Président Johnson

---

[1] Moniteur du 24 décembre.

1866.

avait à lutter, et les moyens dont il était forcé de se servir pour en triompher. Plus d'une fois, on avait vu M. Seward, « obligé de compter avec les partis et de ménager les exigences électorales », s'approprier ainsi les armes de ses adversaires et prendre, dans les questions de politique étrangère, l'attitude dont ceux-ci auraient pu profiter.

Aux États-Unis, aucun parti sérieux ne désirait une guerre avec la France, et cependant c'est autour de cette question que tournaient toutes les manœuvres du congrès; de peur d'être dépassé, M. Seward allait immédiatement, dans ses communications diplomatiques avec la France, aussi loin qu'il était possible de le faire. La question du Mexique était un balancier qui l'aidait à conserver son équilibre; plus tard ce sera la question fenianne ou celle de l'*Alabama*. Pour se rendre compte de la portée d'une démarche du cabinet de Washington pendant cette période, il est donc nécessaire de rechercher préalablement à quelle nécessité de politique intérieure elle correspond.

Vers la même époque, les journaux de la Nouvelle-Orléans publiaient une lettre non moins significative, mais encore beaucoup plus inconvenante du général Sheridan, commandant le département du Golfe, au général commandant à Brownsville :

New-Orleans, 23 octobre.

« Je suis convaincu qu'il n'y a qu'un seul moyen d'améliorer l'état des choses sur le Rio Grande : c'est de donner notre plus cordial appui au seul gouvernement que nous reconnaissons au Mexique et le seul qui soit réellement notre ami. Vous préviendrez en conséquence tous les adhérents de tout parti ou gouvernement prétendu dans le Mexique ou dans l'État de Tamaulipas, qu'il ne leur sera pas permis de violer les lois de la neutralité entre le gouvernement libéral du Mexique et les États-Unis, et aussi qu'il ne leur sera pas permis de rester sur notre territoire et d'y recevoir la protection de notre drapeau afin de compléter leurs machinations par la violation de nos lois de neutralité.

« Ces instructions seront exécutées contre les adhérents du boucanier impérial, représentant le soi-disant gouvernement impérial du Mexique, et aussi contre les Ortega, Santa Anna, et autres factions.

« Le président Juarez est le chef reconnu du gouvernement libéral du Mexique. »

Canales, qui s'était déclaré pour Ortega, était alors assiégé à Matamoros par Tapia, le gouverneur nommé par Juarez ; Ortega s'étant rendu de la Nouvelle-Orléans à Brazos avec l'intention de passer au Mexique, fut arrêté par les autorités américaines.

Il devenait impossible de rien démêler à la conduite des officiers américains de Brownsville. Tantôt ils avertissaient Canales qu'il était interdit de lui faire parvenir des vivres ; quelques jours après, cette interdiction était levée, et des détachements américains allaient monter la garde à Matamoros pendant que la garnison repoussait les assauts d'Escobedo ; le drapeau des Etats-Unis, au grand étonnement des habitants, flottait sur la cathédrale ; le lendemain les Américains félicitaient l'un et l'autre parti de leur vaillance. Enfin, ils finirent par proposer à Canales de se constituer avec ses troupes prisonnier de guerre à Brownsville ; mais celui-ci préféra entrer en arrangement avec Escobedo.

Un grand désordre résultait de toutes ces compétitions. D'autre part, les incertitudes, les tergiversations de l'Empereur semblaient inexplicables. Les Français résidant à Mexico étaient dans une grande inquiétude ; les uns songeaient à se faire naturaliser Américains pour se mettre à l'abri du drapeau des Etats-Unis ; les autres liquidaient leurs affaires pour se tenir prêts à partir. Toute nouvelle combinaison, si absurde qu'elle fût, trouvait créance; on allait jusqu'à imaginer une commission de gouvernement dans laquelle le général Castelnau devait siéger à côté de M. Lares et du général Mendez. On accusait le maréchal de s'entendre avec Porfirio Diaz pour lui livrer le matériel de guerre ; il était vrai que des négociations avaient été entamées pour l'échange des prisonniers ; il y répondait avec courtoisie, paraissait vouloir éviter tout engagement avec les Français, et ménageait les propriétés de nos nationaux. De là, mille conjectures [1].

A mesure que les conservateurs s'éloignaient des représentants de la France, par une conséquence naturelle d'équilibre, les libéraux s'en rapprochaient. Le maréchal se défiait des conservateurs. C'était en eux qu'il voyait maintenant les ennemis les plus dangereux ; c'était de leur côté qu'il prévoyait les plus grands embarras, lorsqu'après le départ de l'Empereur, il s'agirait de constituer un nouveau gouvernement.

[1] Des ouvertures furent faites à Porfirio Diaz par l'intermédiaire de M. Otterbourg, consul des États-Unis à Mexico, pour l'engager à prendre la direction des affaires politiques si l'empereur Maximilien abdiquait.

A ce sujet, les journaux américains reproduisirent une lettre écrite par Porfirio Diaz à M. Romero, agent de Juarez à Washington. Cette lettre contient les affirmations les plus invraisemblables : « Le maréchal Bazaine, par l'intermédiaire d'une personne tierce, me fit l'offre de mettre entre mes mains les villes occupées par les Français, et de me livrer Maximilien, Marquez, Miramon, etc. . . . . . . si j'acceptais une proposition que j'ai repoussée parce que je ne la trouvais pas honorable.

« Une autre proposition, venant également de l'initiative du maréchal Bazaine, avait trait à l'acquisition de six mille fusils et de quatre millions de capsules. Si je l'avais désiré, il m'aurait aussi vendu des canons et de la poudre, mais j'ai refusé d'accepter ces propositions. »

M. Otterbourg avait en effet offert ses bons offices et proposé d'appeler Porfirio Diaz à Mexico lorsque l'empereur Maximilien serait parti. Il avait même obtenu des principaux banquiers la promesse qu'ils fourniraient l'argent nécessaire pour la solde de ses troupes. De tous les chefs libéraux, Porfirio Diaz était celui avec lequel il paraissait le plus honorable d'entrer en rapport. Il est même logique

« Aujourd'hui, écrivait le général Castelnau, les conservateurs sont les plus grands ennemis de l'influence française, parce qu'ils savent que notre intervention n'a plus d'autre but que d'en finir avec l'Empire dont ils vivent et par lequel ils vivent, et par un revirement qui en est la conséquence, les libéraux se rapprochent de nous. » Les conservateurs avaient une partie de l'armée dans leurs mains et quelques ressources financières qu'ils augmentaient chaque jour par la rentrée des impôts et par le refus systématique de payer les créanciers de l'Etat; aussi, le maréchal tenait les troupes mexicaines impériales éloignées et disséminées; il concentrait au contraire les siennes, et, malgré les réclamations du ministère, il conservait toujours la citadelle de Mexico. Ces mesures de méfiance étaient justifiées par l'état présent des affaires et les complications plus graves encore que l'avenir pouvait enfanter. Le gouvernement français, ayant intérêt à se ménager autant que possible les bonnes dispositions des libéraux appelés à recueillir la succession de l'empereur

---

d'admettre que le maréchal aurait été disposé à lui céder des armes et des munitions, en tant qu'il représenterait le gouvernement appelé à succéder à l'Empire. Mais quant à l'offre prétendue de livrer Maximilien, Marquez et Miramon, et de rendre les places, elle est parfaitement absurde. La proposition que Porfirio Diaz entend avoir repoussée comme peu honorable, a trait sans doute à la reconnaissance de la dette et des emprunts français.

Le maréchal était fort opposé à l'intervention des États-Unis; il les considérait avec raison comme les ennemis formels de la politique française au Mexique, blâmait les pourparlers qui s'étaient engagés avec eux par l'intermédiaire de M. Dano et de M. de Montholon, pourparlers dont il n'eut connaissance, dit-il, que par les renseignements reçus, vers la fin du mois de décembre, d'un de ses officiers d'ordonnance qui traversait l'Amérique. Il désapprouvait la confiance que le général Castelnau et M. Dano accordaient à M. Otterbourg, et les démarches de celui-ci près des chefs libéraux. — (Le maréchal au ministre, 10 janvier 1867.)

A la même époque, la confusion des esprits était si grande que M. Dano disait au général Castelnau que le maréchal « s'entendait, sans doute, avec l'empereur Maximilien pour son propre compte. »

1866.

Maximilien, il fallait s'attendre à un déchaînement de toutes les passions du parti opposé, et par conséquent, chercher à le réduire à l'impuissance ; mais il était fort difficile de séparer sa cause de celle de l'empereur Maximilien qui ne pouvait se décider à partir.

Le 10 novembre, les généraux Miramon et Marquez, exilés pour leurs tendances trop cléricales, revenaient au Mexique ; personne ne refusait à Miramon une certaine valeur militaire, et à Marquez, une énergie qui touchait même trop souvent à la barbarie ; quant à leur dévouement absolu à la cause du parti clérical, leur passé en faisait foi. Ils dirent à l'Empereur qu'il n'y avait pas lieu de désespérer ; souvent, ils s'étaient trouvés dans des circonstances plus mauvaises ; on aurait des hommes, de l'argent, et, si l'Empereur se donnait à lui, le parti conservateur, jadis si méprisé, allait montrer quelles étaient ses ressources et sa puissance.

L'Empereur recevait d'Europe des encouragements dans le même sens. On dit que sa mère, l'archiduchesse Sophie, lui écrivit de ne pas compromettre son honneur par une abdication intempestive ; l'empereur d'Autriche, qui craignait de voir la popularité de son frère exploitée par le parti de l'opposition, faisait savoir à M. Lago, ambassadeur d'Autriche, que le titre d'empereur ne lui serait pas reconnu et qu'on l'inviterait à ne pas se mêler de politique [1]. Enfin, les lettres de M. Eloin ne furent pas sans une

---

[1] Les rapports entre l'empereur d'Autriche et l'empereur Maximilien étaient fort tendus depuis longtemps. Le 9 avril 1864, c'est-à-dire la veille du jour fixé pour la réception à Miramar de la députation mexicaine, qui devait offrir la couronne à l'archiduc Maximilien, alors que toutes les conventions avec la France étaient conclues, que tous les arrangements étaient pris, l'empereur d'Autriche, accompagné de quelques conseillers intimes, était arrivé à Miramar et avait exigé de son frère : *une renonciation formelle pour lui et ses descendants à la succes-*

grande influence sur l'esprit de l'empereur Maximilien, et réveillèrent son irritation contre le gouvernement français ; il ne pouvait se dissimuler, en effet, ce qu'il y aurait d'humiliant pour lui à s'embarquer presque furtivement pour l'Europe, et à paraître quitter le Mexique sous la pression de l'empereur Napoléon, comme un serviteur obscur renvoyé par un maître mécontent.

Quelle position aurait-il en Europe après cette malencontreuse aventure ? Monté sur le trône du Mexique à l'appel de l'empereur des Français, il semblerait en descendre sur ses injonctions. Cette situation était pénible ; il avait d'autant plus de peine à l'accepter, qu'un parti riche et encore nombreux le suppliait de ne pas désespérer de l'avenir. L'empereur Maximilien résolut de rester.

Quelque disposé qu'il fût aux illusions, il dut bien calculer les dangers de l'avenir ; mais s'il fallait tomber, encore voulait-il que ce fût avec honneur. Peu lui importent dès lors la politique française et les représentants de celui qu'il appelait naguère son auguste ami et

---

sion *de l'empire d'Autriche*, à l'exception du seul cas où tous les autres archiducs mourraient sans descendance mâle. Quelques mois plus tard, en novembre 1864, cette convention, connue sous le nom de : *Pacte de famille*, fut communiquée au Reichsrath ; l'empereur Maximilien protesta contre cette communication faite sans son aveu (Mexico, 28 décembre 1864). Il prétendit que sa signature lui avait été arrachée dans des circonstances où il lui était impossible de la refuser et par des moyens déloyaux ; que, du reste, les jurisconsultes, à l'examen desquels le Pacte de famille avait été soumis, avaient déclaré que cet acte était *nul et dérisoire*, et que les Diètes seules étaient compétentes pour régler les droits d'agnation, qui modifient un acte de la Pragmatique Sanction.

Cette protestation, le ton dans lequel elle était faite, et la persistance à sauvegarder ses droits éventuels de succession, font croire que l'empereur Maximilien n'avait nullement renoncé à jouer un rôle politique en Europe ; par là s'explique l'attitude de l'empereur d'Autriche à son égard, et se révèle une des raisons particulières qui, rendant difficile le retour de l'empereur Maximilien dans sa patrie, lui faisaient désirer de quitter le Mexique dans des conditions où son prestige ne pourrait être diminué.

allié. Jeté à corps perdu dans les bras d'un parti, il s'abandonne à lui et répudie tout appui étranger. Que les troupes françaises partent! Que les Belges et les Autrichiens s'en aillent avec elles! Quant à lui, il restera, groupant autour de son trône toutes les forces du parti conservateur, qui a si souvent contre-balancé l'influence des libéraux.

Il convoqua ses ministres et ses conseillers à Orizaba, pour agiter, dans une dernière et solennelle séance, les conditions nouvelles de l'Empire régénéré, épuré de toute intervention étrangère. C'est à cette conférence qu'il avait prié le maréchal de se trouver.

Dans une dépêche, communiquée au quartier général par le capitaine Pierron, l'Empereur s'exprimait ainsi :

« Aucune des démarches faites par moi ne peut autoriser qui que ce soit à croire que j'aie l'intention d'abdiquer en faveur d'aucun parti.

« L'appel fait au conseil d'Etat ainsi qu'aux ministres a précisément pour but de résoudre, conjointement avec eux, entre les mains de qui on doit laisser le pouvoir quand le moment d'abdiquer sera venu..... Je crois devoir rendre le pouvoir que j'ai reçu entre les mains de la nation qui me l'a donné et laisser toutes les questions d'origine et d'élection du nouveau gouvernement au libre arbitre de la nation.

« Mon seul devoir consiste donc à nommer une régence provisoire en attendant que la nation soit convoquée, à chercher à protéger les impérialistes et rien de plus. . . . .

Orizaba, 20 novembre.

D'après les conseils du général Castelnau et de M. Dano, le maréchal s'excusa de ne pas répondre à cette invitation; pour motiver son refus, il fit prier le général Douay, qui était à quelques étapes de Mexico, de retarder son retour, et il écrivit à l'empereur Maximilien qu'il ne pouvait quitter la capitale, dont la garde lui était confiée, avant l'arrivée du général Douay, et sans être tranquillisé sur les mouvements militaires en cours d'exécution (18 novembre).

<small>1866.
Conférences d'Orizaba.
L'Empereur Maximilien se décide à rester au Mexique.</small>

Dix-huit conseillers, dont quatre ministres, se rendirent à l'appel de l'Empereur. Les conférences s'ouvrirent le 26 novembre ; huit membres opinèrent pour l'abdication ; dix, pour le maintien de l'Empire ; neuf membres contre neuf furent d'avis que les ressources du pays étaient suffisantes et permettraient à l'Empereur de se soutenir sans appui étranger.

L'Empereur accepta ce dernier avis ; il fit annoncer cette détermination à Mexico et à Vera-Cruz, par le télégraphe, et adressa au pays la proclamation suivante :

« Des circonstances de grande importance relativement au bien-être de notre patrie, qui ont acquis une plus grande force par nos malheurs domestiques, avaient produit dans notre esprit la conviction que nous devions rendre le pouvoir que vous nous aviez confié.

« Nos conseils des ministres et d'Etat, convoqués par nous, opinèrent que le bien du Mexique exige encore que nous conservions le pouvoir, et nous avons cru devoir accéder à leurs instances en leur annonçant, en même temps, notre intention de réunir un congrès national sur les bases les plus larges et les plus libérales où tous les partis auront accès ; ce congrès déterminera si l'Empire doit subsister, et, dans le cas affirmatif, il promulguera les lois vitales pour la consolidation des institutions politiques du pays. Dans ce but, nos conseillers s'occupent actuellement de nous proposer les mesures opportunes, et l'on fera en même temps les démarches convenables pour que tous les partis se prêtent à un arrangement sur cette base.

« En attendant, Mexicains, comptant sur vous tous sans exclusion d'aucune couleur politique, nous nous efforcerons de poursuivre, avec courage et constance, l'œuvre de régénération que vous avez confiée à votre compatriote. »

Maximilien [1].

Les autorités municipales firent sonner les cloches et pavoiser les maisons. Par une communication officielle du 3 décembre, M. Lares informa les représentants de la France que l'Empereur était résolu « *à conserver le pouvoir et à soutenir son gouvernement avec les seules ressources du pays.* » Il demanda de nouveau la remise immédiate des troupes mexicaines et du matériel de guerre à la disposition exclusive du gouvernement mexicain.

Le 8 décembre, le maréchal, M. Dano et le général Castelnau se bornèrent à répondre par une note collective :

« Que, dans leur conviction, le gouvernement impérial serait impuissant à se soutenir avec ses seules ressources. Si pénible que ce dût être pour eux, et sans prétendre influencer en rien la décision finale, ils considéraient comme un devoir de le déclarer, en ajoutant qu'en l'état actuel des choses, la résolution suprême et généreuse, à laquelle l'empereur Maximilien paraissait vouloir s'arrêter il y a un mois, eût seule permis de chercher une solution propre à sauvegarder tous les intérêts. »

Le maréchal Bazaine paraît ne s'être associé qu'à contre-cœur à cette déclaration officielle contre l'Empire ; le 29 novembre, il écrivait en effet au ministre de la guerre :

« Quant à moi, je fais tous mes efforts pour remonter le

---

[1] Tous les documents émanés de l'empereur Maximilien et de ses ministres, pendant cette intéressante période, sont écrits en espagnol ; nous n'en avons eu que des traductions, approuvées par le chef du cabinet du maréchal, mais dont plusieurs passages semblent cependant assez défectueux.

moral de l'Empereur, car, avec de la résolution, et surtout de la persistance dans la conduite des affaires, il peut maintenir sa situation dans le centre du pays ; les gouvernements précédents n'ayant jamais eu plus d'action, et beaucoup moins de moyens militaires. »

Il ne dissimulait pas à l'empereur Maximilien les périls de cette détermination ; depuis bien longtemps déjà, il l'avertissait de la trahison des préfets, du mécontentement et du peu de fidélité de l'armée ; il pensait que la convocation d'un congrès était une idée généreuse, sans doute, mais à laquelle aucun des partis ne s'associerait. Il croyait cependant que l'Empereur avait encore assez de forces dans le pays pour se retirer un jour plus honorablement, et trouver au moins une occasion de succomber glorieusement ; il lui répugnait de porter les mains sur ce trône élevé à tant de peine, et pour la consolidation duquel tant d'argent avait été dépensé, tant de sang français répandu ; si l'Empire devait être renversé, que ce ne fût pas l'œuvre de ceux mêmes qui l'avaient édifié !

« Nous aurions mauvaise grâce à susciter des embarras au pouvoir que nous avons contribué à élever. L'Empereur déclare qu'il se maintiendra avec ses seules ressources, il ne nous reste donc qu'à nous retirer le plus promptement. »

« Pour moi, écrivait-il encore, je ne pourrais que m'associer favorablement à la haute décision prise par l'empereur Maximilien ; malheureusement, ma confiance dans l'avenir, dans les hommes destinés à soutenir le trône impérial, dans les moyens que le gouvernement sera fatalement appelé à employer, dans les ressources financières et dans l'esprit du pays, n'est point aussi absolue que celle de Sa Majesté. Jusqu'au dernier moment, je soutiendrai de tout mon pouvoir une cause à laquelle se rattachent le nom et l'influence de la France.

« Je n'ai épargné, dans le passé, ni les conseils ni les avertissements. Tout récemment encore, je n'ai point caché à Sa Majesté qu'elle ne devait pas fonder grand espoir sur les moyens militaires qu'on lui offrait. J'ai exposé loyalement mon sentiment, mais je me suis cru, et je me crois encore obligé à donner mon appui moral, aussi bien que celui de mes troupes, au souverain dont les défaillances et les oscillations pouvaient, dans les circonstances actuelles, compromettre notre situation.

« Il faut avoir éprouvé toutes les inquiétudes que me causaient l'éloignement du 62º de ligne et de toutes les troupes disséminées sur la surface de l'Empire, et la difficulté de les ramener à ma portée pour se rendre compte des ménagements que j'ai dû garder avec tous les partis [1]. »

La connaissance, qu'il avait acquise du caractère mexicain, révélait au maréchal des difficultés, dont ne pouvaient se rendre aussi bien compte les personnes moins au courant que lui des hommes et des choses du pays. Il voyait le parti libéral se morceler en factions qui ne seraient pas assez fortes pour dominer la situation et garder le pouvoir; toutes garanties accordées par l'une ou l'autre de ces factions seraient illusoires, et il y aurait même quelque humiliation à les solliciter, au risque de s'exposer à un refus.

Les États-Unis ne se prêteraient à aucune des combinaisons que la France pouvait désirer; ils ne reconnaîtraient jamais d'autre gouvernement que celui de Juarez, et il n'était pas possible de traiter avec ce dernier qui, d'ailleurs, n'y consentirait probablement pas. Enfin, dans le désordre et l'anarchie qui suivraient une abdication, quel serait le sort des garnisons et des colonnes françaises encore éparses, encombrées de convois, n'ayant plus aucun appui dans le pays, débordées de tous côtés par des ennemis dont les moins irrités ne seraient pas les alliés de la veille?

[1] Le maréchal au ministre, 9 décembre.

Le maréchal différait d'opinion avec le général Castelnau ; il commençait à trouver très-lourde la tutelle qui lui avait été imposée : « Je serai heureux de sortir d'une situation qui devient tous les jours plus pénible, sous bien des rapports, et qui affecte mon moral ainsi que mon énergie, par suite de la restriction apportée à toute initiative de ma part, quoique les instructions de l'Empereur, du 15 septembre, assurent que ma liberté d'action doit rester la même, ainsi que ma responsabilité vis-à-vis de S. M.; c'est assez difficile à concilier avec l'autorité de contrôle donnée à M. le général Castelnau... Je ne puis que m'incliner, mais il est dur de passer au second rang. » Le seul désir du maréchal était alors de partir au plus vite; il demandait au ministre d'envoyer sans retard tous les transports et promettait d'être prêt à s'embarquer au mois de février.

Peu de temps avant les conférences d'Orizaba, la frégate américaine, portant la mission Sherman et Campbell, était arrivée sur les côtes du Mexique. Le maréchal en avait été prévenu par une lettre de l'amiral Didelot, écrite de New-York. « L'aménité, l'esprit conciliant du général Sherman, ses bons sentiments pour la France » devaient faire espérer, disait l'amiral, que des relations pourraient « s'établir sur un pied facile et cordial. »

La Susquehannah s'était arrêtée à Tampico, et avait fait demander au commandant de l'escadre française quel accueil elle trouverait à Vera-Cruz. Le maréchal répondit qu'on accueillerait la frégate comme tout bâtiment de guerre d'une nation amie, et que, si le général Sherman désirait venir à Mexico, il serait reçu avec la distinction due à son haut grade et la plus franche cordialité.

La frégate américaine arriva le 29 novembre à Vera-Cruz, par une tempête du Norte ; le commandant Cloué fit complimenter le général Sherman, mais celui-ci exprima l'intention de n'aller à Mexico que sur une pressante invitation du maréchal. Vraisemblablement, la mission américaine supposait l'empereur Maximilien parti ou près de partir ; elle croyait trouver une situation qui lui permît, sans entrer en conflit avec les Français, d'accord même avec eux, d'aider au rétablissement du gouvernement républicain. Il n'en était rien. Le préfet de Vera-Cruz venait, au contraire, de faire publier la dépêche annonçant la résolution de l'Empereur de rester au Mexique, et des réjouissances publiques célébraient cette nouvelle (1er décembre). Les Américains comprirent qu'ils n'avaient qu'à se retirer ; en effet, dans la nuit du 2 au 3 décembre, la *Susquehannah* leva l'ancre sans avoir mis personne à terre.

L'empereur Maximilien fut profondément blessé de ces pourparlers engagés entre la France et les États-Unis, dans le but d'activer son départ et de régler sa succession [1].

Le général Castelnau et le maréchal avaient envoyé, le

---

[1] Une circulaire du gouvernement mexicain, datée du 10 décembre, en donne la preuve : « On a fait savoir à l'Empereur qu'entre le gouvernement français et celui des États-Unis, s'étaient nouées des négociations pour assurer une médiation franco-américaine, en vertu de laquelle on se promettait d'apporter un terme à la guerre civile qui désolait le pays ; et pour arriver à ce but on considérait comme indispensable que le gouvernement qui s'établirait sous cette médiation reprît la forme républicaine et s'inspirât des libéraux. Les espérances de notre gouvernement, qui étaient basées, en partie, sur une loyale et ferme alliance avec la France pour la consolidation de l'ordre actuel, se voyaient ainsi trompées. »

2 décembre, à l'empereur Napoléon une dépêche chiffrée ainsi conçue :

« L'empereur Maximilien paraît vouloir rester au Mexique, mais on ne peut y compter. L'évacuation devant être terminée en mars, il est urgent que les transports arrivent ; nous pensons que le régiment étranger doit être aussi embarqué ; quant aux officiers et soldats français détachés aux corps mexicains peut-on leur laisser la faculté de revenir ?

« Le pays est inquiet, la mission Campbell et Sherman arrivée devant Vera-Cruz, le 29 novembre, partie le 3 décembre, semble disposée à solution pacifique ; elle ne donne pas moins appui moral au président Juarez par la déclaration du gouvernement fédéral.

Signé : BAZAINE, CASTELNAU. »

L'Empereur répondit :

« Rapatriez la légion étrangère et tous les Français, soldats et autres, qui désirent rentrer, ainsi que les légions autrichienne et belge, si elles le demandent (13 décembre). »

Cette réponse fut portée officiellement à la connaissance du gouvernement mexicain par une communication du 19 décembre [1].

---

[1] Le gouvernement français se considérait, déjà depuis longtemps, comme délié des engagements du traité de Miramar ; il comptait sur l'abdication prochaine de l'empereur Maximilien, et cependant aucun contre-ordre n'avait été donné relativement à l'envoi au Mexique du 6e bataillon de la légion étrangère. Le 5 novembre, cent trente hommes arrivaient par *le Rhône* ; un détachement de même force arrivait encore, le 11 décembre, par *le Panama*. Il est difficile d'expliquer ces envois de troupes autrement que par une erreur dans la transmission des ordres de mouvement.

CHAPITRE SEPTIÈME.

SOMMAIRE.

Mouvements de retraite de l'armée française. — Évacuation de la Sonora. — Combats autour de Mazatlan; évacuation. — Évacuation de Guadalajara (12 décembre). — Combats autour de Matehuala. — Évacuation de San Luis (23 décembre 1866). — Combat de Miahuatlan (3 octobre). — Prise d'Oajaca par Porfirio Diaz (30 octobre). — Mouvements militaires entre Perote et Tehuacan. — Entrevue de l'empereur Maximilien avec le général Castelnau et M. Dano à Puebla (20 décembre). — Difficultés au sujet de la convention du 30 juillet. — Déclaration du maréchal à la conférence du 14 janvier 1867. — Mesures de rigueur ordonnées par le maréchal à Mexico. — Rupture du maréchal avec le gouvernement mexicain et l'empereur Maximilien. — Départ de Mexico du maréchal et de la dernière colonne de troupes françaises (5 février). — Embarquement du corps expéditionnaire. — Dernières opérations des troupes impériales mexicaines. — Siége et prise de Quéretaro, par les forces libérales (15 mai). — Expédition du général Marquez sur Puebla. — Condamnation à mort et exécution de l'empereur Maximilien (19 juin). — Capitulation de Mexico (21 juin). — Capitulation de Vera-Cruz (28 juin).

Au milieu de ces nombreuses complications politiques, l'armée française avait poursuivi son mouvement de retraite.

Le 62e de ligne, qui occupait les provinces éloignées de Sonora et de Sinaloa, et dont le retour avait été, pour le maréchal, l'objet de graves préoccupations, était enfin parvenu sans encombre à Tepic, et se dirigeait sur Mexico.

Mouvements de retraite de l'armée française.

Évacuation de la Sonora.

L'évacuation des provinces du Nord-Ouest avait été suivie de représailles, de vengeances, de cruautés, qu'on attribuait à la présence, dans les bandes ennemies, d'un nombre assez considérable de flibustiers américains.

Depuis le mois d'octobre 1865, le 62ᵉ de ligne était resté seul chargé de l'occupation de la Sonora et du Sinaloa, ou plus exactement des ports de Guaymas et de Mazatlan. La faiblesse de son effectif ne lui permettant pas d'envoyer des détachements à une grande distance de ces places, la défense de l'intérieur du pays avait été confiée aux forces mexicaines. Dans la Sonora, elles s'étaient fort bien comportées. Le général Langberg, commissaire impérial, déployait une grande activité ; il avait environ 1800 hommes de troupes et tirait bon parti des dispositions favorables des tribus indiennes. Les Opatas surtout, sous l'énergique direction de leur chef Tanori, faisaient preuve de courage et de fidélité. Ils occupaient la Magdalena, Urès, El Altar, Opozura, et tenaient partout l'ennemi en respect.

A Alamos, une faible garnison de quatre cents hommes avait succombé sous le nombre des assaillants, mais elle s'était vigoureusement défendue et avait perdu la moitié de son effectif (7 janvier). Cependant, le 3 mai, Garcia Moralès et Pesquiera se jetèrent à l'improviste sur Hermosillo, enlevèrent la ville malgré la résistance de la population et d'une garnison de trois cents hommes, et signalèrent leur victoire par des massacres, dans lesquels périrent trente-sept Français, habitants de la ville. Hermosillo fut immédiatement réoccupé par les forces impériales. Les libéraux y rentrèrent le mois suivant (4 juin) ; ils en furent encore chassés deux jours après.

Le lieutenant-colonel Fistié, qui commandait à Guaymas la garnison française, voulut essayer de dégager le pays en combinant un mouvement avec les forces mexicaines. Il se porta sur Hermosillo avec quatre compagnies ; mais cette opération ne réussit pas comme il l'espérait (août) (¹).

L'ordre d'évacuer la Sonora étant arrivé à cette époque, la colonne française abandonna définitivement Hermosillo; un certain nombre de familles du pays s'enfuirent derrière elle. Le 15 septembre, les dernières troupes françaises de la garnison de Guaymas furent embarquées sur les bâtiments de l'escadre.

Le général Langberg s'efforça de conserver la province à l'Empire, mais il fut complétement battu à Tecolipa et tué dans l'action; ses troupes se dispersèrent. L'ennemi prit possession d'Urès et d'Hermosillo, où il commit de nouvelles atrocités, puis il s'empara de Guaymas. Le vaillant Tanori continua, quelque temps encore, une guerre de partisans sans espoir ; fait prisonnier, il fut passé par les armes, et tous ceux qui avaient favorisé l'intervention française subirent les plus durs traitements.

Le maréchal avait d'abord voulu faire débarquer à San Blas les troupes de la garnison de Guaymas; il modifia ce projet, de peur que l'ennemi n'inquiétât ce faible détachement pendant le trajet très-difficile de San Blas à Guadalajara. Les compagnies du 62ᵉ, ramenées de Sonora, furent mises à terre à Mazatlan ; elles apportèrent un renfort très-opportun à la garnison épuisée par les fièvres et par les combats journaliers.

La province de Sinaloa n'avait jamais été pacifiée; Co-

(¹) Le lieutenant-colonel Fistié en fut si douloureusement affecté qu'il se tua dans un accès de fièvre chaude.

1866.

Combats autour de Mazatlan. Évacuation.

rona était maître du pays et entourait Mazatlan ; Perfecto Guzman, son lieutenant, après s'être soumis, venait de se prononcer de nouveau contre l'Empire. Lozada, qui aurait pu contre-balancer l'influence des chefs libéraux, était mécontent, jaloux du général Rivas, commandant des troupes mexicaines de Mazatlan, et ne se montrait plus disposé à quitter le territoire de Tepic, où il jouissait d'une autorité incontestée.

Au commencement de l'année 1866, Corona, qui avait réuni douze cents hommes, poussa des reconnaissances de cavalerie jusqu'aux portes de Mazatlan ; le 10, il tentait un coup de main sur la ville, mais il était repoussé et forcé de se retirer vers Culiacan. Le 25 janvier, le 8 février, il attaqua de nouveau [1].

Lozada ayant consenti à rentrer en campagne, le colonel Roig, commandant supérieur de Mazatlan, fit sortir quatre compagnies françaises, cinq cents Mexicains, et quatre pièces, sous les ordres du commandant de Locmaria (18 mars). Cette colonne se dirigea sur le Presidio, tandis que les embarcations de l'escadre pénétraient dans l'Estero d'Urias. Le 19 mars, le Presidio fut enlevé ; mais, presque aussitôt, Corona vint attaquer la position avec deux mille cinq cents fantassins, cinq cents cavaliers, et neuf canons. La lutte fut acharnée pendant trois heures ; les canonniers ennemis se faisaient sabrer sur leurs pièces ; enfin deux canons furent pris, et, vers cinq heures du soir, les troupes de Corona, qui avaient subi des pertes sensibles, repassèrent la rivière. Elles attaquèrent encore le lendemain sans plus de succès. La colonne franco-mexicaine eut

---

[1] La garnison française de Mazatlan comptait alors 1,310 hommes, dont 150 malades.

huit morts et cinquante blessés, qu'elle ramena le 22 mars à Mazatlan.

Lozada était parti de Tepic le 21 mars ; deux jours après, il battit Perfecto Guzman à Guajicori, et s'avança, le 1er avril, jusqu'à San Sebastien. Le commandant de Locmaria était de nouveau sorti de Mazatlan le 30 mars et se trouvait à Tecomate ; il entendit son canon, mais ne put entrer en relation avec lui. Lozada, qui ne recevait pas du général Rivas l'argent dont il avait besoin pour payer ses troupes, ne poursuivit pas ses avantages ; il rétrograda au grand regret du colonel Roig. On n'obtint aucun des résultats qu'une bonne entente entre les chefs eût sans doute amenés.

Des renforts arrivèrent à Corona ; en outre, il fit arrêter en mer le vapeur américain *Stephens*, lui enleva 500 fusils, 300 pistolets à destination de Mazatlan, et revint devant les positions françaises.

Le 6 mai, à la tête de dix-huit cents hommes, il attaqua le commandant de Locmaria au bivouac de Baron, sur le Rio Mazatlan. Un vigoureux mouvement à la baïonnette, suivi d'une brillante charge des chasseurs d'Afrique, déconcerta l'ennemi qui perdit deux canons, une centaine de morts et de blessés ; le détachement français eut un officier, six hommes tués et dix-sept blessés.

Le maréchal avait donné l'ordre de former, à Mazatlan, un bataillon de cazadores, destiné à occuper ce port après le départ de la garnison française ; on trouva très-peu de soldats français disposés à entrer dans ce bataillon ; quant au recrutement mexicain, il devait se composer, entre autres éléments, « de soixante-quinze malheureux qu'un vapeur débarqua un jour, nus comme des vers, enchaînés comme des forçats. » Le chef de bataillon refusa de les recevoir, et, cette troupe ne pouvant être sérieusement organisée, il fallut songer à abandonner la ville.

Les forces de Corona grossissaient sans cesse ; elles inquiétaient, presque chaque jour, un poste avancé placé à Palos Prietos. Dans la nuit du 11 au 12 septembre, deux mille fantassins et un millier de cavaliers attaquèrent un détachement français, fort de deux cent dix hommes, et une compagnie de cazadores, qui occupaient ce point. Pendant une heure, on combattit corps à corps, enfin une colonne de secours accourut de Mazatlan. Les défenseurs de Palos-Prietos étaient enveloppés de toutes parts, mais l'escadron de chasseurs d'Afrique, perçant la cavalerie ennemie, ouvrit le passage aux renforts. Le combat recommença avec acharnement. Cinq fois le capitaine Adam, avec cinquante chasseurs d'Afrique et soixante cavaliers mexicains, se lança furieusement sur l'ennemi. On resta maître du terrain ; les pertes furent de vingt-trois tués et cinquante blessés. Celles de l'adversaire furent estimées à cinq cents hommes. La décomposition rapide des cadavres força le colonel Roig à faire rentrer le lendemain toutes les troupes dans la ville.

Le 18 septembre, la garnison de Guaymas débarquait à Mazatlan ; on se félicitait de ce renfort dans un moment aussi critique ; malheureusement, ces troupes, venant d'un climat plus sain, furent vivement éprouvées par les fièvres ; douze hommes moururent en quelques jours ; on avait cent vingt malades à l'hôpital et le double d'hommes indisponibles (25 septembre).

L'évacuation de Mazatlan était décidée, mais l'épuisement des troupes et le nombre des malades obligèrent d'y surseoir⁽¹⁾. En outre, les pluies avaient rendu impraticable la route de San Blas à Guadalajara ; on chercha en vain le moyen de débarquer sur un autre point, et l'on pensa même un instant à faire revenir le 62ᵉ de ligne, directement en France, par l'isthme de Panama ; il fut d'ailleurs décidé que les malades et les blessés seraient transportés par cette voie. On savait que Corona, prévoyant l'évacuation de Mazatlan, envoyait déjà une partie de ses forces barrer le chemin, entre San Blas et Tepic, du côté de Navarete. Le 28 octobre, ses cavaliers avaient paru dans cette région. Les inquiétudes du maréchal, de l'amiral Mazères, chargé de diriger l'évacuation, celles du colonel Roig, n'étaient que trop justifiées. On pria Lozada de déblayer la route; mais, en ce moment même, il proclamait l'indépendance et la neutralité de son territoire ; son concours devenait donc de plus en plus douteux.

Enfin, bien que tous les gros bagages dussent rester à bord des vaisseaux, il fallait trouver au moins un millier de mulets de charge pour porter les sacs des soldats, et l'on craignait que l'ennemi n'attaquât le convoi lorsqu'il défilerait à travers les marais ou les barrancas abruptes qui coupent la route. Ces considérations engagèrent le maréchal à prescrire au général de Castagny, qui s'était déjà replié de Zacatecas à Leon, de se porter au-devant du 62ᵉ avec une colonne légère et, s'il le croyait nécessaire, de pousser jusqu'à Tepic.

A mesure que s'épuisaient les forces de la garnison de Mazatlan, l'audace de Corona allait s'augmentant ; il avait réuni, à quarante lieues à la ronde, tous les hommes en

---

⁽¹⁾ Le 25 octobre, sur un effectif de 2,015 hommes, la garnison de Mazatlan avait 359 hommes à l'hôpital et 391 malades à la chambre.

état de porter les armes et voulait, disait-il, jeter les Français à la mer. Un tiers de la garnison était toujours sous les armes ; un tiers de piquet ; le reste se reposait. Dans la nuit du 11 au 12 novembre, l'ennemi arriva jusque dans les fossés de la ville. La nuit suivante, il renouvela encore deux fois sa tentative, mais il fut énergiquement repoussé.

Tous les préparatifs du départ étaient terminés ; le 8 novembre, deux navires du commerce avaient embarqué une partie des chevaux et les gros bagages. Le 12 au soir, les bâtiments de guerre prirent le reste des chevaux et les malades. L'amiral Mazères fit prévenir Corona que la ville serait abandonnée le lendemain. Le 13, à 10 heures du matin, les derniers détachements, forts de treize cents hommes, se réunirent sur le môle et s'embarquèrent sous la protection des chaloupes, sans que l'ennemi cherchât à gêner l'embarquement.

Le lendemain, l'escadre était à San Blas ; elle débarqua les troupes qui devaient revenir par la voie de terre ; six cents malades furent conduits à Panama ; on devait les laisser à l'hôpital français établi sur ce point, ou les rapatrier par le cap Horn.

Corona occupa immédiatement Mazatlan. Il somma, sous les peines terribles de la loi du 25 janvier 1862, tout habitant qui « cacherait un Français ou un traître », recélerait des armes ou quoi que ce soit leur appartenant, d'en faire la déclaration dans les vingt-quatre heures.

Le 18 novembre, le colonel Roig se mit en marche ; il arriva le 21 à Tepic, où le général de Castagny l'attendait depuis la veille. Toute inquiétude était dissipée au sujet de cette brave troupe qui, pendant un an, isolée sur les côtes du Pacifique, avait résisté aux épreuves les plus dures et glorieusement défendu l'honneur de son drapeau. Elle revint à petites journées à Mexico ; son passage et celui des convois d'évacuation de Guadalajara furent protégés par de fortes garnisons établies à Aguascalientes, à Leon, et sur les points principaux de la route.

Le dernier échelon des troupes françaises, restées dans l'Etat de Jalisco, se replia derrière le 62ᵉ de ligne. Guadalajara fut remis, le 12 décembre, aux forces mexicaines commandées par le général Guttierrez. Elles auraient pu tenir longtemps encore, si elles avaient été soldées régulièrement, car les dispositions du pays n'étaient pas mauvaises ; des pronunciamientos avaient eu lieu, il est vrai, dans le sud de la province, à Cocula, à Tequila, à Autlan, à Coalcoman, mais les gardes rurales les avaient réprimés. Malheureusement le manque d'argent força le général Guttierrez à en licencier une partie au moment même où il en aurait eu le plus grand besoin. Il venait aussi de perdre le concours d'un officier français énergique, le capitaine Berthelin, commandant le régiment mexicain de gendarmerie de Guadalajara et qui, familiarisé avec le pays, rendait de nombreux services. Il avait eu, le 10 novembre, une rencontre avec les bandes ennemies au Paso de Guayavo (16 lieues de Colima), et avait été tué avec quarante de ses hommes.

On réunit à Guadalajara le 5ᵉ bataillon de cazadores (bataillon de Guadalajara), le 6ᵉ bataillon (d'Aguascalientes), le 7ᵉ bataillon (de Mazatlan), afin d'appuyer le général Guttierrez ; mais un ordre télégraphique de l'empereur Napoléon, ayant prescrit au maréchal de rapatrier tous les hommes qui s'étaient engagés primitivement à rester au Mexique, ces bataillons se désorganisèrent.

Vers cette époque, le 5ᵉ bataillon, sous les ordres du commandant Sayn, fut enveloppé par des forces supérieures au cerro de la Coronilla, entre Zapotlan et Guadalajara, et complétement détruit après un combat de cinq heures ; la plupart des Français furent tués et cent cinquante faits prisonniers. Le 19 décembre, Guadalajara tomba aux mains des libéraux.

Depuis un mois déjà, Durango était en leur pouvoir. Le colonel Cottret, commandant le dernier détachement français laissé dans cette région, se repliait lentement de Durango sur Zacatecas, et de Zacatecas sur Aguascalientes, où il s'arrêta quelques jours. Les troupes impériales ne tinrent pas mieux à Zacatecas qu'à Durango ; elles évacuèrent cette ville derrière la colonne française ; les libéraux l'occupèrent le 26 novembre. Les représentants du gouvernement de l'empereur Maximilien ne purent se maintenir sur aucun point ; la retraite lente et méthodique des Français livrait chaque jour à l'ennemi une ville nouvelle ; les autorités, les fonctionnaires, un grand nombre de familles s'enfuyaient. Ce mouvement rétrograde, pendant lequel le drapeau français ne reçut jamais une insulte et protégea toujours efficacement ceux qui voulurent s'abriter sous ses plis, n'en était pas moins signalé chaque jour par des épisodes douloureux dont souffrait vivement la générosité de nos soldats.

Les colonnes d'évacuation, se suivant à petites journées, arrivèrent successivement à Queretaro.

Le général de Castagny, avec le 18ᵉ bataillon de chasseurs et un bataillon du 7ᵉ de ligne, formait le dernier échelon.

Le 28 décembre, il quitta définitivement Leon. Quelques

détachements de cazadores licenciés avaient encore à rejoindre; ils revinrent isolément et, pour la plupart, sans être inquiétés par les chefs libéraux qui favorisèrent leur départ plutôt qu'ils ne l'entravèrent.

Les derniers détachements français, restés dans l'Etat de San Luis Potosi, arrivèrent aussi à Queretaro à la fin du mois de décembre. L'évacuation de cette province avait été fort délicate; l'ennemi, en forces nombreuses, menaçait sans cesse les convois et se tenait prêt à pénétrer dans le centre du pays.

Depuis le mois d'août, Matehuala formait la limite extrême des positions occupées par les troupes franco-mexicaines dans les provinces du Nord-Est. Plus en arrière, des postes français gardaient Venado et Bocas; les Mexicains alliés, Peotillos et Corcobada; les autres points étaient évacués.

Des dissensions, survenues entre les chefs libéraux, dont les uns tenaient pour Ortega, les autres pour Juarez, avaient procuré quelque répit à la garnison de Matehuala. Au mois de septembre, les forces ennemies s'étant rapprochées des positions françaises, le commandant de La Hayrie sortit de Matehuala; le 17, il atteignit et dispersa au cerrito de Zephirino Flores, les bandes réunies de Martinez et de Zepeda. Les conduites d'eau de la ville ayant été coupées, la garnison fit une nouvelle sortie quelque temps après, et parvint à remplir un réservoir. L'ennemi concentrait, disait-on, cinq mille hommes et dix canons pour enlever Matehuala. Le maréchal Bazaine prescrivit alors au général Douay de faire un mouvement offensif à deux ou trois journées de marche au delà de Matehuala, de frapper un coup vigoureux, et d'évacuer ensuite tout le pays jusqu'à San Luis.

Le général Douay se porta donc à Matehuala, forma deux colonnes, l'une de deux bataillons, trois escadrons, et quatre pièces sous son commandement direct, l'autre d'un bataillon, un escadron, et deux pièces, sous les ordres du commandant de La Hayrie. Le 20 octobre, le général Douay atteignit la cavalerie ennemie à la Laja de Abajo et la poursuivit jusqu'à la nuit; l'infanterie s'était jetée dans les montagnes. Il se dirigea le lendemain sur Valle Purissima, où se trouvaient d'importants approvisionnements; mais il ne lui fut plus possible de joindre les forces libérales qui se retirèrent partout devant lui. Il revint à Matehuala le 25 octobre, détruisit les fortifications et fit évacuer la place le 27 et le 28. Déjà les grands parcs avaient été acheminés vers Queretaro; les troupes les suivirent à peu de distance, accompagnant d'énormes convois de matériel ou d'émigration.

Une colonne mobile de deux bataillons, deux escadrons, et deux sections d'artillerie, sous les ordres du colonel Guilhem, du régiment étranger, fut provisoirement laissée à San Luis pour appuyer le général Mejia, qui devait prendre le commandement des provinces du Nord-Est. Très-populaire dans cette partie du Mexique, le général Mejia y fut reçu avec un grand enthousiasme; cependant, comme il trouvait insuffisants les moyens mis à sa disposition, il refusa de rester ainsi isolé. Le maréchal lui envoya les 2ᵉ et 4ᵉ bataillons de cazadores, et retarda jusqu'à leur arrivée le départ de la dernière colonne française.

Le colonel Guilhem tenta un coup de main sur les avant-postes libéraux qui cernaient la ville de fort près; le secret de son opération ayant été connu de l'ennemi, il put seulement surprendre un détachement de deux cents hommes près de la Parada. La position du général Mejia était très-mauvaise ; malade, découragé, mal secondé, sans argent, il paraissait peu probable qu'il pût se maintenir longtemps, mais il avait à portée ses fidèles montagnards de la Sierra-Gorda, qui résistaient vaillamment aux entreprises des bandes libérales de Rio Verde et près desquels il pouvait trouver un appui certain.

Enfin, il fallut abandonner San Luis comme les autres villes ; les dernières troupes françaises en partirent le 23 décembre ; bientôt après, le général Mejia se repliait sur San Felipe.

Évacuation de San Luis (23 déc. 1866).

Au commencement de l'année 1867, l'arrière-garde de l'armée française se trouvait donc à Queretaro ; les colonnes d'évacuation, les convois, le matériel s'échelonnaient sur la route de Vera-Cruz. Ce mouvement rétrograde ne s'opérait pas sans difficulté. Une infinité de petites bandes se levaient de toutes parts. On retrouvait à leur tête les mêmes hommes que l'on avait traqués au commencement de l'expédition : Figueroa au sud de Puebla ; Dominguez, Telles, Cuellar, au nord ; Prieto aux environs de Vera-Cruz ; Alatorre, du côté de Jalapa ; Fragoso, dans la vallée de Mexico.

L'insurrection de la Huasteca inquiétait particulièrement le maréchal ; il avait ordonné des travaux de fortification sur la route, et, au mois d'octobre précédent, il était allé inspecter lui-même le pays, afin de se rendre compte des moyens à employer pour contenir l'ennemi et couvrir efficacement la ligne de communication avec la mer.

Depuis Tula de Mexico jusqu'à Tuxpan, la Huasteca était en armes ; les Autrichiens durent évacuer Zacapoaxtla, et la colonne mobile du major Polak se replia sur Tulancingo (août 1866). Les garnisons de Perote et de Jalapa étaient très-menacées ; Huamantla, Apam et Chignahuapan se prononcèrent contre l'Empire ; Tlaxco tomba au pouvoir des libéraux ; un détachement mexicain envoyé au secours de la ville fit défection, ses officiers en tête.

Plus au nord, le bataillon belge, revenant de San Luis Potosi, avait été dirigé sur Tula pour s'opposer au progrès des guérillas de Martinez qui avaient envahi Zimapan et Ixmiquilpan. Le colonel Van der Smissen crut pouvoir réoccuper Ixmiquilpan ; il partit, le 24 septembre, au soir avec deux cent cinquante hommes à pied et deux compagnies montées ; franchissant pendant la nuit les quinze lieues qui le séparaient d'Ixmiquilpan, il attaqua le village le lendemain matin, pénétra jusqu'à la place principale, mais ne put enlever le réduit et fut forcé de battre en retraite. Il eut la plus grande peine à ramener sa colonne en se défendant pied à pied contre la cavalerie ennemie ; les populations soulevées coupaient les ponts, élevaient des barricades pour entraver sa marche ; il rentra enfin à Tula après avoir perdu onze officiers et soixante hommes tués ou blessés.

Les colonnes françaises étaient en mouvement dans tous les sens, pour poursuivre les guérillas ennemies et les éloigner de la route que suivaient les convois d'évacuation. Le colonel Rodriguez, rallié à l'intervention depuis 1863, s'était prononcé du côté de San Juan de los Llanos et avait enlevé un convoi d'une cinquantaine de malades autrichiens qu'on ramenait de Perote à los Llanos. Il s'établit dans cette ville, à vingt lieues seulement de Puebla (sept. 1866).

Cette situation n'était pas sans danger. Le maréchal dirigea sur Mexico les Autrichiens de la garnison de Puebla, pour les mettre à la disposition de l'Empereur, et fit occuper cette place et toute la ligne jusqu'à Vera-Cruz par des troupes françaises. Le bataillon de tirailleurs algériens descendit dans les terres chaudes ; par suite du contre-ordre arrivé de France, le 81ᵉ de ligne, qui était à Vera-Cruz pour s'embarquer, fut rappelé en arrière et occupa fortement la ligne de San Andrès-Chalchicomula, La Cañada de Ixtapan, et Tehuacan ; une colonne légère, forte de treize compagnies du 1ᵉʳ zouaves, quatre escadrons, trois sections d'artillerie, sous le commandement du colonel Clinchant, fut envoyée de Mexico à Tlascala. Cette colonne accompagna le commandant en chef dans sa tournée à Puebla, Tlaxcala, Atlancotepec, Apam, Teotihuacan et Otumba. Le maréchal, en rentrant à Mexico, laissa le colonel Clinchant à Apam, d'où il devait se porter sur Tulancingo pour appuyer le major Polak.

Cinq cents Plateados, qui avaient pillé Apam quelque temps auparavant, étaient alors à Huauchinango.

Destruction de Huauchinango.

Le 14 octobre, le major Polak, soutenu à distance par le colonel Clinchant, enleva ce repaire après un violent combat et incendia le village. Il se replia ensuite sur Tulancingo, et la colonne française revint à Mexico en passant par Pachuca ; mais à peine était-elle partie, que les garnisons autrichiennes se virent débordées par l'ennemi ; Pachuca fut attaqué le 1ᵉʳ novembre ; le 9, un détachement autrichien fut détruit près de Real del Monte. On se vit obligé d'abandonner ces deux villes (14 novembre) ; les Autrichiens se concentrèrent sur Tulancingo, puis sur Tlaxcala. Le régiment belge, relevé à Tula par le bataillon de cazadores de Queretaro, vint occuper Tulancingo ; un détachement du bataillon de cazadores de Mexico fut placé à Apam. La contre-guérilla, sous les ordres du commandant Delloye, fut chargée de surveiller les débouchés de la Sierra, entre Tlasco et San Andrès.

Les bandes ennemies ne respectaient même pas la vallée de Mexico. Fragoso osait venir jusqu'à Cuautitlan, à quatre lieues de Mexico, et rançonnait la ville (octobre 1866). Il fallut, comme autrefois, organiser des colonnes mobiles, pour protéger la vallée contre les exactions des bandits. Une de ces colonnes, sous les ordres du commandant Vilmette, pénétra dans les montagnes du Monte-Alto, enleva de vive force ce village, et le brûla (11 décembre).

Le 16 décembre, l'ennemi attaqua Tlalpan, au sud de Mexico; il menaça Texcoco au nord, et envahit Chalco, le 21 décembre.

Près de la Soledad, les guérillas inquiétèrent sérieusement un grand convoi d'évacuation de trois cent cinquante voitures qui ramenait, de Queretaro à Mexico, les malades, le matériel de guerre de l'armée, et des sommes importantes appartenant aux familles mexicaines émigrantes; la colonne Vilmette fut envoyée au-devant du convoi pour protéger sa marche.

Le détachement de cent cinquante cazadores, qui occupait Apam, n'ayant pu s'y maintenir, se replia sur Otumba; il fallut envoyer une colonne de cinq cents hommes, avec de l'artillerie, sous les ordres du commandant Saussier, pour faciliter son retour. Cette colonne continua sa route plus au nord, pour appuyer le régiment belge qui revenait de Tulancingo. Elle le rencontra près de Zinguilucan et rétrograda avec lui jusqu'à Teotihuacan.

Les Belges, que l'empereur Maximilien avait déliés de leurs engagements, se rendirent directement à Puebla et à Vera-Cruz, où ils s'embarquèrent, le 20 janvier, sur le transport de la marine française, *le Rhône*, pour rentrer en Europe[1].

---

[1] L'effectif des troupes belges embarquées sur *le Rhône* était de trente-cinq officiers et de sept cent cinquante hommes.

Une grande agitation régnait également entre Puebla et Vera-Cruz ; pendant quelque temps, les progrès des forces libérales de l'état d'Oajaca inspirèrent même de graves inquiétudes.

Porfirio Diaz, à la tête de deux mille hommes, avait attaqué, le 3 octobre, près de Miahuatlan, au sud d'Oajaca, une colonne de douze cents hommes sortie d'Oajaca sous le commandement du général Oroños, et l'avait complétement détruite. Un vaillant officier français, le chef de bataillon Testard, qui commandait deux cent cinquante cazadores, tous les officiers français et mexicains de son détachement, et la plupart des soldats français furent tués ; les autres faits prisonniers.

Porfirio Diaz s'avança immédiatement sur Oajaca, où il ne restait qu'une faible garnison de trois cents hommes dont deux cents Autrichiens et un petit nombre de Français. Le 5 octobre, le général Oroños, échappé au désastre de ses troupes, rentra dans la ville avec quelques cavaliers ; l'ennemi se présenta le lendemain ; l'énergie des officiers autrichiens et français fit repousser ses sommations, mais la défense dut se limiter aux forts et aux couvents fortifiés. Le 16, Porfirio Diaz leva le siége pour marcher à la rencontre d'une colonne de secours de huit cents hommes, autrichiens, cazadores et mexicains, qui arrivait d'Huajuapan ; il la battit encore près de la Carbonera, lui fit quatre cents prisonniers, enleva quatre canons et la rejeta sur Acatlan. Il revint devant la place le 19 octobre. Un billet, adressé au général Oroños par le colonel impérialiste Trujeque pour lui faire connaître qu'il était impossible de le secourir, avait été saisi sur l'Indien qui le portait. Porfirio Diaz l'envoya lui-même au général Oroños qui, réduit à la dernière extrémité, capitula le 30 octobre. La garnison fut faite prisonnière.

1866.

Après le combat de la Carbonera, la cavalerie de Chato Diaz s'était rapprochée de Tehuacan, où se trouvait un détachement autrichien ; on craignit un instant que l'ennemi ne concentrât ses efforts contre cette place, mais Porfirio Diaz se contenta des succès qu'il avait obtenus ; maître de la province d'Oajaca, il comprit qu'en voulant se heurter contre l'armée française, dont les colonnes descendaient en force vers les terres chaudes, il ne pouvait que compromettre sa situation ; il resta donc à Oajaca, licencia une partie de ses troupes, et témoigna, par son attitude, de son désir d'éviter tout conflit avec les Français [1].

Toutefois, il était prudent de prendre des mesures de précaution pour garder les passages de la route. Le général Aymard, nommé commandant supérieur de Puebla, depuis le mois d'octobre 1866, répartit le 7ᵉ bataillon de chasseurs, le 51ᵉ et le 81ᵉ de ligne dans les postes principaux.

La contre-guérilla Dupin [2] reprit ses anciens cantonnements dans les terres chaudes, à la Soledad, et à Camaron ; les Autrichiens continuèrent à observer les débouchés de la Huasteca en gardant Tlaxcala, Perote, Jalapa ; ils

[1] Porfirio Diaz fusilla les officiers mexicains faits prisonniers à Miahuatlan et à la Carbonera ; mais il traita bien les Français tombés entre ses mains et rendit hommage à leur bravoure.

« Ce n'est qu'après avoir développé un courage digne d'une meilleure cause, avoir vu tomber leur commandant, leurs officiers, presque tous leurs camarades, que, restés seuls, abandonnés sur le champ de bataille et voyant toute résistance impossible, cette poignée d'hommes, la plupart blessés, se sont rendus.

Soldat moi-même, je respecte en eux des ennemis vaincus et désarmés et les traite comme tels. » (Communication faite par Porfirio Diaz aux officiers et soldats étrangers de la garnison d'Oajaca, 9 octobre.)

Porfirio Diaz renvoya le sabre que portait le commandant Testard.

[2] Le colonel de Gallifet remplaça peu de temps après, à la tête de la contre-guérilla, le colonel Dupin, qui prit le commandement supérieur de Vera-Cruz.

étaient presque journellement aux prises avec les guérillas ennemies. La position de Tlaxcala, ayant été très-vigoureusement attaquée par Rodriguez, le commandant d'Espeuilles, qui se trouvait à San Martin Texmelucan avec sept compagnies de zouaves et deux escadrons de hussards, se porta vivement à son secours ; il dégagea la place après un brillant combat (2 novembre), et vint ensuite s'établir à Amozoc pour servir de réserve au général Aymard.

Fort inquiet des mouvements de l'ennemi, d'un côté vers Tehuacan, de l'autre vers San Andrès Chalchicomula, le général Aymard s'était établi à Palmar avec une colonne de quinze cents hommes afin d'être à même de secourir les points menacés. Porfirio Diaz se tenait sur une grande réserve, mais Figueroa menaçait toujours Tehuacan. Le général Aymard y conduisit un renfort de six cents Autrichiens.

La situation était plus compromise au nord de la route. Les guérillas d'Alatorre grossissaient sans cesse autour de Jalapa. La cavalerie et la majeure partie de l'infanterie mexicaine de la garnison étaient passées à l'ennemi. Il ne restait plus dans la place qu'un faible détachement autrichien et quelques Mexicains d'une fidélité douteuse ; les vivres manquaient, les désertions se multipliaient ; enfin, à la suite d'une nouvelle attaque soutenue vigoureusement pendant deux jours, le général Calderon accepta une capitulation honorable ; la garnison fut désarmée, mais elle eut la liberté de se retirer à Puebla (11 novembre). Des colonnes envoyées d'Orizaba n'arrivèrent pas en temps utile pour éviter la capitulation de Jalapa. Les Autrichiens se virent également bloqués à Perote ; le général Aymard leur conduisit un important renfort (22 novembre) et prit position à San Andrès.

Mouvements militaires entre Perote et Tehuacan.

Au commencement du mois de décembre, le général Douay transporta son quartier général à Puebla et prit le commandement supérieur de cette province; le général Aymard resta particulièrement chargé de surveiller la ligne San Andrès—Tehuacan et le passage des Cumbres.

Tehuacan fut attaqué, le 11 décembre, par Figueroa; le général Aymard dégagea la place, et un bataillon du 51ᵉ de ligne releva la garnison autrichienne, le 21 décembre.

Le fort de Perote ayant été de nouveau sérieusement assiégé par deux mille hommes, le général Aymard s'y rendit le 4 janvier; il fit évacuer le fort, détruisit l'artillerie qu'il ne put enlever et, le 8 janvier, ramena le détachement autrichien à San Andrès [1].

L'insurrection était générale; dans les terres chaudes il ne se passait pas de jour sans que les patrouilles et les reconnaissances eussent quelque engagement avec les guérillas. Au mois de mars 1866, le maréchal avait envoyé un détachement battre le pays entre le Rio Blanco et le Rio de Cosomoloapan; l'expédition avait réussi; partie d'Omealca le 18 mars, la colonne était arrivée par terre à Cosomoloapan, tandis que les canonnières remontaient ce fleuve

---

[1] Le corps des volontaires autrichiens allait être licencié; ceux qui voulaient librement, par un contrat nouveau, ne pas abandonner la fortune de leur Prince, devaient seuls rester au Mexique, mais le plus grand nombre désiraient partir et montraient même une certaine hâte. Le maréchal Bazaine les fit rapatrier les premiers.

Ils laissaient leur armement à Puebla et recevaient des fusils français pour descendre jusqu'à Vera-Cruz. Le premier détachement, fort de cinq cents hommes, quitta Puebla le 2 janvier. Le colonel v. Kodolich prit le commandement des détachements qui restèrent; on en forma un régiment de cavalerie sous les ordres du colonel v. Khevenhuller, et un régiment d'infanterie sous ceux du major v. Hammerstein. Ces troupes se distinguèrent brillamment dans les dernières luttes de l'Empire.

jusqu'à Tlacotalpan et débarquaient leurs compagnies de marins. Mais les garnisons mexicaines de Tlacotalpan et d'Alvarado furent bientôt bloquées par les guérillas, décimées par le vomito, et privées de tout appui, car les canonnières françaises ne pouvaient, sans danger, passer sous le feu des batteries de position établies sur les bords du fleuve. Alvarado fut pris par l'ennemi le 28 juillet ; on évacua Tlacotalpan le 20 août. Aux environs de Medelin, on se battait sans cesse avec les bandes de Prieto qui disposait de plus de cinq cents hommes. La contre-guérilla, sous les ordres du colonel de Gallifet, les tirailleurs algériens, dont une partie avait été organisée en partisans à cheval, les compagnies d'Égyptiens, qui tenaient fort honorablement leur place à côté des troupes françaises, étaient toujours en mouvement.

Le 7 janvier, le colonel de Gallifet joignit l'ennemi près de l'hacienda de Paso Toro, sur le bord du Rio Jamapa. Il fit passer ses cavaliers à la nage, et les Mexicains, vigoureusement abordés, perdirent quarante tués et une soixantaine de blessés. Le détachement français eut un homme tué et neuf blessés.

Sur les plateaux, des populations, ordinairement paisibles, se prononçaient contre l'Empire. Tlacotepec, Tecamachalco appelaient l'ennemi ; le maréchal dut menacer de sévir avec la plus grande rigueur contre les villages dont les habitants feraient quelque démonstration hostile.

Enfin, l'on voyait les forces de Regules et de Riva Palacio déjà maîtresses de toute la vallée du Rio de Lerma, prêtes à s'emparer de Toluca ; c'étaient des troupes bien organisées et régulièrement armées ; si elles parvenaient à occuper les débouchés des montagnes, le mouvement des convois d'évacuation entre Mexico et Puebla pouvait être fort compromis. Le maréchal fit soutenir la garnison de Toluca par des postes français placés à Lerma ; au mois de décembre, l'ennemi devenant plus pressant, une colonne de cinq cents hommes, sous les ordres du commandant de La Hayrie, fut envoyée au secours de la place. Elle arriva le 8 décembre, fit aussitôt une sortie, culbuta les libéraux et rentra, le 14, à Mexico.

Moins de quinze jours après, Riva Palacio attaquait de nouveau Toluca ; une colonne française, conduite par le commandant Delloye, s'y porta rapidement (6 janvier), dégagea les environs jusqu'à Tlacotepec et San Juan de la Huerta, et revint le lendemain à Lerma.

Du côté du Guerrero, le colonel Ortiz de la Peña s'était fait battre au Puente de Ixtla, avait perdu son convoi, ses munitions, et se concentrait assez en désordre à Cuernavaca. Seul, le général Mendez, dans l'Etat de Michoacan, maintenait encore ses positions, malgré les bandes qui l'entouraient de tous côtés.

Quel que fût le peu de confiance du maréchal, il n'avait pas prévu un écroulement aussi rapide, et cependant, le gouvernement de l'empereur Maximilien, sinon l'Empereur lui-même, dont la pensée vacillante ne pouvait être bien connue, s'obstinait à ne pas désespérer.

L'armée impériale mexicaine avait été partagée en trois commandements ; le général Marquez devait être chargé du Michoacan et du pays compris entre Vera-Cruz, Mexico, et Queretaro ; le général Mejia opérer au nord, vers San Luis de Potosi ; et le général Miramon à l'ouest, entre Zacatecas et Guadalajara. Le général Mejia se trouvait déjà dans les environs de San Luis ; le général Miramon était parti pour concentrer ses troupes ; le général Marquez prit le commandement de Mexico.

L'empereur Maximilien ayant quitté Orizaba, pour revenir à Mexico, le général Castelnau et M. Dano allèrent le voir à Puebla, afin d'essayer encore d'obtenir son abdication. Partis le 20 décembre, ils rentrèrent à Mexico le 24, sans avoir réussi dans leurs démarches. L'empereur Maximilien dit plus tard au maréchal qu'il avait été froissé « des circonstances de cette entrevue [1]. »

1866.

Entrevue de l'empereur Maximilien avec le général Castelnau et M. Dano à Puebla (20 décembre).

Le général Castelnau et M. Dano étaient d'avis « qu'il faudrait peut-être prononcer la déchéance de l'empereur Maximilien, afin d'éviter au pays une guerre civile prolongée qui serait sa ruine ; c'est une mesure extrême qui ne produirait pas le résultat satisfaisant que l'on en espère, disait le maréchal, parce qu'il est de toute impossibilité de constituer un nouveau gouvernement fédéral sans l'attache de Juarez ; il faudrait donc entrer en relations avec lui, qui pourrait bien répondre et j'en suis convaincu : « je n'ai pas besoin de votre intermédiaire pour reconstituer le gouvernement constitutionnel ; retirez-vous, nous aviserons après... »

« D'un côté, la honte d'échouer vis-à-vis de notre ennemi ; de l'autre, mettre à bas ce que nous avons élevé avec tant d'efforts... Je crois qu'il est préférable de laisser l'Empire mexicain suivre sa propre fortune, et il est bien probable qu'il ne durera pas plusieurs mois après notre départ ; mais enfin, nous n'en serons plus responsables, et on ne pourra nous accuser de déloyauté, ce qu'on ne manquerait pas de faire, s'il fallait exécuter ce faible pouvoir avant la retraite de notre armée, qui jusqu'à ce jour l'avait si bien protégé [2]. »

Le maréchal était en désaccord complet avec les autres

---

[1] Le maréchal au ministre, 10 janvier 1867.
[2] Le maréchal au ministre, 28 décembre. — Cette lettre se terminait par ce *post-scriptum* significatif :
« *Réflexion* : Les Arabes disent : quand on voyage deux seulement, il faut se

représentants du gouvernement français ; dans certaines heures d'irritation, ses relations avec l'empereur Maximilien avaient été difficiles ; d'autres fois, il ne pouvait se défendre d'un certain intérêt pour le souverain dont il avait apprécié la bonté de cœur, et dont il recevait les confidences au moment de cette crise suprême.

L'Empereur sentait son avenir compromis, son honneur engagé ; il souffrait cruellement de ses espérances ruinées, de ses affections brisées. On avait pu lui reprocher de manquer de volonté et d'énergie dans le commandement, mais l'élévation de ses sentiments et la générosité de son caractère le portaient à se dévouer, jusqu'à la fin, à l'œuvre qu'il avait entreprise. Ayant conscience de ses devoirs à l'égard des Mexicains, il était prêt à se sacrifier ; cependant, quel que fût son désir de mettre un terme à la guerre civile, il lui répugnait de déserter une cause que ses partisans prétendaient encore défendre. La convocation d'un congrès général lui paraissait être le seul moyen de concilier les esprits ; alors disait-il : « S'il faut descendre du trône, j'en descendrai la tête haute. »

Tandis que le général Castelnau s'efforçait d'obtenir l'abdication immédiate de l'empereur Maximilien, le gouvernement français décidait le rappel de toutes les troupes françaises, sans exception, et déliait de leurs engagements les Français incorporés dans les cazadores ou les autres corps mexicains ; il continuait néanmoins à réclamer l'exécution de la convention du 30 juillet.

méfier de son voisin ; quand on est trois, il faut un chef ; ici nous sommes quatre : le commandant de l'armée, l'aide de camp de Sa Majesté, le ministre de France, le chef de la mission financière ; chacun a ses instructions et sa manière d'apprécier les choses ! ! ! »

Cette convention devait être exécutoire à partir du 1er novembre ; mais, contrairement aux clauses mêmes du traité, les ministres mexicains élevaient des difficultés et voulaient réserver à l'empereur Maximilien le droit de déterminer l'époque de sa mise en vigueur. M. Dano s'opposait à cette prétention qui lésait les intérêts de la France. Il donna l'ordre à l'un des fonctionnaires des finances de prendre possession de la douane de Vera-Cruz. Un conflit s'engagea, et tous les employés mexicains se retirèrent en protestant. On passa outre. L'empereur Maximilien écrivit au maréchal pour se plaindre de ces procédés [1] ; mais celui-ci répondit que son action dans « les questions qui concernent la mission financière était très-bornée ; les instructions qui la dirigent émanant directement du ministre des finances de France [2]. »

1866.

Difficultés au sujet de la convention du 30 juillet.

Le gouvernement mexicain mit alors l'embargo sur les marchandises qui arrivaient à Mexico après avoir acquitté les droits de douane à Vera-Cruz, entre les mains des agents français. Les négociants ayant réclamé près des autorités françaises, M. Dano fit connaître, le 27 décembre, au ministre des finances mexicaines, qu'à la suite d'une conférence tenue avec le maréchal, le général Castelnau, et M. de Maintenant, il avait été décidé que le lendemain, de gré ou de force, les marchandises seraient délivrées aux intéressés. Un avis publié dans les journaux français, sous la signature de M. de Maintenant, informa le commerce que les marchandises étaient à sa disposition et que, pour se les faire remettre, il pouvait au besoin « demander le concours de l'autorité française. » De son côté, le minis-

---

[1] L'empereur Maximilien au maréchal Bazaine, 21 novembre.
[2] Le maréchal à l'empereur Maximilien, 29 novembre.

tère mexicain prévint les négociants que s'ils se mettaient en opposition avec les lois de l'Etat, ils s'exposaient aux rigueurs de la justice.

Le maréchal n'approuvait pas la manière dont cette affaire était menée, car, de toute façon, les mesures prises par le ministre de France devaient être préjudiciables aux intérêts des commerçants [1].

L'empereur Maximilien revint à Mexico, le 5 janvier 1867 ; il traversa la ville sans s'arrêter et se rendit à l'hacienda de la Teja dans la banlieue. Il fit prier le maréchal de venir le voir le lendemain. L'Empereur se montra très-expansif dans cette entrevue dont le maréchal rendit compte au ministre de la guerre par la lettre suivante [2] :

.....« Depuis sa rentrée à Mexico, l'empereur Maximilien m'a reçu une fois et m'a dit qu'il était revenu dans la capitale parce qu'il avait donné sa parole d'y revenir ; que son but était de s'assurer définitivement des ressources sur lesquelles ses partisans pouvaient compter et qu'il ne voulait pas les abandonner sans leur démontrer leur impuissance ; enfin, qu'il ne voulait pas faire comme le soldat qui quitte son fusil sur le champ de bataille pour fuir plus vite ; en ce moment, je crois que ce souverain cherche une combinaison nouvelle pour qu'il puisse se retirer sans honte pour son blason ; c'est donc plutôt une question d'amour-propre qu'une question politique. J'ai exposé à l'Empereur que les instants étaient courts et précieux ; que ses ressources étaient insuffisantes pour faire face à la situation périlleuse dans laquelle il allait se trouver après notre départ, et qu'à tous les points de vue, il valait mieux prendre un parti décisif avant. Il m'a promis de réunir très-prochainement un conseil intime auquel il me prierait d'assister, et qu'après l'exposé loyal de ce conseil, il se déciderait. Je l'attends, bien déterminé à dire que le gouvernement impérial ne peut

---

[1] Le maréchal au ministre, 10 janvier 1867.
[2] Le maréchal au ministre, 9 janvier 1867.

pas se maintenir sans descendre au rang de simple chef de parti et assumer la responsabilité de la continuation presque indéfinie de la guerre civile, ce que l'Empereur m'a déclaré, à plusieurs reprises, ne pas vouloir à aucun prix ; comme par suite du retrait des troupes françaises, les Etats reconstituent le gouvernement fédéral constitutionnel, la fédération, moins le gouvernement central, est constituée de fait. La marche à suivre, pour arriver à un résultat assez satisfaisant, vu le peu de temps qui restera entre la résolution de l'Empereur et notre départ, serait de remettre le gouvernement du district de Mexico à l'ayuntamiento de 1863 qui remplira en même temps les fonctions de gouvernement provisoire et qui, après notre départ, s'entendrait avec les autres Etats pour élire un gouvernement définitif qui bien certainement sera celui de Juarez. Amen !

« Je ne vois pas moyen de faire autrement si l'Empereur abdique, car les fédéraux eux-mêmes sont fort divisés.... »

Sans vouloir encourager formellement l'empereur Maximilien à conserver le pouvoir, le maréchal trouvait que, si l'Empire se soutenait quelque temps encore, la retraite de l'armée française serait plus facile, et que la politique française se dégagerait beaucoup mieux que par des négociations fort incertaines, avec les chefs libéraux. Cependant le départ de la légion étrangère, celui des Français incorporés dans les corps mexicains et de la majeure partie des Austro-Belges avaient, depuis un mois, notablement modifié la situation. Presque nulle part les troupes mexicaines impériales n'avaient conservé les positions abandonnées par l'armée française ; les conditions devenaient donc chaque jour plus mauvaises.

Le 11 janvier, le maréchal reçut de M. Lares l'invitation de se rendre à la réunion dont lui avait parlé l'Empereur :

« Sa Majesté l'Empereur, désirant connaître d'une manière confidentielle et amicale l'avis de Votre Excellence et celui d'autres

688 IIᵉ PARTIE. — CHAPITRE VII.

1867.
—
Déclaration
du maréchal
à la conférence
du 14 janv. 1867.

personnes sur une affaire de grave importance, m'ordonne de m'adresser à Votre Excellence, ainsi que j'ai l'honneur de le faire, en la priant de vouloir bien se rendre au palais du gouvernement lundi prochain, 14 du courant, à deux heures du soir.

Le maréchal s'y rendit et n'y trouva pas l'Empereur; très-surpris de se voir en présence d'une nombreuse assistance composée des ministres, des archevêque et évêques, des conseillers d'Etat, et d'un certain nombre de généraux, il eut d'abord la pensée de se retirer; mais, craignant de produire un éclat fâcheux, il lut la déclaration qu'il avait préparée :

« L'évacuation sans coup férir des principales places fortifiées, suffisamment armées, par les garnisons impériales, sur les démonstrations d'un ennemi plus faible que ces garnisons, a fait disparaître le peu de confiance qui restait dans la protection militaire que l'Empire pouvait accorder aux populations. Aujourd'hui, elles sont généralement prononcées contre l'Empire. Chaque Etat a pris son rang dans la fédération; les élections faites, d'après les bases de la constitution de 1857, ont validé la plupart des autorités fédérales établies de fait après le départ des employés impériaux; le régime fédéral est donc rétabli dans la plus grande partie du territoire.

« A quoi servirait de faire des efforts militaires et de grandes dépenses pour reconquérir le territoire perdu ? A rien ! Car les populations sont, après les expériences des deux dernières années, peu disposées aujourd'hui en faveur du maintien de l'Empire. Il arriverait donc que les colonnes dirigées dans l'intérieur, subissant peu à peu cette influence, se prononceraient, ou bien encore qu'affaiblies par les garnisons qu'elles seraient obligées de laisser dans les grands centres, l'ennemi, ainsi que nous le voyons déjà, les harcèlerait, les tiendrait bloquées, empêcherait toute relation avec le gouvernement central. Comme conséquences immédiates, le commerce complétement arrêté, ainsi que les travaux agricoles et industriels, produirait un mécontentement profond dans les populations et un manque absolu de ressources pour maintenir les troupes dans le devoir.

« L'organisation fédérale paraît devoir mettre le pays à l'abri des tentatives hostiles des Etats-Unis, et cette considération semble exercer une grande influence sur l'esprit des populations qui, avec raison, craignent que toute autre forme de gouvernement amène en conquérants leurs voisins du nord.

« 1º Au point de vue militaire, je ne crois pas que les forces impériales puissent maintenir le pays dans un état de pacification tel que le gouvernement de l'Empereur puisse s'exercer dans toute sa plénitude ; les opérations militaires ne sont que des combats partiels, sans résultats définitifs, qui entretiendront la guerre civile par les mesures arbitraires qu'elles entraîneront forcément avec elles, et, comme conséquence infaillible, la démoralisation et la ruine du pays;

« 2º Au point de vue financier, le pays ne pouvant pas être régulièrement administré, ne fournira pas les moyens nécessaires au maintien du gouvernement militaire impérial dont les agents seront toujours obligés d'avoir recours à des impôts forcés, qui ne feront qu'accroître le mécontentement des populations;

« 3º Au point de vue politique, l'opinion de la majorité du pays paraît être aujourd'hui plutôt républicaine fédéraliste qu'impérialiste, et il est permis de douter qu'un appel à la nation soit favorable au régime actuel, et que peut-être même elle n'obtempérerait pas à la convocation qui lui serait adressée.

« En résumé, il me paraît impossible que Sa Majesté puisse continuer à gouverner le pays dans des conditions normales et honorables pour sa souveraineté, sans déchoir au rang de chef d'un parti et qu'il est préférable pour sa gloire et sa sauvegarde qu'Elle en fasse la remise à la nation. »

Les ministres des finances et de la guerre dirent, à leur tour, que les promesses faites à Orizaba seraient tenues ; les hommes étaient réunis ; l'argent était prêt ; le gouvernement, assuraient-ils, avait à sa disposition huit millions de piastres et vingt-cinq mille hommes présents sous les armes ; chacun exposa en peu de mots son opinion, en déclarant : soit vouloir le maintien de l'Empire avec la lutte à outrance, soit conseiller l'abdication. La majorité des membres présents fut favorable au maintien de l'Empire ; l'archevêque de Mexico et l'évêque de San Luis s'étaient abstenus. Dès lors, les mesures les plus extrêmes furent arrêtées.

1867.

Mesures de rigueur ordonnées par le maréchal à Mexico.

Le général Marquez, qui commandait à Mexico, déploya une énergie impitoyable ; il ordonna des *levas* dans les rues mêmes de la ville ; il fit appliquer les mesures les plus rigoureuses pour la rentrée d'une contribution forcée de 600,000 piastres, emprisonner les citoyens qui refusèrent de s'y soumettre, et forcer leurs caisses. Beaucoup de personnes menacées dans leurs intérêts et dans leur sécurité personnelle vinrent réclamer la protection du maréchal. Son rôle était sans doute de s'effacer et de décliner toute intervention comme toute responsabilité dans les abus qui se commettaient. Il n'avait qu'à hâter son départ et à laisser les Mexicains se débattre entre eux. Cependant le général Marquez ayant fait arrêter une personne du nom de Pedro Garay qu'on accusait, non sans fondement, d'être un agent de Juarez, et qui avait reçu autrefois un sauf-conduit de l'autorité française, le maréchal exigea qu'il fût immédiatement mis en liberté ; il fit mander le directeur de la police à l'état-major de la place, où il le consigna jusqu'à l'élargissement de Pedro Garay. La presse de Mexico attaqua vivement la conduite du maréchal ; se fondant alors sur le droit d'un général de faire respecter, par les moyens en son pouvoir, les intérêts de l'armée sous ses ordres, il fit arrêter l'éditeur du journal *La Patria*, et prononça, de sa propre autorité, la suppression de ce journal.

Le ministre de *gobernacion* [1] protesta contre cette application du droit de la guerre : « Le gouvernement mexicain ne peut considérer le corps expéditionnaire que comme une armée amie passant en temps de paix sur le territoire de l'Empire, car l'état de guerre n'existe pas entre la France et le gouvernement impérial du Mexique. » Il

---

[1] Ministre de l'intérieur.

demanda que l'éditeur du journal ne fût pas soustrait à ses juges naturels.

Le maréchal répliqua durement : « qu'il n'avait point à discuter son droit, qu'il lui suffisait de le proclamer et de le faire respecter ; que, du reste, il faisait mettre en liberté le rédacteur et l'éditeur du journal pour ne pas donner le spectacle scandaleux de débats publics entre le gouvernement mexicain et le commandant en chef ; cependant, comme le gouvernement se montrait par trop tolérant envers un organe semi-officiel dont le langage et les tendances hostiles poussaient à la haine du nom français, et dont l'attitude était devenue d'une inconvenance telle que le dédain avait dû faire place à la nécessité d'une répression prompte et énergique, » il maintenait la suppression du journal *La Patria* (1).

Quelques jours après, M. Lares, président du conseil des ministres, ayant invité le maréchal, le général Castelnau, et M. Dano, à une nouvelle conférence, le maréchal refusa de s'y rendre ; le général Castelnau se rangea au même avis, M. Dano seul y assista. La conférence n'aboutit à rien. M. Lares écrivit alors au maréchal une lettre dont voici les extraits principaux (2):

« M. le maréchal et M. le général Castelnau déclaraient, dans la note du 7 novembre dernier, que tant que les troupes françaises seraient au Mexique, elles protégeraient, comme elles l'ont fait jusqu'ici, les autorités et les populations, l'ordre en un mot, dans les zones qu'elles occupent, mais sans entreprendre d'expéditions éloignées.

« Mais, comme dans l'attaque récente contre Texcoco, V. E. n'a

---

(1) Le maréchal au ministre de la guerre, 22 janvier.
(2) M. Lares au maréchal, 25 janvier. (Traduction.)

1867.

Rupture du maréchal avec le gouvernement mexicain et l'empereur Maximilien.

1867.

pas jugé convenable de prêter son secours, ainsi qu'en a rendu compte le général commandant la 2ᵉ division, le gouvernement désire savoir quelle serait l'attitude des troupes françaises dans la capitale, si avant leur départ, la ville venait à y être menacée par les dissidents, que l'un de ses points fût attaqué, ou que l'ennemi cherchât à faire un coup de main.

« Le gouvernement mexicain était en droit de compter que l'armée française, conformément à la note du 31 mai, ne serait pas retirée avant l'automne 1867 ; puisque son départ paraît chose arrêtée, il désire savoir à quelle époque elle quittera Mexico. Il réclame de nouveau la remise de la citadelle, des autres points fortifiés, et du matériel de guerre.

« Il désire une solution amiable au sujet de l'incident de *La Patria* et de l'occupation des douanes de Vera-Cruz. »

Le maréchal répondit [1] que toutes ces questions avaient été déjà résolues dans les conférences antérieures, ou par la correspondance avec les ministres ; « comme la rédaction de cette lettre, ajoutait-il, laisse percer un sentiment de méfiance constamment basé sur des appréciations calomnieuses qui froissent notre loyauté, je tiens à vous exprimer qu'à l'avenir je ne veux avoir aucune relation directe avec votre ministère. »

Il écrivit en outre à l'empereur Maximilien [2] ; après avoir reproduit le premier paragraphe de la lettre de M. Lares, il continuait ainsi :

« L'inconvenance de ce langage n'échappera pas à Votre Majesté qui ne m'a jamais fait l'injure de supposer un seul instant que la loyauté de l'armée française pût être mise en suspicion.

« En signalant à Sa Majesté les procédés dont ses ministres usent envers moi, en son nom, je crois faire un dernier et suprême acte de confiance et de loyauté.

« Je crois en effet rendre encore service à l'Empereur en essayant de l'éclairer sur les tendances et sur les insinuations d'une faction

---

[1] Le maréchal à M. Lares, 27 janvier.
[2] Le maréchal à l'empereur Maximilien, 28 janvier.

qui ne réunit que peu de sympathie, et dont les chefs abusent de l'ascendant qu'ils croient avoir, ou de la confiance qu'ils ont su inspirer, pour préparer au Mexique et à votre Majesté une ère de sanglantes représailles, de douloureuses péripéties, de ruines, d'anarchie, et d'humiliations sans nombre.

« J'ai l'honneur d'informer Votre Majesté que, plus que jamais désireux de conserver son estime et l'amitié dont elle a bien voulu m'honorer, j'ai fait savoir à M. le président du conseil qu'en présence des termes de sa lettre précitée, je ne voulais plus à l'avenir avoir aucune relation directe avec l'administration dont il est le président.

« J'ajouterai, Sire, que les chefs d'armes de M. le général Marquez sont journellement en relations avec les commandants du génie et de l'artillerie de l'armée française pour se mettre au courant de l'état des fortifications, des défenses, des approvisionnements en matériel, en armes, en munitions de la place.

« Sa Majesté m'ayant témoigné le désir de savoir à l'avance à quelle époque je quitterai Mexico, j'ai l'honneur de l'informer que mon départ avec les derniers contingents du corps expéditionnaire aura lieu dans la première quinzaine du mois de février.

« Jusqu'au dernier moment, Sire, je serai toujours prêt à me rendre aux appels que Votre Majesté voudra bien m'exprimer et toujours disposé à faire concorder mes efforts à vos désirs »

Quelques instants après l'envoi de cette lettre, le maréchal reçut la réponse suivante du Père Fischer, secrétaire particulier de l'Empereur [1] :

« Monsieur le maréchal, Sa Majesté l'Empereur m'ordonne à l'instant de retourner à Votre Excellence la lettre ci-jointe, ne pouvant admettre que vous parliez de ses ministres dans les termes dans lesquels elle est conçue.

« A moins que Votre Excellence ne juge opportun de donner une satisfaction sur ces termes, Sa Majesté m'ordonne de faire savoir à Votre Excellence que, dans ces conditions, Elle ne veut plus, à l'avenir, avoir aucune relation directe avec Votre Excellence.

« J'ai l'honneur, etc. »

---

[1] 28 janvier, sept heures du soir (traduction).

Telles furent les dernières relations du maréchal et de l'empereur Maximilien.

Le maréchal, irrité par de nombreuses blessures d'amour-propre, n'avait mis aucun ménagement dans les rapports qu'il avait à conserver encore avec les ministres de l'empereur Maximilien ; l'Empereur, de son côté, avait de sérieux griefs contre les représentants de la France. Leurs procédés, à l'égard de son gouvernement, le froissaient avec juste raison. Du reste, à cette époque, il subissait l'influence d'hommes qui représentaient l'idée réactionnaire dans toute son exagération, et qui l'isolaient de plus en plus du pays. Le Père Fischer était l'agent le plus actif de cette réaction. Depuis peu de temps revenu de Rome où il était allé négocier un concordat, il avait accompagné l'Empereur à Orizaba, et combattu ses projets d'abdication. A la fin du mois de décembre, il remplaça, au cabinet de l'Empereur, le capitaine Pierron qui, dans l'état des choses, ne pouvait plus conserver cette position ; ainsi avait été rompu le dernier et fragile anneau qui facilitait encore les rapports du gouvernement mexicain et des représentants de la France.

Le maréchal activa ses préparatifs de départ; rien ne le retenait plus à Mexico ; une dépêche de l'empereur Napoléon au général Castelnau, datée de Paris, 10 janvier, venait d'arriver. Elle était ainsi conçue :

« Ne forcez pas l'Empereur à abdiquer, mais ne retardez pas le départ des troupes.

« Rapatriez tous ceux qui ne veulent pas rester. »

Les troupes étaient échelonnées entre Mexico et la mer; le 15 janvier au soir, le général de Castagny avait amené le dernier échelon ; tous les postes en arrière avaient été remis aux troupes mexicaines.

Les colonnes françaises s'étaient aussitôt acheminées vers le port d'embarquement ; le maréchal n'avait gardé avec lui qu'une forte arrière-garde.

Le matériel encombrant dont la valeur n'aurait pas été en rapport avec les frais de transport, les chevaux et les harnachements furent, conformément aux ordres du ministre, vendus aux enchères à Mexico, à Puebla, à Orizaba, à Paso del Macho ; on n'en retira qu'une somme insignifiante. La plupart des chevaux allèrent remonter les guérillas républicaines. On en transporta quelques-uns dans les colonies françaises des Antilles.

Les projectiles qu'on ne pouvait emporter et que d'ailleurs l'artillerie mexicaine n'aurait pu utiliser, furent brisés et d'importantes quantités de poudres noyées dans les fossés de la citadelle. Des ordres furent donnés pour qu'on en fît de même à Orizaba et à Puebla [1]. Il est difficile d'expliquer d'une manière satisfaisante les motifs de cette destruction pénible ; on se demande quelle raison pouvait en empêcher la cession à titre gracieux aux arsenaux mexicains, puisque le gouvernement de l'empereur Maximilien était trop pauvre pour les payer. Enfin, sous prétexte d'en faire régulièrement la remise, et, dit le maréchal, pour les soustraire à un coup de main possible de l'ennemi, les pièces de campagne d'artillerie mexicaine furent enlevées des remparts et enfermées dans la citadelle, dont la garnison française conserva la garde jusqu'à la dernière heure. Cependant Mexico restait encore largement approvisionné ; on laissait 500,000 cartouches,

---

[1] Le maréchal au ministre, 2 mars.

34,000 projectiles, et les charges nécessaires pour tirer 300 coups par pièce.

Le 3 février, le maréchal adressa la proclamation suivante aux habitants [1] :

« Mexicains, dans peu de jours les troupes françaises sortiront de Mexico.

« Pendant les quatre années qu'elles ont séjourné dans votre belle capitale, elles n'ont eu qu'à se féliciter des relations sympathiques qui se sont établies entre elles et cette population.

« C'est donc au nom de l'armée française sous ses ordres, comme en son nom personnel, que le maréchal de France, commandant en chef, prend congé de vous.

« Je vous adresse tous nos souhaits pour le bonheur de la chevaleresque nation mexicaine.

« Tous nos efforts ont tendu à établir la paix intérieure. Soyez-en certains, et je vous le déclare au moment de vous quitter, notre mission n'a jamais eu d'autre objet, et il n'est jamais entré dans les intentions de la France de vous imposer une forme quelconque de gouvernement contraire à vos sentiments. »

Il n'est pas besoin de commenter les termes de cette proclamation pour faire ressortir combien étaient durs l'allusion de la dernière phrase et l'oubli intentionnel de tout souvenir à l'empereur Maximilien.

Le 5 février, à dix heures du matin, le maréchal se mit à la tête des dernières troupes françaises massées sur le Paseo, et quitta Mexico, musique en tête, enseignes déployées ; « la population, accourue en foule au point de réunion et groupée sur tout le parcours, resta calme et silencieuse, témoignant par son attitude de sa sympathie pour l'armée qui la quittait, et des appréhensions que ce

---

[1] Traduction.

départ lui causait. Les fenêtres du palais étaient complétement fermées (¹). »

Le maréchal alla camper à la Piedad à cinq kilomètres de Mexico ; des postes restèrent encore à la citadelle et à deux des portes de la ville, afin de permettre aux personnes qui le désireraient de sortir librement, et conserver aux troupes françaises la possibilité de rentrer, si quelque mouvement intérieur ou quelque tentative extérieure le rendait nécessaire.

Le 6 au matin, les derniers points occupés furent évacués, et la colonne française défila sur la route de Puebla, à peu de distance des troupes libérales qui ne tentèrent pas la moindre attaque, et se bornèrent, aussitôt après le passage de l'arrière-garde, à prendre position sur la route.

Le général Marquez déclara Mexico en état de siége.

Le maréchal avait fait prévenir les chefs libéraux que, le rôle de l'armée française étant fini, il n'enverrait plus de colonnes contre eux, mais qu'il entendait conserver la plus grande liberté dans ses mouvements, et châtierait rapidement toute troupe ennemie qui se montrerait à portée de son canon (²). A Puebla, la population ne témoigna ni sympathie ni regrets ; la marche rétrograde se continua dans le plus grand ordre (³). Le général Castelnau partit de Mexico le même jour que le maréchal ; il s'embarqua, le 13 février, à Vera-Cruz.

(¹) Le maréchal au ministre, 10 février 1867.
(²) Le 27 décembre, une troupe républicaine, forte de sept cents hommes, étant venue occuper Chalco au moment où une colonne française passait à Buenavista, le chef d'escadron d'état-major Billot, commandant la colonne, la surprit par une marche de nuit, lui tua une cinquantaine d'hommes et ramena de nombreux prisonniers sans avoir un seul blessé.
Cette leçon ne fut pas perdue, car, dès ce moment, les libéraux montrèrent la plus grande circonspection.
(³) Le maréchal au ministre, 10 février 1867.

M. Dano, ministre de France, dut rester à Mexico.

Le 16 février, le maréchal était à Orizaba ; le 21, le général de Castagny arrivait avec le reste des troupes.

Quelques jours avant, on avait appris la nouvelle d'un grave échec subi du côté de Zacatecas par le général Miramon ; le maréchal écrivit aussitôt à l'empereur Maximilien pour lui offrir encore de l'attendre, dans le cas où ce dernier désastre le déciderait à quitter le Mexique. M. Dano répondit que l'Empereur, « moins que jamais disposé à accepter cette offre, » était parti pour Queretaro, se mettre à la tête de l'armée [1].

Le mouvement vers la côte continua donc sans interruption. Les autorités mexicaines évacuèrent Orizaba et Cordova, ne gardant ainsi aucun poste fortifié entre Puebla et Vera-Cruz. Le maréchal quitta Orizaba le 26 février ; le 1er mars, il arrivait à Vera-Cruz. Les dernières troupes étaient échelonnées entre Pas odel Macho et la mer.

Embarquement du corps expéditionnaire à Vera-Cruz.

Le retour des détachements français épars dans les provinces les plus éloignées, le mouvement rétrograde d'un corps de 28,000 hommes jusqu'au port de Vera-Cruz, la concentration d'un énorme matériel, le rapatriement d'un grand nombre de nationaux qui voulurent rentrer en France ; toutes ces opérations délicates avaient été terminées aussi heureusement qu'on pouvait le désirer : « Nul incident, nulle attaque, nulle complication n'avait apporté le moindre obstacle aux combinaisons arrêtées depuis longtemps. De Mexico à Vera-Cruz, la marche rétrograde

---

[1] M. Dano au maréchal, 16 février 1867.

s'était accomplie à souhait, avec le plus grand ordre, sans qu'un coup de fusil eût été tiré. Les forces libérales, groupées à portée des troupes françaises, laissaient à peine voir de temps en temps quelques éclaireurs qui se tenaient à distance respectueuse (1). »

Les troupes, observant une exacte discipline, avaient traversé les villes et les villages de la route sans donner lieu à aucune plainte ; elles avaient supporté, avec une égale patience, tantôt le froid très-vif des nuits sur les hauts plateaux, tantôt la chaleur brûlante du jour sous un soleil de feu, puis les étapes longues et pénibles au milieu d'une poussière affreuse dans cette saison où tout est desséché, et où l'eau manque souvent. Malgré les fatigues, l'état sanitaire était resté très-satisfaisant ; même à Vera-Cruz, où le vomito ne cesse jamais complétement, on n'eut que deux cas à déplorer.

Au 1er mars, la plus grande partie des troupes étaient déjà embarquées ; et la portion restante du corps expéditionnaire (8,600 hommes) se trouvait rassemblée entre Vera-Cruz et Paso del Macho ; on évacua successivement ce point, puis la Soledad, la Purga, en opérant une retraite par échelons. Cette combinaison était nécessitée par la présence d'un grand nombre de bandes libérales qui pouvaient, à un moment donné, se réunir en une seule masse numérique importante et près desquelles il fallait être sur ses gardes. Le général Benavides, commandant la ligne du Rio Blanco, s'était en effet rapproché au sud jusque vers Medelin ; au nord, Alatorre se tenait seulement à quelques lieues de distance.

Il fallait ne pas agglomérer trop de monde à Vera-Cruz,

---

(1) Le maréchal au ministre.

le vomito y sévissant en toute saison dès qu'il s'y trouve beaucoup d'Européens. Chaque colonne, partant de la Soledad par le chemin de fer, arrivait le soir, campait pendant la nuit, et le lendemain au jour commençait à s'embarquer. Cette opération, à laquelle la marine apporta le plus grand ordre, se faisait rapidement ; elle était terminée vers neuf heures, avant le moment de la grande chaleur ; le soir les bâtiments prenaient le large [1].

Grâce aux démarches faites par le maréchal, tous les prisonniers de l'armée française avaient été rendus par les libéraux ; *le Phlégéton*, envoyé à Matamoros, venait de ramener un officier et trente hommes du régiment étranger, faits prisonniers au combat de Santa Isabel, quatre officiers et quarante Autrichiens pris au combat de Camargo. Porfirio Diaz avait déjà échangé les Français restés entre ses mains après le combat de Miahuatlan et la prise d'Oajaca ; mais il ne voulut pas, malgré toutes les instances, consentir à rendre les Autrichiens. Le commandant en chef donna une dernière marque de sympathie à ces infortunés compagnons d'armes, en leur faisant parvenir des effets et un mois de solde, environ 12,000 fr., que leur paya le trésor français.

Le corps belge en entier et la majeure partie du corps autrichien avaient demandé à être rapatriés. Les Belges s'étaient embarqués le 20 janvier sur *le Rhône* ; les Autrichiens furent répartis sur *le Var* et *l'Allier* (21 et 22 fév.).

M. Dano avait continué avec le gouvernement mexicain

---

[1] Les embarquements furent dirigés par M. le capitaine de frégate Peyron, commandant le port de Vera-Cruz. — Le maréchal au ministre, 11 mars 1867.

les pénibles pourparlers auxquels donnait lieu la mise à exécution de la convention du 30 juillet. Par un arrangement conclu le 22 février, il fut décidé que, chaque partie réservant ses droits, les douanes de Vera-Cruz seraient rendues, le 1er mars, aux agents mexicains, et qu'une somme de cinquante mille piastres serait remise mensuellement entre les mains d'un agent français.

Afin de permettre aux autorités impériales de se maintenir à Vera-Cruz, et dans le but de conserver un port où l'empereur Maximilien pût trouver un refuge, le maréchal laissa au commissaire impérial des armes, des munitions, des attelages, des objets de campement; il demanda, en outre, à l'amiral commandant l'escadre, de céder 40 à 50 quintaux de poudre et, s'il était possible, une canonnière qu'on dénationaliserait et qui serait vendue comme impropre au service, ne pouvant être ramenée en France [1]. L'amiral consentit à donner trente quintaux de poudre, mais il crut devoir refuser la canonnière. En échange, le préfet de Vera-Cruz remit des traites sur la douane de ce port.

Pour ramener en France le corps expéditionnaire du Mexique, on envoya, sous la protection de l'escadre cuirassée, et des divisions navales des côtes de l'Amérique : trente bâtiments de transport de la flotte et sept paquebots de la Compagnie transatlantique. Ces navires transportèrent 169 officiers supérieurs, 1264 officiers subalternes, 27,260 hommes de troupes; total : 28,693 passagers et 351 chevaux.

Le premier paquebot de la Compagnie partit de Vera-

---

[1] Le maréchal à l'amiral commandant l'escadre, 7 mars 1867.

Cruz le 18 décembre 1866, mais l'embarquement régulier sur les navires de la flotte commença seulement le 16 février, et fut terminé le 11 mars [1].

Le maréchal monta sur le vaisseau *le Souverain*; le dernier soldat français avait quitté les côtes du Mexique.

Les régiments du corps expéditionnaire furent dirigés sur différents ports de France et d'Algérie.

Le maréchal Bazaine débarqua dans le port de Toulon.

Sur l'ordre de l'empereur Napoléon, il ne lui fut pas rendu d'honneurs militaires. En se soumettant, sans protestation, à cette grave mesure, le maréchal donna plus d'importance à des appréciations, la plupart injustes et mal fondées, sur la conduite qu'il avait tenue pendant les derniers mois de son commandement.

Dernières opérations des troupes mexicaines impériales.

Au Mexique, les événements se précipitèrent avec une effrayante rapidité [2].

Vers le milieu du mois de janvier, le général Miramon, avait envoyé un détachement commandé par le général Castillo, pour occuper Escobedo du côté de San Luis; lui-même s'était brusquement dirigé sur Zacatecas, avec une colonne de 2,500 hommes, dans laquelle étaient 360 Français. Juarez s'échappa quelques heures seulement avant l'arrivée des troupes impérialistes qui pénétrèrent dans la ville le 28 janvier, y levèrent une contribution de 250,000 piastres, et rétrogradèrent aussitôt (31 janvier).

---

[1] Voir à l'appendice le détail du transport.

[2] Le récit des événements qui suivent est tiré en grande partie d'un rapport de M. le capitaine Madelor, resté à Mexico après le départ des troupes françaises, comme attaché à la légation de France.

Mais, Escobedo ayant laissé un rideau de troupes devant le général Castillo pour masquer son mouvement, atteignit, le 1er février, près de San Francisco, la colonne du général Miramon et l'attaqua vigoureusement. Une partie de la cavalerie impérialiste ayant fait défection, en quelques minutes la déroute des troupes de Miramon fut complète. Escobedo enleva tout le convoi et dix-neuf pièces de canon; cent trente-huit Français, parmi lesquels quarante blessés, tombèrent entre ses mains. Ces derniers échappèrent seuls aux vengeances des libéraux; les autres furent fusillés à San Jacinto le 3 février. Miramon, avec quelques hommes, parvint à rallier le général Castillo et rentra, le 8 février, à Queretaro. Le général Liceaga, battu à Guanajuato par le colonel républicain Rincon Gallardo, se réfugia aussi à Queretaro. Carbajal tenta un coup de main sur la place; mais il fut repoussé par le général Mejia, et perdit son artillerie.

Le général Mendez occupait encore Morelia; le général Tavera, Toluca. Il fut décidé que ces villes seraient abandonnées. Tavera se replia sur Mexico et Mendez, sur Queretaro. Le 13 février, l'empereur Maximilien partit lui-même de Mexico pour se rendre dans cette dernière ville, où devaient se concentrer neuf mille hommes avec 41 pièces d'artillerie. Cinq mille hommes restaient à Mexico; deux mille cinq cents à Puebla sous les ordres du général Noriega, officier âgé et sans valeur. Le total des forces dont l'Empire disposait, s'élevait donc à dix-sept mille hommes et dix batteries, non compris la garnison de Vera-Cruz et quelques détachements du Yucatan. Dans ce chiffre, on comptait quatre cents hommes de cavalerie autrichienne sous les ordres du lieutenant-colonel von Khevenhüller et deux cents fantassins commandés par le major von Hammerstein. Six cents Français étaient répartis dans le régiment de gendarmerie et dans un bataillon de chasseurs à pied.

Les libéraux avaient quatre fois plus de troupes. Escobedo arrivait du Nord avec 12,000 hommes ; Corona, de l'Ouest, avec 8000 ; il avait rallié à Morelia 6000 hommes commandés par Regules et s'avançait avec lui sur Queretaro. Riva Palacio avait 7000 hommes à Toluca et au nord de Mexico; Porfirio Diaz, 8000 devant Puebla. Dans la Huasteca et les terres chaudes de Vera-Cruz, Alatorre, Juan Francisco, Benavides, Garcia, etc., étaient à la tête de contingents importants. Le résultat final de cette lutte disproportionnée était d'autant plus facile à prévoir que, malgré les promesses du clergé, le gouvernement impérial manquait d'argent pour solder ses troupes et n'avait d'autre ressource que d'imposer des contributions énormes aux quelques villes restées en son pouvoir.

En quittant Mexico, l'Empereur emmena le général Marquez comme chef d'état-major. Il laissa la direction des affaires entre les mains d'un conseil de ministres présidé par M. Lares ; la préfecture politique fut donnée au général O'Horan, et le commandement de la garnison, au général Tavera.

Siége et prise de Queretaro par les forces libérales.

Le 19 février, l'Empereur arrivait à Queretaro ; cette ville se montrait encore sympathique à l'Empire. Située au débouché de la Sierra Gorda, pays également dévoué, dans les montagnes duquel on pouvait chercher un refuge en cas d'insuccès, elle offrait une assez bonne position ; mais on s'éloignait ainsi de la côte d'environ soixante lieues.

L'Empereur fut reçu avec un grand enthousiasme ; il n'était alors entouré que de Mexicains ; pour ne pas nuire à sa popularité, il avait laissé à Mexico les bataillons autrichiens et n'avait emmené que son médecin, le docteur Basch, et deux serviteurs étrangers. Contrairement à l'avis de Miramon et d'après le conseil de Marquez, l'armée impériale resta sur la défensive ; le 6 et le 7 mars, les troupes républicaines, au nombre de 25,000 hommes, se présentèrent par les routes de San Luis et de Celaya ; elles attaquèrent le 14 mars, et furent repoussées.

1867.

Cependant la ligne d'investissement continuait à se resserrer. L'argent faisait défaut, les renforts attendus n'arrivaient pas ; l'Empereur n'avait pas confiance en M. Lares, dont il connaissait le peu d'énergie. Alors on décida, dans un conseil de guerre, que le général Marquez serait envoyé à Mexico pour se procurer des ressources pécuniaires et organiser la résistance ; l'Empereur le nomma lieutenant général de l'Empire et lui donna pleins pouvoirs. Dans la nuit du 22 au 23 mars, il partit avec onze cents cavaliers par le chemin d'Amealco, Acambay, Villa del Carbon, et, le 27 mars, il arriva inopinément à Mexico. Il était accompagné du général Vidaurri qui devait remplacer M. Lares comme ministre des finances et président du conseil des ministres. Marquez prit aussitôt les mesures les plus énergiques, décréta de nouveaux impôts forcés auxquels ne purent même se soustraire les négociants étrangers, et fit procéder dans les rues de Mexico à une levée générale qui porta indistinctement sur toutes les classes de la société.

Le 30 mars, il sortit avec une colonne de 1900 fantassins, 1600 cavaliers, et trois batteries, pour se porter au secours de Puebla que Porfirio Diaz assiégeait depuis le 9. On prétendit, plus tard, qu'il trahissait l'Empereur et cherchait à se rapprocher de Santa-Anna qui était attendu à Vera-Cruz.

Expédition du général Marquez sur Puebla.

45

Cette allégation ne paraît pas justifiée. La conservation de Puebla était, en effet, assez importante pour que le général Marquez crût de son devoir de sauver cette place; mais il marcha lentement, et Porfirio Diaz, averti de son approche, brusqua l'attaque. Le 2 avril, il donna l'assaut, pénétra dans la ville, fit fusiller les officiers tombés entre ses mains, et menaça du même traitement le reste de la garnison réfugiée dans les forts. Celle-ci capitula le 4 avril. Les libéraux se portèrent aussitôt contre la colonne de Marquez qui rebroussait chemin sur Mexico ; ils l'atteignirent à l'hacienda de San Lorenzo le 9 avril, et lui barrèrent la route.

Le général Marquez parvint à se frayer un passage par Calpulalpan et Texcoco ; mais il dut abandonner ses malades et faire précipiter dans les ravins ses bagages et son artillerie. Il s'enfuit jusqu'à Mexico avec son escorte, laissant ses troupes dans la plus affreuse confusion, assaillies de tous côtés par la cavalerie ennemie. Un bataillon autrichien, sous les ordres du colonel v. Hammerstein, réussit cependant à couvrir la retraite, tandis que la cavalerie autrichienne, commandée par le colonel v. Khevenhüller, chargeait sans relâche, avec la plus brillante bravoure. Grâce au sang-froid de ces officiers et du colonel v. Kodolitsch, commandant le corps autrichien, deux mille hommes et deux pièces de montagne furent sauvés et rentrèrent à Mexico, le 11 avril. Le désordre était si grand, que Porfirio Diaz aurait pu, sans grandes difficultés, pénétrer immédiatement dans la ville ; il ne l'osa pas et se contenta de l'investir.

Les enrôlements forcés permirent au général Marquez de constituer une garnison d'environ 7,000 hommes. Après un premier moment de défaillance, il avait bientôt retrouvé cette énergie cruelle qui ne reculait devant aucune violence. Il fit fondre des boulets, fabriquer des munitions, et travailler aux fortifications. La famine ne tarda pas à se faire sentir ; mais il inspirait à ses troupes une sorte de terreur, et contenait la population affamée par les mesures les plus rigoureuses.

Des impôts forcés furent décrétés. Les récalcitrants étaient emprisonnés et privés de nourriture ; s'ils parvenaient à se cacher, on occupait militairement leur domicile, et l'on privait également de nourriture leurs femmes et leurs enfants. Vidaurri se retira du gouvernement, ne voulant pas prêter la main à ces mesures ; les agents diplomatiques rompirent toutes relations avec Marquez, mais celui-ci n'en maintint pas moins cette situation ; il résista aux attaques que l'ennemi menait du reste mollement, et put cacher à tout le monde les tristes événements qui se déroulaient alors à Queretaro.

La petite armée de l'empereur Maximilien avait d'abord obtenu quelques succès. Le 27 avril, Miramon avait culbuté l'ennemi et enlevé vingt canons ; le 1ᵉʳ et le 3 mai, on fit des sorties heureuses ; le 5 mai, les assiégeants furent encore repoussés avec de grandes pertes ; cependant on souffrait de la faim, et comme le secours que devait amener Marquez n'arrivait pas, il fut décidé, le 14 mai, que, le lendemain, on ferait une trouée à travers les lignes ennemies ; ......mais dans la nuit suivante, c'est-à-dire celle du 14 au 15 mai, le colonel Lopez, commandant le régiment de l'Impératrice, livrait à l'ennemi une porte de la ville, située dans le couvent de la Cruz où résidait l'empereur Maximilien. Lopez introduisit lui-même les libéraux, à la tête desquels entrèrent le général Velez et le colonel Rincon Gallardo.

Il leur eût été facile de faire immédiatement l'Empereur prisonnier; ils y répugnèrent. Le général Velez, tout en refusant de servir l'Empire, avait cependant vécu à Mexico jusqu'au mois de février 1867, époque à laquelle il avait rejoint l'armée libérale; le père du colonel Rincon Gallardo, le marquis de Guadalupe, avait accepté une charge à la cour de l'empereur Maximilien. Ces deux officiers respectèrent le prince qu'une trahison leur livrait. On ne toucha même pas à ses chevaux qui restèrent sellés.

Averti de l'entrée de l'ennemi, l'Empereur s'était levé. Il sortit peu après avec le général Castillo, le prince Salm-Salm [1], un officier d'ordonnance, et son secrétaire; devant la porte, il trouva un bataillon ennemi à la tête duquel était le colonel Rincon Gallardo. Celui-ci le reconnut; mais cédant à un mouvement chevaleresque, il fit laisser le passage libre à l'Empereur et à ceux qui l'accompagnaient, disant : *Que pasen son paisanos !* (Laissez passer, ce sont des bourgeois). L'Empereur quitta le couvent de la Cruz, et se dirigea rapidement vers le Cerro de la Campana, où il fut rejoint par Mejia et Miramon; ce dernier venait d'être blessé dans la rue.

Le général Mejia offrit à l'Empereur de gagner les montagnes, ce qui n'était pas encore tout à fait impossible. L'Empereur ayant refusé, le général Mejia ne voulut pas partir seul et l'abandonner dans un moment aussi solennel; il resta près de lui. Surprises dans leurs quartiers, les troupes impériales n'avaient pu opposer aucune résistance; l'Empereur fit arborer le pavillon parlementaire pour arrêter toute effusion de sang et rendit son épée à Escobedo.

---

[1] Le prince de Salm-Salm était officier prussien; il avait servi dans la guerre de la Sécession américaine et s'était ensuite attaché à la fortune de l'empereur Maximilien. Il fut condamné à mort par une cour martiale, puis gracié. Il fut tué à la bataille du 18 août 1870.

Quinze généraux, vingt colonels, 357 officiers de tout grade furent faits prisonniers [1]; Mendez s'était caché, mais il fut découvert et immédiatement passé par les armes.

Le siége de Queretaro avait duré soixante-dix jours, pendant lesquels la garnison et les habitants firent preuve d'une grande énergie. La dernière situation des troupes assiégées présente un effectif de 5,637 hommes; les forces de l'ennemi s'élevaient, assure-t-on, à plus de 40,000 hommes, et cependant la trahison seule lui livra la place.

L'Empereur se faisait d'étranges illusions sur les dispositions des libéraux à son égard. Il adressa même à Juarez la dépêche télégraphique suivante [2] :

Queretaro, 27 mai.

« Je désire m'entretenir avec vous sur des sujets graves et d'une grande importance pour le pays. Comme vous en êtes un ami passionné, j'espère que vous ne me refuserez pas une entrevue. Je suis prêt à me rendre près de vous malgré les fatigues de ma maladie. »

Cette dépêche ne reçut vraisemblablement aucune réponse.

Le gouvernement républicain décida que l'Empereur, les généraux Miramon et Mejia comparaîtraient devant une cour martiale spéciale. Trois autres tribunaux furent formés pour juger les principaux officiers et fonctionnaires. Les officiers d'un rang inférieur furent condamnés à quatre, cinq ou six ans de prison; on laissa en liberté, sous la surveillance de la police, les lieutenants ou sous-lieutenants d'origine mexicaine; ceux d'origine étrangère furent incarcérés et soumis à d'odieux traitements. Dans les différentes villes

---

[1] Rapport du général Escobedo, 30 mai.
[2] D'après une traduction anglaise publiée dans les *Exec. docum.*, 1867-68.

où ils furent transportés, à Morelia, à San Luis, à Zacatecas, à Perote, ils subirent le sort le plus dur, mais partout aussi ils trouvèrent une généreuse assistance près des familles mexicaines et étrangères.

L'Empereur fut autorisé à faire venir de Mexico les ministres de Prusse, d'Autriche, et d'Italie; M. Forest, ancien consul de France à Mazatlan, représentant la légation française, et le ministre de Belgique les accompagnèrent. Les amis de l'Empereur avaient pensé que la présence de M. Dano serait plus nuisible qu'utile à ses intérêts ; d'ailleurs, le laisser-passer que le ministre de France avait très-vivement sollicité par l'intermédiaire du consul des Etats-Unis, lui fut refusé par Porfirio Diaz [1]. L'Empereur avait demandé l'assistance de deux avocats de Mexico, M. Mariano Riva Palacio, père du colonel républicain dont le nom a été fréquemment cité dans le récit des opérations militaires du Michoacan, et M. Rafael Martinez de la Torre. Ils s'adjoignirent MM. Ortega, avocat de Mexico, et Vasquez, avocat de Queretaro.

La cour martiale chargée de juger l'Empereur fut composée de sept membres : un lieutenant-colonel président, deux capitaines gradués commandants, et quatre capitaines. Elle se réunit le 13 juin. L'Empereur, étant malade, obtint de ne pas comparaître devant ce conseil de guerre dont il déclinait naturellement la juridiction.

La défense fut présentée par MM. Ortega et Vasquez, tandis que MM. Riva Palacio et de la Torre se rendaient à San Luis pour implorer la clémence de Juarez.

Le 14 juin, malgré les efforts de leurs avocats, l'Empereur, les généraux Miramon et Mejia furent condamnés à

---

[1] Voir *Executive documents*, 1867-1868, correspondance entre M. Dano et M. Otterbourg.

mort par application de la loi du 25 janvier 1862, rendue au début de l'intervention [1]. Les supplications de leurs défenseurs, celles des membres du corps diplomatique, en particulier du baron de Magnus, ministre de Prusse, celles des dames de San Luis qui, en vêtements de deuil, allèrent se jeter aux pieds de Juarez et de son ministre Lerdo de Tejada, furent impuissantes à obtenir la grâce des condamnés [2].

M. Lerdo de Tejada répondit aux défenseurs : « Le gouvernement a éprouvé un chagrin inexprimable en prenant une décision de laquelle il fait dépendre la paix pour l'avenir. La justice et la convenance publique l'exigeaient. Si le gouvernement commet une erreur, elle ne sera le résultat d'aucune pression ; nous l'aurons commise avec une conscience tranquille. C'est là ce qui nous a dicté notre pénible refus à vos suppliques. »

Juarez leur dit, de son côté : « Vous avez dû souffrir cruellement de l'inflexibilité du gouvernement. On n'en peut comprendre aujourd'hui la nécessité, pas plus que la justice qui la dicte. Le temps se chargera de ce soin. La loi et la sentence sont en ce moment inexorables, parce qu'ainsi l'exige le salut public. »

---

[1] Les incidents du procès de l'empereur Maximilien, qui ne pouvaient entrer dans le cadre de ce récit, se trouvent dans les publications faites par le gouvernement mexicain et par MM. Riva Palacio et de la Torre. Ils sont très-exactement résumés dans l'ouvrage l'*Intervention française au Mexique*. — Amyot, 1868. — Les *Executive documents* de 1867-1868 contiennent également un grand nombre de renseignements intéressants.

[2] Au mois d'avril, le bruit de la capture de l'empereur Maximilien avait été répandu aux Etats-Unis. M. Seward fit immédiatement partir pour San Luis un agent spécial, M. Whyte, chargé d'insister auprès de Juarez pour que sa vie fût respectée. Les exécutions des prisonniers français de San Jacinto avaient déjà péniblement ému le cabinet américain, aussi recommandait-il vivement à Juarez de s'abstenir de vengeances qui devaient amoindrir la sympathie pour la cause républicaine. M. Lerdo de Tejada, dans une réponse écrite, contesta

1867.

La princesse de Salm-Salm fit l'impossible pour sauver l'Empereur. Ayant échoué auprès de Juarez, elle tenta d'acheter une partie de la garnison de Queretaro, pour favoriser l'évasion de l'empereur Maximilien et des autres prisonniers. Ces menées ayant été découvertes, Escobedo la fit partir immédiatement, ainsi que les ministres des puissances étrangères qu'il accusait d'y avoir prêté les mains.

La captivité de l'Empereur fut très-dure; il était gardé à vue dans une cellule du couvent de Las Capuchinas. Bien qu'il souffrît beaucoup de la dyssenterie, on ne lui témoignait aucun égard. On ne s'occupait même pas de sa nourriture; elle lui était envoyée par quelques familles de la ville, entre autres celle de M. Rubio, qui montra un grand et affectueux dévouement.

L'Empereur s'était adressé directement au président Juarez pour obtenir la grâce des généraux Mejia et Miramon. Au dernier moment, il lui écrivit de nouveau :

« Près de mourir pour avoir voulu tenter si, par de nouvelles institutions politiques, je pourrais mettre fin à la guerre civile san-

---

le droit de l'empereur Maximilien et de ses partisans d'être couverts par les lois de la guerre. Tout en ne faisant pas encore connaître la résolution, bien arrêtée déjà par le gouvernement de Juarez, de mettre Maximilien à mort, sa lettre ne laissait que trop prévoir cette détermination.— M. Seward à M. Campbell, 6 avril 1867. — M. Campbell à M. Seward, 15 mai.

Lorsque la prise de Queretaro fut connue à Washington, le cabinet américain, dont les gouvernements européens avaient réclamé les bons offices, renouvela ses instances auprès de Juarez par l'intermédiaire de M. Romero, agent mexicain à Washington. De plus, il envoya l'ordre formel à M. Campbell, désigné comme ministre des États-Unis près de la République mexicaine, de se rendre à son poste. M. Campbell était alors à la Nouvelle-Orléans; il allégua des raisons de santé, des difficultés de voyage, on dut le relever de ses fonctions. Aucun représentant américain ne se trouva donc près de Juarez en ce moment solennel; il est douteux d'ailleurs que cette intervention eût été assez influente pour faire prévaloir les idées de clémence. — M. Seward à M. Campbell, 1er juin, 15 juin. — *Executive documents*, 1867-1868.

glante qui ruine depuis bien des années cet infortuné pays, je ferais avec bonheur le sacrifice de ma vie, si ce sacrifice pouvait contribuer à la paix et à la prospérité de ma nouvelle patrie.

« Intimement convaincu que rien de solide ne peut se fonder sur un sol arrosé de sang et agité par des secousses violentes, je vous conjure de la façon la plus solennelle, et avec une sincérité que m'inspirent les derniers moments qui me restent à vivre, de ne pas faire couler d'autre sang que le mien. Je vous conjure aussi d'employer cette persévérance que j'ai su reconnaître et louer au milieu de la prospérité, et avec laquelle vous avez défendu une cause qui triomphe aujourd'hui, à la noble tâche de réconcilier les esprits, afin de pouvoir fonder d'une manière stable et durable la paix et la tranquillité dans ce malheureux pays. »

Le 19 juin, la sentence reçut son exécution. L'empereur Maximilien tomba noblement en demandant encore que son sang fût le dernier versé ; Miramon et Mejia donnèrent, à ses côtés, le même exemple de courage et d'élévation d'âme [1].

L'émotion fut profonde dans le monde entier.

Juarez épargna la vie des autres prisonniers de Queretaro, déférés aux conseils de guerre. En mourant le premier, l'Empereur sauva sans doute bien des victimes.

---

[1] Les détails de cette exécution furent émouvants. Arrivé sur le Cerro de la Campana, l'Empereur prononça quelques paroles d'une voix claire et ferme. Il rappela que son seul désir avait été le bonheur du peuple mexicain, et finit sa courte harangue par ces mots : « Je vais mourir pour une cause juste : celle de l'indépendance et de la liberté du Mexique. Que mon sang termine les malheurs de ma nouvelle patrie. Vive le Mexique! »

Miramon prit ensuite la parole ; Mejia resta silencieux.

L'Empereur reçut, dit-on, cinq balles dans le ventre et la poitrine. Il fut renversé, mais il respirait encore. Deux soldats tirèrent à bout portant ; les deux coups ratèrent. On fit tirer un troisième soldat ; la balle pénétra dans le côté droit et enflamma ses vêtements. Son domestique lui jeta un peu d'eau ; enfin une dernière balle finit ses souffrances.

Quelques mois après, les restes de l'empereur Maximilien furent rendus à l'amiral Tegethoff et ramenés en Autriche.

1867.

Capitulation de Mexico (24 juin).

Après la prise de Queretaro, l'armée de siége de Mexico avait reçu des renforts considérables ; la position de Marquez devint de plus en plus difficile. Pendant longtemps, il réussit à intercepter les nouvelles de l'extérieur ; toutefois, il n'osa pas s'opposer au départ des avocats et des représentants diplomatiques demandés par l'Empereur, mais il n'en laissa pas connaître la véritable raison. Le 15 juin, il fit publier que le général Ramirez Arellano, arrivant de Queretaro, annonçait que l'Empereur avait fait lever le siége et s'avançait au secours de la capitale.

En signe de réjouissance, on sonna les cloches et les musiques des régiments parcoururent la ville.

Le général Ramirez Arellano, échappé de Queretaro, était en effet à Mexico depuis quelques jours, mais Marquez l'avait fait emprisonner, mettre au secret, et lui avait rendu la liberté seulement à la condition qu'il se prêterait au rôle qui lui serait imposé. Marquez se proposait sans doute de donner le change à la population, afin de se ménager plus facilement les moyens de disparaître. C'est ce qu'il fit en effet le 19 juin, laissant tout le poids de cette situation extrême au général Tavera.

Ce même jour, arriva une dépêche de M. Lago, agissant comme ministre d'Autriche, et intimant l'ordre formel au commandant des corps autrichiens de s'abstenir de toute hostilité. Ces troupes se réunirent alors au palais, et hissèrent le drapeau parlementaire. Un corps français formé de déserteurs, d'isolés, de retardataires, déclara aussi se retirer de la lutte.

La capitulation fut signée dans la nuit du 20 au 21 juin. Le lendemain, les troupes libérales commandées par Porfirio Diaz occupèrent la ville.

Tous ceux qui avaient rempli quelque fonction sous

le gouvernement impérial durent se présenter à la préfecture. Plusieurs personnages préférèrent se cacher, le général Vidaurri entre autres, mais il fut découvert le 8 juillet et immédiatement fusillé ; le général O'Horan, ayant été déféré à un conseil de guerre, subit le même sort. Marquez ne fut pas découvert ; il se sauva et put quitter le Mexique.

La place de Vera-Cruz, où commandaient le général Taboada et le général Herran (gendre du général Almonte), résista encore quelque temps ; enfin, le 28 juin, elle fut occupée, après convention, par les troupes républicaines d'Alejandro Garcia et de Benavides. Les autorités et toutes les personnes compromises s'étaient embarquées la veille sur des navires étrangers.

Santa-Anna s'était présenté devant Vera-Cruz, le 3 juin, et l'on disait que, d'accord avec Marquez, il voulait relever le drapeau conservateur ; les autorités refusèrent de le recevoir ; comme il continuait ses intrigues, les capitaines des stationnaires anglais et américain le firent arrêter et le forcèrent à s'éloigner. Il se rendit alors au Yucatan, dans l'espoir d'y trouver des partisans, mais il y fut également arrêté et emprisonné par les autorités républicaines.

Le 15 juillet, Juarez rétablit à Mexico le siége de son gouvernement ; tout le pays reconnaissait alors son autorité, même la Sierra Gorda dont la soumission inespérée fut négociée par le général Olvera, l'ancien ami et compagnon d'armes de Mejia.

La plupart des soldats d'origine française et autrichienne purent rentrer en Europe. Les résidents français furent placés sous la protection des agents diplomatiques des Etats-Unis. M. Dano, ministre de France, quitta Mexico le 8 août, emmenant avec lui un convoi de deux cents Français, hommes, femmes et enfants, qui demandaient à être rapatriés.

Les pouvoirs présidentiels de Juarez furent confirmés par un vote général. Le pays sanctionnait ainsi, indirectement, les condamnations à mort prononcées à Queretaro.

L'empereur Maximilien ne fut pas victime d'une première explosion de vengeance du parti libéral. Sa mort, froidement résolue, était une menace terrible jetée par Juarez et les hommes de son parti à ceux qui, dans l'avenir, seraient tentés de relever un trône au Mexique.

APPENDICE

APPENDICE

I.

AFFAIRE JECKER

Le 29 octobre 1859, Miramon, alors président de la république, avait décrété une émission de 15 millions de piastres (75 millions de francs), en bons destinés à amortir les anciens titres de la dette publique, en général discrédités et sans valeur. La conversion devait avoir lieu moyennant une soulte en argent de 25 ou 28 p. %, selon les cas, et les nouveaux bons devaient être admis dans la proportion de un cinquième en paiement de toutes les contributions (1). Ils portaient un intérêt de 6 p. %, dont la moitié était garantie pendant cinq ans par la maison Jecker, chargée de l'émission.

Pour couvrir cette maison de la portion d'intérêt qu'elle garantissait, c'est-à-dire de 3 p. % pendant cinq ans ou de 15 p. %, il lui était fait abandon sur les primes de conversion de 10 p. % de couverture et de 5 p. % de commission. Il restait ainsi au gouvernement 10 à 13 p. %, selon que la conversion était faite avec une soulte de 25 à 28 p. % ; la maison Jecker avait le reste. Cette opération lui permettait en outre de se débarrasser des anciens bons qu'elle possédait et de spéculer sur le paiement de l'intérêt des bons nouveaux, puisqu'elle touchait 15 p. % au moment de la conversion, tandis que ses propres paiements au taux de 3 p. % étaient répartis sur une période de cinq années.

---

(1) Par exemple, on donnait un ancien bon d'une valeur nominale de 100 piastres, qui valait alors en réalité 10 à 12 piastres, et 25 piastres en argent; en échange, on recevait un bon nouveau de 100 piastres portant intérêt à 6 %, et accepté comme argent comptant pour 1/5e de toutes les contributions.

Le commerce devait aussi bénéficier de cette opération ; les bons qu'on pouvait se procurer à 33 ou 35 p. % de leur valeur nominale, étant acceptés au pair pour le paiement de 1/5 des droits de toute nature, il en résultait, sur les douanes, un dégrèvement notable dont les légations étrangères furent officiellement informées [1].

La maison Jecker convertit pour une somme de 14,378,700 piastres d'anciens bons qui, pour la plupart, étaient dans ses caisses.

Sur la soulte de 25 p. %, la part du gouvernement étant de 10 p. %, la maison Jecker devait payer environ 1,400,000 piastres, et annuler pour 14 millions d'anciens papiers, dont la valeur réelle n'était que de 1/10 de leur valeur nominale. En échange, elle recevait 14 millions de piastres en papier au pair, tandis qu'elle avait seulement déboursé 2,800,000 piastres ; cependant, cette opération ne procura au gouvernement de Miramon que la moitié de la somme qui devait lui revenir ; le reste fut appliqué au remboursement d'avances déjà faites ou au paiement de fournitures militaires.

Au mois de mai 1860, lorsque fut déclarée la faillite de la maison Jecker, elle avait encore dans ses caisses la presque totalité des bons, c'est-à-dire . . . . 13.678.249 36 piastres.
Elle avait vendu. 700.450 64
14.378.700 piastres [2].

Quelque temps après, lorsque Juarez eut renversé Miramon, un de ses premiers actes fut de déclarer nul et sans valeur le contrat Jecker, conclu, disait-il, avec une autorité rebelle. Jecker prétendait, de son côté, et non sans quelque apparence de droit, qu'il n'avait pas eu à apprécier la légitimité du gouvernement de Miramon, alors reconnu par toutes les légations étrangères ; il demanda l'appui de la légation française, pour faire établir la validité de son contrat. C'était au mois de janvier 1861 ; vers cette époque, une pétition ayant le même objet était présentée au gouvernement français ; cependant Jecker était Suisse et ne fut naturalisé Français que le 26 mars 1862.

On pouvait considérer cette affaire à un double point de vue : celui des intérêts particuliers de la maison Jecker, devenus ceux d'un grand nombre de Français et de sociétés de bienfaisance, compromis par sa faillite, et celui des intérêts généraux du commerce qui, par les dispositions du contrat Jecker, bénéficiait d'un dégrèvement de douanes assez important.

M. Jecker avait trouvé à Paris de puissants appuis. Plusieurs journaux de la presse officieuse furent invités à lui prêter leur concours. Le duc de

---

[1] Par exemple : pour 500 piastres de droits, on payait 400 piastres argent et 100 piastres en papiers, qu'on pouvait se procurer pour 33 ou 35 piastres; le dégrèvement était donc de 65 piastres pour 500 piastres, c'est-à-dire d'environ 1/13.

[2] Ces chiffres ont été donnés par M. Corta, député au Corps législatif, envoyé en 1864 en mission au Mexique, pour régler les questions financières.

Morny, lui-même, s'intéressait à sa cause, et des instructions furent données à M. de Saligny pour qu'il poursuivît cette affaire [1].

Les énergiques représentations du ministre de France décidèrent le gouvernement de Juarez à reconnaître la légalité des bons Jecker[2]; « M. de Saligny menaçait le gouvernement mexicain d'une ruine certaine, si les propositions de M. Jecker n'étaient pas acceptées, » et il écrivait au ministre des affaires étrangères que « se sachant protégé par la France, M. Jecker sentait qu'il pouvait tout oser. »

M. de Saligny évaluait alors à 75 millions de francs la réclamation de Jecker contre le gouvernement mexicain. Plus tard, il proposa d'en réduire le chiffre à 50 millions, amortissables au moyen d'un prélèvement de 15 p. % sur les douanes ; or, les recettes du port de Vera-Cruz, le plus important de la république, étaient déjà grevées de :

27 p. % pour les bons dits de Londres.
24 — pour la convention anglaise.
10 — pour arrérages de la convention.
10 — pour la créance de la mine de Guanajuata.
8 — pour la convention française.

Total : 79 p. %.

La quotité disponible n'était donc que de 21 p. %. Si l'on en déduisait encore 15 p. % et qu'on abaissât les tarifs, il ne restait pour ainsi dire rien au gouvernement mexicain.

En 1864, lorsque M. Corta fut envoyé au Mexique pour examiner la situation financière du pays, il s'occupa du règlement de la créance Jecker ; il était d'avis d'en réduire le chiffre à 29 millions de francs, et conseillait, pour amortir cette dette, de prélever un cinquième sur les douanes dont on relèverait les tarifs, diminués de moitié par l'intervention française. M. Ramirez, ministre des affaires étrangères, s'opposa formellement à cette combinaison ; enfin, après de nouveaux pourparlers auxquels le ministre de France lui-même prit la part la plus active, cette question fut définitivement réglée le 10 avril 1865. Le capital de chaque bon Jecker dut subir une réduction de 60 p. %, sans produire aucun intérêt, et une somme d'un million de piastres dut être réservée chaque année pour leur amortissement par voie de rachat aux enchères publiques. M. Bonnefons, inspecteur des finances en mission au Mexique, à qui cette affaire avait été spécialement recommandée, annonça cette solution au ministre des finances à Paris :

« Je considère cette solution comme un triomphe pour la politique de la France. Reste à savoir si le gouvernement mexicain pourra remplir ses engagements avec les ressources bornées dont il dispose, en présence

---

[1] Dépêche du mois de mars, arrivée en avril 1864.
[2] Dépêche de M. de Saligny au ministre des affaires étrangères, mai 1864. (Ces deux dépêches n'ont pas été publiées dans le recueil des documents diplomatiques.) Note de M. Zarco à M. de Saligny, 2 mars 1864. Pétition adressée au ministre de France à Mexico, 22 juillet 1863.

d'un déficit qui ne peut être inférieur à cinquante millions de francs, sans compter cette nouvelle charge qui pèsera sur ses finances.

« J'ai dit à V. Exc. que j'avais dû m'occuper de la créance Jecker, pour me conformer à la volonté de l'Empereur, aux désirs de M. de Montholon, aux instances de nos nationaux. J'ai constamment marché d'accord avec M. le ministre de France, qui tenait à vider cette question avant son départ pour Washington; je savais d'ailleurs que notre gouvernement attachait le plus grand prix à ce que la réclamation Jecker ne fût pas comprise avec celle de nos nationaux, à ce qu'elle fût traitée comme une affaire mexicaine[1]...,» et en effet cette scandaleuse affaire recevait une solution satisfaisante avant toute autre réclamation des indemnitaires français.

Ses droits ainsi reconnus, Jecker, qui ne comptait sans doute pas sur l'avenir, s'efforça de les liquider le plus promptement possible. Profitant du départ de M. Bonnefons, que sa santé obligeait à rentrer en France, il conclut avec l'empereur Maximilien, à l'insu des agents français, une convention par laquelle il cédait au gouvernement mexicain l'hacienda de Michiapan, s'engageait à compléter le réseau télégraphique dans l'intérieur du pays, et hypothéquait, en garantie de ces engagements, des forges dont il évaluait la valeur à 400,000 fr. Il consentait en outre à une réduction nouvelle sur le chiffre de sa créance et, en échange, il obtenait, pour ce qui lui restait dû, des traites sur les fonds disponibles de l'emprunt à Paris [2]. Le gouvernement français ne connut cet arrangement que lorsque les deux premières traites de 12,660,000 fr. furent présentées à la commission des finances mexicaines à Paris. Il en témoigna un vif mécontentement et signifia que les autres traites ne seraient pas payées et qu'à l'avenir le trésor français devait être seul à recevoir des traites sur les fonds de l'emprunt.

La conclusion du dernier contrat de Jecker donna lieu « à des insinuations graves contre la probité du ministre des finances mexicain » qui l'avait signé [3]. Malgré toutes ses réclamations, et bien que l'empereur Maximilien eût été peiné de voir en quelque sorte protester sa signature, M. Jecker n'obtint plus rien.

M. Langlais, conseiller d'Etat, homme fort estimé pour ses capacités financières, était arrivé à Mexico pour remplacer M. Bonnefons. La rigidité de son caractère et son inébranlable droiture firent échouer les tentatives

---

[1] M. Bonnefons à M. Fould, ministre des finances, 10 avril 1865.

[2] Contrat signé par l'empereur Maximilien le 23 août 1865, acte notarié 25 août. L'hacienda de Michiapan, située à 12 lieues de Cuernavaca, a environ 12 mille hectares (145,077,248 vares carrées).

[3] Jecker avait déjà reçu.................... 1,543,770 fr.
On devait lui remettre :
Le 15 octobre 1865, en traites sur Paris............ 7,660,000
Le 15 décembre,   id..................... 5,000,000
Le 31 décembre, en argent ou en traites............ 10,000,000
                                           24,203,770 fr.

(M. de Maintenant, inspecteur des finances, au ministre des finances, 22 sept. 1865.)

que Jecker renouvelait sans cesse auprès du gouvernement mexicain pour en obtenir de l'argent.

M. de Morny était mort le 10 mars 1865; Jecker avait ainsi perdu son plus puissant appui.

Deux ans après le retour des troupes du Mexique, M. Jecker faisait encore des démarches auprès du gouvernement français. On lit dans une lettre qu'il adressait à M. Conti, chef du cabinet de l'Empereur, le 8 décembre 1869 :

...« Vous ignorez sans doute que j'avais pour associé dans cette affaire M. le duc de Morny, qui s'était engagé, moyennant 30 p. % des bénéfices de cette affaire, à la faire respecter et payer par le gouvernement mexicain, comme elle avait été faite dès le principe.... En janvier 1861, on est venu me trouver pour traiter cette affaire... Aussitôt que cet arrangement fut conclu, je fus parfaitement soutenu par le gouvernement français et sa légation au Mexique. Celle-ci avait même assuré à mes créanciers, au nom de la France, qu'ils seraient entièrement payés, et avait passé des notes très-fortes au gouvernement mexicain sur l'accomplissement de mon contrat avec lui, au point que l'ultimatum de 1862 exigeait l'exécution pure et simple des décrets... L'affaire en resta là jusqu'à l'occupation du Mexique par les Français. Sous l'empire de Maximilien, et aux instances du gouvernement français, on s'occupa de nouveau du règlement de mon affaire. En avril 1865, je parvins, aidé des agents français, à faire une transaction avec le gouvernement mexicain. A la même époque, M. le duc de Morny vint à mourir, de sorte que la protection éclatante que le gouvernement m'avait accordée cessa complétement...»

La lettre se termine par une menace de publier tous les documents relatifs à l'intervention de M. de Morny dans l'affaire des bons, dans le cas où l'Empereur ne consentirait pas à favoriser la liquidation de la transaction conclue entre la maison Jecker et le gouvernement de l'empereur Maximilien. Il lui restait dû, comme on l'a vu plus haut, dix millions de francs, les agents français s'étant opposés à ce qu'il lui fût délivré des traites pour ce reliquat [1].

Une partie de la correspondance adressée d'Europe à M. Jecker, en 1862, fut interceptée par les Mexicains, et communiquée au gouvernement des Etats-Unis, qui en ordonna la publication dans le recueil officiel des documents présentés au Congrès. Plusieurs des renseignements qui précèdent ont été extraits de cette correspondance. La lettre suivante, entre autres, donne d'intéressants détails :

New intercepted correspondence with Jecker (published with the authority of the department of Foreign relations).

Paris, october 27, 1862.

Dear uncle : My predictions were correct in reference to the choice of the

---

[1] M. Jecker a été fusillé comme ôtage par les insurgés de la Commune de Paris, en 1871.

chargé d'affaires of M. M. When I wrote my opinions to you and the details which I had been able to collect from M. C... in reference to M. L..., Almonte's aid and M. de Saligny's ambassador to His Majesty in July last, M. M... would have most anxiously desired that my studies had been finished, in order to intrust me personally with this mission with all the influence and all the recommendations possible ; but papa, frightened at the sad fate of his agents (the Marquis de P... is in his agony at this moment and when you receive this, will certainly have ceased to exist), would not have consented but with the greatest difficulty, especially in consequence of the malady with which I am yet convalescent ; moreover, I am distrustful of my experience and of my aptitude for so delicate a mission. To be brief, an intermediary course was adopted, as the necessity for an envoy was apparent, especially in October or November, the time of the entrance of the French into Mexico, when I should be at sea, M. de M... resolved to intrust provisional power to M. L..., reserving to himself the right of annulling his authority and transferring it to me if he did not attain his object. This M. L... has, to a certain extent, been made acquainted with my ideas. He does not know M. de M... ; but the duke has very warmly recommended him, saying that he was one who had thoroughly understood the mission of M. P..., and who was qualified to accomplish it, while he contented himself with the advantages which were proposed to be granted, if influence and confidence were accorded to him. I will tell you, in one word, who this personage is. The confidence and the powers granted to him by M. de M... and which is his credentials and his means of making himself known to you ; but he is a rascal, an intriguer, and so be careful how you act with him. He is an adventurer, who barked with hunger when he was recommended to M. de M... I copy below the letter to which I refer ; he has nothing else from M. M... ; he knows no other secrets than those contained in the letter itself, which in nowise compromise us ; and if he tries to persuade you of the contrary, all that he may say beyond this will be merely what his natural sagacity may have enabled him to penetrate, without any possibility on his part of showing his proofs. Do not permit yourself to be swayed by him. I have here the letter which M. M... has transmitted to me, with the request that I would transcribe it for you. It has been written under the dictation of the duke and corrected by him.

« Sir: Your letter dated at Vera-Cruz, August 30, has reached me and I hasten to reply to it. Filled with sentiments of benevolence towards you and me, my friend and protector has thought that we might be mutually useful to each other, and he has spoken of our affairs in Mexico, which he knows only very superficially. Here is in what they consist : Having had intercourse for a considerable time with M. Jecker, whom the unfortunate affairs of Mexico and the hostility of some rival houses have brought into discredit, I find myself his creditor for quite considerable sums : I have, therefore, an interest in aiding him to rise, and I am so much the more interested as I believe him to be a very able and a very honorable man ; as also because many French houses and nearly all our countrymen in Mexico are, like myself, his creditors ; in fine, because he is the victim of an arbitrary, injust and plundering system of government.

I have undertaken in concert with M. Elsesser, brother-in-law of M. Jecker who has come from Switzerland to Paris for this purpose, to defend his interests by informing the government and the public as to the validity of his claims especially in that concerning the negociation of the bonds, known under the name of the *Jecker bonds* the cause, in great measure of his failure, and which may likewise prove a reason for the re-establishement of his house and the restoration of his affairs. Public opinion had totally gone astray in regard to this affair. M. Elsesser has published a memorial which I enclose to you, and which sets the affair in a new light. Hereafter, our diplomatic agents should sustain it.

For your part, Sir, you can serve this cause, which is that of an honorable house odiously persecuted, in the like manner as is French and foreign commerce.

It would be suitable in this case that you should put yourself in communication with M. Jecker, with much secrecy and discretion, whenever it may be necessary; in regard to which this letter will be sufficient to accredit you and to bring you to such an understanding as to cause you to work together, as well in reference to our minister in Mexico as to our general.

If the issue crowns your efforts, we can do no less than leave to the benevolent and trusty friend who has produced our intercourse, the duty of fixing the remuneration which is in justice due to you.

Receive, etc.

M. de C... whom his suspicion already designated to L... as his successor, regarded him with evil eye and spoke to him with coldness. He told me that L... departed from Mexico under very unfavorable auspices of the French army, and left there only most odious reminiscences. Whatever there be of exageration in these words should be attributed to the wounded susceptibility of M. de C... In 1849 and 1850 in the time of the republic, L... was one of the editors of the *Corsaire*, a petty bonapartist paper which every day appeared with a profusion of truisms and challenges to the republicans. Sometimes he had to support his pen with the sword, and he did it with courage. He is brave, intriguing, unscrupulous. In one word, he has all the qualities of a chevalier d'industrie. He is a double-edged sword that may be used with profit, but which must be handled very prudently. M. de M. T... would start at the idea of seeing the doubloons that he might have in his chest in the hands of such a gentleman. Therefore it is that he authorizes me to entreat you to deliver nothing to him personally and to send to M. Hodgson or us whatever you may have to transmit in future.

I presume you have received my last of the 15th of October. I should regret very much if you had not, for it contained important matters. I acknowledge the receipt of all which you have sent to me. The manner in which you address them to us is so secure that I avail myself of it for the present letter, the tenor of which is of too serious a nature to be instrusted, without protection, to the fidelity of the Mexican mails. I told you in my last that I had a conversation with M. Hodgson and I mentioned to you the pleasure and confidence which were excited in him by my assurances that the house was under a high protection.

I congratulate myself on having made to him spontaneously this act of half confidence; because in the last visit which he made to me, M. F..., secretary of M. de M. T... came in, charged with a commission from him to me. After I had presented him to M. Hodgson, he spoke to me very lightly of my approaching presentation to my lord the duke, and other things of a formal nature calculated to dispel the suspicions of M. Hodgson, if he had any remaining ; but which fully confirmed the little story which I had already related to him.

The evening of the departure of M. Hodgson, the *Moniteur* announced the appointment of M. Drouyn de Lhuys to the department of foreign affairs in place of M. Thouvenel ; and he manifested much agitation to this, and came to me to see me immediately, in order to know the degree of intimacy that might exist between our protectors and M. Drouyn de Lhuys ; because, said he to me, he is unfortunately on intimate terms with Lord John Russel, who represented England in the congress of Vienna, and who showed himself very pliant of reference to some points of secondary interest, in order to prove to M. Drouyn de Lhuys the French ambassador in the same congress, the spirit of conciliation with which he was animated. I could not satisfy him at the moment, because those gentlemen are temporarily absent, but I promised to write to him as soon as he should return to London. I took advantage of this opportunity to address to him, some days afterwards, a letter with an amplification of papa's defence, and of your memorial on the real interests of commerce in the negociation of bonds, requesting him to have them translated into English, and to seek an opportunity to present them to Lord John Russel, in order to destroy his odious suspicions in regard to our affair ; also to represent to him that the interests of English commerce were likewise involved in it, and that his house was very much interested in its happy solution. In order to give more authority to my words and more latitude to my counsels, I pretended that they had been inspired into me by M. de G... in our common interest. « M. Drouyn de Lhuys, said I to them, has not yet formed any opinion in regard to the bonds, but M. de G..., who is a very intimate friend of his and the Baron d'André, his chief secretary, will probably be called in a short time to the Minister's house in order to give him some explanations. No one is more suitable than he his to do so, and he will use all his influence in the furtherance of our interests.

« The entrance of M. Drouyn de Lhuys into the cabinet is a very favorable omen for the triumph of conservative ideas. It is a reaction against liberal ideas. Let us hope that the new Minister will not diverge from his general course of policy in this affair only of the bonds. But you know very well, gentlemen, it will be much more easy to form the opinion of M. Drouyn if it be not already fixed, to turn it to our favour, if, perchance, it should be unfavorable, when now he is not yet beset by powerful solicitations, by hostile insinuations. In order to effect this, it is necessary to combat calumny in its very source, to make an effort to enlighten John Russel. In view of an English interest he will hesitate. The bitterness which he has manifested in persecuting us will, perhaps, be somewhat diminished, and that will be an immense victory ; it will be to destroy hostility — hostility personified by the English minister ! ! — After John Russel — public opinion — it would, in fact, be very useful to publish some articles in the *Times*, in concurrence with our articles in Paris, when the time comes. »

These gentlemen replied to me immediately, telling me that they hastened to do what I wrote to them, and that they had been translated as soon as my letter had been received. They manifest much zeal and great confidence. I hope that their zeal will be still further quickened by the letter which I address to them with this. I tell them that we have achieved a great triumph during these few days past, but I do it in discret terms, because it is good to acquaint them with the results in order to give them confidence and to incite them to assist in the restoration of the house; but it is useless to divulgue the means of them. As their only objection against the prosperous issue of the efforts which they are going to make is, that the affair of the bonds is a private interest, I insinuate to them that it depends on them to make it one of public interest and to attain a double object at the same time; to secure its favorable settlement by changing the English policy in reference to it, in consideration of the interest that they and other English houses may take in it, and to realize great profits, since as you say, it is an affair of two millions five hundred thousand dollars of duties to be collected at Vera-Cruz, with the entrance of merchandises in its port. I think that a letter from you of a commercial and argumentative character would make a great impression on these gentlemen now that the ground is prepared.

Perhaps the result which we have obtained is the most decisive stroke of policy that has been achieved since these gentlemen have taken up the question of the bonds. Under date of August 15 or 28, M. de Saligny has addressed from Orizaba to M. de P... a very important letter...... He says, likewise, that he has suffered so many calumnies on account of the affair of the bonds, that he will no longer be able to act so directly as heretofore ; that it will be necessary to send out there some safe and skilful person to watch for the ripening of the fruit. After some incidental words against N..., he concludes by saying that formal instructions are being sent to him in order to place him in a condition to act and to regulate his position properly. M. de M. T... gave it to me in order to attend to it as far as concerned the house and Noël, and in order to present the affair as a French interest in concurrence with English interests, an interest misrepresented by the disloyal course of Wyke, who, in order to increase the security of the English creditors, whose interests were assured by the same pledges as the bonds, was not afraid to reject this affair, notwithstanding its justice and to make himself the official interpreter of all the calumnies of Juarez and his associates, etc.

I applied myself as best I could to the performance of this task, including the greatest number of ideas in the fewest possible words, in order that it might not be supposed that in expatiating at length on this affair, M. de Saligny gave it any other importance than that of indignation at seeing a dishonest infamy on the part of Wyke thus gained, and the efforts of French diplomacy frustrated in an affair so just. I strove, moreover, to preserve in the style its tone of military bruskness and manly indignation. The letter appeared very good to those gentlemen, and M. de M. T... hesitated whether he should give it the name of an extract, or of a copy, or should make it pass as an original, when there arrived by the last post a second letter from M. de Saligny, dated at Orizaba, September 15, and no less important than the former one. Both were put together, and on the following day my Lord Duke presented it to His Majesty, who read it with much interest. His confidence in M. de Saligny already excessive was still more augmented. « M...y, said he to the duke, it is necessary that all these difficulties in M. de Saligny's position should cease ; I will make my arrangements in regard to it ;. . . . . »

I shall be presented to-morrow at midday (October 30) to M. de M...y ; he has desired to see me ; I do not know whether it is to judge whether I am fit for some future mission. If my letter had not been despatched to-day, in order that MMrs Hodgson and C° might have time to put it in their packet, I would wait until to-morrow to tell you of it in the letter which I will address to N. after to-morrow (October 30) ; but as it is necessary to be prudent, I shall designate His Majesty as n° 1, M. de M...y as n° 2, M. de M. T... as n° 3. . . . .

The creditors are well disposed. As soon as papa arrives within two or three days, we are going to present a petition entreating His Majesty to extend his protection to the house in the name of French interests. This petition, signed with the names of your creditors, will be presented directly by n° 2 to n° 1 ; judge of its importance ! ! G... is somewhat slow and timorous ; he has an excessive dread of compromising himself if he is urged to exertion. M... has acknowledged to me that he shared half the profits of the bonds. I have told him in reply that he had some interest in the house ; he has promised me to tell it to him as if it came from the count de P..., and to urge him on, because he can be very useful to us on account of his intimacy with Drouyn. I think that instructions will be sent to M. de Saligny. M... desires to serve you with His Majesty in respect to your lands in Sonora. He has collected all the details that I have been able to give to him...

.....Adieu, my dear uncle. Assuring you of all my heart's love, I remain your most affectionate nephew,

Luis Elsesser.

A true copy : Washington, March 31, 1863.
Romero (1).

(1) Traduit du français.

II.

CONVENTION DE LONDRES.
(Page 32.)

Sa Majesté l'Empereur des Français, Sa Majesté la Reine d'Espagne et Sa Majesté la Reine de la Grande-Bretagne et d'Irlande, se trouvant placées, par la conduite arbitraire et vexatoire des autorités de la République du Mexique, dans la nécessité d'exiger de ces autorités une protection plus efficace pour les personnes et les propriétés de leurs sujets, ainsi que l'exécution des obligations contractées envers Elles par la République du Mexique, se sont entendues pour conclure entre elles une convention dans le but de combiner leur action commune, et, à cet effet, ont nommé pour leurs plénipotentiaires, savoir :

Sa Majesté l'Empereur des Français, Son Excellence le comte de Flahault de la Billarderie, sénateur, général de division, grand-croix de l'ordre impérial de la Légion d'honneur, son ambassadeur extraordinaire auprès de Sa Majesté la Reine de la Grande-Bretagne et d'Irlande;

Sa Majesté la Reine d'Espagne, Son Excellence don Xavier de Isturiz y Montero, chevalier de l'ordre insigne de la Toison d'or, grand-croix de l'ordre royal de Charles III, grand-croix de l'ordre impérial de la Légion d'honneur, sénateur du royaume, son envoyé extraordinaire et ministre plénipotentiaire à la cour de Sa Majesté la Reine du royaume-uni de la Grande-Bretagne et d'Irlande;

Sa Majesté la Reine de la Grande-Bretagne et d'Irlande, le très-honorable Jean comte Russel, vicomte Amberley de Amberley et Artsalla, pair du royaume-uni, conseiller de Sa Majesté en son conseil privé, principal secrétaire d'Etat de Sa Majesté pour les affaires étrangères,

Lesquels, après avoir échangé leurs pouvoirs, sont tombés d'accord pour arrêter les articles suivants :

ART. 1ᵉʳ. Sa Majesté l'Empereur des Français, Sa Majesté la Reine d'Espagne et Sa Majesté la Reine de la Grande-Bretagne et d'Irlande s'engagent à arrêter, aussitôt après la signature de la présente convention, les dispositions nécessaires pour envoyer sur les côtes du Mexique des forces de terre et de mer combinées, dont l'effectif sera déterminé par un échange ultérieur de communications entre leurs gouvernements, mais dont l'ensemble devra être suffisant pour pouvoir saisir et occuper les différentes forteresses et positions militaires du littoral mexicain.

Les commandants des forces alliées seront, en outre, autorisés à accomplir les autres opérations qui seraient jugées, sur les lieux, les plus propres à réaliser le but spécifié dans le préambule de la présente convention, et notamment à assurer la sécurité des résidents étrangers.

Toutes les mesures dont il s'agit dans cet article, seront prises au nom et pour le compte des Hautes Parties contractantes, sans acception de la nationalité des forces employées à les exécuter.

Art. 2. Les Hautes Parties contractantes s'engagent à ne rechercher pour elles-mêmes, dans l'emploi des mesures coercitives prévues par la présente convention, aucune acquisition de territoire, ni aucun avantage particulier, et à n'exercer, dans les affaires intérieures du Mexique, aucune influence de nature à porter atteinte au droit de la nation mexicaine de choisir et de constituer librement la forme de son gouvernement.

Art. 3. Une commission composée de trois commissaires, un nommé par chacune des Puissances contractantes, sera établie avec plein pouvoir de statuer sur toutes les questions que pourraient soulever l'emploi et la distribution des sommes d'argent qui seront recouvrées au Mexique, en ayant égard aux droits respectifs des parties contractantes.

Art. 4. Les Hautes Parties contractantes désirant, en outre, que les mesures qu'elles ont l'intention d'adopter n'aient pas un caractère exclusif, et sachant que le gouvernement des Etats-Unis a, de son côté, des réclamations à faire valoir, comme elles, contre la République mexicaine, conviennent qu'aussitôt après la signature de la présente convention, il en sera communiqué une copie au gouvernement des Etats-Unis; que ce gouvernement sera invité à y accéder, et qu'en prévision de cette accession, leurs ministres respectifs à Washington seront immédiatement munis de leurs pleins pouvoirs, à l'effet de conclure et de signer collectivement ou séparément, avec le plénipotentiaire désigné par le président des Etats-Unis, une convention identique, sauf suppression du présent article, à celles qu'elles signent à la date de ce jour. Mais, comme les Hautes Parties contractantes s'exposeraient, en apportant quelque retard à la mise à exécution des articles 1 et 2 de la présente Convention, à manquer le but qu'elles désiraient atteindre, Elles sont tombées d'accord de ne pas différer, en vue d'obtenir l'accession du gouvernement des Etats-Unis, le commencement des opérations susmentionnées au delà de l'époque à laquelle leurs forces combinées pourront être réunies dans les parages de Vera-Cruz.

Art. 5. La présente convention sera ratifiée, et les ratifications en seront échangées à Londres dans le délai de quinze jours.

En foi de quoi, les plénipotentiaires respectifs l'ont signée et y ont apposé le sceau de leurs armes.

Fait à Londres, en triple original, le trente et unième jour du mois d'octobre de l'an de grâce mil huit cent soixante et un.

Flahault.
Xavier de Isturiz.
Russell.

III.

LISTE DE GRIEFS

ADRESSÉS AU GOUVERNEMENT FRANÇAIS PAR M. DE SALIGNY.

(Page 34.)

L. G..., tailleur à Mexico, blessé d'un coup de poignard devant la porte de sa maison. — Le 20 janvier.

F. B..., cordonnier, assailli à sept heures du soir par six individus, reçut un coup de poignard, puis fut volé de son argent et d'une partie de ses vêtements. — Le 21 janvier.

L. M..., assassiné à Puebla, dans la rue; la police le ramassa baigné dans son sang, refusa de le faire porter à son logement, sous prétexte que la loi l'exigeait ainsi; on le traîna en prison, puis à l'hôpital, où il fut retenu de force à la disposition des autorités judiciaires. Lorsqu'il sortit, il trouva la chambre de l'auberge où il avait déposé ses bagages entièrement dévalisée; la porte ayant été fracturée, l'hôtelier accusa la police et réciproquement.

A. C... et A. B..., maltraités et emprisonnés à Minatitlan.

P. M..., hôtelier à Rio Frio et à Palmar, enlevé de son domicile et pillé deux fois consécutives en janvier et en avril.

P. L..., assassiné au Pinal, près de Puebla.

L. M. B..., propriétaire rural dans l'État de Durango, assassiné et tué sur place, près de Durango, le 3 avril.

A. M..., conducteur de chariots; enlevé plusieurs fois en avril et juillet, toujours maltraité et mis à rançon.

Mme E. M..., se rendant en France, assassinée près de Cordova, le 12 mars, décédée après quarante jours de souffrances.

L. E..., régisseur, enlevé le 18 avril de son hacienda de Tautitlan, mis à rançon après deux jours de tortures.

P. L..., assassiné à 18 lieues de Mexico; tué sur place.

A. F. D..., maître meunier, assassiné le 18 mai, dans le moulin de Batan, à 3 lieues de Mexico. Les assassins, qui furent reconnus *même par les chiens du moulin*, appartiennent à trois bourgades voisines, y jouissent tranquillement des fruits de leurs forfaits.

La mort de D... a dû leur rapporter 5 à 6,000 piastres.

B. J...., contre-maître du moulin de Batan, blessé grièvement par les assassins de D..., qui l'ont laissé sans connaissance jusqu'au 19 mai.

Le jeune A..., enlevé de l'hacienda de son père, dans l'Etat de Puebla; mis à rançon après quelques jours de torture morale : fin de mai.

L. G..., enlevé à une demi-lieue de Mexico; relâché, après un jour de détention, sans rançon. 26-27 juin.

J. L. T..., dépouillé et battu par les soldats à un quart de lieue de Cuernavaca, sur la grand'route.

B. D..., de Temascaltepec, enlevé, emprisonné, maltraité, et torturé de toutes façons.

J. B. D..., assassiné à Otumbilla, 8 lieues de Mexico. Les assassins sont connus; rien ne serait plus facile que de les arrêter.

P. D..., de Temascaltepec, enlevé le 28 juillet et relâché après trois jours de souffrances.

H. H..., de Temascaltepec, a eu sa maison pillée de fond en comble.

J. B..., attaqué, frappé et blessé par quatre soldats, dans la rue Zuleta, à Mexico.

P. D..., colporteur, assassiné sur la grand'route, à 2 lieues de Cuernavaca.

A. D..., attaqué et blessé dans la rue San Francisco, à Mexico.

IV.

ORGANISATION DU CORPS EXPÉDITIONNAIRE

COMMANDÉ PAR LE CONTRE-AMIRAL JURIEN DE LA GRAVIÈRE.

(Page 53.)

Chef d'état-major : M. le capitaine de frégate Thomasset.

(M. Capitan, capitaine d'état-major, avait été attaché comme aide de camp militaire à la personne de l'amiral Jurien de la Gravière; il secondait le chef d'état-major en ce qui concernait le service des troupes de terre.)

Commandant du génie : le capitaine du génie Lebescond de Coatpont.
Commandant du parc d'artillerie et du convoi, faisant fonctions de grand-prévôt : le capitaine de frégate Lagé
Chef des services administratifs : le commissaire adjoint Duval.

Régiment d'infanterie de marine : colonel Hennique.
Un bataillon du 2ᵉ zouaves : commandant Cousin.
Un bataillon de marins-fusiliers : capitaine de frégate Allègre.
Un peloton de chasseurs d'Afrique : sous-lieutenant Paploré.
Une batterie d'artillerie de marine de 4 rayé : capitaine Mallat.
Une batterie d'obusiers de montagne, servie par les marins : lieutenant de vaisseau Bruat.
Une section de 12 rayés, servie par les marins. (Cette section fut dissoute, son organisation n'ayant pu être complétée.)
Un détachement de sapeurs du génie.
    Id.   du train d'artillerie.
    Id.   du train des équipages.
    Id.   d'ouvriers d'administration.
    Id.   d'infirmiers.
Un détachement de gendarmerie : capitaine de Chavannes de Chastel.

V.

TRANSPORT DES TROUPES
DE FRANCE AU MEXIQUE.

V. — TRANSPORT DES TROUPES DE FRANCE AU MEXIQUE.

NOM DU BATIMENT.	ÉQUI-PAGES.	TROUPES TRANSPORTÉES.	EFFECTIF. Hommes.	EFFECTIF. Chevaux.	PORT DE DÉPART.	DATE du départ.	DATE de l'arrivée à Vera-Cruz	OBSERVATIONS.
\multicolumn{9}{c}{PREMIER DÉPART. — Novembre 1861. — (Contre-amiral JURIEN DE LA GRAVIÈRE.)}							
Masséna, vaisseau armé en guerre	hommes 800	Un bat. du 2e zouaves, un pelot. du 2e chass. d'Afr.	525		Toulon puis Oran.	12 nov.	7 janv.	Portant le pavillon du contre-amiral Jurien de la Gravière.
Ardente, frégate id.	800				Brest.	id.	id.	
Guerrière, frégate id.	600	Infanterie de marine.	1,280		Brest. Lorient.	id. id.	id. id.	
Astrée, frégate id.	600				Brest.	14 id.	14 id.	
Montezuma, frégate id.	450	Artillerie de marine.	204	250	Lorient.	29 id.	29 id.	
Meuse, transport.	160		374		Toulon.	12 id.	13 id.	
Aube, id.	250	Divers.	20		Toulon.	6 déc.	16 fév.	
Sèvre, id.	120	Détachement du génie.						
Bertholet, aviso armé en guerre	400				Brest.	9 nov.	13 janv.	
Chaptal, id.	220				Toulon.	12 id.	4 id.	
Marceau, id.	120				Cherbourg.	14 id.	4 id.	
			2,400	250				
\multicolumn{9}{c}{DEUXIÈME DÉPART. — Janvier, février 1862. — (Général DE LORENCEZ).}							
Forfait, aviso	250	Général DE LORENCEZ. — État-major.	14	3	Cherbourg	28 janv.	5 mars.	
Turenne, vaisseau	600	40 comp. du 99e de ligne. — Train.	1,139	20	Cherbourg.	2 fév.	24 id.	(1) Le Fontenoy, ayant eu des avaries, fut obligé de relâcher à Cadix. Le Cacique, le Labrador, et le Tanger allèrent prendre son chargement.
Darien, frégate	450	id.	523	5	Cherbourg.	Id.	23 id.	
Amazone, transport.	250	Divers, 1 bat. d'artill., troupes d'administration.	373	166	Toulon puis Oran.	16 janv.	23 id.	
Finistère, id.	250	4 escadron de chasseurs d'Afrique, train.	250	380	Toulon puis Oran.	27 id.	(1)	
Fontenoy, vaisseau.	450	2e zouaves, infirmiers.	1,268	30	Toulon.	30 id.	16 id.	
Canada, frégate	450	1er bat. de chasseurs	1,244	9	Toulon.	8 fév.	12 id.	
Asmodée, id.	450	6e comp. du génie, train.			Toulon.	9 id.	17 avril.	
Cacique, id.	450				Toulon.	7 id.	6 id.	
Labrador, id.	450				Toulon.	Id.	17 id.	
Tanger, corvette à roues.	300				Alger.			
			4,744	613				
\multicolumn{9}{c}{TROISIÈME DÉPART. — Mars, avril 1862. — Général DOUAY.}							
Seine, transport	450	Général DOUAY et divers détachements	344	120	Toulon puis Oran.	24 mars.	15 mai.	
Iphygénie, frég. à voiles.	275	Marins.	120		Brest.	24 avril.	19 juin.	
Abondance, transport à voiles.	44	Matériel.			id.	24 id.	20 id.	
			434	120				
\multicolumn{9}{c}{QUATRIÈME DÉPART. — Juin, juillet 1862. — Général FOREY.}							
Eylau, vaisseau.	480	1er zouaves, ambulance, administration	922	400	Toulon puis Alger.	27 juin.	23 août.	Avant-garde sous les ordres du colonel Brincourt.
Impérial, id.	480	Id.	922	400	id.	id.	id.	
Finistère, transport.	200	Chasseurs d'Afrique, train.	244	380	id.	28 juill.	24 sept.	
Turenne, vaisseau.	450	Général FOREY, chasseurs à pied, train.	927	76	Cherbourg	26 id.	id.	
Yonne, transport.	465	5e hussards, ouvriers du génie.	322	450	id.	26 id.	id.	
Chaptal, id.	123	5e compagnie d'ouvriers, train, gendarmes.	57	40	Toulon.	28 juin.		
Forfait, aviso	136	Divers.	25	4				
Normandie, frégate cuirassée	570	Portant le pavillon du vice-amiral JURIEN DE LA GRAVIÈRE				24 id.	4 sept.	
Moselle, transport.	48	Matériel.				14 id.	29 août.	
			3,446	820				
\multicolumn{9}{c}{CINQUIÈME DÉPART. — Août 1862. — 1er convoi.}							
Tilsitt, vaisseau	427	Général de LAUMIÈRE, 13e comp. du 3e rég. du génie, 7e bat. de chasseurs.	1,004	29	Cherbourg	23 août.	15 oct.	
Ville-de-Lyon, vaisseau.	480	51e de ligne.	1,026	28	id.	id.	id.	
Ville-de-Bordeaux, id.	480	Général NEIGRE, 54e de ligne.	1,083	48	id.	id.	id.	
Ardèche, transport.	200	2 escadrons du 12e chasseurs	354	354	Toulon.	24 août.	16 oct.	
Saint-Louis, vaisseau.	427	Général BAZAINE, 95e de ligne.	955	32	id.	id.	id.	
Navarin, id.	465	Général de CASTAGNY, 95e de ligne	1,046	25	id.	id.	id.	
Eure, transport.	200	1re batt. du 11e rég. d'artillerie, train d'artillerie.	359	365	Cherbourg	28 août.		
			5,824	848				

NOM DU BATIMENT.	ÉQUI-PAGES.	TROUPES TRANSPORTÉES.	EFFECTIF. hommes.	EFFECTIF. chevaux.	PORT DE DÉPART.	DATE du départ.	DATE de l'arrivée à Vera-Cruz.	OBSERVATIONS.
		CINQUIÈME DÉPART. — 2e convoi.						
Duquesne, vaisseau.	427	62e de ligne.	1,058	11	Cherbourg	28 août.	15 oct.	
Tourville, id.	427	Général de Bertier, 62e de ligne.	1,404	25	id.	id.	id.	
Cérès, transport.	200	95e de ligne, 3e zouaves.	1,447	48	Toulon puis Alger.	id.	28 id.	
Souverain, vaisseau.	555	84e de ligne, 2e zouaves.	1,661	25	Toulon puis Oran.	id.	29 id.	
Mayenne, transport.	117	2e chasseurs d'Afrique.	455	140	id.	id.	30 id.	
			5,125	249				
		CINQUIÈME DÉPART. — 3e convoi.						
Fontenoy, vaisseau.	427	Tirailleurs, 1er chasseurs d'Afrique.	825	88	Toulon puis Alger.	3 sept.	28 oct.	
Ulm, id.	465	99e de ligne, dét. de chass., génie, 4e esc. du train	725	86	Cherbourg	4 id.	id.	
Ariège, transport.	120	8e batt. de fusées du 1er d'artill., train d'artill.	247	136	Toulon puis Alger.	3 id.	id.	
Allier, id.	200	1re batt. du 7e d'art., train des équip. de la garde.	399	374	Cherbourg	4 id.	24 id.	
Breslau, vaisseau.	427	18e bat. de chasseurs, 1/2 comp. de pontonniers.	924	48	id.	id.	28 id.	
Jura, transport.	200	1re batt. du 3e d'artill., train d'artill., train des équipages de la garde, 4e escadron du train.	404	362	id.	id.	24 id.	
			3,524	1,064				
		CINQUIÈME DÉPART. — 4e convoi.						
Darien, frégate à roues.	159	1er zouaves, batt. du rég. monté d'art. de la garde.	320	68	Cherbourg	7 sept.	31 oct.	
Montezuma, id.	159	Dét. du 99e, artillerie de la garde, train	289	83	id.	11 id.	id.	
Orénoque, id.	159	Dét. du 1er bat. de chass. à pied, 1re batt. du 13e d'artill., train.	280	84	id.	11 id.	id.	
Palikari, navire frété.	»	Dét. du 99e, train.	282	102	id.	11 id.	4 id.	
Gomer, frégate à roues.	159	Train, ouvriers d'admin., infirmiers.	286	89	Toulon, puis Alger et Oran.	5 id.	4 nov.	
Vauban, id.	177	1er zouaves, 1er chasseurs d'Afrique, 1re comp. d'armuriers, infirmiers.	324	106	Toulon puis Alger.	5 id.	5 id.	
Albatros, id.	159	1er zouaves, artillerie de la garde.	305	82	Cherbourg	7 id.	7 id.	
			2,086	614				
		CINQUIÈME DÉPART. — 5e convoi.						
Wagram, vaisseau.	465	3e zouaves.	1,046	30	Brest.	11 sept.	2 nov.	
Dryade, transport.	200	84e de ligne, 3e escadron du train.	1,059	40	Cherbourg	11 id.	id.	
Aube, id.	200	3e chasseurs d'Afrique.	375	355	Toulon puis Alger.	3 id.	id.	
Sibylle, frégate à voiles.	254	Artillerie et infanterie de marine.	424	6	Cherbourg	16 id.	9 déc.	
Una, navire du commerce affrété.	»	Matériel.	»	»	id.	»	»	
Ossian, id.	»		»	»	id.	»	»	Partie d'Alexandrie le 1er janvier 1863.
Seine, transport.	»	Bataillon égyptien.	450	»	Toulon puis Alexandrie.	23 déc.	23 fév.	
			3,354	431				
		SIXIÈME DÉPART.						
Turenne, vaisseau.	465	7e de ligne et divers détachements.	993	15	Cherbourg	6 fév.	28 mars.	
Jean-Bart, id.	427	Id. Id.	799	»	id.	13 id.	30 id.	
Tilsitt, id.	427	Isolés des 1er et 20e bataillons de chasseurs, des 51e, 62e, 84e et 95e de ligne.	1,105	16	id.	11 id.	28 id.	
Rhône, transport.	200	Isolés du 99e de ligne, du 5e hussards	396	120	id.	8 id.	30 id.	
Eure, id.	200	12e chasseurs, train et artillerie.	402	234	id.	6 id.	30 id.	
Saint-Louis, vaisseau.	427	Dét. du 1er zouaves, régiment étranger.	1,040	»	Toulon puis Oran.	2 id.	26 id.	
Wagram, id.	465				id.	id.	id.	
Finistère, transport.	200	Isolés.	293	3	Toulon puis Alger et Oran.	id.	id.	
			6,326	388				
		DÉPARTS ISOLÉS.						
Cérès, transport.	200	Isolés du 3e zouaves.	460	»	Toulon	25 mars.	11 mai.	
Panama, frégate.	159	Personnel des finances.	20	»	Cherbourg	23 avril.	?	
Entreprenante, frégate.	200	Artillerie et isolés.	404	150	id.	24 mai.	?	
Aube, transport.	200	Isolés.	448	240	Toulon	25 juin	?	
Charente, id.	55	Isolés.	»	»	id.	25 id.	?	
			1,302	360				

En résumé : 60 bâtiments, montés par 17,751 hommes d'équipage ont fait 76 voyages. — 14 en ont fait 2 ; 4 en ont fait trois ; 3 navires à vapeur du commerce ont été frétés pour concourir au transport ; en outre, les paquebots de la correspondance mensuelle prenaient à bord un certain nombre d'isolés.

RÉCAPITULATION

(Du 12 novembre au 25 juin 1863.)

DATE DES DÉPARTS.		TROUPES TRANSPORTÉES.		TONNES D'ENCOMBREMENT DE MATÉRIEL transporté.	TONNES DE CHARBON consommées.
		HOMMES.	ANIMAUX.		
1er départ, — novembre 1861	Amiral JURIEN	2,400	250	2,248	14,544
2e départ, — février 1862	Général DE LORENCEZ	4,744	643	3,402	18,331
3e départ, — mars, avril 1862	Général DOUAY	431	120	1,086	440
		3,446	820	2,829	14,894
4e départ, — juin, juillet 1862	Général FOREY	5,824	848	3,484	10,788
5e départ, — août, septembre 1862	1er convoi	5,425	219	4,306	7,658
	2e convoi	3,524	1,064	2,853	7,975
	3e convoi	2,086	614	1,927	14,247
	4e convoi	3,354	434	3,238	7,573
	5e convoi				
6e départ, — février 1863		6,326	388	2,610	9,972
Départs isolés		4,302	360	1,558	6,545
		38,493	5,724	25,948	109,964

VI.

COMPOSITION DU CORPS EXPÉDITIONNAIRE

Sous les ordres du général FOREY,

D'après la situation du 1ᵉʳ décembre 1862.

(Page 303.)

Commandant en chef : le général de division FOREY.
Chef d'état-major général : le colonel d'état-major D'AUVERGNE.
Commandant l'artillerie : le général de brigade VERNHET DE LAUMIÈRE.
Chef d'état-major de l'artillerie : le chef d'escadron DE LAJAILLE.
Commandant le génie : le colonel VIALLA.
Chef d'état-major du génie : le chef de bataillon CORBIN.
Chef des services administratifs : l'intendant militaire WOLF.

PREMIÈRE DIVISION D'INFANTERIE.

Le général de division BAZAINE.
Chef d'état-major : le lieutenant-colonel LACROIX.

1ʳᵉ brigade :
Général baron NEIGRE.
- 18ᵉ bataillon de chasseurs : commandant LAMY.
- 1ᵉʳ régiment de zouaves : colonel BRINCOURT.
- 81ᵉ de ligne : colonel DE LA CANORGUE.

2ᵉ brigade :
Général DE CASTAGNY.
- 20ᵉ bat. de chass. : commandant LEPAGE DE LONGCHAMPS.
- 95ᵉ régiment de ligne : colonel JOLIVET.
- 3ᵉ zouaves : colonel MANGIN.
- Tirailleurs algériens : commandant COTTRET.

DEUXIÈME DIVISION D'INFANTERIE.

Le général de brigade DOUAY, commandant provisoirement la division.
Chef d'état-major : le chef d'escadron CAPITAN, faisant fonctions.

1ʳᵉ brigade :
Colonel L'HÉRILLER,
commandant provisoirement.
- 1ᵉʳ bataillon de chasseurs : X...
- 99ᵉ de ligne : colonel L'HÉRILLER.
- 2ᵉ régiment de zouaves : colonel GAMBIER.

2ᵉ brigade :
Général DE BERTHIER.
{ 7ᵉ bataillon de chasseurs : commandant D'ALBICI.
51ᵉ régiment de ligne : colonel GARNIER.
62ᵉ régiment de ligne : colonel baron AYMARD.

BRIGADE DE CAVALERIE.

Général de brigade DE MIRANDOL.
1ᵉʳ régiment de marche : colonel DE BRÉMOND D'ARS.
2ᵉ régiment de marche : colonel DU BARAIL.

TROUPES DE LA MARINE.

Bataillon de marins fusiliers : le capitaine de frégate BRUAT.
2ᵉ régiment d'infanterie de marine : le colonel HENNIQUE.

VII.

CONVENTION DE MIRAMAR

(10 AVRIL 1864).
(Page 361.)

Le gouvernement de S. M. l'Empereur des Français et celui de S. M. l'Empereur du Mexique, animés d'un désir égal d'assurer le rétablissement de l'ordre au Mexique et de consolider le nouvel Empire, ont résolu de régler par une convention les conditions du séjour des troupes françaises dans ce pays, et ont nommé pour leurs plénipotentiaires à cet effet, savoir :

Sa Majesté l'Empereur des Français, M. Charles-François-Edouard Herbet, ministre plénipotentiaire de 1re classe, conseiller d'Etat, directeur au ministère des affaires étrangères, grand officier de son ordre impérial de la Légion d'honneur, etc.

Et Sa Majesté l'Empereur du Mexique, M. Joaquin Velasquez de Leon, son ministre d'Etat sans portefeuille, grand officier de l'ordre distingué de Notre-Dame de Guadalupe, etc.

Lesquels, après s'être communiqué leurs pleins pouvoirs, trouvés en bonne et due forme, sont convenus des articles suivants :

ARTICLE 1er. Les troupes françaises qui se trouvent actuellement au Mexique seront réduites le plus tôt possible à un corps de 25,000 hommes, y compris la légion étrangère.

Ce corps, pour sauvegarder les intérêts qui ont motivé l'intervention, restera temporairement au Mexique dans les conditions réglées par les articles suivants :

ART. 2. Les troupes françaises évacueront le Mexique au fur et à mesure que S. M. l'Empereur du Mexique pourra organiser les troupes nécessaires pour les remplacer.

ART. 3. La légion étrangère au service de la France, composée de 8,000 hommes, demeurera néanmoins encore pendant six années au Mexique, après que toutes les autres forces françaises auront été rappelées conformément à l'article 2. A dater de ce moment, ladite légion passera au service et à la solde du gouvernement mexicain. Le gouvernement mexicain se réserve la faculté d'abréger la durée de l'emploi au Mexique de la légion étrangère.

Art. 4. Les points du territoire à occuper par les troupes françaises, ainsi que les expéditions militaires de ces troupes, s'il y a lieu, seront déterminés de commun accord et directement entre Sa Majesté l'Empereur du Mexique et le commandant en chef du corps français.

Art. 5. Sur tous les points où la garnison ne sera pas exclusivement composée de troupes mexicaines, le commandement militaire sera dévolu au commandant français.

En cas d'expéditions combinées de troupes françaises et mexicaines, le commandement supérieur de ces troupes appartiendra également au commandant français.

Art. 6. Les commandants français ne pourront intervenir dans aucune branche de l'administration mexicaine.

Art. 7. Tant que les besoins du corps d'armée français nécessiteront tous les deux mois un service de transports entre la France et le port de Vera-Cruz, les frais de ce service, fixés à la somme de 400,000 fr. par voyage (aller et retour) seront supportés par le gouvernement mexicain et payés à Mexico.

Art. 8. Les stations navales que la France entretient dans les Antilles et dans l'Océan Pacifique enverront souvent des navires montrer le drapeau français dans les ports du Mexique.

Art. 9. Les frais de l'expédition française au Mexique à rembourser par le gouvernement mexicain sont fixés à la somme de 270 millions pour tout le temps de la durée de cette expédition jusqu'au 1er juillet 1864. Cette somme sera productive d'intérêts à raison de 3 p. % par an.

A partir du 1er juillet, toutes les dépenses de l'armée mexicaine restent à la charge du Mexique.

Art. 10. L'indemnité à payer à la France par le gouvernement mexicain, pour dépense de solde, nourriture et entretien des troupes du corps d'armée à partir du 1er juillet 1864, demeure fixée à la somme de 1,000 fr. par homme et par an.

Art. 11. Le gouvernement mexicain remettra immédiatement au gouvernement français la somme de 66 millions en titres de l'emprunt au taux d'émission, savoir : 54 millions en déduction de la dette mentionnée dans l'article 9, et 12 millions comme à-compte sur les indemnités dues à des Français en vertu de l'article 14 de la présente convention.

Art. 12. Pour le paiement du surplus des frais de guerre et pour l'acquittement des charges mentionnés dans les articles 7, 10 et 14, le gouvernement mexicain s'engage à payer annuellement à la France la somme de 25 millions en numéraire. Cette somme sera imputée : 1° sur les sommes dues en vertu desdits articles 7 et 10 ; 2° sur le montant, en intérêts et principal, de la somme fixée dans l'article 9 ; 3° sur les indemnités qui resteront dues à des sujets français en vertu des articles 14 et suivants.

Art. 13. Le gouvernement mexicain versera, le dernier jour de chaque mois, à Mexico, entre les mains du payeur général de l'armée, ce qu'il devra pour couvrir les dépenses des troupes françaises restées au Mexique, conformément à l'article 10.

Art. 14. Le gouvernement mexicain s'engage à indemniser les sujets français des préjudices qu'ils ont indûment soufferts et qui ont motivé l'expédition.

Art. 15. Une commission mixte, composée de trois Français et de trois Mexicains, nommés par leurs gouvernements respectifs, se réunira à Mexico dans un délai de trois mois, pour examiner et régler ces réclamations.

Art. 16. Une commission de révision, composée de deux Français et de deux Mexicains, désignés de la même manière, siégeant à Paris, procédera à la liquidation définitive des réclamations déjà admises par la commission désignée dans l'article précédent et statuera sur celles dont la décision lui aurait été réservée.

Art. 17. Le gouvernement français remettra en liberté tous les prisonniers de guerre mexicains, dès que l'Empereur du Mexique sera entré dans ses Etats.

Art. 18. La présente convention sera ratifiée et les ratifications en seront échangées le plus tôt que faire se pourra.

Fait au château de Miramar, le 10 avril 1864.

Signé : Herbet.

Joaquin Velasquez de Leon.

On prétend que le gouvernement français avait demandé à l'empereur Maximilien de ratifier un traité relatif à la cession de la Sonora, conclu entre M. le marquis de Montholon, ministre de France à Mexico, et M. Arroyo, représentant la Régence de l'Empire mexicain ; l'empereur Maximilien aurait refusé ; cette circonstance fut rappelée dans la défense présentée par les avocats de l'Empereur devant la cour martiale de Queretaro.

VIII.

COMPOSITION ET RÉPARTITION
DE
L'ARMÉE FRANCO-MEXICAINE
AU MOIS DE JUIN 1864.
(Page 382.)

Au mois de juin 1864, l'armée franco-mexicaine était composée de la manière suivante :

Commandant en chef ; le général de division BAZAINE.
Chef de l'état-major général : le colonel d'état-major MANÈQUE [1].
Commandant de l'artillerie : le général de division COURTOIS D'HURBAL.
Chef d'état-major de l'artillerie : le lieutenant-colonel DE LAJAILLE.
Commandant du génie : le général de brigade VIALLA.
Chef d'état-major du génie : le colonel DOUTRELAINE.
Chef des services administratifs : l'intendant militaire WOLF.

PREMIÈRE DIVISION D'INFANTERIE.

Général DE CASTAGNY : quartier général à Queretaro.
Chef d'état-major : le lieutenant-colonel LEWAL.

1re *brigade*. — Colonel Bon AYMARD ; — à San Luis Potosi [2].

7e bataillon de chasseurs (commandant BRÉART) ; — à San Luis Potosi.
51e régiment de ligne (colonel GARNIER) ; — à Guanajuato, Silao, Leon, Irapuato, Salamanca.

---

[1] Le colonel Manèque avait remplacé le général d'Auvergne depuis le 28 février 1864 ; il quitta lui-même ses fonctions pour rentrer en France le 1er juillet 1864 et fut remplacé par le colonel Osmont.
[2] Le colonel Aymard remplace le général de Bertier, rentré en France. (Ordre du 26 mars 1864.)

62ᵉ régiment de ligne (colonel Bᵒⁿ AYMARD) ; — à San Luis Potosi.
Présents sous les armes : 4,755 hommes. — Effectif total : 5,250 hommes.

2ᵉ *brigade*. — Colonel du 3ᵉ zouaves MANGIN ; — à Queretaro.

20ᵉ bataillon de chasseurs (commandant DE FRANCHESSIN) ; — à Queretaro, San Luis de la Paz.
95ᵉ de ligne (colonel DE CAMAS) ; — à Queretaro, San Juan del Rio, Arroyo Zarco, Tepeji, Pachuca, San Luis de la Paz.
3ᵉ zouaves (lieutenant-colonel TOURRE) ; — à Mexico.

Présents sous les armes : 4,535 hommes. — Effectif total : 5,189 hommes.

Total de la 1ʳᵉ division sous les armes : 9,290 hommes.
Effectif total : 10,439 hommes.

DEUXIÈME DIVISION D'INFANTERIE.

Général DOUAY : Quartier général à Guadalajara.
Chef d'état-major : le colonel OSMONT.

1ʳᵉ *brigade*. — Général L'HÉRILLER ; — à Zacatecas.

1ᵉʳ bataillon de chasseurs (commandant DE COURCY) ; — à Zacatecas, Jerez.
2ᵉ régiment de zouaves (lieutenant-colonel MARTIN) ; — à Zacatecas, Malpaso, Salinas, Fresnillo.
99ᵉ de ligne (colonel DE SAINT-HILAIRE) ; — à Aguascalientes, Lagos, Incarnacion.

Présents sous les armes : 4,583 hommes. — Effectif total : 5,096 hommes.

2ᵉ *brigade*. — Général baron NEIGRE ; — à Guadalajara (provisoirement à Mexico).

18ᵉ bataillon de chasseurs (commandant BRINCOURT) ; — à Guadalajara.
1ᵉʳ régiment de zouaves (colonel CLINCHANT) ; — à Guadalajara et environs.
81ᵉ régiment de ligne (colonel DE POTIER) ; — à Guadalajara, Tepatitlan, San Juan de los Lagos, Tololotlan.
Bataillon de tirailleurs algériens (commandant MUNIER) ; — en route vers Acapulco.

Présents sous les armes : 4,689 hommes. — Effectif total : 5,080 hommes.

Total de la 2ᵉ division sous les armes : 9,272 hommes.
Effectif total : 10,176 hommes.

BRIGADE DE RÉSERVE.

Général DE MAUSSION ; — à Orizaba.

7ᵉ régiment de ligne (colonel GIRAUD ; — à Orizaba, Cordova, La Canada, Tehuacan, Rio Frio, Chapultepec, Mexico.

2ᵉ bataillon d'infanterie légère d'Afrique (commandant d'Ornano); — à Paso del Macho, Palo Verde, Camaron, Cotastla, Cordova.

Présents sous les armes : 2,783 hommes. — Effectif total : 2,919 hommes.

Régiment étranger, non embrigadé (colonel Jeanningros); — à Puebla, San Juan de los Llanos, Zacatlan, Tlaxcala, Tepeji de la Seda, Acatlan.

Présents sous les armes : 2,263 hommes — Effectif total : 2,682 hommes.

BRIGADE DE CAVALERIE.

Colonel DE Lascours [1]. — Quartier général à Mexico.

1ᵉʳ rég. de marche.
(1ᵉʳ et 3ᵉ chass. d'Afrique)
(colonel DE Lascours).
- 2 escadrons ; — à San Luis Potosi.
- 1 escadron ; — à Puebla.
- 2 escadrons ; — à Queretaro. Détachements aux contre-guérillas, partisans, remontes, etc.

2ᵉ rég. de marche
(2ᵉ chass. d'Afrique et)
5ᵉ hussards.
(colonel Petit).
- 4 escadrons ; — à Mexico et dans les cantonnements voisins. Détachements divers.

12ᵉ rég. de chasseurs
(colonel du Preuil).
- 3 escadrons ; — à Guadalajara et environs.
- 1 escadron ; — à Zacatecas.

Présents sous les armes : 2,206 hommes. — Effectif total : 2,449 hommes.

ARTILLERIE.

Répartie dans les différents postes.

Présents sous les armes : 2,534 hommes. — Effectif total : 2,709 hommes.

GÉNIE.

Présents sous les armes : 643 hommes. — Effectif total : 681 hommes.

TROUPES D'ADMINISTRATION ET SERVICES ADMINISTRATIFS.

	Sous les armes.	Effectif total.
Troupes du train.	1,811 hommes.	1,981 hommes.
Ouvriers d'administration.	468 —	469 —
Infirmiers.	540 —	540 —
Officiers de santé.	69 —	69 —
Officiers d'administration.	99 —	99 —
Aumôniers.	6 —	6 —
Total.	2,993 hommes.	3,164 hommes.

[1] Le général du Barail était rentré en France.

TROUPES DE LA MARINE.

Deux compagnies du génie colonial ; — à Vera-Cruz, La Soledad.

Présents sous les armes : 147 hommes. — Effectif total : 159 hommes.

Total des troupes françaises sous les armes : 32,302 hommes.
Effectif total : 35,553 hommes.

TROUPES MEXICAINES.

Division Marquez ; — Morelia et environs, Jalapa, Perote.	6,099 hommes.
Division Mejia ; — San Luis Potosi, Venado, Matchuala, etc.	5,270
Brigade Vicario ; — Cuernavacca, Eguala, etc.	1,876
Colonel Flon ; — Puebla, Tepeji.	236
Colonel Trujèque ; — Puebla, Acatlan, Atlixco.	419
Colonel Arguellez ; — Cordova, etc.	304
Général Galvez ; — Orizaba, etc.	291
Colonel Valdez ; — Toluca, etc.	871
Colonel Navarrete ; — Toluca, etc.	356
Colonel Cano ; — Pachuca.	99
Colonel Antonio Dominguez ; — Pachuca.	205
Colonel Figuerrero ; — Vera-Cruz.	153
Commandant Ribeira ; — San Martin ; — Texmelucan.	66
Commandant José de la Pena ; — Tula.	207
Commandant Murcia ; — La Soledad.	104
Bataillon d'invalides ; — Mexico.	272
Colonel Chavez ; — Aguascalientes.	625
Colonel Zermeno ; — Lagos.	318
Colonel Cuellar ; — Guadalajara.	329
Colonel Oct. Castellanos ; — Tepatitlan.	106
Colonel Renteria ; — Guadalajara.	582
Général Velarde ; — La Barca.	562
Colonel Santiago Castellanos ; — Guadalajara.	87
Colonel Dupin ; — contre-guérillas de Tampico et de Tamaulipas.	848
Total.	20,285 hommes.

IX.

NOTE SUR LA COLONISATION
(Page 504.)

Il ne suffisait pas d'appeler des colons, il fallait avoir encore des terres à leur distribuer. Or, bien qu'il existe au Mexique de grandes étendues de territoire incultes, le domaine public est fort restreint; toute terre a un maître dont les droits de propriété sont plus ou moins réguliers, mais dont il était difficile et peu opportun de reviser les titres [1]; il fallait donc obtenir des grands haceuderos qu'ils abandonnassent volontairement une partie de leur terrain et leur faire comprendre les avantages qu'ils en retireraient. Ces avantages, à leur point de vue tout personnel, étaient en définitive fort contestables.

Les terres qu'ils conserveraient obtiendraient, leur disait-on, une plus-value considérable par le voisinage de celles mises en culture, mais que leur importait après tout cette plus-value? les produits de leur hacienda n'en seraient pas augmentés, tandis qu'au contraire ils pourraient craindre que leurs nouveaux voisins plus actifs et plus industrieux ne provoquassent la désertion d'un grand nombre de leurs peones.

Une partie seulement de leurs vastes propriétés était cultivée; mais sur le reste vivaient en liberté de nombreux troupeaux, source considérable de richesses; pourquoi restreindre ces beaux domaines, origine de l'influence traditionnelle de leurs familles [2]? Aussi les efforts de l'Empereur et ceux des personnages des anciens Etats confédérés qui s'occupèrent de l'immigration au Mexique, vinrent se heurter contre leurs mauvaises dispositions.

[1] Après la conquête des Espagnols, l'Empire de Montezuma fut partagé en un certain nombre de lots ou *encomiendas*, donnés en toute propriété aux compagnons de Cortez. Ceux-ci divisèrent leurs terrains en *repartimientos* donnés à leurs lieutenants, aux soldats, et enfin aux chefs indiens, ou caciques ayant servi leur parti. Telle est l'origine des haciendas; et la plupart de leurs propriétaires ont ainsi les titres légaux. Quant aux terres possédées par les Indiens, elles proviennent soit de donation, soit d'acquisition.

[2] Parmi les plus belles haciendas du nord du Mexique, mais non encore des plus grandes, on peut citer l'hacienda de Custodio, près de San Luis Potosi, dont le territoire est de 542,586 hectares; celle de Soledad, qui possède 220 lieues carrées (352,000 hectares); celle de Peotillos, qui compte 74 lieues carrées, 10,000 chevaux, 20,000 moutons, 8,000 bœufs.

Un homme d'une grande importance et dont les travaux scientifiques avaient popularisé le nom dans les deux mondes, le commodore Maury, était venu à Mexico pour traiter cette question; si le programme qu'il proposait à l'Empereur avait pu être rempli, nul doute que la face du Mexique n'eût été changée en peu de temps; ce programme est résumé dans la lettre suivante, adressée par M. Maury, le 9 juin 1865, à l'amiral Chabannes, préfet maritime à Toulon, et communiquée à l'empereur Maximilien [1] :

« Notre cause est perdue; mes nobles et courageux compatriotes baissent la tête avec humiliation.

« Tous ceux qui le pourront s'expatrieront.

« Nous en avons assez avec les républiques; nous aimons plus le Mexique que toutes les autres contrées, à cause de sa proximité et par conséquent de la facilité d'y parvenir avec nos femmes et nos enfants.... ...Notre intention, si nous venons ici, est de nous identifier avec le pays, de faire ce que des sujets loyaux et dévoués doivent faire pour établir l'Empire, de nous dévouer à sa grandeur future, à sa gloire et à ses destinées, aussi complétement que nous l'avons fait avec notre propre patrie, qui maintenant est déchirée et foulée aux pieds de ses conquérants.

« Il y a dans la Virginie et le Sud environ deux cent mille familles dont les chefs sont des hommes d'une grande influence, très-intelligents, et de beaucoup de fortune;... sous leur administration et avec les travaux qu'ils commandaient, ils ont changé les déserts du Sud en jardins....

« Il est au pouvoir de l'empereur Maximilien de transporter ces familles avec leurs esclaves *affranchis*, de les convertir immédiatement en de loyaux sujets, et, par leur concours, établir fermement et subitement l'Empire. C'est pour cela que je suis ici...»

Il demandait pour favoriser l'immigration : la tolérance religieuse, la franchise de douanes pour le matériel agricole, l'exemption d'impôt et de service militaire pendant quelques années, une indemnité pour chaque nègre libre amené par les anciens propriétaires d'esclaves, afin de leur permettre de transporter le travailleur et sa famille, des concessions de terre, quelque avance d'argent aux familles ruinées ou au moins le concours de l'Etat, pour faciliter un emprunt spécialement affecté à l'exploitation des terrains mexicains. L'Empereur était favorablement disposé à l'égard des projets du commodore Maury.

---

[1] L'empereur Maximilien nomma M. Maury directeur d'un observatoire qui n'existait que de nom, afin de lui donner une haute position officielle, des appointements et lui permettre de couvrir, sous le voile de ces prétendues fonctions, les démarches secrètes que les projets d'émigration nécessitaient de sa part, soit au palais, soit près des ministres.

Plus tard, il fut naturalisé Mexicain et, par décret du 18 septembre, il reçut le titre de conseiller d'Etat honoraire, commissaire impérial chargé de la colonisation, avec la faculté de nommer des agents d'émigration dans les Etats du Sud des Etats-Unis; un autre Américain, le général Magruder, fut mis à la tête d'un *bureau central des terres* affectées à la colonisation. (Décret du 27 septembre 1865.)

On se procura quelques terres, afin de former des colonies agricoles à proximité du chemin de fer en voie de construction entre Vera-Cruz et Cordova, dans des régions propres à la culture du coton ; plusieurs familles américaines y furent installées, mais le mauvais vouloir des autorités mexicaines ne tarda pas à décourager les colons, tandis que les bandes libérales les inquiétaient sans cesse ; la plupart quittèrent bientôt le pays et le grand courant d'émigration, que l'on ne sut pas amener au Mexique, se dirigea vers le Brésil, où gouvernement et population rivalisaient d'efforts pour attirer les étrangers.

Un grand projet de colonisation dans la Sonora avait été formé par le Dr Gwin, ancien sénateur de l'Etat de Californie. Il avait été accueilli avec faveur par l'empereur Napoléon, mais il échoua autant par crainte des remontrances du gouvernement des Etats-Unis, que par suite des dispositions peu favorables du cabinet de Mexico. Les Mexicains voyaient avec une grande défiance l'installation de colons sous le patronage de la France. Déjà, au début de l'expédition, M. Jecker, qui possédait de grands territoires dans la Sonora, avait intéressé à cette question les personnes qui le protégeaient près de l'empereur Napoléon (voir la lettre de M. Elsesser, citée à l'appendice I) ; plus tard, une convention avait été signée entre M. le marquis de Montholon, ministre de France à Mexico, et M. Arroyo, ministre des affaires étrangères du gouvernement de la Régence. L'empereur Maximilien refusa, dit-on, à Miramar, de ratifier cette convention. Quoi qu'il en soit, tous les projets d'établissement en Sonora, sous le protectorat français, furent abandonnés.

Au moment même où cette importante question de colonisation était débattue au cabinet de l'Empereur, on s'occupait également d'un projet de loi fort libéral, fort humanitaire, sur le peonage et la condition des Indiens dans les haciendas.

Peonage. Réformes sur la condition des travailleurs

Nous avons déjà indiqué combien était dur le servage imposé à cette population si intéressante et si sympathique par sa soumission même. Les Indiens des villes et des villages sont en général fort pauvres ; il leur est difficile de s'élever jusqu'aux classes supérieures de la société d'où l'orgueil des créoles les repousse ; mais enfin, la plupart jouissent de leur liberté ; les Indiens des haciendas, ceux des hauts plateaux surtout, car dans les terres chaudes, le travail se faisant ordinairement à la tâche, la condition du travailleur peut dépendre de sa propre activité, sont, au contraire, de véritables serfs entièrement sous la dépendance d'un maître dont le caprice peut les punir des fers, de la prison ou du fouet ; ils sont astreints à un pénible labeur, et ne reçoivent qu'un minime salaire (ordinairement deux réaux (1 fr. 20) par jour), à peine suffisant pour leur nourriture ; les hacenderos les amènent à s'endetter sans espoir de libération [1]. D'autre part le clergé, en exigeant d'eux des sommes élevées,

---

[1] La condition des ouvriers *boulangers, charcutiers,* et *savonniers,* à Mexico même, était encore pire que celle des peones. Pour se procurer des ouvriers dans les

48

non-seulement pour les baptêmes, les mariages et les enterrements, mais encore à chacune des innombrables fêtes dont le calendrier mexicain est encombré, l'Indien est obligé d'emprunter l'argent que son travail ne saurait lui fournir ; l'hacendero ne refuse jamais ces prêts qui lui garantissent des travailleurs, et l'on dit avec raison que, plus il est dû à un propriétaire, plus il est riche.

Une odieuse loi, rendant le fils responsable des dettes du père, perpétue l'esclavage dans la famille.

Par décret du 10 avril 1865, l'Empereur avait institué une junte « *Protectrice des classes nécessiteuses*, » dont la mission toute philanthropique devait être de préparer les mesures propres à améliorer la condition des Indiens et à réformer ces abus, afin, disait l'Empereur, d'affranchir les sept millions d'Indiens opprimés par un million de blancs (1). L'empereur Maximilien se défiait avec raison du concours des ministres pour cette œuvre si importante, et le travail avait été préparé à leur insu ; ce fut l'Impératrice qui se chargea de faire passer le projet au conseil, pendant une absence de l'Empereur. Elle avait mis, au succès de cette entreprise, toute l'ardeur, toute l'énergie de son caractère ; elle réussit mieux qu'elle ne l'espérait.

« Je viens de remporter le triomphe sur toute la ligne, tous mes projets ont passé ; celui des Indiens, après avoir excité un frémissement au moment de la présentation, a été accepté avec une sorte d'enthousiasme. Il n'y a eu qu'un seul avis contraire. Forte de ce succès, je leur ai développé des théories sociales sur la cause des révolutions au Mexique, qui ont procédé des minorités turbulentes s'appuyant sur une grande masse inerte, sur la nécessité de rendre à l'humanité des millions d'hommes, quand on appelle de si loin la colonisation, et de faire cesser une plaie à laquelle l'indépendance n'avait porté qu'un remède inefficace, puisque, citoyens de fait, les Indiens étaient pourtant restés dans une abjection désastreuse.

« Tout cela a pris à mon grand étonnement, et je commence à croire que c'est un fait historique (2). »

---

boulangeries, on leur prête une somme que généralement ils doivent et qu'ils ne peuvent payer ; des parents vendent leurs enfants. Une fois vendu soit par lui, soit par les siens, l'ouvrier ne peut se suffire, bien que son salaire soit de 4 à 10 réaux par jour, parce qu'il lui est fait une retenue pour l'amortissement de sa dette, et que, de plus, tout le pain brûlé est mis à sa charge. Il emprunte de nouveau, et le patron l'encourage dans cette voie ; c'est ainsi qu'il devient esclave pour toute sa vie.

Les ouvriers sont parqués dans des chambres étroites et malsaines, au grand préjudice de la morale et de la santé. Ils ne sortent que le dimanche matin pour aller à la messe, et encore sont-ils escortés ; on ne leur permet de voir leurs familles qu'à travers une grille et en présence de témoins. La police intérieure est faite par un *majoral* ou *capataz*, qui châtie la moindre faute à coups de bâton. (Note du maréchal à l'Empereur.)

(1). Lettre de l'empereur Maximilien, 17 août 1865.
(2) Lettre de l'Impératrice, 31 août 1865.

M. Burnouf, ingénieur français, était venu au Mexique pour diriger de grandes ex-

NOTE SUR LA COLONISATION. 755

Le décret relatif à l'émancipation des Indiens, à la rédaction duquel le maréchal prit une part des plus honorables [1], parut le 1er novembre 1865 ; il abolit les châtiments corporels, limita les heures de travail, garantit le paiement du salaire, réduisit à six piastres au maximum le chiffre des prêts que les propriétaires étaient autorisés à faire à leurs Indiens, déchargea le fils des dettes de son père et détruisit les entraves

ploitations agricoles. Consulté par l'Empereur sur les améliorations proposées, il lui écrivait, le 19 août 1865 :

« Sire, j'ai entre les mains un projet de règlement émanant de la Junta de las clases menesterosas et relatif aux Indiens des haciendas. Ce projet me préoccupe beaucoup, et sans l'assentiment de V. M. je n'ose formuler un décret, qui est toute une révolution, mais une révolution utile, nécessaire et urgente. Pendant l'année entière que j'ai passé dans les haciendas, j'ai vu les Indiens de très-près, j'ai vécu de leur vie, et si j'ai pleuré sur leur sort, je me suis indigné contre la barbarie de leurs maîtres et les exactions de toutes sortes exercées par eux. J'ai vu des hommes nus frappés de verges jusqu'au sang, j'ai littéralement mis mon doigt dans les cicatrices ; j'ai nourri des familles mourant de faim et conduites au travail sous le fouet du majordome ; j'ai vu des hommes mourant d'épuisement, chargés de chaînes, se traînant au soleil pour achever leur vie sous l'œil de Dieu, puis jetés dans un trou, comme un chien mort ! Eh bien, tout cela n'est rien ! L'haciendado spécule encore sur la nourriture de ces pauvres gens et sur le haillon qui les couvre à demi. Il les oblige à acheter chez lui tous leurs aliments et à un prix supérieur à celui du marché de la ville ; il leur vend avec usure toutes les pauvres étoffes dont ils ont besoin, de sorte que, tout compte fait, l'Indien ne reçoit pas plus de un réal pour un travail de quatorze heures. Il faut donc que l'Indien s'endette de plus en plus ; en cela le maître est puissamment aidé par les prêtres, qui font, tous, payer à un prix exorbitant les formules de la religion et exploitent à outrance la crédulité superstitieuse de l'Indien.

« La liquidation de la semaine sainte se règle toujours en perte pour le peon, et sa condition va en s'empirant. Par ce système, on est arrivé à ce qu'il n'existe pas une famille indienne qui ne doive au moins cent piastres. — La dette générale des Indiens d'une hacienda est au minimum de 20,000 piastres..... »

Personne ne contestait ces terribles abus de la domination des hacenderos sur leurs malheureux peones, et cependant ceux-là mêmes qui faisaient le plus haut profession de libéralisme étaient opposés aux idées d'émancipation de l'Empereur. Le ministre de l'instruction publique, Siliceo, écrivit à l'Empereur, dès le 1er septembre, le lendemain même du conseil présidé par l'Impératrice, pour lui remontrer à quel danger on allait exposer le Mexique si l'on accomplissait la révolution sociale proposée. « Los indigenas se conservan quietos por solo su abatimiento social, pero por caracter y espiritu de raza tan luego como se les escite y se les den medios de ponerse frente à frente de los blancos veran llegado el momento de la insurreccion y de las venganzas y entonces : Desgraciado de Mexico ! »

Les indigènes ne se tiennent tranquilles que par suite de leur abaissement social, mais par caractère et esprit de race, aussitôt qu'on les excitera et qu'on leur donnera les moyens de se placer face à face des blancs, ils verront le moment venu de s'insurger et de se venger, et alors : Malheur au Mexique !

L'Empereur persista dans son projet.

[1] Comparer le décret au projet soumis au maréchal et aux modifications qu'il y propose (Lettre au ministre, 9 octobre).

que les hacenderos apportaient à la liberté de leurs peones. Néanmoins, ce décret n'eut pas la portée que l'Empereur avait espérée; les hacenderos refusaient d'employer les peones qui voulaient profiter de leur libération légale, et le malheureux Indien, pour vivre et faire vivre sa famille, reprit la servitude à laquelle une loi bienfaisante, mais inefficace ou incomplète, n'avait pu le soustraire.

On voit, par la résistance qu'apportaient les Mexicains eux-mêmes à la réalisation de ces deux grands projets de la colonisation étrangère et de la colonisation par la race autochthone, conséquence de l'émancipation des peones, combien il était difficile de réorganiser la société mexicaine.

X.

CONVENTION DU 30 JUILLET 1866.

(Page 602.)

Sa Majesté l'Empereur des Français et Sa Majesté l'Empereur du Mexique, animés du désir de régler, à leur satisfaction mutuelle, les questions financières pendantes entre leurs gouvernements, ont résolu de conclure une convention dans ce but et désigné pour leurs plénipotentiaires, savoir :

Sa Majesté l'Empereur des Français, M. Alphonse Dano, son envoyé extraordinaire et ministre plénipotentiaire à Mexico, commandeur de l'ordre impérial de la Légion d'honneur, grand-croix de l'ordre de Guadalupe, etc., etc., etc., agissant en vertu de ses pleins pouvoirs généraux;

Sa Majesté l'Empereur du Mexique, M. Luis de Arroyo, sous-secrétaire d'Etat, chargé du ministère des affaires étrangères, officier de l'ordre de la Guadalupe, etc., etc., etc., autorisé à cet effet ;

Lesquels sont convenus des articles suivants :

Article 1er. Le gouvernement mexicain accorde au gouvernement français une délégation de la moitié des recettes de toutes les douanes maritimes de l'Empire, provenant des droits ci-après mentionnés :

Droits principaux et spéciaux d'importation et d'exportation sur tous objets.

Droits additionnels « d'internacion » et de « contra-registro. »

Droits de « mejoras materiales » lorsque ce dernier sera libéré de la délégation actuellement consentie en faveur de la compagnie du chemin de fer de Vera-Cruz à Mexico, délégation qui ne pourra être prolongée.

Toutefois, les droits d'exportation des douanes du Pacifique étant engagés pour les trois quarts, la délégation attribuée au gouvernement français sur ces droits sera réduite aux 25 p. % restant libres.

Art. 2. Le produit de la délégation stipulée par l'article précédent sera attribué :

1° Au paiement des intérêts, de l'amortissement et de toutes les obligations résultant des deux emprunts contractés, en 1864 et 1865, par le gouvernement mexicain ;

2° Au paiement des intérêts à 3 p. % de la somme de 216 millions de francs, dont le gouvernement mexicain s'est reconnu redevable en vertu de la convention de Miramar, et de toutes les sommes postérieurement avancées par le Trésor français, à quelque titre que ce soit. Le montant de cette créance, évaluée aujourd'hui au chiffre approximatif de 250 millions de francs, sera ultérieurement fixé d'une manière définitive.

Dans le cas d'insuffisance du prélèvement pour l'entier acquittement des charges ci-dessus indiquées, les droits des porteurs des titres des deux emprunts et ceux du gouvernement français demeureront entièrement réservés.

Art. 3. Le prélèvement résultant de la délégation de la moitié du produit des douanes mexicaines s'élèvera proportionnellement à l'augmentation des recettes et, dans le cas où ce prélèvement dépasserait la somme nécessaire pour faire face aux charges spécifiées dans l'article, l'excédant serait affecté à l'amortissement du capital dû au gouvernement français.

Art. 4. La quotité des droits et le mode de perception actuellement en usage ne pourront recevoir de modifications qui aient pour effet de diminuer le prélèvement concédé.

Art. 5. Le prélèvement de la délégation mentionnée dans l'art. 1er sera opéré à Vera-Cruz et à Tampico, par des agents spéciaux placés sous la protection du drapeau de la France.

Tous les droits perçus dans ces deux douanes, pour le compte du Trésor mexicain, sans exception, seront affectés à l'acquittement de la délégation française, sous la seule réserve de la partie afférente aux délégations actuellement reconnues, et au traitement des employés de ces deux douanes. Le montant de cette dernière dépense, qui comprendra les émoluments attribués aux agents français, ne pourra excéder cinq pour cent du produit des droits précités.

Un règlement de compte trimestriel constatera le montant des prélèvements ainsi opérés par le gouvernement français, et le produit des droits délégués pour toutes les douanes de l'Empire.

Ce règlement fixera la somme à verser immédiatement par le gouvernement mexicain pour parfaire le prélèvement concédé, en cas d'insuffisance, ou la somme à lui restituer, de la même façon, en cas d'excédant de prélèvement.

Dans tous les ports autres que Vera-Cruz et Tampico, les agents consulaires français viseront les états de situation des douanes de leur résidence.

Art. 6. Il sera laissé à l'appréciation de l'Empereur Napoléon III de fixer le temps pendant lequel les agents chargés d'opérer les recouvrements seront maintenus à Vera-Cruz et à Tampico, ainsi que d'arrêter les mesures propres à assurer leur protection.

Art. 7. Les dispositions ci-dessus spécifiées seront soumises à l'approbation de l'Empereur des Français et applicables à partir du jour désigné par Sa Majesté.

La convention signée à Miramar, le 10 avril 1864, sera dès lors abrogée en tout ce qui a trait aux questions financières.

Art. 7. *Il demeure convenu que les agents spéciaux, chargés par le gouvernement français d'opérer le prélèvement de la délégation accordée par l'art. 1er, auront la direction des douanes des deux ports de Vera-Cruz et de Tampico.*

En foi de quoi, les plénipotentiaires respectifs ont signé la présente convention, qu'ils ont revêtue du cachet de leurs armes.

Fait en double expédition à Mexico, le trente juillet de l'an de grâce mil huit cent soixante-six.

Signé : Alph. Dano.
Luis de Arroyo.

RELEVÉ DES EMBARQUEMENTS

POUR LE RAPATRIEMENT DU CORPS EXPÉDITIONNAIRE.

DATES des DÉPARTS.	NOMS des NAVIRES.	OFFICIERS supérieurs.	OFFICIERS subalternes.	TROUPES.	CHEVAUX ET MULETS.	OBSERVATIONS.
18 déc. 1866.	La Floride (paquebot)	1	23	912	»	
13 janv. 1867.	Impératrice-Eugénie (paquebot).	8	35	731	»	
20 id.	Rhône (transport)	»	25	1,013	»	Belges.
14 février.	Nouveau-Monde (paquebot)	20	58	672	»	
17 id.	Yonne (transport)	4	32	635	»	
18 id.	Saône (id.)	3	30	570	»	
18 id.	Nièvre (id.)	5	43	972	»	
19 id.	Drôme (id.)	2	55	1,096	»	
19 id.	Pomone (frégate)	1	13	500	1	
21 id.	Allier (transport)	5	37	802	6	Autrichiens.
22 id.	Var (id.)	3	42	979	12	Autrichiens.
24 id.	Tampico (paquebot)	3	61	944	»	
25 id.	Ardèche (transport)	3	46	1,180	12	
26 id.	Calvados (frégate)	1	30	829	12	
27 id.	Aveyron (transport)	5	47	1,429	12	
27 id.	Tarn (id.)	5	42	1,149	62	
27 id.	Vera-Cruz (paquebot)	16	47	690	»	
28 id.	Masséna (vaisseau)	5	35	1,110	12	
28 id.	Cher (transport)	»	1	11	»	Matériel d'artillerie.
1er mars.	Eure (id.)	5	56	1,134	10	
2 id.	Garonne (id.)	2	24	487	»	
4 id.	Ville-de-Bordeaux (vaisseau)	10	45	1,029	»	
4 id.	Ville-de-Lyon (id.)	7	45	1,023	2	
6 id.	Fontenoy (id.)	6	47	1,148	»	
8 id.	Cérès (transport)	4	49	906	»	
8 id.	Mégère (aviso)	2	2	2	»	Pour la Nouv.-Orléans.
9 id.	Duchayla (aviso)	2	8	12	»	
9 id.	Charente (transport)	1	9	13	»	Matériel d'artillerie.
10 id.	Intrépide (vaisseau)	3	41	1,213	210	
11 id.	Bayard (id.)	2	43	942	»	
11 id.	Durance (transport)	»	6	6	»	Matériel.
12 id.	Souverain (vaisseau)	8	28	624	»	
12 id.	Aube (transport)	3	44	457	»	
12 id.	Castiglione (vaisseau)	2	28	943	»	
12 id.	Navarin (id.)	3	35	1,136	»	
12 id.	Seine (transport)	3	12	350	»	
12 id.	La Floride (paquebot)	9	32	194	»	
12 id.	La France (id.)	7	6	20	»	
	Magenta (vaisseau)	»	»	»	»	} Navires armés en guerre.
	Magnanime (vaisseau)	»	»	»	»	
	Flandre (frégate)	»	»	»	»	
	TOTAUX	169	1,264	27,260	351	
	TROUPES EMBARQUÉES			28,693		

Vera-Cruz, le 12 mars 1867.

XI.

DÉPENSES

OCCASIONNÉES PAR L'EXPÉDITION DU MEXIQUE.

D'après une note qui fut communiquée à la commission du budget, du Corps législatif, les dépenses occasionnées par l'expédition du Mexique se répartissent de la manière suivante :

	Ministère de la guerre.	Ministère de la marine.	Ministère des finances.	TOTAL.
1861. —	»	3,200,000 fr.	»	3,200,000 fr.
1862. —	27,119,000 fr.	35,902,000	379,000 fr.	63,400,000
1863. —	72,012,800	24,606,000	1,001,000	97,619,000
1864. —	51,732,000	15,667,000	1,675,000	69,074,000
1865. —	29,342,000	10,583,000	1,480,000	41,405,000
1866. —	41,792,000	13,798,000	9,567,000	65,147,000
1867. —	9,993,000	13,117,000	200,000	23,310,000
TOTAL.	231,990,000 fr.	116,873,000 fr.	14,202,000 fr.	363,155,000 fr.

Les recettes furent, pour l'année 1864 :

Un semestre du remboursement stipulé par la convention de Miramar..	12,500,000 fr.
Remboursement des frais de construction du chemin de fer.	1,500,000
Vente de 47,625 obligations de l'emprunt mexicain pour le compte de l'Etat.	14,287,000
(Il resta en portefeuille 5,232 obligations).	
Arrérages de l'emprunt mexicain.	5,400,000
A reporter.	33,687,000 fr.

                                      Report. . . . .   33,687,000 fr.
En 1865 :

Remboursement stipulé à Miramar.   25,000,000
Arrérages de l'emprunt.   2,700,000
                                            ——————
                                            27,700,000   27,700,000
En 1867 :

Perçu sur les douanes mexicaines.   5,880,000
                                                          ——————
                          TOTAL des recettes. . . . . . . 61,975,000 fr.

La différence entre les recettes et les dépenses s'élève à 301,190,000 fr., non compris une somme de 13 millions environ, portée au budget extraordinaire ; on évaluait en outre le matériel perdu à 2,250,000 fr., et les frais de rapatriement du corps expéditionnaire à 20 millions fr.

Pour avoir le bilan complet des sacrifices occasionnés par cette expédition, il conviendrait d'ajouter encore les pertes subies par le commerce français et par les souscripteurs des emprunts mexicains.

TABLE DES MATIÈRES

PREMIÈRE PARTIE.

CHAPITRE PREMIER.

Pages.

Préliminaires de l'expédition du Mexique. — Condition des Indiens après la conquête du Mexique et sous le régime colonial. — Émancipation du Mexique. — Iturbide proclame l'indépendance ; plan d'Iguala (24 février 1821). — Traité de Cordova (24 août 1821). — Iturbide empereur. — République mexicaine; les partis au Mexique. — Guerre civile. — Santa-Anna. — Comonfort; plan d'Ayotla (1ᵉʳ mars 1854). — Constitution de 1857. — D. Benito Juarez. — Plan de Tacubaya; Zuloaga. — Juarez établit le gouvernement constitutionnel à la Vera-Cruz. — Miramon. — Chute de Miramon ; le parti constitutionnel maître de Mexico. — Attitude des ministres étrangers pendant la guerre civile. — M. de Saligny nommé ministre de France à Mexico. — Suspension du paiement de la dette publique (17 juillet 1861). — RUPTURE DES MINISTRES DE FRANCE ET D'ANGLETERRE AVEC LE GOUVERNEMENT DE JUAREZ (25 juillet 1861). — Les étrangers au Mexique. — Premiers projets d'intervention. — CONVENTION DE LONDRES (31 octobre 1861). — Dispositions des Etats-Unis. 1

CHAPITRE II.

Commandement du contre-amiral Jurien de la Gravière. — Organisation des forces expéditionnaires. — Désignation des plénipotentiaires ; le général Prim. — Instructions données à l'amiral Jurien ; — aux commissaires anglais ; — au général Prim. — Formation du corps expéditionnaire français ; départ de l'escadre. — Réunion de l'escadre à Sainte-Croix-de-Ténériffe. — L'amiral complète l'organisation du corps expéditionnaire. — Arrivée de l'escadre à la Havane. — Première réunion des trois commandants des troupes alliées. — Les émigrés mexicains à la Havane. — Juarez se prépare à la résistance. — Débarquement des Espagnols à la Vera-Cruz. — Achat de chevaux à la Havane. — L'es-

L'escadre française quitte la Havane. — Effectif de la division espagnole. — Manifeste des plénipotentiaires à la nation mexicaine. — Description topographique sommaire. — Occupation de la Tejeria. — Occupation de Medelin. — Première conférence. — Ultimatum des plénipotentiaires français. — Deuxième conférence. — Envoi de délégués à Mexico. — Arrestation de Miramon.— Retour des délégués.— Réponse du gouvernement mexicain. — Deuxième note des commissaires alliés. — Loi du 25 janvier 1862. — Organisation du corps expéditionnaire. — Réponse de Doblado à la deuxième note. — Troisième note. — Le général Zaragosa remplace le général Uraga. — Convention de la Soledad (19 février 1862). — Organisation du convoi. — Départ des troupes françaises pour Tehuacan (25 février 1862). — Réorganisation des moyens de transport. — Situation de la Vera-Cruz et de l'escadre. . . . . . .) 39

CHAPITRE III.

Impressions des gouvernements anglais et français en apprenant le débarquement des Espagnols à Vera-Cruz. — Envoi au Mexique d'une brigade de renfort sous les ordres du général de Lorencez. — Le général Almonte. — Exécution du général Roblès. — Débarquement et mise en route des renforts. — Les troupes cantonnées à Tehuacan rétrogradent. — Instructions envoyées par les trois gouvernements à leurs commissaires, motivées sur les divergences qui s'étaient produites entre eux. — Jugement porté sur l'ultimatum proposé par M. de Saligny. — Conférence du 9 avril. — Rupture de l'alliance. — Echange de notes avec le gouvernement mexicain. — Proclamation des commissaires français à la nation mexicaine. — Décret de Juarez. — Dispositions des chefs du parti conservateur. — Plan de Cordova. — Départ des troupes anglaises et espagnoles. — Le général de Lorencez à Cordova. — Lettre du général Zaragosa relative aux malades laissés à Orizaba. — Le général de Lorencez se décide à marcher sur Orizaba. — Combat du Fortin (19 avril). — Proclamation du général de Lorencez. — Le Gouvernement français désapprouve la convention de la Soledad. — Rappel de l'amiral. — Jugement porté sur la convention de la Soledad par les gouvernements alliés. — Politique adoptée par les trois puissances à la suite de la rupture de l'alliance. 99

CHAPITRE IV.

Composition et situation du corps expéditionnaire. — Topographie du pays entre Orizaba et Puebla. — Combat des Cumbres (28 avril 1862). — Attaque de Puebla (5 mai). — Marche rétrograde de Puebla sur Orizaba. — Combat de la Barranca-Seca (18 mai). — Mésintelligence entre le général de Lorencez et M. de Saligny. — Le général de Lorencez rétablit ses communications avec Vera-Cruz. — Difficultés pour les approvisionnements de vivres. — Arrivée du général Douay. — Situation politique. — Siége d'Orizaba par l'armée mexicaine. —

TABLE DES MATIÈRES. 767

Combat du Cerro-Borrego (14 juin). — Mesures gouvernementales du général Almonte. — Marche des convois entre Orizaba et Vera-Cruz. — Arrivée d'un premier renfort. — Lettre de l'Empereur au général de Lorencez. — Départ du général de Lorencez.............. 153

CHAPITRE V.

Composition du corps expéditionnaire placé sous les ordres du général Forey. — Instructions donnés au général Forey. — Le général Forey dissout le gouvernement provisoire formé par le général Almonte. — Proclamation aux Mexicains. — Echange de lettres entre le général Ortega et le général Forey. — Pénurie des vivres et des transports. — Marche de la brigade de Berlier sur Jalapa. — Opérations au sud de Vera-Cruz. — Occupation d'Omealca. — Expédition sur Tampico. — Le corps expéditionnaire s'avance sur le plateau d'Anahuac. — Situation des forces alliées du général Marquez. — Marche du général Bazaine de Jalapa sur Perote. — Combat de San José (18 février 1863). — Organisation des postes sur la ligne de communication avec Vera-Cruz. — Arrivée à Vera-Cruz d'un bataillon d'Egyptiens. — Reprise des opérations contre Puebla. — Dispositions défensives prises par le gouvernement mexicain...................... 203

CHAPITRE VI.

Investissement de Puebla (16 mars 1863). — Fortifications de Puebla. — Combat de Cholula (22 mars). — Ouverture de la tranchée (23 mars). — Prise du fort de San Javier (29 mars). — Attaque des cadres. — Conseil de guerre (7 avril). — Combat d'Atlixco (14 avril). — Attaque du couvent de Santa Inès (25 avril). — On change le système des attaques. — Combat de San Pablo del Monte (5 mai). — Combat de San Lorenzo (8 mai). — Ouverture de la tranchée devant le fort Totimehuacan. — Reddition de la place (17 mai). — Evasion des prisonniers faits à Puebla................... 253

CHAPITRE VII.

Mesures politiques prises après la reddition de Puebla (mai 1863). — Marche de l'armée sur Mexico. — Pronunciamiento à Mexico. — Entrée du général Forey à Mexico (10 juin 1863). — Manifeste à la nation mexicaine. — Formation d'un gouvernement provisoire. — PROCLAMATION DE L'EMPIRE (10 juillet). — Opérations militaires. — Combat de Camaron (1er mai). — Opérations sur les côtes. — Situation politique du pays. — Rappel du général Forey et de M. de Saligny (octobre 1863)....................... 285

DEUXIÈME PARTIE.

CHAPITRE PREMIER.

Pages.

Le général Bazaine (octobre 1863). — Ligne politique tracée au général Bazaine. — Réception de la commission mexicaine par l'archiduc Maximilien. — Forces militaires dont disposait le général Bazaine. — Armée mexicaine alliée. — Préliminaires de la campagne de l'intérieur. — Les colonnes expéditionnaires quittent Mexico. — Poursuite de la division Doblado jusqu'à Aguascalientes. — Opérations du général Douay contre le corps d'Uraga. — Opérations de la division Mejia. — Occupation et défense de San Luis Potosi (25 et 27 décembre 1863). — Occupation de Guadalajara (5 janvier 1864). — Difficultés suscitées par le clergé. — Retour du général en chef à Mexico (4 février 1864). — Marche de la division Douay sur Zacatecas, puis sur Guadalajara. — Situation politique. — Acceptation officielle de la couronne par l'archiduc Maximilien. — Emprunts. — CONVENTION DE MIRAMAR (10 avril 1864). — Arrivée de l'empereur Maximilien à Vera-Cruz (28 mai 1864). — Opérations du général Douay aux environs de Guadalajara. — Destruction des guérillas de l'Etat de Guanajuato. — Opérations dans la Sierra Morones. — Combat de Matehuala (17 mai 1864). — Opérations aux environs de Tampico. — Evacuation de Minatitlan (28 mars) et de San Juan Bautista (27 février). — Occupation d'Acapulco (3 juin 1864) . . 323

CHAPITRE II.

Manifeste de l'empereur Maximilien à son arrivée au Mexique (29 mai 1864). — Voyage de l'Empereur dans les provinces de l'intérieur. — Situation générale du pays. — Le nonce du pape. — Questions religieuses. — Opérations militaires. — Expédition dans la Huasteca. — Combat de la Candelaria (1ᵉʳ août). — Opérations dans le Nord. — Occupation de Durango (4 juillet). — Occupation de Saltillo et de Monterey (20 et 26 août). — Combat du Cerro de la Majoma (21 septembre). — Opérations de l'escadre à l'embouchure du Rio Bravo del Norte. — Occupation de Matamoros (26 septembre). — Opérations dans l'Etat de Jalisco. — Occupation de Colima (5 novembre). — Combat de Jiquilpan (22 novembre). — Evacuation d'Acapulco (14 décembre 1864) 379

CHAPITRE III.

Opérations militaires dans la province d'Oajaca. — Siége et prise d'Oajaca (8 février 1865). — Opérations contre les guérillas de l'Etat d'Oajaca, de la Huasteca, des terres chaudes de Vera-Cruz, du Michoacan, de l'Etat de Jalisco. — Occupation de Mazatlan (13 novembre 1864). — Marche de la division de Castagny de Durango à Mazatlan. — Combat de l'Espinazo del Diablo (1er janvier 1865). — Combat de Veranos (11 janvier). — Occupation de Guaymas de Sonora (29 mars). — Agitation dans les provinces du Nord. — Mouvement de Negrete, de Chihuahua sur Saltillo, Monterey, et Matamoros. — Appréhensions d'une intervention des Etats-Unis. — Forces militaires à la disposition du maréchal Bazaine. — Mésintelligence entre le gouvernement mexicain et les autorités françaises. — Etat des finances. — Emprunts. 439

CHAPITRE IV.

Politique des Etats-Unis. — Emigration des confédérés au Mexique. — Création des divisions militaires et des grands commandements. — Opérations militaires dans le Michoacan. — Premier combat de Tacambaro (11 avril 1865). — Combat d'Huaniqueo (23 avril). — Deuxième combat de Tacambaro (11 juillet). — Combat de Santa Ana Amatlan (12 octobre). — Menées du général Santa Anna. — Réoccupation d'Acapulco (11 août). — Opérations des volontaires autrichiens dans la province d'Oajaca et dans la Huasteca. — Expédition sur Chihuahua. — Décret du 3 octobre 1865. — Opérations militaires en Sonora. — Opérations dans le Tamaulipas. — Opérations des colonnes françaises dans le Nord-Est. — Voyage de l'impératrice Charlotte au Yucatan 499

CHAPITRE V.

Relations diplomatiques entre la France et les Etats-Unis. — Déclaration du gouvernement français relative au rappel des troupes du Mexique. — Organisation des forces militaires à la disposition de l'empereur Maximilien. — Création des cazadores. — Détresse financière de l'Empire mexicain. — Progrès des forces républicaines dans le nord du Mexique. — Opérations militaires dans les États de Nuevo-Leon et de Coahuila. — Combat de Santa Isabel (1er mars). — Combat de Camargo (15 juin). — Capitulation de Matamoros (23 juin). — Note du 31 mai. — Mémoire de l'empereur Maximilien à l'empereur Napoléon. — Nature des relations entre l'empereur Maximilien et le maréchal Bazaine. — Convention du 30 juillet 1866. 543

CHAPITRE VI.

Le maréchal Bazaine transporte son quartier général à San Luis (juillet 1866). — Evacuation de Monterey (26 juillet). — Combat de la Noria de Custodio (8 août). — Mouvement de concentration sur Durango. — Capitulation de Tampico (7 août). — Mesures prises pendant le ministère de MM. Friant et Osmont. — Opérations dans le Michoacan et l'État d'Oajaca. — On arrête l'embarquement. — Mission du général Castelnau. — Projet d'abdication de l'empereur Maximilien; il part pour Orizaba. — Dispositions des Américains ; mission Campbell et Sherman. — Conférences d'Orizaba. — L'empereur Maximilien se décide à rester au Mexique............................ 605

CHAPITRE VII.

Mouvements de retraite de l'armée française. — Évacuation de la Sonora. — Combats autour de Mazatlan; évacuation. — Évacuation de Guadalajara (12 décembre). — Combats autour de Matehuala. — Évacuation de San Luis (23 décembre 1866). — Combat de Miahuatlan (3 octobre). — Prise d'Oajaca par Porfirio Diaz (30 octobre). — Mouvements militaires entre Perote et Tehuacan. — Entrevue de l'empereur Maximilien avec le général Castelnau et M. Dano à Puebla (20 décembre). — Difficultés au sujet de la convention du 30 juillet. — Déclaration du maréchal à la conférence du 14 janvier 1867. — Mesures de rigueur ordonnées par le maréchal à Mexico. — Rupture du maréchal avec le gouvernement mexicain et l'empereur Maximilien. — Départ de Mexico du maréchal et de la dernière colonne de troupes françaises (5 février). — Embarquement du corps expéditionnaire. — Dernières opérations des troupes impériales mexicaines. — Siége et prise de Queretaro, par les forces libérales (15 mai). — Expédition du général Marquez sur Puebla. — Condamnation à mort et exécution de l'empereur Maximilien (19 juin). — Capitulation de Mexico (21 juin). — Capitulation de Vera-Cruz (28 juin). 651

FIN DE LA TABLE DES MATIÈRES.

Paris. — Imp. J. DUMAINE, rue Christine, 2.

ERRATA..

Page 235, ligne 2, — au lieu de *auxquelles*, lisez : *à laquelle*.

Page 328, — ajouter à la 2ᵉ brigade de la 1ʳᵉ division : un bataillon de tirailleurs algériens.

Page 415, ligne 19, — au lieu de *surprit*, lisez : *surprirent*.

Page 467, ligne 1, — au lieu de *attirait*, lisez : *attiraient*.

Page 562, note 2, — au lieu de 1ᵉʳ *avril*, lisez : 26 *février*.

www.ingramcontent.com/pod-product-compliance
Lightning Source LLC
Chambersburg PA
CBHW052035290426
44111CB00011B/1517